Durch Hochzeit oder Tod werden – ehe der Vorhang fällt – die Ordnungen der Geschlechter fixiert. Dem aber geht die Unordnung, die »Verwirrung der Geschlechter«, der Konflikt, voraus. In Drama und Oper bilden sich jeweils Extreme von Ordnung und Unordnung, Telos und Konflikt aus. Sie miteinander zu konfrontieren, ist das durchaus leidenschaftliche Interesse des Buchs: die Erotik von Mozarts Dramaturgie als äußersten Gegensatz zur Empfindsamkeit des bürgerlichen Rührstücks; Richard Wagners Erlösungsoper als Antithese zur klassischen Lösung der Entsagung, Rücknahme aber auch von Kleists »Mord-Erotik«; Wedekinds Erdgeist als Inversion der Wagnerschen Erlösung …

Die scheinbar unversiegbare Quelle solcher Extreme wird in dieser bedeutenden essayistischen Prosa voller frappierender Gedankengänge und Formulierungen keineswegs als Naturphänomen betrachtet: »Was wäre denn der Ursprung der Liebe – der starken modernen Empfindung, die nur diesem oder dieser Einzelnen gilt, nicht mehr aber dem Verwandten – wenn nicht jene Vereinzelung, der das Individuum verfällt, sobald die verwandtschaftlichen Beziehungen des Clans oder des Stammes ihre Gravitationskraft verlieren, sobald die kleinen Einheiten von Dorfgemeinschaft und Zunft sich aufzulösen beginnen in die Anonymität von Warenein- und -verkäufern. Die individuelle Liebe ist die Antwort des Vereinzelten auf den Tauschwert, wenn der sich anschickt, die alten kollektiven Bindungen zu zertrennen. Sie stellt sich seiner Macht entgegen und ist zugleich sein Spiegelbild. […] Während das Geld die völlige Gleichgültigkeit zwischen den zufällig miteinander Tauschenden stiftet, schafft die Liebe das totale Interesse an dem durch Zufall Geliebten. Einheit und Widerspruch von Tauschwert und Liebe bilden die verborgene Dialektik moderner Dramaturgie.«

Gerhard Scheit, geboren 1959, lebt als wissenschaftlicher Autor und Essayist in Wien.
Veröffentlichungen: ›Am Beispiel von Brecht und Bronnen: Krise und Kritik des modernen Dramas‹ (1988); die rororo-Monographie über Grillparzer (1989). Mitherausgeber von ›Zwischen Aufklärung & Kulturindustrie‹, 3 Bde. (1993).

Gerhard Scheit

Dramaturgie der Geschlechter

Über die gemeinsame Geschichte
von Drama und Oper

Fischer Taschenbuch Verlag

Lektorat: J. Hellmut Freund

Originalausgabe
Veröffentlicht im Fischer Taschenbuch Verlag GmbH,
Frankfurt am Main, April 1995

© 1995 Fischer Taschenbuch Verlag GmbH, Frankfurt am Main
Gesamtherstellung: Clausen & Bosse, Leck
Printed in Germany
ISBN 3-596-12513-8

Gedruckt auf chlor- und säurefreiem Papier

Inhalt

Für R. G.

Der Gott Dionysos konnte Semele, seine Mutter, aus dem Hades befreien, dem Heros Orpheus gelang solche Tat nicht mehr: als er Eurydike aus dem Totenreich führen wollte, konnte er selbst für diese kurze Zeit der Versuchung nicht widerstehen, sie anzublicken. Er verstieß damit gegen das Gesetz der Unterirdischen und verwirkte seine einzige Gelegenheit, Eurydike zu retten.

Von da an hielt er sich den Frauen fern. Er pflegte mit Jünglingen Umgang, und man sagte ihm nach, er habe die Knabenliebe bei den Thrakern eingeführt. Auf seinen Wanderungen im Gebirge geriet der Sänger aber in die geheime Feier der thrakischen Bakchantinnen. Die Frauen erkannten ihn wohl, es war kein Wahn wie bei den Thebanerinnen, die den Pentheus für einen Löwen hielten. Und sie zerrissen den Sohn der Muse.

Ein anderer Erzähler berichtet hingegen von einem großen, für geheime Riten eingerichteten Initiationshaus: dort kamen an bestimmten Tagen die Männer der Thraker und Mazedonen zu Orpheus. Ihre Waffen legten sie vor den Türen ab. Die zürnenden Frauen ergriffen die Waffen und töteten die Männer und warfen den zerstückelten Leib des Weihepriesters Orpheus Glied für Glied in das Meer.

Vorbemerkung

Die Paradoxie des Buches liegt keineswegs dort, wo die Platzhirsche der akademischen Arbeitsteilung sie vermuten müssen: in dem *Versuch, Drama und Oper, dialogische und musikalische Dramaturgie in bestimmten Motiven engzuführen*. Sagen wir, der Autor ließ sich einfach inspirieren vom französischen Sprachgebrauch, der Terminologie von Racine, Diderot und Baudelaire, worin die ernste Oper als tragédie lyrique oder drame lyrique firmiert.

Über Kunst zu schreiben hat an sich schon etwas Paradoxes – ihre festen Resultate sind in widersprüchliche Tendenzen zurückzuverwandeln, ihre wunschlose Erfüllung in vielfache Bedürfnisse – und vermutlich liegt darin der unaufhebbare essayistische Zug jeder ästhetischen Analyse beschlossen. In dem vorliegenden Fall aber wird die Paradoxie besonders zugespitzt: ist es doch das erklärte *Telos* dieser Arbeit, das *nicht-teleologische* Moment dramatischer Kunst zutage zu fördern; daß dabei auch manches andere, diesem Ziel nicht Entsprechende oder sogar Widersprechende ans Licht kommt, liegt durchaus im hintergründigen Sinn der Paradoxie.

Kritik der Teleologie bedeutet in der dramatischen Kunst vor allem Kritik an den Ordnungen der Geschlechter, wie sie auf der Bühne – bevor der Vorhang fällt – durch Hochzeit oder Tod fixiert werden. Vielleicht scheint auch dies paradox: als Mann an dieser Kritik Anteil zu nehmen. Allerdings handelt es sich nicht um eine Geschichte des Frauenbilds in Drama und Oper, sondern um eine des *Konflikts zwischen Männer- und Frauenbildern*; das Rüstzeug der Wissenschaft mag zwar glänzen, doch panzert es den Mann nicht gegen die Erkenntnis, daß er es hier mit seiner eigenen Vorgeschichte zu tun bekommt.

So ist der Dialog nicht allein Gegenstand der Untersuchung, sondern, cum grano salis, auch ihr methodisches Prinzip – freilich nicht im landläufig verdrehten, auf Versöhnung zielenden Sinn; die Heterogenität verschiedener feministischer oder psychoanalytischer Diskurse wird nicht aufgeweicht, Anbiederung ist das Gegenteil von Dialektik.

Wer zu diesem Buch greift, nimmt also im Zuschauerraum eines Theaters Platz, das, wie es einmal üblich war und in der freien Theaterszene und der Provinz noch üblich ist, von mehreren – hoffentlich nicht provinziellen – Ensembles bespielt wird: von einer Schauspiel- und einer Operntruppe, von tragischen und komischen Charakterdarstellern, Buffa- und Seria-Paaren – auch der Hanswurst darf nicht fehlen. Das deutsche Repertoire behauptet unwillkürlich die Vorherrschaft. (In Deutschland, so meinte jüngst eine französische Feministin, hätten die Männer mehr Angst vor Frauen als anderswo. Ihr verdankt das deutsche Theater ohne Zweifel seine Zugstücke.)

Der Theaterbau ist übrigens recht konventionell: die vielgeschmähte Guckkastenbühne. Auffällig ist nur, daß der Vorhang abmontiert wurde (– und Opernball wird keiner gegeben).

Wien, im Februar 1994 *Gerhard Scheit*

Synopsen

I

Wie Muttermale erscheinen Tod und Geburt am Theater: sie erinnern an die kultische Herkunft des Dramas, der Kunst überhaupt, Geburt und Tod markierten Stationen auf dem zyklischen Weg des Fruchtbarkeitsgottes.

Mit seiner Feier wurde offenbar ein Zweck verfolgt: Ernte und Jagd sollten reichliche Gaben finden. Als Magie wäre diese prätheatralische Praxis teleologisch bestimmt: identisch mit den Zwecken der Arbeit; und doch hatte sie auch einen anderen Sinn. Die Menschen beruhigten sich, sie bannten die Furcht vor der ausbleibenden Nahrung und der möglichen Katastrophe – wohl aber auch vor einem der Einheit des Stammes gefährlich werdenden Überschuß ihrer Arbeit[1] – in der Destruktion der Zeit: der Kreislauf des Kultes verhinderte das Bewußtsein der Irreversibilität; und die Ekstase, in welche etwa der Dionysos-Kult die Menschen versetzte, bezeichnet exakt jenen Punkt, an dem das lineare Kontinuum der Zeit durchbrochen wird. Die Aufhebung der Einheit des Vegetationszyklus, die Trennung der Phase der Geburt von der des Todes, bedeutete dann schon den ersten Schritt aus dem geschichtslosen Kreislauf des Mythos. Und manches spricht dafür, in dieser Trennung den Ursprung von Komödie und Tragödie zu sehen.[2]

Aristoteles schreibt, die Kunst der Tragödie hat sich von den Vorsängern des Dithyrambus her entwickelt.[3] Die Entwicklung selber resultierte aber daraus, daß die kultischen Funktionen des Chors und des Chorführers von gesellschaftlichen Antagonismen unterwandert wurden. »Wenn der Vorsänger des Dithyrambus in seiner Rolle als Gott mit seinem Chor zu sprechen beginnt, wird der Dithyrambus zum Passionsspiel.«[4] Der kultische Kern zerbrach, als im Gegenüber, im »Dialog«, von Chor und Chorführer gegensätzliche Interessen sich artikulierten. Der Kult kannte solchen Gegensatz nicht: er hatte nur *ein* gesellschaftliches Interesse, es einte die Menschen für ein Ziel: die Reproduktion des Stammes, Nahrung und Fortpflanzung. So ist das Drama nicht organisch aus dem Kult, die Tragödie nicht organisch aus dem Dithyrambus hervorgewachsen; es hatte seinen Ursprung vielmehr in jenen gesellschaftlichen Konflikten, die in den Kult eingedrungen waren – Konflikten um den Besitz des Reichtums und um die Verfügung über die Reproduktion. Sie sprengten das zyklische Zeitbewußtsein des Kults und schufen das lineare Kontinuum, in dem für alle Handelnden gilt: What's done cannot be undone. Die tragischen Protagonisten sind Sterbliche im emphatischen Sinn, ihr Tod ist wie ihr Leben irreversibel: im Unterschied zu den »todüberhobenen« Göttern entstammen sie der Geschichte, wie sie in der Heroenmythologie erzählt wird. Zu ihrem Wesen gehört, so Karl Kerényi, »die geschichtliche Existenz [...] Der Glanz des Göttlichen, der auf die Gestalt des Heros fällt, ist eigentümlich vermischt mit den Schatten der Sterblichkeit.«[5] Die von Heroen ausgetragenen Konflikte entzweiten die ekstatische Identität der kultisch Feiernden – als deren Rudiment erscheint der Chor – und schufen die ästhetische Distanz, die Publikum und Darsteller, Rolle und Schauspieler, Maske und Gesicht voneinander differenziert – sie damit überhaupt erst als ästhetische Kategorien konstituierend[6]. Statt in der Kommunion mit dem Gott, in den Gott also selbst sich zu verwandeln, wechseln die Schauspieler bloß die miteinander in Konflikt geratenen Rollen, und das Publikum wendet das Interesse von einem zu dem anderen.

Die Konflikte um den Reichtum erforderten dessen Tauschbarkeit, die Konflikte in der Tragödie erforderten den Dialog. Die Wechselrede darum als ästhetisches Äquivalent des Tausches zu betrachten, liegt allzu nahe. Machtkämpfe und Kriege finden nicht am Marktplatz statt – auch wenn dort ihre Motive zu suchen wären, sie bedienen sich anderer Mittel als derer des Tausches. In der Tragödie aber sind die Konflikte eins mit dem Dialog; und während im Tausch ein Wert realisiert werden kann, vermag der Dialog nichts zu realisieren als den Konflikt. Freilich wird ihm von den Siegern der Kämpfe und Gewinnern des Tauschwerts stets mehr abverlangt: auch er habe einen Wert zu realisieren, etwas zu erreichen: ein Telos.

Mythisches Bewußtsein zieht sich auf den Zielpunkt ästhetischer Objektivationen zurück, um von dort die Menschen in den geschichtslosen Kreislauf der Wiederkehr des Immergleichen zu überführen. Doch kann es kein Mythos mehr im ursprünglichen Sinne sein, der sich hier festsetzt, sondern ein jeweils neu geschaffener, erzwungen von einer stets neu vermittelten Herrschaft des Menschen über den Menschen. Mit einem modernen Wort könnte man solchen Mythos ebensogut als Ideologie, mit einem noch moderneren als Diskurs bezeichnen. Nicht immer tritt er wie in der *Orestie* des Aischylos sein Amt am hellichten Tag an: die Erinyen, die im Namen der toten Klytaimestra und des alten Mutterrechts die gesellschaftliche Ordnung bedrohen, werden von Athene gezähmt und dem Staate integriert. Der synthetische Mythos etabliert sich am Ende nicht im Tod sondern in der Versöhnung der Unversöhnlichen. Athene muß die Erinyen »überreden«; in die Klage über ihren Sturz vertieft und dem Rachegedanken hingegeben, nehmen sie die im Wechsellied dreimal wiederholten Angebote nicht einmal wahr. »O ihr neueren Götter! / Die alten Gesetze, / Ihr tratet sie nieder, / Entwunden sind sie der Hand! / Der Würden beraubt, / Mit bitterem Grimm, / Send ich auf diese Erde, weh! / Zum Lohn für das Leid / Gift [...] Nie trag ich die Schmach! / Furchtbar traf es die Töchter der Nacht [...]« (Schluß-Szene)[7]. Doch im nächsten Augenblick schon sind sie versöhnt, ohne daß ein Motiv oder ein anderes Moment der Handlung hinzugekommen wäre – »Wenn Dir die Kraft der Peitho heilig ist«, sagt Athene nur – Peitho aber ist nichts anderes als die Überredung selber. »Es sei!« antworten nun die Erinyen, »Und welches ist mein neues Amt?« Dieses »Es sei« wird wenig später zum Hymnus auf die neue Ordnung auskomponiert: »So laß ich mich nieder beim Hause der Pallas / Und ehre die Stadt, / Die auch Zeus, unser Herrscher, und Ares bewohnt, / Hochburg der Götter, / Stolz der Hellenen, / Der alle Altäre der Götter beschützt.« In der Handlung und an den Erinyen ist nicht zu erkennen, warum und wie sie sich von antagonistischen Kräften zu herrschaftstreuen Organen wandeln. Die Harmonisierung findet jenseits der Handlung statt, das Ende des Dramas liegt außerhalb seiner Zeit. »Das theatralisch dafür angemessene Darstellungsmittel ist«, wie Albert Schlögl schreibt, »die Göttermaschine (deus ex machina), deren ästhetische Logik darin besteht, daß die Götter von außen in den geschichtlichen Gang der Handlung eingreifen – in eine Handlung, die in sich nur Gründe aufweist für den Eintritt der von den Erinyen ange-

drohten Katastrophe.«[8] Indessen läßt die Gottheit keinen Zweifel darüber, welchen Geschlechts die Herrschaft ist: »Mein ist das Werk, zu
enden diesen Gang«, spricht Athene, »Da mich kein Mutterschoß gebar, so schlägt / Mein Herz dem Manne, ohne Eheband, / Ganz bin ich
meines Vaters! Ganz sein Kind! / Nie schlag ich Tod der Frauen höher
an / Als den des Mannes, der des Hauses Haupt!« (2. Hauptszene)
Es gibt allerdings Tragödien, die auf den Eingriff der Götter bis zuletzt
verzichten und dem Tod das letzte Wort überlassen: ist er das ›Ziel‹,
scheint die Tragödie keines zu haben, keinem Telos zu folgen wie die
Geschichte selbst. Daß es im Tod eine Versöhnung geben könnte, dieser Gedanke oder dieses Gefühl war der Antike durchaus unbekannt.
So wäre der Tod zwar das Geburtsmal, das die mythische Herkunft
verrät, zugleich aber die verwundbarste Stelle dramatischer Teleologie.
Die *Antigone* des Sophokles hat kein bedeutendes Ende: sie hört einfach auf. (Als Einzeltragödie konzipiert, steht sie – im Gegensatz zu
den Teilen der *Orestie* – auch in keinem übergeordneten Handlungszusammenhang.) Denn Versöhnung kommt hier zu spät: Kreons Einsicht, daß es verwerflich ist, Antigone töten zu lassen; befördert wurde
sie durch Tereisias – ein deus ex machina, dessen Vermenschlichung
darin liegt, daß sein Erfolg zu spät kommt. Ohne den Mechanismus der
Göttererscheinung wird hier die Schuld dem Schuldigen vollständig bewußt. Das Problem des Tragödienschlusses ist als Erkenntnis linearer
Zeit gelöst: die Zeit des Erkennens ist nicht die Zeit des Handelns. »Zu
spät« – so lautet das gleichsam versöhnliche Schlußwort der nicht-
teleologischen Tragik. Kreon wünscht sich am Ende selber den Tod:
»Laß keinen neuen Morgen leuchten!« – der Chor aber antwortet unge-
rührt: »Dir kommt dein Tag! Uns kümmert Gegenwart.« (Schluß-
Szene)[9]
Doch findet sich in der Struktur der griechischen Tragödie noch ein
anderes teleologisches Moment: das Fluchmotiv, das die Tragödie mit
ihrem Stoff, den Legenden der Heroenzeit, übernommen hat. Die
Handlung, die in der Gegenwart der Tragödie entfaltet wird, geschieht
innerhalb eines übergeordneten, aus der Vergangenheit herrührenden
und die Zukunft determinierenden Schuldzusammenhangs. Statt eines
zyklischen Zeitbewußtseins, wie der Kult es evozierte, haben wir es
hier mit einem archaischen Telos-Bewußtsein zu tun: alles, was geschieht, geschieht im Namen des Fluches. Vor diesem Hintergrund
zeichnet sich erst die ›Aufgeklärtheit‹ der Lösung in der *Orestie* ab:

eben dieser Schuldzusammenhang wird in der Versöhnung durchbrochen; die negative Teleologie des Fluches wird abgelöst durch die positive der Versöhnung. Unter diesem Aspekt könnte man in der *Antigone* sogar einen Rückfall in die negative Teleologie des Fluches sehen: Ist nicht die Unversöhnlichkeit des Endes ein Resultat des Fluches, der sich wider alle Vernunft durchzusetzen vermag?

Die Protagonisten der Komödie sind keine Heroen, vergänglich sind sie nicht als Sterbliche sondern als Zeugende. Sie sind gewissermaßen Allzusterbliche: nicht der Tod, sondern die Hochzeit oder der Geschlechtsakt scheint hier der Augenblick zu sein, an den die Zeitspanne gebunden wird. Eingebettet in ein lineares Kontinuum sind sie nicht durch eine mythisierte Vergangenheit, sondern durch eine verkleidete Gegenwart: die Konflikte zwischen ihnen entspringen den aktuellen Auseinandersetzungen der Polisgemeinschaft. Allem Anschein nach ist das Verhältnis von Handlung und Ende in der Komödie von Anfang an weniger problematisch – es beruht gewissermaßen auf einem Paradoxon. Man könnte sagen, die Komödienhandlung besteht wesentlich darin, daß das Ende verhindert wird: der Geschlechtsakt. Den Schluß aristophanischer Komödien bilden der Festzug und der Tanz, Hetären werden gefreit oder der Gott der Hochzeit besungen. Der Chor der *Vögel* umtanzt das Brautpaar, und der Chorführer singt: »So empfangt mit Hochzeitsliedern / Und bräutlichen Gesängen / Ihn und Basilea [...]« – die Halbchöre antworten: »Mit solchen Gesängen / Geleiteten einstmals / Die Schicksalsfrauen / In die Kammer der Hera / Vom hohen Olymp / Den großen Gebieter / Auf erhabenem Thron. / Hymen oh! Hymenaios! / Und der blühende Eros, / Der goldenbeschwingte, / Lenkte den Wagen / Mit straffen Zügeln, / Als Brautführer / Zu Seiten des Zeus / Und der seligen Hera. / Hymen oh! Hymenaios«; Ratefreund – der Heros der Komödie – ruft dem Chor und wohl auch dem Publikum zu: »So folgt den Neuvermählten nun, / Ihr Stämme meiner Gefährten all, / Ihr geflügelten, zur Halle des Zeus / Und zu dem Hochzeitsbette!« Mann und Frau fassen sich an den Flügeln, flattern und tanzen: »Und fasse meine Flügel / Und tanze mit mir im Reigen, / Und hoch in die Lüfte schwinge ich dich!«[10] Das Lachen aber, das die Komödie provoziert – ehe der feierliche Brautgesang ertönt und die Bühne dem wilden Tanz gehört –, ja das Lachen überhaupt ist der sexuellen Erregung geradezu entgegengesetzt: die steifen Phalloi sind aus Leder, die Komik wirkt als Entspannung in einem ganz unmittelbaren körperlichen Sinn. Kaum irgendwo ist dieser Zusammenhang so deutlich ausgeprägt wie in der *Lysistrate*. Die Frauen verweigern gemeinsam die Signatur der Komödie: sie entziehen sich mit Gewalt und Erfolg dem Beischlaf. Erst als sie ihr politisches Ziel erreicht haben, lassen sie die Komödie zu ihrem Ende kommen. Mit ihm geben die Frauen ihre Macht wieder ab, treten aus der weiblichen Kollektivität aus und kehren in die Ehebetten zurück. Doch noch diese Rückkehr hat bei Aristophanes kollektiven Charakter: sie wird als großer Festzug mit Tanz und Gesang in Szene gesetzt. Das Telos der Komödie ist an politische Herrschaft nicht gebunden: so ist es möglich, daß Aristophanes mit einer Vereinigung der Geschlechter glücklich endet, obwohl er doch gleichzeitig den Untergang der Polis heraufbeschwört (*Ekklesiazusen*, *Plutos*); freilich kommen hier »schiefe« Paare zustande: eine Alte schnappt sich einen Jüngling, doch Paare müssen es sein. In den *Vögeln* befindet sich die wahre Polis bereits im Wolkenkuckucksheim, und darum verlegt Aristophanes kurzerhand auch das glückliche Ende in die Vogelwelt. Die Politik erscheint in der Komödie nur als Umweg zum eigentlichen Ziel – und das Ziel selbst statuiert keine politische Herrschaft, sondern eine sexuelle Beziehung. Die Komödie des Aristophanes bewahrt darum noch am Ende eine bemerkenswerte Offenheit: in dessen Gesängen, Umzügen und Tänzen erhält sich ein Machtvakuum, das erst von der späteren Komödie mit der privaten Herrschaft des Hausvaters ausgefüllt werden wird.

Das mit tragischer oder komischer Spannung geladene Verhältnis zum Endpunkt ist dem Drama eigentümlich geblieben: in Shakespeares Historien treten am Ende säkularisierte Göttermaschinen in Gestalt guter absolutistischer Herrscher auf, um nach dem Vorbild Athenes die Ordnung herzustellen, die im Drama zur Disposition stand, Calderóns Könige lösen noch den verwickeltsten dramatischen Knoten mit einem Schlag ihres Schwerts; oder Einsicht und Versöhnung kommen, wie in *Romeo und Julia* oder *Othello*, zu spät. Und in der Komödie, die sich auf das Verhältnis der Geschlechter geradezu spezialisiert, stopft am Schluß der Mann einer widerspenstigen Frau mit der Zunge den Mund. Könnte man aber von einer Kontinuität in der Entwicklung europäischer Dramaturgie sprechen, so wäre es die Steigerung jener Spannung zwischen Handlung und Endpunkt.

Die ironische Brechung der Komödienschlüsse beginnt sehr früh – sie läßt sich mitunter bei Shakespeare heraushören, etwa wenn die *Zäh-*

mung der Widerspenstigen mit den Worten schließt: »Tis a wonder, by your leave, she will be tam'd so.« (V / 2)[11] – Baudissin und Tieck übersetzten nicht wörtlich, aber mit dramaturgischem Feinsinn: »Ein Wunder bleibts, daß dies so glücklich endigt.«[12] Geht die Hochzeit der Handlung voraus, so entpuppt sie sich als komisch-falsch; die Verbindung der Geschlechter scheitert an Charakter-, Alters- oder Standesunterschieden; erweist sich das Falsche als bloßer Schein (so in Menanders *Schiedsgericht* oder – als göttlicher Schein – in Plautus' *Amphitryon*), steht dem guten Ende auch hier nichts im Wege; ist die Ehe aber hoffnungslos verloren, so kann nur die Hochzeit in der nächsten Generation ein harmonisches Finale garantieren. Molière jedoch gewinnt aus solchen Konstellationen auch einen verblüffend unversöhnlichen Schluß: »Ah! je le quitte maintenant, et je n'y vois plus de remède«, so der betrogene Ehemann George Dandin am Ende des nach ihm benannten Stücks. »Lorsqu'on a, comme moi, épousé une méchante femme, le meilleur parti qu'on puisse prendre, c'est de s'aller jeter dans l'eau, la tête la première.« (III / 15)[13] Selbstmord statt Hochzeit: der Standesunterschied zwischen dem Bauern Dandin und seiner adeligen Frau ist zu groß für eine Versöhnung. Selten sind vor dem 19. Jahrhundert die beharrlichen Strukturen der Gesellschaft, die das Schicksal einzelner Individuen ganz unberührt läßt, deutlicher zutage getreten.[14]

Das Happy End wird thematisch: deutet zunächst eine bloße Schlußbemerkung an, daß es sich nur um Theater handle, so weitet sich in der Moderne diese punktuelle Skepsis aus zur systematischen Entlarvung des guten Endes als unwahrer Form. Die Vermählung von Büchners Leonce und Lena könnte ebensogut als Hochzeit in effigie stattfinden, nur zufällig finden die Brautleute sich dabei ein – und Leonce flüstert Lena das Geheimnis des Komödienschlusses zu: »Aber ich weiß besser, was du willst, wir lassen alle Uhren zerschlagen, alle Kalender verbieten.« (III / 3)[15] Bei Nestroy ist das Schema des Komödienendes derart zerschlissen, daß Tauschbeziehungen und Eigentumsverhältnisse kaum noch verdeckt werden können; und Nestroy versucht sie keineswegs schamhaft zu verhüllen, er bietet sie offen dar und gewinnt daraus noch ein eigenes Selbstvertrauen, indem er das Publikum ins Vertrauen zieht – wie etwa Weinberl: »Also hat sich der Fall schon wieder ereignet? Nein, was's Jahr Onkeln und Tanten sterben müssen!, bloß damit alles gut ausgeht –!« (III / 23)[16]

Auch die Göttermaschine der staatstragenden Tragödie, geeignet, das

Leben mit dem Tod zu versöhnen, funktioniert nicht reibungslos. In seinen düstersten Dramen über die Antike – *Troilus und Cressida*, *Coriolanus* – hat sie Shakespeare durch einen zynischen Schlußstrich ersetzt; in der formvollendeten Dramaturgie Racines vernichten nicht selten die rasenden Leidenschaften jedes ärarische Ziel. Der gute Herrscher bleibt aus, das lieto fine wird in der *Bettleroper* zur Parodie[17]. Andererseits ist auch der Schlußpunkt der *Antigone* oder des *Othello*, der die lineare Zeit im »zu spät« bewahrt, immer schwerer zu setzen: die Schuld kann den Schuldigen in der Moderne vollständig nicht mehr bewußt werden. Oder anders, ohne Rücksicht auf ethische Begriffe, formuliert: die Zusammenhänge des Handelns mit dessen Folgen gehen im Dialog nicht mehr auf. Die gewaltsame Empfindsamkeit, mit der Odoardo Galotti seine Tochter ersticht, ist vielleicht der deutlichste Ausdruck für diese frühe Krise des tragischen Finales. Die Spannung zwischen Handlung und Endpunkt wird vielfach zum Gegenstand des Tragischen – und in verschiedenen Motiven thematisch: die Entsagung von Goethes Frauenfiguren oder die Selbstzerstörung der Kleistschen Paare findet nicht am Ende des Dramas – als Schlußwendung und Auflösung des Knotens – statt, sondern in jedem seiner Dialoge. Entsagung und Zerstörung werden zu treibenden Momenten der Handlung, ihr Ende wird dadurch offen: fragwürdig oder vorläufig. Die Dramaturgie der Romantik bereitet indes die totale Lösung des Telos-Problems vor, die zugleich als vollkommene Erfüllung der Teleologie auf ästhetischem Boden erscheinen mag: die Erlösung. Richard Wagner, der Schöpfer des romantischen Musikdramas, ist ihr konsequentester Exponent. Doch seine totale Erfüllung der Teleologie scheint sie endgültig blamiert zu haben in den Augen der postromantischen Dramatik. Nun ist offen einzugestehen, was in der Komödie nur ironisch angedeutet, flüsternd preisgegeben oder im Beiseite belacht wurde. In der ihm eigenen genialen Naivität hat Brecht es auf den Punkt gebracht: »Wir stehen selbst enttäuscht und sehn betroffen / Den Vorhang zu und alle Fragen offen. [...] Verehrtes Publikum, los, such dir selbst den Schluß!« (Epilog)[18]

In der Entwicklung der europäischen Musik meint man eine Parallele zu jener Geschichte des Dramenendes zu verfolgen. Von Finalproblem der symphonischen Form ist vielfach die Rede, doch man muß nicht sogleich an eine hochentwickelte und große Form denken, die Tonalität selbst steht zur Debatte: allein das Verhältnis der musikalischen Vorgänge zum Grundton, das die ganze harmonische Entwicklung der abendländischen Musik betrifft, stellt die Telos-Frage – und dieses Verhältnis lädt sich in der Moderne mit immer größerer Spannung auf; ihr fällt schließlich der Grundton selber, das Telos der Harmonie, zum Opfer. Wodurch aber wurde in der Musik diese Spannung erzeugt? Anders ausgedrückt: In welcher Weise kann von Konflikt in der Musik die Rede sein, die doch den Dialog im strengen Sinn nicht kennt? Dabei zeigt der Name Richard Wagner immerhin an, daß es sich nicht unbedingt um parallele Entwicklungen in Musik und Dramaturgie handelt, denn er markiert einen Kreuzungspunkt. Nachdem jene teleologischen Makrostrukturen der Musik – zumal die Sonate – zerbrochen waren, die die Klassiker zum permanenten Verstoß gegen das Telos provoziert hatten, schien es für Wagner fast eine Notwendigkeit zu sein, die Telos-Problematik musikalischer Gebilde mit jener des Dramas zu verschmelzen. Die Erosion der teleologischen Mikrostruktur der Musik schritt bei dieser Fusion bedeutend fort – auf die Modernität der *Tristan*-Musik ist oft genug hingewiesen worden. Mit dem sukzessive angestrebten Gleichgewicht aller zwölf Töne der Oktave wurde die Schwerkraft des Grundtons immer schwächer. Die Musik der Zweiten Wiener Schule hat daraus die Konsequenzen gezogen: das harmonische Ende wurde abgeschafft. Die letzten Takte der *Erwartung* oder des *Wozzeck* könnten schon im Sinne Brechts interpretiert werden: Verehrtes Publikum, los, such dir selbst den Schluß. Zu einer solchen Interpretation bedarf die neue Musik allerdings der Philosophie; Adorno schrieb, daß sie »nicht einfach Ausdruck einer veränderten Seelenlage, Suche nach Neuem als solchem usw. ist, sondern in der Tat die *Kritik* der Tonalität darstellt, die Negation von deren Unwahrheit, also in der Tat zersetzt, und das ist ihr Bestes (die Schönbergianer tun sehr schlecht daran, das zu verleugnen, die Reaktionäre wissen es besser)«[19].

Am Telos selbst kristallisiert sich Kitsch. Er bedeutet in den Zeitkünsten Musik und Drama, am guten Ende unverdrossen – grinsend gleichsam – festzuhalten, wenn ringsum seine Stunde schon geschlagen hat. Die am Telos klebrig gewordene Vergnügung beginnt mit Iffland und erreicht ihren ersten, auch musikalischen Höhepunkt in der Wiener Operette, die durchaus als Gegenstück zum Wagnerschen Musikdrama zu begreifen wäre. Das Happy End erlebte seinen endgültigen Triumph am Broadway und in Hollywood – von wo es schließlich als Signum der Unterhaltung in die bläulich illuminierten Wohnzimmer herabstieg.

Vor den Bildschirmen schrumpft das lineare Zeitbewußtsein zu einer einzigen Funktion zusammen: der Kanal soll nicht gewechselt werden. Kitschig gewordene Musik, die mittlerweile jedem Lebensvorgang ihre Begleitung anbietet, stellt den Grundton und seine mechanischen Kadenzierungen nicht einmal vorübergehend in Frage und legt den Gegensatz von Rhythmus und Metrum still. Sie selbst vermag kein zeitliches Kontinuum mehr aufzuspannen: sie findet kein Ende, da sie doch im Innersten aus bloßen Wiederholungen besteht. Die Destruktion der Zeit, die sie verspricht, ist nun aber nicht wie die des Kultes an ein kollektives Subjekt und dessen Reproduktion gebunden. Sie betäubt die Vereinzelung.

Die Eule der Minerva mag also ihre Flüge versuchen, das Telos ist lange schon verfinstert; von der Geschichte ist die Aufgabe gestellt, die hier vor der ästhetischen Analyse liegt. Wie die Interpretation musikalischer Gebilde nicht bei der Erkenntnis stehen bleiben kann, in welcher Tonart und in welchem Taktmaß ein Stück komponiert ist – zu welchem Grundton die Musik zurückkehrt, welchen metrischen Rahmen sie besitzt – vielmehr erkunden muß, worin und wie die Musik sich von ihnen entfernt, hat die Analyse die Dramatik so zu beleuchten, daß der Ausgang seinen Schatten nicht vorauswerfen kann. Sie muß das Ziel übersteigen oder unterlaufen, um zur Eigenart der dramatischen Kunst vorzudringen. Die Geschichte der Philosophie kennt nur einen Denker, in dessen System eine ähnlich große Spannung – und Problematik – durch das Telos entsteht: Hegel hat sie vielleicht am prägnantesten an der berühmten Stelle der *Phänomenologie des Geistes* zum Ausdruck gebracht, wo es heißt, »die Sache ist nicht in ihrem Zwecke erschöpft, sondern in ihrer Ausführung, noch ist das Resultat das wirkliche Ganze, sondern es zusammen mit seinem Werden; der Zweck für sich ist das unlebendige Allgemeine, wie die Tendenz das bloße Treiben, das seiner Wirklichkeit noch entbehrt; und das nackte Resultat ist der Leichnam, der die Tendenz hinter sich gelassen.«[20] Wen wundert es, daß dieser Philosoph die wichtigsten Begriffe zur Analyse der dramatischen Kunst in seiner Ästhetik hinterlassen hat: Hegel wußte, wovon er sprach, als er mit der Kollision den »Angelpunkt« des Dramas benannte, die dramatische Handlung als eine bestimmte, die »wesentlich auf einem kollidierenden Handeln« beruhe – beruht doch seine eigene

Entwicklung des Geistes auf den Kollisionen der Dialektik und endet wie die *Orestie* des Aischylos in einer gewaltigen und gewaltsamen Versöhnung. Die Bewegung des Dramas wird von der Dialektik illuminiert – und sogleich verdunkelt durch deren teleologische Orientierung. Den größten Schatten wirft der Satz: »Es ist unserem Gefühl entsprechender, daß die Tragödien Ausgänge haben, die versöhnend sind.«[21] Und in dieser Hinsicht gibt Hegel der *Orestie* den Vorzug, denn darin werden wir zuletzt mit dem Muttermord des Orest versöhnt. Der interpretierende Philosoph übernimmt die Rolle Athenes: »Lossprechen heißt eben dies: ungeschehen machen«.[22] *Antigone* aber beunruhigt den teleologischen Geist – bleibt ja hier »ein Unaufgelöstes, indem das Höhere nicht als die unendliche geistige Macht hervortritt; es bleibt unbefriedigte Trauer darin, indem ein Individuum untergeht. Die höhere Versöhnung wäre, daß im Subjekt die Gesinnung der Einseitigkeit aufgehoben würde – das Bewußtsein seines Unrechts – und daß es sich in seinem Gemüt seines Unrechts abtut.«[23] Antigone gibt die Gesinnung der Einseitigkeit nicht auf, ihr gewaltsamer Tod ist die einzige Aufhebung der Einseitigkeit, die dem Drama bleibt; sie läßt das Höhere keineswegs als unendliche geistige Macht hervortreten. Hegel ist immer wieder auf diese Tragödie zurückgekommen. *Antigone* hat ihm keine Ruhe gelassen, er ist mit ihr im wörtlichen Sinne nicht fertig geworden. In der *Phänomenologie des Geistes* und in den *Vorlesungen über die Ästhetik* ist das Telos allerdings soweit distanziert, daß die Interpretation dem Unversöhnlichen nähertreten kann: »Die Bewegung der sittlichen Mächte gegeneinander und der sie in Leben und Handlung setzenden Individualitäten hat nur darin ihr wahres Ende erreicht, daß beide Seiten denselben Untergang erfahren. Denn keine der Mächte hat etwas vor der anderen voraus, um wesentlicheres Moment der Substanz zu sein.«[24] Die Mächte heißen Staat und Familie, und sie haben ein Geschlecht: »Das menschliche Gesetz also in seinem allgemeinen Dasein, das Gemeinwesen, in seiner Betätigung überhaupt die Männlichkeit, in seiner wirklichen Betätigung die Regierung, ist, bewegt und erhält sich dadurch, daß es die Absonderung der Penaten oder die selbständige Vereinzelung in Familien, welchen die Weiblichkeit vorsteht, in sich aufzehrt [...] Indem das Gemeinwesen sich nur durch die Störung der Familienglückseligkeit und die Auflösung des Selbstbewußtseins in das allgemeine sein Bestehen gibt, erzeugt es sich an dem, was es unterdrückt und was ihm zugleich wesent-

lich ist, an der Weiblichkeit überhaupt einen inneren Feind.«[25] Hält
Hegel hier den unauflösbaren Widerspruch fest, so setzt das Teleologische sich doch darin durch, *wie* dieser Widerspruch begriffen wird; als
einer, der von vornherein auf seine Auflösung hin gedacht ist: daß die
streitenden Individuen »das verletzen, was sie ihrer eigenen Existenz
gemäß ehren sollten. So lebt z. B. Antigone in der Staatsgewalt Kreons;
sie selbst ist Königstochter und Braut des Hämon, so daß sie dem Gebot des Fürsten Gehorsam zollen sollte. Doch auch Kreon, der seinerseits Vater und Gatte ist, müßte die Heiligkeit des Bluts respektieren
und nicht das befehlen, was der Pietät zuwiderläuft. So ist beiden an
ihnen selbst das immanent, wogegen sie sich wechselseitig erheben
[...].«[26] Man fragt sich, warum es überhaupt zur Kollision noch
kommt, so tief ist hier die Versöhnung in die Kollision projiziert. Die
Einseitigkeit von Antigone und Kreon scheint darin vollkommen sub-
jektiviert; und tatsächlich stößt man immer wieder in der Hegelschen
Ästhetik auf die Tendenz, die Objektivität der Lösung dramatischer
Konflikte zuzuordnen und die Subjektivität den kollidierenden Kräften: nicht die Kollision ist dann das Objektive sondern ihre Auflösung.
Im Dramatischen treten, so Hegel, »die geistigen Mächte ihrem einfa-
chen substantiellen Inhalte nach als Pathos von Individuen gegeneinan-
der auf, und das Drama ist die Auflösung der Einseitigkeit dieser
Mächte, welche in den Individuen sich verselbständigen«[27]. Doch das
Drama – vom teleologischen Blick befreit – ist das Gegeneinander-Auf-
treten selber, und der Konflikt ist das Objektive. Es ist niemand anderer
als Hegel, der für diese Destruktion der Teleologie die wichtigsten
Bestimmungen gesetzt hat; er spricht von der totalen Bewegung: die
Umstände für das dramatische Handeln sind »von der Art, daß der
individuelle Zweck dadurch von anderen Individuen Hemmnisse erfährt, indem sich ihm ein entgegengesetzter Zweck, der sich gleichmäßig Dasein zu verschaffen sucht, in den Weg stellt, sodaß es in diesem
gegenüber zu wechselseitigen Konflikten und deren Verwicklung
kommt. Die dramatische Handlung beruht deshalb wesentlich auf
einem kollidierenden Handeln, und die wahrhafte Einheit kann nur in
der totalen Bewegung ihren Grund haben« – doch schon in der Formulierung des Nebensatzes, der diese totale Bewegung näher bestimmt,
verschränkt der dialektische Begriff sich mit dem teleologischen: »daß
nach der Bestimmtheit und der besonderen Umstände, Charaktere und
Zwecke die Kollision sich ebensosehr den Zwecken und Charakteren

gemäß herausstelle, als ihren Widerspruch aufhebe.«[28] Dieses »ebenso –
als«, die Identität von Kollision und Aufhebung, nimmt der Hegelschen
Ästhetik die dialektische Spitze. In seiner Dramentheorie gerät darum
die Besonderheit der Charaktere immer wieder unter die Herrschaft des
Allgemeinen; den Personen des Dramas wird zugemutet, Allegorien
gleich bestimmte Mächte zu verkörpern, sie werden zum Material eines
ordnenden Weltgeistes, der nur darauf *wartet*, in sein nächstes Stadium
überzugehen. Die eigene Welt des Dramas wird transzendiert zum
Ideentheater des Weltgeistes – und solche Transzendenz ist von der
Ausgleichung der Widersprüche aus entworfen: »Einerseits nämlich
findet der Kampf der sich entgegenstehenden Zwecke seine Ausgleichung; andererseits haben die Individuen mehr oder weniger ihr ganzes
Wollen und Sein in ihre zu vollbringende Unternehmung hineingelegt,
so daß also das Gelingen oder Mißlingen derselben, die volle oder beschränkte Durchführung, der notwendige Untergang oder die friedliche Einigung mit anscheinend entgegengesetzten Absichten auch das
Los des Individuums insoweit bestimmt, als es sich mit dem, was es ins
Werk zu setzen gedrungen war, verschlungen hat. Ein wahrhaftes Ende
wird deshalb nur dann erzielt, wenn der Zweck und das Interesse der
Handlung, um welche das Ganze sich dreht, identisch mit den Individuen und schlechthin an sie gebunden ist.«[29] Nun versteht man auch die
Beunruhigung des Philosophen durch Antigone: hier geht ein Individuum zugrunde, das sein ganzes Wollen und Sein in die zu vollbringende Unternehmung gelegt hat, ohne daß der Kampf der entgegenstehenden Zwecke, der sittlichen Mächte, die Kollision von Familie und
Staat, Männlichkeit und Weiblichkeit eine Ausgleichung finden würde.
Wenn die kollidierenden Individuen auch untergehen, indem sie sich
vernichten, die Voraussetzungen für ihre Kollisionen bleiben bestehn –
wenn es denn substantielle Zwecke sind, die sie verfolgt haben und
nicht bloß partikuläre Leidenschaften. Von ihrem Ende her gesehen
sind die Individuen zum wenigsten identisch mit den Zwecken und
Interessen der Handlung. Ihr Ende entzweit sie vielmehr von jenem
Zweck, dem sie sich ganz hingegeben haben. Wird indessen die vollkommene Identität von Individuum und Interesse / Zweck stipuliert,
eine Identität, die über das Ende des Individuums noch hinausreicht,
dann werden die Individuen selber zu Allegorien jener Zwecke, die sie
verfolgen. Dabei ist es Hegel, der vor Allegorisierung warnt: die Charaktere, sagt er, dürfen »keine bloß personifizierten Interessen sein [...]

Solche Abstraktionen bestimmter Leidenschaften und Zwecke bleiben schlechthin wirkungslos; auch eine bloß oberflächliche Individualisierung genügt in keiner Weise, indem dann nach Art allegorischer Figuren Inhalt und Form auseinanderfallen.«[30] Hegels eigene Teleologie dynamisiert gewissermaßen die konventionelle, religiöse Konstitution der Allegorie, seine Ästhetik verhält sich zur Religion ähnlich wie der am Ende erscheinende Shakespearesche Befreier-Herrscher zum klassischen deus ex machina: er schwebt nicht – an religiöse Vorstellungen gebunden – von oben herab, er zieht mit einem Heer von teleologischen Begriffen, der Staat an der Spitze, von außen herbei.

Nicht in der Ausgleichung der Widersprüche, sondern in ihrer Einheit wäre die Bewegung des Dramas zu begreifen – von einer Wissenschaft allerdings, die selber an der Einheit der Gegensätze festhält, oder, wie Peter V. Zima formulierte, »bei der Ambivalenz verharrt und eine Aufhebung im Positiven ebenso ablehnt wie die von ihr ermöglichte Systemkonstruktion«.[31] Am nächsten kommt Hegel einer solchen vom Telos befreiten Dialektik, wo es um die Bestimmung des Dialogs geht: »Die vollständigste dramatische Form [...] ist der Dialog. Denn in ihm allein können die handelnden Individuen ihren Charakter und Zweck sowohl nach Seiten ihrer Besonderheit als in Rücksicht auf das Substantielle ihres Pathos gegeneinander aussprechen, in Kampf geraten und damit die Handlung in wirklicher Bewegung vorwärtsbringen.«[32] Zu einem Ziel aber muß diese Bewegung nicht führen. Der Dialog als die vollständigste dramatische Form erlaubt es recht eigentlich erst, die Kollision vom Telos zu entkoppeln: der Dialog, seinem Begriff nach »dynamische Aussprache« (Paul Stefanek) im Gegensatz zur »Beschwörung«, folgt keinem vorgegebenen Ziel, jeder der beiden Dialogführenden verfolgt sein eigenes Ziel – in ihrem wechsel- und gegenseitigen Verfolg entsteht ein Drittes, das kein Ziel ist, soweit es der ursprünglichen Intention der Handelnden nicht mehr zu entsprechen vermag. Ein Drama ist nicht nur der Ort, wo gegensätzliche Interessen aufeinanderstoßen, es besteht wesentlich darin, daß die Pläne der miteinander konfligierenden Personen sich durchkreuzen. Einen dramatischen Dialog zu schreiben, bedeutet ein antiteleologisches Unterfangen, eine gegen die Teleologie gerichtete Aktion. Auch wenn er das Ziel des Dramas im Kopf hat, kein Dramatiker weiß, wohin ein Dialog ihn führt. Der mit Waffen geführte Zweikampf ist nicht die Fortsetzung des Dialogs mit anderen Mitteln, er ist sein Ende: denn hier vermag sich das Telos des Stücks ohne Schwierigkeiten durchzusetzen. Die Auflösung der immer chaotischer werdenden *Hamlet*-Dramaturgie scheint anders als durch ein Blutbad nicht mehr zu gelingen.

So wenig Hegels Interesse für das Drama erstaunt, so wenig wundert es, daß ein Dialektiker der Musik wie Theodor W. Adorno seine wichtigsten Gedanken aus der Kritik der Hegelschen Teleologie gewann. Wie es übrigens bezeichnend ist, daß Hegel auf dem Gebiet der Musik, in dem er, wie er gesteht, »wenig bewandert« ist, ungleich teleologischer argumentiert als auf dem des Dramas. Hegel nimmt zwar an, daß die Musik Mittel besitzen müsse, »welche den Kampf von Gegensätzen zu schildern befähigt sind«, ihr »Wahrhaftes« sieht er indes in der »Notwendigkeit einer Auflösung von Dissonanzen« und im »Rückgang zu Dreiklängen«[33]. Adorno nun formuliert die »Frage aller Musik« bereits als Kritik an der Hegelschen Totalität: »wie kann ein Ganzes sein, ohne daß dem Einzelnen Gewalt angetan wird.«[34] Daß es sich dabei um die Frage nach dem Verhältnis von Dialektik und Teleologie handelt, war Adorno nicht immer bewußt, folgte doch auch seine Philosophie einem Telos, es ließe sich als Umkehrung des Hegelschen begreifen: Negation. Oft war sein Blick von diesem Ziel so gebannt, daß er die Kunst als solche in Widerspruch zur Realität setzen und nur darin ihre Wahrheit gelten lassen wollte. Je konkreter er sich jedoch auf die Eigenart der Kompositionen einließ, desto schärfer wurde sein Sinn für die Dialektik *in* der Musik, und selten war Adorno das Telos-Problem so bewußt, wie in seiner fragmentarisch gebliebenen Auseinandersetzung mit Beethoven, die eigentlich dessen Engführung mit Hegel darstellt. »Gegen das Resultat« entwarf Adorno hier seine Philosophie der Musik. »Die Schlußakkorde, oder die Coda schon sind in gewissem Sinn Resultat und ohne sie das Treiben leer, aber sie allein sind – als ihrem eigenen Wesen nach dingliche – buchstäblich der ›Leichnam‹, der die Tendenz hinter sich gelassen‹.«[35] Bei Hegel und Beethoven erblickt Adorno »die höchste Erhebung des bürgerlichen Geistes. Aber es ist tief bezeichnend, daß trotzdem bei Beethoven die Reprise in demselben Sinn ästhetisch fragwürdig bleibt wie bei Hegel die These der Identität, und zwar tiefsinnig paradoxer Weise bei beiden abstrakt, mechanisch.«[36] Der Philosoph der Neuen Musik gelangt auf diese Weise zu einer Theorie der Tonalität, die ihren Ausgangspunkt in der Erkenntnis hat, »daß die Substanz der tonalen Musik in der Abweichung vom Schema besteht«[37] und die Stärke des klassischen Stils in einer »spezifische[n] Art der symphonischen Teleologie« zu suchen ist, »die nicht zu einem ›Ziel‹ führt: vermöge des symphonischen Prozesses vielmehr wird die Musik als Leib enthüllt. Die Symphonie bewegt, regt ›sich‹; bleibt stehen, geht weiter und die Totalität ihrer Gesten ist die intentionslose Vorstellung des Leibes.«[38] So nehmen »die großen Finalsätze Beethovens stets den Charakter der Paradoxie« an – »vielleicht hat Musik, in der antagonistischen Welt, nie schließen können, wie es jetzt offenbar ist.«[39]

Kleiner Exkurs über Kunst und Arbeit

Entpuppt sich das Ziel als der Ort, wo Herrschaft sich behauptet, dann bleibt die Kunst auf der Strecke. Sie ist jedenfalls keine Baumeisterin, ihre Ziellosigkeit erinnert fast an die bewußtlose Tätigkeit der Biene – namentlich jener Biene, die Marx in seinem berühmten Vergleich der Arbeit entgegensetzt: »Was [...] von vornherein den schlechtesten Baumeister vor der besten Biene auszeichnet, ist, daß er die Zelle in seinem Kopf gebaut hat, bevor er sie in Wachs baut. Am Ende des Arbeitsprozesses kommt ein Resultat heraus, das beim Beginn desselben schon in der Vorstellung des Arbeiters, also schon ideell vorhanden war. Nicht daß er nur eine Formveränderung des Natürlichen bewirkt; er verwirklicht im Natürlichen zugleich einen Zweck, den er weiß, der die Art und Weise seines Tuns bestimmt und dem er seinen Willen unterordnen muß.«[40] Am Ende eines ästhetischen Prozesses aber mag ein Resultat herauskommen, das am Beginn desselben ideell noch nicht vorhanden war. Es war da eher ein Traum von einem Resultat, ein Wunsch – und sobald ein Wunsch einmal erfüllt ist, läßt er sich kaum wiedererkennen. Freilich wird hier auch kein Zweck im Sinne der Arbeit verwirklicht; während solcher Zweck vom Stoffwechsel mit der Natur gefordert wird und ein genaues, überprüfbares und wiederholbares Resultat des Arbeitsvorganges verlangt, setzt die Kunst sozusagen die Beziehungen zwischen den Menschen als Selbstzweck. Das Wort ist mit gutem Grund paradox. Wollte man für die Kunst unbedingt einen Zweck formulieren, so wäre es die nichtssagende Definition, Menschen über Dinge miteinander in Beziehung zu setzen. Ästhetische Denker wie Kant oder Goethe konnten mit solcher Zwecklosigkeit gut leben, sie hatten dazu in der Natur eine gewaltige und das

Denken beruhigende Analogie gefunden. Erst eine Kunstphilosophie jenseits der Natur, wie sie von Hegel entworfen wurde, vermochte sich mit der Entfremdung des Ästhetischen vom teleologischen Prozeß nicht mehr abzufinden. Die Kunst wurde zu einer der Etappen des voranschreitenden Weltgeistes. Kraft der Marxschen Theorie war solcher Geist als aufgeblähter Geistesarbeiter zu entlarven, die Geschichtsteleologie als Entgrenzung der Arbeitsteleologie kritisierbar geworden. Die Ziel-Setzung konnte mit Marx auf den Akt des Arbeitens reduziert werden[41] – doch wo blieb dann die Kunst: war sie als Analogie zur Arbeit zu begreifen oder als übriggebliebener Weltgeist? Bei vielen nachhegelschen Entwürfen scheint es, als müßte die Kunst sogar die ganze Last des geschichtsphilosophischen Telos auf sich nehmen. Die Theorien der Avantgarde erklären die Kunst nachgerade zum Stellvertreter einer erschöpften, in sich zusammenbrechenden Teleologie der Geschichte – und diese selbst verkürzt sich unter dem Druck einer teleologisch unfaßbar gewordenen Moderne zur Utopie oder zur Negation.

Ob er nun als das Selbstbewußtsein der Menschheit oder als Utopie ihrer Befreiung formuliert wird, der Zweck der Kunst läßt sich offenbar teleologisch nicht festlegen; er verfängt sich gleichsam im Paradoxon des Selbstzwecks und zieht das Resultat mit hinein: weil der Zweck als konkreter nicht anzugeben ist, können die Künstler das Resultat ihres Schaffens auch nicht gedanklich vorwegnehmen: der Kunst haftet Unabwägbares, Unberechenbares an. Man weiß am Anfang nicht, was am Ende dabei herauskommen wird – und wiederholen läßt sich nichts in der Kunst. Das Gefühl, mit einem Text, mit einer Skulptur, mit einem musikalischen Stück, fertig zu sein, unterscheidet sich von jenem eindeutigen Punkt, an dem der Baumeister sein ideelles Ziel erreicht hat. In dem Unterschied könnte die Eigenart des Ästhetischen begriffen werden.

Aber auch der Baumeister erreicht sein Ziel und erreicht zugleich etwas anderes. »Die wirkliche Arbeit«, schreibt Peter Furth, »realisiert immer mehr als den reinen Inhalt des gesetzten Zweckes. Denn der Zweckinhalt, das antizipierte Allgemeine, ist ein abstrakt Allgemeines, das zu seiner Verwirklichung des Einzelnen bedarf. Das Einzelne ist nun aber nicht bloß willfähriger Stoff; von ihm geht selber eine Determination aus, die sich gerade in dem Unterschied zwischen antizipiertem und verwirklichtem Zweck geltend macht. [...] In der wirklichen Arbeit

geschieht also immer eine Negation des subjektiven Telos, und diese
Negation wird schmerzlich erfahren und immer wieder erfahren.«[42]
Die subjektive Schmerzschwelle ist dabei schon lange überschritten:
die Gesellschaft selber erfährt in den ökologischen Krisen die Differenz
zwischen gesetztem und realisiertem Zweck als wachsende Bedrän-
gung. In der ästhetischen Produktion indessen wird die Negation des
subjektiven Zwecks nicht schmerzlich, sondern mit Lust erfahren: sie
befindet sich nicht im Reich der Notwendigkeit, muß nicht den Imperativen der Reproduktion gehorchen; so vermag sie *dem Einzelnen* gegenüber dem abstrakt Allgemeinen mehr Gewicht zu geben: es wird
nicht als Störendes, als Negation empfunden, sondern als unaufheb-
barer Widerspruch genossen. Hat der Begriff des Realismus in der Ästhetik noch einen Sinn, so wäre er wohl in diesem Widerstand gegen die
absolute Herrschaft des teleologischen Denkens zu fundieren. Und der
historische Ursprung ästhetischen Verhaltens wäre dort zu suchen, wo
die Menschen sich der Konflikte und Enttäuschungen, die mit der
Werkzeugproduktion ins Leben treten, bewußt werden – ohne sie doch
auflösen zu können.

In der Unterscheidung von Herstellen und Handeln, wie Hannah
Arendt sie durchführt, nimmt ästhetische Praxis darum eine merkwürdige Zwischenstellung ein: in der »Verdinglichung durch das Kunstwerk« wird das Handeln ein Hergestelltes: »Die dem Handeln eigenen
Aporien, die Unabsehbarkeit der Konsequenzen, das Nicht-Wieder-
Rückgängigmachen-Können der einmal begonnenen Prozesse und die
Unmöglichkeit, für das Entstandene je einen Einzelnen verantwortlich
zu machen,«[43] bleiben darin erhalten, doch stehen sie im Widerspruch
zur Tätigkeit des Herstellens, »für die es nur eines Mannes bedarf, der
abgesondert von den Störungen durch die anderen, von Anfang bis
Ende Herr seines Tuns bleibt«[44]. Solcher Widerspruch, das wußte
Hannah Arendt, gewinnt in der dramatischen Kunst, als der dem Handeln entsprechenden Kunstgattung, seine schärfsten Formen – und
darum ist das Theater tatsächlich »die politische Kunst par excel-
lence«[45].

So mag die Auffassung, daß die Kunst das Reich der Beliebigkeit sei,
neuerdings nennt sie sich postmodern, zwar auf die Tendenz des heutigen Kunstbetriebs passen, sie ist aber nur die einfache abstrakte Umkehrung der Teleologie, nicht deren Kritik. »Anything doesn't go«
könnte vielmehr das Motto lauten, das der Eigenart der ästhetischen

Produktion gerecht wird, soweit ihre Kritik am Telos von den Widersprüchen des Handelns und des Herstellens nicht abstrahiert.

»Zweckmäßigkeit ohne Zweck«[46] legte Kant der Beurteilung des »Schönen« zugrunde. Demnach sind zweckmäßige Verhältnisse im Ästhetischen zu entdecken, doch gibt es keinen, ihnen allen gemeinsamen Zweck, dem sie folgen. Die Frage ist nur, ob sich in dieser vom Zweck befreiten Zweckmäßigkeit nicht doch die Teleologie wieder einzuschleichen vermag. Die Ästhetik – als Wissenschaft der schönen Künste – hat dieser Frage wenig Aufmerksamkeit geschenkt; sie beschäftigte sich die längste Zeit mit Begriffen, die das Ästhetische nur im allgemeinen betreffen: die Schönheit, das Erhabene, das Werk (als Totalität); während jene Zweckmäßigkeit sich auf ihren teleologischen Aspekt hin nur im Besonderen der einzelnen Gattungen befragen ließe. Zur Zweckmäßigkeit des Romans etwa gehört es, daß er einen Abschluß hat. Zu fragen aber wäre, wie im Roman sich das Werden gegenüber diesem Resultat behaupten kann. In den bildenden Künsten wiederum scheint das Verhältnis zwischen Zweckmäßigkeit und Teleologie ganz entspannt: von einem Vorgang vermögen sie nur einen Augenblick festzuhalten – ein Telos zu gestalten, liegt offenbar jenseits ihrer Möglichkeiten. Es scheint einzig die Allegorese zu sein, die ihnen das Telos zuzufügen vermag.

Ganz anders steht es um jene ästhetischen Formen, deren Sinn und Wirkungsweisen unmittelbar in den Ordnungen der Zeit liegen: Musik und Drama / Theater. Sie haben, so lehrt ihre Geschichte, ein besonders gespanntes Verhältnis zum Ende. Die Frage nach dem Ziel stellte sich dabei der Musik, jenem notorischen Spätling der Kultur, wesentlich später als dem Drama. Sie stellte sich erst, als die Musik sich – unabhängig vom Wort – von der Monotonie zyklischen Zeitempfindens emanzipierte und ihre Kunst als autonomes Geschehen in einem linear aufgefaßten Kontinuum entfaltete.

LA MUSICA:

Or mentre i canti alterno, or lieti or mesti,
Non si mova augellin fra queste piante,
Né s'oda in queste rive onda sonante,
Et ogni auretta in suo cammin s'arresti

Wenn ich nun meine Lieder singe, bald heiter,
bald traurig,
soll der Vogel im Baum unbewegt lauschen,
soll keine Welle an die Ufer schlagen
und jedes Lüftchen still verweilen

Monteverdi *L'Orfeo*

Die liturgische Praxis der Geistlichen unterscheidet sich wesentlich von dem Kult der Antike: der Priester vollführt die Verwandlung nicht am eigenen Leib, er führt sie – als Erinnerung an ein einmaliges Opfer – mit Brot und Wein nur vor[47]. Die Distanz zum Göttlichen und die Abstraktion vom Körperlichen eröffneten eine eigenartige Dialektik. Man könnte von der List des Körpers sprechen. Um das Unkörperliche, Übersinnliche darzustellen, das Gute und das Böse, die »gute« christliche Religion und die »schlechte« jüdische, die Laster und die Tugenden konnte man auf menschliche Stimme und Gestalt nicht verzichten: so entstanden die Allegorien; und man griff schließlich zu Szenen aus der Bibel, um die Passionsgeschichte Jesu nicht zu verkörpern, aber nachzuspielen. Die Kirche folgte damit dem Zweck, volkstümlich zu werden oder besser: zu bleiben, wie Erich Auerbach anhand des Adamspiels (*Mystère d'Adam*) vom Ende des 12. Jahrhunderts betonte: »der uralte erhabene Vorgang soll gegenwärtig sein, er soll zu einem gegenwärtigen, jederzeit möglichen, jedem Hörer vorstellbaren und vertrauten Geschehen werden.«[48] Doch solche Gegenwärtigkeit blieb zunächst eingebunden in transzendente, heilsgeschichtliche Zeit, jedes gegenwärtige Geschehen war zugleich als »jederzeitlich oder überzeitlich aufzufassen«[49]. Der transzendente Sinn verblaßte im Spiel wie im Gesang, je öfter sich die Blicke der Spielenden und Singenden treffen konnten, je dichter der Bezug zwischen den gestalteten Figuren gewoben wurde; sodaß sie ihre Konflikte schließlich nicht mehr vermittelt über die göttliche Instanz, sondern im unmittelbaren Gegenüber austragen konnten. In die Allegorien schlichen sich gesellschaftliche Interessen ein, die in der transzendenten Bedeutung des Guten und des Bösen nicht aufgingen. Die Allegorie des Bösen, die nur darum böse, weil sie das Böse ist, die aber nicht handelt, nichts Böses tut, ist reine Allegorie. Sobald sie jedoch in Beziehung tritt zu anderen, etwas bestimmtes »Böses« tut, verliert sie schon ihren aus dem Jenseits kommenden teleologischen Sinn[50]. Aus dem Teufel wird Richard der Dritte, dessen »Böses« aufgelöst ist in zwischenmenschlichem Bezug: es existiert nur in seinem Verhalten zu den anderen. Die Wiedergeburt des Dramas erfolgte nicht aus dem Geiste der Musik, sondern – wie die Geburt der Musik selber – aus dem des Konflikts.

Die Antwort der christlichen Religion auf die antike Kultur war keineswegs Rückkehr zur zyklischen Zeit: das Telos, das sich am Ende des linearen Zeitraums politisch festgesetzt hatte – es wurde nun transzendiert: das Jenseits ist das Ziel, und es zu erreichen, bedeutet, den Körper vernichten. Die menschliche Stimme erhielt in diesem ideologischen Zusammenhang eine besondere Bedeutung: Kommunion mit Gott ohne Körper. Doch auch die Stimme ist etwas Körperliches – und darin liegt eine Verführung zum zwischenmenschlichen Bezug. Treten zwei Stimmen zusammen zur Kommunion mit Gott, so vermag sich zwischen ihnen selber eine Beziehung herstellen, die jene zu Gott allmählich verblassen läßt. Der zwischenmenschliche Bezug, von dem in der Feier des Gottesdienstes zu transzendieren war, kehrte in der Mehrstimmigkeit der Musik zurück. Die Loslösung der Musik von den Bewegungen des Körpers war wohl Voraussetzung für die Ausbildung eines selbständigen musikalischen Zeitbewußtseins, das sich letztlich auch vom Text emanzipieren konnte. Mit der Mehrstimmigkeit gewann die Musik eine Dimension hinzu, die es erlaubte, aus der Zweidimensionalität von Melodie und Rhythmus in einen »Quasi-Raum« (Georg Lukács)[51] überzugehen. Der Eintritt könnte etwa im sogenannten Quartorganum des 9. Jahrhunderts wahrgenommen werden: zwei Stimmen beginnen mit dem gleichen Ton; während die Oberstimme aufsteigt, bleibt die zweite Stimme solange auf der ursprünglichen Tonstufe, bis das Intervall einer Quarte zwischen den Stimmen erreicht ist – an solchen Stellen müssen sich die Blicke der Singenden getroffen haben; ihre Stimmen bewegen sich nun in parallelen Quarten weiter, finden sich aber am Schluß einer Notenzeile wieder im Einklang – nicht unbedingt aber auf der Höhe des ersten Tons. Noch bestimmt der Text – als Format der Zeile – Anfang und Ende der Musik: zwischen beiden aber hat die Musik eine erst musikalische Form ausgebildet, sie zeigt, so Peter Schnaus, »in jeder Zeile ein Anfangen, eine Mitte mit Höhepunkt und ein Schließen und damit grundlegende Formkriterien im Sinne einer Werkgestalt«[52]. Es ist dies die Urgestalt des Zeitbewußtseins in der Musik. Wie es im geschlossenen Raum der Liturgie entstehen konnte, mag weit schwerer noch zu erkennen sein als die Entstehung des Dramas aus dem Kult. Offenbar erlebten die Singenden Konflikte, in denen durch Kirche und Glauben geeinte Interessen erneut auseinanderstrebten, Konflikte, die sich durch ein Telos, das nur im Jenseits und nirgend sonst zu finden war, nicht mehr auslöschen ließen: das Telos mußte auf der Erde selbst erscheinen, erklingen. Solchermaßen gestaltete Tropen, die um die Liturgie herum oder in sie hinein komponiert wurden, waren nicht zufällig die ersten Berührungspunkte geistlicher Musik mit der bäuerlich spielmännischen Musikpraxis, die selbst spontane Formen der Mehrstimmigkeit kannte.[53] Im Zusammenstoß verschiedener musikalischer Praktiken bildete die Musik erst eine ihr allein eigene Weise aus, Zeit zu strukturieren. Von fern her erinnert dies an die Entstehung des Dramas in der Antike, worin der bäuerliche Fruchtbarkeitskult des Dionysos und die aristokratische Tradition der Heroenlegende aufeinandergestoßen waren.

Die Verknüpfung von Wort und Ton wird dem Dialog zum Problem erst, wenn die Musik für sich ein Verhältnis von Konflikt und Telos herzustellen und in dessen Gestaltung Formen auszubilden beginnt. Die Musik des antiken Theaters aber war – soweit sie rekonstruiert werden kann – eine Musik ohne genuine Zeit: sie selber fand für sich keinen Anfang und kein Ende: wohl kehrte sie zu einer Art Grundton zurück, wenn der Text endete, doch einen Grund dafür in der Musik selbst, also eine musikalische Form, gab es in diesem Sinn eben nicht.[54] Der lyrische oder dramatische Text schuf für sie Anfang und Ende, und sie füllte das davon gespannte zeitliche Kontinuum mit Tönen, deren Funktion wesentlich darin lag, daß sie voneinander differierten wie die Laute der Sprache und mit den Bewegungen des Körpers zur Einheit verschmolzen. Die lineare Zeit der antiken Musik war eine geborgte, nicht selbst geschaffene, und darum prägten sich im wesentlichen keine kompositorischen Formen aus. Hegel nennt die Musik »kadenzierte Interjektion« – in dieser frühen Musik gab es offenbar keinen Raum für Kadenzierung, so blieb die Interjektion, die in der Musik wie durch ein Echo verlängert wurde[55].

Im Jahre 1585 wurde in Vicenza das von Palladio entworfene Teatro Olimpico mit einer Aufführung des Sophokleischen *Edippo Tiranno* (in italienischer Übersetzung) eröffnet. Die Dialoge wurden gesprochen, die Chöre gesungen – sie waren von Andrea Gabrieli in mehrstimmigem Satz komponiert. Die sogenannte Erfindung der Oper, die für diese Jahre datiert wird, bezeichnet wohl nichts anderes als den Zeitpunkt, da man sich eines Problems bewußt wurde: Die Vereinigung von Text und Musik im Drama provozierte den Zusammenstoß zweier heterogener Zeiträume: Konflikte verschiedener ›Ordnung‹ überlagerten sich, die miteinander nicht mehr synchronisierbar schienen. Denn die Interjektionen konnten nun von der Musik tatsächlich kadenziert werden. Die Versuche, zur Einstimmigkeit der Antike zurückzukehren, wie man sie in den Kreisen der Florentiner Camerata unternahm, folgen darum durchaus der Logik des Ästhetischen. Eben aus diesen Versuchen hat sich das Rezitativ der später vorherrschenden Opernform entwickelt, eine musikalische Kompositionsweise, die sich ganz in den Dienst der Rede zu stellen vermag. Die im Ablauf des musikdramatischen Geschehens schließlich wechselnde Dominanz von Text und Musik zeigt an, daß auf dramatischem Boden Musik und Sprache nicht mehr homogenisiert werden konnten. So überlagert entweder die Musik den Text – wie in den einzelnen »Nummern« – oder der Text schiebt sich – wie in den Rezitativen – über die Musik. Die Komponisten der frühen Oper wurden sich darüber klar, daß Dialoge und Situationen entweder als heteronomes Rezitativ oder als autonome musikalische Nummer (Arie, Duett, Terzett, Ensemble, Chor – hinzu kommen noch Ouvertüre, musikalisch-symphonisches Intermezzo, Ballett) komponiert werden konnten. Soweit die Gestalten auf der Opernbühne an den musikalischen Stücken Anteil nehmen, werden sie verbunden durch das Sein in einer Zeit, die mit der des gesprochenen Dramas nicht identisch ist. Wer beim Hören einer Oper nicht die Partitur sondern das Libretto zu lesen versucht, wird meist dazu verleitet, der Musik vorauszueilen, an manchen Stellen wiederum wird er ihr hinterherhinken. Jede Oper könnte ohne Musik aufgeführt werden, und man würde ihren Inhalt, ihre Handlung verstehen; manches müßte allerdings hinzugedacht, hinzugefühlt werden, um die Wendungen der Handlung mitvollziehen zu können; eine Art innere Handlung würde fehlen; eine Handlung, die im Inneren der Singenden ihren Ursprung haben mag, doch keine Grenze findet an ihrer Individualität, ja nicht einmal an ihrer Gesellschaftlichkeit, sofern sie Natur und Dinge durchdringt und belebt. Die Musik ist also nicht im selben Sinn Handlungsträger wie der Dialog im Drama. Sie rückt aber die Handlung immer

wieder in einen anderen Zeit-Raum und sprengt darum die strenge
Form des Dramas, den Dialog, wie sie andererseits ins Rezitativ zu-
rückgedrängt werden muß, damit der Dialog zu seinem Recht gelangt.
Was im Dramentext eine bloße Interjektion ist, ja ein Ausrufungszei-
chen, ein Beistrich oder ein Gedankenstrich, wird von der Musik wahr-
haftig kadenziert: ausgeweitet zu einer dramatischen Enklave, die das
ganze Interesse des Publikums auf sich zu ziehen vermag. Der Raum,
der hier entsteht, vereinigt die an der Handlung teilhabenden Menschen: die Musik synthetisiert eine dramatische Situation zu einer Stimmung, die in sich zwar konfliktvoll sein kann, die aber nicht die Positionen der einzelnen Menschen fest umrissen gegeneinander zu stellen
vermag, wie es das Drama im Dialog tut. Denn sie haben nicht allein die
Sprache, sie haben auch die Musik gemeinsam: sie mögen nicht unbedingt in einer Tonart singen oder in einem bestimmten Rhythmus –
doch jeder bezieht sich noch im Konflikt mit dem anderen auf dieselbe
Tonart wie der andere – oder auf dieselbe Zwölftonreihe oder eine andere durch die Musik gewonnene Einheit. Statt eines Dialogs, in dem
die Menschen sich gegeneinander aussprechen, ihre gegensätzlichen
Standpunkte und Leidenschaften im Angesicht der anderen artikulieren, vereinzeln sich die Protagonisten der Oper in den Arien oder vereinigen sich zu einem Duett, einem Ensemble, worin der Konflikt zwischen ihnen zusammenfließt zu einem musikalischen Vorgang, der
konfliktreich ist oder auch nicht – dessen Konflikt aber vom Aufeinandertreffen der Personen sich unabhängig machen kann. Das zwischenmenschliche Geschehen, das im Drama nicht losgelöst vom Dialog existiert, das hier im Aufeinandertreffen der Wechselreden besteht, erhält
in der Musik eine eigene Zeit. Hugo von Hofmannsthal sagte einmal
über seine Figuren für den *Rosenkavalier*, »sie gehören alle zueinander,
und was das Beste ist, liegt zwischen ihnen: es ist augenblicklich und
ewig, und hier ist Raum für Musik.«[56]
Orfeos Liebesschmerz und Liebesfreude, die Begegnung mit Euridice
und ihre Trennung, die Auseinandersetzung mit dem Chor der Unterwelt ließen sich allerdings im überkommenen kontrapunktischen
Stimmgefüge nicht gestalten; alles, bis auf den Chor, müßte dem rezitativischen Gesang überlassen bleiben. »Die Polyphonie«, schreibt
Klaus Theweleit pointiert, »läßt die ›Liebe‹ (ein Spannungsverhältnis
zwischen den Geschlechtern) überhaupt nicht zu.«[57] Denn ihr mehr-
stimmiger Satz erlaubt es nicht, daß eine Stimme sich vereinzelt: wie

eine Zunft organisiert er die permanente Gemeinschaft der selbständigen Stimmen. Im Verlauf des 16. Jahrhunderts aber zieht, so Alfred Einstein, »die Oberstimme immer mehr den melodischen Ausdruck an sich, sie wird zur melodischen Blüte der Komposition, die Unterstimmen sinken langsam zu begleitenden Nebenstimmen herab.«[58] Die – von dramaturgischen Ideen geleitete – Beschäftigung mit monodischen Prinzipien knüpft daran an: sie beförderte nicht nur die Entwicklung des Rezitativs, sie bewirkte in der Musik insgesamt einen homophonen Schub, neuerdings spricht man auch hier von einem »Paradigmenwechsel um 1600« (Ludwig Finscher)[59]. Die alten Kirchentonarten besaßen zwar spezifischen Charakter, doch mehr wie die Farben auf einer Palette: sie schlossen eine klare Polarisierung von Hell und Dunkel aus; zwischen Leid und Glück ließ sich mit ihnen keine Opposition herstellen – solange im Angesicht Gottes musiziert wurde, verschmolzen sie ineinander. An ihre Stelle trat mit dem neuen Paradigma die Dualität von Dur- und Molltonarten. Freude und Trauer erhielten – der Trennung von Komödie und Tragödie verwandt – ein selbständiges musikalisches Idiom. Und der in diatonischen Bahnen gleichmäßig dahinschreitende Generalbaß bildete nun den kontinuierlichen Hintergrund, von dem einzelne Stimmen sich abheben, vor dem sie hervor- und zurücktreten konnten. Er gleicht der Scenae frons des barocken Theaterbaus – wie sie etwa die Bühne des Teatro Olimpico bestimmt. Der Platz vor dieser symmetrisch angelegten und vielfältig verzierten Fassadenwand mit den drei Toren ist breit aber nicht tief: er gibt den Darstellern Raum für große Bewegungen, doch er verlangt förmlich die ständige frontale Hinwendung zum Publikum; sie müssen alle ihre Bewegungen nach Maßgabe des flachen Raumes stilisieren.

Die Berührung und Überschneidung mit den Formen des höfischen Balletts waren dabei der Dramaturgie der frühen Oper durchaus eigentümlich. Das Ballett bedeutet den sprachlosen Austritt aus dem zyklischen Zeitbewußtsein, wie es der kultische Tanz und weiterhin der an ihn anknüpfende, sogenannte Gesellschaftstanz beschwören. Auch im Tanz des Balletts wird – wie in der musikalischen und dialogischen Dramaturgie – eine Handlung im linearen Kontinuum der Zeit entwikkelt. Doch das Kontinuum ist ein geborgtes – als würde eine Handlung, die von der Musik erzählt wird, bloß nachgestellt. Und tatsächlich muß ja der Tänzer stets auf den Einsatz oder den wechselnden Rhythmus der Musiker warten; er reagiert immer nur auf die Musik. Dieser undramatischen Situation kam der quasi epische Charakter der Generalbaß-Musik durchaus entgegen: indem sie die Melodie unentwegt fortspinnt, erzeugt sie den raunenden Ton des barocken Imperfekts, der in den Bewegungen der Tänzer ein optisches Echo erhält. Das Interesse des Ballettpublikums gilt weniger der Handlung als der Frage, in welche Ornamente des Körpers sie ›übersetzt‹ wird. *L'art de bien danser, oder: Die Kunst wohl zu Tantzen* besteht nach der Meinung eines Leipziger Tanzmeisters von 1713 darin, »Handlungen«, »Gemüthsneigungen und allerhand andere Dinge so deutlich« darzustellen, »daß der Zuseher [...] erraten kann waß man meine«[60]. Physischer Kampf und Kopulation sind dabei die veritablen Themen des Ballettanzes; ihre Vergesellschaftung, der die dramatische Handlung die Existenz verdankt, bleibt außerhalb seines Horizontes: sie erfordert Konflikte, die in der physischen Präsenz der Antagonisten nicht aufgehen; nicht Kraft oder Attraktion des Körpers, sondern gesellschaftliche Macht ist das große Thema dialogischer und musikalischer Dramaturgie: und solche Macht muß – mit oder ohne Musik – von den Antagonisten selbst *zur Sprache* gebracht werden.[61] Die von der Musik gezeichnete Ornamentik des Balletts ist – mit einem Wort von Lothar Kühne – »Poesie der Erinnerung«[62], Erinnerung an den Kult. Der Schock, den Strawinskys *Sacre du printemps* auslösen konnte, rührt vielleicht zuletzt daher; statt dem Choreographen ein Drama zu erzählen, lüftet die Musik das Geheimnis des kultischen Ursprungs.

II

In bestimmter Weise begriffen, vereitelt das Drama eine einfache Lösung der Geschlechterfrage, wie sie Männerphantasien in der Instrumentalisierung der Frauengestalt vorschweben mag: als Telos. Wenn – wie Peter Szondi sagt – die dramatische Form prätendiert, ihre Welt »aus der Wiedergabe des zwischenmenschlichen Bezugs allein aufzubauen«, wenn der Mensch ins Drama »nur als Mitmensch« eingeht, darin die »Sphäre des Zwischen« ihm die »wesentliche seines Daseins« ist,[63] dann birgt diese ästhetische Gattung in besonderem Maße die Möglichkeit in sich, das Verhältnis der Geschlechter zum Sprechen zu bringen. Die formstiftende Bedingung der Wechselrede nötigt die Dramatiker – zumindest vorübergehend – von ihrem Telos abzusehen, soweit sie das Geschehen in Dialoge aufzulösen imstande sind; Anstrengungen, von denen der allmächtige Erzähler des Epos sowenig wissen muß wie das lyrische Ich des männlichen Herzens.

Die Beziehung zwischen Mann und Frau ist die Geschichte eines unmittelbaren Machtverhältnisses. Sein Ursprung ist schwer zu orten; seine Unmittelbarkeit stimmt mit der Notwendigkeit physischer Reproduktion überein, die älter ist als alle Produktion, als alle Politik; doch damit ist über seinen Ursprung noch nichts gesagt. Das Licht, das die dramatische Form bündelt, fällt auch gar nicht auf ihn, sondern auf jene Unmittelbarkeit, die gleichsam zur zweiten Natur geworden ist. Das Machtgefälle, das sich wann und wie immer in Produktion und Politik über vielfache Vermittlung konstituiert, schlägt sich in der Reproduktionssphäre als reiner zwischenmenschlicher Machtvollzug nieder – jener also, auf den der Dialog sich konzentriert. So entsteht von Anbeginn eine eigenartige Affinität zwischen dramatischer Kunst und Geschlechterverhältnis: sie beginnt mit der *Orestie* und endet mit dem bürgerlichen Trauerspiel noch lange nicht. Die Geschichte des Dramas ist ohne die Geschichte der Familienformen nicht zu schreiben.

»Wer spricht« und »Von welchem Ort aus wird gesprochen«, behalten natürlich den »Charakter unausweichlicher Fragen«[64]. Auch die Frau, die vom Dramatiker eine Stimme erhält, ist »imaginierte Weiblichkeit«, die Dialogpartien der Frauen wurden nicht von Frauen in die Texte eingetragen (in bestimmten Zeiten und Gattungen des Theaters wurden die Frauenrollen von Männern sogar gespielt). So erscheint es manchen Interpretinnen von heute, als würden in den Dramen Männerphantasien bloß Selbstgespräche führen, und die »nie unterbrochene stellvertretende Rede über das Weibliche«[65] werde – in der Art eines philosophischen Dialogs – durch die Form der Wechselrede nur ein wenig aufgelockert. Die weiblichen dramatis personae werden eingereiht in jenes gigantische, von Silvia Bovenschen aufgerissene Figurenpanoptikum, womit die literarischen Phantasien »die Frauen doubelten und diesem Kunstweiblichen Funktionen und Wirkungen zumaßen, die in einem geradezu grotesken Verhältnis zu den Möglichkeiten der wirklichen Frauen stehen«[66]. Die Antwort auf ›wer spricht‹ erspart nicht die Frage, ›wie‹ gesprochen wird. Sie mag Widersprüche entfesseln, in die der Sprechende verwickelt werden kann. Wird etwa der drama-

tische Konflikt als Brechung teleologischer Intentionen verstanden,
dann ist für jeden Dramatiker, der wirkliche Lust verspürt, den Konflikt zu schüren – um einfach ein guter, erfolgreicher Dramatiker zu
sein (nicht zuletzt auch, um Eindruck beim weiblichen Teil des Publikums zu machen) – virtuell, daß der evozierte Antagonismus Kräfte
gegen die Interessen des eigenen Geschlechts wendet. Solange immerhin der dramatische Knoten (durch Hochzeit oder Tod) nicht aufgelöst
ist, mag die stellvertretende Rede *über* das Weibliche zur stellvertreten-
den Rede *des* Weiblichen werden – und das Verhältnis jener Doubles zu
den Möglichkeiten der wirklichen Frauen wird so grotesk nicht mehr
scheinen.

Neuere Theorien begreifen die Identität des Geschlechts als bloßen Effekt von Diskursen, in linguistischer Neuinszenierung scheint damit
die Milieutheorie des 19. Jahrhunderts und der von ihr inspirierte Naturalismus prolongiert. Als Effekt ist das Subjekt immer nur Resultat,
doch es geht darum, wie die Effekte miteinander in Konflikt geraten.
Judith Butler etwa versucht, aus dem geschlossenen Kreis der Determination auszubrechen und die Handlungsfähigkeit neu zu denken, wenn
sie die Chancen einer »subversiven Wiederholung in den Bezeich-
nungsverfahren der Geschlechtsidentität« erwägt, denn die Teilhabe an
diesen Verfahren biete »die immanente Möglichkeit, ihnen zu widersprechen«.[67] So vermag die Geschlechter-Binarität in Verwirrung zu
geraten: »Ein Verlust der Geschlechter-Normen (gender norms) hätte
den Effekt, die Geschlechter-Konfigurationen zu vervielfältigen, die
substantivische Identität zu destabilisieren und die naturalisierten Erzählungen der Zwangsheterosexualität ihrer zentralen Protagonisten:
›Mann‹ und ›Frau‹ zu berauben.«[68] Das Theater scheint nun geradezu
eine bevorzugte Anstalt solcher Verwirrung der Geschlechter: es ist der
Ort, an dem die Vervielfältigung und die Möglichkeiten subversiver
Wiederholung der Geschlechtsidentität studiert werden können.
Doch sollte bei alldem nicht davon abgesehen werden – und die Begriff-
lichkeit des Diskurses, der Matrix und des Dispositivs verführt dazu –,
wodurch der Spielraum der Subversion geschaffen oder erweitert
wurde und was in der »Zwangsheterosexualität« den mächtigen Zwang
hervorbringt: die Verhältnisse der Produktion und die Notwendigkeit
der Reproduktion der Gesellschaft. Die frühe Stammesgesellschaft mag
Heterosexualität ohne Zwang produziert haben. Soweit sie aber ihr Leben nach Maßgabe des Tauschwerts organisiert, kommt Verwirrung ins

Spiel – und Zwang entsteht, ausgestattet mit der Würde des Imperativs gesellschaftlicher Reproduktion. Wie im wirklichen Leben der Staat, so manifestiert auf der Bühne das gute oder böse Ende eben diesen Zwang.

Der Konflikt zwischen den Geschlechtern resultiert in der griechischen Tragödie aus dem Krieg; dessen Gesetze hatten die Herrschaft jener adeligen Clans über die Stammesgesellschaft konstituiert, die als Heroengeschlechter mythisiert wurden; und sie sicherten in der Gegenwart der griechischen Polis die Privilegien der ganzen Bürgerschaft. Die ersten Tragödien handeln vom Krieg – zwischen den Völkern, Heroen und Gottheiten, von seinen Voraussetzungen und seinen Folgen. So auch die *Orestie*: Klytaimestra spricht im Dialog mit dem Chor ihre Motive für den Mord an Agamemnon aus: er hatte ihre Tochter dem Krieg gegen Troja zum Opfer gebracht: »Und habt euch nicht dem Manne widersetzt, / Der unbesehen, wie ein Opferschaf / Aus fetter Herde wohlgem Überfluß, / Die Tochter, meines Schoßes liebste Frucht, / Widrigen Thrakerwinden dargebracht [...] Ganz offen erschlug / Er das Reis seines Stamms, das ich liebend gebar, / Iphigenie, ewig von mir beklagt.« (Schluß-Szene) Man mag – wie Bachofen in romantischer, Thomson in marxistischer Perspektive – aus diesen Worten das Echo des untergehenden Matriarchats heraushören, ausgesprochen wird jedenfalls das Interesse, über das Schicksal der Tochter zu bestimmen, und dieses hat Agamemnon mit seiner Tat verletzt. Der Konflikt zwischen Agamemnon und Klytaimestra dreht sich um die gemeinsame Tochter. Aber auf der Seite von Agamemnon liegt das Interesse des Staates, und dessen Hüter vollziehen schließlich die Rache.

Zwischen Antigone und Kreon steht bei Sophokles ebenfalls der Tote eines vergangenen Krieges, der die Interessen in Konflikt bringt: der Bruder Antigones. »Denn nie hätt ich als Mutter für den Sohn, / Als Gattin für den toten Ehgemahl / Dem Staat getrotzt und solche Tat vermocht. / Ihr wißt, für welche Satzung dies geschah: / Für toten Gatten findet man Ersatz, / Ein neuer Gatte zeugt den neuen Sohn, / Doch da der Tod mir beide Eltern nahm, / Wie sproßte mir ein neuer Bruder auf?« (4. Hauptszene) Antigone geht es in ihrer Unbedingtheit um die Reproduktion des Familienverbandes: nicht um einen einzelnen Geliebten, sie liebt den Bruder sozusagen im Namen der Reproduktion des ganzen Clans – und in ihrem Bewußtsein erscheint das geforderte

Begräbnis geradezu als deren Repräsentant. Kreon geht es mit seinem Verbot nicht zuletzt um die Spaltung des Clans, dem er selber angehört: er unterscheidet zwischen einer dem Staat nützlichen und einer ihm schädlichen Linie. In der *Antigone* bewegt sich der Konflikt bereits auf einer allgemeineren Grundlage, auf der Stufe einer erweiterten Vergesellschaftung: er findet gewissermaßen *nach* der Lösung der *Orestie* statt. Antigone tritt nicht allein mit einem einzelnen herrschenden Mann, ihrem Onkel, in Konflikt, die Handlung kann nicht an Götter weitergegeben werden – Antigone rebelliert unmittelbar gegen den Staat, und dieser weiß, was er zu tun hat: »Das schlimmste Übel ist Rebellion; / Sie unterwühlt die Häuser, stürzt den Staat, / Zersprengt die Reihen, treibt der Bündner Heer / Zum Rückzug. Immer wo ein Staat gedeiht, / Hat der Gehorsam ihm das Haus gebaut. / Was Ordnung schafft, das muß verteidigt sein / Und niemand beuge sich vor Frauenmacht! / Ja, besser noch von einem Mann besiegt, / Als wegen Weibertyrannei verhöhnt!« (3. Hauptszene) Ismene und Haimon würden niemals in einen solchen Konflikt geraten können: jene sagt zu Antigone: »Wir müssen lernen, daß wir Frauen sind, / Zum Kampfe mit den Männern nicht bestimmt / Und dienstbar den Gewalten, die uns bald / Noch Schlimmeres verhängen als nur dies [...] Niemals mißacht ich Götter; doch dem Staat / Zu trotzen, übersteigt die schwache Kraft.« (Vorszene) Haimon hingegen wird, weil er für Antigone eintritt, von seinem Vater Kreon als Weiberknecht verspottet. Auch Klytaimestra, Elektra und Kassandra eint das Geschlecht nicht. Im Konflikt treten die Menschen auseinander, sie beginnen sich voneinander zu unterscheiden: mehrere Arten, Frau zu sein, mehrere Arten, Mann zu sein, werden sichtbar; die individuelle Differenz hat aber stets einen gesellschaftlichen Gehalt.

Antigone wie Klytaimestra stellen die Reproduktion des Familienverbandes über das Interesse des Staates. Auch das Handeln von Agamemnon und Kreon ist von der Clanstruktur nicht zu trennen – die Geschlechter können in der griechischen Tragödie nur als Angehörige eines bestimmten Geschlechts in Konflikt geraten, der sprachliche Doppelsinn, den das Wort im Deutschen und im Griechischen trägt, entspricht dem Doppelsinn des geschlechtlichen Konflikts. Aber das Handeln des männlichen Heros wird im Unterschied zum weiblichen vom Interesse des Staats geleitet, und in diesem Interesse scheint es Agamemnon zu liegen, die Tochter zu opfern, scheint es Kreon zu liegen, eine bestimmte Linie aus dem Clan zu eliminieren. Die Konflikte eskalieren dort, wo die Einheit des Clans in Frage steht: an den Bruchlinien, die durch das Gesetz der Exogamie geschaffen wurden. Die negative Einheit des Clans ist aber der Fluch, er sucht sich des Konflikts als eines Werkzeugs zu bemächtigen. Das Mittel kann sich gegenüber dem Zweck verselbständigen. Im Drama erhält der solchermaßen überdeterminierte Konflikt immerhin eine eigene Form; ihre Selbständigkeit vermag sie nur als Gegenbewegung zum Fluchmotiv – negative Teleologie des griechischen Dramas – zu erringen.

In der Komödie liegen die Verhältnisse anders: Mann und Frau sind nicht wie in der Tragödie eingebunden in die Vertikalen der Heroenclans; sie sind »bürgerlich« in einem ganz allgemeinen Sinn: unabhängig eben von jener vertikalen »adeligen« Vergesellschaftung. Sie begegnen sich tatsächlich nur an einem Punkt, außerhalb solcher Vertikale: im Geschlechtsverkehr – und das bei Aristophanes in aller Öffentlichkeit. Doch gerade dieser Punkt ist zugleich das Telos der Komödie, und sie selber besteht in seiner vorübergehenden Umschiffung, in der Ablenkung von ihm, in der Verzögerung. Die Komödie knüpft dabei den Verkehr der Geschlechter nicht an staatliche Herrschaft oder an die vertikale Machtstruktur des Clans: ihre Vermittlungsform ist der Tausch, ihr eigentlicher Ort der Markt; die Komödie muß darum nicht jedesmal auf dessen Plätzen spielen (wie in den *Acharnern*) oder unmittelbar von Geschäften handeln (wie die *Wolken* und *Plutos*), selbst wenn sie sich um politische Fragen, selbst wenn sie sich wie die Tragödie um den Krieg dreht – sodaß am Ende an den Geschlechtsverkehr nur mehr der Tanz gemahnt, ihre Subjekte sind die Subjekte und Objekte des Marktes: Bürger, Frauen, Hetären, Sklaven; wenn Götter oder Heroen hier auftreten, werden sie durch kein Privileg den Gesetzmäßigkeiten dieses Ortes enthoben: auch sie sind dann lächerlich. Gerade politische Strukturen können mit besonderer Lust aus der Perspektive des Marktes parodiert werden: Frauen, die einzig am Markt teilnehmen dürfen, bilden eine Polis (*Lysistrate*, *Ekklesiazusen*, *Thesmophoriazusen*). Vor allem aber ist die Komödie der Aufenthaltsort enttäuschter Staatsbürger; und sie konnten sich solange nicht ins Privatleben zurückziehen, als dieses nicht existierte.

In der weiteren, post-aristophanischen Entwicklung der Komödien-Dramaturgie wird indessen der Punkt, an dem die Geschlechter sich treffen, eingekreist vom privaten Leben: der unverhüllte Phallos, obli-

gates Requisit des aristophanischen Theaters, verschwand mit dem
Chor aus der Komödie. Die Hochzeit verdeckt wie ein Feigenblatt den
Geschlechtsverkehr, und die Konflikte, die schließlich in ihr münden,
ziehen sich von den öffentlichen Plätzen zurück in die Häuser: über alle
politischen, kulturellen und ökonomischen Diskontinuitäten der Jahrhunderte hinweg läßt sich darin ein kontinuierlicher Prozeß der Priva-
tisierung verfolgen, ein Prozeß, der von Menander, Plautus und Terenz
bis zu Molière und Goldoni reicht. Als geschlechtlicher Kern dieser
neuen Privatheit bildet sich die individuelle Liebe zwischen Mann und
Frau aus.

Die Dramaturgie des Euripides steht darum der Komödie näher als den
Tragödien von Aischylos und Sophokles, ihre Konflikte oszillieren eigenartig zwischen komischen und tragischen Situationen. Man könnte
meinen, die Grenze zwischen den Gattungen verläuft quer durch sein
Werk – und trennt die Geschlechter: die Männer sind noch eingebunden in den mythisch geregelten Zusammenhang des Clans und des
Staats, während die Frauen davon bereits isoliert erscheinen. Medea
und Phaidra sind von Verwandten und Stamm gelöste, fast könnte man
sagen »bürgerliche« Individuen, umso fester sind sie durch Ehe und
Kinder ans Haus gebunden. Wären sie dabei nicht so einsam, sie könnten bei Menander oder sogar Aristophanes auftreten: »Ach, wir Frauen
sind ja von allem Geschöpf, / Das da atmet und fühlt, die unseligste
Art: / Wir kaufen mit schwerem Gold den Gemahl, / Ja, schlimmer
noch, kaufen den Herrn unsres Leibs / Und er bleibt unser Schicksal,
ob gut oder schlecht [...] Was der Mann / Im Hause entbehrt, sucht er
außer dem Haus – / Wir schauen auf ihn als den einzigen Trost. / Man
preist unsern Frieden, so fern von der Schlacht: / Lieber dreimal am
Feind als einmal Geburt« (Erste Hauptszene).[69] Die Amme in *Hippolytos* erscheint gar als Kupplerin und Vorfahrin aller Intriganten – sie weiß
ein komisches Lied über die betrogenen Männer zu singen: »Wieviele
kluge Männer sehn der Frauen Bett / Verwirrt und tun, als sähen sie es
nicht? / Wie mancher Vater bringt des Kindes Liebesnot / Zum guten
Ende? Bei den Klugen gilt / Der Brauch, daß Schimpfliches verborgen
bleibt / Man nehme doch das Leben nicht so haargenau, / Wo doch
schon keines Daches Winkel ganz / Dem Lot genügt [...]« (Erste
Hauptszene). Die Konfrontation mit der privaten Frau erzeugt letztlich
auch beim öffentlichen Mann komödienhafte oder zumindest groteske
Züge – so etwa im Weiberhaß, dem sich Hippolytos ganz verschrieben

hat: »Warum hast du der Weiber falsch Geschlecht, / O Zeus, in dieses Sonnenlicht gepflanzt?/ War es dein Plan, daß Menschenart sich mehrt, / Ganz ohne Frauen sollte dies geschehn. / In deinen Tempeln müßte man um Geld, / Mit Gold, mit Eisen oder Erzgewicht, / Der Kinder Samen kaufen, jeder, je nachdem / Er eingeschätzt ist, und die Menschen sollten / In freien Häusern leben ohne Frau« (Zweite Hauptszene).

Euripides sucht förmlich in der Mythologie nach bestimmten Motiven, um die Domestizierung der Frauen – die mit den Heroenlegenden im Grunde wenig zu tun hat, einiges aber mit der aufkommenden Geldwirtschaft in der griechischen Polis – als tragisches und nicht als komisches Geschick darzustellen. Die relative Nähe des alten Mythos, ein bereits schwindender Teil des geschichtlichen Bewußtseins, erlaubt eine eigenartige Übersteigerung dieser an sich »bürgerlichen« Situation der Frau; und aus ihr gewinnt Euripides verblüffend moderne Wirkungen; in Medeas Gestalt ist die Situation der Frauen der griechischen Polis mythisch potenziert: sie ist nicht nur relativ vereinzelt, isoliert und entmachtet – sie ist es absolut, und nur mythische Waffen bleiben ihr letztlich, sich zu rächen. Zum Chor der Frauen sagt sie: »Ihr tragt es ja leichter, habt Heimat und Haus, / Verwandte und Güter; ich stehe allein, / Vom Verräter erbeutet im fernen Land, / Ohne Mutter und Bruder, von niemand beschützt.« (Erste Hauptszene) Es wundert nicht, daß Arnold Hauser ohne Schwierigkeiten seine Parallelen zwischen der späten Antike und der späten Moderne zu ziehen vermag und Euripides sozusagen ins 19. Jahrhundert versetzt: »Er diskutiert frank und frei das Verhältnis der Geschlechter, die Ehe, die Frauen- und Sklavenfrage, und aus der Sage der Medea macht er so etwas wie ein bürgerliches Ehedrama. Seine gegen den Mann revoltierende Heldin steht den Frauengestalten Hebbels und Ibsens fast näher als den Heroinen der älteren Tragödie.«[70] Phaidra wird nicht wie Medea verlassen, sie selber wendet sich von ihrem Gatten Theseus ab und ihrem Stiefsohn zu. Die Leidenschaft für Hippolytos hat ihr Aphrodite ins Herz gesenkt. Die Göttin der Liebe will sich damit an Hippolytos rächen für die Verachtung, die er dem andern Geschlecht entgegenbringt. Für Phaidra aber bedeutet diese mythologische Konstellation nichts anderes als einsame Liebe und unerträgliche Vereinzelung: »Seit Theseus dann mit ihr des Kekrops Stadt verließ, / Sich selber bannend ob der Vettern Mord / Auf Jahresfrist, und dieses Land be-

zog, / Nimmt ihre Qual kein Ende und in Seufzern / verzehrt die
Ärmste sich in aller Stille; / Kein Mensch im ganzen Hause kennt ihr
Leid« (Vorszene).[71]

In der mittleren und späten Komödie bewegen sich alle Figuren wie
selbstverständlich im privaten Kreise, bei Euripides ist es vor allem die
Frau, sie wird buchstäblich darin eingeschlossen – und diese extreme
Situation glaubhaft zu machen, dient der Mythos. Die Amme ist für
lange Zeit der einzige Mensch, mit dem Medea und Phaidra in einen
Dialog treten können; der Chor, der sonst die Öffentlichkeit verkörpert, wird selbst zu einer Art kollektiver Amme der domestizierten
Frau. Es ist die Einsamkeit, die jene hypertrophe Leidenschaft für ein
einzelnes Individuum hervorbringt, die aber auch den Frauen die
Kraft gibt, zu handeln und ihre männlichen Widersacher herauszufordern. Denn ihre Liebe bleibt stets unerwidert. Vor Euripides, schreibt
Arnold Hauser, »ist die Liebe als Motiv des dramatischen Konflikts
unbekannt«[72]; jedenfalls bildet sie, soweit sie in den erhaltenen Stük-
ken irgend auftritt, ein untergeordnetes Motiv. Bei Euripides lieben
zwar die Frauen, oder genauer die alleingelassenen Frauen, die Mütter; Jason und Hippolytos jedoch geraten nicht einmal in eine Konfliktsituation durch ihre Gefühle. Der für die moderne Tragödie so
charakteristische Widerspruch von Tugend und Liebe, Verpflichtung
der verwandtschaftlichen Ordnung gegenüber und bedingungsloser
Hingabe an ein einzelnes Individuum, ficht sie nicht an.

In der Liebestragödie nach Euripides wird auch der Mann von der Leidenschaft der Vereinzelung erfaßt, nun tritt auch er in den Kreis des
privaten Lebens – ohne darum den des öffentlichen zu verlassen, ohne
domestiziert zu werden. Die Zeit der Handlung liegt vor der Ehe: es ist
die klassische Zeit der Komödie. Die Liebe ist gegenseitig – doch das
Ziel der Komödie wird nicht erreicht. Die moderne Konstruktion des
Tragischen kommt zustande, indem gleichsam die Vertikale des Clans
durch den Kreis der Komödie gezogen wird. Die Tragiker lassen hier
wie an einer Achse ausgeprägte Komödienkonstellationen in Tragödien
umkippen: *Romeo and Juliet* liegt eine genuine Komödienstruktur zugrunde, doch durch die Vertikale, die in ihren Kreis fällt, schlägt sie in
eine Tragödie um. Die »bürgerliche« Ehe war zum Fluchtpunkt der
Dialoge und Kollisionen geworden, soweit sie in den Kreis der Ge-

schlechter spielen: die Linie des Clans durchkreuzt diese Perspektive – und der tragische Konflikt erhält an diesem Punkt ein neues Epizentrum. Standen sich in der alten Tragödie Mann und Frau als Abkömmlinge verschiedener Clangeschlechter gegenüber, so vereint sie die moderne Dramaturgie in der Liebe und stellt ihre Einheit den vertikalen Ordnungen des Familienverbandes entgegen. Nichts mag darum so charakteristisch für die moderne Dramaturgie erscheinen als die Vereinigung des Komischen mit dem Traurigen, die auch eine von niedrigem und hohem Stil darstellt. Die Liebestragödie ist eine traurig endende Komödie. Corneille nannte seinen *Cid* eine »tragische Komödie« – und im Gegensatz zu *Romeo and Juliet* ist sie eine gut endende Liebestragödie.

In der Komödie *Romeo und Julia* wären die Hindernisse der beiden Vaterhäuser, die der Verbindung der Liebenden im Wege stehen, mit leichter Hand und auf komische Weise zu beseitigen. In der Tragödie aber sind sie von mächtiger Art, sie bedrohen die staatliche Ordnung. Deren Repräsentant, der Fürst, ist aus den Clanstrukturen herausgehoben; er steht über den streitenden Familien, im Grunde vertritt er das Interesse des Liebespaares. Romeo hingegen fällt an einem entscheidenden Punkt in die Clanordnung zurück: er ermordet Tybalt, den Verwandten Julias – und damit eskaliert recht eigentlich die Komödie zur Tragödie. Um die Liebe zu schützen, hätte er auch anders handeln, auf die Rache für Mercutio verzichten können. Dieses Motiv ließ ihn ja zunächst vor einem Zweikampf mit Tybalt zurückschrecken: »O sweet Juliet! / Thy beauty hath made me effeminate, / And in my temper soften'd valour's steel!« Im nächsten Moment schon zieht er sein Schwert – »Away to heaven, respective lenity, / And fire-ey'd fury be my conduct now!« (III,1)[73] Julia selbst hat eine solche Möglichkeit der Entscheidung nicht, sie muß das durch Romeos Tat Geschehene auszugleichen versuchen. Romeos Tat folgte den Kriterien der Clan-Fehde – Julias Handeln hingegen gehorcht allein der Liebe zu Romeo. Die absolute Gegenseitigkeit, die Romeo und Julia in ihren Dialogen einander bestätigen, wird im Handeln nur von Julia verwirklicht. Und es gibt eine Stelle in dem Stück, an welcher Julia selbst die Konsequenz aus Romeos Verhalten zu ziehen scheint – und von ihrer Seite die Gegenseitigkeit zu kündigen bereit ist, um zu den Interessen ihres Clans zurückzukehren: die Worte, die sie für Romeo findet, sind in dieser Tragödie einmalig: »O Schlangenherz, verhüllt von blühenden Zügen! / So

schön war nie noch eines Drachen Höhle! / O schöner Wütrich, engel-
hafter Teufel! / Rabe mit Taubenfedern, wölfisch-reißend Lamm! /
Abscheulichste Gestalt göttlichster Form! / Verruchter Heiliger, ehrenhafter Schuft! / Natur, was wolltest du einst in der Hölle, / Als du
umgrüntest eines Teufels Seele / Mit irdischem Eden aus so süßem
Fleisch? / War je ein Buch, in dem so Böses stand, / So schön gebunden! Oh, daß Trug wohnt in / Solch herrlichem Palast!« (III/2)[74]
Merkwürdig ist, daß Julias Haß in Liebe sofort zurückschlägt, als die
Amme ihn verallgemeinern möchte: »Es ist nicht Treu / Noch Glauben, Ehr bei Männern; alles Lügner, / Meineidige! sonst nichts! Betrüger alle!« – und Julia antwortet: »O welch ein Untier war ich, ihn zu
schelten [...] Von meinem Manne sollt ich Schlechtes sprechen? / Ach
armer Mann, wer lobt denn deinen Namen, / Wenn ich ihn nach drei
Stunden Eh' schon lästre?« Noch einmal beginnt der Konflikt im Innern Julias zu toben, bevor endgültig die Liebe ihr Werk der Versöhnung tut: »Doch, Schurke, was erschlugst du meinen Vetter? / Den
Schurken Vetter, der sonst Ihn erschlug? / Weg, dumme Tränen, weg;
in euren Quell! / Euer Tribut gebührt dem Schmerz, den ihr / In eurem
Irrtum nun der Freude darbringt: / Es lebt mein Mann, den Tybalt
töten wollte. / Das alles ist ein Trost. Was wein ich dann? / Da war ein
Wort, schlimmer als Tybalts Tod, / Das mich ermordet hat: ich wollts
vergessen; / Doch, oh, es drückte so schwer mein Gedächtnis / Wie
böse Untat eines Sünders Seele: / ›Tybalt ist tot, und Romeo ist – verbannt!‹ / Dieses ›verbannt‹, dies eine Wort ›verbannt‹ / Erschlug zehn-
tausend Tybalts.« (III/2)
Auch in Corneilles *Cid* ist es der Mann, der die Gegenseitigkeit der
Liebe aufs Spiel setzt, um die Ehre des Clans zu verteidigen. Im Gegensatz zu Shakespeare ist dieser Konflikt deutlicher herausgearbeitet und
in der Art langer Arien auskomponiert: »Welch harter Kampf ist mir
beschert! / Soll ich der Leidenschaft, soll ich der Ehre dienen? / Die
Liebe opfern und des Vaters Schande sühnen? / Dies treibt das Blut mir
hoch, und jenes hemmt mein Schwert. / Die Wahl hab ich: das Glück
der Liebe aufzugeben / Oder entehrt zu leben. / Tret ich nicht ein für
unser gutes Recht, / Daß alle Welt uns höhne? / Zieh ich das Schwert
für mein gekränkt Geschlecht / Und kämpfe mit dem Vater der Chimene?« Im Schlußteil des Monologs wird der Konflikt zugunsten des
Stammes beigelegt: »Sei stark, mein Arm! Zum mindesten retten wir /
Die Ehre, und als Opfer fällt Chimene! / Mir bleibt nur dies – und so

ist's gut. / Mehr als der Liebe bin dem Vater ich verpflichtet.« (I/7)[75]
Bei Corneille jedoch findet die geopferte Geliebte keine Ruhe mehr in
der Liebe. Chimene hält den Widerspruch zwischen Clan und Liebe
fest, sie vermag ihn nicht – wie Julia – zugunsten des Geliebten aufzulösen. Rodrigos Tat die Stirn bietend, verlangt sie dessen Tod – ohne doch
aufzuhören, ihn zu lieben: »Zermalmen kann er wohl mein Herz, doch
teilen nicht, / Und mag auch noch so groß die Macht der Liebe sein, /
Entscheidend bleibt für mich die Pflicht allein [...] Ich lieb ihn nach wie
vor, doch er verlor das Spiel, / Ich weiß noch, wer ich bin, und daß mein
Vater fiel.« (IV/2) Bis zuletzt ist sie zur Versöhnung nicht bereit; die
einzige Lösung glaubt sie durch einen Irrtum gefunden, die Liebe zum
toten Rodrigo: »Auf, meine Liebe, auf! Nun darfst du alles wagen! /
Mein Vater ist gesühnt, kein Grund ist mehr zu klagen! / Ein einziger
Schlag hat der Verzweiflung mich entrafft, / Die Ehre hergestellt, befreit die Leidenschaft!« (V/5) Corneille bietet wahrhaft alles an abendländischen Mitteln auf, um Chimene umzustimmen: Rodrigo zieht gegen Mauren und Mohren, wie es die Infantin prophezeit, färbt sein
Lorbeer sich »rot von Afrikanerblut« (»Du sang des Africains arroser
ses lauriers«) – und der König selbst muß ihm vergeben, dem die Mauren als ihrem Cid sich unterwerfen. Fast wird Rodrigo dem König
gleichgestellt – und doch: Chimene bleibt bei ihrer Wahl. Ihre letzten
Worte sind eine Frage, die sie an den König richtet: »Wenn heute der
Staat den Cid nicht mehr entbehren kann – / Bin ich der Lohn für das,
was er für Euch getan? / Verlangt Ihr, daß fortan nie mein Gewissen
ruht, / Weil ich die Hand getaucht in meines Vaters Blut?« (V/7) Der
König verlangt es: er macht sie zum Lohn, den er Rodrigo ausbezahlt.
Statt wie die Erinyen in der *Orestie* plötzlich umzukippen und einzu-
stimmen in die von Athene verkündete Staatsordnung – fällt Chimene
vor dem spanischen Thron in Schweigen. Die Liebe erhält Verstärkung
durch den Staat, damit sie sich gegen den Stamm zu behaupten vermag:
»Pour vaincre un point d'honneur qui combat contre toi, / Laisse faire
le temps, ta vaillance et ton roi.« (V/7)[76] Ein eigenartiges Bündnis, mit
dem die Dramaturgie den Absolutismus imitiert: der Staat ergreift Partei für die Liebe und gegen den Clan. Nur daß der Fürst bei *Romeo und
Julia* zu spät kommt, um den Untergang der Liebenden zu verhindern.

Die traurige Komödie oder das komische Trauerspiel der Geschlechter dramatisiert den Strukturwandel der Familie, mit dem sich zunächst in den bürgerlichen Schichten und in manchen Teilen des Adels die patriarchalische Kleinfamilie etabliert. Blickt man auf das Alltagsleben, so besteht der soziale Wandel der Moderne mit den Worten Peter Szondis »nicht so sehr im Aufkommen einer neuen sozialen Schicht, als vielmehr in einer Veränderung in der Organisationsform der Gesellschaft«[77]. Was man die Verbürgerlichung des Dramas und der Literatur nennt, ist im wesentlichen nur eine Intensivierung kleinfamilialer Bezüge im späten 18. Jahrhundert. Die komische Privatheit steigert sich dabei – meist unter dem ideologischen Druck des Protestantismus – zur rührenden Intimität. Wenn die patriarchalische Vertikale, die als feudale Macht die bürgerliche Ehe bedrohte, der kleinfamilialen Ordnung endlich integriert zu werden vermag, scheint solche Verbürgerlichung abgeschlossen. Damit gibt sich die Kleinfamilie als jene Form der individuellen Reproduktion zu erkennen, die sich den Imperativen des Marktes gemäß organisiert. Der Kreis des privaten Lebens, der in der Komödie nach Aristophanes den Geschlechtsverkehr einschließt und der sich im 18. Jahrhundert zur fensterlosen Intimität verdichtet, verdankt sich der Autonomie der Eigentümer auf dem Markt. Die Sphäre der Familie möchte sich selber zwar als unabhängig, als von allen gesellschaftlichen Bezügen losgelöst, als Bereich der reinen Menschlichkeit wahrhaben, doch steht sie mit der Sphäre des Warenverkehrs in einem Verhältnis der Abhängigkeit – noch das Bewußtsein der Unabhängigkeit läßt sich, wie Jürgen Habermas betont hat, aus der tatsächlichen Abhängigkeit jenes intimen Bereichs von dem des Marktes begreifen; »in gewisser Weise können sich Warenbesitzer als autonom verstehen. Im Grade ihrer Emanzipation von staatlichen Direktiven und Kontrollen entscheiden sie nach Maßgabe der Rentabilität frei, darin niemandem zu Gehorsam verpflichtet und nur den anonymen, nach einer, wie es scheint, dem Markte innewohnenden ökonomischen Rationalität funktionierenden Gesetzen unterworfen [...] Eine solche in der Verfügung über Eigentum gegründete, in der Teilnahme am Tauschverkehr gewissermaßen auch verwirklichte Autonomie der Privatleute muß sich als solche darstellen lassen. Der Selbständigkeit der Eigentümer auf dem Markte entspricht eine Selbstdarstellung der Menschen in der Familie. Deren, wie es scheint, vom gesellschaftlichen Zwang gelöste Intimität ist das Siegel auf die Wahrheit einer im Wettbewerb geüb-

ten Privatautonomie. Private Autonomie, die ihren ökonomischen Ursprung verleugnet, eine außerhalb des Bereichs der durch den autonom
sich dünkenden Marktteilnehmer einzig praktizierten, verleiht denn
auch der bürgerlichen Familie das Bewußtsein ihrer selbst. Sie scheint
freiwillig und von freien Einzelnen begründet und ohne Zwang auf-
rechterhalten zu werden; sie scheint auf der dauerhaften Liebesgemeinschaft der beiden Gatten zu beruhen; sie scheint jene zweckfreie Entfaltung aller Fähigkeiten zu gewähren, die die gebildete Persönlichkeit
ausmacht.«[78] Von diesem Schein lebt das Drama, indem es ihn durchbricht – und wieder herstellt. Jeder seiner Konflikte stellt – als bloßer
Konflikt – den Schein in Frage, und jede Lösung der Konflikte schafft
den Schein aufs neue. Natürlich tritt dabei nicht der Tauschwert selbst
hervor: wie sollte denn das Wesen des Werts – abstrakt gewordene
Arbeit – auf der Bühne erscheinen können. (Nicht einmal die Kamera
Eisensteins, der vorhatte, das Marxsche *Kapital* zu verfilmen, hätte vermocht, es sichtbar zu machen.) Was hier erscheinen kann, muß unmittelbar zwischen zwei Menschen geschehen. Der Markt und sein Gesetz
aber sind geradezu Inbegriff der Mittelbarkeit von Herrschaft. Wer
über wen herrscht, bleibt in der Sphäre des Marktes völlig abstrakt – im
Drama, in der Liebe und in der Familie indessen ist Herrschaft ganz
konkret oder gar nicht erfahrbar.

In der modernen Komödie, die wie die alte dem Marktgeschehen
wesentlich nähersteht, vermag der Tauschwert immerhin zur Sprache
gebracht zu werden – vor allem von jenen Frauen, die an der Ehegemeinschaft keinen Geschmack finden. So zerstört die widerspenstige
Katharina den Schein der Familie, wenn sie über die Brautwerbung
sagt: »Ich bitt' Euch, Vater, ist's Euer Wille so, / Mich auszuhökern allen
diesen Kunden?« (I / 1) Dabei haben Baudissin und Tieck Shakespeares
Sprache offenbar etwas gemildert (– soweit sie »stale« wortwörtlich als
Prostituierte und nicht als Lockvogel verstanden haben): »I pray you,
sir, is it your will / To make a stale of me amongst these mates?« – Kate
selbst restituiert natürlich das Zerstörte, indem sie am Ende ihre Unterwerfung als eine von Einsicht geleitete, freiwillige Tat verkündet. Gegenüber den Frauenfiguren der späten Antike hat die Widerspenstige
allerdings einen beachtlichen Handlungsspielraum gewonnen, der sich
wohl der gewachsenen relativen Autonomie der Familie verdankt; der
Eunuchus des Terenz markiert am deutlichsten die historische Differenz: Pamphila wird von Charea zunächst vergewaltigt und am Ende

geheiratet – damit der Vergewaltiger, wie er selber sagt, »des Mädchens ferner noch Herr werden kann« (III/5)[79]. Der Fabel wird jedoch von Terenz die dramaturgische Pointe gegeben: Pamphila tritt im Stück gar nicht auf. Das Schweigen der Braut, das sonst am Ende der Komödie steht, herrscht hier von Anfang an. Während sich die Männer und das Publikum das Maul zerreißen, wird von Pamphila nur berichtet: »Das Mädchen in zerrissenem Kleide weint, ist stumm« (V/1). Erstaunlicher aber als die zähmbare Stimme der Widerspenstigen ist die unbeugsame Kraft jener modernen Komödienfrauen, die bereits verheiratet sind: sie beziehen ihre Stärke aus dem Ehebruch und stellen damit im nachhinein und sehr anschaulich die Institution in Frage: Molières Angélique klärt in dieser Weise ihren verdatterten George Dandin auf: »[...] ich meinerseits erkläre Euch, daß ich durchaus nicht gesonnen bin, der Welt zu entsagen, und mich für einen Mann lebendig zu begraben. Was! Weil es einem Mann einfällt uns zu heirathen, sollen wir mit allem brechen und der Welt entsagen? [...] Habt Ihr mich etwa vor der Hochzeit gefragt, ob ich Euch wollte? Nur meine Eltern habt Ihr gefragt; sie sind es eigentlich, die Euch geheirathet haben, und darum ist es auch nicht mehr als recht, Euch an sie zu halten, wenn Ihr glaubt, daß Euch Unrecht geschieht.« (II/4)[80]

Der Hausvater verbindet wie ein Scharnier die Privatautonomie oder Freiheit des Eigentümers am Markt mit der persönlichen Herrschaft über die Familie, die eben als Reproduktionsbasis des Tauschwerts in den Dienst genommen wird. Von Anfang an, so Habermas, entsprach der Selbständigkeit des Eigentümers auf dem Markt und im eigenen Betrieb »die Abhängigkeit der Frau und der Kinder vom Familienvater; die Privatautonomie dort setzte sich hier in Autorität um und machte jene prätendierte Freiwilligkeit der Individuen illusorisch. Auch die Vertragsform der Ehe, die die autonome Willenserklärung beider Partner unterstellt, war weithin Fiktion; zumal die Eheschließung, soweit die Familie Träger des Kapitals ist, von Rücksichten auf dessen Erhaltung und Mehrung nicht freibleiben konnte. Die Gefährdung, die dadurch der Idee der Liebesgemeinschaft entsteht, beschäftigt als Konflikt von Liebe und Vernunft, sprich: Geld- und Standesheirat, die Literatur bis in unsere Tage, und nicht nur die Literatur.«[81] Die Liebesgemeinschaft ist freilich keine Idee, sondern ein sehr konkretes Bedürfnis, erfordert von einer Vergesellschaftung, die im Markt selber ihr Triebrad besitzt. Was wäre denn der Ursprung der Liebe – der starken modernen Empfindung, die nur diesem oder dieser Einzelnen gilt, nicht mehr aber dem Verwandten – wenn nicht jene Vereinzelung, der das Individuum verfällt, sobald die verwandtschaftlichen Beziehungen des Clans oder des Stammes ihre Gravitationskraft verlieren, sobald die kleinen Einheiten von Dorfgemeinschaft und Zunft sich aufzulösen beginnen in die Anonymität von Warenein- und -verkäufern. Die individuelle Liebe ist die Antwort des Vereinzelten auf den Tauschwert, wenn der sich anschickt, die alten kollektiven Bindungen zu zertrennen. Sie stellt sich seiner Macht entgegen und ist zugleich sein Spiegelbild. Daß »dieser gerade diese, diese diesen liebt«, warum es »just nur diese oder dieser Einzelne ist«, das findet, wie Hegel meint, »seinen einzigen Grund in der subjektiven Partikularität, in dem Zufall der Willkür«[82]. Es ist eben so zufällig wie der Umstand, daß dieser bei jenem Ware und Geld tauscht. Während das Geld aber die völlige Gleichgültigkeit zwischen den zufällig miteinander Tauschenden stiftet, schafft die Liebe das totale Interesse an dem durch Zufall Geliebten. Einheit und Widerspruch von Tauschwert und Liebe bilden die verborgene Dialektik moderner Dramaturgie.

Wenn der Vater das Scharnier zwischen Familie und Markt bildet, so ist wenig verwunderlich, daß sich die Vater-Tochter-Beziehung als Achse des bürgerlichen Dramas bewährt: als hätten sie Orest und nicht Ödipus zum Vorbild, behandeln die Dramatiker die Mütter; diese treten erst gar nicht auf oder verschwinden ganz hinter den mächtigen Vaterfiguren. Stücke wie *Coriolanus, Phèdre* und *Die Tochter der Luft*, in denen die Beziehung zwischen Mutter und Sohn thematisiert wird, bleiben selten, in ihnen wird die Mutter entweder verteufelt (Phèdre) oder sie wird zu einer politischen Allegorie (Volumnia), oder beides (Semiramis). Sigmund Freud spricht anläßlich seiner *Hamlet*-Deutung vom »säkulare[n] Fortschreiten der Verdrängung im Gemütsleben der Menschheit«, sie betrifft allem Anschein nach in erster Linie die Mutter-Sohn-Beziehung. Für die *Hamlet*-Handlung beschreibt sie Freud als Verhinderung, Verzögerung und Verschiebung des Konflikts zwischen Sohn und Vater. »Das Stück ist auf die Zögerung Hamlets gebaut, die ihm zugeteilte Aufgabe der Rache zu erfüllen; welches die Gründe oder Motive dieser Zögerung sind, gesteht der Text nicht ein; [...] Hamlet kann alles, nur nicht die Rache an dem Mann vollziehen, der seinen Vater beseitigt und bei seiner Mutter dessen Stelle eingenommen hat, an dem Mann, der ihm die Realisierung seiner verdrängten Kinderwünsche zeigt.«[83] Der Schillersche *Don Karlos* erscheint unter solchem Gesichtspunkt als seitenverkehrte Verdrängung: hier eskaliert zwar der Konflikt zwischen Vater und Sohn, doch die Mutter ist, ähnlich wie bei *Phèdre*, durch die Stiefmutter ersetzt. Der moderne Dramatiker kann offenbar alles, nur nicht die Liebe des Sohnes zur Mutter gestalten. Der große Strom der Dramaturgie führt von Lear und Prospero, von den Komödienvätern Shakespeares und Molières zu den Hausvätern des bürgerlichen Trauerspiels und der comédie larmoyante. Gesetzt den Fall, die Dramatiker identifizierten sich in ihren ›schwachen‹ Stunden mit den jugendlichen Liebhabern, so mag sie die Schlüsselposition des Vaters – Kettenglied zwischen Markt und Familie – um so mehr herausfordern, diesen imaginären Nebenbuhler um die Gunst der Tochter zu stürzen; und vielleicht gewinnen manche daraus das heimliche Interesse, den Konflikt zu schüren.

Die Geschlechtergemeinschaft kann von außen, von einer fremden Macht, bedroht werden, damit sie ihren Schein abstreift: daß Julia und Chimene sich unterwerfen müssen, könnte kaum sichtbar werden, wenn nicht die Clanordnung ihrer Liebe entgegenstünde. Über die Macht des Clans allerdings ist das Urteil der Geschichte schon gefällt: sie muß den neuen Ordnungen des Marktes weichen. Die Familie bewahrt so viele ihrer Strukturen, als es den vom Markt geforderten Bedingungen entspricht. Das Drama aber vermag den Eindruck einer vollständigen Assimilation zu zerstören: ist es doch stets auf der Suche nach Konflikten und bei Strafe des Untergangs nicht imstande, alle Kollisionen in der Intimität des Familienlebens stillzustellen. Im Schatten der Liebestragödien entwickelt sich ein den familialen Strukturen feindliches, neues tragisches Moment, das die leichte Art der Komödie, den Tauschwert zu umspielen, in eine Frage auf Leben und Tod verwandelt: es handelt sich um einzelne, aus der Vertikale des Stamms gleichsam gesprengte Individuen, die in den neuen Ordnungen der Geschlechter als inkommensurable Größen auftreten. Als ob Chimene in die staatlich verordnete Liebe nicht einwilligen würde und statt in Schweigen zu versinken, gegen König und Gatten sich wendete, ohne im Geschlecht ihres toten Vaters noch Rückhalt zu finden[84]. Sie müßte zur Fremden werden, und die archaischen Gestalten der Medea und der Kleopatra wären wohl praktikable Vorbilder. Aber ihre Nachahmung geschieht im veränderten Zusammenhang der Moderne. Die *Phèdre*-Tragödie ist dafür ein gutes Beispiel; Racine weicht an signifikanten

Punkten von der Handlungsführung des Euripides ab: wie er auch sonst in seinen antiken Tragödien überall, wo es nur möglich ist, dem Mythos ein Liebesmotiv hinzufügt, so führt er hier als neues Motiv die Liebe zwischen Aricie und Hippolyte in die Fabel ein: der Feind der Frauen und der Ehe wird damit zum veritablen Bräutigam, der ewige Liebe schwört; seiner ungeheuerlichen Mutter wird eine brave Braut gegenübergestellt, die bis zuletzt an seine Unschuld glaubt. Phèdre aber ist berufen, diese Beziehung zu vernichten; stand bei Euripides die Zerstörung ihres eigenen Liebesglücks im Mittelpunkt, so wird ihr bei Racine die Aufgabe zuteil, das der andern zu zerstören.

In Calderóns *Semiramis* ist dieses destruktive Moment moderner Dramaturgie, das bei Racine in klassisches Maß gebunden wird, zu einer monströsen politischen Allegorie ausgestaltet. *Tochter der Luft* – der Titel allein ist die Negation der Familie; in seiner Bearbeitung des Stücks verschärft Hans Magnus Enzensberger noch dieses Moment, wenn er eine Stimme aus dem Volk zu Semiramis sagen läßt »niemand weiß, / woher du kommst, und Niemand heißt dein Vater«; und sie selbst antwortet darauf stolz: »das ist wahr. Von Göttern / bin ich zu euch gekommen, nicht / von Ahnen. Hoch hat mich die Luft geboren, schwebend über Wüsten [...].« (1. Teil/S. 53 f.)[85] Doch Semiramis beschönigt hier ihre Herkunft; sie entstammt in Wahrheit einer Vergewaltigung: ein unbekannter Jüngling hatte ihre Mutter, eine Nymphe Dianens, überfallen. Semiramis weiß darum besser als alle anderen, daß Ehen und Kinder auf verschiedene Weise gezeugt werden: »das ist kein Sieg der Seele, / Jener Sieg, den ich erringe / Ohne Willen deß, der nicht / Ihn mir giebt um meinetwillen. / Nun, von dieser mißgebornen / Liebe, dieser Bastardliebe; stamm ich her [...].« (1. Teil/I/ S. 46)[86] Die geschändete Nymphe aber hat danach den Täter, Semiramis' Vater, getötet – und der Tochter ganzes Tun setzt die Tat der Mutter in großem Maßstab fort. Sie wird die Gemahlin des Königs, ermordet diesen im Ehebett und herrscht dann grausam über die unterworfenen Völker. Da sie ihrem Sohn, der die Gewaltlosigkeit predigt, zum Verwechseln ähnlich sieht, vermag sie, nachdem sie zu seinen Gunsten abgedankt hat, noch einmal in verkleideter Gestalt an die Macht zurückzukehren. Sie zerstört den Schein gewaltfreier Herrschaft, und sie bringt die Beziehung ihres Sohnes zu Asträa – der nicht zuletzt die künftigen Thronfolger entspringen sollen – in Gefahr. Semiramis muß scheitern, damit das Spiel zum guten Ende kommt – und kehrt zurück, woher sie kam: »Wohin mit dir? Du wolltest / das Haus, das dir bestimmt war, / sprengen, nicht bewohnen. Dich hält kein Grab. Den Flammen / gehört der tote Rest, / und nicht der Erde, der Luft / will ich dich wiedergeben.« (1. Teil / S. 120) Gerade der anarchische Charakter, der sich in den Kollisionen des Stücks verheerend entfaltet, ehe er am Ende bezwungen werden kann, muß Enzensberger eigenartig fasziniert und zu seiner modernen Bearbeitung angeregt haben: »Calderóns Problematisierung der königlichen Legitimität, seine Bloßstellung der unbeschränkten Macht, der heidnische Untergrund seiner Tragödie, die bodenlose sexuelle Problematik des Dramas – das alles sprengt die Schranken des höfischen Theaters, ja es bedroht sogar die ideologischen und religiösen Prämissen des Autors.«[87] So geht es auch weniger um einen weiblichen oder männlichen Typus, der soziologisch eindeutig bestimmbar wäre, als um ein dramatisches Moment: einen gebrochenen zwischenmenschlichen Bezug, der sich am Fremdsein offenbart. Im Keim ist es bereits im Motiv der unerwiderten Liebe vorhanden, so in der unglücklichen Zuneigung von Racines Phèdre zu ihrem Stiefsohn Hippolyte. Es findet sich ebenso in der Aura von Shakespeares Kleopatra wie in den mörderischen Intrigen von Richard III. und Jago, in Don Juans beständigem Wechsel der Geliebten oder in der maßlosen Eifersucht von Calderóns Herodes. Die bürgerliche Geschlechtergemeinschaft sieht sich statt mit mächtigen Clans eher mit versprengten Adeligen konfrontiert, die sich weder der vertikalen Ordnung des Geschlechts noch der horizontalen der Ehe einfügen: femme fatale und teuflischer Intrigant; sie scheinen dramaturgische Nachkommen jener Teufels- und Hexenfiguren zu sein, mit denen die heidnischen Fruchtbarkeitskulte stigmatisiert werden sollten. Mit einigem Recht könnte man in der Schlange des *Adamsspiels* ihre Urgestalt erkennen, denn sie entzweit das erste Paar der Menschheit und treibt es aus dem paradiesischen Zustand, in dem Eva, wie Erich Auerbach sehr anschaulich darstellen konnte, dem Herrn der Schöpfung gegenüber »ängstlich, unterwürfig und befangen« ist. »Erst durch die Schlange wird das anders; sie stellt die von Gott eingerichtete Ordnung auf den Kopf, macht die Frau zum Herrn des Mannes und führt so beide ins Verderben.«[88]

Alle diese Konfliktmomente erfordern offenbar besonders gewaltsame Lösungen: Semiramis wird am Schlachtfeld von Pfeilen durchbohrt,

Kleopatra und Phèdre vergiften sich selbst, auf Jago – »More fell than anguish, hunger and the sea« – warten schwere Foltern, Don Juan muß zur Hölle fahren – wahrer Teufel, der er ist. Nach seiner Austreibung verkündet der König: »Echtes Strafgericht des Himmels! – / Jetzt gehört es sich, daß alle / sich vermählen, denn der Stifter / all des Unheils ist nicht mehr.« (III / 27)[89] Mit dem paradoxen Wunsch, das Vergangene ungeschehen zu machen, verabschieden sich die Hinterbliebenen: »D'une action si noire / Que ne peut avec elle expirer la mémoire!« (V / 7)[90] – die Worte über Phèdre könnten auch über Don Juan und Jago, Richard III. und Semiramis gesprochen werden; wer könnte die schwarzen Taten im nachhinein dementieren, wenn doch das Drama darin besteht, sie in Erinnerung zu bringen.

Häufig wird in diesen konfliktträchtigen Gestalten die Ankunft des modernen Individuums in der modernen Dramatik erblickt; doch wäre zu fragen, ob sie nicht Inkarnationen darstellen, ob sie nicht dialogisch ungreifbare gesellschaftliche Verhältnisse verkörpern. Geraten sie in die Nähe der Komödie, erwecken sie jedenfalls diesen Eindruck. Don Juan in Tirsos durchaus possenhafter Konzeption verwendet stets eine Wendung aus der Sprache des frühen Bankwesens und des Zahlungsverkehrs – »Tan largo me lo fiáis« – um Aufschub zu verlangen vor Gott, der den Zahltag noch nicht festgesetzt hat. Er leiht sich also Zeit – himmlisches Geld – aus, um in seine sexuellen Abenteuer zu investieren.

In *Troilus and Cressida*, vielleicht dem modernsten von Shakespeares Stücken, sind die unabsehbaren Vermittlungen des Tauschwerts in den Kreis des Krieges gebannt. Die weibliche Hauptfigur entwickelt sich darin von einer liebenden Julia zu einem weiblichen Don Juan. Troilus, gewissermaßen der Romeo, steht dieser Entwicklung staunend und so gut wie machtlos gegenüber. Zu tragischem Handeln kann es gar nicht mehr kommen, das Stück retiriert in die Nähe der Komödie: weder nimmt sich Troilus das Leben, noch versucht er Cressida zu ermorden, denn die Schuld fällt dem Krieg allein zu. Die gesellschaftlichen Verhältnisse nehmen den Personen das Handeln ab. Ohne zu zögern, ohne in einen Konflikt zu geraten, hatte Troilus selbst seine Liebe zu Cressida den Imperativen des Kriegs untergeordnet: nur Krieg und Geilheit – »still, wars and lechery: nothing else holds fashion.« (V / 2)[91]

Indem jene Gestalten, die man die Initiatoren der Kollision nennen könnte, mit der Geschlechtergemeinschaft in Konflikt geraten, wird

der Schein zerstört, in den die Familie sich hüllt. Ihn zu wahren, ist die
Empfindsamkeit im 18. Jahrhundert angetreten. Doch es ist von Anfang an ein Rückzugsgefecht. Als Reproduktionsbasis des Marktes ist
die Kleinfamilie weniger die Lebensform einer bestimmten Klasse oder
Schicht, der bürgerlichen zumal; der soziale Wandel, den sie herbeiführt, wäre vielmehr darin zu fassen, daß sie die ganze Gesellschaft im
Sinne des Tauschwerts umorganisiert – einerlei in welchem Verhältnis
die einzelnen Klassen und Schichten zur Produktion stehen mögen, ob
sie von ihr profitieren oder nicht, ob sie ihre Arbeitskraft verkaufen
müssen oder nicht. Denn alle, die am Marktgeschehen teilnehmen –
und das sind letztlich alle Menschen einer Gesellschaft –, sind in gewisser Weise Eigentümer: sie müssen keinen Betrieb besitzen und kein
Geschäft, doch sie müssen zumindest als Eigentümer ihrer Arbeitskraft
und als Eigentümer von Geld am Marktplatz erscheinen. So vollzieht
die Familie der Eigentümer zwangsläufig die Expansionen des Marktes
mit: je weiter der Tauschwert in die Produktion und Reproduktion der
Klassen und Schichten der Gesellschaft eindringt, desto maßgeblicher
wird die Kleinfamilie für deren lebendige Reproduktion. Damit aber
wird ihr soziales Gefüge bisher unbekannten Lasten ausgesetzt. Das
Drama lebt bald nur mehr davon, daß sie unter diesen Belastungen zerbricht. Statt der Abkömmlinge von Hexen und Teufeln, welche die
Kleinfamilie – von außen oder von innen her – bedrohen, treten nun die
gesellschaftlichen Verhältnisse als selbständige Macht hervor: sie zerstören das Glück der Familie in Dramen des Sturm und Drangs, vor
allem in jenen von Lenz, im *Woyzeck* von Büchner und in *Maria Magdalene* von Hebbel, in den Stücken Ibsens und in denen des deutschen
Naturalismus. Bei Nestroys fadenscheinigen Happy-Ends aber nehmen sich die Verhältnisse vielleicht am verständlichsten als ein Akteur
aus, den das Ende der Handlung ganz unberührt läßt. Die Komödie
entpuppt sich als geglückter Akt des Tausches: Povernius Maxen-
pfutsch – »ein im Zugrundegehen begriffener Kapitalist und Vater« (in
der Parodie *Nagerl und Handschuh*) – bietet seine beiden Töchter zur
Hochzeit feil, damit das Theater endlich Kassensturz machen kann:
»ich bitt', wenn's gefällig ist, suchen Sie sich was aus«, sagt er in drän-
gendem Tonfall zu einem prospektiven Schwiegersohn (III/6)[92]. Und
Adelheid, »die verfolgte Witib«, singt zum Schluß einer anderen Parodie: »Ich krieg' jetzt ein' Mann, zwar schön ist er nit, / Jetzt hab' ich
doch vor der Verfolgung ein' Fried'. / Er ist reich, das is d'Hauptsach'

jetzt auf dieser Welt, / A Witib braucht nichts als ein Mann und viel
Geld.« (III/10)[93]

Merkwürdig ist, daß die Musik für solche unmaskierten Einbrüche des
Tauschwerts in die Dramaturgie lange Zeit keine genuine Sprache fand:
Offenbachs Operetten und seine Oper etwa korrespondieren im Text
mit Nestroys oder Büchners illusionslosem Blick (man denke nur an
den 2. Akt von *Hoffmanns Erzählungen*, worin der Physiker Spalan-
zani einen lebensgroßen Automaten konstruiert, den er als seine Tochter ausgeben will, um durch günstige Verheiratung seinen finanziellen
Bankrott zu kompensieren) – die Verschlissenheit der Harmonie äußert
sich nur unfreiwillig in der mechanischen und monotonen Begleitung,
die Musik selber ist nicht parodistisch, sie wird es erst durch die Situation, in der sie erklingt[94]. Je schamloser aber die Komödie ihr gutes
Ende verrät, desto mehr verschärft sich offenbar die Teleologie des
Dramas auf der Seite der Liebestragödie, und dort gewinnt die Musik
ungeahnte Bedeutung: die Liebe wird ausersehen, den Menschen –
oder vielmehr: den Mann – vom Elend des Tauschwerts zu erlösen, die
Musik berufen, der Erlösung Raum zu geben.

In der Anlage der Oper verbirgt sich eine teleologische Falle, in die zu
tappen, für die Interpretation musikalischer Dramatik nicht untypisch
ist: die Musik wird als Telos des Textes begriffen. Adorno schrieb, im
Gesang der dramatis personae töne »etwas von der Hoffnung auf Versöhnung mit der Natur; das Singen, Utopie des prosaischen Daseins, ist
zugleich auch die Erinnerung an den vorsprachlichen Zustand der
Schöpfung«.[95] Nicht von ungefähr fällt im nächsten Satz der Name Richard Wagner. Der handlungsmäßige Ort der Hoffnung ist die Liebe
zwischen den Geschlechtern, deren erlösende Kraft Adorno noch gesteigert sieht, wenn sich die Frau außerhalb der gesellschaftlichen Ordnung befindet: von Mozarts *Entführung* an »hat in der Oper die Liebe
zu dem kein Ende, was fremden Blutes oder sonstwie ›draußen‹ ist.
Halévys ›Jüdin‹, Meyerbeers ›Afrikanerin‹, die ›Kameliendame‹ in Verdis Version und die ägyptische Prinzessin Aida, Delibes' Lakmé, dazu
noch der Zug der Zigeunerin, kulminierend im ›Troubadour‹ und der
›Carmen‹: alles Fremde oder Verfemte, an denen Leidenschaft ent-
flammt und in Konflikt gerät mit der etablierten Ordnung.«[96] Ist es
aber der Sinn der Musik, diesen Konflikt als Versöhnung mit der Natur

zu lösen? Die moderne, postromantische Oper, *Lulu* ebenso wie die
Dreigroschenoper, hat solche tief im 19. Jahrhundert entspringende
Sehnsucht gründlich enttäuscht. Die Liebe ist zwar das große Thema
der Singenden geblieben, doch es wird gezeigt, daß sie niemanden erlöst. Der alte Heros der Musik, von den säkularisierten Erlöserfiguren
lange Zeit verdrängt, erscheint in einem neuen Licht: es ist Orpheus,
»der den Höllenhund bezwang und die Steine zum Tanzen brachte,
aber von rasenden Mänaden zerrissen wurde – die Natur, aber nicht
die gesellschaftlichen Verhältnisse beherrschend« (Hanns-Werner
Heister)[97].

Gerade die glücklichen oder traurigen Wendungen der individuellen
Liebe provozierten den dramatischen Einsatz der Musik. Und sie scheint
auch ihre ganze Eigenart aus der Schwerkraft zu schöpfen, womit die
Kleinfamilie die Geschlechter anzieht. Mehr als das Drama ist die Oper
diesem Gefühl verpflichtet, die ganze Gattung kann ohne die Liebe nicht
bestehen und wäre ohne sie wohl kaum entstanden. Ein Libretto, das
der Konstellation der Liebe ermangelt, scheint schlechterdings nicht
komponierbar. (Pfitzner greift mit seiner Ausnahme – der Oper *Pale-
strina* – wohl absichtlich zurück auf die Periode vor dem dramatischen
Sündenfall der Musik.) Und so gesehen, ist die Oper tatsächlich ein sehr
modernes, bürgerliches Genre. Die Tragödie von *Romeo und Julia* wird
in Monteverdis *Orfeo* gleichsam reduziert auf die Bewegung des Gefühls, den anderen verloren, gewonnen und wieder verloren zu haben.
Alle Gründe für dieses wechselnde Geschick sind der griechischen
Mythologie – wie einem Nachschlagewerk mit Motivregister – überantwortet. Auch die frühe italienische Oper ist eine zur Trauer gewendete
Komödie: *L'Orfeo* beginnt mit der Anrufung des Hochzeitsgottes Ime-
neos. Es bedarf indessen keiner gesellschaftlichen Macht, das Schicksal
der Liebenden in eine andere Richtung zu lenken – eine Botin genügt –
und ein rezitativischer Gesang: die Messagera beginnt die Nachricht
vom Tod Euridices in E-dur zu verkünden, als hätte sie selber die Botschaft noch nicht erreicht; Orfeo unterbricht die Botin in g-moll, als
würde er es musikalisch übernehmen, das Unglück zu verkünden. Nun
auch wechselt die Botin von Dur nach Moll. [98] Die Dramatik des Rezitativs spielt sich nicht zwischen der Botin und Orfeo, sondern im Inneren
eines imaginären Subjekts ab; Orfeo selbst, die Botin, Hirten und Nym-
phen erscheinen fast nur als sein Medium. Anders jedoch liegen die
Dinge, wenn Orpheus Eurydike zum zweiten Mal verliert: er selbst trägt

daran Schuld, weil er zu zweifeln beginnt, ob sie ihm folgt, ob nicht die lüsternen Furien der Unterwelt sie ihm streitig machen. Im Moment des Zweifelns wechselt der Gesang von einer fröhlichen Canzonettenstrophe zu Rezitativversen: der Umschlag von Glück in Unglück wird als Wechsel von liedhafter Deklamation zum Rezitativ gestaltet[99] – als sollte der Verlust der musikalischen Form, der Dominanz mithin der Musik über den Text, den Verlust in der Liebe selber ausdrücken.

Monteverdis Opern bestehen, wie oft bemerkt wurde, aus weitgehend heterogenen Formen, von denen viele auf zwei Jahrhunderte musikalischer und musikdramatischer Entwicklung zurückblicken können, »so ist Orfeo auch weit weniger ein ›erstes Werk‹ einer neuen Gattung als die genial unbekümmerte Mischung verschiedenster musikalischer Elemente: zwar ist das Stück mit dem praktikabel-inspirierten Libretto von Alessandro Striggio d. J., eine ›favola pastorale‹ wie Peris inhaltsverwandte ›Euridice‹, aber anders als der Florentiner, der sich im monodischen Prinzip verrannte, verwendet Monteverdi die unterschiedlichsten musikalischen Formen und Genres. Neben der rezitativischen Monodie in den berichtenden und dialogischen Partien finden sich Madrigale für die Hirtenchöre, instrumentale Vorspiele und Ritornelle, die nach dem Muster der Balletti gestaltet sind, und schließlich groß angelegte, ausgezierte Arien.«[100] *Orfeo* aber unterscheidet sich von früheren Werken nicht nur durch bloße Kumulation der verschiedenen Formen, sondern vor allem durch eine eigenartige Verdichtung, wie sie an solchen entscheidenden Handlungssituationen wie dem Verlust Eurydikes deutlich wird: die disparaten Formelemente werden nach Maßgabe des Konflikts miteinander verknüpft. Die Natur aber, scheint es, läßt sich von musikalischer Dramaturgie gar nicht abbilden, sie vermag sich nur durch die Konflikte der Menschen zu beleben; an den Textdichter des *Orfeo*, Alessandro Striggio, schrieb Monteverdi: »Lieber Herr, wie werde ich das Sprechen der Winde darstellen können, wenn sie nicht sprechen? Und wie werde ich mit ihrer Hilfe die Affekte bewegen können? Arianna bewegte sie, weil sie eine Frau war, und gleichfalls Orfeo, weil er ein Mann war und kein Wind.«[101] So dementiert eigentlich auch die musikalische Handlung des *Orfeo* jene Macht der Musik, wie die Allegorie der Musik eingangs sie beschwor, als sie von Orpheus' ruhmreichen Taten berichtete, »che trasse al suo cantar le fere, / E servo fe' l'Inferno a sue

preghiere« (der mit seinem Gesang die Tiere zähmte, / der durch seine
Bitten sogar die Hölle bezwang; Prolog).

Die Götter stellen Orfeo vor eine Prüfung, als wären sie selbst an einer
allzuengen Liebe zwischen Mann und Frau nicht interessiert. Die
Schuld, die Orpheus trägt, ist denn auch der von Shakespeares und
Corneilles Liebhabern geradezu entgegengesetzt: »Così per troppo
amor dunque mi perdi« (So verlierst du mich aus übergroßer Liebe),
singt Eurydike (IV/S. 75)[102]: Orpheus besitzt zu wenig Tugend, um
auf ihren Anblick auch nur eine Zeitlang zu verzichten. »Ciò che vieta
Pluton, comanda Amore. / A nume più possente, / Che vince uomini
e dei, / Ben ubbidir dovrei […] S'arman forse a' miei danni / Con tal
furor le Furie innamorate / Per rapirmi il mio ben? Ed io 'l consento?«
(Was Pluto verbietet, befiehlt die Liebe / Einem so mächtigen Gott, /
der Menschen und Götter besiegt, / muß auch ich gehorchen […] Rü-
sten vielleicht die liebestollen Furien / gegen mich und versuchen voll
Wut / mir mein Eigentum zu rauben? Und ich dulde es?) Wollte man
Shakespeares Liebestragödie in diese Dramaturgie übersetzen, so
müßte Romeo dem Zweikampf mit dem Feind entsagen, um Julia, sein
privates Eigentum, nicht zu gefährden – und eben dafür würde der
Clan ihn bestrafen. In der Oper aber scheint die Tugend die Antagonistin der Liebe zu sein – im Unterschied zum Drama ist sie nämlich
kaum noch als moralische Verkleidung väterlicher Macht zu erkennen, sie bleibt abstrakt und wird sogar ästhetisiert: »É la virtute
un raggio / Di celeste bellezza, / Pregio dell'alma ond'ella sol
s'apprezza. / Questa di temp'oltraggio / Non teme, anzi maggiore /
Nell'uom rendono gl'anni il suo splendore. / Orfeo vinse l'Inferno e
vinto poi / Fu dagl'affetti suoi.« (Die Tugend ist ein Strahl / von
himmlischer Schönheit; / sie ist die Zierde der Seele und nur ihr eigen; / sie fürchtet die Zerstörung der Zeit nicht, / vielmehr machen
die Jahre ihren Glanz im Menschen heller / Orpheus besiegte die
Hölle und wurde dann von seiner Leidenschaft besiegt; IV/S. 75)
Man könnte meinen, die Oper sei zur Selbstkritik der Liebe geschaffen worden. Orfeo treibt einen hybriden Gefühlskult – und die
Wurzel dieser Maßlosigkeit ist seine Liebe zu Euridice: ihr ist er be-
dingungslos verfallen; sie stellt für ihn einen Wert von solch exzeptio-
neller Bedeutung dar, daß er sein ganzes Sein durch sie definiert. Die
Oper endet darum auch mit dem Ende der Liebe von Orpheus und
Eurydike, während im antiken Mythos die Geschichte von Orpheus

weitergesponnen wird. Jenes in der griechischen Welt eher selten auftretende Moment einer dauerhaften und intimen, gefühlsintensiven Beziehung, wie sie zwischen Orpheus und Eurydike vorkommt, hat die Moderne stets besonders angezogen. Die Orpheus-Sage wurde zum vielleicht beliebtesten Erbe des antiken Mythos, denn mit ihm ließ sich das Moderne gestalten: die individuelle Liebe. Mag auch die Liebe schlecht ausgehen, die frühe Oper besteht auf einem guten Ende – einem »lieto fine«: so ist es die Entrückung von Orfeo durch Apollo, die den eigentlichen Schlußpunkt setzt und damit die Geschichte von Orpheus aus dem sich stets fortspinnenden Mythos schneidet. Es ist eine Versöhnung ohne geschlechtliche Liebe – doch eine Versöhnung, die den Konflikt ganz aufhebt im festlichen Zeremoniell.

Antike Götter- und Heroenmythen bildeten den bevorzugten Stoff der frühen Opern – an den italienischen Fürstenhöfen wie auch später im 17. Jahrhundert am Hof von Frankreich, in den bürgerlich betriebenen Theaterinstitutionen der Republik von Venedig und der Hansestadt Hamburg. Freilich trat in der tragédie lyrique von Jean-Baptiste Lully und Jean-Philippe Rameau deutlicher zutage, daß der Eingriff der Götter den des absolutistischen Staats, und damit des Königs selbst, repräsentierte. Meist sorgte der deus ex machina – im offenen Gegensatz zu *Orfeo* – für die letztendliche Vereinigung eines bestimmten Liebespaares und zauberte die unmöglich erscheinende Versöhnung von Tugend bzw. Vernunft und Liebe herbei. Deren Konflikt bildete, wie man weiß, auch eines der wichtigsten Themen der tragédie classique – doch der Vergleich zeigt eine deutlich stärkere Betonung des erotischen Moments in der Dramaturgie der tragédie lyrique: so vervielfachen sich nicht selten die Liebesverhältnisse gegenüber den Tragödien des Racine, die selber bereits eine intensive Erotisierung der antiken Stoffe betreiben. In Lullys *Alceste* wird die liebende Mutter des Euripides nicht nur in die junge Braut zurückverwandelt, sie wird als solche von König Lykomedes begehrt und am Tag ihrer Hochzeit entführt. Gleichfalls entbrennt Herakles in Leidenschaft zu Alkestis – und er ist überhaupt nur bereit, sie aus der Unterwelt zurückzubringen, wenn Admetos auf sie Verzicht leistet. In Rameaus *Hippolyte et Aricie* wird gegenüber Racines Tragödie *Phèdre et Hippolyte* – wie schon die Änderung des Titels andeutet – die »tugendhafte« Liebe zwischen Hippolyte und Aricie, die Racine überhaupt erst eingeführt hat, zur eigentlichen Tragödie, die freilich dann durch den Eingriff der Göttin Diana doch ein gutes Ende nimmt.

Vor allem die dunklen Gottheiten des *Orfeo*, welche die Tugend provozieren, Pluto und die rasenden Mänaden, werden säkularisiert; sie verwandeln sich in Zauberer und Hexen, ihre vollständige Verweltlichung aber ist die Figur des Intriganten, sehr oft der Intrigantin, in der opera seria; Monteverdi selbst hat hierzu mit seiner *Poppea* die ersten Schritte getan – noch heute erschrecken allerdings die Interpreten darüber, wie hemmungslos er das Bündnis von Liebe und Staatsräson gegen die Moral wüten läßt, ein wahrer Zeitgenosse Thomas Hobbes'. In den nachfolgenden Opern aus Italien und Frankreich wird indessen ein Gegensatz zwischen Moral und Staat kaum noch hergestellt, die Moral vielmehr mit dem Staat identifiziert. Nur durch Intriganten geraten die Liebenden überhaupt in Widerspruch zu einer Ordnung, worin Staat und Geschlechter sonst harmonisch vereint wären. Im Unterschied zu den Tragödien Shakespeares und der französischen Klassiker findet die gesellschaftliche Macht des Clans in der musikalischen Dramaturgie von Anfang an kaum einen Ausdruck – zu tief hat sich offenbar die Liebe der Oper schon eingeprägt; die Intrige ersetzt den Zusammenstoß von individueller Liebe und feudaler Clanstruktur und knüpft den Liebeskonflikt an die Haupt- und Staatsaktion. Sie garantierte andererseits auch eine rasche Auflösung der Konflikte im lieto fine: hatte der Herrscher den Intriganten endlich entlarvt, ließ er Gnade vor Recht ergehen; verschmolz aber der Intrigant mit der Figur des Herrschers zum Tyrannen, dann bedeutete das Ende der Handlung Selbstüberwindung: seine freiwillige Abkehr von Tyrannenwillkür. Wie etwa in Antonio Cestis *Alessandro vincitor di se stesso* (Der sich selbst überwindende Alexander) oder in *Lucio Silla*, der opera seria des sechzehnjährigen Mozart, garantiert die innere Umkehr des Tyrannen die Versöhnung und bei Mozart sogar ein republikanisches Ende.

Nach den Unterwelt-Göttern des *Orfeo* wäre im Intriganten die zweite Figur des ehezerstörenden Fremden zu erkennen; er übernimmt jenes anarchische Moment, das den Schein der Liebe und ihrer Allmacht in Frage stellt, ohne doch Tugend für sich selber in Anspruch zu nehmen. Solange Don Juan nicht komponiert werden kann, scheint der Intrigant zu seinem Stellvertreter auserkoren. Doch er bleibt im Musikalischen ein Substitut, weil seine Aktion sich aufs Rezitativ beschränkt. Die Intrige, nicht die Musik, vermag die Personen, Mann und Frau, miteinander zu konfrontieren. Entsprach diese strikt durchgeführte Arbeitsteilung durchaus dem Vernunftideal der Epoche – diskursive politische Logik in den Rezitativen, Liebe und Leidenschaften in den Arien –, so büßten opera seria und tragédie lyrique dabei das Vermögen Monteverdis ein, aus der Konfrontation der einzelnen Formen des Singens, die *Gegenwärtigkeit* einer dramatischen Situation zu gewinnen. Die Musik näherte sich vielmehr der Schauspielmusik an: sie lieferte gewissermaßen Einlagen zu den Rezitativen. Die Aktion wurde darum, wie Georg Knepler sehr anschaulich schreibt, »gleichsam nur notgedrungen – irgendwie mußte die Sache ja weitergehen – pflichtgemäß und pro forma erledigt, und zwar bekanntlich hauptsächlich in Form von Secco-Rezitativen, die, selbst wenn sie von der Hand eines Meisters stammen, niemandes Interesse lange wachhalten können. Was sie von Rezitativen hielten, machten Hörer der Opere serie oft ostentativ klar – sie aßen und tranken währenddessen oder ließen die Logenvorhänge herunter, bis endlich wieder eine Arie drankam. Das spiegelt die Tendenz der aristokratischen Oper, [...] Konflikte höflich zu verharmlosen; an wahre Tragödien, an drohende Katastrophen wollte man hier um so weniger erinnert werden, je näher sie vor der Theatertür drohten.«[103] Wie konnten die Konflikte auch die Musik erfassen, wenn die Personen der Handlung sich nur apart aussangen: In Metastasios Dutzenden von Opernlibretti findet sich ein einziges Ensemble und selbst von Duetten bloß eine Handvoll.[104] So gewann der Librettist – der doch hinter allen Intrigen steckt – für längere Zeit die Oberhand über den Komponisten. Metastasio, der unangefochtene Matador der opera seria, legte selbst großen Wert auf die Herrschaft des Wortes in der Oper und führte über seine Komponisten bekanntermaßen ein strenges Regiment.

Walter Benjamin hat geschrieben, daß mit dem Intriganten die Komik ins Trauerspiel eingezogen sei – doch er korrigiert sofort seine Begriffe: »Die Komik – richtiger: der reine Spaß – ist die obligate Innenseite der Trauer, die ab und zu wie das Futter eines Kleides im Saum oder Revers zur Geltung kommt. Ihr Vertreter ist an den der Trauer gebunden.«[105] So zitiert Benjamin auch den Stranitzkyschen Hanswurst, der zur »Person des Messinischen Wüttrichs Pelifonte« sagt: »Kein Zorn, wir seind gutte Freundt, werden ia die Herrn Collegen einander nichts thun.«

(S. 276)[106] Hanswurst ist der individuellen Liebe gegenüber ein Fremder, seine Sexual- und Fäkalkomik bedroht die bürgerliche Intimität der Liebe. Es scheint, als wäre es seine Mission, der verbürgerlichten Komödie ihren Ursprung im Fruchtbarkeitskult auf drastische Weise immer wieder vor Augen zu führen. Mehr als dieser Ursprung aber verbindet ihn seine offene Geldgier mit der Öffentlichkeit der alten Komödie: er nimmt in den modernen Trauerspielen förmlich den Platz des Geldes ein, des Kleingeldes – wie man im Hinblick auf den Intriganten sagen muß. Wie dieser ist auch er ein Abkömmling der Teufelsfigur; und es gibt eine Reihe komischer Gestalten, die zwischen Hanswurst und Intrigant schwanken – lächerliche Don Juan-Varianten wie Falstaff oder Lopes Ritter vom Mirakel. Im Unterschied zu ihnen gebricht es Hanswurst selber aber an Kraft, die Paare wirklich zu entzweien; die Zerstörung des Scheins, die er betreibt, bleibt an der Oberfläche des rein Szenischen; seine Aktion beschränkt sich nicht selten darauf, hinter dem Rücken der Liebespaare, fürs Publikum, einige obszöne Bemerkungen oder Gesten zu machen und allerart Grimassen zu schneiden. So war es etwa Joseph Anton Stranitzky ohne weiteres möglich, in die Prosaübersetzungen italienischer Opernlibretti die Hanswurst-Rolle einfach einzumontieren. Die ›komische Person‹ erklärte fallweise die Handlung denen, die sie nicht verstanden, weil sie zu ungebildet waren oder weil die Sprache der Haupt- und Staatsaktion nicht die ihre war. Sie stellte die hohen Personen vor, beschrieb deren Herkunft, deren Vorhaben, repetierte nicht selten das bereits Geschehene. Hanswurst legte also den Faden aus im Labyrinth der höfischen Intrige, damit sich das unkundige plebejische Publikum darin nicht verlieren konnte. Der Intrigant aber war der Architekt des Labyrinths.

Der Wurstl macht den Konflikt zum reinen Spaß, wie der Intrigant ihn zur reinen Intrige werden läßt – als wäre mit beiden Gestalten die Fähigkeit zum Konflikt aus den handelnden Personen abgezogen worden. Diese Erstarrung der Dramaturgie aufzuheben und den Konflikt wieder unmittelbar zwischen den Menschen zu entzünden, kennzeichnet alle dramaturgischen Reformpläne des 18. Jahrhunderts – für die Oper wie fürs Drama. Glucks Wiederaufnahme des Orpheus-Stoffes – im Zusammenhang mit seiner Suche nach Zwischenformen zwischen Rezitativ und Arie – sollte wohl den Intriganten von der Opernbühne verbannen, doch wie Hanswurst kehrte er immer wieder zurück, solange die Musik selber nicht imstande war, die in ihm absorbierten Konflikte freizusetzen. Und hierin war die komische Oper der ernsten offenbar weit voraus. Der Musik gelang es nur in diesem Genre, die Unabhängigkeit vom Dialog zu wahren und doch alle Personen miteinander zu konfrontieren. »Themen, Figuren und Situationen des Alltags«, so Hanns-Werner Heister, »bedingen dramaturgisch und musikalisch ein ungleich größeres Tempo der Verläufe (ein Reflex auch der allgemeinen Beschleunigung von Entwicklungen) und eine intensivierte Verzahnung und Wechselwirkung von Musik und Drama.«[107] Ihre Energie, vor allem aber ihre neuen Maße bezog die musikalische Dramaturgie dabei aus dem Tanz.[108] Dessen Musik verlangte nach regelmäßigen kleinen, voneinander rhythmisch abgesetzten melodischen Phrasen, um mit den Tanzschritten übereinzustimmen. Wie Charles Rosen zeigen konnte[109] (und vor ihm schon Richard Wagner erkannt hatte), erodierten diese kurzen und prägnant begrenzten Perioden den Barockstil, der seine Melodien nur in weitreichender Kontinuität fortspann; dies gilt allerdings nur insofern, als die Perioden aus dem zyklischen Kontinuum des Tanzes gelöst und in ein lineares, von Konflikten erzeugtes Zeitbewußtsein übersetzt wurden.

Die opera buffa erlaubte den Komponisten, was die seria ihnen verbat. Auch sie besteht aus Rezitativen und ›Nummern‹, aber die Arbeitsteilung zwischen ihnen ist aufgehoben. Schon Giovanni Pergolesis *La serva padrona* von 1733, ursprünglich ein Intermezzo für eine Seria-Oper, läßt die »Aktion« von den Rezitativen auf die Nummern überspringen: die widersprüchlichen Interessen, von denen die Handlung bewegt wird, finden Eingang in die Komposition, so etwa in dem Schlußduett, ehe die Dienerin Serpina den Hagestolz Uberto endgültig zur Liebe bekehrt: »Motivisch und rhythmisch sind die Eingangsphrasen beider Personen der Substanz nach identisch«, konstatiert Ulrich Schreiber. »Der Gegensatz besteht jedoch darin, daß Uberto, abgesehen von einer komischen Verzierung, in der Dominanttonart singt, so daß das Gleiche ungleich klingt.«[110] Solche »Dramaturgie der Harmonik«, die schließlich zum Movens der Sonatenform und damit des Stils der Wiener Klassik wurde, mußte den einheitsstiftenden Rahmen des Generalbasses sprengen: die tanzenden Paare der Buffa stießen gleichsam die seit über einem Jahrhundert errichtete Bühnenfront um, vor deren reich gegliederter Fassade die einzelnen Stimmen ihre Konturen gewonnen hatten; und ein tiefer Guckkasten wurde sichtbar, der allen

Figuren nun einen wesentlich größeren Bewegungs- und Handlungsraum ermöglichte. Statt – unmerklich von der Tonika zur Dominante
strömend – in kontrapunktischer Polyphonie, gleichmäßigem Tempo
und ohne dynamische Kontraste einander zu umspielen, wie die Liebenden in einer Schäferidylle, konnten nun Themen und Motive in verschiedenen Tonarten, Rhythmen, Lautstärken und Tempi gegeneinan-
dergestellt werden, ohne doch mit einer Tonart oder einem Rhythmus
zu verwachsen, so daß jedes auch mit sich selber in Widerspruch geraten konnte. Was früher – etwa im *Orfeo*, aber ebenso in der Bachschen
Johannes-Passion – in besonders gesteigerten Momenten rezitativischer
Gestaltung oder im Aufeinanderstoßen heterogener Musikstücke wie
Rezitativ, Canzonetta, Choral, Arie etc. möglich war, wurde nun zum
eigentlichen Gegenstand der Musikstücke. Der Komponist, so Thrasybulos Georgiades, »verwirklicht die Situation, die Aktion, die Begebenheit auf der Bühne, das Geschehen vor unseren Augen, in unserer
Gegenwart, hier und jetzt. Die Aufmerksamkeit wird musikalisch auf
den Darsteller als handelnde Person gelenkt [...] So die Wirklichkeit
sehen, bedeutet aber, sie als etwas Diskontinuierliches, somit auch Unberechenbares, erfassen.«[111] Damit erst erreichte die Musik jene Spannung zwischen Konflikt und Telos, die dem Drama eigentümlich ist.
Der neue ›Guckkasten‹ erforderte nun aber ein in der Geschichte der
Musik bisher nicht gekanntes Feingefühl für Proportionen, das sich an
jedem Moment musikalischer Entwicklung behaupten mußte. Dieses
Feingefühl wohl trug ihr das Epitheton des Klassischen ein. Doch ist es
nicht von vornherein mit teleologischem Denken zu identifizieren, wie
auch der perspektivierende Fluchtpunkt der Bühne mit dem Endpunkt
eines Dramas keineswegs zusammenfällt.
Welche Bedeutung in der Dramatisierung der Musik den geschlechtlichen Bedürfnissen zukommt, hat Mozart – ohne einen Anflug von
Klassizität – in seinen Briefen angedeutet: mit den Franzosen ist er
einer Meinung darüber, »daß in der Musick der hanswurst noch nicht
ausgerottet ist«[112]; doch er möchte andererseits, »daß die Musick bald
einen arsch bekommt – denn das ist das nothwendigste; einen kopf hat
sie izt – das ist eben das unglück«[113]. Worin es besteht, hält er in einem
Ton fest, aus dem man die Orientierung an der opera buffa unschwer
heraushören kann: »ich will es über mich nehmen daß man den Metastasio von Wienn kommen lassen kann, oder ihm wenigstens den antrag
macht, daß er etliche Tuzend opern verfertiget, alwo der Primo uomo

und die prima donna niemahlen zusammen kommen. auf diese Art
kann der Castrat den liebhaber und die liebhaberin zugleich machen,
und das stück wird dadurch interreßanter, indemm man die tugend der
beyden liebenden bewundert, die so weit gehet, daß sie mit allem fleiß
die gelegenheit vermeiden sich in Publico zu sprechen; – da haben sie
nun die meinung eines wahren Patrioten!«[114]

Empfindsamkeit

Empfindsamkeit ist der Tränenvorhang
der bürgerlichen Familie...

Peter Szondi[1]

Das Theater erschien nicht wenigen Moralisten des 18. Jahrhunderts als eine Art femme fatale, welche die Jugend verdirbt, während man am Theater selbst rührend bemüht war, als des sittlichen Bürgers Abendschule anerkannt zu werden und den Leumund einer jungen Unschuld unter Beweis zu stellen[2]. Die Bilder für den schillernden Ruf des Theaters könnten aus der Dramaturgie des Jahrhunderts extrapoliert werden. In ihr nämlich kristallisiert sich jene überaus kennzeichnende Polarität weiblicher Charaktere aus: die Lady und die Miss – die femme fatale und das Bürgermädchen. Man kann darin jene weit zurückreichende, in Männerphantasien seit Jahrhunderten ausgeprägte Doppelung von ›Hure‹ und ›Jungfrau‹ wiedererkennen – doch die Verbürgerlichung dieser komplementären ›Frauenbilder‹ läßt sie selber nicht unverändert.

Die aristokratische Lady mutet auch an wie eine ins bürgerliche Interieur geratene Kleopatra oder Medea; sie ist inmitten einer neuen engen Welt zur Fremden geworden. So tritt sie in die moralische Anstalt als natürliche Feindin der Kleinfamilie ein, sie bedroht als Verschwenderin deren materielle Grundlage, das mühsam akkumulierte Kapital, und sie verdirbt als Mätresse jenen Geist, der dieses Kapital zu schützen berufen ist: die protestantische Ethik. In George Lillos *London Merchant* (1731) verführt Lady Millwood den anständigen Lehrling und angehenden Bürger Barnwell; in Lessings *Miß Sara Sampson* – drei Jahre nach der deutschen Übersetzung von Lillos Drama uraufgeführt – versucht Lady Marwood mit allen nur erdenklichen Mitteln den auf den

Geschmack der Tugend gekommenen Mellefont ins Laster zurückzuziehen. In beiden Fällen aber sind es ›Bürgertöchter‹, die den Kampf gegen die Ladys verlieren; Saras Vater trägt zwar den Titel Sir und entstammt offenbar dem niederen englischen Adel – doch der bürgerliche Charakter der Vater-Tochter-Beziehung streift solche Standesbezeichnung ab: ein bürgerliches Trauerspiel mag eben durchaus in den Familien des Adels, zumal des niederen, stattfinden; weniger eine neue Klasse als eine neue Form der Familie betritt im bürgerlichen Trauerspiel die Bühne.

Die Dramaturgie scheint einem bürgerlichen Lehrstück mehr zu entsprechen als einem Trauerspiel; im Gegensatz zu den stets widersprüchlich gestalteten Figuren der Medea und der Kleopatra betritt die Lady, wie es zunächst aussieht, als einfache Böse die bürgerliche Bühne. Weder Lillo noch Lessing können allerdings darauf verzichten, ihre bösen Handlungen doch zu motivieren. Und hier setzt zaghaft die Dialektik des Dramas ein, die jenem Frauentypus eine bestimmte dramaturgische Entwicklung ermöglicht – an deren Ende ist die vielleicht einmal angestrebte, widerspruchslose Einheit von Klasse und Geschlecht dahin. Wo indessen die fremde Lady der Bühne überhaupt ferngehalten wird und die kleinfamiliale Idylle kaum ernstlich in Gefahr gerät, wie in Diderots beiden Familiendramen, bleibt es tatsächlich beim larmoyanten Lehrstück für des Bürgers sittliche Abendschule. »Indem er im ›Fils naturel‹ und im ›Père de famille‹ die Bühnenrealität auf die Intimität der Familie reduziert, indem er unter conditions theoretisch zwar die ganze Mannigfaltigkeit des bürgerlichen Berufslebens versteht, in der Dramenpraxis aber nur die Beziehungen der Familienmitglieder zueinander wiedergibt, macht Diderot die tragédie domestique et bourgeoise zur Darstellung und Verklärung der bürgerlichen Kleinfamilie als realer Utopie, in deren Abgeschiedenheit der rechtlose Bürger seine Ohnmacht in der absoluten Monarchie vergessen und sich entgegen allem Augenschein der Güte der menschlichen Natur versichern kann.«[3] Auch Diderot kann auf einen Konflikt nicht verzichten, damit sich auf seiner Bühne überhaupt etwas bewegt: dessen Anstifter ist im *Hausvater* der Schwager; die Figur wird gleichsam instrumentalisiert, um im Kontrast die Einheit der Familie zu gewinnen – seine bösen Handlungen werden nicht motiviert: »Der Schwager, der mein Triebrad ist«, schreibt Diderot selbst (in der Übersetzung von Lessing), »muß einen engen Kopf voller Vorurteile haben, muß hart, schwach, boshaft, ungestüm, verschlagen, zanksüchtig, die Unruhe des Hauses, die Geißel des Vaters und der Kinder, und der Abscheu der ganzen Welt sein.«[4] So benötigt Diderot eine molièresche Gestalt – freilich eine, die nicht mehr komisch ist –, um die Empfindsamkeit der Familie zum Sprechen zu bringen.

In Lillos bürgerlichem Trauerspiel evoziert Lady Millwood einen dramatischen Konflikt, der den Charakteren Leben einhaucht und die bürgerliche Moral ein wenig zum Tanzen bringt; es ist freilich ein schleppender, seufzender und vielfach gehemmter Tanz. Er folgt nicht unbedingt einem klassenkämpferischen Rhythmus, erweisen sich doch Klasse und Geschlecht der Millwood als äußerst zweideutig. Peter Szondi hat versucht, ihre Identität zu bestimmen: »Eine femme fatale ist die Millwood in diesem genauen Wortsinn: sie wird dem Lehrling Barnwell zum Schicksal, zum Verhängnis – wie dem Macbeth die drei Hexen. Wie diese dem General des Königs die Krone prophezeien, so gaukelt die Millwood dem bürgerlichen Helden künftiges Sinnenglück vor. Beide, Macbeth wie Barnwell, werden darüber zum Mörder. Daß aber das Sinnenglück, um dessentwillen Barnwell zuerst Diebstahl, dann Mord begeht, ein vorgetäuschtes ist, läßt die femme fatale erst in dem Licht erscheinen, das in Lillos Stück auf sie fällt: im Licht des puritanischen Rationalismus. Nichts wäre verfehlter, als in ihr, die in Barnwell die unterdrückten Triebe zur Rebellion gegen die asketische Tyrannei der Ratio weckt, eine Wedekindsche Lulu avant la lettre sehen zu wollen, ›das wahre Tier, das wilde, schöne Tier‹. Wenn die Millwood George Barnwell verführt, so nicht, weil sie nicht anders kann, und womit sie ihn verführt, ist nicht, was sie wirklich ist. Sondern sie treibt mit ihm ihr Spiel, und zwar nicht in unschuldiger Kreatürlichkeit, sondern aus kalter Berechnung. Barnwell ist ihr nur ein Mittel, zu Geld zu kommen. [...] So spricht aus der Millwood nicht etwa die von der bürgerlichen Vernunft unterdrückte Triebwelt, sondern immer noch die Ratio.«[5] Wedekinds Lulu vermag die Eigenart der Trauerspiel-Lady grell zu beleuchten – doch Lulus unschuldige Kreatürlichkeit ist darum nicht weniger ein gesellschaftliches Produkt, welches Kalkül man in ihrer reinen Natur auch entdecken mag; zu fragen wäre, ob die Rebellion der unterdrückten Triebwelt gegen die bürgerliche Vernunft nicht selber der Rationalität des Marktes folgt – nur in anderer Weise und in anderer Zeit. Der Unterschied ist allerdings, daß in Lillos Stück das ökonomische Kalkül der Lady sich einzig gegenüber Barnwell als Sinnenglück vermummt, dem Zuschauer aber offen entgegentritt – während Lulu ihr gesellschaftliches Geheimnis niemandem lüftet, wodurch der Schein einer blinden Naturkraft entsteht. Lillos Publikum vermag indessen zu durchschauen, daß Lady Millwood keineswegs ein in die Welt der Kaufleute eingesprengtes Stück Natur vorstellt, sondern wie die Kaufleute selber bloß auf Geld aus ist, nur daß sie eben dieses Ziel mit anderen Mitteln verfolgt. Die puritanische Kaufmannsmoral, »derzufolge Gelderwerb an sich gut, aber nur mit ehrlichen Mitteln erlaubt ist, verketzert hier die Gestalt, die sich ihren Normen nicht fügt: den vorpuritanischen Kaufmann, der skrupellos nach Geld jagt«[6]. Einstmals diente die Figur des jüdischen Wucherers dazu, die christliche Kaufmannsmoral vom Schmutz der ursprünglichen Akkumulation reinzuwaschen: Der Kaufmann von Venedig fand in Shylock jenes dem eigenen Besitz feindliche Moment, das der Gesellschaft ausgetrieben werden sollte. Doch Lillos Millwood geht sowenig wie Shakespeares Shylock im bloßen Feindbild auf. In dem Dialog zwischen ihr und den beiden redlichen Bürgern Thorowgood und Trueman wirft sie die gegen sie erhobenen Anklagen zurück auf die Kläger – und auch darin ließe sich eine zwischen den Geschlechtern gezogene Parallele zu Shylocks Dialog mit dem christlichen Kaufmann erkennen: »Eben dein Geschlecht ist es, welchem ich den Verlust dieser seltenen Schönheiten, die du mir vorrücktest, zuschreiben muß. Es ließ mich die Kostbarkeit derselben nicht eher einsehen, als bis es mich derselben beraubet hatte.« (IV / 18)[7] Die Verführerin des unschuldigen Mannes ist selber eine verführte Unschuld; die Geldgier, die sie verkörpert, ist Folge ihrer sexuellen Erfahrungen: »Another and another spoiler came, and all my gain was poverty and reproach. My soul disdained, and yet disdains, dependence and contempt. Riches, no matter by what means obtained, I saw secured the worst of men from both. I found it, therefore, necessary to be rich and to that end I summoned all my arts.« (IV / 18)[8] Der Konflikt zwischen den braven Bürgern und der bösen Lady ist mitnichten ein Klassenkampf im unmittelbaren Sinn: »Men of all degrees and all professions I have known, yet found no difference but in their several capacities. All were alike wicked to the utmost of their power.« Weit eher als eine Verkörperung feudaler Macht ist Lady Millwood eine Reaktion auf die bürgerliche. Sie bedient sich der Mittel des vorpuritanischen Kaufmanns, doch ist sie in gewisser Weise ein nachpuritanisches Geschöpf: sie übertreibt das Bürgertum, um es zu bekämpfen.

Allerdings schafft die puritanische Ideologie denn doch eine gewisse Eingrenzung des Konflikts, den Millwood zu entgrenzen droht; die Kollision vermag als innerbürgerlicher Konflikt stabilisiert zu werden: es geht am Ende um eine Verurteilung der schlechten Bürger, der bestechlichen Richter, der schlechten Geistlichen, jener, die nicht der protestantischen Ethik huldigen.[9]

Mit George Lillos Stück hatte das bürgerliche Trauerspiel ein Modell erhalten, dessen Bedeutung vielleicht größer war als die theoretischen und praktischen Bemühungen von Diderot. Die Figurenkonstellationen bilden eine Art dramaturgischen Grundriß, den man in den unterschiedlichen Kompositionen der Aufklärer und Klassiker wiederfindet, als handelte es sich um die Rollenfächer der opera seria:

London Merchant	Maria	Lady Millwood	Barnwell	Thorowgood
Miß Sara Sampson	Sara	Lady Marwood	Mellefont	Sampson
Emilia Galotti	Emilia	Gräfin Orsina	Prinz	Galotti
Kabale und Liebe	Luise	Lady Milford	Ferdinand	Miller

Reduziert man diese Strukturen auf die innerfamiliären Beziehungen, so ergibt sich, wie Inge Stephan erkannte, die Vater-Tochter-Beziehung als die »zentrale Achse, um die sich die Dramen drehen und auf die es den Autoren augenscheinlich angekommen ist. Dieser zentralen Beziehung zuliebe werden die Mütter aufgeopfert bzw. abgewertet, und ihr zuliebe scheinen die Autoren darauf verzichtet zu haben, die Familien mit weiteren Töchtern, Söhnen oder Familienangehörigen auszustatten.«[10]

Im ersten bürgerlichen Trauerspiel Deutschlands, in Lessings *Miß Sara Sampson*, heißt die Lady, die den dramatischen Knoten schürzt, Marwood – die Verwandtschaft zu Lillos Figur ist sogar am Namen abzulesen. Mellefont hat sie verlassen und ist mit Sara, seiner neuen Geliebten, geflohen – vor deren Vater, der die Beziehung mißbilligt. Am Ort des Verstecks, einem Gasthof, taucht plötzlich Lady Marwood auf, um Mellefont für sich zurückzugewinnen. Zu diesem Zweck hat sie nicht nur Arabella, die ihrer Verbindung mit Mellefont entstammende kleine Tochter, mitgenommen – sie hat auch Saras unglücklichen Vater, Sir William Sampson, auf die Spur des flüchtenden Paars gebracht. Als alle ihre Verführungs- und Überredungskünste versagen, vergiftet sie schließlich ihre Rivalin und flieht. Die Motivationen von Marwoods

Handlungsweise tauchen in fast jedem ihrer Dialoge auf; was bei Lillo
auf eine entscheidende Auseinandersetzung konzentriert ist, wird bei
Lessing wie ein Faden durch die Szenen gezogen. Allerdings gibt es
Schwerwiegenderes zu motivieren: Marwood stiftet nicht nur an
zum Mord, sie selbst führt das Verbrechen aus – und ist sogar bereit,
ihre eigene Tochter als Geisel zu nehmen. Indem sie sich ausspricht,
klagt sie das männliche Geschlecht im allgemeinen und im besonderen
an: steht ihr doch nicht irgendein Repräsentant dieses Geschlechts gegenüber, sondern der verhaßte Geliebte selber. »Deine neue Gebieterin
ist also wohl gar ein Mädchen von schönen sittlichen Empfindungen?
Ihr Mannspersonen müßt doch wohl selbst nicht wissen, was ihr wollt.
Bald sind es die schlüpfrigsten Reden, die buhlerhaftesten Scherze, die
euch an uns gefallen; und bald entzücken wir euch, wenn wir nichts als
Tugend reden und alle sieben Weisen auf unserer Zunge zu haben scheinen.«(II/3)[11] Mellefont selbst klagt Marwood weniger im Namen des
gesamten Bürgertums an als in dem seiner eigenen Existenz:

MELLEFONT Wer sind Sie? und wer ist Sara? Sie sind eine wollüstige
  eigennützige, schändliche Buhlerin, die sich izt kaum mehr muß
  erinnern können, einmal unschuldig gewesen zu sein. Ich habe mir
  mit Ihnen nichts vorzuwerfen, als daß ich dasjenige genossen, was
  Sie ohne mich vielleicht hätten die ganze Welt hätten genießen
  lassen. Sie haben mich gesucht, nicht ich Sie; und wenn ich nunmehr weiß, wer Marwood ist, so kömmt mir diese Kenntnis teuer
  genug zu stehen. Sie kostet mir mein Vermögen, meine Ehre, mein
  Glück –
MARWOOD Und so wollte ich, daß sie dir auch deine Seligkeit kosten
  müßte! Ungeheuer! Ist der Teufel ärger als du, der schwache Menschen zu Verbrechen reizt und sie dieser Verbrechen wegen, die
  sein Werk sind, hernach selbst anklagt? Was geht dich meine Unschuld an, wann und wo ich sie verloren habe? Habe ich dir meine
  Tugend nicht preisgeben können, so habe ich doch meinen guten
  Namen für dich in die Schanze geschlagen.   (II/7)

Lessing spitzt den Konflikt zwischen den Geschlechtern zu, indem er die
Antagonisten aus institutionellen Zusammenhängen, in denen sie bei
Lillo standen, heraushebt und unmittelbar aufeinander treffen läßt: sie
haben sich sehr Persönliches vorzuwerfen – doch die Allgemeinheit des
Geschlechts scheint darin durch: Marwood gibt deutlich zu erkennen,
daß nicht Mellefont ihr die Ehre der »Jungfräulichkeit« geraubt hat –

sondern einer *wie* er. Besonders aber wenn die Lady mit dem Bürgermädchen sich solidarisieren möchte, ob aus taktischen Gründen oder
nicht, treten die Geschlechter fest umrissen gegeneinander auf: »Wir
Frauenzimmer sollten billig jede Beleidigung, die einer einzigen von
uns erwiesen wird, zu Beleidigungen des ganzen Geschlechts und zu
einer allgemeinen Sache machen, an der auch die Schwester und Mutter
des Schuldigen Anteil zu nehmen sich nicht bedenken müßten.« (IV / 8)
Die imaginäre Front, die quer zu Klassen- und Verwandtschaftsver-
hältnissen verlaufen soll, hält den Leidenschaften nicht stand: Marwood droht, die eigene Tochter zu martern und zu morden, wenn Mellefont nicht zu ihr zurückkehrt, und sie tötet am Ende tatsächlich die
bürgerliche Rivalin. Die Wendung zur Barbarei, die sie in die Nähe der
archaischen Medeafigur rücken läßt, hat ein modernes Motiv: Medea
ist eine gescheiterte Bürgerin. Mellefont selbst hat ihr das bürgerliche
Eheglück verweigert, einem Frauenzimmer, »voll des zärtlichsten Gefühls, welches eine Hütte einem Palast vorgezogen haben, wenn sie in
jener mit einer geliebten und in diesem mit einer gleichgültigen Person
hätte leben sollen« (IV / 8). Das Pathos der Marwood fügt sich nicht ins
Ensemble der Figuren: ihr großartiges Schwanken zwischen Wahnsinn
und Liebe, Mitleid und Haß findet in den anderen Gestalten keinen
ebenbürtigen Antagonisten. Auch Mellefont schwankt – doch ist es ein
kleinmütiges Schwanken, eher ein Verzagtsein denn eine Verzweiflung.
Sobald die Lady das Weite gesucht hat, kann die kleinfamiliale Enge
endlich zu ihrem Telos gelangen: Empfindsamkeit. Sie ist, folgt man
Peter Szondi, der »Ausdruck der Tabuierung jedes Konflikts zwischen
den Angehörigen einer Familie. Dem Konflikt wird abgeschworen,
da man von der Güte des anderen überzeugt ist. Die Absage an den
Konflikt bedeutet aber nur dessen Hereinnahme ins Innere des Subjekts. [...] Man weint Tränen der Rührung (wie gut, wie zärtlich ist
doch der andere), und man weint Tränen des Leides (wie schlecht geht
es doch einem – wegen der Güte des anderen).«[12] Als Sterbende verzeiht Sara der Mörderin, diese mag entfliehen, doch ihre Tochter wird
der Familie einverleibt. »Ich sterbe und vergeb' es der Hand, durch die
mich Gott heimsucht. [...] Noch liebe ich Sie, Mellefont, und wenn Sie
lieben ein Verbrechen ist, wie schuldig werde ich in jener Welt erscheinen! – Wenn ich hoffen dürfte, liebster Vater, daß Sie einen Sohn anstatt
einer Tochter annehmen wollten! Und auch eine Tochter wird Ihnen
nicht fehlen, wenn Sie Arabellen dafür erkennen wollen.« (V / 10) Mell-

font wird von der Empfindsamkeit förmlich erdrückt – als der neuge-
wonnene Vater auf ihn zueilt mit den Worten: »Laß Dich umarmen,
mein Sohn, den ich teurer nicht erkaufen konnte« – ersticht er sich.
Wird die Empfindsamkeit von außen unter Druck gesetzt, so richtet
der empfindsame Mensch offenbar das Messer auf die eigene Brust.

Emilia Galotti bittet den Vater, sie zu erstechen, weil sie Angst hat, den
Verführungen des lasterhaften Prinzen und seiner aristokratischen
Welt der Ausschweifungen nicht widerstehen zu können. Die Bedrohung der Kleinfamilie hat hier einen deutlich politischen Aspekt: es
sind der Prinz und der Hof mitsamt seinen Intriganten, die anstelle der
Lady das Bürgerglück zerstören. Auch der Prinz ist wie Mellefont ein
wankelmütiger schwacher, seinen Trieben ausgelieferter Mann, auch
für ihn könnte gelten, was Vater Sampson über Mellefont äußert: er sei
mehr unglücklich als lasterhaft. Doch im Unterschied zu Mellefont besitzt der Prinz Macht. Und an seiner Seite agiert der Höfling Marinelli,
der feinere Intrigen zu spinnen weiß als der Prinz und dem man darum
am Ende auch einen Großteil der Schuld zuschieben mag. Marinelli und
der Prinz sind als Repräsentanten eines politischen Systems ausrei-
chend motiviert. Die Willkür absolutistischer Herrschaft fällt mit der
des männlichen Geschlechts zusammen, eine in vorrevolutionärer Dramatik stets wiederkehrende Konstellation. Der deutsche Bürger indessen ermordet die eigene Tochter – statt, wie Gräfin Orsina dringend rät,
den Prinzen. Noch absurder scheint es, daß die Tochter – völlig bei
Verstand – selbst es vom Vater verlangt. Das Dramenmotiv, auf das in
der Mordszene Bezug genommen wird, geht auf den antiken Historiker
Livius zurück: der römische Plebejier Virginius tötet seine junge Tochter Virginia, weil er sie anders vor den Nachstellungen des Decemvir
Appius Claudius, eines höheren römischen Beamten, nicht bewahren
zu können glaubt. Der Tod ist bei Livius Anlaß für einen Volksaufstand. Lessing hat in seiner Dramatisierung nicht nur das Motiv hinzu-
gefügt, daß die Tochter um ihre Ermordung bittet, er hat auch den
Volksaufstand weggelassen. Statt zu revoltieren – wie die Plebejier in
der römischen Vorlage –, beschränken sich die modernen Bürger – zumindest in Deutschland – auf die Rettung der Ehre. Die Töchter aber
sind dazu berufen, sich selbst zu opfern. Die deutsche Emilia verlangt
von sich aus, was der römischen Virginia von ihrem Vater angetan
wird. An die Stelle der rohen Gewalt des Patriarchen ist der innere
Druck der patriarchalischen Kleinfamilie getreten. Zugleich aber »be-

steht in diesem radikalen Stück keine männliche Rettungsposition«,
schreibt Ulrike Prokop. »In der bürgerlichen Version der Virginia sind
die männlichen Entwürfe zerrissene Elemente eines zerstörten ganzen
Menschen. Sie finden eine tief pessimistische Darstellung.«[13]
Die freiwillige, von intimsten Gefühlen motivierte Subordination der
Tochter unter den Familienvater ist ein durchgehender Zug der frühen
bürgerlichen Dramatik; sie folgt darin jenen Maximen, die Freiherr von
Knigge in seinem *Umgang mit Menschen* ausgegeben hat: »Was kann
entzückender sein, als der Anblick eines geliebten Vaters, mitten unter
seinen erwachsenen Kindern, die nach seinem weisen und freundlichen
Umgange sich sehnen, keinen Gedanken ihres Herzens verbergen vor
ihm, der ihr treuester Ratgeber, ihr nachsichtsvoller Freund ist.«[14] »Ich
will nicht befehlen, ich will bitten«, sagt Diderots Hausvater, und sein
Bitten hat drohenden Charakter: »meine Tränen«, sagt er zu seinem
Sohn, »erwarten nur die deinigen, sich mit ihnen zu vermischen. – Wie
süß kann dieser Augenblick sein, wenn du willst! [...] Ich werde dir
überall nachfolgen. Überall werde ich meinen Sohn von Dir fordern«
(IV/4)[15]. Während aber der Sohn eigentlich eine Über-Empfindsam-
keit vom Vater verlangt, um eine standesfremde Person heiraten zu
können, dämmert einzig der Tochter etwas von ihrem fatalen Wesen:
»Ihre Gütigkeit betrübt mich«, sagt sie zum Vater. »Wenn Sie strenger
gegen mich sein könnten? [...] Ihre Zärtlichkeit schlägt mich nieder.«
(II/2)
In den ›vorbürgerlichen‹ Trauerspielen und Komödien von Shakespeare, Lope, Corneille oder Molière entstand die Tragik oder die Komik nicht selten aus dem Versuch der Töchter, den Vätern etwas, meist
den Geliebten, zu verbergen. Der Wille des Vaters und der der Tochter
stießen, von Empfindsamkeit ungehemmt, aufeinander. Im *König Lear*
aber führt die Weigerung Cordelias, empfindsam zu sein, zur Katastrophe:

> CORDELIA Ich Unglückskind, ich kann mein Herz nicht heben
>   In meinen Mund: Ich liebe Eure Hoheit,
>   Wie ich's Euch schuldig bin, nicht mehr, nicht minder.
> LEAR Wie? Wie, Cordelia? Sag was Bessres! – Sonst
>   Leidet dein Glück dran.
> CORDELIA Teurer Vater, Ihr
>   Habt mich gezeugt, geliebt, erzogen. Ich
>   Vergelt Euch das, wie sich's gehört, gehorch Euch

Und lieb und ehr Euch. – Was wolln meine Schwestern
Denn Ehmänner, wenn sie doch sagen, Euch nur
Gilt ihre Liebe? – Wenn ich je heirate,
Dann kriegt mein Mann mit meiner Hand die Hälfte
Von meiner Lieb' und Treu und Schuldigkeit.
Ich heirat' sicher nie wie meine Schwestern,
Die nur den Vater lieben.

LEAR   Und das sagt auch dein Herz?

CORDELIA   Ja, guter Vater.

LEAR   So jung und unzärtlich?

CORDELIA   So jung und wahr, mein Vater.   (I/1)[16]

Lear selbst ist vielleicht die früheste Gestalt des empfindsamen Vaters.
Mit seinem Erbe versucht er die Töchter förmlich zu erpressen: »Was
kannst du sagen, um ein reicheres Drittel / Als deine Schwestern dir zu
sichern?« – so versucht er Cordelia zur Empfindsamkeit zu nötigen. Sie
aber, die von ihm am meisten geliebte Tochter, antwortet darauf mit
»Nichts«. Freilich handelt es sich auch bei den Schwestern um eine bloß
geheuchelte Empfindsamkeit, der Fortgang des Stücks bringt es zutage;
und die Schuld, die Lear büßen muß, besteht eben darin, diese Heuchelei sich zu wünschen und mit Reichtum zu erzwingen. Solche Empfindsamkeit wird bei Shakespeare mit Wahnsinn bestraft.

Maria in Lillos *London Merchant*, Sara in *Miß Sara Sampson*, Emilia in
Emilia Galotti und Luise in *Kabale und Liebe* gleichen einander in der
verlorenen Distanz zum Vater – sie unterscheiden sich aber durch das
Ausmaß der Selbstverleugnung: darin, wie tief sie den dramatischen
Konflikt einlassen in das familiäre Beziehungsgefüge, an welchem
Punkt sie ihn abfedern, um die für sie tödliche Versöhnung des Endes
zu gewährleisten. »Eine Konfliktsituation zwischen Neigung und
Pflicht [...] kann es geben, nicht aber die Austragung des Konflikts, den
Kampf, dessen Ausgang zunächst unbestimmt wäre. Marias Haltung ist
Unterordnung, nicht als soziale Gegebenheit, gegen die – im Not-
standsfall – das Widerstandsrecht gegeben wäre, ihre Unterordnung
unter den Willen des Vaters ist vielmehr ein Akt des freien Willens. Sie
begründet ihn mit seiner Güte, damit, daß sie weiß, er würde sie nicht –
wie die Komödienväter vergangener Jahrhunderte – zur Heirat mit
einem Mann zwingen, den sie nicht liebt. Dem Familienkonflikt ist also
nicht nur von der Tochter her, sondern auch vom Vater her die Bedingung seiner Möglichkeit genommen.«[17] Lessings Sara läßt dabei den

Konflikt allerdings weiter vordringen als Lillos Maria, umso mehr Tränen der Empfindsamkeit müssen freilich dann am Ende fließen; Emilia Galotti geht wohl noch weiter, und darum ist ihr Ende bestürzend in seiner gewaltsamen Empfindsamkeit; Schillers Luise hingegen nähert sich Maria wieder an, als ob sich mit ihr der Kreis bürgerlicher ›Jungfrauen‹ schließen sollte. Sie ist Tochter des bürgerlichen Musikus Miller und liebt den adeligen Sohn des Präsidenten. Im Unterschied zu Emilia Galotti ist hier der Verführer selbst kein Libertin, im Unterschied zu Mellefont auch kein wankelmütiger Unglücksrabe; er ist vielmehr ein ganz und gar überzeugender, grundehrlicher und treudeutscher, zu bürgerlicher Ehe wild entschlossener Liebhaber, eine Schillersche Männerfigur eben. Zur tragischen Katastrophe kommt es durch seinen Vater, den Präsidenten, und durch die Hofschranzen, in deren Gestaltung Schiller die satirischen Züge von Lessings Intriganten noch verschärft. Luise muß sterben, weil sie die Eltern, den Vater zumal, retten will: sie läßt sich dazu erpressen, die Untreue dem Geliebten vorzulügen, um die Eltern aus den Fängen des Hofes zu befreien. Der eifersüchtige Geliebte – der an der Intrige völlig unschuldig ist – vergiftet sie und sich selbst. Aber selbst er verzeiht als Sterbender noch dem Vater, wenn auch nicht unter Tränen. Diesem Anfall von Empfindsamkeit zwischen Vater und Sohn steht die dauerhafte zwischen Miller und seiner Tochter gegenüber. »Daß die Zärtlichkeit noch barbarischer zwingt als Tyrannenwut«, sagt Luise (V/1)[18] – und meint damit, daß ihr Empfindsamkeit sogar den Weg in den Freitod verwehrt: das Recht über ihr Leben behalten sich die Männer vor. »Die Zeit meldet sich allgemach bei mir, wo uns Vätern die Kapitale zustatten kommen, die wir im Herzen unsrer Kinder anlegten – Wirst Du mich darum betrügen, Luise? Wirst Du dich mit dem Hab und Gut Deines Vaters auf und davon machen?« (V/1)

Der tragische Untergang der Frauen in Lessings und Schillers Dramen wäre die größte Anklage, die sich denken läßt. Es ist aber das untragische, das konfliktlose Moment an diesem Untergang, die empfindsame selbstzerstörerische Subordination der Frau, die den patriarchalischen Gehalt dieser Dramatik zu besiegeln scheint. Der sympathische, öfters etwas hanebüchen artikulierte Groll deutscher Geister über die deutsche Misere findet hier ein dankbares Objekt: »Das Bürgertum ist auch in Deutschland mächtiger und selbstbewußter geworden. Aus der höfisch/bürgerlichen Öffentlichkeit schält sich eine bürgerliche heraus, die in Opposition zu den Höfen steht, aber nicht mächtig genug ist, sie wirklich fundamental anzugreifen. Es geschieht das für solche Machtkonzentration typische: in das Zentrum der Angriffe auf den absolutistischen Adel rückt dessen Unmoral, nicht seine politische Herrschaft. Weil die neuen Freiheiten von den Herrschenden in perverser Form praktiziert werden, in einer Atmosphäre von Gesellschaftsspiel, Intrige, Betrug, werden sie insgesamt zurückgenommen und bekämpft von den Männern der nachrückenden Klasse, die zur Revolution zu schwach sind, unterm Zeichen einer neuen Sittlichkeit. Im bürgerlichen Trauerspiel wird der Leib der bürgerlichen Frau von den schmutzigen Fingern des Adels reingehalten dadurch, daß sie von ihren Autoren getötet wird; mit Dolch und Giftfläschchen sorgen Lessing und Schiller für die Unversehrtheit der Leiber der Bürgermädchen. Der Klassenkonflikt spielt sich ab über Liebesgeschichten; würde sich nicht ein Adliger in eine Musikertochter verlieben, fiele er vielleicht gar nicht auf? Und statt den Adel real zu erniedrigen, wird die bürgerliche Frau erhöht, unaufhaltsam ihre Erhebung in die Dramentitel [...].«[19] Wären Dramen nur Abziehbilder von Männerphantasien, die deutsche Dramaturgie der Aufklärung könnte kaum besser als in Klaus Theweleits Buch charakterisiert werden. Die darin entworfene Konstellation der Geschlechter läßt die Lebensform der Familie allerdings als bloßen Ausdruck eines monströsen Klassen-Geschlechts erscheinen; sie wird der historischen Bedeutung kleinfamilialer Vergesellschaftung nicht ganz gerecht; wie Peter Szondi zu bedenken gab, wäre der soziale Wandel »nicht so sehr im Aufkommen einer neuen sozialen Schicht, als vielmehr in einer Veränderung in der Organisationsform der Gesellschaft«[20] zu suchen, und diese Veränderung selber besitzt kein Subjekt in Gestalt einer Klasse oder eines Geschlechts; als Moment in der Akkumulation des Kapitals ist auch sie Prozeß ohne Subjekt. So scheint wohl der strukturalistische Blick geeignet, die Klassen- und Geschlechterkampf-Dramaturgie zu korrigieren. »Das bürgerliche Drama auf die bürgerliche Familie beziehen«, so Friedrich A. Kittler, »heißt abweichen von einer Literatursoziologie, die Lessings Dramatik vorab als Widerspiegelung makrosozialer Verhältnisse gelesen hat. Analysen der Gegensätze etwa von Adel und Bürgertum, feudaler und kapitalistischer Ökonomie, bürgerlicher Gesellschaft und Judentum stehen quer zur Thematik der Dramen und können darum auch keine mehreren oder allen gemeinsame Struktur aufdecken. Von der Genealogie der bürgerlichen Familie her scheint es dagegen möglich, Lessings Dramen in einer durchgängigen Handlungsstruktur zu fassen und auf dieser manifesten Ebene zu formalisieren.«[21] Hat der soziale Wandel auch im Ganzen kein Subjekt, so löst er doch Konflikte aus, indem er Alternativen des Handelns und Entscheidens aufwirft, in denen die Menschen Subjekte werden. Eben diese Konflikte auszulöschen, liegt aber dem strukturalistischen Interpreten im Sinn. Seine Formalisierung eifert der soziologischen Inhaltsangabe nur nach; ein neues Abziehbild entsteht – nur ist es hier kein »Sozialgeschichtsfaktum«, sondern ein Code; der Code der bürgerlichen Familie, der jenen der mittelalterlichen Sippe abgelöst hätte; die Frage ist bloß, wodurch das eine vom anderen abgelöst wurde, wie das eine aus dem anderen entstand.

Nach der soziologischen Klassenanalyse ist in der neuesten Kritik die strukturalistische Formalisierung angetreten, der »bürgerlichen« Theorie den Widerspruch und dem »bürgerlichen« Theater den Konflikt auszutreiben. Statt den Konflikt als Epizentrum des Dramas zu fassen, das die Personen erst zum Sprechen bringt, werden Stellen im Text gesucht, die das Verwandtschaftsverhältnis betreffen; eine im Dialog geäußerte Metapher wird wichtiger als die Situation, in der sie geäußert wird.[22] Das Drama wird gewissermaßen als software für psychoanalytische Metaphern – das Theater wohl als hardware – begriffen; der Strukturalist doubelt dabei den Dichter-Vater: es ist ihm darum zu tun, alles auszuschließen, was nicht im Code der Kernfamilie aufgeht. So fällt seinem Programm der Lady-Typus ganz zum Opfer, der »familienzerstörende Intrigant Marinelli« wird wenigstens nebenher erwähnt, Gräfin Orsina indessen totgeschwiegen. Ihr geschieht in der Interpretation, was der Interpret dem Autor im Falle Lady Marwoods vorhält – die einzige Stelle, da er einer Repräsentantin des Lady-Typus gewahr wird: »Es ist am Ende, als sei die böse Mutter Marwood nie gewesen und Arabella Mellefonts und Saras imaginäres Kind, das in den Schoß der bürgerlichen Familie zurückkehrt.«[23] So entpuppt sich der Strukturalist, der die dramatische Kollision mit dem Schlußtableau überschreibt, das heißt: löscht, als konsequentester Vertreter teleologischen Denkens: das Ziel ist die Botschaft.

Das bürgerliche Trauerspiel – will es nicht zum Tableau versteinern, dem bloß der Fluß der Tränen Bewegung verschafft – kann seinen dramatischen Knoten offenbar nur im Widerspruch zur Kleinfamilie schürzen, es muß den Tränenvorhang wenn schon nicht zerreißen, doch wenigstens für eine gewisse Zeit beiseiteziehen; es benötigt also Figuren, die der Empfindsamkeit nicht fähig sind: Intriganten und Ladys. Gräfin Orsina und Lady Milford knüpfen dabei an den Typus von Lillos Millwood und Lessings Marwood an; – es erfolgt jedoch eine erstaunliche Umwertung des Lady-Typus. Die vereinzelten, gleichsam zwischen die Fronten geratenen Frauen werden zu politischen Stimmen gegen feudale und patriarchale Macht. Der Aristokratie und ihren Lebensformen entfremdet, finden sie auch keine Aufnahme in der bürgerlichen Kleinfamilie. Unter allen Personen des bürgerlichen Trauerspiels gelangen wohl sie zur größten Bewußtheit sozialer Konflikte, ja man glaubt stellenweise, die kämpferische Meinung der Autoren aus ihrer Rede deutlich herauszuhören. Dennoch sind sie nichts weniger als »Sprachröhren« ihrer Schöpfer, jede von ihnen gewinnt ihre Erkenntnisse vielmehr aus der besonderen Situation, in die der Dramatiker sie geraten läßt. Am deutlichsten unterscheiden sie sich von ihren Schöpfern in der Einschätzung ihres eigenen Geschlechts. So antwortet Gräfin Orsina auf den spöttischen Hinweis Marinellis, daß sie eine Philosophin sei: »nicht wahr? – Ja, ja, ich bin eine. – Aber habe ich es mir izt merken lassen, daß ich eine bin? – O pfui, wenn ich mir es habe merken lassen; und wenn ich es mir öfterer habe merken lassen! Ist es wohl noch Wunder, daß mich der Prinz verachtet? Wie kann ein Mann ein Ding lieben, das, ihm zum Trotze, auch denken will? Ein Frauenzimmer, das denkt, ist ebenso ekel als ein Mann, der sich schminket. Lachen soll es, nichts als lachen, um immerdar den gestrengen Herrn der Schöpfung bei guter Laune zu erhalten. [...] Und Sie lachen nicht mit, Marinelli? – Mitlachen kann ja wohl der gestrenge Herr der Schöpfung, ob wir arme Geschöpfe gleich nicht mitdenken dürfen. – (ernsthaft und befehlend) So lachen Sie doch!« (IV/3)[24] Die direkte Konfrontation mit dem »Hofmännchen« ermöglicht Orsina diese vom Konflikt geschärften Worte – sie entsprechen gewiß nicht Lessings Meinung. In einem Brief hatte dessen Bruder nach der Lektüre der ersten Akte der *Emilia Galotti* eine bemerkenswerte Kritik an der Titelfigur formuliert: »[...] vermutlich wird Emilia in den letzten Acten tätiger sein, und sich also auch ihr

Charakter deutlicher entwickeln. Aber warum soll ich Dir meine Ratte
verbergen? Noch hast Du sie nur als fromm und gehorsam geschildert.
Aber ihre Frömmigkeit macht mir sie – aufrichtig! – etwas verächtlich,
oder, wenn das zu viel ist, zu klein, als daß sie zum Gegenstand der
Lehre, des edlen Zeitvertreibs und der Kenntnis für so viele tausend
Menschen dienen könnte. Du wirst zwar sagen: so werden die Mädchen in Italien erzogen; so denken sie; so handeln sie, noch hat sich
keine Spur von Freidenkerei in ihre Religion eingeschlichen. Alles gut,
lieber Bruder. Allein über das Locale sollte man nicht höhere Zwecke
vergessen. Jede gute Person [...] könnte zwar ihre Mutterreligion haben;
aber sie müßte nicht solche Punkte derselben äußern, die einen gar zu
kleinen Verstand, gar zu wenig Selbstdenken verraten [...] ein gar zu
kleiner Verstand mit dem besten Herzen deucht mir für die edlen Personen des Trauerspiels unter der Würde desselben. Und nimmt man vollends Rücksicht auf die Zuschauer in Berlin, die unter den freier denken-
den Deutschen die freidenkendsten sind, so glaube ich – hätte ich recht.
Vorausgesetzt, daß deine Emilia in den letzten Acten keine anderen
Vorzüge zeigt.«[25] Sie tut es nicht, wie man weiß; im Gegenteil. Und der
Dichter gibt dafür die Gründe in seinem Antwortbrief – fast als wollte er
selber die Rolle des Marinelli übernehmen: »Die jungfräulichen Heroinen und Philosophinnen sind gar nicht nach meinem Geschmacke.
Wenn Aristoteles von der Güte der Sitten handelt, so schließt er die
Weiber und die Sklaven ausdrücklich davon aus. Ich kenne an einem
unverheirateten Mädchen keine höheren Tugenden, als Frömmigkeit
und Gehorsam.« Die Differenz zwischen der Borniertheit des Briefschreibers und der Weisheit der Orsina mag noch so groß sein – eine
Frage verbindet ihn doch mit der von ihm geschaffenen Anlage der
weiblichen Charaktere: es geht um die ›Jungfräulichkeit‹. Sie entscheidet offenbar im Stück *und* im Kopf des Briefschreibers darüber, ob eine
Frau gelehrt, weise und ungehorsam sein darf oder nicht. Die Kleinfamilie scheidet im Bewußtsein wie in der Dramaturgie zwei Sphären des
Weiblichen. Ist eine Frau einmal aus der Sphäre der Kleinfamilie verstoßen, so kann sie in Lessings Dramaturgie wie in der ganzen Gattung des
bürgerlichen Trauerspiels außergewöhnliche Rechte für sich in Anspruch nehmen – im Guten wie im Bösen. Und Lessing selbst setzte hier
keine dramaturgischen Bewertungen zwischen beiden Typen weiblicher
Charaktere: In dem Brief an den Bruder verlangt es ihn sogar am meisten
zu hören, was dieser über den Charakter der Orsina sagen wird: »Wenn

er einer guten Schauspielerin in die Hände fällt, so muß er Wirkung tun«;
und er relativiert die Bedeutung der Emilia ganz entschieden: »Weil das
Stück Emilia heißt, ist es darum mein Vorsatz gewesen, Emilien zu dem
hervorstechendsten, oder auch nur zu einem hervorstechenden Charakter zu machen? Ganz und gar nicht. Die Alten nannten ihre Stücke wohl
nach Personen, die gar nicht aufs Theater kamen.«[26]
Im Gegensatz zu Emilia und Odoardo Galotti ist Gräfin Orsina durchaus entschlossen, den Prinzen zu morden. Und ihrem Einfluß ist es zu
danken, wenn Odoardo selbst wenigstens vorübergehend die Tat ins
Auge faßt, ehe Tugend und Empfindsamkeit den Dolch gegen die eigene Tochter wenden. Die Veränderung gegenüber den dramatischen
Konstellationen früherer Stücke zeigt sich vor allem darin, daß Orsina
sich ganz mit der jungen Bürgerin Emilia solidarisiert. Jenseits der Ko-
häsionskräfte von Klasse und Familie entsteht hier eine Einheit des Geschlechts. »Ich bin Orsina; die betrogene, verlassene Orsina« – so stellt
sich die Gräfin dem Bürger Galotti vor. »Zwar vielleicht nur um ihre
Tochter verlassen. – Doch was kann ihre Tochter dafür? – Bald wird
auch sie verlassen sein« (IV/8) An dieser Stelle, im Moment der Ver-
schwisterung, kurz vor ihrem endgültigen Abtritt, taucht in Orsinas
Bewußtsein an der Grenze des Wahnsinns, wohin die Erniedrigung sie
getrieben hat, die Möglichkeit quasi archaischer Grausamkeit auf –
»(Wie in der Verzückung) welch eine himmlische Phantasie! Wann wir
einmal alle, – wir das ganze Heer der Verlassenen, – wir alle in Bac-
chantinnen, in Furien verwandelt, wenn wir alle ihn unter uns hätten,
unter uns zerrissen, zerfleischten, sein Eingeweide durchwühlten, – um
das Herz zu finden, das der Verräter einer jeden versprach, und keiner
gab! Ha! das sollte ein Tanz werden! das sollte!« (IV/8) Es mag nicht in
die landläufigen Auffassungen von Aufklärung und Klassik als dem
Reich der edlen Einfalt und der stillen Größe passen – für die konsequentesten Werke der Periode gilt, daß sie die Möglichkeit einer Resur-
rektion mythischen Bewußtseins und barbarischen Handelns – auf moderner, modernisierter Grundlage – im Auge behalten. Ihre Schönheit
beschönigt nichts – sie läßt die Barbarei durchscheinen, der sie ihre
Existenz verdankt, und sie entwickelt daraus ihre Alternativen. Orsina
selbst bringt diesen innersten Zusammenhang auf die typisch Les-
singische Formel: »wer über gewisse Dinge den Verstand nicht verlie-
ret, der hat keinen zu verlieren.« (IV/7) Sie spricht freilich von Verstand, wo die Dialektik der Aufklärung schon Vernunft sagen würde.

Kurze Zeit nach der Veröffentlichung der *Emilia Galotti* schuf
J. M. R. Lenz mit Donna Diana (in *Der neue Menoza*) eine femme fatale, die zur Tat wirklich schreitet und den Grafen, der sie betrügt,
erdolcht. Ihr Haß ist von Anfang an gegen das männliche Geschlecht
als solches gerichtet, und sie scheint in ihrer ständigen Raserei auf
einen konkreten Anlaß nur zu warten: die Motive, die Lillo, Lessing
und Schiller herauszuarbeiten sich bemühten, werden von Lenz wie
mit Absicht in der Abstraktion des Männerhasses verdunkelt; eben
dies verleiht der Gestalt zu einer im 18. Jahrhundert unerhörten Sprache. Bei ihrem zweiten Auftritt sagt Donna Diana bereits: »ich halt
mich nichts besser als meinen Hund, so lang ich ein Weib bin. Laß uns
Hosen anziehn und die Männer bei ihren Haaren im Blute herum-
schleppen.« Und als die Amme die Frage nach ihren Motiven stellt –
»O Gott! was macht Ihre Lebensgeister so scharf? Ich hab Sie doch
auch sanftmütiger gesehen« – antwortet Diana: »Wir wollen's den
Männern überlassen, den Hunden, die uns die Hände lecken und im
Schlaf an die Gurgel packen. Ein Weib muß nicht sanftmütig sein,
oder sie ist eine Hure [...].« (II/3)[27] Charakteristisch für die gleichsam metaphorisch konstruierte Dramaturgie von Lenz ist, daß er die
femme fatale mit dem vom Grafen begehrten Bürgermädchen Wilhelmine nicht zusammentreffen läßt, sie überhaupt ganz am Rande der
Handlung ansiedelt, um ihr unvermittelt alle Fäden in die Hand zu
drücken: Donna Diana ist als Wilhelmine verkleidet, wenn sie den
Grafen ersticht.

Auch Gräfin Orsina ist von Lessing merkbar aus dem Zentrum des
Dramas gerückt. Die schillernde Gestalt der Lady Marwood hat sich
in der *Emilia Galotti* gewissermaßen aufgespalten in den bösen Intriganten Marinelli und in die gute, verlassene Geliebte Orsina. Etwas
anders verhält es sich mit Schillers Lady Milford; sie steht dem Brenn-
punkt der Konflikte wieder näher, wenn sie auch nicht, wie Lillos
Millwood oder Lessings Marwood, die eigentliche Kontrahentin des
Liebespaares ist. Vielmehr soll Schillers Lady als politisches Instrument des Präsidenten dienen, der sie aus höfischen Interessen mit seinem Sohn Ferdinand verheiraten möchte. Lady Milford läßt sich jedoch nicht instrumentalisieren – und diese Selbständigkeit hat sie
wohl von ihren Vorgängerinnen geerbt. Nur schlägt ihr es zum Guten
aus: die Mätresse des Fürsten ist sie geworden, um mildernden Einfluß zu gewinnen auf das despotische Regime. Als der Fürst aber die

Herrschaft in alter grausamer Manier wieder auszuüben beginnt, ist diese merkwürdige politische Bindung für sie selber aufgehoben. Ihre inneren Konflikte verschärfen sich dadurch, daß sie Ferdinand tatsächlich zu lieben begonnen hat und gegenüber der Luise Millerin Eifersucht empfindet. D. h. ihre persönliche Neigung fällt durchaus zusammen mit jener instrumentellen Funktion, zu der sie vom Präsidenten ausersehen ist. Umso spektakulärer erscheint dann ihr plötzlicher Entschluß – im vierten Akt nach der konfliktreichen Aussprache, worin sie Luise zwingen oder überreden wollte, auf Ferdinand zu ihren Gunsten zu verzichten. »Bin ich so tief gesunken [...] daß das prahlende Gebäude deiner Ehre neben der höheren Tugend einer verwahrlosten Bürgerdirne versinken soll? – Nein, stolze Unglückliche! Nein! – Beschämen läßt sich Emilia Milford – doch beschimpfen nie! Auch ich habe Kraft, zu entsagen.« (IV / 8) Den Hofmarschall behandelt sie nun ganz so, wie Gräfin Orsina Marinelli – »Hurra, Herr Hofmarschall! Es wird eine Stelle vakant. Gut Wetter für Kuppler.« Anders als Orsina, die sich mit der Prophezeiung unerhörter Grausamkeit – wie einer eindrucksvollen Geste – verabschiedet, gehört Lady Milford ein großer idealistischer Abgang. Mit Tränen in den Augen verkündet sie ihrem Gesinde: »Ich entlasse euch, meine Kinder – Lady Milford ist nicht mehr [...] Mein Schatzmeister stürze meine Schatulle unter euch – Dieser Palast bleibt dem Herzog – Der ärmste von euch wird reicher von hinnen gehen als seine Gebieterin [...] Lebt wohl! Lebt ewig wohl.« – Und dem Hofmarschall, der »diese ganze Zeit über mit einem Geistesbankerott« daneben steht, gibt sie den Auftrag, »zu höchsteigenen Ohren« Seiner Hochfürstlichen Durchlaucht zu melden: »weil ich nicht barfuß nach Loretto könne, so werde ich um den Taglohn arbeiten, mich zu reinigen von dem Schimpf, ihn beherrscht zu haben« (IV / 9). Eigenartig, aber auch eindrucksvoll ist anzusehen, wie Lady Milford sich in diesen Szenen in einem schier unglaublichen idealistischen Überschwang gleichsam aus allen gesellschaftlichen Bezügen und Bindungen katapultiert – und zur Tagelöhnerin und religiösen Büßerin wird. »Auch ich habe Kraft, zu entsagen«: damit schlägt die Milford als erste Lady das große Motiv der Weimarer Kunstperiode an, während Orsinas Abgang eher auf die Zerstörungstat von Kleists Penthesilea vorauszuweisen scheint. Schiller selbst hat dem Motiv der Entsagung fast immer eine religiöse Wendung gegeben; seine späteren Frauenfiguren werden zu Büßerinnen,

soweit sie nicht ohnehin kalte Herrscherinnen oder brave biedere Bür-
gersfrauen sind. Die Jungfrau von Orleans aber scheint für ihr ganzes
Geschlecht zu büßen. Unter dem Eindruck der Französischen Revolution hatte sich in Schillers Bewußtsein die Furcht vor der ungezügel-
ten politischen Rebellion offenbar mit einer tiefersitzenden Angst vor
dem weiblichen Geschlecht legiert – als bangte nun ihm selber davor,
was aus Lady Milford werden könnte, wenn sie statt nach Loretto
nach Paris gehen würde: »Wo rohe Kräfte sinnlos walten, / Da kann
sich kein Gebild gestalten, / Wenn sich die Völker selbst befrein, / Da
kann die Wohlfahrt nicht gedeihn. [...] Freiheit und Gleichheit! hört
man schallen, / Der ruh'ge Bürger greift zur Wehr, / Die Straßen füllen sich, die Hallen, / Und Würgerbanden ziehn umher, / Da werden
Weiber zu Hyänen / Und treiben mit Entsetzen Scherz / Noch zuk-
kend, mit des Panthers Zähnen, / Zerreißen sie des Feindes Herz. /
Nichts Heiliges ist mehr, es lösen / Sich alle Bande frommer Scheu
[...] Weh denen, die dem Ewigblinden / Des Lichtes Himmelsfackel
leihn! / Sie leuchtet nicht, sie kann nur zünden / Und äschert Städt
und Länder ein.«[28]
Interpretiert man die Entwicklung des Dramas teleologisch, so könnte
in dem Übergang des Lady-Typus von Lillo zu Schiller ein Paradigmenwechsel des Weiblichen gesehen werden – von den Autoren des
Trauerspiels gewissermaßen geplant und mit den raffinierten Mitteln
des Konflikts durchgeführt: Schillers *Kabale und Liebe* würde bewei-
sen, »daß der Frauentyp des unschuldigen Mädchens sich als Leitbild
bereits so eindeutig durchgesetzt hat, daß er darauf verzichten kann,
die intellektuelle Gegenspielerin moralisch zu diskreditieren. Die
Schwarzweißzeichnung von Tugend und Laster, wie sie z. B. noch in
der ›Miß Sara Sampson‹ zu beobachten ist, ist nicht mehr notwendig,
weil der Kampf zwischen Intellektualität und Unschuld schon entschieden ist, der Paradigmenwechsel von der gelehrten Frau der Früh-
aufklärung zur tugendhaften Frau der Empfindsamkeit abgeschlossen
ist.«[29] Die Dramen, gegen den teleologischen Strich gelesen, stellen
solchen glatten Bildern Konflikte entgegen: in deren Perspektive gehen Orsina und die Marwood ineinander nicht mehr auf – etwa »als
Verkörperung einer negativ gefaßten Weiblichkeit«[30]. Tatsächlich
scheint der Begriff des Frauenbilds – als der »Form männlicher
Wunsch- und Ideologieproduktion, durch die die Frau in ganz spezifischer Weise definiert wird und vom Subjekt zum Objekt gemacht

wird« (Inge Stephan)[31] – auf die Stillstellung des dramatischen Konflikts zu dringen, um das Drama als Illustration des Patriarchats zu rekonstruieren. Er läuft dabei Gefahr, die Wunschproduktion bloß zu verdoppeln, statt sie in Zusammenhang und Widerspruch zu zeigen mit dem Subjekt, das eben zum Objekt gemacht werden soll. Da es sich um eine freie und ungestörte Produktion beliebig austauschbarer Paradigmen nicht handeln kann, sondern nur um eine Wechselbeziehung der Geschlechter, bei dem die Phantasie des einen, mächtigeren, von der realen Existenz des anderen niemals ganz unabhängig wird, bleibt der Übergang von der autonomen, sexuell und gesellschaftlich aktiven Lady hin zur passiven, empfindsamen Jungfrau in der Dramaturgie der Geschlechter auch unabgeschlossen. Es wäre allerdings eine Art Dialektik der Geschlechter erfordert, um sich vorstellen zu können, daß in manchen Epochen der reale Widerstand der Frauen in den fiktiven Dramen der Männer stärkeren Ausdruck finden kann als in denen der Frauen: Gräfin Orsina wurde von einem Mann erfunden – vielleicht darum, weil eben der sich vor ihr am meisten fürchten muß. In kaum einem der erhaltenen Dramentexte, die in der zweiten Hälfte des 18. Jahrhunderts von Frauen verfaßt wurden, findet sich eine Gestalt wie Lady Millwood oder Gräfin Orsina. Die von Frauen geschaffenen Frauenfiguren ähneln vielmehr den empfindsamen Töchtern und Gattinnen Diderots und Ifflands.[32]

Peter Szondis Studien konnten zeigen, in welchem Ausmaß die Dramaturgie der Familie mit ihrem Telos der Empfindsamkeit die ästhetischen, insbesondere auch die wirkungsästhetischen Kategorien von Aufklärern wie Lessing oder Diderot bestimmt: Die Neuinterpretation der Aristotelischen Katharsis, der Begriff des Mitleids – sie sind nicht denkbar ohne die Erfahrung kleinfamilialer Intimität. »Wie die Empfindsamkeit des 18. Jahrhunderts in der Molière-Rezeption sich dergestalt ausdrückt, daß die Sympathie sich den komischen Charakteren zuwendet, um in ihnen eine geheime Tragik zu entdecken – man denke an Rousseaus Lektüre des ›Misanthrope‹, eine Lektüre wider den Strich – so ist im empfindsamen Drama der Zeit die komische Distanz zum Bürger abgeschafft. Die Familie wird nicht mehr von außen gesehen, relativiert durch die Normen des homme de qualité; sie macht jetzt die ganze Wirklichkeit des Dramas aus.«[33] Es mußten nicht unbedingt ari-

stokratische Normen sein, die jene komische Distanz gewährten. Die
Komik des Alt-Wiener Volkstheaters demonstriert anschaulich, daß
die plebejischen Normen – wie sie etwa in der alten Zunftordnung fest-
geschrieben waren – ebenso gut jene Distanz des Komischen herstellen
konnten, daß also das alte Handwerker-Bürgertum durchaus über sich
selbst noch lachen konnte. Bürgerliches Trauerspiel und rührende Komödie kassierten bereits im 18. Jahrhundert die spontane Ästhetik der
komischen Verfremdung: Zuschauer und Darsteller sollten eins im
Mitleid, eine einzige Familie werden; das Publikum wurde nun als an-
wesendes Familienmitglied einbegriffen: nicht mitwirkend an dem Geschehen, hat es doch teil an der davon ausgelösten Empfindsamkeit. Die
familiäre Nähe des Publikums zu den Personen des Dramas korrespon-
diert mit dem Ende der Komik auf der Bühne (Szondi hat dies am Beispiel des coup de théâtre untersucht) – und sie erfordert andererseits
doch die Sprache der Komödie: die Prosa. Doch soweit in den Dramen
selbst Konflikte zwischen verschiedenen Interessen zu Wort kamen,
mußte das allumfassende Mitleid des empfindenden Publikums zu-
rückweichen, und die Ästhetik der Empfindsamkeit erhielt Brüche. In
der *Hamburgischen Dramaturgie* hat Lessing stets mit diesem Dilemma zu tun: er prätendiert einerseits eine konfliktvolle, von verschiedenen Personen getragene Handlung, verlangt andererseits aber gleiches Mitleid für alle, und dabei zieht die Kategorie des Konflikts meist
den kürzeren. So kritisiert er etwa die Figur des Intriganten, des teuflischen Bösewichts, wie sie die opera seria und die barocke Tragödie
kennen, als allegorische und nicht individualisierte Gestalten, weiß aber
an ihrer Stelle keine Möglichkeiten des Konflikts zu nennen, die in die
Sphäre politischer Macht eindringen könnten:»Die Namen von Fürsten und Helden können einem Stück Pomp und Majestät geben; aber
zur Rührung tragen sie nichts bei. Das Unglück derjenigen, deren Umstände den unsrigen am nächsten kommen, muß natürlicherweise am
tiefsten in unsere Seele dringen; und wenn wir mit Königen Mitleiden
haben, so haben wir es mit ihnen als mit Menschen, und nicht als mit
Königen [...] ein Staat ist ein viel zu abstrakter Begriff für unsere Empfindungen.«[34] Der letzte Satz klingt resignativ. In der *Emilia Galotti*
kommt Lessing selbst nicht ohne Intriganten aus, um den Prinzen am
Ende irgendwie doch noch menschlich erscheinen zu lassen, und die
Konflikte vermag er am entschiedensten dort zu entfesseln, wo jenes
Reich endet, das ihm wie Diderot als die Heimat der Menschlichkeit

gilt: die Familie. Das Mitleid aber, das er für Orsina weckt, verträgt sich am Ende nicht mit dem, welches er für den Prinzen reservieren möchte. So hat eigentlich Mercier in seinem berühmten, von Heinrich Leopold Wagner ins Deutsche übersetzten Aufsatz *Du Théatre, ou Nouvel Essai sur l'Art Dramatique*[35] die ästhetische Theorie für den Konflikt im bürgerlichen Trauerspiel entworfen. Wie Diderot und Lessing rät er dem Dramatiker, sich »beim ehrlichen Bürgersmann zu Gast« zu laden, »dessen unschuldige und bescheidene Tochter voll Freude deiner Ankunft entgegenlächelt. Hier wirst du ungeschminkte, sanfte, offne, mannigfaltige Sitten erblicken; hier siehst du das Gemälde des bürgerlichen Lebens, so wie Richardson und Fielding es sahen.« Doch damit ist der Gegenstand des Dramas noch nicht vorhanden: »Hier siehst du vielleicht diese Stutzerchen als feine Betrüger in der Absicht erscheinen, den guten Alten zu prellen oder seine Tochter zu verführen. Dies ist der Augenblick, nimm deine Palette und laß jedem sein Recht widerfahren.«[36] In der Isolation der Familie vom Staat sieht Mercier ein Unglück fürs Drama: »Von Monarchen beherrscht, abgeschnitten von allen Angelegenheiten des Staats [...] wie entfernt sind wir nicht von der Nationaltragödie!«[37] Für Merciers Ästhetik ist das bürgerliche Interieur nicht mehr »der Zufluchtsort, der es bei Diderot war, es wird selber zum Schauplatz der Auseinandersetzung zwischen Bürgertum und Adel«.[38] Mit dieser Politisierung ist freilich das Telos der Empfindsamkeit keineswegs aufgegeben, Peter Szondi übersah dies in seiner emphatischen Mercier-Interpretation, mit der er seine Vorlesungen über das bürgerliche Trauerspiel schloß; der Schwung der damaligen Studentenbewegung mag hierzu das Seine beigetragen haben. Schon Georg Büchner rezipierte Mercier offenbar ganz ähnlich: in *Dantons Tod* läßt er ihn als Bühnenfigur auftreten und als solche über den phrasenhaften Idealismus spotten, des wirklichen Merciers Alternative aber wird ausgeklammert: jener freundschaftliche Bürgersmann, dessen unschuldige und bescheidene Tochter dem Publikum entgegenlächeln sollte, verbunden durch die »heiligen Bande des Geblüts« (les liens sacrés de la parenté), die von der Gewalt des Staates zerschnitten zu werden drohen.

So bleibt die Empfindsamkeit als politisches Dilemma der Aufklärung bestehen; es ist zwar richtig: sie »radikalisiert die Idee der Gleichheit« (Jochen Schulte-Sasse)[39] – indem sie gegen die soziale Hierarchie und gegen die adeligen Privilegien das Mitleid aller mit allen setzt. Alle

Empfindsamen sind gleich. Doch ist es eine Gleichheit, die auf der Ungleichheit in der Familie gegründet ist. Das Gleichheitsideal des
18. Jahrhunderts konnte – mit wenigen Ausnahmen – überhaupt nur in
den Kategorien der Familie gedacht werden. Die im selben Jahrhundert
einsetzende Massenproduktion in Literatur und Dramatik schuf dafür
die entsprechende emotionale Grundlage, indem sie die empfindsame
Haltung, wie Diderot und Lessing sie forderten, im großen Maßstab
verbreitete. Mit gutem Grund kann sie als erste Erscheinungsform des
Kitsches betrachtet werden. Die Konflikte, die bei Lessing die Gleichheit der Ungleichen bedrohen, blieben dabei freilich auf der Strecke.
Solche nahezu bruchlose Empfindsamkeit findet sich etwa bei August
Wilhelm Iffland – dem neben Kotzebue erfolgreichsten deutschen
Dramatiker der Zeit. Mit seinen Stücken wird der Dichter von Rührung in einer Weise überwältigt, daß er sich außerstande sieht, eine der
Familienfiguren dem Tragischen zu opfern. Der Autor wird gewissermaßen selber zum alles verzeihenden, in Rührung sich auflösenden
Hausvater. So könnte man Ifflands umfangreiche dramatische Produktion durchwegs als Versuch lesen, das bürgerliche Trauerspiel in
die weinerliche Komödie zurückzuübersetzen und das tragische Element durch Steigerung der Rührung ganz zum Verschwinden zu bringen. »Die Integrierung des Familienmotivs in übergeordnete Zusammenhänge wie etwa bei Lessing oder Schiller, fehlt bei Iffland so gut wie
ganz«, konstatiert Bengt Algot Sørensen. »Die Familie bildet den geschlossenen Horizont dieser Dramen und macht ihre ganze Wirklichkeit aus.«[40] Soweit ein feindlich gesinntes Moment an diesem Horizont
auftaucht, fällt sofort der Tränenvorhang der Rührung über alle, die in
Konflikt geraten könnten; Intriganten – schurkische Kanzler und ver-
schlagene Hofräte – sind nur Stichwortgeber der Empfindsamkeit. Und
so erstarren Ifflands Gestalten ständig zum Tableau: Dieses von Diderot geforderte Mittel der Rührung scheint nachgerade »das geheime
Ziel seiner dramatischen Kunst zu sein. Immer wieder unterbricht er
die Handlung, um durch das statische Tableau dem Publikum Gelegenheit zu geben, sich an der Veranschaulichung familialer Empfindsamkeit zu weiden und zu erbauen.«[41] Wie die Bewegung im Tableau löst
sich der Konflikt in Rührseligkeit auf. »Der wohlgesinnte, gefühlvolle
Vater gibt dem Wunsche der ihren Gefühlen hilflos ausgelieferten
Tochter nach. Die Kollision zwischen väterlicher Autorität und kind-
lichem Gehorsam einerseits und individueller Liebeswahl andererseits

wird mit Hilfe von Vernunft und Herz umgangen und neutralisiert.«[42]
Ifflands Stücke sind nicht nur, was man dem bürgerlichen Trauerspiel
unterstellt, Illustrationen des bürgerlich gewordenen Familienlebens,
sie machen buchstäblich Propaganda für den modernen mit sanfter
Macht regierenden Hausvater – als dienten ihre Tableaus dazu, Knigge
zu illustrieren. Der tödlichen Umarmung der Emilia Galotti stellen sie
die tränenreiche Umarmung dankbarer Töchter entgegen. Eine Szene
mag für viele aus über sechzig Stücken stehen; doch selten wird das
Gesetz des patriarchalischen Herzens so umstandslos exekutiert wie in
dem Drama *Die Mündel* (1784), wenn der Kaufmann Drave seine
Tochter heimholt in die Intimität, der sie sich durch Lektüre schon ein
wenig entziehen wollte:

DRAVE   Komm her Mädchen! ich sehne mich nach Dir. (Einen Schritt
    zurück) Es ist eine große Abrechnung unter uns Beiden – (Herzlich)
    umarme mich.

AUGUSTE   (umarmt ihn etwas kalt)

DRAVE   (Mit Schmerz und Wuth) So wie sonst!

AUGUSTE   (fällt in seine Arme.)

DRAVE   (Mit überfließendem Herzen.) So – recht von Herzen! – (Küßt sie)
    So! (schiebt sie sanft von sich.) und zerrissen ist Deine Schuld!

AUGUSTE   O mein Vater

DRAVE   Du bist seit ein paar Wochen sehr fremd gegen mich gewe-
    sen! Es ist gewiß nicht meine Schuld. Gott weiß, ich wache und
    träume ja nur Gutes für Dich.

AUGUSTE   O lieber Vater (Von ihm etwas entfernt) Ihre Auguste ist ein
    ungehorsames Mädchen.

DRAVE   Warum? – weil du liebst? – Nein Mädchen, darum nicht
    ungehorsam. Gott lasse Deine Liebe nur glücklich seyn!

AUGUSTE   Aber daß ich mich Ihnen nicht anvertraute –

DRAVE   (Heftig) Das war Unrecht! – großes Unrecht an mir. [...]
    Nun? und warum sprachst du nicht?

AUGUSTE   Ich fand niemals den Augenblick so, wie ich ihn wünsch-
    te –

DRAVE   (Heftig) Daran sind Deine verdammten Bücher schuld [...]
    Sonst war es nicht so! sonst kamst Du mit offenem Herzen zu
    mir.

AUGUSTE   Ich will nun immer wieder so handeln, mein gütiger
    Vater!

DRAVE Suche ich denn Augenblicke, Dich zu lieben? Ich sorge im-
mer für Dich. Das Unschädlichste thue ich nicht, ohne mich zu
fragen: »Ist das auch gut für meine Auguste?« Ich schließe meine
Augen nicht, ich bete erst für mein Kind – ich freue mich meines
Aufstehens nicht, als nur für Dich zu sorgen, an meinem Kinde
Freude erleben zu können: und die, für die ich alles das thue –
sucht Augenblicke, gut und aufrichtig gegen mich seyn zu können! [...]
Komm zu mir! Ich habe Dir ja vergeben. (Auguste fällt ihm um den
Hals.) Sey nur gut und aufrichtig und gradzu! – Mädchen, das
darffst Du glauben: in all' Deinen Büchern giebts keinen Vater,
der seine Tochter so herzlich liebt, als ich Dich. Nun – ich bin mit
meinem Kinde wieder einverstanden! wo lebt ein Mensch, der
glücklicher wäre als ich! Die ganze Hoffnung meines Lebens halt'
ich jetzt in diesen Armen! (Er umarmt sie, und Beide bleiben einen Augenblick in dieser Stellung)   (II / 9)[43]

Weil er seine Gattin bei dieser Liebeserklärung an die Tochter völlig
vergessen hat, obwohl sie doch neben ihm – als Stichwortgeberin –
steht, bricht der Hausvater nun seinerseits in Tränen aus, die ihm aber
die Frau gleich wegküssen wird. Man kann sich den Verlauf der Konflikte in der Ifflandschen Dramaturgie vorstellen, bedenkt man, daß
diese Szene nicht das Ende bildet, sondern in der Mitte des zweiten
Akts stattfindet. Das Schlußtableau wird zum Maßstab jeder einzelnen
Szene, jedes Dialogs – und wohl auch der Inszenierung. Denn Hausvater Iffland vereinigt alle Kompetenzen in seiner Person: der Darsteller
des Vaters ist zugleich Autor und Regisseur des Familienstücks. Unter
seiner Obhut entstehen eine Bühnenprosa und ein Schauspielstil, welche
alle Distanzen des Theaters minimieren und ein intimes Theater besonderer Art ermöglichen; Autor, Schauspieler und Publikum umarmen
sich wie Vater Mutter Kind einen Abend lang und weinen – eine einzige
große Familie – Tränen der Rührung und der Freude; jeder und jede
identifiziert sich mit jeder und jedem; kein Konflikt und keine ästhetische Differenz vermag sie mehr auseinanderzutreiben. In bestimm-
tem Sinn ist Iffland der Vollender des bürgerlichen Trauerspiels – das
Fragmentarische des Konflikts, das allein es retten könnte, ist in seinem
Theater zum geschlossenen Monument der Empfindsamkeit gerun-
det.

Die in den bürgerlichen Trauerspielen exponierten Konflikte konnten nur außerhalb des väterlichen Machtbereichs oder an dessen Grenzen zu schärferen Umrissen gelangen. In Lessings Komödie *Minna von Barnhelm* ist es die Offiziersehre, der verstockte Stoizismus des beleidigten Soldaten Tellheim, der die Eheschließung in Gefahr bringt. Im Kampf mit dieser ideologischen und moralischen Schranke entwickelt Minna von Barnhelm eine für Lessings Bürgermädchen unerhörte Selbständigkeit. Das Fräulein von Barnhelm ist freilich eine Adelige, die in eine Komödienstruktur gerät – und mit dieser gattungspoetischen List entkommt Lessing der Empfindsamkeit seiner bürgerlichen Trauerspiele. Das Stück steht zwischen allen Gattungen: für eine comédie larmoyante im Stile Diderots ist es zu lustig – »das Lachen«, sagt Minna einmal, »erhält uns vernünftiger, als der Verdruß« (IV/6)[44]; für eine alte Komödie nach Molièreschem Vorbild ist das Lachen wiederum zu leise, die Komik zu sensibel; um ein bürgerliches Trauerspiel abzugeben, fehlt Lessings Komödie aber nicht nur das traurige Ende, ihre Figuren sind von Anfang an zu wenig empfindsam. »Zärtlich und stolz, tugendhaft und eitel, wollüstig und fromm« – so charakterisiert Minna sich selber und »alle Mädchen«(II/7): die Bürgermädchen Sara und Emilia sind hier wohl ausgenommen. Doch der Widerspruch, in den sich der Dramatiker verwickelt, geht über die Grenze des Standes hinaus. Wie heißt es doch in dem Brief an den Bruder: »Ich kenne an einem unverheirateten Mädchen keine höhere Tugenden, als Frömmigkeit und Gehorsam.« Minna nimmt in Anspruch, was Lessing sonst nur den verführten und mißbrauchten Ladys zugestand: stolz, eitel und wollüstig zu sein. Wie Gräfin Orsina gibt sie sich außerdem als »große Liebhaberin der Vernunft« (II/9) zu erkennen. Man sollte diese Formulierung nicht als beiläufige Pointe verstehen, sondern wörtlich nehmen. Minnas Beziehung zur Vernunft hat ein erotisches Moment. Was vernünftig ist, wird nicht – wie im *Nathan* – als Philosophem fixiert, es entsteht im ständigen Wechsel des Dialogs und kann sich darum erst gar nicht – wie eine allgemeingültige Sentenz – loslösen von dem Jetzt und Hier der jeweiligen Situation zwischen zwei Menschen. »Gleichheit ist immer das festeste Band der Liebe« – dieser von Tellheim zuerst ausgesprochene Satz (V/5) könnte als eine jener allgemeingültigen Sentenzen verstanden werden. Tellheim spricht sie freilich vor allem aus, um etwas anderes zu behaupten, er möchte seiner beleidigten Ehre Ausdruck geben: er könne Minna nicht heiraten, weil er ärmer sei als sie. In einer der

nächsten Szenen jedoch greift Minna eben diesen Satz in einer veränderten Situation auf – und damit erst bekommt er einen dramatischen Sinn, den er als allgemeine Sentenz gar nicht hat: die Gleichheit, die er behauptet, wird von Minna praktiziert – und in solcher Praxis wird das reflexive Wesen der dialogischen Form unmittelbar sichtbar: »Wollen Sie es wagen, Ihre eigene Rede in meinem Mund zu schelten?« (V/9) fragt das Fräulein provozierend. Mittels einer kleinen Verstellung versetzt sie Tellheim in ihre eigene Situation: als Ärmere, Enterbte sei es ihr ebenso unmöglich, von einem reicheren Mann geheiratet zu werden. In der echten oder gespielten Gefährdung der möglichen Ehe tritt anschaulich wie in der alten Komödie zutage, was die Empfindsamkeit zu verschleiern liebt: die materielle Basis der Kleinfamilie – das Eigentum. Weil der rettende Bote des Königs erscheint, Ehre und Vermögen von Tellheim wieder herstellt und weil Minnas Enterbung durch den reichen Onkel nur Verstellung war, geht alles gut aus. Die Verstellung, das Handeln von Minna kann an solchen Voraussetzungen nichts ändern – was sie erreicht, ist vielleicht, daß Tellheim sich ein wenig gewandelt, gebessert hat. Mehr aber hat sie sich auch nicht erhofft: »Bloß ein wenig zu viel Stolz, Franziska, scheint mir in seiner Aufführung zu sein« – und als Franziska fragt »So wollen Sie seiner entsagen?« antwortet das Fräulein: »Nein, liebe Närrin, eines Fehlers wegen entsagt man keinem Manne.« (III/12)
Der Auftritt schließlich des Onkels, des Grafen von Bruchsall, scheint gar als Parodie des bürgerlichen Rührstücks angelegt. Es ist der kürzeste Auftritt in diesem Stück – und die Macht des Onkels ist ganz auf das Finanzielle reduziert; denn dieser lakonische Ersatzvater ordnet sich den Wünschen seiner Tochter völlig unter: »Mein Herr, wir haben uns nie gesehen«, sagt er zu Tellheim. »Umarmen Sie mich. – Sie haben meine völlige Hochachtung. Ich bitte um Ihre Freundschaft. – Meine Nichte, meine Tochter liebt Sie. –« (V/13) Es ist keine Frage, daß die relative Autonomie von Minna auf der geschwundenen Macht des Vaters beruht; erstaunlich aber ist an ihrer Figur, daß sie in dieser Autonomie die gegensätzlichen Eigenschaften der Lady und des Bürgermädchens in sich zu vereinigen vermag und gerade aus diesem Widerspruch ihre ganze Beweglichkeit und ihren Schwung im Dialog zu gewinnen scheint. »Die Freude macht drehend, wirblicht« sagt Minna – und solcher Wirbel, in den sie Tellheim mithineinzieht, ist das genaue Gegenteil der tränenreichen Erstarrung im Tableau. Georg Lukács hatte

recht, als er in einem späten Essay diese Dialogführung nahe an Mozarts Musik heranrückte.[45] In seinem Artikel für die französische Enzyklopädie über das Opernlibretto schreibt Melchior Grimm, die musikalische Komödie gibt den Menschen »ein Gran Schwung und Genie – sie sind der Tollheit nahe«[46]. Weder der ungarische Marxist noch der französisch-deutsche Aufklärer dachten allerdings daran, daß solche Tollheit zwischen den Geschlechtern der Distanzierung vom Vater bedarf.

Lessings *Emilia Galotti* liegt aufgeschlagen auf dem Pult, vor dem Werther sich das Leben nimmt. Anders als bei Emilia bestanden seine Verführungen darin, die bürgerliche Familie Lottens und Alberts aufzusprengen – sich selbst an die Stelle Alberts zu setzen oder eine Ehe zu dritt zu beginnen. Anders auch als Emilia tötet Werther sich selbst, nicht um dieser Verführung zu entgehen, sondern weil Lotte seine Wünsche nicht erfüllt. Goethes frühes Werk differiert eigenartig von den Strukturen des bürgerlichen Trauerspiels. Als hätte der Autor stets schon einen gewissen Horror vor der geschlossenen Familie gehabt, versucht er immer wieder die traditionellen Konstellationen des Familiendramas zu durchbrechen; die Idiosynkrasie korrespondierte wohl nicht von Anfang an mit jener vielgerügten Kompromißbereitschaft gegenüber der Aristokratie, fand darin aber später eine bedeutsame Stütze. Eine Art plebejische, an Shakespeare orientierte Dramaturgie, die den Ausgangspunkt seines dramatischen Schaffens bildet, rückt ihn eher in die Nähe von Heinrich Leopold Wagner und Lenz. Grugantino, der Vagabund, in dem – nicht zufällig – sich ein Aristokrat verbirgt, gibt in dem kaum bekannten Schauspiel mit Gesang *Claudine von Villa Bella* über diese Ästhetik genauer Auskunft als all die gelehrten Abhandlungen über den Sturm und Drang: »Wo habt ihr einen Schauplatz des Lebens für mich? Eure bürgerliche Gesellschaft ist mir unerträglich! [...] Muß nicht einer, der halbwegs was werth ist, lieber in die weite Welt gehn? (...) Dafür will ich euch auch zugeben, daß wer sich einmal ins Vagiren einläßt, dann kein Ziel mehr hat und keine Gränzen; denn unser Herz – ach! das ist unendlich, so lang ihm Kräfte zureichen!« (S. 188)[47] Auch die berühmt-berüchtigte Dramaturgie der *Räuber* folgte ja diesem antibürgerlichen Impuls: bezeichnenderweise umging Schiller aber dabei die Achse der Vater-Tochter-Beziehung und inszenierte den Zusammenbruch der Familie als Männertragödie. Franz Moor übernimmt darin die Rolle des Intriganten, seine Kritik der

Empfindsamkeit, die er gleichsam direkt ans Publikum adressiert, sucht allerdings ihresgleichen im 18. Jahrhundert – und der Erfolg, mit dem er Zwietracht zwischen Vater und Bruder sät, gibt ihm recht: »Ich habe Langes und Breites von einer sogenannten Blutliebe schwatzen gehört, das einem ordentlichen Hausmann den Kopf heiß machen könnte [...] Merkt doch einmal diese verzwickte Konsequenz, diesen possierlichen Schluß von der Nachbarschaft der Leiber auf die Harmonie der Geister; von ebenderselben Heimat zu ebenderselben Empfindung; von einerlei Kost zu einerlei Neigung [...] es ist dein Vater! Er hat dir das Leben gegeben, du bist sein Fleisch, sein Blut – also sei er dir heilig. Wiederum eine schlaue Konsequenz! Ich möchte doch fragen, warum hat er mich gemacht? doch wohl nicht gar aus Liebe zu mir, der erst ein Ich werden sollte! Hat er mich gekannt, ehe er mich machte? Oder hat er mich gedacht, wie er mich machte? Oder hat er mich gewünscht, da er mich machte? Wußte er, was ich werden würde? das wollt ich ihm nicht raten, sonst möchte ich ihn dafür strafen, daß er mich doch gemacht hat! Kann ich's ihm Dank wissen, daß ich ein Mann wurde? So wenig, als ich ihn verklagen könnte, wenn er ein Weib aus mir gemacht hätte. [...] Wo stickt dann nun das Heilige? Etwa im Aktus selber, durch den ich entstund? Als wenn dieser etwas mehr wäre als viehischer Prozeß zur Stillung viehischer Begierden?« (I/2)[48]

Bei Goethe wird die Vaterfigur mit weniger Pathos demontiert, dafür erhält die Aktion im Erotischen ein konkretes Motiv, das Franz Moor in seinem Zorn auf die ungerechte Natur vermissen läßt. »Ich wollte meinen Vater ermorden, wenn er mir diesen Platz streitig machte« – sagt im *Götz von Berlichingen* ein Diener in den Armen der schönen Adelheid, und plaudert damit eines der Geheimnisse der Goetheschen Dramaturgie aus; in *Dichtung und Wahrheit* schrieb Goethe rückblickend über die Arbeit an seinem ersten Stück: »besonders gegen das Ende, riß mich eine wundersame Leidenschaft unbewußt hin. Ich hatte mich, indem ich Adelheid liebenswürdig zu schildern trachtete, selbst in sie verliebt, unwillkürlich war meine Feder nur ihr gewidmet, das Interesse an ihrem Schicksal nahm überhand [...]«.[50] Der einzige, der ihm den Platz streitig machen könnte, wäre Götz selber, die Hauptfigur; der Dichter läßt sie mit Adelheid aber gar nicht zusammentreffen, doch diese drohte dramaturgisch die Figur des Götz in den Schatten zu stellen. Goethes Anteilnahme an Adelheid wuchs während der Arbeit am Stück derart, daß sie in der Urfassung fast den ganzen zweiten Teil des Dramas beherrschte. Schließlich entschloß sich der Dramatiker, solcher Liebe zu entsagen um der männlichen Titelgestalt willen, die gewissermaßen das epische Zentrum der Szenenfolge bilden sollte, und er strich schweren Herzens einige ihrer Auftritte. Götz selber ist indessen gar keine richtige Vaterfigur. Mit seiner Gestaltung war die Trauerspielfamilie schon enthauptet; Götz hat zwar einen Sohn, doch kümmert er sich kaum um dessen Erziehung; wichtiger ist für ihn das Verhältnis zu seiner Gattin Elisabeth, sie bedeutet ihm mehr als die Familie, ja mehr als alles: »Wen Gott lieb hat dem geb er so eine Frau, und dann lasst den Teufel in eine Heerd Unglück fahren, ihm alles nehmen, er bleibt mit dem Trost vermählt.« (S. 589)[51] Die Erziehung wird der empfindsamen Maria überlassen, und als der Sohn dabei bald selber zu empfindsam gerät, stecken ihn Götz und seine Frau kurzerhand ins Kloster. Maria ist nicht die Tochter, sondern die Schwester von Götz; dieser ist ihr also eine Art Ersatzvater; seine gewaltige, sozusagen vorbürgerliche Individualität stellt Goethe den verwaisten Konstellationen des bürgerlichen Trauerspiels geradezu entgegen, dem Figurendreieck: Weislingen – der zerrissene wankelmütige Liebhaber; Maria – das brave fromme Bürgermädchen; und Adelheid – die verruchte gefährliche femme fatale. Götz und seine Gattin Elisabeth, auf der anderen Seite die Kontrahentin Adelheid, sie alle können nicht genug über die Empfindsamkeit spotten: »Menschen die aus Weichheit wohlthun, immer wohlthun, sind nicht besser als Leute die ihren Urin nicht halten können«, sagt Elisabeth, und als Maria darauf erwidert, »Ihr redet etwas hart« – antwortet sie: »Dafür bin ich mit Cartoffeln und Rüben erzogen, das kann keine zarte Gesellen machen.« (S. 526) Adelheid provoziert Weislingen, als die Liebesbeziehung ihr zu gemütlich wird: »Die Zeit fängt mir an unerträglich lang zu werden«; sie ist des Umgangs mit ihm müde geworden, und Weislingen selbst kann an ihren Augen ablesen: »der Phönix ward zum ordinairen Haushahn.« (S. 563 f.) Der Diener, der sie liebt, weiß sie am besten von Maria zu unterscheiden: in deren Augen sieht er »gesellschaftliche Melankolie. Aber um die Adelheid ist eine Atmosphäre von Leben; Muth, täthiges Glück« (S. 549). In der männermordenden Adelheid schlummert auch Mephisto, der sie schließlich ersetzen wird.

Faust agiert Margarete gegenüber ganz wie ein normaler adeliger Herr. Mephisto gibt ihm nur die Mittel zu Hand, er nimmt ihm keineswegs die Möglichkeit, sich zu entscheiden. Er macht ihm bloß Angebote,

ohne ihm die Konsequenzen anzudeuten. So vergrößert er also den
Handlungsspielraum beträchtlich, doch man fragt sich, ob Faust ohne
Mephisto überhaupt anders gehandelt hätte. Margarete selbst ist wie
Egmonts Klärchen ein Bürgermädchen, im Unterschied zum bürgerlichen Trauerspiel werden beide als plebejische Gestalten charakterisiert. Sie sind auch keinem moralisch rigiden Hausvater untergeordnet,
es lebt nur die Mutter. Vor allem aber werden hier die Machtstrukturen
bürgerlicher Familiarität von den Töchtern nicht verinnerlicht, sondern bestenfalls umgangen. Je mehr Margarete und Klärchen innerlich
von ihrer Herkunftsfamilie emanzipiert scheinen, desto weiter gehen
sie darin, sich einer zerstörerischen Liebe auszuliefern. Klärchen bringt
sich um, als Egmont zum Tode verurteilt wird. Gretchen geht an der
Zerstörung ihrer Familie zu Grunde, die Faust herbeigeführt hat. Ihr
Bruder, der gewissermaßen die Rolle des Vaters zu übernehmen trach-
tet, wird von Faust im Zweikampf getötet, die Mutter stirbt an dem
Schlaftrunk, den Gretchen ihr gegeben hat, um Faust ungestört emp-
fangen zu können. Als Kindsmörderin wird sie schließlich in den Kerker geworfen – ein im 18. Jahrhundert überaus häufiges Frauenschick-
sal in den unteren Schichten. In der letzten Szene, im Kerker, wird
Margarete im Wahnsinn sich über Faust klar; sie weigert sich, mit ihm
zu fliehen. Man muß versuchen, ihren letzten an Faust gerichteten
Worten den Sinn zurückzugeben, den ihr die unfreiwillige und freiwillige Verballhornung ganzer Generationen von Studienräten und Gym-
nasiasten genommen hat: »mir grauts vor dir« (S. 65)[52]. Der Schluß des
Urfaust – wie er in der Abschrift des Hoffräuleins von Göchhausen
überliefert wurde – ist unerhört in der Geschichte des Theaters: ein
Ende ohne Telos, ohne Versöhnung. Goethe hat nicht gewagt, ihn zu
publizieren. Die 1790 unter dem Titel *Faust, ein Fragment* erschienene
Fassung endet mit der Szene im Dom. Schließlich scheint der ganze
Zweite Teil geschrieben zu sein, um dieses Sakrileg gutzumachen; die
Fortsetzung der Geschichte mündet in eine Erlösung verheißende
große Versöhnung: ein gewaltiger zur metaphysische Revue, zum
Gesamtkunstwerk gesteigerter harmonischer Schlußakkord. In der
Verklärung von Egmonts Klärchen zur heroischen Allegorie der Freiheit mag Goethe ihn vorweggenommen haben. Die spätere durchgän-
gig versifizierte Fassung, womit der *Urfaust* in den Ersten Teil umge-
schmolzen worden ist, schreibt dem ursprünglichen Schluß sogar noch
das Telos des Zweiten Teils ein: auf die Feststellung Mephistos »Sie ist

gerichtet«, antwortet da eine »Stimme von oben«: »ist gerettet!«
(S. 288)[53]
Clavigo steht unter allen Goetheschen Dramen dem bürgerlichen
Trauerspiel gewiß am nächsten. Es handelt sich sozusagen um die Ver-
bürgerlichung des *Urfaust*. Der Liebhaber hatte einst zärtliche Aufnahme in der bürgerlichen Familie der Geliebten gefunden; sie ist – wie
fast immer bei Goethe[54] – des Vaters ledig; die fragmentarische Familie
Beaumarchais bzw. Guilbert besteht aus zwei Schwestern, einem
Schwager und einem Freund des Hauses; der Bruder Maries muß aus
einem andern Land anreisen, um die Ehre der Schwester und der Familie
retten zu können. Weder Teufel noch Lady verführen Clavigo dazu, die
Idylle zu zerstören; es ist bloß die höfische Karriere, die ihn veranlaßt,
mit Marie und ihrer Familie zu brechen, nachdem er ihr bereits vor aller
Welt die Ehe versprochen hatte. An Clavigos Seite findet sich allerdings
in Karlos ein mächtiger Repräsentant der Karriere, und dieser scheint
eine säkularisierte Form des Teufels darzustellen. Doch er ist mehr als
das. Stehen ihm auch keine magischen Mittel zur Verfügung – sein Einfluß auf Clavigo ist größer als der Mephistos auf Faust; es ist die Magie
des zwischenmenschlichen Bezugs, die sich im Dialog mit Clavigo bewährt. Im Unterschied zu Mephisto hat Karlos eine ganz intime Beziehung, fast eine Liebesbeziehung, zu seinem Schützling – sie erinnert an
Vautrins Verhältnis zu Lucien in Balzacs *Verlorenen Illusionen*. Karlos
vermag Clavigo umzustimmen wie ein Instrument – doch sein Ziel zu
erreichen vermag er nicht. Neben der intimen Beziehung der beiden
Männer, die sich zur großen Welt des Hofes hin öffnet, rückt die Trauerspielfamilie Maries ganz in den Hintergrund. Sie ist fast nur ein Neben-
schauplatz des Stücks, wo die Personen gezwungen werden, auf das zu
reagieren, was die Dialoge von Karlos und Clavigo beschließen. (In
Claus Peymanns Wiener Inszenierung von 1991 hat der Bühnenbildner
Karl-Ernst Herrmann für diese Distanzierung des bürgerlichen Trauerspiels eine klare räumliche Metapher gefunden: die Familie Beaumarchais tritt auf in einem engen, kargen, weiß ausgemalten würfelförmigen
Zimmer, das sich, sobald die Szene wechselt – eine kleine Bühne auf der
großen – in den hinteren Teil von Clavigos weit ausgedehntem Emp-
fangs- und Arbeitszimmer hinein- und hinausschieben läßt.) Der Bruder
Maries ist, wie er beteuert, nicht gewillt, den Komödienbruder abzugeben und Clavigo mit Tricks zur Hochzeit zu zwingen – er will Rache
üben. Doch Clavigo scheint bereit, den Komödiengeliebten zu spielen:

er will zu Marie zurückkehren – und würde es wohl auch tun, wäre da nicht Karlos, der ihn in einem gewaltigen Dialog erneut umstimmt: man spürt förmlich, daß sich in dieser Szene das Stück auf dem Grat zwischen Komödie und Tragödie bewegt. Goethe hat den Stoff zu seinem Drama den Memoiren des Beaumarchais entnommen. Dieser berichtet die Geschichte, die er als Bruder der Betrogenen erlebt habe; und er selber hat sie auch dramatisiert: in seinem Stück *Eugénie*. Im Unterschied zu Goethes Version kehrt darin der untreue Bräutigam, sobald er vom Bruder der Braut gestellt wird, zur Braut zurück – aus Rührung; es fehlt eben der teuflische Freund und Hofmann – das Trauerspiel endet als ernste Komödie. (In den Memoiren freilich endet die Geschichte weder gut noch schlecht: Clavigo verliert seine Stellung.) Goethes Marie aber stirbt – wie die tugendsamen Bürgermädchen des deutschen Trauerspiels; doch sie stirbt nicht, weil sich für den Vater opfert, sie stirbt, weil der Geliebte sie verlassen hat. Der Anlaß für ihren raschen Tod kommt dennoch aus der eigenen Familie: der sonst so empfindsame Bruder gerät, als er Marie und damit sich selbst zum zweiten Mal betrogen sieht, aus der Fassung. Sein barbarisches Rachegeschrei, das keinerlei Rücksicht mehr auf die Schwester nimmt, tötet Marie. Am Schluß des Stücks kehrt Clavigo zu Marie, ja zu ihrer ganzen Familie, zurück: der Bruder ersticht ihn am Grabe der Geliebten, und im Moment des Sterbens vergibt ihm die Familie, sogar der Bruder. Die empfindsame Familie, das Bedürfnis von allen ihren Mitgliedern geliebt zu werden, holt Clavigo am Schluß doch noch ein – und Karlos steht dem Trauerspiel machtlos gegenüber. Seine bloße Anwesenheit stört das tränenreiche und blutige Schlußtableau.

Die plebejische Dramaturgie, die Goethe mit *Clavigo* bereits verlassen hatte, entwickelte sich in Deutschland von Anfang an im offenen Widerspruch zu den Strukturen des bürgerlichen Trauerspiels. Neben Schillers *Räubern*, Goethes *Götz von Berlichingen* und *Urfaust* wären die Dramen von Heinrich Leopold Wagner und Jakob Michael Reinhold Lenz zu nennen. Während aber Goethe die Vaterfigur abschafft, wird sie bei diesen Dramatikern auf eigenartige Weise zerbrochen. Wagners Metzgermeister Humbrecht (*Die Kindermörderin*) und Lenz' Galanteriewarenhändler Wesener (*Die Soldaten*), aber auch der Major des *Hof-*

meister-Dramas sind durchaus plebejisch angelegte Charaktere: »Halts Maul« sagen sie etwa zu ihren Töchtern, statt mit ihnen mitzufühlen – jeder dieser Väter scheint nur eine Angst zu kennen: daß die Tochter zur Hure gemacht wird, d. h. Geschlechtsverkehr mit einer standesfremden Person hat, wobei es ihnen durchaus einerlei ist, ob dieser Geschlechtsverkehr nun als Vergewaltigung oder durch den Willen der Tochter erfolgt. Die väterliche Autorität des Metzgermeisters Humbrecht erscheint nicht als bindendes Glied der Familie, vielmehr geht die zerstörende Kraft geradezu von ihm aus – wie ähnlich viel später von Hebbels Meister Anton. Die Herrschaft, ja die Identität des Hausvaters erweist sich als äußerst brüchig, die Autonomie des Eigentümers stürzt in sich zusammen, wenn seine Reproduktionsbasis ruiniert ist; bedroht scheint sie bei Wagner und Lenz von Anbeginn: Allein der Ballbesuch von Frau und Tochter läßt den Metzgermeister ganz hysterisch werden, freilich fällt er hier nicht unbedingt aus der Rolle des Komödienvaters: »für die vornehmen Herren und Damen, Junker und Fräuleins, die vor lauter Vornehmigkeit nicht wissen, wo sie mit des lieben Herrgotts seiner Zeit hinsollen, für die mag es ein ganz artigs Vergnügen seyn; wer hat was darwider? – aber Handwerksweiber; Bürgerstöchter sollen die Nas davon lassen; die können auf Hochzeiten, Meisterstückschmäusen, und was des Zeugs mehr ist, Schuh genug zerschleifen, brauchen nicht noch ihre Ehr und guten Namen mit aufs Spiel setzen. – Wenn denn vollends ein zuckersüßes Bürschchen in der Uniform, oder ein Barönchen, des sich Gott erbarm! ein Mädchen vom Mittelstand an solche Örter hinführt, so ist zehn gegen eins zu verwetten, daß er sie nicht wieder nach Haus bringt, wie er sie abgeholt hat.« (II / S. 22)[55] Fast wie in einer romantischen Schicksalstragödie erfüllt sich die Vorahnung – und der Meister gewinnt seine Wette. Weil aber weder die Tochter noch der Vater empfindsam ist, muß der Konflikt ausgetragen werden: die Tochter Evchen muß handeln; sie läuft weg von zu Hause, ermordet schließlich das eigene Kind und droht sogar, dem Verführer selbst das »Brodmesser ins Herz« zu bohren. Je mehr Autonomie der Vater einbüßt, desto größer wird die Handlungsfähigkeit der Tochter: Evchen ist neben dem Intriganten Hasenpoth die einzige, die im Stück Aktionen setzt. Keine femme fatale steht ihr gegenüber, deren Konfliktpotential scheint dem Bürgermädchen zugewachsen. Der schwankende Liebhaber Gröningseck, der sie verführt hat, wird von der verzweifelt trotzigen Haltung Evchens verändert, ebenso vermag nur sie es, den unbeweglich scheinenden Vater zu bewegen. Statt sich den Tod zu geben oder ihn sich zu wünschen und allen zu verzeihen, tötet Evchen ihr Kind. Empfindsamkeit findet sich fast nur in der Liebe zwischen Evchen und Gröningseck – die übrigen Beziehungen verfehlen sie in charakteristischer Weise. Die Vaterfigur aber gerät am Ende ganz außer Rand und Band: »Ha! Bist du da, Hure, bist da [...] Hängst den Kopf wieder? Hasts nicht Ursach, Evchen, 's ist dir alles verziehen, alles! (schüttelt sie) Komm! sag ich, komm! wir wollen Nachball halten – ja, da möcht man sich ja kreutzigen und segnen über so ein Aas [...] Willst reden? oder ich schlag dir das Hirn ein!« (VI / S. 80 f.) In solchen irren Wendungen gibt der Vater kund, daß er Vater zu sein nicht mehr imstande ist: »Jetzt kann ich nur auch Rattenpulver nehmen [...] (reißt sich die Westenknöpfe alle auf.) Die ganze Welt wird mir zu enge!« (VI / S. 83 f.)

Der Vater in den *Soldaten* von Lenz erweist sich als weniger standesbewußt; er spekuliert sogar mit einem sozialen Aufstieg durch die Heirat seiner Tochter mit dem Adeligen Desportiers; ebenso ist dem Konflikt von der Seite der Tochter aus die dramatische Schärfe genommen: Mariane läßt sich, wie in Hypnose versetzt, von einem Verführer zum nächsten lenken. Beide gleichen in gewissem Sinn den traditionellen Komödienfiguren: der geldgierige rohe Vater, die leichtlebige stets zwischen Lachen und Weinen schwankende Tochter. Erst an der Sprachlosigkeit ihrer letzten Begegnung wird man ganz gewahr, wie weit die Figuren von der Komödie schon entfernt sind: auf der Suche nach der Tochter wird Wesener von einer Soldatenhure angesprochen; er erkennt in ihr die eigene Tochter: »Beide wälzen sich halb tot auf der Erde. Eine Menge Leute versammeln sich um sie und tragen sie fort.« (V / 4)[56]

Im *Hofmeister*-Drama ist die Vaterfigur von Anfang an überspannt. Der Wahnsinn bricht beim adeligen Major vollends aus, als er erfahren muß, daß die Tochter mit dem bürgerlichen Hofmeister verkehrt: die Gattin schüttelnd, brüllt er »Hat er sie zur Hure gemacht? [...] Was fällst du da hin; jetzt ist's nicht Zeit zum Hinfallen. Heraus mit, oder das Wetter soll dich zerschlagen. Zur Hure gemacht? Ist's das? – Nun so werd denn die ganze Welt zur Hure, und du Berg nimm die Mistgabel in die Hand –«. Als der anwesende Vetter ihn zur Räson bringen möchte mit den Worten: »Deine Wut macht dich unmündig«, sagt der Major darauf: »Ich werd dich beunmündig – (Zu seiner Frau.) Komm, komm, Hure du auch! sieh zu (Reißt die Tür auf.) Ich will ein Exempel statuieren – Gott hat mich bis hieher erhalten, damit ich an Weib und Kindern Exempel statuieren kann – Verbrannt, verbrannt, verbrannt! (Schleppt seine Frau ohnmächtig vom Theater.)« (III / 1)[57] Doch der Major verzeiht schließlich der Tochter – und verfällt in eine Art brutaler Rührung: »O du mein einzig teurester Schatz! Daß ich dich wieder in meinen Armen tragen kann, gottlose Kanaille! (Trägt sie fort.)« (IV / 5) Der Major schleppt seine Angehörigen immer wieder von der Bühne. Man glaubt in diesem Stück durchwegs, wahnsinnig gewordene Molière-Figuren agieren zu sehen: der armselige Hofmeister Läuffer, der sich selbst kastriert; der kaum weniger groteske Schulmeister Wenzeslaus; Lise, die sich schließlich als Braut für den kastrierten Hofmeister einstellt, damit am Ende eine Doppelhochzeit gefeiert werden kann. Als sie gefragt wird, ob sie mit einem Eunuch denn zufrieden sei, antwortet sie – »O ja, ich bin's herzlich wohl zufrieden, Herr Schulmeister. [...] Ich hab ihn gern und mein Herz sagt mir, daß ich niemand auf der Welt so gern haben kann als ihn. [...]« Und als Wenzeslaus das Ziel der Komödie anmahnt: Seid fruchtbar und mehret Euch – heißt es von der Seite Läuffers »ist's denn notwendig zum Glück der Ehe, daß man tierische Triebe stillt?« und Lise setzt fort: »in meinem Leben möcht ich keine Kinder haben. Ei ja doch Kinder! Was Sie nicht meinen! Damit wäre mir auch wohl groß gedient, wenn ich noch Kinder dazu bekäme. Mein Vater hat Enten und Hühner genug, die ich alle Tage füttern muß«. (V / 10) Das andere Paar wiederum erhält bereits vor der Hochzeit das entsprechende Zeugnis der Fruchtbarkeit: Läuffer hatte das Kind mit Gustchen gezeugt, als er noch nicht seiner Männlichkeit ledig war – und der zurückkehrende betrogene Bräutigam Fritz nimmt es fast dankbar entgegen. Auf groteske Weise führt Lenz hier das Motiv der Entsagung in die Dramaturgie ein, indem er die Komödie der Geschlechter überspitzt. Dabei hatten er und Wagner ihre Stücke durchaus als Lehrstücke der Empfindsamkeit gedacht; so werden den ständig entgleisenden Vätern positive, empfindsam aufgeklärte Figuren beigestellt: in Wagners *Kindermörderin* der Vetter, ein gelehrter Magister, der ständig bemüht ist, den ausfallenden Metzgermeister zu besänftigen; in den *Soldaten* die Gräfin, die unvermittelt ins Geschehen tritt, um die gefallene Mariane bei sich aufzunehmen; im *Hofmeister* der Geheime Rat, der dem katastrophischen Handeln des Majors stets entgegenwirkt und am Ende noch einmal ein diderotsches Tableau formiert; er wischt sich die Augen mit den Worten: »Eine zärtliche Gruppe! Wenn doch der Major hier wäre.« (V/11) Sie alle sind empfindsame Vaterfiguren im Sinne des bürgerlichen Trauerspiels und verkünden in mehr oder weniger didaktischer Art ihre Grundsätze. Dies tut auch die Gräfin. Die Entgleisung der Handlung ins Absurde, die Zerstörung der kleinbürgerlichen Idylle können sie allerdings in keinem Fall verhindern. Die Komödien und Tragödien, die Lenz und Wagner dem bürgerlichen Trauerspiel entgegensetzten, sind weder komisch noch empfindsam; die Komik ist hier in Drastik verwandelt, womit die Armut, die sozialen Verhältnisse, die schlechten Institutionen vorgezeigt werden – eben jene Zustände, die verhindern, daß die Empfindsamkeit verwirklicht werden kann. Statt die dramatischen Einheiten in der bürgerlichen Familie zu verankern und schließlich im Tableau aufgehen zu lassen, strebt diese Dramaturgie nach ständig wechselnden Schauplätzen und dehnt die Handlung über weite Zeiträume hin aus, will sie doch die Abwesenheit der Intimität in den unteren Schichten oder in den von schlechten Konventionen geprägten Familien darstellen; die Empfindsamkeit selber kommt dramatisch kaum zum Ausdruck: sie bleibt rhetorisch, sie kennzeichnet die wohlmeinenden Kommentare der eingeschleusten Ersatzvaterfiguren, die aber kaum in die Handlung einzugreifen vermögen.

Wäre die Drastik der Verhältnisse, die sich der Komik schon entfremdet hat, nicht ein wesentlicher Zug der Stücke, der plebejische Blick auf die Familie – auch auf die des Adels im *Hofmeister* – und die didaktische Tendenz könnten gut ins Repertoire des Alt-Wiener Volkstheaters passen. Dessen dramaturgische Perspektive war unmittelbar von den Lebensformen des ›alten Handwerks‹ bestimmt; auf seinem Boden konnte sich die ›grobe‹ Komik im Stile Molières noch bis tief ins 19. Jahrhundert halten. Offenbar ist die sanfte, für die Tochter tödliche Stillstellung des innerfamiliären Konflikts an ein bestimmtes Niveau des Wohlstands, der Tauschwertbeziehungen und der Arbeitsteilung geknüpft; sie setzt die Loslösung des Familienlebens von der Produktion, die Trennung von Wohnraum und Werkstätte – also die Entstehung des aparten Privatlebens voraus; im alten Handwerk, wo diese Differenzierungen kaum jemals Platz greifen konnten,[58] vermochte auch die Empfindsamkeit die Beziehungen der Familienmitglieder nicht zu regeln. Hier versucht die Tochter, den Vater listig zu umgehen, um zu ihrem Glück zu gelangen, und die Vaterfiguren sind oft genug lächerliche Tyrannen. »Na seyn S' so gut, und wern S' noch empfindlich auch.

Ein armer Mensch derf nix empfinden als den Hunger...«, sagt der reiche Florian Fett – ehemals Fleischselcher, jetzt Particulier – zu seinem künftigen Schwiegersohn in Nestroys *Liebesgeschichten und Heurathssachen* (I/11)[59]. Die Volkskomödie, die dem alten Handwerk verpflichtet ist, bleibt im alten Sinne komisch, soweit das Lachen die Beziehungen der Familienmitglieder zueinander betrifft; gewiß, tritt eine didaktische Tendenz in Erscheinung, so zielt auch sie auf Empfindsamkeit. Doch die Komik bleibt bei einem Meister wie Nestroy so weit von diesem Ziel entfernt, daß man keine Angst vor ihrer paralysierenden Wirkung haben muß. Auf der anderen Seite gelangt Nestroy kaum zu jener destruktiven Wendung des Komischen, die für Lenz so charakteristisch ist. (Ohne die drastische Demonstration der Verhältnisse von Lenz oder Wagner zu wagen, wollte Anzengruber später die Empfindsamkeit dem Volkstheater näherbringen; er begründete sozusagen das bürgerliche Trauerspiel im Plebejischen, doch wandte er sich bereits an ein sozial wesentlich gewandeltes Publikum, bei dem vom alten Handwerk nicht mehr die Rede sein kann.)

Die Preisgabe der Intimität vereint den jungen Goethe mit dem plebejischen Theater von Lenz und Wagner. Es fehlt jedoch bei ihm jede didaktische Tendenz. Was immer man Goethe, dem »Aristokratenknecht« und Geheimen Rat, vorwerfen kann, Lehrstücke der Empfindsamkeit hat er nicht geschrieben. Das plebejische oder vorbürgerliche Milieu scheint Goethe nur aufzusuchen, um der Ästhetik der Empfindsamkeit zu entgehen; das Absinken der Dramenfamilie ins plebejische oder vorbürgerliche Milieu ließ eine Erosion der familiären Intimität erhoffen. Doch es gibt noch andere Mittel, die Menschen voneinander zu distanzieren, das Publikum freier atmen zu lassen – und sie liegen in einer die plebejische Dramaturgie geradezu abstoßenden Ästhetik, wie sie von der Weimarer Kunstperiode gepflegt wurde. Wie man nun auch Goethes Entwicklung sehen mag, der literarische Vatermord bleibt doch sein frappierendes Verdienst. Die psychoanalytische Interpretationsweise hat diese reiche Fundstätte seltsamerweise noch kaum entdeckt[60], für die Entwicklungsgeschichte des Dramas jedenfalls bedeutet die Enthauptung der Familie das Ende der Empfindsamkeit und den Beginn neuer Konflikte. Die meisten der Frauengestalten von Kleist, Grillparzer und Büchner sind vaterlose Wesen oder gewinnen

aus der Unabhängigkeit vom Vater ihre Handlungsfähigkeit. In der
Epoche selber hat diese Verschiebung der dramatischen Achse aus der
kleinfamilialen Vater-Tochter-Beziehung in den unmittelbaren Bezug
der Liebenden vielleicht nur eine Parallele: Mozarts musikalische Dramaturgie.

In der *Stella* hat Goethe seine Motive in leichtester Art ausgebreitet;
läßt sich in dem ganzen Reich von deutscher Aufklärung und Klassik
nur wenig wirkliche Komik entdecken, so findet man sie hier, in den
Geschlechterbeziehungen dieser Komödie, in besonders fein gespon-
nener Form. Am Ende wird ein neuer Typus der Familie gestiftet, der
die Wankelmütigkeit des Helden aus den bürgerlichen Trauerspielen
gewissermaßen integriert: statt in einer Doppelhochzeit oder in einem
Doppelmord kulminiert das Stück in einer Ehe zu dritt: Fernando beginnt am Ende ein Leben mit beiden geliebten Frauen. Man kann in
diesem Stück die Inversion des bürgerlichen Trauerspiels erkennen,
manchmal streift sie die Parodie.

Wie eine Antwort des betroffenen Genres liest sich ein zwei Jahre nach
der Erstausgabe und Erstaufführung der *Stella* publiziertes Drama der
Christiane Karoline Schlegel: *Düval und Charmille*. Darin lebt Baron
Düval mit zwei Frauen unglücklich zusammen: mit seiner angetrauten,
vermutlich bürgerlichen Gattin Mariane und einem adeligen Kammer-
fräulein Amalie von Charmille. Der Hof intrigiert gegen dieses laster-
hafte Dasein, und aus Angst, Amalie an einen anderen zu verlieren,
ersticht Düval die Geliebte und erschießt sich daraufhin selbst. Der
sympathische Fernando aus Goethes Komödie wird hier zu einem eifersüchtigen mörderischen Monster. Der Realismus, mit dem ihm die
Dramatikerin in Monologen und manchmal auch in Dialogen auf die
Schliche seiner hysterischen Männlichkeit kommt, ist bemerkenswert.
Doch die Dramaturgie wird durch das völlig passive Verhalten der
Frauen gehemmt: zwischen ihnen und Düval kann keinerlei Konflikt
entstehen. Dabei sind sich Mariane und Amalie über den bösen Verführer durchaus einig – und besonders die Gattin redet so schlecht und
richtig von ihm wie Orsina vom Prinzen; zu ihrer Nebenbuhlerin sagt
sie: »Die arme Verführte! von ihm verführte! bloß von Liebe zu ihm
vergiftet! – sonst geschmückt mit jedem Reize, jeder Anmuth [...] Ich
sollte dich hassen? – Ich möchte dich lieben – Dir möchte mein Herz
alle seine Noth klagen – Ach! du bist nicht Schuld! Es ist nur dein
Unglück, daß du ihm – o dem süßen Verführer, in die Hände fallen

mußtest! Wo ist die, die ihm entgieng [...] Suche keine Treue, keine
Zärtlichkeit in seinem Herzen! Es ist Stolz, Eitelkeit, Wollust und un-
menschliche Verrätherey.« (I/4 u.5)[60] Der Unterschied zu Orsina ist
bloß, daß Mariane dem gehaßten Verführer auch jetzt noch nicht entgeht, geschweige denn gegen ihn kämpft. Er bleibt für sie vom Anfang
bis zum Ende »der geliebte Verbrecher!«. So müssen der Hof und eine
böse Schwiegermutter einspringen und die Rolle des Antagonisten
übernehmen. Der Hof erscheint in einer Umkehrung der politischen
Konstellationen des bürgerlichen Trauerspiels als Hüter der Kleinfamilie und Feind des Lasters.

In der späteren Fassung der *Stella* aus dem Jahr 1805 wollte Goethe
selbst – er schrieb damals bereits an den *Wahlverwandtschaften* – seine
Komödie der Liebenden in ein bürgerliches Trauerspiel zurückbiegen:
das Stück endet hier – ähnlich wie bei Christiane Karoline Schlegel – mit
einem Doppelselbstmord Stellas und Fernandos. Die Manipulation des
Endes wirkt wenig überzeugend, zu deutlich ist von Anbeginn die Dramaturgie gegen das traurige Genre der Kleinfamilie gerichtet. Dies ver-
kennt nur, wem das Genre selber zum Leitbild geworden ist, wie offenbar dem Herausgeber der Artemis-Ausgabe: »Obwohl Goethe das
Stück versöhnlich enden läßt, [...] trägt es doch in seiner ganzen Anlage
den Stempel einer ausweglosen Tragik oder, wenn das zu bestimmt gesprochen ist, einer schicksalsbedingten Traurigkeit, nämlich der Trauer
über die Unbeständigkeit des menschlichen Herzens.«[62] Nicht Trauer
über die Unbeständigkeit des menschlichen – oder genauer: des männlichen – Herzens prägt das Schauspiel, vielmehr ist es eine fortwährende
Unruhe, die ständig Trauer und Freude wechseln läßt. In einem Brief an
Johanna Fahlmer aus dem Jahre 1775 schreibt Goethe: »Ich bin müde,
über das Schicksal unsres Geschlechts von Menschen zu klagen, aber ich
will sie darstellen, sie sollen sich erkennen, wo möglich wie ich sie erkannt habe, und sollen wo nicht beruhigter, doch stärcker in der Unruhe
seyn.«[63] Statt des jungen unschuldigen Bürgermädchens aus dem Trauerspiel tritt eine ältere erfahrene Mutter, Cezilie, auf, die von ihrem
Mann verlassen wurde, und eine Tochter, Luzie, die ganz ohne Vater
und Mann aufwachsen konnte und daraus eine beachtliche Autonomie
entwickelt hat. Sie ist geradezu eine Anti-Tochter. Das Leid der Mutter
über den Verlust des Gatten kann sie ganz und gar nicht verstehen: »Es
ist nun einmal Zeit ihn zu vergessen.« (I/S. 882)[64] Relativiert wird dieses Trauergefühl der empfindsamen Frau auch von der plebejischen Fi-

gur der Postmeisterin, die vor kurzem erst Witwe geworden ist: »Sie scheinen doch ziemlich getröstet«, sagt die Traurige und erhält die Antwort: »O Madame, unser eins hat so wenig Zeit zu weinen, als leider zu beten. Das geht Sonntag und Werckeltag. Wenn der Pfarrer nicht manchmal auf den Text kommt, oder man ein Sterbelied singen hört. Darum gilt's bey uns. Carl, ein paar Servietten! Deck hier am Ende auf.« (I/S. 883) Die Postmeisterin spricht nicht nur von ihrer Tätigkeit, sie ist im selben Augenblick tätig; sie sagt nicht nur, daß sie keine Zeit hat, sondern muß sich dabei unterbrechen, weil sie keine Zeit hat. Für die drei Protagonisten des Stücks – Stella, Fernando und Cezilie – gilt hingegen die Zeit des bürgerlichen Trauerspiels: es ist immer Sonntag, Feiertag des Gefühls – und gerade darum sind sie ihren Gefühlen so sehr ausgeliefert. Indem Goethe diese Figuren mit Luzie und der Postmeisterin umgibt, die beide andere Lebenszusammenhänge kennen als jene privaten zwischen den Geschlechtern, stellt er nicht nur die absolute Intimität der bürgerlichen Familie – die sich von allen gesellschaftlichen Bezügen befreit glaubt – in Frage. Auch der maßlosen Gefühlssteigerung wird widersprochen. Besonders eindrucksvoll ist darin der Dialog zwischen Luzie und Fernando, ihrem Vater: beide kennen einander nicht und wissen nichts von ihrem verwandtschaftlichen Verhältnis, nur das Publikum ahnt es ein wenig schon.

LUZIE   Mein Herr, Sie sind wie alle Männer, merck ich!

FERNANDO   Das heisst?

LUZIE   Auf den Punckt sehr arrogant. Ihr Herrn dünckt euch unentbehrlich; und ich weis nicht, ich bin doch gros geworden ohne Männer.

FERNANDO   Sie haben keinen Vater mehr?

LUZIE   Ich erinnere mich kaum dass ich einen hatte. Ich war jung, da er uns verlies, eine Reise nach Amerika zu thun, und sein Schiff ist untergegangen, hören wir.

FERNANDO   Und Sie scheinen so gleichgültig dabey!

LUZIE   Wie könnt' ich anders. Er hat mir wenig zu Liebs gethan, und ob ich's ihm gleich verzeihe, dass er uns verlassen hat; denn was geht dem Menschen über seine Freyheit; so mögt ich doch nicht meine Mutter seyn, die vor Kummer stirbt.

FERNANDO   Und Sie sind ohne Hülfe, ohne Schuz?

LUZIE   Was braucht's das? Unser Vermögen ist alle Tage kleiner geworden, davor auch ich alle Tage gröser: und mir ist's nicht bange meine Mutter zu ernähren.

FERNANDO   Mich erstaunt ihr Muth!

LUZIE   O, mein Herr, der giebt sich. Wenn man so oft unterzugehen fürchtet, und sich immer wieder gerettet sieht, das giebt ein Zutrauen!

FERNANDO   Davon Sie Ihrer lieben Mutter nichts mittheilen können?

LUZIE   Leider ist sie, die verliehrt; nicht ich. Ich danck's meinem Vater dass er mich auf die Welt gesezt hat, denn ich lebe gern und vergnügt; aber sie – die alle Hoffnung des Lebens auf ihn gesezt, ihm den Flor ihrer Jugend aufgeopfert hatte; und nun verlassen auf einmal verlassen – das muß was entsezliches seyn, sich verlassen zu fühlen! – Ich habe noch nichts verlohren, ich kann nichts davon reden. Sie scheinen nachdenckend!

FERNANDO   Ja, meine Liebe, wer lebt, verliehrt; (aufstehend) aber er gewinnt auch. Und so erhalt Ihnen Gott Ihren Muth! (Er nimmt ihre Hand.) Sie haben mich erstaunen machen. O, mein Kind, wie glücklich! – Ich bin auch in der Welt gar viel, gar oft von meinen Hoffnungen – Freuden – Es ist doch immer – Und –

LUZIE   Wie meinen Sie?

FERNANDO   Alles Gute! die besten wärmsten Wünsche für Ihr Glück! (küsst ihr die Hand und ab.)   (I/S. 890 f.)

Fernando versinkt buchstäblich in Sprachlosigkeit angesichts der mutigen glücklichen Frau: mag sein, daß er auch etwas spürt davon, daß dieser Mut und dieses Glück sich der Vaterlosigkeit verdankt, daß er selber sich seines Überflüssigseins bewußt wird. Später wird Fernando über dieses Gespräch sagen: »ihrer Tochter Muth hat mich zerstört« (III/S. 904). Stella selbst ist keine alternde adelige Mätresse, die am Rande der Handlung ihr Dasein fristet, sondern eine jugendliche vornehme Person, die im Mittelpunkt steht. Es scheint, als hätte Goethe die weiblichen Rollen des bürgerlichen Trauerspiels durcheinander gemischt: nur der Liebhaber bleibt sich treu – doch gerät er in immer größere Verwirrung. Stella ist ebenfalls eine Verlassene, allerdings unverheiratet, und im Gegensatz zu Cezilie genießt sie förmlich ihr trauriges Gefühl. Doch relativiert sie sich selbst dabei und durchschaut zuweilen ihre Sentimentalität: »Aber mit was unterhalt ich euch – Kleinigkeiten! wichtige Kleinigkeiten – Wahrlich man ist doch ein groses

Kind, und ist einem so wohl dabey.« (II/S. 894) Sofort auch verliebt sie sich in Luzie – »das kleine Trutzköpfgen, die gute freye Seele«, wie sie sie nennt. Luzie soll bei ihr als Gesellschaftsdame dienen; die Mutter Luzies und Stella erzählen einander bald ihr Schicksal, nichts ahnend, daß sie beide vom selben Mann verlassen wurden. Da aber dieser Mann sich nicht einstellt und somit ihren Wünschen nicht entspricht, entsteht zwischen ihnen bald der Gedanke und das Gefühl einer Liebe ohne Mann. »Madame!« ruft Stella plötzlich aus, als von den Männern die Rede ist – »Da fährt mir ein Gedanke durch den Kopf – Wir wollen einander das seyn, was sie uns hätten werden sollen.« (I/S. 895) Und würde der Mann nicht jetzt sofort auf der Szene erscheinen, das Stück müßte einen anderen, nicht weniger skandalösen und lustvollen Schluß bekommen. Fernando aber versäumt seinen Auftritt nicht. Schon in der nächsten Szene ist er auf der Bühne. Wie alle seine Vorfahren in den bürgerlichen Trauerspielen schwankt er zwischen zwei Frauen – ja, wie Lessings Mellefont fürchtet er überhaupt die endgültige eheliche Bindung, darum hatte er auch Stella verlassen. Grotesk erscheint es darum, daß er zunächst also zu Stella wieder zurückkehren möchte und einen Moment später zu Cezilie, der zuerst Verlassenen. Die Wankel-mütigkeit ist hier auf die Spitze getrieben – vor allem auch, weil Fernando selbst gar nicht weiß, nicht begründen kann, warum er so handelt, warum er jene verläßt, zu dieser zurückkehrt. Er weiß eigent-lich nur eins: »Diese drei beste weibliche Geschöpfe der Erde – elend durch mich! – elend ohne mich! – Ach noch elender mit mir«. (V/S. 919) Nun muß Fernando Stella verlassen, um zu Cezilie zurück-kehren zu können. Er versucht zu lügen, bricht aber dabei vor Stella zusammen – und macht ein furchtbar übertriebenes Geständnis: »Stella ich bin ein Bösewicht, und feig; und vermag vor dir nichts. Fliehen! – Hab das Herz nicht dir den Dolch in die Brust zu stossen, und will dich heimlich vergifften, ermorden! Stella!« (IV/S. 915) Überhaupt ist er ständig auf der Flucht. Er will sich dadurch jeder Entscheidung, dem Handeln selbst entziehen.[65] So führen denn die Frauen, die einzigen, die etwas tun, das gute Ende zu dritt herbei. Nachdem Stella und Cezi-lie sich ohnedies zur Liebe ohne Mann entschlossen haben, fällt ihnen die Aufnahme Fernandos in den Bund nicht mehr allzu schwer. Und es ist bemerkenswerterweise die bürgerliche Cezilie, die den unbürger-lichen Vorschlag macht: »Jede soll ihn haben, ohne der andern was zu rauben.« (V/S. 923)

Eros

> ... wieso war die Sonate möglich
> und nicht das bürgerliche Trauerspiel?
> Theodor W. Adorno[1]

Mit Hilfe Bartolos versucht Marcellina, Figaro zur Ehe zu zwingen; gegen einen Kredit hat dieser sich einst ein Eheversprechen ablisten lassen. In die Enge getrieben, gibt er nun vor, daß dafür die Einwilligung seiner angeblich adeligen Eltern nötig wäre. Auf die Frage, wo und wer überhaupt diese Eltern seien, antwortet er: »Lasciate ancor cercarli: / Dopo dieci anni io spero di trovarli« (Laßt sie mich noch suchen, in zehn Jahren hoff' ich, sie zu finden; III/5)[2]. Es stellt sich aber sofort heraus, daß Figaro das verlorengegangene Kind von niemand anderem als Marcellina und Bartolo ist – also die Mutter eben noch im Begriffe war, ihren eigenen Sohn zu heiraten. Für einige Augenblicke ist die Ödipus-Parodie perfekt. In dem Moment, da alle Anwesenden die eben rekonstruierte, neue alte Familie in fast sprachlosem Erstaunen zur Kenntnis nehmen müssen, setzt die Musik des Sextetts ein. Im Grunde ist es ein Moment höchster Spannung: werden Vater, Mutter und Sohn nun in komischem oder ernstem Entsetzen auseinanderstürzen? Daß sie sich musikalisch übergangslos, nämlich im Übergang vom Rezitativ zum Sextett – ohne einen Augenblick des Zögerns, für den Mozart sonst soviel musikalisches Interesse zeigt – in die Arme fallen, ist die erste komische Wirkung des Sextetts. In Worten und Tönen eilen die drei wahrhaft frischgebackenen Familienmitglieder aufeinander zu: »Erkenne in dieser Umarmung / Deine Mutter, mein geliebter Sohn.« – »Mein Vater, tue dasselbe, / Laß mich nicht länger erröten.« – »Mein Gewissen / Kann deinem Wunsch nicht länger widerstehen.« Ein regelrechtes Tableau entsteht, wenn die Regieanweisung fordert, »Restano così«; sie verharren in dieser Stellung und zwar solange, bis Susanna sie zur Trennung zwingen wird. Die Musik freilich verharrt nicht; sie bewegt sich mit drei eng verwandten kleinen Motiven im Kreis: Zu den Worten »Figlio amato!« singt Marcellina das erste, das in einem Dominantseptakkord endet, in der Grundtonart des Terzetts, F-dur; es drängt zur Tonika hin – und mit der charakteristischen Dissonanz des Dominantseptakkords erhält dieses Drängen einen schmerzlichen und zugleich fast süßen Ton; Bartolos Motiv, von dem Marcellinas abgeleitet (ebenfalls zu den Worten »Figlio amato«) und unmittelbar anschließend, gibt dem Drängen nach; nun setzt Figaro ein und lenkt mit seinem rhythmisch verwandten Motiv (»Parenti amati«) die Musik auf die fünfte Stufe, auf der nun Marcellina erneut ihren Dominantseptakkord aufbaut; wiederum führt Bartolo die Auflösung zur Tonika herbei, und Figaro öffnet sie wie beim ersten Mal zur fünften Stufe[3]. Es ist ein seltsam wogendes Tableau, das hier in der Wiederholung der drei Motive – eine kleine Exposition innerhalb der großen – entsteht, ein in Bewegung versetztes Verharren, von dem eine ganz eigene Ironie ausgeht. Die drei Menschen sind sich selbst genug: sie machen sich allein ihre musikalische Bewegung, ihren Schmerz in der leisen Dissonanz des Dominantseptakkords, seine Auflösung auf der Tonika und die erneute Spannung durch die Dominante, die wiederum zum Schmerz führt; die Bewegung scheint, einmal in Gang gesetzt, niemals enden zu wollen; sie hat Sehnsucht nach unendlicher Wiederholung. Mozart erfüllt sie nicht.

Die im Kreislauf dahinwogende Empfindsamkeit wird von außen unterbrochen; sie vermag sich von der Umwelt nicht abzuschließen, dafür sorgt die Musik mit dem Auftritt Susannas. Sie weiß nichts vom neugewonnenen Familienglück und muß in Marcellina weiterhin ihre Rivalin erkennen. Wie mit einem Seitenblick reagieren Marcellina und Bartolo, indem beide ihre Motive vereinigen und damit die Tonart der Dominante, C-dur, befestigen[4] (der süße Schmerz des Dominantseptakkordes tritt dabei zurück, auf der unbetonten Stelle »figlio« ist er leicht zu überhören). Mit Susannas Auftritt und rezitativähnlichem Gesang »Alto alto, signor Conte…« beginnt dann der C-dur-Teil des Sextetts. Susanna will die Hochzeit verhindern, sie hat das Geld herbeigeschafft, das Figaro benötigt hätte. Und nun kommt es zur Steigerung des Komischen, da die Familie – als hätte sie Susanna und überhaupt alles, was um sie herum geschieht, nicht wahrgenommen – in ihrem wogenden Ta-

bleau verharrt: wieder folgen die drei Motive aufeinander; Marcellina
und Bartolo vertauschen sie nur, und abermals wird das Ganze wiederholt. Und doch nehmen die drei wogenden Seligen Susannas Anwesenheit – zumindest musikalisch – ununterbrochen zur Kenntnis, da sie
doch nun die Folge ihrer Motive in jener neuen Tonart singen, die mit
Susannas Auftritt begonnen hat. Das Ganze wirkt wie eine Provokation,
eine Prise Bosheit läßt sich jedenfalls dem weiterwogenden Familien-
tableau nicht absprechen. Szenisch ließe sich solche Bosheit darstellen,
indem die drei ineinander Verschlungenen abwechselnd einen Seitenblick auf Susanna werfen, um sehen zu können, wie sie reagiert. Diesmal
wird das musikalische Tableau auf der Dominante von C-dur gestoppt –
in dem Augenblick, als Susanna die selig Wogenden tatsächlich wahrnimmt[5]: sie gerät in Zorn, glaubt sie doch, Figaro habe mit Marcellina
sich eingelassen. Ihre Eifersucht ist es, die nun das Tableau der Empfindsamkeit endgültig aufsprengt. »Lascia iniquo«, singt sie, »Laß ab Bösewicht« – und fordert Figaro mit dem in scharfem C-dur gehaltenem
Dreiklangsmotiv heraus. Im Orchester wird das Motiv – von den Streichern – aufgenommen und in einen zerlegten Dominantseptakkord – ein
in der ganzen Oper für Susanne häufig verwendetes Motiv – weiterge-
führt, als dämmerte Susanna schon etwas von einem Mißverständnis –
trotzdem gibt sie Figaro noch eine Ohrfeige[6]. (Vielleicht fühlt sie schon
mehr die Provokation als die Eifersucht – jedenfalls will sie eine Wendung herbeiführen.) Mit der Handgreiflichkeit beginnt eine Phase nachdenklich gewordener Musik: den Dominantseptakkord gleichsam be-
fühlend, wie Figaro seine Backe, beginnt sie zwischen verschiedenen
Tonarten, zwischen Dur und Moll zu schweben. Die Ausgangstonart
F-dur wird erst erreicht, wenn Marcellina auf Susanna zugeht und ihr
alles erklärt[7]. Wollte man die Formensprache der Sonate verwenden,
könnte hier vom Eintritt der Reprise gesprochen werden. Doch die
wichtigste Passage der Exposition fehlt: jenes wunderbar ironisch wo-
gende Tableau existiert nicht mehr, statt dessen wendet sich jeder einzelne seiner Bestandteile Susanna gesondert zu, um ihr die Wahrheit zu
bestätigen: »Sua madre« – »Suo padre« – »Mio padre / mia madre«. Die
Musik findet mit Leichtigkeit, ohne eine lange Durchführung im stren-
geren Sinn, ohne schwere konfliktreiche thematische Arbeit, nur durch
den einige Takte währenden Schwebezustand, zur Ausgangstonart zurück, ist doch auch der ganze Eifersuchtskonflikt zwischen Susanna und
Figaro ein Scheinkonflikt. Die Reprise aber bleibt nicht ungetrübt:

weder Susanna noch die der Empfindsamkeit Entrissenen brechen in
einen Freudentaumel aus: die Musik wird leiser – und hinter dem
Scheinkonflikt tritt auf einmal der alte echte Konflikt hervor: die Eifersucht und das Begehren des Grafen, die das Verhältnis von Susanna und
Figaro in Frage stellen. Der Graf und sein Verbündeter Don Curzio
waren die ganze Zeit über anwesend und haben das musikalische Geschehen mitgestaltet: doch nur als Hintergrund. Sie blieben außerhalb
der empfindsamen Drei, beobachteten alles mit mißmutigen Worten
und begleitendem Gesang. Als Susanna ebenfalls von der Tableau-
Gruppe ignoriert wurde, gesellte sie sich musikalisch sogar den beiden
mißmutigen Stimmen zu. Nun aber, da ihr Konflikt mit Figaro beseitigt
ist, treten der Graf und Curzio bedrohlich in den Vordergrund; in
wuchtigen punktierten forte-Tönen begehren sie auf gegen die Harmonie der Tonika und versuchen eine neue Wendung nach f-moll herbei-
zuführen[8]. Die in piano gehaltene Rückführung zur Tonika, die Figaro
und Susanna, Marcellina und Bartolo betreiben, wirkt eher als Besänftigung; auch sie besitzt wie die Takte nach der Ohrfeige einen schwe-
benden Charakter: die Musik behält die Vorläufigkeit der harmonischen Lösung im Bewußtsein. Eine endgültige Stabilisierung will sich
nicht einstellen, der reprisenartige Teil scheint kein Ende zu finden,
er gerät schließlich – in Takten gemessen – ebenso lang, wie alles, was
ihm voraufging, zusammengenommen. Mag das Stück in üblicher
Weise auf der Tonika enden, es hinterläßt den Eindruck, daß die
Kämpfe andauern.

Wenn Empfindsamkeit bedeutet, daß die Konflikte zwischen den Geschlechtern in den Tränen der Rührung erstickt werden, und die
Kleinfamilie den geschichtlichen Ursprung solcher Rührung darstellt,
dann ist Mozart kein empfindsamer Komponist. Seine musikalische
Dramaturgie ist geradezu Dekonstruktion der Empfindsamkeit; die in
sentimentaler Rührung verschlossenen Konflikte werden nach außen
gewendet, und eben diese Öffnung des inneren Konflikts erfordert
den Einsatz musikalischer Mittel. Mozarts Figuren hüten keinen Innenraum – und darum wird kein Gegensatz verborgen. »Konflikte
dürfen«, schreibt Ivan Nagel, »wie nie zuvor, nie seither, sich real
vollständig statt ideologisch verstümmelt zeigen«.[9] Eingeschliffene
Rezeptionsgewohnheiten und akademische Fächerteilung wären allerdings zu überwinden, um Mozarts Opern als Dramatik im engsten
Sinn zu begreifen. Von der Seite einer Musikwissenschaft, die ästhe-

tischen Kategorien nicht systematisch auszuweichen versucht, wird einer aparten Geschichte der Oper ohnehin seit längerem schon widersprochen; für die opera buffa der Mozartschen Epoche erkennt Hanns-Werner Heister als entscheidende Bestimmung die »innere Dramatisierung der Musik selber«[10]; Charles Rosen war der erste, der Mozarts Schaffen in allen Gattungen als Dramatisierung der Musik interpretierte; und dieser Linie folgend, ist Georg Knepler am weitesten gegangen, die Kategorie der Kollision in den Mittelpunkt von Mozarts Dramaturgie zu rücken. Geht man aber von einem Begriff des dramatischen Konflikts aus, der das Schauspiel wie das Musiktheater, die dialogische wie die musikalische Form umfaßt, so wäre Mozarts Bühnenwerk endlich auch als Konfrontation mit der Welt des bürgerlichen Dramas zu hören und zu verstehen. Neben zahlreichen theaterhistorischen Verbindungslinien [11] findet sich sogar eine direkte Spur: Pierre Augustin Caron de Beaumarchais, der mit seinem *Tollen Tag* für Mozart das dramaturgische Paradigma schuf, hatte seine Karriere als Schriftsteller mit einem Familien-Rührstück im Stile Diderots begonnen: *Eugénie*. Mit seinem *Essai sur le Genre dramatique sérieux* (1767) ergriff er auch theoretisch Partei für die neue Gattung. Und er wollte im letzten Teil seiner Figaro-Trilogie durchaus zu diesem Genre zurückkehren: *La mère coupable* aus dem Jahre 1792 versucht die Gestalten der beiden *Figaro*-Komödien in ein tränenreiches Tableau zu reintegrieren – in dessen Mittelpunkt sich der Graf als empfindsamer Hausvater wiederfindet. Die musikalische Dramaturgie Mozarts und die dialogische des Beaumarchais waren sich aber einst im unauffälligen Vatermord einig gewesen; im Unterschied zu der Stürmer und Dränger brachialer Gewalt führten beide eigentlich nur die alte Komödientradition fort, wonach der Vater entweder nicht vorkommt oder einen lächerlichen Eindruck macht. Die Emphase, mit welcher der Komponist die traditionellen Konstellationen der opera buffa und des Singspiels aufgriff, ließ den empfindsamen Familienvater von vornherein unmöglich werden. Er existiert nicht in den großen Opern Mozarts, es sei denn in Bartolos Gestalt. Eine einzige der weiblichen Hauptfiguren zeigt eine existentielle Bindung an den Vater, Donna Anna – doch der wird am Beginn der Oper schon ermordet. Der Mörder ist Don Giovanni – geschworener Intimfeind der Familie, ihr größter und mächtigster Gegenspieler in der Welt Mozarts. Kontrahenten der Paare finden sich darin überall: Graf Almaviva im *Figaro*, Alfonso in *Così fan tutte*, Bassa Selim in der *Entführung*, Sarastro in der

Zauberflöte – eine frühe Gestalt könnte man in dem Singspiel des Zwölfjährigen entdecken: Bastien und Bastienne werden durch Colas, einen »vermeintlichen Zauberer«, einander entfremdet. So läßt sich eine gewisse Struktur der Dramaturgie erkennen, sie beruht auf einer bestimmten Opposition: zur Hochzeit bereite Paare werden entzweit durch »Wüstlinge« wie Don Giovanni oder Philosophen der Untreue wie Alfonso oder aufgeklärte Despoten wie Sarastro (ihnen zur Seite finden sich Mitwisser, Teilhaber oder sogar Konkurrenten wie Leporello und Despina):

Bassa Selim	Konstanze	Blonde	
(Osmin)	Belmonte	Pedrillo	
Graf Almaviva	Susanna	Barbarina	Gräfin
(Cherubino)	Figaro	*Cherubino*	*Almaviva*
Don Giovanni	Zerlina	Donna Anna	Elvira
(Leporello)	Masetto	Ottavio	*Giovanni*
Don Alfonso	Dorabella	Fiordiligi	
(Despina)	Ferrando	Guglielmo	
Sarastro	Pamina	Papagena	Königin
(Monostatos)	Tamino	Papageno	*Sarastro*

Der Frondeur der Familie ist männlichen Geschlechts und (mehr oder weniger sichtbar) adelig, und das bedeutet auch: das ius primae noctis kann als bevorzugte Waffe gegen die bürgerliche Ehegemeinschaft dienen. Georg Knepler hat betont, daß dieses Recht der Adeligen auf die Körper der Frauen in den ihnen untertanen Dörfern »das erste Epochenproblem [war], das Mozart unallegorisch und unmetaphorisch zu einem zentralen Konflikt seines Musiktheaters machte. Innerhalb von zwei Jahren hat er das Motiv des Aristokraten, der einem Dorfmädchen nachstellt, gleich dreimal behandelt: ein halbes Jahr nach der ›Villanella rapita‹ im ›Figaro‹, im Jahr darauf im ›Don Giovanni‹. Und jedesmal anders.«[12] Auch die *Entführung* und die *Zauberflöte* haben jenen Konflikt zum Thema, sie verwenden ihn jedoch – in der *Zauberflöte* offen, in der *Entführung* indirekt – zur Allegorisierung. In beiden Singspielen geht es darum, daß der Herrscher keinen Zwang auf die Gefangene ausübt, um sie zu gewinnen. In der *Entführung* wird das sexuelle Verlangen des Bassa Selim thematisiert, in der *Zauberflöte* ist es weitgehend sublimiert von der quasi landesväterlichen Autorität Sarastros. Gerade im märchenhaften und allegorischen Charakter dieser beiden

Opern tritt das josephinische Ideal vom guten Herrscher, der auf seine feudalen Privilegien freiwillig verzichtet, deutlicher als sonst hervor. Während in den Da Ponte-Opern die adeligen Wüstlinge überlistet, gebessert oder mit Gewalt bekämpft werden müssen, sind Bassa Selim und Sarastro geläuterte, aufgeklärte und abgeklärte Männergestalten – ihre Beziehung zu den ihnen ausgelieferten Frauen erscheint unwirklich oder indirekt. In der *Entführung* ist der Bassa die einzige reine Sprechrolle der Oper – und dadurch fällt seine Figur gewissermaßen aus der musikalischen Dramaturgie heraus; gelebte, gesungene Liebe und in der Musik ausgetragene Konflikte zwischen ihm und Konstanze sind hier von vornherein, von der Anlage der Partitur her, abgeschnitten. Das Telos des Singspiels, der Verzicht von Bassa Selim, bestimmt die Form des dramatischen Konflikts in durchaus undramatischer Weise. In der *Zauberflöte* wird Sarastro von der Atmosphäre der Freimaurer-Eingeweihten umhüllt, sie bildet eine aparte musikalische Sphäre, hindert Sarastro gleichsam formal daran, so zu handeln, wie Pamina es fürchten muß. Auch hier determiniert das Telos des Verzichts die Austragung der Konflikte in der Musik – wenn auch mit raffinierteren Mitteln. Die Paare, Tamino und Pamina, Papageno und Papagena, werden, wie schon ihre Namen es signalisieren, von einer spezifischen Klangwelt zusammengeschlossen, und ihnen gegenüber separiert der Klang die Sphären Sarastros und der Königin der Nacht, als sollte die Apartheit der musikalischen Sphären die gefährdete Ehe beschirmen.

Dennoch kommt Mozart auch in seinen josephinisch inspirierten Singspielen ohne die unmittelbare Bedrohung durch das männliche Geschlecht dramaturgisch nicht aus. In der *Entführung* und in der *Zauberflöte* übernehmen diese Rollen kleinere Barbaren wie Osmin und Monostatos, in gewisser Weise negativ gepolte Hanswurst-Gestalten, böse Geschwister von Papageno und Pedrillo, Diener der abgeklärten Herrschergestalten: in ihnen nimmt der Frondeur ehelichen Glücks lächerliche Züge an. Der spießerhafte Charakter der Handlung scheint dadurch fast besiegelt. Doch es kommt noch schlimmer: die Entlastung der Herrscherfiguren und die allegorische Behauptung ihrer Tugend geht auf Kosten eines vollständig verallgemeinerten Humanismus: Osmin ist Türke und Monostatos ein Schwarzer. Der latente Rassismus in der Gestaltung dieser Figuren ist der Preis, den Mozart dafür gezahlt hat, daß er den josephinischen Herrschertypus glorifizieren konnte. In

der *Entführung* wird dieser latente Rassismus musikalisch wieder zurückgenommen, indem die türkische Färbung der Musik nicht nur die
lächerlich-grausamen Wünsche Osmins prägt, sondern ebenso im
Chorgesang des türkischen Volkes hervortritt – und dieser läßt den
Bassa und seine Humanität hochleben und bestimmt sogar das Ende
der Oper. In der Arie des Monostatos aus der *Zauberflöte* wird das
Bedürfnis des Schwarzen wenigstens mit seiner sozialen Situation als
Außenseiter motiviert. »Alles fühlt der Liebe Freuden, / Schnäbelt,
tändelt, herzet, küßt, / Und ich sollt' die Liebe meiden, / Weil ein
Schwarzer häßlich ist! / Ist mir denn kein Herz gegeben? / Bin ich nicht
von Fleisch und Blut?« (II / 7)[13] – Ivan Nagel hat recht: diese drollige
Poesie ist »wahrer als die Priesterhymnen«[14].

Neben jenem kleinen, den Konflikt noch schürenden Widersacher des
liebenden Paares, vermag der große sich unauffällig vom zwischenge-
schlechtlichen Bezug zu distanzieren; er wird gemäßigt und versucht
das liebende Paar lediglich auf die Probe zu stellen. In der *Zauberflöte*
wird diese in der Form des frühen Singspiels verborgene Tendenz als
inhaltliche Struktur manifest: Statt Pamina zu verführen, und Tamino
zu erstechen, zieht sich Sarastro auf eine quasi amtliche Funktion zurück; er hat lediglich zu überprüfen, ob die Personen auch des voraus-
bestimmten Ziels würdig sind. Der zwischengeschlechtliche Bezug, aus
dem Mozart sonst seine Konflikte gewinnt, wird formalisiert; alle Gefühle, die sonst unvermittelt zwischen zwei Menschen entstehen und
sich wandeln – Mißtrauen, Machtgier, Eifersucht und Entfremdung –
treten auf die abstrakte Ebene des Gleichnisses. Sie wird in die Handlung durch die regelnde Instanz des Priesterordens eingezogen: die
Eingeweihten mit ihren merkwürdigen Ritualen trennen Pamina und
Tamino und unterwerfen sie Prüfungen um der Prüfung willen.

Märchenhaftigkeit und etatistische Formalismen sind darum in der
Zauberflöte ineinander verwoben wie in keiner anderen Oper, und es
sind diese leicht mystifizierten rechtlichen Institutionen, die Walter
Benjamin zu dem Vergleich der *Zauberflöte* mit der Kantschen Definition herausforderten, wonach die Ehe »die Verbindung zweier Personen verschiedenen Geschlechts zum lebenswierigen wechselseitigen
Besitz ihrer Geschlechtseigenschaften«[15] ist: »Die Zauberflöte hat, soweit überhaupt einer Oper das möglich sei, gerade die eheliche Liebe zu
ihrem Thema [...] weniger das Sehnen der Liebenden als die Standhaf-
tigkeit der Gatten ist der Inhalt der Oper. Es ist nicht nur einander zu

gewinnen, daß sie Feuer und Wasser durchschreiten sollen, sondern um auf immer vereinigt zu bleiben.«[16] Erotik wird in Randzonen der Oper abgedrängt: etwa auf die periphere Handlungsebene der drei Damen, die sich spontan in den schlafenden Tamino verlieben, im Fortgang der Oper aber durch drei geschlechtslose Knaben abgelöst werden; oder in die plebejische Sphäre Papagenos, jenes Hanswurst, der nicht eingeweiht wird wegen seiner allzu konkreten Bedürfnisse. Die Beziehung zwischen Tamino und Pamina ist dagegen von Anbeginn eigenartig unerotisch angelegt: sie entsteht, ohne daß die Liebenden sich überhaupt zu Gesicht bekommen; bei Tamino durch ein bloßes Bildnis Paminas; bei Pamina durch die Mitteilung, daß ein junger Prinz sie liebe. Dies ist zwar ein schönes Gleichnis für die Gegenseitigkeit der individuellen Liebe als deren Bedingung – doch ein Gleichnis nur und nicht die Gegenseitigkeit selbst.

In den drei Da Ponte-Opern befreit sich Mozart vollständig von josephinischer Ideologie. Weder findet man hier den in den deutschen Opern vorhandenen rassistischen Zug, der den weisen Herrscher entlastet, noch die Abstraktheit einer prüfenden Instanz, die das Telos auf die Handlung projiziert. Ähnlich den Autoren des bürgerlichen Trauerspiels stellt Mozart im *Figaro* und im *Don Giovanni* der adeligen Ausschweifung unmittelbar die ›bürgerliche‹ Familie gegenüber – dem Grafen Almaviva das Dienerpaar Figaro und Susanna, dem Don Giovanni die Paare Donna Anna/Don Ottavio und Masetto/Zerline. Er gestaltet die Familie allerdings nur im Status nascendi – also im Stadium der Komödie – und darum opfert er im Unterschied zu den Trauerspielen von Lessing und Schiller in keiner seiner Opern das Bürgermädchen. Theweleits rigide Kritik der neuen Sittlichkeit von Aufklärung und Klassik zielt an Mozart vorbei. Weder Zerlina noch Susanna müssen sterben, um den Händen adeliger Männer entzogen zu werden, die selbstzerstörerische Tugend der Emilia Galotti ist Mozarts Frauenfiguren ganz fremd. Die Bindung an die Eltern wird, wie man sehen und hören konnte, in der Beziehung von Figaro zu Vater und Mutter sogar ein wenig parodiert. Mozart, der sich so erfolgreich – mit seiner eigenen Heirat – gegen den Vater durchgesetzt hatte, als er nach Wien zog, Mozart interessierte die Konstellation des modernen Trauerspiels nicht.

Die Entmachtung der Hausväter ist Voraussetzung dafür, daß Mozart den Konflikt zwischen dem Frondeur der Familie und dem liebenden Paar verschärfen kann; keine Empfindsamkeit mildert die Kollision. An ihre Stelle tritt die Eifersucht auf den geschworenen Feind der Ehe – sei er nun ein adeliger Wüstling, wie im *Figaro* und im *Don Giovanni*, ein türkischer Fremder, wie in der *Entführung*, oder der eigene Freund, der von einem Philosophen zu ehefeindlicher Erotik angeleitet wird, wie in *Così fan tutte*. Belmonte ist eifersüchtig, Konstanze könnte dem Bassa doch zu Diensten gewesen sein, Figaro ist eifersüchtig, Susanna könnte Almaviva nachgeben (was sie zum Zwecke der Intrige durchaus vortäuscht); Masetto ist Don Giovannis wegen eifersüchtig, Don Ottavio vielleicht ebenfalls; Guglielmo und Ferrando sind wechselseitig eifersüchtig. Wie *Così fan tutte* zeigt, ist nicht immer ein adeliger Wüstling der Stifter der Eifersucht. Auch ist ihre Ursache nicht durchwegs männlichen Geschlechts, und als Gefühl bleibt sie darum nicht an den Mann gebunden. Es handelt sich beim Widersacher der Kleinfamilie eben weniger um einen Personentypus als vielmehr um ein dramaturgisches Moment, das in Personen sich ausprägen kann – und in der Gestalt Don Giovannis sich wohl am reinsten und mächtigsten ausprägt. In einer bestimmten Phase der Intrige des *Figaro* vermag auch die Gräfin als Antagonistin der Familie zu erscheinen – und ihretwegen werden der Graf und Susanna eifersüchtig. In Cherubino hat dieses Moment seine leichteste und berückendste Gestalt gefunden: er ist ein Don Giovanni ohne Macht – und mit schillerndem Geschlecht. Niemand ist ihm ausgeliefert, und doch kann ihn keiner beherrschen. Er ist ebenso schön in Männer- wie in Frauenkleidern, und er hat eine Sopranstimme, ohne entmannt zu sein. »Se l'amano le femmine / Han certo il lor perchè« (Wenn ihn die Frauen lieben, haben sie sicher ihren Grund; II/2) – singt Susanna und läßt Cherubino in Frauenkleidern vor der Gräfin förmlich tanzen. Durch den scheinbaren Wechsel des Geschlechts erhöht sich für die beiden Frauen noch der erotische Reiz, der Cherubin eignet. Der Tausch des Geschlechts wurde bereits an der Grenze von Fiktion und Wirklichkeit vollzogen: Cherubin ist eine Hosenrolle. Das Wetteifern der Gräfin und Susanna um die Gunst dieses Mädchen-Knaben nimmt darin einen absolut spielerischen Charakter an, der in jeder anderen Konstellation wohl auf die Verschleierung von Machtverhältnissen hinausliefe.

Sonst aber hat die dramaturgische Bedeutung der Eifersucht ein anderes

Gewicht: mit ihr verschafft sich der Intrigant der opera seria Eingang in das Innere der Buffa-Liebenden. Ihre musikalischen Möglichkeiten hat Mozart zum ersten Mal im Quartett der *Entführung* ausgelotet, das den zweiten Akt beschließt: Im Allegro des heiteren Beginns in D-dur blicken beide Paare »Freud und Wonne« entgegen, dann aber bricht plötzlich g-moll ein und ein Andante beginnt: »Doch ach! bei aller Lust empfindet meine Brust noch manch geheime Sorgen«, singt Belmonte, und Konstanze dringt auf Offenheit: »Was ist es, Liebster, sprich, geschwind, erkläre dich, geschwind, erkläre dich, o halt mir nichts verborgen…« (II/9)[17] Die Tonart – ein Wechsel von Dur nach Moll auf der Subdominante – tritt so überraschend ein, weil doch das musikalische Bewußtsein der Wiener Klassik mit der der Dominante, »glücklicher« A-Dur, rechnet. Die Tonika des Stücks, die dessen tonale Einheit ausmacht und dessen Ende bestimmt, wird dadurch wesentlich geschwächt: eine andere Tonart wird als Tonika angedeutet. Es entsteht gleichsam die Illusion eines doppelten Bodens – der harmonische Verlauf verliert vorübergehend seinen Halt. Aus dieser Destabilisierung tastet er sich erst wieder zur Tonika vor und gewinnt sie in dem Moment, als die Eifersucht, vor allem auch die Enttäuschung der Frauen über das Mißtrauen der Männer, gebannt sind. Gemeinsam kehren die beiden Paare zur Ausgangstonart zurück. Der Komponist erreicht also jene Vertiefung, die den Konflikt der Figuren nach außen wendet, indem er den teleologischen Sinn, der förmlich danach verlangt, auf die Tonika folgend die Dominante zu hören, irritiert – und unvermutet die Moll-Tonart in die musikalische Faktur einwebt, »den Tonartenwechsel als dramatischen Zusammenprall« (Charles Rosen)[18] gestaltend. Die Irritation harmonischer Prozesse, die Mozart systematisch betreibt, ist es nicht zuletzt, die ihn von zeitgenössischen Komponisten unterscheidet. Die in der melodischen und humoristischen Erfindung durchaus ansprechenden Opern von Carl Ditters von Dittersdorf, aber auch die Werke Johann Christian Bachs, der Mozart sogar als Vorbild galt, folgen, wie Rosen betont, fast mechanisch der unmittelbaren Abfolge von Tonika und Dominante; deren Spannungsverhältnis, wie es vor allem in der Sonatenform ausgeprägt wurde, erhält dadurch einen teleologischen Charakter, der in solcher Konsequenz der Musik vergangener Jahrhunderte fremd war. Mozart gewinnt seine Eigenart nun gerade im Durchbrechen dieser Konsequenz.

»Nichts fache das Feuer der Eifersucht an« – so endet das Quartett und der zweite Akt der *Entführung*. Mozart indessen facht es in jeder seiner Opern aufs Neue an. Im *Figaro* geht es bekanntlich darum, daß der Graf Almaviva sein Herrenrecht, das ius primae noctis, zwar abgeschafft hat, im Falle von Susanna, der Braut Figaros, aber gerne geltend machen würde. Schon in den ersten beiden Duettinos wird die ganze musikdramatische Bewegung des Werks entwickelt; Elisabeth Höllerer hat in einer bemerkenswerten kleinen Studie auf diese mikrokosmische Exposition der Mozartschen Dramaturgie hingewiesen[19]. Die Handlung setzt am Hochzeitsmorgen des Brautpaares Susanna und Figaro ein. Figaro ist gerade dabei, ein Zimmer auszumessen, das die beiden nach ihrer Hochzeit beziehen sollen. Im Rezitativ danach wird man erfahren, es handelt sich um den Raum für das Bett, dessen Maße Figaro feststellen will. Susanna probiert derweil vor dem Spiegel einen selbstgefertigten, mit Blumen geschmückten Hut. Welche Bewandtnis es mit diesem Hut hat, steht deutlicher als bei Da Ponte in Beaumarchais' *Le marriage de Figaro* – der literarischen Vorlage zu Mozarts Oper. Figaro sagt da zu Susanna: »Ach, welche Wonne für einen verliebten Bräutigam, diesen hübschen, jungfräulichen Schmuck am Hochzeitsmorgen im Haar eines schönen Mädchens zu sehen! ...« (I/1)[20] Das Duettino Nr. 1 konfrontiert nun Figaro, der das Bett ausmißt, mit Susanna, die ihren Hut – ein Symbol also ihrer »Jungfräulichkeit« – probiert. Anders als im bürgerlichen Trauerspiel und anders auch als in den deutschen Opern Mozarts werden im *Figaro* die Fragen der Sexualität sofort exponiert. Hier waltet nicht die protestantische Ethik der deutschen Aufklärer, die den Personen der moralischen Anstalt Selbstkasteiung abverlangt, hier waltet auch nicht die adelige Tugend aus der italienischen opera seria, deren Pathos sich am vollendetsten in der Institution des Kastraten ausprägte. Die zeitgenössische Kritik, deren Normen sich entweder am bürgerlichen Trauerspiel oder an der opera seria orientierten, reagierte schockiert auf Mozarts freizügigen Umgang mit dem Thema; anläßlich des *Don Giovanni*, worin diese Freizügigkeit gewiß den Höhepunkt erreicht, schrieb ein preußischer Kritiker, Mozart in direkter Form anredend, als wollte er die *Zauberflöte* herbeibeschwören: »Wie unendlich tiefer würden Dein Gesang, Deine Harmonie in die Seelen Deiner Zuhörer dringen, wenn der Gedanke an das Unedele des Textes sie nicht immer auf halbem Wege zurückhielte! Nein, theurer Mann! sey künftig nicht mehr so grausam gegen Deine so liebenswürdige Muse! suche das fernere Gebäude Deines Ruhms auf Säulen zu gründen, bei welchen gern der Redliche weilt und das biedere Mädchen nicht schamroth vorüber geht! Was konnt' es Dir frommen, wenn dein Nahme mit Diamanten-Schrift auf einer goldenen Tafel stände – und diese Tafel hing' an einem Schandpfahl –«.[21] Der Kritiker ist sich über sein eigenes Begehren offenbar wenig im klaren: er möchte nicht wahrhaben, daß ihn das Unedle selber fasziniert – denn Gesang und Harmonie gewinnen ihre Schönheit genau auf jenem halben Weg zwischen seelischer Freude und körperlicher Lust, oder in den Worten Mozarts: es wäre eben an der Zeit, daß die liebenswürdige Muse »eine arsch bekommt«; den Kopf sollte sie dabei allerdings nicht verlieren. Wie die Kunst der körperlichen Liebe darin besteht, den Höhepunkt stets hinauszuzögern, so bewährt sich Mozarts ganzes Können darin, die Ankunft der Handlung und der Musik beim Ziel immer wieder zu verhindern. Im Großen der Handlung wie im Kleinen des einzelnen Musikstücks entwickelt er diese Liebeslist mit Raffinement und Hingabe – und so läßt sich in einigen der Liebesduette schon die Dramaturgie des Geschlechtsakts heraushören, aber die Musik gleicht dabei mehr einem Kuß als einem Spiegelbild.

Das erste Duettino in der *Hochzeit des Figaro* hat folgende musikalische Handlung: Susanna gelingt es, Figaro von der Arbeit des Ausmessens abzulenken und seine Aufmerksamkeit auf ihren Hut zu ziehen. Zunächst hört man, daß Figaro und Susanna einander nicht beachten: Figaro mißt das Bett und Susanna probiert ihren Hut. Wenn die Streicher in regelmäßigem Rhythmus immer denselben Ton im piano wiederholen (es handelt sich um ein d) – nach einem Auftakt genau viermal, vermeint man den stumm abmessenden Figaro zu hören, denn beim fünften Mal springen die Streicher mit einem Akzent auf a und Figaro gibt sein Ergebnis laut bekannt: cinque – und so geht es weiter, dieci, mathematisch nicht mehr ganz korrekt: venti, trenta – wobei sich das Intervall jeweils um einen Ton der Skala vergrößert: die Streicher springen von d auf h, dann auf c, schließlich landen sie bei der Oktave. Die Musik widmet Figaros Tätigkeit größeren Raum als Susannas Aktivität. Susanna singt fast nur eine Schlußwendung. Genau dieses Verhältnis kehrt sich aber um, als es Susanna gelingt, Figaro zu stören und seine Aufmerksamkeit auf sich zu ziehen. Mozart wiederholt die Sequenz, die das Messen Figaros andeutet, und nun singt Susanna nur scheinbar

begleitend, in Wahrheit dazwischen, so daß Figaro seine Meßergeb-
nisse immer ein wenig zu spät, verglichen mit dem ersten Mal, bekannt gibt – nämlich zwei Viertel nachdem die Streicher mit dem Akzent den Intervallsprung getan haben. Sie singt:»Guarda un po', mio
caro Figaro / Guarda adesso il mio cappello« (I/1)[22]. In dem anschließenden Teil des Duettinos legt Susanna nun überhaupt keine Pausen
mehr ein, so daß Figaro seine Zählergebnisse nicht mehr bekannt geben kann – und es gelingt ihr endgültig, Figaros Aufmerksamkeit auf
sich zu ziehen: sie drängt Figaro förmlich auf die Dominante, in die
Tonart D-dur, indem sie dreimal hintereinander das cis auf dem ersten
Schlag des Taktes singt. Figaro bleibt fast nichts anderes mehr übrig,
als ihr zu bestätigen, daß der Hut gut passe:»Sì mio core, or è più
bello, / Sembra fatto inver per te.«[23] Er singt zu diesen Worten eben
jene Melodie, mit der Susanna am Beginn des Duettinos eingesetzt
hatte, jetzt aber auf der Dominante, so daß sie an Spannung und Be-
deutsamkeit gewinnt. Und Susanna fordert ihn nochmals auf, und Figaro singt ein zweites Mal das Lob des Hutes – womit wie am Beginn
die Sequenz wiederholt wird – nur ist nun Figaros Tätigkeit ganz daraus verschwunden. Susanna hat sich mit ihrem Thema – musikalisch
wie dramaturgisch – durchgesetzt. Nun beginnt Susanna mit einem
neuen, ihrem Thema aber eng verwandten Motiv auf der Dominante
d – ehe beide wieder zurückkehren zur Ausgangstonart und zum Ausgangsmotiv Susannas.
Man könnte das kleine Stückchen Musik – das die Dramaturgie des
Werks in nuce enthält – sogar als Sonatenhauptsatzform interpretieren,
wobei das entscheidende Geschehen hier aber in der Exposition – und
nicht in der Durchführung – stattfindet: die Durchsetzung Susannas.
Sobald sie mit ihrem Thema die Oberhand gewonnen und Figaro es auf
der Dominante wiederholt hat, beginnt eine Durchführung en miniature
mit dem abgewandelten Thema Susannas, und als Reprise kehren beide
wieder zurück zur Ausgangstonart und zum Ausgangsmotiv Susannas.
Im Rezitativ fragt dann Susanna, was Figaro da eigentlich abmißt; dieser
antwortet:»Ich sehe nach, ob das Bett, / das der Graf uns schenken
will, / sich an dieser Stelle gut ausnimmt.«(I/1)[24] Sofort durchschaut
Susanna, warum der Graf ihnen gerade dieses Zimmer, welches in der
Nähe seiner Gemächer liegt, so großzügig überläßt. Der ahnungslose
Figaro wundert sich darüber, daß Susanna das Zimmer nicht möchte,
und fragt, warum. Mit Bestimmtheit antwortet sie:»Weil ich nicht

will. / Hast du mir zu gehorchen oder nicht?« Doch sie überläßt es dem nun folgenden zweiten Duettino, Figaro die Situation klarzumachen und seine Illusionen zu zerstören.

Der Bühnenraum der Szene, auf den sich Rezitativ und Duettino beziehen, ist von besonderer sozialgeschichtlicher Signifikanz: Figaro und Susanna müssen nach ihrer Hochzeit in einem Zimmer zusammenleben. Keiner der beiden erhält ein Zimmer für sich allein; sie teilen Tisch und Bett. Nicht so ihre Herrschaften: die Gräfin hat ein eigenes Zimmer und ebenso der Graf. Man sieht, hier besteht noch eine gewisse Distanz zwischen den Geschlechtern, nicht die intensive Intimität der Kleinfamilie. Freilich sind Graf und Gräfin schon ein wenig verbürgerlicht im Vergleich zu den typischen adeligen Herrschaftshäusern im Frankreich des 18. Jahrhunderts, bei denen es durchaus üblich war, daß die Ehegatten getrennten Haushalt führten, sich über längere Zeit nicht zu Gesicht bekamen und jeder einen Geliebten oder eine Geliebte besaß. Obzwar Almavivas Gattin ihr eigenes Zimmer nutzt, um mit Cherubino zu kokettieren, verlangt der eifersüchtige Graf jederzeit Zutritt zu ihren Gemächern, ja zu ihren Kästen und Kabinetten. Figaro und Susanna bekommen nun ihr gemeinsames Zimmer genau in der Mitte zwischen dem Gemach des Grafen und dem der Gräfin. So glaubt sich die Kleinfamilie ihr Plätzchen gesichert zu haben zwischen den adeligen Herrschaftsgemächern. Das zweite Duettino belehrt Figaro eines Besseren. Figaro stellt sich in heiterer Stimmung vor, wie die Gräfin klingelt und Susanna mit zwei Schritten zu ihr eilt, und wie desgleichen der Graf nach Figaro läutet, der mit ebensowenig Mühe bei seinem Herrn erscheint. Mozart läßt die Gräfin in Figaros tönender Imagination zart klingeln – mittels Flöten und Oboen; der Graf hingegen läutet herrisch – mittels Fagotten und Hörnern. Doch nun geht die Musik von Dur auf Moll über, und Susanna malt ihr wenig harmloses Bild vom il caro Contino, vom lieben Gräfchen, aus: »Ebenso wenn am Morgen / das liebe Gräfchen / Din din, dich drei Meilen / weit fortschickt; / Don don, und ihn der Teufel / vor meine Tür führt / und in drei Sprüngen…« (I/1) In ironischer Weise bringt Susanna das Din din und das Don don, das Läuten des Grafen und der Gräfin, durcheinander: Es bekommt nun plötzlich in der neuen Situation – ohne Gräfin – einen anderen Sinn – ein charakteristischer Vorgang für die seltsamen Wege musikalischer Semantik. Ein bestimmtes Motiv ist nicht auf einen bestimmten Sinn festgelegt, sondern ändert seinen Sinn je nach der neuen

Situation, in der es auftritt: Don don wird zum Läuten des Grafen nach
Susanna – und läßt mit einem Mal den unmittelbar geschlechtlichen
Charakter von des Grafen patriarchalischer Gewalt erkennen. Bei Figaros einleitendem Singen ertönen die Signale zuerst im Orchester, und
dann wiederholt sie Figaro mit seiner Stimme – die akustischen Zeichen
spielen »die aktive Rolle, und Figaro reagiert, gleichsam den realen Fall
demonstrierend, darauf [...]«[25]; Figaro tut so, wie es eben einem Diener zukommt. Anders in der Passage Susannas: »Jetzt ertönen die akustischen Zeichen wieder, aber sie erklingen erst dann, wenn Susanna sie
beim Namen genannt hat. Sie übernimmt die aktive Rolle und scheint
die Zeichen zu beherrschen.«[26] Susanna dreht die Reihenfolge um, und
gibt ihnen eben dadurch einen neuen Sinn, ihre Destruktion der Die-
ner-Idylle wird zum Gegenstand der Musik. Susanna erreicht also im
Duett mit Figaro ihr Ziel: es besteht darin, Figaro jene Gewißheit auszutreiben, bereits am Ziel zu sein: am Ziel der Gattung Komödie, der
Hochzeit.

Es war wohl jene Dialektik von Handlung und Musik, oder anders
ausgedrückt: von der Fabel im ganzen und den Musikstücken im einzelnen, die Mozart an der Form der opera buffa fasziniert hat: »Daß
Musik niemals aufhört«, schreibt Ivan Nagel, »wird zum Sinn des
Secco, das die Komödie, statt auszutrocknen, im Flusse hält. Es hindert
die Figuren daran, aus deren bewegter Totalität in ein nur Äußeres von
Wirklichkeitsprosa, in ein nur Inneres von Vereinsamungslyrik auszubrechen. Unaufhörlich muß sich ihr Inneres äußern.«[27] Weder im Inneren noch im Äußeren darf es darum zu einer endgültigen Lösung der
Konflikte kommen. Sobald die Musik eines ihrer Ziele erreicht hat,
wird es von der Handlung wieder aufgehoben und ein neuer Konflikt
eingeleitet: Susanna hat ihr Ziel erreicht, dafür befindet sich Figaro
plötzlich im Gegensatz zum Grafen – und die Musik kann erneut ein-
setzen, um wieder zu einem Ziel zu führen. Umgekehrt beginnt Mozarts Musik immer auch dann, wenn die Handlung vorgibt, am Ende zu
sein: so etwa im zweiten Duettino. Handlung und Musik durchkreuzen
sich beständig, indem sie einander gleichsam das Telos aus der Hand
nehmen. Dabei ist mit Handlung hier keineswegs das Rezitativ als solches gemeint, obwohl sie darin sehr oft stattfindet. Vielmehr wäre diese
Handlung zu begreifen als der Einspruch gegen eine musikalische

Schlußwendung, die vorgibt, einen Konflikt zu lösen. Als ein solcher
Einspruch verbindet sie, ohne Rezitativ, auch die einzelnen aneinan-
dergereihten Stücke eines ›durchkomponierten‹ Finales. Man könnte
sich die Frage stellen, warum Mozart seine Opern nicht im ganzen
durchkomponiert, d. h. auf Rezitative überhaupt verzichtet hat, wenn
sich doch die Finali strukturell nicht von der Heterogenität unterscheiden, die den Wechsel von Rezitativ und musikalischer Nummer kennzeichnet? Daß ihm hierfür, pragmatisch betrachtet, einfach nicht genügend »musikalische Einfälle« zur Verfügung gestanden hätten, wird
wohl niemand ernsthaft behaupten wollen. Der Hinweis auf die damals
herrschende Konvention macht es sich wiederum zu bequem; denn die
Frage läßt sich anders stellen: Warum hat Mozart diese Konvention
bejaht – und zwar mit einer musikalischen Emphase, die über die Konvention selber hinausreicht? Im Finale, schreibt Da Ponte, »soll sich das
Talent des Musikers wie das der Schauspieler darlegen und die ganze
Wirkung des Stückes konzentrieren. [...] es soll nur Gesang enthalten
und alle Arten desselben wiederholen: das Adagio, das Allegro, das
Andante, das Amoroso und Armonioso. Kurz, es soll sich mit dem, was
man in der Musiksprache la stretta nennt, schließen und so allein die
ganze Kraft des Dramas resümieren.«[28] Die Kraft des Dramas ist aber
die seiner Konflikte, nicht ihrer Lösung. Mozart und Da Ponte ging es
bei der Komposition der Finali um keine teleologische Wendung der
Handlung – im Gegenteil: vergleicht man eines von ihnen als Einheit
mit einem einzelnen Musikstück – Arie, Duett oder Ensemble gleich-
viel – oder auch mit einem Satz der Symphonien und Sonaten, dann läßt
sich in der Kumulation der vielen Musikstücke, die im Finale harmonisch zusammengefügt sind, eher eine Schwächung der Tonika und
damit der Sonatenteleologie verfolgen. Dem Komponisten und dem
Librettisten ging es am Ende der Akte allein um eine Steigerung der
Komplexität und des Tempos. Für die gesamte Dauer der Oper aber
wäre solch atemberaubender Wechsel der Situationen, womit die Stimmen und Handlungsfäden verdichtet werden, weder vom Komponisten
noch vom Rezipienten und noch weniger von den Interpreten durchzu-
halten. Das gemächliche Tempo in der Abfolge von Rezitativ und
durchkomponiertem Text läßt andererseits erst die Tempoststeigerung
und die Zunahme der Komplexität zur vollen Wirkung kommen und
erzeugt im ganzen des Werks ein ständiges Auf und Ab von Spannung
und Entspannung, wie man es sonst wohl nur im Shakespeareschen

Theater findet, worin der Wechsel von Prosa und Vers einen Vergleich bieten könnte.

Es ist Susanna, die den Konflikt in Gang bringt und die Initiative ergreift; es bedarf allerdings der – von keiner väterlichen Autorität mehr verzerrten – Herausforderung durch den Grafen, daß sie zur Handelnden wird. Wie in den beiden Duettinos am Beginn erreicht Susanna – im Bund mit der Gräfin und teilweise mit Figaro – auch am Ende der Oper ihr Ziel. Ist es aber noch *ihr* Ziel? Genauer müßte man wohl sagen: das Ziel wird erreicht; keine einzelne Person ist dramaturgisch befähigt, den Weg dahin wirklich zu bestimmen. Vielmehr greifen die Pläne aller am Geschehen beteiligten Personen fortwährend ineinander oder überkreuzen sich – sodaß im ganzen keiner allein den Handlungsgang zu überblicken, geschweige denn zu beherrschen vermag. Da Ponte war sich der Neuheit seines Librettos – die freilich ohne die dramaturgische Vorarbeit Beaumarchais' kaum denkbar ist – und der Herausforderung für die Musik wohl bewußt; im Vorwort der Textausgabe entschuldigt er die Länge des Stücks mit dem Hinweis auf »die Verschiedenheit der Fäden, welche die Handlung dieses Schauspiels durchweben, das Neue und die Größe desselben, die Vielfältigkeit und Verschiedenheit der musikalischen Stüke, die man hineinbringen mußte, um nicht leider oft die Akteurs unthätig zu lassen, um den Eckel und die Einförmigkeit der langen Rezitativen zu vermeiden, um verschiedene Leidenschaften, die da vorkommen, mit verschiedenen Farben auszudrücken, besonders aber wegen der fast neuen Art des Schauspiels, so wir diesem gnädigsten, verehrungswürdigsten Publiko zu geben wünschten.«[29] Da Ponte ging unmittelbar von den Erfahrungen des sogenannten Theaterpraktikers aus und von der Rezeptionshaltung des Publikums: um die Akteurs auf der Bühne nicht untätig erscheinen zu lassen und die Rezitative nicht zu langweilig, mußten Musik und Text fortwährend die Intrigen gegeneinander steuern; so daß jede Figur, um ihr Ziel zu erreichen, in Bewegung kommt und die Pläne der anderen durchkreuzt.

Nach den beiden Duettinos nimmt zunächst Figaro die Fäden in die Hand; er setzt ein doppeltes Spiel in Gang, um den Grafen in die Enge zu treiben: durch Basilio läßt er ihm einerseits einen Zettel in die Hand spielen, aus dem hervorgeht, daß die Gräfin ein Rendezvous mit einem Liebhaber verabredet habe, andererseits soll Susanna dem Grafen mitteilen, daß sie ihn zur selben Zeit erwartet. In den Kleidern Susannas sollte dann Cherubin sich einfinden. Bis zum Ende des zweiten Aktes verwirren sich aber diese Pläne, das ursprüngliche Konzept wird durch das rasche Handeln des Grafen zum Scheitern gebracht, denn die Gräfin verrät in der Bedrängnis den Plan Figaros. Im dritten Akt, der oft wegen seiner angeblich inkonsistenten Dramaturgie getadelt wurde, bewirkt die immer dichter werdende Verschlingung der Pläne ein Ritardando. Figaro ist nun nicht mehr die treibende Kraft, er wird vielmehr in die Handlung mit hineingerissen, die er dirigieren wollte. Auch Graf Almaviva greift nicht mehr aktiv ein, sondern reagiert meist nur. Diese retardierende Handlung wird nun hauptsächlich von den Plänen Susannas und der Gräfin bestimmt: die Gräfin entschließt sich, statt Cherubin in Susannas Kleidern zum Stelldichein mit dem Grafen zu kommen. Figaro aber erfährt von dieser Abwandlung seines eigenen Planes nichts, wie der Graf – und schließlich für einen Moment auch Susanna – wird er durch sein eigenes Ziel getäuscht; er glaubt, Susanna wolle ihn nun tatsächlich mit dem Grafen betrügen und wird eifersüchtig. Der Zufall selbst, der letztlich zu regieren scheint, ist nichts anderes als das Aufeinandertreffen der verschiedenen Teloi der unabhängig ausgesponnenen Intrigen. Die Figur des Intriganten wird da, wo alle zu Intriganten werden, eine Randerscheinung: Basilio bestimmt die Kollisionen nicht mehr als die anderen Figuren. Aber jede Randfigur bestimmt sie mit. »In einem höchsten Maße geht dramatische Konstruktion überein mit der Aneinanderreihung von Situationen, die gekennzeichnet sind durch das absolut Präsentische des Zufalls. Dies wirkt zurück auf die beteiligten Personen. Denn sie werden in jedem Augenblick genötigt, ihre volle Aktivität und Geistesgegenwart zu entfalten, um die neue Situation zu bewältigen. Die Personen werden zu Entscheidungen herausgefordert, die zwar Folgen haben und doch immer wieder von Zufällen durchkreuzt werden.«[30] Wollte man aus dieser Dramaturgie eine weltanschauliche Botschaft ablesen, so müßte sie lauten: sie insistiert auf freier Entscheidung hier und jetzt, auf der Erfüllung des Augenblicks – doch diese Erfüllung kann nur in der »ausdrücklichen Bejahung der Zeitlichkeit«[31] (Stefan Kunze) erfahren werden.

Die Eifersucht, die jede der Hauptpersonen empfindet, ist der entscheidende Antrieb der ineinander verwobenen Intrigen: sie ist bei Mozart das entscheidende Gegengewicht zur Gewalt des Adeligen; sie ist in seiner Dramaturgie das eigentliche Organ der Verbürgerlichung.

Der Graf wird zum Rückzug gezwungen, als er statt der erwarteten Susanna die Gattin in Susannas Kleidern beim Stelldichein vorfindet; »(in tono supplichevole) Contessa perdono!«. Ivan Nagel hat darin die Widerlegung der späten opera seria gesehen, die alle Konflikte letztlich in der Gnade des Herrschers aufgehen ließ: Gutes Ende heißt in Mozarts Buffa »äußerste Verkehrung: Der Souverän kniet und wird von der Verschwörerin begnadigt, deren Komplott je schon Versöhnung statt Rache wollte.«[32] Beaumarchais ging nicht so weit: bei ihm wird der Graf nicht in die Knie gezwungen, er bittet um Verzeihung, die vor ihm niederknieten, stehen wieder auf, und ohne Übergang können alle lachend den Schlußpunkt hinter die Verwechslungskomödie setzen. Mozart aber hat den Kniefall des Grafen in Musik gesetzt: es beginnt ein Andante von besonderer Art – fast unvermeidlich regt es zu salbungsvollen Worten an: »Nach der Rede des Grafen ›Contessa perdono!‹, die ein profanes Gebet, und der Antwort der Gräfin ›dico di sì‹, die irdische Erhörung ist, scheint Gnade selbst erdwärts zu sinken im Unisono der Geigen – deren Achtel-Abstieg gleichwohl nicht als lehrhafte Tonmalerei sondern wie ein wiedergefundenes Segenswort aus der Sprache vor Babel sich sacht in den Glücksgesang des Ensembles flicht.«[33] Es ist die Gnade des endlich erreichten Telos, die hier ertönt, und die hymnische Interpretation Nagels scheint dem durchaus angemessen. Ein wenig ironisch hat Georg Knepler aber darauf hingewiesen, daß diese Geigenfigur zu den irdisch exponierten Bausteinen der Figaro-Partitur gehört, »und ihre erdwärts sinkende Gnade ist der Tatsache geschuldet, daß man diese besondere Art der Dreiklangsbrechung [...] im Verlauf der vier Akte, ähnlich zum Teil und zum Teil identisch, schon mehr als ein dutzendmal zu hören bekommen hatte. Angestimmt wird sie zuerst von Susanna, der sie in ganz spezifischer Weise angehört.«[34] Es handelt sich dabei um jenes erste Duettino, in dem sie die Aufmerksamkeit Figaros auf sich – oder genauer: auf das Zeichen ihrer ›Jungfernschaft‹ – lenken möchte. Das »kürzeste Liebesduett der Weltliteratur« (Georg Knepler) formuliert mit diesem »Motivchen« jenes Ziel, das am Ende erreicht wird. Um aus ihm ein Leitmotiv im Wagnerschen Sinne zu machen, müßte man seine Bedeutung mit der »Jungfernschaft« Susannas fixieren, doch dazu ist das Motiv dramaturgisch wie musikalisch zu unbestimmt; es wird ja auch von den anderen Personen aufgegriffen, sein Sinn flottiert gleichsam in den Beziehungen der Menschen. Das Publikum hört die musikalische Figur im

Verlauf der Handlung in verschiedenen Formen, »meist gesungen, manchmal aber auch vom Orchester vorgetragen, etwas schneller und kürzer in der Regel, aber auch schon im gleichen Andante-Tempo und in gleicher Ausdehnung, freilich nie zuvor im Unisono aller Violinen, piano einsetzend und mit einem Crescendo nach unten führend [...] So kann sie gleichzeitig vertraut klingen und neuartig, zusammenfassend, was ihr alles widerfahren war, und wie frisch vom Himmel gefallen.«[35] Dem würde freilich Ivan Nagel nicht widersprechen, meint er doch selbst, das Glück der Menschen »ist da, bevor es am Ende naht. Es lebt in der Gabe aller Personen, sich ohne Rest mitzuteilen: als leuchtend vollständige Anwesenheit jedes Einzelnen in dem Verhältnis, das er zu jedem Anderen, Freund oder Feind, knüpft.«[36] Doch mit dieser Wendung schleicht sich die Teleologie der Versöhnung in die hochtönende Rede ein: Die vollständige Anwesenheit des Anderen garantiert noch keinen Einklang am Ende.

Dabei behält das Unisono gar nicht das letzte Wort bei Mozart. Die Musik widerspricht im letzten Moment der Allmacht der Liebe und ihrer eigenen. Die Oper endet nicht mit dem Andante: es folgt ein Allegro assai; als hätte Mozart plötzlich Angst bekommen vor der Fiktion einer Erlösung durch Musik, bläst es gleichsam das im Andante gehaltene Unisono von der Bühne. »Questo giorno di tormenti, / Di capricci, e di follia, / In contenti e in allegria / Solo amor può terminar. / Sposi, amici, al ballo, al gioco, / Alle mine date foco! / Ed al suon di lieta marcia / Corriam tutti a festeggiar!« (IV/15) Die Wiederherstellung der Harmonie, schreibt Dietmar Holland über diese eigentliche Schlußwendung, »ist allenfalls eine vorläufige, kein Ergebnis der Handlung oder gar eine Lösung der angesprochenen Grundkonflikte.«[37] Nicht in der Geigenfigur scheint zusammengefaßt, was in der Handlung den Menschen widerfahren ist, in jenem hektisch geflüsterten Schlußgesang des Ensembles wird der »Tag der Leiden, / der Verrücktheiten und Tollheiten / in Zufriedenheit und Freude« resümiert. Die Liebe mag fähig sein, ihn zu beschließen – doch nicht die Leiden und Tollheiten. Davon zeugt die Musik: sie läßt das scheinbare Erlösungsmotiv auf der Dominante d erklingen – doch verfremdet: in schnelles Tempo und in Moll versetzt[38]; das Unisono wird gebrochen, die Streicher punktieren, die Sänger nicht – als sollten sie vom Orchester aus ihrem Einklang gestoßen werden. So ist das Motiv hier ein bloßer, fast gespenstisch vorbeihuschender Übergang zu einem Finale, in dem neue

Tänze, Spiele, Feuerwerke und Feste angekündigt werden. Sollte da die
Liebe fähig sein, die Tollheiten und Leiden zu beenden? Kein größerer
Gegensatz jedenfalls ist denkbar als der zwischen Mozarts Finale und
dem Schlußtableau von Diderots tragédie domestique et bourgeoise:
»gerührt, mit Tränen in den Augen, betrachten die Menschen einander
und sich selber und lassen sich von den Zuschauern betrachten. Es ist,
als wollte darüber die Zeit, wie im Bild, stehenbleiben.«[39] Bei Mozart
scheint umgekehrt, die Zeit am Ende sich zu beschleunigen. Die Musik
beginnt im Finale die Menschen zu jagen, gehetzt singen sie ihr »Corriam tutti« – und sie trennt konsequent die weiblichen von den männlichen Stimmen[40]. Sie läßt keinerlei Gelegenheit, einander mit Tränen
in den Augen zu betrachten.

Das Herrentum des Grafen Almaviva erweist sich als brüchig, es versagt vor der Macht kleinfamilialer Bindungen. Ihm gegenüber erscheint
Don Giovanni auf den ersten Blick wie eine Restauration des Adels.
Die Handlung beruht auf einem Legendenstoff, dessen dramatische Be-
arbeitungen stets den Konflikt zwischen einer staatlich und religiös ab-
gesicherten kleinfamilialen Welt und dem atheistischen anarchischen
Widersacher herausstellten, und es ist dabei interessant, sich die wesentlichen Akzentverschiebungen der einzelnen Stücke anzusehen. In
der frühen dramatischen Fassung des Stoffes von Tirso de Molina, *El
burlador de Sevilla y convidado de piedra* (1630), erscheint der Steinerne Gast als verlängerter Arm des Königs, der gegen die sexuellen
Ausschweifungen Don Juans zu Felde zieht. Don Juan selbst ist ein
entfernter Verwandter des Jedermann, wie er in den englischen morali-
ties kreiert wurde. Seine Figur wird gewissermaßen von Staat und Kirche aus entworfen – als negatives allegorisches Exempel eines barocken
Lehrstücks oder als säkularisierte Teufelsfigur. Molière verschiebt die
Akzente: Don Juan wird zu einem Atheisten, einem Vertreter des Rationalismus, seine sexuelle Gier verliert an Bedeutung gegenüber den
weltanschaulichen Auseinandersetzungen, die er mit seinen Widersa-
chern führt. Hinter der Vielzahl seiner männlichen Gegenspieler steht
nicht wie bei Tirso der König. Der Komtur wirkt darum in Molières
säkularisierter und dem Staat entrückter Komödienwelt eigenartig de-
placiert (es ist kein Zufall, daß Goldoni in seiner von Molière inspirierten Bearbeitung ganz darauf verzichtet hat, das Grabmal sich bewegen

und sprechen zu lassen). Nicht mehr in der Kirche schickt er den Wüstling zum Teufel sondern in freier Landschaft, nachdem er ihn zuvor sogar in dessen eigenen Gemächern aufgesucht hat, um ihn einzuladen; und der Diener zittert bei der Höllenfahrt seines Herrn nicht vor Gott – wie bei Tirso – sondern um seinen Lohn. Bei Molière zügelt Don Juan jedoch selbst seine Maßlosigkeit, insofern er bereit ist, sich durch perfekte Heuchelei den entleerten Normen des Ancien régime anzupassen. Nur der Komtur kann verhindern, was so vielen Aristokraten im feudalabsolutistischen Frankreich so lange Zeit gelungen sein mag.

Mozart und Da Ponte kehren in mancher Hinsicht zu Tirsos Don Juan-Figur zurück – und eben darin gehen sie über Molière hinaus. In ihrer Fassung, die in vielem auf ein vorangegangenes Opernlibretto von Giovanni Bertati aufbaut[41], bleibt der Staat wie bei Molière außerhalb des Horizontes der Handelnden, doch im Unterschied zu Molière verschwinden mit ihm auch die ideologischen Auseinandersetzungen. So taucht die Molièresche Perspektive bigotter Heuchelei als Möglichkeit, Konflikte zum Schein zu lösen, nicht mehr auf. Der Kampf zwischen Moral und Atheismus, der bei Molière manchmal geradezu im Vordergrund stand – man denke nur an das Streitgespräch über den Glauben zwischen Don Juan und seinem Diener, der hier Sganarelle heißt –, dieser Kampf wird bei Mozart und Da Ponte gegenstandslos angesichts der unmäßigen sexuellen Ausschweifung des Protagonisten. Don Giovanni wird nicht mehr als Atheist charakterisiert, er vertritt überhaupt keine ausgeprägte weltanschauliche Position. Seine Weltanschauung ist gewissermaßen Funktion seiner sexuellen Bedürfnisse; wer so handelt wie er, kann sich eben keinerlei Ethik mehr leisten – oder vielleicht sollte man besser sagen: Don Giovanni kommt gar nicht dazu, Gott zu leugnen, so sehr treibt es ihn von einer Frau zur andern. Die Maßlosigkeit seiner Bedürfnisse, die keine Weltanschauung mehr benötigt, macht das eigenartig Moderne dieses Don Juan-Entwurfs aus.

Sören Kierkegaard hat in seinem berühmten Buch *Entweder/Oder* über die Eigenart von Don Giovannis Bedürfnis ausführlich geschrieben, sie galt ihm gewissermaßen als das Paradigma moderner Sexualität. »Den Zwiespalt von Fleisch und Geist, den das Christentum in die Welt gebracht hat, mußte das Mittelalter zum Gegenstande seiner Betrachtung machen [...] Don Juan ist nun, wenn ich so sagen darf, die Inkarnation (Einfleischung) des Fleisches oder die Begeistung des Fleisches aus des Fleisches eigenem Geist [...] Auf die Art wie die Sinnlichkeit im Don Juan aufgefaßt ist – als Prinzip –, ist sie in der Welt nie zuvor aufgefaßt worden; [...] sinnliche Liebe ist nach seinen Begriffen nicht treu sondern schlechthin treulos, sie liebt nicht eine sondern alle. [...] Sie ist nämlich allein im Augenblick da.« Don Giovannis Leben ist darum »die Summe einander abstoßender Augenblicke, die keinen Zusammenhang miteinander haben. [...] Er begehrt in jeglicher Weise das Weibliche insgesamt [...] Deshalb vergehen für ihn alle endlichen Unterschiede im Vergleich mit dem, was die Hauptsache ist: Weib sein.«[42] Mit dieser geschichtsphilosophischen Interpretation ging Kierkegaard schon früh über die verbreitete Ansicht hinaus, in Don Giovanni wirke eine blinde »Naturkraft«; sie findet sich ungebrochen etwa bei dem alles paraphrasierenden Hermann Abert, aber auch bei Ernst Bloch (»ein gewaltiges Stück Natur«, »dämonische Naturkraft, hier in einem Individuum hervorbrechend«, »Degen (Penis)«[43]). An Kierkegaard knüpfen hingegen jene Deutungen an, die in der Titelfigur einen gleichsam überschwenglichen Vertreter des bürgerlichen Individualismus oder eben ganz einfach ein großartiges anarchisches Individuum sehen. Warum aber entzieht es sich der Charakterisierung? »Die Schwierigkeit, Giovanni zu beschreiben: als wolle man Umrisse auf eine Stromschnelle zeichnen. Giovanni hat keinen Charakter; deshalb wird er geschmäht, damit prahlt er.«[44] Wenn aber – wie Ivan Nagel des weiteren meint – in Mozarts Opernwelt nur dieser Don Giovanni die »Emanzipation ganz gewagt« hat, so fragt man sich, um welche Art von Emanzipation es sich hier handelt.

Die kurze Arie des Don Giovanni, die einzige, worin er sich unverstellt zu erkennen gibt, ist ein rasender Kontretanz. Es fällt schwer, der Tradition dieses Tanzes eine eindeutige soziale Bestimmung zuzuordnen; Leo Balet und Eberhard Rebling charakterisieren ihn als einen englischen Volkstanz, der nach Frankreich importiert, seinen »demokratischen Charakter« verlor, und so einigermaßen hoffähig gemacht wurde. »Seit den vierziger Jahren war der Contre der beliebteste höfische Gesellschaftstanz. In seiner französischen Aufmachung war er alles andere als ein bürgerlicher Tanz. Er war höfisch, nur mit einem ländlichen, schäferlichen Einschlag. Formal war er etwas weniger gebunden als das Menuett, wie sich auch das Hofleben jener Zeit etwas aufgelockert hatte.«[45] Mozart interessierte an diesem »halb aristokrati-

schen, halb demokratischen Mischtanz mit stark ländlichem Einschlag«
wohl die Möglichkeit, daß er sich beschleunigen ließ bis zur Raserei, und
dabei doch im Unterschied zum Walzer – bzw. zu dessen Vorfahren im
18. Jahrhundert – einen gewissen aristokratischen Charakter behielt.
Das kompakte achttaktige Thema kehrt in kürzester Zeit siebenmal wieder. Doch Mozart vermeidet selbst in diesem ungeheuren Tempo melodische Monotonie: Wie Don Giovanni davon singt, immer neue Frauen
in die Tänze hineinzuziehen, drängen sich zwischen die Wiederholungen wie in einem Rondo neue melodische Gebilde, die nun doch so etwas
wie einen harmonischen Verlauf ergeben, sogar eine chromatische Passage kommt in einer Art Schlußwendung vor. Sie alle sind durchpulst
vom Contre-Rhythmus: nur Dynamik und Tempo bleiben wirklich
monoton. Es ist das Singen eines Gehetzten, dessen Melodien vom
Rhythmus wie im Kreis gejagt werden. Die um Atem ringenden Verse,
die Da Ponte in kongenialer Weise dafür geschrieben hat, lassen sich
kaum ins Deutsche übersetzen, schon gar nicht auf der Bühne: »Se trovi
in piazza / Qualche ragazza, / Teco ancor quella / Cerca menar. / Senza
alcun ordine / La danza sia, / Chi'l minuetto, / Chi la follia, / Chi l'alemanna / Farai ballar. / Ed io fra tanto / Dall'altro canto / Con questa e
quella / Vo'amorreggiar. / Ah la mia lista / Doman mattina / D'una
decina / Devi aumentar« (Wenn du auf der Straße / irgendein Mädchen
findest, / versuch auch sie noch / mitzunehmen. / Ohne jede Regel sei
der Tanz, / diesen wirst du Menuett, / jenen die Follia / tanzen lassen, /
den die Allemande. / Und ich unterdessen / will meinerseits / mit dieser
und jener / Liebesspiele treiben, / Ah, meine Liste / wirst du morgen
früh / um rund zehn / erweitern müssen.« (I / 15)[46]
Die Feste, wie sie hier besungen werden, gleichen dem Marktgeschehen, wo alles miteinander getauscht werden kann, wo Klassen und Nationen aufeinander treffen und ständische Schranken fallen – nur daß
bei *Don Giovanni* die Sexualität das Geld ist. Leporello arbeitet im
Kontor des Wüstlings; in der sogenannten Registerarie gibt er Auskunft über die Umsätze: »Mein liebes Fräulein, dies ist der Katalog /
der Schönen, die mein Herr geliebt hat [...] in Italien sechshundertvier-
zig, / in Deutschland zweihunderteinunddreißig, / hundert in Frankreich, in der Türkei einundneunzig, / aber in Spanien sind es schon
tausendunddrei. / Darunter Bäuerinnen, / Kammermädchen, Städte-
rinnen, / darunter sind Gräfinnen, Baronessen, / Marquisen, Prinzes-
sinnen, / darunter sind Frauen jeden Standes, / jeder Gestalt, jeden Al-

ters [...] Es kümmert ihn nicht, ob sie reich ist, / ob sie häßlich, ob sie schön ist: / wenn sie nur einen Rock anhat, / Ihr wißt schon, was er dann macht.« (I/5) Das signifikante Element der Leporello-Arie ist die »durchgehend pulsierende Achtelbewegung, in der die Grundvorstellung eines Perpetuum mobile eingefangen ist«[47]. Mit ihren Skalenläufen imitiert die Musik die Wiederkehr des Gleichen, die Liquidität von Don Giovannis abstrakt gewordener Leidenschaft: alle Töne sind wie alle Frauen zur Verfügung, sind damit gleich, konvertibel, gemacht – herausgelöst aus den gewohnten Dreiklangsgängen stehen sie für die von ständischen und nationalen, ja sogar biologischen Bestimmungen gelösten Frauen. Don Giovanni betreibt die sexuelle Mimikry des Tauschwerts.

Seltsam ist, daß darin die Modernität im Ursprung der Don Juan-Figur gleichsam wiederentdeckt wird: »Tan largo me lo fiáis!« ist das Kennwort von Tirsos Don Juan, er sagt es immer dann, wenn ihm mit der Strafe Gottes gedroht wird. Es gehört »in die Sprache des Zahlungsverkehrs und Kreditwesens. Fiar largo ist langfristige Bürgschaft oder Anleihe.«[48] Don Juan verläßt sich also schon bei Tirso auf den Tauschwert, wenn er den Himmel herausfordert. Wenn Kenner der spanischen Literatur die Eigenart von Tirsos Vers- und Dialogkunst in der »glänzenden epigrammatisch geschürzten und in einem rasenden Wirbel und Kehraus sich steigernden Rhythmik« sehen und von einem »Wirbeltanz im Angesicht des schon gespenstisch grauenden Aschermittwoch«, vom »Kehraus eines Karnevalsprinzen« sprechen[49], könnte man meinen, es handle sich um eine Charakteristik von Mozarts *Don Giovanni*-Musik.

Adorno wollte – an Kierkegaards Interpretation vorbeizielend, beinahe auf romantische Weise – den gesellschaftskritischen Gehalt der Titelfigur in seiner adeligen Herkunft fundieren: Don Giovanni sei der »Spätfeudale, der im bürgerlichen Zeitalter, in das er geraten ist, verbrecherisch heißt gleich den Figurinen des Marquis de Sade«[50]. Nicht der Spätfeudale gerät ins bürgerliche Zeitalter, vielmehr scheint das bürgerliche Zeitalter in den Spätfeudalen zu fahren: die alte Legendengestalt, Nachfahre der Teufelsfigur und Verwandter aller Intriganten, entpuppt sich bei Mozart als Ritter des sexuellen Tauschwerts. Er kommt aus dem Nichts. Hatte er bei Molière noch einen Vater, so ist er bei Mozart ohne Familie, ohne Herkunft. Er taucht einfach irgendwo auf und verschwindet wieder; sein Lebensraum ist natürlich die Stadt, der Ort des

Marktes. Kaum gelingt es, ihn aus der Anonymität zu treiben, seine Identität scheint nicht greifbar. »Das genuin Zusammenhanglose seiner Existenz« (Stefan Kunze) hat stets die Interpreten fasziniert. »Don Giovanni ist von Anfang an eine Gestalt, die ihre Identität nicht preisgibt, als der geborene Verführer ein Proteus, der in immer neuer Verwandlung auftritt, Kontinuität in seinen Handlungen nicht kennt, möglichst keine Spuren hinterläßt, die ihn binden oder verpflichten könnten [...] Bindungslosigkeit ist die unabdingbare Voraussetzung seiner Existenz. Er ist stets im Begriff, die Brücken hinter sich abzubrechen, der Feststellung seiner Identität entzieht er sich ständig durch Flucht oder Verkleidung.«[51] Er hat eben wirklich keinen Charakter – keine Identität, außer der des Registers. Er verführt, indem er sich verstellt, und er vermag jede Gestalt anzunehmen. Die Registerarie freilich läßt die Töne ganz harmlos die Skalen hinauf- und hinunterlaufen, doch wer aufmerksam zuhört, kennt seit der Ouvertüre die düster-bedrohliche Seite dieser musikalischen Figur; mit ihr wird sich die Handlung schließlich gegen Don Giovanni selbst wenden: »Skalen oder Skalenausschnitte, diatonische und chromatische, in Dur oder in Moll oder in Mischformen, nicht schnelle, rauschende Skalenläufe, die als traditionelle Schlußbildung auch im Figaro nicht fehlen, sondern im langsamen oder mäßigen Schrittmaß auf- und absteigende Skalengebilde, wie die schon im dreiundzwanzigsten Takt der Ouvertüre einsetzenden [...] sie geben das Grundmaterial ab, aus dem Segmente und Umbildungen das Drama durchziehen – eine stetige Mahnung an drohenden Untergang.«[52] Was traditionell zur Schlußwendung diente, durchwirkt nun die musikalische Faktur von Anfang an: als ob das Telos des Untergangs über der Handlung schweben würde. Doch ist die Figur eben kein Leitmotiv – sie taucht in verschiedenen Situationen, im Gesang verschiedener Charaktere auf, ohne eine bestimmte Bedeutung zu tragen; seine Bedeutung ist einzig: sie haben es alle mit Don Giovanni zu tun. Keine der Personen kann sich aus dieser Beziehung lösen.
Kierkegaards Interpretation läßt das ganze Werk in der Figur Don Giovannis aufgehen. Er sei es, »der allen anderen Personen Interesse verleiht [...] es ist [...] gerade das Geheimnis dieser Oper, daß ihr Held zugleich die in den übrigen Personen gegenwärtige Kraft ist. Don Juans Leben ist ihr eignes Lebensprinzip. Seine Leidenschaft setzt der anderen Leidenschaft in Bewegung, seine Leidenschaft tönt allenthalben wider, dem Ernst des Komturs, dem Zorn Elviras, dem Haß Annas, der

Wichtigtuerei Ottavios, der Angst Zerlinens, der Erbitterung Mazet-
tos, der Verwirrtheit Leporellos gibt sie die Klangfarbe und tragende
Kraft. Als Held der Oper ist Don Juan der ›Nenner‹ des Stücks. [...]
Alle andre Existenz ist in Vergleich mit der seinen bloß abgeleitet.«[53]
Der auf die Hauptfigur zentrierten Deutung folgen viele Interpretationen der Oper, vor allem die philosophisch ambitionierten. Auch in
Adornos Aufsatz kippt am Ende die *Huldigung an Zerlina* in eine an
Don Giovanni um: »wo wäre ihre Anmut und Lieblichkeit, hätte der
halb schon ohnmächtige Feudale sie nicht auf seiner Flucht durch die
Oper eben noch erweckt. Zerlina hatte recht, daß sie ihn mochte.«[54] Sie
mochte den halben Feudalen freilich nur kurze Zeit, und als er sie vergewaltigen wollte, hatte sie recht, daß sie sich wehrte und ihm den Tod
wünschte. Wie aber wäre sie imstande, ihrem eigenen Lebensprinzip,
ihrem Nenner, den Tod zu wünschen?
Eine Vollendung der Huldigung an Don Giovanni stellt Julia Kristevas
Interpretation dar – der Spätfeudale figuriert darin als eine sexuell er-
regte Metapher: »Der Phallus, die symbolische Macht, ist der wahre
Verführer. Er bringt weder Erfüllung noch Enttäuschung und wendet
sich an uns nur, um uns unseren eigenen, mehr als autoerotischen Fähigkeiten zu überlassen [...] So werden wir lachend erobert, das heißt,
indem wir uns den Sieg Don Juans durch eine verblüffte Identifizierung
selber zuschreiben. Damit läßt sich eine Freiheit formulieren: Nichtge-
winn eines Sinns, aber Aufhebung der Verdrängung und Ressentiments
[...] Die ins Spiel gebrachte phallische Macht, das Ende der Innerlichkeit, der Tod des Ichs, ist die Verwirklichung der Liebe schlechthin, das
Genießen in Aktion.«[55] Die Apologie der sexuellen Marktwirtschaft
geht allerdings auf Kosten der Musik, sie hat, mit Mozart gesprochen,
lange Ohren: »fröhlich und majestätisch« sind die einzigen Charakteri-
stika, die Kristeva zur Musik selber einfallen – kein Wunder, schreibt
sie doch: »Don Juan ist gerade deshalb musikalisch, weil er kein Ich
hat.«[56] Nicht er aber ist musikalisch, vielmehr die Beziehungen zwischen ihm und den anderen sind es – und nur darum, weil die anderen
mit ihm sich nicht identifizieren. So ist es einigermaßen konsequent,
daß Kristeva auch die Handlung nicht zur Kenntnis nehmen kann, sondern sich an Leporellos Register hält, sie konstatiert, Don Giovanni sei
»erfolgreich«: »Ihm gelingt es, die Frauen zu erobern [...] und sich eine
Existenz zu bauen, wie man etwa eine Opera buffa konstruiert. Don
Juan kann.«[57] Er kann eben nicht, denn die anderen kommen ihm stän-

dig dazwischen, und daraus wird eine opera buffa konstruiert, die freilich ein dramma giocoso ist. Es ist allerdings wahr, Don Giovanni hat keine Innerlichkeit und kein Ich, doch er bringt die Innerlichkeit und das Ich der anderen in Bewegung. Don Giovanni weckt nicht nur die Liebe, er weckt auch den Widerstand. Er versucht alle familiären Beziehungen aufzulösen – mit Gewalt oder mit List. Und weil ihm das stets ein Stück weit gelingt, vermögen die Frauen – gerade indem sie gegen ihn sich wenden – herauszutreten aus dem fast schon geschlossenen Ehebund. Während der Molièresche Don Juan eben nur auf den Widerstand eifersüchtiger Bräutigame und ehrenhafter Brüder seiner Opfer stößt, die Mahnungen der Kirche und des eigenen Vaters über sich ergehen lassen muß, bekommt es Don Giovanni mit dem Widerstand der Frauen selbst zu tun. Und seine die Frauen doch dissoziierende Aktivität erzeugt stets den Effekt, daß sich die einander völlig fremden zum gemeinsamen Handeln überhaupt erst vereinigen. Die Konflikte erneuern und steigern sich dabei ununterbrochen, ohne gelöst zu werden, da Don Giovanni die ganze Oper hindurch sein eigentliches Ziel – womit er das Register Leporellos auffüllen könnte – gar nicht erreicht. Er befindet sich zugleich auf dem Weg zu diesem Ziel und auf der Flucht vor den Folgen der nichterreichten Ziele. Wie im *Figaro* nach dem zweiten, tritt im *Don Giovanni* nach dem ersten Akt ein Ritardando im Handlungsverlauf ein, das dieser Akkumulation ungelöster Konflikte entspringt. Und wie im Falle des *Figaro* hat man diese grandiose Ziellosigkeit der Handlung dem Librettisten zum Vorwurf machen wollen. Abert etwa spricht davon, daß mit dem zweiten Akt die »dichterische Kraft des Librettisten« nachläßt: »Unfähig, den großen dramatischen Zug durch neue Motive festzuhalten, begnügt er sich damit, die alten zu dehnen und zu strecken und sucht diese Blöße durch allerhand Episoden wesentlich buffonesken Charakters zu verdecken, die zwar keineswegs originell erfunden, aber doch wenigstens geschickt ausgeführt und vor allem musikalisch sehr dankbar sind.«[58] Was aber bei Mozart musikalisch dankbar heißt, ist nichts anderes als die fortwährende Erneuerung der Konflikte – als Zurücknahme von Lösungen.

Um zu dem Ziel zu gelangen, unterwirft sich der Verführer vorübergehend und stets wechselnd den Anforderungen und Bedürfnissen der
einzelnen Frauen. Er versucht zu zeigen, daß er die Gegenseitigkeit des
Erotischen akzeptiert. Darum muß er sich ununterbrochen verstellen;
er verführt, indem er sich – sein Prinzip – verstellt und verkleidet.
Donna Elvira hatte er bereits verführt, ehe die Opernhandlung einsetzt.
Als er im ersten Akt auf sie trifft, verflucht sie ihn gerade wegen seiner
Untreue. Er erkennt sie jedoch nicht und glaubt sich vor einer fremden
verlassenen Frau. Sofort beginnt er auch, auf seine nächste Verführung
sich einzurichten und fügt ihrer von Haß erfüllten Arie eine Stimme wie
eine besänftigende Begleitung hinzu; sein Gesang beschränkt sich dabei
auf musikalische Übergänge der Arie. So entsteht ein merkwürdiger
Dialog, wie er eben nur im Musikdrama möglich ist: die Personen wer-
den zu einer Gefühlsstimmung vereinigt, ohne daß sie selbst davon wis-
sen. Donna Elvira weiß nicht einmal von der Anwesenheit irgendeines
Menschen, sie glaubt sich allein und nimmt auch nichts vom Gesang
Don Giovannis wahr; der wiederum erkennt sie nicht als Donna Elvira.
Sobald er sich jedoch direkt an sie wendet und beide sich wie vom
Schlag getroffen erkennen, bricht die Musik plötzlich – ohne jede
Schlußwendung – ab, und ihr Dialog, der nun wirklich einer ist, weil
jeder den anderen erkennt, sinkt ins Rezitativ zurück.
Donna Elvira erinnert an Lessings Gräfin Orsina. Auch sie ist von
einem adeligen Wüstling verlassen und betrogen worden, und als ein-
zige weibliche Gestalt der Oper hat sie keinen Rückhalt in einer Bezie-
hung zu einem andern Mann; Zerlina hat Masetto, Donna Anna hat
Don Ottavio. Elvira ist niemandes Braut, denn sie war die Frau oder
Geliebte Don Giovannis. Wie Orsina gegenüber Emilia verhält sich
Elvira gegenüber Zerlina, dem neuen Objekt von Don Giovannis Begierde: statt eifersüchtig zu sein, versucht sie zu warnen. Gleich Orsina
droht sie über den Untaten des Wüstlings den Verstand zu verlieren.
Bei Lessing jedoch bildet dieser Konflikt zwischen Orsina und dem
Prinzen nur eine Nebenhandlung, der Konflikt zwischen den Geschlechtern wäre im Sinne einer literatursoziologischen Verkürzung als
bloßer Nebenwiderspruch der Klassen-Auseinandersetzung von Adel
und Bürgertum interpretierbar. Die Libertinage des Prinzen ist in dieser Auffassung nicht für sich das Thema des Dramas, sie ist gewissermaßen nur ein Aspekt adeliger Herrschaft. Als Nebenfigur aber vermag
sich gerade darum Orsina zur konsequentesten Gestalt von Lessings

Drama zu entwickeln. Von ihrer Erniedrigung als Frau getrieben, ist sie als einzige entschlossen, das zu tun, wovor die braven deutschen Bürger zurückschrecken: den Tyrannen zu vernichten. In Mozarts Oper rückt der Konflikt zwischen den Geschlechtern in den Mittelpunkt, und das Handeln ihres Helden läßt sich eben beim besten Willen nicht mehr auf einen Aspekt adeliger Herrschaft reduzieren. Keine Intriganten, keine Höflinge entlasten Don Giovanni. Der andere wesentliche Unterschied zwischen Orsina und Elvira ist, daß diese – wie die Frauen aus *Figaros Hochzeit* – dann doch bereit ist, mit Don Giovanni in die Gegenseitigkeit des Erotischen zurückzukehren; dort allein, glaubt sie zu wissen, könnte er sein Leben ändern, wie vor ihm schon Graf Almaviva in der *Hochzeit des Figaro*. Doch im Unterschied zu diesem verstellt sich Don Giovanni, er gibt nur vor, sich ändern zu können.

Kommt bei Don Giovannis erstem Versuch, sein Register zu erweitern, der Komtur dazwischen, so stürzt beim zweiten ganz unerwartet Donna Elvira herbei, nachdem in jenem berühmten Duett der Konflikt Zerlinas schon gelöst und die Entscheidung zugunsten Don Giovannis gefallen ist. Mit ihrer eigenartigen, dem Händelschen Stil anverwandelten Arie »Ah fuggi il traditor«, der kürzesten Arie der Oper, zerstört Elvira wie mit einem mächtigen archaischen Schlag die Harmonie – und stellt die Konfliktsituation wieder her. Die im Duett siegreiche Dur-Dreiklangsmelodik wird unterbrochen von einer polyphonen Führung der Stimmen, indifferent gegenüber der Opposition von Dur und Moll, als würde sie deren reinliche Scheidung durch die Wiener Klassik revidieren wollen. Die Tonart von Elviras Arie aber läßt nachträglich noch die Tonika-Lösung in dem Liebesduett als Dominante – als ungelöste Spannung – erscheinen: dem A-dur des Duetts folgt kurz darauf das D-dur der Arie, der V. die I. Stufe. Durch Elviras wahrhaft unvermitteltes Eingreifen werden die bisher getrennten Handlungslinien zusammengeführt. Und schon in der nächsten Szene nimmt Elvira den schwersten, am Beginn der Oper exponierten Handlungsstrang hinzu, um den dramatischen Knoten zu schürzen: in dem Quartett verknüpft sie Donna Anna und Don Ottavio mit ihrem eigenen Schicksal. Don Giovanni aber praktiziert eine bewährte Taktik: er versucht, Donna Elvira als Wahnsinnige hinzustellen. Die Musik des Quartetts verharrt in einem eigenartigen Zwielicht – hier fällt keine Entscheidung: obwohl man sie erwarten würde. Erst unmittelbar danach, in einem gleichsam aufschreienden, vom Orchester gespielten

Rezitativ, erkennt Donna Anna in Don Giovanni den Mörder ihres
Vaters wieder. Das in der Schwebe gehaltene Quartett hatte diese Erkenntnis vorbereitet: Donna Anna konnte darin das Verhältnis zwischen Donna Elvira und Don Giovanni genau beobachten.
In ihrer ersten Arie gleicht der Zorn Elviras noch dem von Lessings
Orsina: auch sie wünscht dem Wüstling ein »entsetzliches Blutbad« zu
bereiten und »ihm das Herz« herauszureißen. Dies mögen sprachliche
Schablonen der opera seria sein, die Musik allerdings verlebendigt diesen Haß, wie man hören kann. Im A-dur-Terzett des zweiten Akts
stoßen Elvira und Don Giovanni erneut aufeinander. Diesmal aber sind
in Elvira die Gefühle für Don Giovanni wiedererwacht. In den ersten
Takten der Musik, dem zentralen Thema des Terzetts, wird ein anderer
Ton angeschlagen als in allen vorangegangenen Auftritten Elviras.
Auch jetzt beginnt sie ganz auf sich selbst bezogen zu singen, man
glaubt wieder eine Arie zu hören. (»Ah taci, ingiusto core, / Non palpi-
tarmi in seno« – »Ach, schweig, ungerechtes Herz / Schlage mir nicht
so heftig in der Brust!« – II/2) Doch Don Giovanni beschränkt sich
nun nicht mehr auf musikalische Übergänge und dramatische Anonymität wie in Elviras erster Arie. Ein wirklicher musikdramatischer Dialog entsteht. Wenn er einsetzt,[59] greift Don Giovanni Elviras Thema
auf, nun aber mit den Worten »Elvira, idolo mio«. Don Giovanni beginnt also keineswegs mit einem neuen Thema, sondern er knüpft unmittelbar an den in den ersten Takten geäußerten Widerspruch Elviras
seine Verführung an. Spannung erhält dieses Anknüpfen jedoch dadurch, daß er das Thema – wie ein Seitenthema in der Sonate – auf die
Dominante hebt.
Don Giovanni muß – um Elvira ein zweites Mal zu gewinnen – ihre
Melodie übernehmen. Kein eigenes musikalisches Motiv steht ihm
zu.[60] Ohne auf ihren inneren Widerspruch einzugehen, könnte er sie
schlechterdings nicht verführen. Nach dieser Exposition setzt er jedoch neu an und steigert noch einmal die tonale Spannung; in der weit
entfernten Tonart C-dur – die als Ersatzdominante überraschend erscheint – singt er eine Canzonetta[61]. Deren Melodie ist übrigens der
später von ihm gesungenen Canzone zur Laute an das unbekannte
Dienstmädchen verwandt. Doch indem Don Giovanni auch hier Elviras Thema nach den ersten Takten wieder – in variierter Gestalt – an-
klingen läßt,[62] diesmal aber in dem weiter entfernten C-dur, erreicht
er eine ungleich größere Spannungssteigerung als in der späteren kon-

ventionell gehaltenen Canzone. Elvira fällt daraufhin Don Giovanni heftig ins Wort – wir befinden uns mitten in einer Durchführung: musikalisch ist dieser Konflikt durch Modulationen in verschiedenste Tonarten gestaltet. Sie führen indessen aus der Konfrontation zurück zur Ausgangstonart A-dur. In der sich anschließenden Reprise hat Elvira sich schon entschlossen, Don Giovanni noch einmal zu verzeihen. In dem homophonen Gesang der Stimmen, die allerdings ganz verschiedene Wörter singen, erscheint das Thema nun nicht mehr auf der Dominante, d. h. die Spannung zwischen A-dur und E-dur ist fallengelassen. Elviras Nachgeben wird von der Musik sinnfällig gemacht, noch bevor sie sich selbst in Worten darüber Rechenschaft geben kann; denn sie singt ja immer noch: »Dei! che cimento è questo! / Non so s'io vado, o resto; / Ah proteggete voi / La mia credulità.« (Götter, welche Prüfung ist dies! / ich weiß nicht, ob ich gehe oder bleibe; / ach, schützt / meine Leichtgläubigkeit.)
Als Inhalt der Form dieser Reprise zeichnet sich der Fortgang der Handlung ab; die Entscheidung Elviras, die Änderung ihrer Einstellung zu Don Giovanni. Die Entscheidungen fallen in der Musik. Während die traditionelle opera seria die Konflikte dem Rezitativ überließ und in den Arien und Ensembles die Gefühle über das bereits Geschehene ausmalt, vermag Mozart, der vom Boden der opera buffa aus den dramatischen Knoten schürzt, immer dann mit seiner Musik einzusetzen, wenn eine Kollision zur Entscheidung reif wird. Die Gegenwärtigkeit, die durch solche Komposition des Konflikts entsteht, ist durchaus singulär in der Geschichte des Musikdramas.
»Nur die Reprise einer Sonate erfordert Erfindungsgabe bei der Übertragung aufs Theater«, schreibt Charles Rosen, und stößt damit zum Kern von Mozarts musikalischer Dramaturgie vor; »die Exposition ist durch ihre Einführung von stets neuen Elementen und Ereignissen ohnehin schon ein Modell für immer komplizierter und dichter werdende Vermittlungen. Für die Reprise hingegen mußte der Klassiker in der Situation, ja in den Worten des Librettos die Elemente der Symmetrie und Lösung suchen.«[63] Eine solche Lösung ist erreicht, wenn eine Person sich zwischen Alternativen entschieden hat. Doch da sie diese Entscheidung immer im Zusammenhang mit anderen Personen trifft, vermögen durch sie sofort neue Alternativen aufzutauchen. Susanna erreicht ihr Ziel in den beiden Duettinos, womit die Handlung des *Figaro* einsetzt – ebenso erreicht es Don Gio-

vanni in diesem Terzett: die Sonatenform läßt das Verhältnis zwischen
Figaro und Susanna, Don Giovanni und Elvira teleologisch erscheinen, doch nur für einen Moment. Ein Konflikt wird gelöst, die nachfolgende Handlung widerspricht aber stets dieser Sonatenteleologie
und führt einen neuen Konflikt herbei. So könnte man sagen, die
Handlung der Oper ist eine große Durchführung, worin kleine Sonaten eingebaut sind.

Stefan Kunze meint allerdings schon aus der Reprise des A-dur-Ter-
zetts den nächsten Konflikt herauszuhören; sieht man vom großen
harmonischen Verlauf ab, der allerdings tatsächlich eine Konfliktlösung bringt, so kann man in einer musikalischen Nebenlinie einen
neuen Konflikt – oder eine Erneuerung des alten – entdecken: »in der
neuen Beziehung der Gebilde ist zugleich ihre Eigenständigkeit her-
vorgekehrt: das Ostinato-Motiv, das vorher vier bzw. zwei Takte ein-
nahm, wächst sich zu einem Komplex von sieben Takten aus, der
32stel Gang hat gleichfalls die Tendenz zur Verselbständigung. Und
wenn dann die mehrmalige Kadenz den Schluß herbeizwingt, dann
dementieren die leidvoll gewundenen chromatischen Gänge von Bläsern und Streichern die tektonisch vollzogene Einheit des Unverein-
baren.«[64] Mit Sicherheit aber meldet sich in der Reprise der nächste
Konflikt *zu Wort*: Elvira wird von Don Giovanni und Leporello in
ungeheuerlicher und grotesker Weise betrogen. Sie glaubt, Don Giovanni wolle reuig zu ihr zurückkehren, in Wahrheit hat sich Leporello
als Don Giovanni verkleidet, damit dieser alsobald ungestört das
Kammermädchen Elviras verführen kann. Die beiden Männer wissen
darum im Terzett nicht genug mit Worten zu spotten:

LEPORELLO   (piano a Don Giovanni) Se seguitate, io rido. [...]
DON GIOVANNI   (a parte) Spero che cada presto!
   Che bel colpetto è questo;
   Più fertile talento
   Del mio, no, non si da.
LEPORELLO   (a parte) Già quel mendace labbro
   Torna a sedur costei;   (II/2)

(LEPORELLO   Wenn ihr so weitermacht, muß ich lachen. / DON GIO-
VANNI   Ich hoffe, daß sie schnell fällt / Welch schöner Streich ist dies; /
ein fruchtbareres Talent / als das meine, nein das gibt es nicht. / LEPO-
RELLO   Dieses Lügenmaul / verführt sie schon wieder...) Doch die Musik macht diesen Spott nicht mit, sie schlägt sich vielmehr auf die

Seite Elviras: die beiden Männer können nur mit Worten, nicht aber mit Tönen lachen. In ihrem Gesang gehorchen sie dem Ernst, mit dem Elvira die Situation empfindet.

Nicht an der Figur Don Giovannis, an dem als Prinzip gesetzten und verkörperten Begriff des Erotischen hat die Musik Mozarts ihren Gegenstand – der Verführer würde sonst sehr rasch sein Ziel erreichen – sondern an den widerspruchsvollen, dramatischen Beziehungen zwischen den Personen. Doch Don Giovanni ist der große Provokateur, der jene Konflikte überhaupt erst herbeiführt. In seiner Figur kehrt der Intrigant – oder wenn man will: der Hanswurst – zurück in die Oper, aber im Unterschied zu seinen früheren Gestaltungen, läßt er die Musik in die Handlung ein. Ins Zentrum des Werks führt darum, wie Stefan Kunze schreibt, »das Paradoxon, daß der Zusammenhalt der zentrifugal auseinanderstrebenden Kräfte hergestellt wird durch Don Giovanni, der doch jede Gemeinschaft zerstört. [...] In den Ensembles und Ensemblesituationen des ›Don Giovanni‹ geht die fundamentale Gemeinsamkeit, jene Übereinstimmung, die auch die heftigsten Auseinandersetzungen in Banden hielt, in die Brüche – freilich nicht die Elemente der Komposition, und dies ist das eigentlich Unfaßbare des Werks.«[65] Wie im *Figaro* überkreuzen sich ständig die Pläne der Personen, doch nun sind diese Kreuzungen von gesteigerter Dramatik: in ihnen stoßen heterogene Welten aufeinander – und es ist Don Giovanni, der sie freiwillig oder unfreiwillig aufeinandertreffen läßt. Ohne sein Tun, kämen sie gar nicht in Beziehung, so tief hat die Anonymität den zwischenmenschlichen Bezug durchdrungen, so weit fallen die einzelnen musikalischen Sphären der Handlung auseinander: das hochadelige Paar – Donna Anna und Don Ottavio – wird durch den Rückgriff auf opera seria-Elemente deutlich von dem plebejischen Buffo-Paar – Zerlina und Masetto – geschieden. Die beiden Paare bewegen sich auf verschiedenen, traditionell miteinander kaum vermittelten musikalischen Gebieten.

Im *Figaro* findet man die Einheit der Welt ungebrochen, eine Szene, wie das Fest des ersten Finales des *Don Giovanni* in der drei verschiedene Tänze dreier verschiedener sozialer Klassen – gespielt von drei kleinen Orchestern – aufeinandertreffen, ohne in einer einheitlichen Form zu verschmelzen, – eine solche Szene wäre hier musikalisch und dramaturgisch fast ebenso undenkbar wie das Auftreten eines steinernen Monuments, das Susanna von dem Grafen zu befreien hätte. Die Homogenität der Oper wird wesentlich von der musikalischen Sphäre des Dienerpaares aus bestimmt. Die Front gegen feudale Gewalt erscheint geschlossen und kontinuierlich, gewissermaßen unwiderstehlich, so daß selbst der Adel sich ihr anschließt. Den Protagonisten sind alle Gefühle gemeinsam: der Graf kennt die Eifersucht wie Susanna, wie Figaro, wie die Gräfin. Selbst Marcellina teilt die Gefühle mit den anderen. So könnte man sagen, die Musik bewegt sich in Melodien, die von Dur-Dreiklängen sich unmittelbar ableiten lassen, wie die Gefühle der Personen vom je gegenwärtigen zwischenmenschlichen Bezug. Nur ganz am Rand finden sich karikaturistisch gezeichnete Personen (etwa Basilio), Rollen, direkt aus der commedia dell'arte übernommen, die von der Einheit des Gefühlslebens ausgeklammert bleiben.

Im *Don Giovanni* zerfällt diese Homogenität. Die Titelgestalt fühlt ganz anders als alle anderen, seine registrierbare Leidenschaft teilt er mit niemandem. Aber ebenso fühlt auch Don Ottavio anders als Masetto: die Musik bringt es zum Ausdruck. Ottavios Einstellung zu Donna Anna bleibt in der höfischen Etikette, in der »Kanzleisprache der Liebe« (wie Lessing sagt) befangen, Donna Anna kann die Gefühle Donna Elviras nicht nachvollziehen, mag der Überfall Don Giovannis bei ihr auch zwiespältige Gefühle hervorgerufen haben, sie würde Don Giovanni niemals verzeihen; Rache kennzeichnet ihr ganzes musikalisches Leben. Sie nimmt darin die Figur der Königin der Nacht vorweg. Zerlina wiederum fehlt die Ausdehnung der Gefühle, womit Donna Anna und Elvira die Oper umspannen. Haß und Liebe kennt sie nur als gleichsam punktuelle Leidenschaften, als Stimmungen des Moments. Leporello wiederum ist ebenfalls eine ganz eigentümliche, mit niemandem vergleichbare Figur: bei ihm mischt sich der Haß auf den Herrn mit dem Spott über dessen Opfer. Der Heterogenität der Personen entspricht der Ort der Handlung: eine Stadt. Stellte das Schloß des Grafen Almaviva die Personen in einen homogenen Handlungsraum, worin jeder den anderen kannte, treffen die Menschen in der Stadt als Unbekannte aufeinander; und Don Giovanni schätzt diese Anonymität, er lebt in ihr wie der Fisch im Wasser. Nur als Angehörige von Adelshäusern sind Donna Anna, Don Ottavio und Don Giovanni miteinander bekannt. (Joseph Losey hat in seiner Verfilmung der Oper durch große Entfernungen zwischen den Schauplätzen, die von der Kamera in langsamen Zügen überwunden werden, das Moment der Anonymität und Fremdheit mit rein filmischen Mitteln und weitgehend im Einklang mit der Musik verstärkt – so kommen etwa die drei Masken im langsamen Tempo von weit her gefahren, um am Fest Don Giovannis teilzunehmen. Überhaupt erscheinen bei Losey die Schauplätze von überdimensionaler Größe. Peter Sellars hat dagegen – im Stil des modernen Regietheaters – auch beim Inhalt zugepackt: er verlegte die Handlung ins New York unserer Tage.) Der urbane Raum dieser Oper ermöglicht den Frauenfiguren einen ungleich größeren Handlungsradius als die feudale Enge in der *Hochzeit des Figaro*; dies zeigt sich vor allem in der musikalischen Behandlung: im *Figaro* bleiben bestimmte offene Formen des Widerstandes und des Konflikts – etwa Rachearien – den Männern vorbehalten; die Intrigen der Frauen müssen sich feinerer musikalischer Mittel bedienen. In *Don Giovanni* kehrt sich diese Konstellation geradezu um: Rache und Zorn kennzeichnen hier die weiblichen Charaktere, während Don Ottavio auf sanfte Töne eingestimmt ist und Masetto – seinen Zorn aus Angst unterdrückend – nur eine Art introvertierter Rachearie singt.

Die helle klare Dur-Dreiklangsmelodik wird im *Don Giovanni* von dunklen, harmonisch schwieriger durchschaubaren Molltonarten und Skalenläufen konterkariert. Die chromatische Tendenz ist eine musikalisch notwendige Folge davon, daß die Handlung die heterogenen Sphären der Musik unmittelbar aufeinandertreffen läßt: sie gehen ineinander nicht mehr auf, wie die musikalische Bewegung des *Figaro* in der Dur-Dreiklangsmelodik. Vor allem in den beiden Finali des *Don Giovanni* führt dies zu musikalischen und dramaturgischen Extremsituationen: Mozart stößt hier wirklich an die Grenze der Wiener Klassik. Schon die Finali im *Figaro* erscheinen »wie der Inbegriff einer von heterogenen Kräften regierten Aktion, die weiträumig und doch in ihrer Zusammensetzung zwingend entfaltet ist, ohne die Spontaneität, d. i. die intelligible Freiheit und den Eigenimpuls der Gebilde im geringsten zu determinieren oder einzuzuengen«[66]. Im *Don Giovanni* geht Mozart, was den Zusammenstoß heterogener Kräfte betrifft, bedeutend weiter. Für seinen Verführungs- oder Vergewaltigungsversuch an Zerlina inszeniert Don Giovanni eben jenes Fest, dessen Dramaturgie von der sogenannten Champagnerarie entworfen wurde; wie Don Giovanni darin befohlen hat, wird im Finale des ersten Akts das Fest eingeleitet: Minuetto, follia und alemanna kündigt er in der Arie an – Menuett und Deutscher Tanz

werden im Finale dann tatsächlich gespielt; statt der nicht sehr ge-
bräuchlichen follia aber wird der Tanzrhythmus der Arie selbst gespielt: der contre – und Don Giovanni wird zu eben diesem Rhythmus mit Zerlina zu tanzen beginnen. Diese drei verschiedenen Tänze
schieben sich nun wirklich immer regelloser ineinander,[67] so daß mit
einemmal die Musik aus der Oper und ihrer Ästhetik herauszudrän-
gen und sich in die chaotische akustische Wirklichkeit eines Festes zu
verwandeln scheint. Leo Balet und Eberhard Rebling beschreiben in
ihrer bekannten Interpretation die soziale Herkunft der drei Tänze:
»Auf der Bühne spielen drei Orchester auf. Das erste Paar, der feudale
Don Octavio und die hocharistokratische Donna Anna fangen an zu
tanzen, während das erste Orchester ein Menuett spielt. Nun kommt
das zweite Paar, Don Giovanni und das Mädchen vom Lande Zerline,
mit der er sich encanailliert hat. Mozart läßt von dem zweiten Orchester in das erste einen Contre hineinklingen, also den halb aristokratischen, halb demokratischen Mischtanz mit stark ländlichem Einschlag. Endlich kommt das dritte Paar an die Reihe: die beiden Bur-
schen Leporello und Masetto. Und nun spielt das dritte Orchester
einen schnellen Walzer in das Menuett und den contre der beiden anderen Orchester hinein. Diese drei Tänze hat Mozart hiermit unzwei-
deutig soziologisch interpretiert.«[68] Von kaum geringerer gesellschaftlicher Bedeutung ist indessen, daß alle drei Tänze schließlich zugleich
erklingen[69]: durch diese Gleichzeitigkeit wird die Zeitordnung des
Taktes wenn nicht aufgehoben, so doch gefährdet. »Das durch die Be-
tonungs- und Zeitordnung des Taktes gebildete Bezugssystem fällt
hier auseinander, somit auch die letzte Instanz, die ein allgemeines,
eine Gemeinschaft konstituieren könnte.«[70] Tatsächlich ist die »Des-
integration des musikalischen sowie des dramatischen Geschehens«,
wie Stefan Kunze schrieb, das Thema der Tanzszene. Nur ist der Umschlag einer »musikalischen Ordnung ins Chaos« selbst noch mit den
Mitteln der musikalischen Ordnung dargestellt. Georg Knepler hält
darum fest, daß die Taktordnung des Menuetts – das, als erstes angespielt, die ganze Zeit hindurch erklingt – gewahrt bleibt, »wenngleich
durch das Hinzutreten der beiden anderen Tänze in einen Schwebezustand versetzt; der Akzentstufentakt wird vorübergehend relativiert
[...] Und außerdem bleibt ja die harmonische Struktur intakt, die fi-
xierten Tonhöhen, das Klangbild.«[71] Mozart bringt demnach nur eine
Kategorie in Gefahr: die Taktordnung, ohne sie freilich völlig preiszu-

geben; doch schon diese Gefährdung greift die Einheit der Apperzeption an: dem Publikum fällt es mit jedem neu einsetzenden Tanz schwerer, das »kontrapunktische Meisterstück« (Abert) der harmonischen Struktur in dem metrischen Schwebezustand wahrzunehmen – die Töne der metrisch separierten Tänze überhaupt aufeinander zu beziehen.

Der Hilfeschrei, den Zerlina ausstößt, als Don Giovanni sie hinter den Kulissen vergewaltigen will, bringt die Musik wieder zu vollem Bewußtsein: das Orchester erwacht, der Dämmerzustand auf der Bühne ist mit einem Schlag zu Ende[72]. Mit den drei Masken, Don Ottavio, Donna Anna und Donna Elvira, hatte Don Giovanni nicht gerechnet – und sie sind es, die von Anfang an mit ihrem Telos Ordnung und Form in das wüste Durcheinander bringen, mit dem Don Giovanni sein Ziel zu erreichen strebt. Wie das Menuett die ganze Zeit metrischer Verwicklungen hindurch den Hörenden einen Halt zu bieten vermag, so legt sich ihr Gesang schließlich über die chaotische Mischung der drei Tänze. Ihr Ziel freilich erreichen sie sowenig wie Don Giovanni das seine: weder gelingt es diesem, Zerlina zu verführen oder zu vergewaltigen, noch jenen, den Wüstling zu vernichten: Don Giovanni und seine Kontrahenten machen sich gegenseitig Striche durch ihre Rechnungen; der Wüstling entkommt seinen Verfolgern. Die Musik schließt zwar auf einem Grundton, doch in C-dur – und ist damit von der Grundtonart der Oper d-moll bzw. D-dur – harmonisch entfernt. Die Handlung des ersten Akts endet ja gleichsam mit einem Trugschluß: sie muß weitergehen. »Das am meisten durchgeformte und brillanteste Finale ist«, so Charles Rosen, »nie das letzte (oder das zweite von zwei großen), sondern das erste. Es bezeichnet, gerade wie eine Durchführung, den Spannungshöhepunkt des Werkes. [...] Diese zentralen Finali sind tatsächlich das Herzstück des jeweiligen Werkes und in ihrer Ausarbeitung kunstvoller und differenzierter, als Mozart sonst ist.«[73] Im *Don Giovanni* jedoch erscheint auch das zweite Finale als Spannungshöhepunkt, denn mit ihm wird die Form des endgültigen Finales selber problematisch.

Das Festessen, das Don Giovanni für den Komtur gibt, ist deutlich als Parallele des Festes am Ende des ersten Aktes gestaltet. Die Parallelität der beiden Finali unterstreicht die Stellvertreterfunktion des steinernen Mannes. Er tritt nun anstelle der drei Masken (Elvira, Anna, Ottavio), anstelle auch von Zerlina und Masetto, auf, die allesamt an der

Vernichtung Don Giovannis gescheitert sind. Schon im ersten Finale hatten sich Elvira, Anna und Ottavio mit Masken unkenntlich gemacht, doch das Unheimliche ihres Auftritts erwies sich als durchschaubar. Mit dem Komtur als Steinernem Gast ist solche Aufklärung nicht mehr möglich. Das Telos der Verfolger nimmt als Gespenst selbständige Gestalt an. Und wie immer, wenn das Telos alles zu beherrschen droht, entsteht eine Allegorie. Die Illusionen, daß mit der Verbürgerlichung eine Gesellschaft möglich wäre, die, durch und durch transparent, auf religiöse und transzendente Motive und Erklärungen verzichten könnte und alle ihre Konflikte und Bedürfnisse auf dem Boden zwischenmenschlicher Beziehungen zu regeln imstande wäre – diese Illusionen sind mit der Konfrontation von Don Giovanni und dem versteinert lebendigen Komtur dahin. Als dieser die Forderung Elviras wiederholt: »Pentiti, cangia vita: È l'ultimo momento!« (Bereue, ändere dein Leben: Es ist der letzte Augenblick), markiert Don Giovannis gewaltiges »No« einen Bruch der Mozartschen Dramaturgie. Immer wurde in seinen Opern am Ende doch verziehen, hier aber ist keine Verzeihung mehr möglich.

In Tirsos Don Juan-Dramatisierung hat der König befohlen, das mächtige Grabmal für den Komtur zu errichten, das Don Juan zum Verhängnis wird. Der Steinerne Gast erscheint hier als Waffe des Staats, die freilich ungewohnte, sehr theatralische Form angenommen hat. Bei Mozart und Da Ponte gibt es keinen König, es gibt damit keine Instanz mehr, die nicht hinterfragbar wäre. Der Steinere Gast agiert in bestimmter Hinsicht im Interesse der gegen Don Giovanni handelnden Frauen. Und doch ist er kalt und tot, aus Stein, und keinerlei Begegnung zwischen ihm und den Frauen ist möglich.

Geriet im ersten Finale die Taktordnung in Gefahr, so ist es nun die harmonische Struktur. Dafür scheint nun der Rhythmus zu versteinern: eine schwere, punktierte rhythmische Figur beherrscht die Musik dieser Szene – Don Giovanni begehrt zwar mit einer synkopischen, gleichsam wogenden Bewegung immer wieder gegen den steinernen Rhythmus auf, doch letztlich wird auch er davon gelähmt. Der extremen Unveränderlichkeit im Metrischen steht die extreme Labilität im Harmonischen gegenüber: Der Auftritt des Komturs ist verbunden mit einem bodenlosen verminderten Fortissimo-Akkord, »der nach einer regulären Kadenz nach F-dur und einem disparaten a-moll-Sextakkord eintritt. Insbesondere der vorweg erklingende a-moll-Sext-

akkord im Augenblick, in dem Don Giovanni die Tür öffnet, hebt
den harmonischen Zusammenhang, die Ordnung schlechthin, aus den
Angeln. Die beiden Akkorde verkörpern selbst [...] die Antinomie
von Monumentalität und äußerster Labilität.«[74] Doch auch hier
müßte man davon sprechen, daß die harmonische Ordnung zwar aus
den Angeln gehoben wird, aber nicht zusammenbricht, vielmehr im
Rahmen des stützenden Taktes in einen Schwebezustand gerät. Nur
an einer Stelle – wenn sich der Gesang des Komturs von dem unwan-
delbaren Rhythmus freimacht – erklingen sechs Takte lang die zehn
Tonstufen der chromatischen Leiter in der Gesangslinie, die fehlenden
zwei Töne im Baß – ohne daß einer von ihnen sich wiederholt[75]. Wäre
es nicht sinnlos, von Vorwegnahmen zu sprechen – hierin könnte man
die Antizipation der Zwölftonreihe erblicken.

Den beiden musikalischen Extremen des *Don Giovanni*, der Tanz-
Szene im ersten und der Komtur-Szene im zweiten Finale, folgt erst in
der *Zauberflöte* ein drittes. Die Tendenz der Dissoziation von Handlung, Ort und dramatischen Personen setzt sich hier fort, und die
Welt, die im *Figaro* zur Einheit geworden war, zerfällt wieder in oben
und unten – doch nun wird dieser Zerfall im Zeichen eines weltanschaulichen, vom Josephinismus geprägten Antagonismus von Sonne
und Nacht, Aberglauben und Aufklärung geordnet. Musikalisch erfolgt eine Stabilisierung durch das Selbständigwerden des Klanges gegenüber der musikalischen Entwicklung. Charles Rosen spricht von
der äußersten Grenze, die Mozarts Spätstil hier erreicht: »Die Reinheit und Kahlheit sind hier so extrem geworden, daß sie nahezu exo-
tisch anmuten, und diese fast vorsätzliche Dürftigkeit wird von der
exquisiten Orchestrierung nur noch stärker herausgearbeitet. Jede der
reifen Mozart-Opern besitzt ihren eigenen Klangcharakter, aber in
keiner steht dieser Klang derartig im Vordergrund, ist er von so un-
mittelbarer und fundamentaler Wirkung wie in der Zauberflöte.«[76] In
einer Kritik aus dem *Journal des Luxus und der Moden*, die kurz nach
Mozarts Tod erschienen ist, heißt es, daß sich Mozarts Talent »durch
Suchen nach bizarren, frappanten und paradoxen sowohl melodischen
als harmonischen Sätzen, hinneigt, und den natürlichen Fluß vermeidet, um nicht allgemein zu werden [...] Doch als Note muß ich sagen,
daß sein letztes Werk die Zauberflöte davon ganz abweicht, und große
Muster eines schönen, edlen und einfachen Gesanges giebt.«[77] Deutlicher ließ sich im zeitgenössischen Jargon der Unterschied zwischen

der musikalischen Dramatik der Da Ponte-Opern und dem undramatischen Klangcharakter der *Zauberflöte* nicht ausdrücken.

Der harmonische Schwebezustand wird wie der metrische im *Don Giovanni* zurückgenommen: doch es bleibt zunächst bei einem Ende, das
unsicher erscheint – so hat es jedenfalls Bruno Walter empfunden –,
wenn zum Ausgang der Höllenfahrt dem D-dur Akkord nur wenig
Zeit zur Festigung gegeben wird.[78] Dauer erfährt die Tonart tatsächlich erst in der scena ultima: dem Ensemble mit Donna Anna und Don
Ottavio, Zerlina und Masetto, Donna Elvira und Leporello. Gerade
diese Szene aber ist umstritten. Gustav Mahler hat sie in seiner berühmten Wiener Aufführung fortgelassen. Adorno hat empfohlen, sie
zu streichen, wie es Mozart selbst bei einer Wiener Aufführung getan
haben soll – »Mittlerweile trägt die Restauration des Topos vom fröhlichen Beschluß, nur weil es gut wäre, einen zu haben, nicht mehr so
recht [...] Zu schützen ist das Werk vor Einbrüchen einer krampfhaf-
ten Naivetät, welche die Szene des Komturs, letzte barocke Allegorie
als vorweltliches Bild, rückwirkend zum Läppischen verurteilt.«[79] Inzwischen wurde in der Mozart-Forschung angezweifelt,[80] daß Mozart
das lieto fine in Wien weggelassen und mit der Höllenfahrt geendigt
hätte. Als gesichert gilt, daß bereits in der Wiener Wiederaufnahme
des Werks unter dem Mozart-Schüler F. X. Süßmayr, der auch das
Requiem fertigkomponierte, der heitere Schluß entfiel. Es gibt aber
Anhaltspunkte in Mozarts Partitur-Autograph, daß Mozart selbst im
Zuge der Vorbereitungen zur Wiener Aufführung zumindest daran
gedacht hatte, die scena ultima zu tilgen.[81] Wie auch immer die Wiener
Aufführung unter Mozart geendigt haben mag, bemerkenswert ist die
Tatsache, daß der Komponist darin schwankend geworden war, wie
das Werk abzuschließen sei. Dies mag an das Schicksal von Haydns
letztem Versuch auf dem Gebiet der Oper erinnern, jener *Anima del
Filosofo* mit dem Untertitel *Orfeo ed Euridice*, deren Aufführung 1791
die Londoner Obrigkeit untersagte. Haydn wollte darin den Orpheus-Mythos – im Widerspruch zur gesamten Operntradition – bis
zum tödlichen Ende erzählen: Nach dem endgültigen Verlust der Eurydike schwört Orpheus dem Liebesangebot der Bakchantinnen ab,
die ihn daraufhin töten und selber vom Meer verschlungen werden.
Nicht aufzuklären ist, ob der Komponist noch einen versöhnlichen
letzten Akt anfügen wollte; Helmut Heißenbüttels Einschätzung von
Haydns Entwicklung als Operndramatiker würde dem widerspre-

chen: ab *La Fedeltà premiata* dränge sein »musikalischer Gefühlsaus-
druck nicht auf Lösung, auf ›Happy End‹, sondern auf Zerstörung«[82].

Auch die scena ultima des *Don Giovanni* bringt freilich keine vollständige Versöhnung, die ›Naivetät‹, deren Einbruch Adorno fürchtet, ist selbst gebrochen. Gravierender als im *Figaro* ist die zwischen
die Figuren tretende Irritation. Nur eines der drei Paare vermag sich
wirklich zu versöhnen: Zerlina und Masetto, und diese Versöhnung
hat eigentlich schon in der Arie Zerlinas »Vedrai carino« stattgefunden – »Hier ist die volle Harmonie hergestellt – zum ersten und einzigen Mal im Don Giovanni.« (Stefan Kunze) [83] Der adelige Wüstling
hatte sie im Augenblick der Hochzeit getrennt, nun gehen sie nach
Hause, um gemeinsam zu essen: es ist eine Versöhnung, die den Geschlechtsakt schon hinter sich zu haben scheint. Die Beziehung von
Anna und Ottavio hält hingegen bei einer halben Versöhnung: als
Don Ottavio Donna Anna bittet, »Non mi far languire ancor«, wehrt
sie ab und ersucht um ein Jahr Abstand zur Besänftigung ihres Herzens. Es ist fraglich, ob es überhaupt zur Hochzeit der beiden kommen wird. Tatsächlich hatte Donna Anna glaubhaft beteuert, daß
Trauer und Haß ihr untröstlich scheinen: »Sola morte, o mio tesoro /
Il mio pianto può finir.« (II/7) Elvira will jedenfalls für immer entsagen: sie wird sich zurückziehen aus dem Leben: »Io men vado in un
ritiro / A finir la vita mia.« Leporello erklärt, ins Wirtshaus zu gehen,
einen neuen beßren Herrn sich zu suchen.

Der Beschluß ist also nicht so fröhlich, die ›Naivetät‹ nicht ungebrochen, die in dieser Szene zum Klingen gebracht wird. Mozart schließt
mit einem kühl klingenden, fugierten Satz im Kirchenstil und mit einem
moralischen Spruchband: »Dies ist das Ende dessen, der Böses tut! /
Und der Bösewichter Ende ist ihrem Leben immer angemessen!« Doch
dem Fugen-Thema wird bald »ein buffonesker Schnörkel« (Georg
Knepler) beigegeben. Ganz am Ende kehrt dieser Schnörkel wieder –
ohne das Thema, dafür aber, wie Georg Knepler herausgearbeitet hat,
kontrapunktiert mit der absteigenden chromatischen Linie, die man so
oft im Verlauf der Oper gehört hatte: Mag man auch die letzte Szene
spielen, den Konflikt schafft sie nicht mehr aus der Welt.

Così fan tutte erscheint nach dem *Don Giovanni* wie eine solche scena ultima zur Oper erweitert. Statt des kühlen fugierten Themas im Kirchenstil benützt Mozart darin freilich andere musikalische Konventionen – und dies manchmal bis zur Parodierung. An buffonesken Schnörkeln fehlt es weder in der Handlung noch in der Musik, doch auch die kontrapunktierende Chromatik ist vorhanden, sie gewinnt allerdings keine selbständige Gestalt wie im *Don Giovanni*. Der Spruchcharakter, das Sentenziöse, mit dem der *Don Giovanni* schloß, ist hier nicht nur in den Titel vorgedrungen, die ganze Konstruktion der Handlung hat gewissermaßen Spruchcharakter. Wenn man sagt, sie habe etwas Konstruiertes, so meint dies, sie ist wie eine Sentenz aufgebaut: ein Lehrstück.

Der Tod, der in der ersten Szene des *Don Giovanni* den Boden der Komödie betritt und ihn erst in der Höllenfahrt wieder verläßt, er bleibt außerhalb der *Così fan tutte*-Handlung. Sie ist insofern eine klassische Komödie wie der *Figaro*: die Menschen sind vom Tod nicht gefährdet. Freilich spielen die zwei Männer den Frauen diese Gefährdung vor – und die Frauen glauben sie. Anders auch als im *Figaro* machen alle vier Protagonisten die Erfahrung von Don Giovannis Verführten: sie werden alle tatsächlich betrogen – sie selber aber sind es, die einander betrügen. Der Intrigant, der in Don Giovannis Gestalt zum Mittelpunkt aller Beziehungen wird, tritt in *Così fan tutte* wieder an den Rand und bestimmt doch das ganze Geschehen. Der von Don Alfonso formulierte Titelspruch ist ein Selbstzitat aus dem *Figaro*: Dort ist er dem Intriganten Basilio in den Mund gelegt, der die Entdeckung des Pagen im Zimmer Susannas mit »Così fan tutte le belle!« kommentiert.

Am schwersten aber wiegt, daß der Zufall, der in den beiden vorangegangenen Opern die Dramatik der Handlung, die Entscheidungsfreiheit der Personen, garantiert, nun im Libretto völlig eliminiert ist. Was den beiden Frauen als Zufall erscheint, ist alles geplant von Don Alfonso und dem Plan getreu ausgeführt von Guglielmo und Ferrando. Ohne jeden Umweg, ohne Änderung, ohne Widerspruch und Widerstand scheint die Handlung jenem in den ersten Szenen, ja schon im Titel formulierten Telos zu folgen. »Das Spiel läuft nach Plan ab. Am Schluß könnte stehen: quod erat demonstrandum [...] diese Konstellation führt dazu, daß sich die handelnden Personen gänzlich in ihre Rolle fügen, jede Handlungsfreiheit und Spontaneität ausgeschlossen ist. [...] Vom Kantschen Postulat der Freiheit findet sich in ›Così fan tutte‹ keine Spur. Alles ist Notwendigkeit [...] das Ganze mutet wie eine Versuchsanordnung zur Durchführung des theatralischen Experiments an. Wie weit ist dieses mechanistische, artistische Spiel mit Figuren, die wie Spielmarken sind, entfernt von den [...] Aktionen in ›Le nozze di Figaro‹ und im ›Don Giovanni‹, wo alle Personen stets herausgefordert sind, sich zu entscheiden, wo sie so oder auch anders handeln könnten, wo die Handlungsfreiheit als Grundprinzip menschlicher Beziehungen zum Vorschein kommt!«[84] Vor diesem Hintergrund rücken die letzte Da Ponte-Oper und die *Zauberflöte* eng zusammen. Gewiß, alle Opern Mozarts spielen im Augenblick der Hochzeit, bei *Così fan tutte* und der *Zauberflöte* glaubt man jedoch – wider besseres Wissen – er sei schon vorbei und die Handlung exponiere nichts anderes als die Prüfungen des Ehelebens. Auch in der *Zauberflöte* gibt es einen großen Plan, der freilich erst im zweiten Akt dargelegt wird. (Der vieldiskutierte Bruch zwischen dem ersten und zweiten Akt, der die Königin der Nacht plötzlich zur Bösen stempelt und den bösen Zauberer Sarastro zum guten Souverän, zerstört das ursprüngliche Telos und schafft ein neues.) Auch in der *Zauberflöte* ist alles Notwendigkeit – nur daß der Intrigant die Würde eines Eingeweihten und eines Souveräns erhält. Vor allem aber ist der Plan ein anderer: Sarastro stellt die Treue auf die Probe, Don Alfonso jedoch beweist die Untreue. *Così fan tutte* wäre also die vorweggenommene Antithese der *Zauberflöte*.

Und doch kommt Mozart, um diese beiden Libretti in Musik zu setzen, nicht ohne den dramatischen Kontrapunkt des Zufalls aus. Ja vielleicht liegt die ganz besondere Schönheit dieser beiden Werke gerade darin, daß hier die Musik zu retten versucht, was die Handlung preiszugeben gewillt ist – verborgene Momente illuminierend, worin das Unvorhergesehene und Unwiederholbare lebt. In der *Zauberflöte* gewinnt das Unvorhersehbare – das sich von den Plänen der Königin der Nacht und der Eingeweihten immer wieder emanzipiert – selbständige Gestalt in Figuren wie den drei Knaben und in den Zauberinstrumenten. Aber auch die drei Damen gewähren der Musik schon am Beginn der Handlung einen dem Telos völlig unangemessenen Spielraum: nachdem nämlich die drei matriarchalischen Kriegerinnen den Drachen besiegt haben, der Tamino zu verschlingen drohte, verlieben sie sich spontan in den Prinzen – ein Vorgang, der ihrer Funktion recht wenig entspricht. Mozart hat offenbar mit Vorliebe solche Zufallsszenen komponiert; hätte er sie den gesprochenen Dialogen überlassen, um die Musik dem großen Plan vorzubehalten, dann wäre eine Oper herausgekommen, die von der Musik Sarastros und der Eingeweihten ganz bestimmt würde. Daß die drei Knaben Pamina aus der Verzweiflung retten, ihren Selbstmord verhindern und sie zu Tamino bringen, mag vielleicht auf der Linie des großen Prüfungsplans liegen – allerdings führt diese Wendung dann dazu, auch Pamina einzuweihen, was von der frauenfeindlichen Doktrin der Eingeweihten durchaus nicht vorgesehen war. Mozarts Musik ermöglicht sie wiederum einen erfüllten Augenblick, einen Moment des Staunens: nach der furchterregenden Geharnischten-Szene und Taminos mannhafter Antwort – stört Pamina die dunkle Feierlichkeit der Choralbearbeitung und bringt Bewegung, ein neues Tempo, in die Musik; sogar die Geharnischten werden von diesem Augenblick erfaßt und verwandeln ihren ganzen musikalischen Charakter. (Vom glücklichen Eingriff der Musik in die Handlung ließ sich Ingmar Bergmans *Zauberflöten*-Film inspirieren; das Augenmerk der Kamera wird darin auf solche Momente des Wechsels gelegt: die Geharnischten nehmen ganz unerwartet ihre schauderhaften Masken ab, als Paminas Stimme ertönt, und antworten Tamino mit strahlenden Gesichtern.) Papageno allerdings, der die Prüfungen nicht besteht, nicht eingeweiht wird und auch in der finalen Szene fehlt, Papageno könnte sich eigentlich aufhängen, ohne daß dies am Telos der Oper etwas ändern würde. Aber auch hier verhindern die drei Knaben den Selbstmord, und mit Hilfe seines Zauberglockenspiels gewinnt der Lustigmacher sein eigenes kleines Komödien-Telos – fernab vom großen. Die Musik bringt Papageno ganz zuletzt noch einmal indirekt ins Spiel, um die Feierlichkeit, mit der das erreichte Telos besungen wird, ein wenig zu stören: »Posaunen sind dabei, wenn in der letzten Szene der Oper ›der Heuchler erschlichene Macht‹ ›zerschmettert, zernichtet‹ wird, und sie unterstützen auch den Heil- und Dankgesang der Sieger. Dann aber setzt eine Melodie ein, die eher in Papagenos Mund paßt als in den Sarastros und der Seinen und in der Posaunen nichts zu tun haben; sie drückt nicht auftrumpfende Siegesfreude aus, sondern heitere Überlegenheit.«[85] Georg Knepler weist in diesen »Schlußfolgerungen aus Schlüssen« auch darauf hin, daß die Vorliebe Mozarts, dem Ende »noch einen kleinen Schlußgedanken anzuhängen – allen Regeln zufolge war das überflüssig«, den Divertimenti entstammen könnte, in denen »spaßhafte Überraschungen zum Stil gehörten«[86]. Und so gesehen entsteht noch die heitere Überlegenheit vieler Mozartscher

Schlüsse aus einem Widerspruch: daß in ihnen der teleologische Sinn ein letztes Mal irritiert wird.

In *Così fan tutte* widerspricht die Musik auf eine andere, fast könnte man sagen: systematischere Weise der abstrakten Notwendigkeit des Telos, der Ausschaltung des Zufalls. Sie greift nicht – wie in der *Zauberflöte* – unmittelbar in die Handlung ein, mittels Zauberinstrumenten, Zauberknaben und -damen. Sie schafft gleichsam *unterhalb* der augenscheinlichen Handlung eine zweite Ebene, auf der sie nicht der Intrige der Handlung folgen muß. »Sie unterläuft«, wie Stefan Kunze interpretierte, »die experimentelle Ebene, ohne sie jedoch zu negieren, enthüllt eine Wahrheit, die sich vorgefaßten Regeln nicht fügt, sie immer wieder außer Kraft setzt.«[87] Hätte Rossini das Libretto vertont, diese Ebene würde mit der Perspektive Don Alfonsos zusammenfallen: die Musik wäre ein großer parodistischer Kommentar der Handlung. Auch bei Mozart gibt es viele parodistische Stellen, geballt treten sie im ersten Finale auf – und an dieser Stelle ist Mozart Rossini wohl näher als in allen anderen Opern, *Figaro* eingeschlossen. Doch es sind nur Stellen, und sie gehen fließend über in jene Passagen, da die Musik die Gefühle der handelnden Personen ganz ernst nimmt: und die Intrige vergißt. Dies betrifft vor allem die Beziehung von Fiordiligi und Ferrando, die sich geradezu auf die unterhalb der Handlung errichtete Ebene der Musik verlagert. Ihr Liebesduett ist von ungewöhnlicher Länge und dramatischer Intensität. Es besteht – wie ein kleines Finale – aus mehreren Phasen mit fünf verschiedenen Tempi. Fiordiligi hat beschlossen, ihrem Geliebten auf den Kriegsschauplatz zu folgen, um der Verführung Ferrandos zu entgehen, und sie hat sich zu diesem Zweck mit einer Uniform als Mann verkleidet. Das Duett beginnt als Arie in A-dur. Kaum hat die übliche Bewegung zur Dominante E-dur begonnen, so wird sie schon von Ferrando unterbrochen – mit einer überraschenden Wendung nach Moll greift er Fiordiligis Thema auf. Eine Modulation kommt in Gang, in deren Verlauf die Tonart C-dur als neue Dominante erscheint[88]. Auch hier wird, wie Charles Rosen schreibt, »Beethovens Technik der Ersatzdominanten vorweggenommen, eines Akkordes nämlich, der genügend dominantenartig ist, um der Tonika sinnvoll gegenübergestellt zu werden und doch entfernt genug ist, um der Struktur einen chromatisch ausdrucksvollen, weitreichenden Dissonanzcharakter zu verleihen«[89]. In C-dur – und nicht in der Grundtonart, beginnt das eigentliche Duett, in dessen zweiter Phase erst die Grundtonart A-dur wieder erreicht wird. Die Spannung des

Duetts entsteht durch das überraschende Eintreten Ferrandos; Mozart
hätte dafür auch einfach die Dominante wählen können, wie er es in
dem vergleichbaren A-dur-Terzett im *Don Giovanni* tat. Doch diese
›normale‹ Spannung der Sonatenhauptsatzform schien ihm offenbar zu
gering, um das abstrakte Schema des Librettos aufzubrechen und das
Moment der Überraschung zu evozieren; und er steigerte darum die
Spannung durch die Einführung der Ersatzdominante, die im *Don Giovanni*-Terzett erst im durchführungsartigen Mittelteil erreicht wird, als
Elvira Don Giovanni schon längst erkannt hat. Zwar kennt das Liebesduett aus *Così fan tutte* keine solchen Modulationen, wie sie im Don
Giovanni-Terzett folgen, doch die Spannung wird auf andere Weise
erzeugt: durch gleichzeitigen und ungleichzeitigen Wechsel von Tonart und Tempo. Der Übergang von der Tonika zur Dominante ist mit
dem vom Adagio zu Con più moto identisch; die Wendung nach Moll
bringt keinen Tempowechsel; aber die Einführung der Ersatzdominante beschleunigt den Herzschlag zum Allegro; bei der Rückkehr zur
Tonika versinkt die Musik nicht weniger überraschend in ein Larghetto
und steigert schließlich das Tempo sanft – ohne daß die Tonart noch
einmal gefährdet würde – zum Andante. An solchen Stellen wie dem
Liebesduett von Fiordiligi und Ferrando zeigt sich die Komposition
ganz unbeeindruckt von der abstrakten Notwendigkeit, die Don Alfonso entworfen hat. Sie entwickelt ihre ganze Gestaltungskraft, um
Ferrandos Eingreifen so erklingen zu lassen, wie es Fiordiligi erscheint:
als ganz Unerwartetes.

Es wäre vor dem kontrastierenden Hintergrund des *Figaro* und des
Don Giovanni keine Überspitzung, würde man sagen, daß Mozart in
Così fan tutte gegen das Libretto komponiert hat. Seine größten Erfolge
bei dieser Komposition feiert er unzweifelhaft dort, wo er die abstrakte
Notwendigkeit der Wette außer Kraft setzt. Und Mozart beginnt den
Kampf gegen das Libretto schon früh: spätestens in jenem Terzett, mit
dem die beiden Frauen zusammen mit Don Alfonso den davonziehen-
den Liebhabern nachwinken und für sie bitten, Wind und Wellen mögen ihnen günstig sein, erreicht dieser Kampf einen harmonischen Höhepunkt. Statt den Schwindlern einen kleinen musikalischen Scherz
hinterherzuschicken, in dem die Tränen der beiden Frauen durch Parodie von opera seria-Elementen verspottet würden – erklingt im Piano
auf dem Wort desir (Verlangen) ein dissonanter Siebentonklang[90],
»einen schmerzlich-süßen eigenartig gläsernen Klang erzeugend«;

Georg Knepler weiß »von keiner schärferen Dissonanz in Mozarts ganzem Werk«[91]. Die Siege, die Mozart im Kampf gegen die abstrakte Notwendigkeit feiert, sind meist leise. Und am Ende werden sie sogar vergessen. Dem kleinen Finale des Liebesduetts folgt das große der Oper – worin die separate Ebene der Musik wieder aufgehoben wird und mit einem Mal »Versöhnung und Katastrophe« (Stefan Kunze) zusammenklingen müssen, ohne daß irgendjemand zur Hölle fährt.

Die Divergenzen der Mozart-Forschung konzentrieren sich stets in der Frage des Finales – dies gilt für den *Figaro*, und noch mehr für den *Don Giovanni* und die *Zauberflöte*. Doch im Falle von *Così fan tutte*, könnte man eher von einmütiger Ratlosigkeit sprechen; vielleicht zeigt dieses Finale nur eines: daß die musikalische Dramaturgie nicht mehr über die Kraft der Befriedung verfügt – und daß darum »die Komödie bald nach 1800 als verbindliche Gattung des musikalischen Theaters abstirbt«[92]. Die Musik muß im Finale ihre genuine Ebene »unterhalb« der Handlung verlassen, sie darf nicht mehr doppelbödig sein, sie muß eindeutig werden – sonst wäre ein lieto fine nicht möglich. Die Vergangenheit holt nicht nur die Personen ein – sondern, was viel schwerer wiegt: die Musik. Erinnerungen, Anspielungen und Zitate ersetzen mehr und mehr, was an autonomer Gestaltungsmöglichkeit verloren geht. Und die Vergangenheit kehrt eben schon in dem Moment zurück, da die neuen Paare sich ihrer vollkommen entledigen sollen: der Beginn des Finales, die Einleitung des Hochzeitsfestes, verweist auf den Anfang des ersten Aktes, der Chor der Gäste – auch motivisch – auf den Soldatenchor, der Kanon auf »Soave sia il vento«; die Notarszene imitiert die Doktorszene des ersten Finales. Es folgen nun direkte Zitate: der Soldatenchor, mit dem die beiden Männer abtraten, wird nun bei ihrem Auftritt wiederholt[93]; Guglielmo zitiert die Melodie seines Liebesduetts[94], Ferrando zitiert vermutlich eine Stelle aus dem ersten Akt, die Mozarts Streichungen zum Opfer gefallen ist; das Liebesduett mit Fiordiligi jedenfalls schien Mozart ebenso unwiederholbar als unpassend im Zusammenhang dieses Finales; – und beide Männer zusammen zitieren schließlich die Melodie des Arztes aus dem ersten Finale[95]. Durch die Nötigung zum Zitieren wird die Musik kurzatmig: sie reiht oft unverbunden einzelne kleine Sätzchen aneinander. Peter Gülke schreibt in seinen ›Notizen während meiner Arbeit an Così fan tutte‹, daß die Musik der Oper, »da sie den Weg zu dem von Genre und Libretto verordneten Ziel nicht ge-

hen kann, sich zunehmend in sich selbst zu drehen« scheint – daß es
aber »Beschönigung wäre, dem, was wirklich geschieht, komponierend
beikommen zu wollen. Das Genie Mozart weiß wohl genau genug, ›wie
man es macht‹; derjenige aber, der musizierend alle nur mögliche hu-
mane Beglaubigung für seine Figuren einholte, wendet sich, während
die Klaviatur seines Könnens weiterspielt, mit Grausen, blickt lieber
zurück und läßt das Libretto im Stich.«[96] Mozart überschreitet darin
tatsächlich jene Grenze, jenseits derer nur noch die leere dramaturgische Notwendigkeit regiert, einen Schluß zu finden. Es scheint jener
Endpunkt der musikalischen Komödie erreicht, auf dem dann Rossini
lange Zeit noch ausharren wird.

Auch Beaumarchais konnte seine Dramaturgie des *Tollen Tag* nicht
fortsetzen: und das Dilemma, in das er im letzten Teil seiner *Figaro*-
Trilogie, dem Stück *La mère coupable*, gerät, ist in mancher Hinsicht
mit dem des *Così fan tutte*-Finales vergleichbar. Wie die beiden Paare
der Oper haben auch der Graf und die Gräfin den Treuebruch, der im
Tollen Tag noch verhindert werden konnte, tatsächlich begangen. Die
Beweise dafür treten selber auf: die Gräfin hat (mit Cherubin!) einen
unehelichen Sohn, der Graf eine uneheliche Tochter (aber nicht von
Susanna!). Doch Beaumarchais' Lösungsversuch ist bei weitem ›bürgerlicher‹ als der von Mozart. Dies betrifft weniger den unmittelbar
politischen Inhalt der Komödie, der allerdings die Verhältnisse der vorangegangenen Teile eigenartig umkehrt: der Graf geht freiwillig ins Paris von 1790 und will nur mehr als Bürger angeredet werden, während
Figaro über das revolutionäre Land nörgelt, er – ausgerechnet er – findet, daß hier »alles drunter und drüber geht« (I/2)[97]. Nicht nur, daß
Figaro und besonders Susanna aus dem Konflikt zurücktreten und wieder die Dienerrollen der alten Komödie übernehmen müssen – sie tun
es auch noch freiwillig: über die Güte des Grafen zeigt sich der Diener
geradezu gerührt: »Da ist sein wahrer Charakter, und ich höre wieder
meinen Herrn. Ach, ich habe immer von ihm gesagt: bei guten Menschen ist der Zorn nur das dringende Bedürfnis zu vergeben!« (IV/18)
Im letzten Teil der *Figaro*-Trilogie wird zweifellos die Empfindsamkeit
– die freiwillige Subordination unter den Hausvater – restauriert, aber
die Familie, die sie ausströmt, hat ihre Unschuld verloren; so meint
man eine Parodie des Rührstücks vor sich zu haben – im Unterschied zu
der Familie von Figaro, Marceline und Bartholo aus dem *Tollen Tag*,
die aus dem Geist des coup de théâtre geboren wird, ist sie gar nicht

beabsichtigt. Der Graf vergibt der Gräfin ihren Seitensprung mit Cherubin; aus beider Seitensprüngen erwächst ein neues Paar – Léon und Florestine, dem der Hausvater am Ende seinen Segen gibt. Nachdem er sie zwanzig Jahre hat weinen lassen, sagt der offenbar bequem gewordene Hahnrei zu seiner Frau: »(Mit einer starken Gefühlsaufwallung): O Rosine, trocknen Sie Ihre Tränen; und verflucht sei, wer Ihnen noch Kummer bereitet.« Und die Gräfin spricht daraufhin zu ihrem unehelichen Kind: »Mein Sohn! umfasse die Knie deines großmütigen Beschützers und danke ihm im Namen deiner Mutter« (V/2) – und schließlich, um das Tableau zu komplettieren, zu dem des Grafen: »Ja, Florestine, du gehörst zu uns. Das bleibt unser kostbares Geheimnis. Da ist dein Vater, dein Bruder; und ich bin deine Mutter für immer. Vergiß das nie! (Sie streckt dem Grafen die Hand hin) Almaviva, nicht wahr, sie ist meine Tochter?« Der Graf antwortet bewegt: »Und er mein Sohn; unsere beiden Kinder. (Alle umarmen sich)« (V/3) Die Restauration der Empfindsamkeit geht zu Lasten der Frau – und dies wiegt umso schwerer, als die Gräfin und Susanna sich im *Tollen Tag* schon eine innere Autonomie erkämpft hatten: Der Graf verzeiht erst, nachdem die Gräfin zwanzig Jahr geweint, gebüßt und fast bis zur Selbstzerstörung sich ihrer »Schuld« angeklagt hat: »(Voller Abscheu) Schuldige Mutter! unwürdige Gattin, ein einziger Augenblick hat uns alle ins Verderben gestürzt! ich habe das Unglück über meine Familie gebracht!« sagt die schuldige Mutter, die dem Stück den Titel gibt, – und hat doch nichts anderes getan als der Graf.

»Es ist alles kalt für mich – eiskalt«, diesen Satz aus einem Brief Mozarts aus dem Jahre 1790 bringt Peter Gülke in Zusammenhang mit dem Finale von *Così fan tutte*. Statt das gute Ende wie Beaumarchais mit Empfindsamkeit herbeizuzwingen, operiert Mozart lieber als kalter, gleichgültiger Dramaturg: »nicht die Geschichte, sondern nur noch die Oper geht hier zu Ende. Daß Mozart gleichgültig war, wie nach den Streichungen im ersten Akt bei den Zitaten einmal angespielt wird auf etwas, was nun nicht mehr vorhanden war, paßt nicht schlecht zur Abdankung, dem Verzicht darauf, die Immoralität der Auflösung zu komponieren. Wie nicht weniger die nahezu selbsttätigen Mechanismen danach: Alfonso gesteht in D-dur, die um Verzeihung bittenden Mädchen lenken nach G in Schwüren, in deren Ausführlichkeit sie mehr sich selbst als die Herren scheinen überreden zu wollen; so bleibt am Schluß fast nichts anderes übrig als Schlußgesang in C-dur. Da wird

wohl gesungen – die Figuren aber, mit denen wir litten, lachten, hoff-
ten, liebten, verzweifelten – wo sind sie? Inwieweit ist der Gesang der
Statisten des Guten Endes noch der ihre?«[98]
In der Abdankung des Subjekts zugunsten eines Theaterspielwerks,
worin Statisten und Zitate bewegt werden, um die vergangenen An-
sprüche des Humanen zu verdrängen, mag die Aktualität wenn nicht
der Oper, so doch ihres Finales für die Postmoderne begründet sein. Es
fehlt bis heute noch der Denker, der ihre Apologie verfaßt, indem er die
von Peter Gülke meisterhaft charakterisierte Eigenart dieses Finales der
ganzen Oper aufprägt, und diese von der Moderne des *Don Giovanni*
und des *Figaro* abgrenzt. Der prospektive postmoderne Interpret
könnte sich immerhin darauf berufen, daß Mozart zu einem solchen
Finale gelangte, weil ihm die Lösungen des 19. Jahrhunderts ganz fern-
lagen: im Gegensatz zu Donna Elvira ziehen sich die Verführten von
Così fan tutte nicht in die Entsagung zurück; auch der Haß, der im *Don
Giovanni* aufblitzt und die Vernichtung jenes Matadors des andern
Geschlechts emphatisch bejaht, ist ihnen ganz fremd; eine Erlösung
schließlich durch oder in der Liebe zum andern Geschlecht ist bei
Mozart nirgendwo auch nur angedeutet. Richard Wagner war *Così fan
tutte* aus gutem Grund zuwider. Die zwei neuen »falschen« Paare trinken keinen Vergessenstrank, sondern gewöhnlichen, aber guten Wein.
Die Ernüchterung bleibt darum nicht aus. Es hieße allerdings, die
Teleologie auf die Spitze treiben, im »Anything goes« der beiden er-
nüchterten Paare das Ziel der Mozartschen Dramaturgie zu befestigen,
um nur ja die Konflikte des *Don Giovanni* vergessen zu machen.

Entsagung

Mit den Männern ist nichts zu tun.

Johann Wolfgang von Goethe
zu Johann Peter Eckermann [1]

Wenn die Töchter des bürgerlichen Trauerspiels Verzicht leisten, tun sie es um ihrer Väter willen. Sie sind empfindsam und verweigern sich, um keinen Konflikt zu schüren. Doch es gibt auch eine nicht empfindsame Art zu verzichten: die Entsagung; sie kennzeichnet die klassische Wendung der deutschen Literatur in der Frage des Geschlechterkonflikts: die Frau entsagt dem Mann um ihrer selbst willen.

Für die Freiheit zur Entsagung mußte Raum erst geschaffen werden. Die Komödien *Minna von Barnhelm* und *Stella* hatten zwar den Vater dramaturgisch entmachtet, doch von ihrer Gattung her war ihnen das genaue Gegenteil der Entsagung, die geschlechtliche Vereinigung, vorgegeben. Auf der Linie der Komödie ließ sich das Motiv nicht durchführen, es sei denn auf groteske Weise wie bei Lenz; kaum bessere Möglichkeiten bot dafür die Tradition der Tragödie: nicht dem Leben sollte entsagt werden, sondern der Liebe zum andern Geschlecht – um zu überleben. Ein neuer Typus von Theaterstück wurde notwendig, damit die Entsagung Gestalt annehmen konnte, ein Typus jenseits von Tragödie und Komödie: das klassische Schauspiel.

In gewissem Sinn könnte *Nathan der Weise* als erstes Werk der Entsagung gelten [2]: der jüdische Kaufmann, der sich schon durch seine Weisheit von allen Vätern des bürgerlichen Trauerspiels abhebt, ist nicht der leibliche Vater, Recha nicht die natürliche Tochter. »Was brauchst du denn / Der Väter überhaupt?« wird sie von Saladin gefragt. »Wenn sie nun sterben? Bei Zeiten sich nach einem umsehn, / Der mit uns um die Wette leben will! Kennst Du noch keinen? [...]« (V/7) [3] Recha kennt tatsächlich einen schon, doch mit der Enttarnung des vermeintlichen Vaters wird seltsamerweise auch die Vereinigung mit dem christlichen Tempelherrn hinfällig. Ihre geschlechtliche Liebe verwandelt sich unauffällig – ohne große Gefühlsausbrüche – in Geschwisterliebe. Statt der bürgerlichen Familie des Trauerspiels entsteht im *Nathan* eine idealische: die Geschlechtsliebe wird ausgeschieden, und die Familie transzendiert zur Metapher der Menschheit, deren Mitglieder die verschiedenen Religionen vorstellen. Neben dieser höheren Familiarität, an der auch der Herrscher Sultan Saladin als Onkel des Geschwisterpaars teilhat, treten die beiden polaren Stützen der bürgerlichen Welt, Kleinfamilie und Staat, in den Hintergrund – eine merkwürdige utopische Zwischenwelt entsteht, die weder der *Zauberflöte* und ihrer josephinischen Verklärung des Staates noch dem bürgerlichen Trauerspiel mit seiner Apologie der Kleinfamilie eignet. Die Distanz vom Staate und von der Familie garantiert Nathan seine Weisheit, Lessing aber ist Realist genug, nicht zu verheimlichen, daß sie auf Reichtum, »barem Gelde«, beruht. »Es ist nicht Utopie«, meint Ruth Klüger über das gute Ende des Stücks, »nur ein Moment des Glücks für ein paar Privilegierte während eines provisorischen Waffenstillstands.«[4]

Auch im *Nathan* beschließt ein Tableau die Konflikte – »Unter stummer Wiederholung allseitiger Umarmungen fällt der Vorhang«; in ihm ist das Liebespaar zum Geschwisterpaar aufgehoben. Dem Tempelherrn kostet die Verwandlung der Geliebten in die Schwester für einige Momente Überwindung; er tritt von Recha zurück. Und nach einigem Zögern erst fällt er ihr um den Hals: »Ihr gebt / Mir mehr, als Ihr mir nehmt! unendlich mehr!«. Recha selbst kennt solches Zögern gar nicht: sofort wollte sie »auf ihn zu« mit den Worten »Ah! mein Bruder!« (V/8). Das prompte Einverständnis mit der Umwidmung des Geliebten zum Bruder ist immerhin erstaunlich. Obwohl Recha selbst die Entsagung nicht gewählt hatte, scheint sie mit dieser Lösung doch glücklich. Um die Atmosphäre der höheren Familiarität zu erzeugen, hat Lessing auf die Prosa des bürgerlichen Trauerspiels verzichten müssen; er greift stattdessen zum Blankvers – und machte ihn damit zum klassischen Versmaß der Entsagung, zur Sprache der Klassik. In ihr sprechend vermögen Mann und Frau eine gewisse Distanz zueinander zu gewinnen, sie ermöglicht ihnen Ruhe und Sammlung zur Reflexion, während sie in der Prosa der Empfindsamkeit zur Nähe verdammt scheinen: die maßlose Sprache setzt der Umarmung und Rührung keinerlei Grenze. Recha aber, nachdem sie zum erstenmal nach der Rettung des Tempelherrn ansichtig geworden ist, sagt: »Er / wird mir ewig wert; mir ewig werter, als / Mein Leben bleiben: wenn auch schon mein Puls / Nicht mehr bei seinem bloßen Namen wechselt; nicht mehr mein Herz, so oft ich an ihn denke, / Geschwinder stärker schlägt.« (III / 3) Es schlägt im gleichmäßigen Takt der Jamben, die aber, wie in dieser Szene die Einwürfe Dajas zeigen, nicht verhindern können, daß ihm das Wort abgeschnitten wird und der Rhythmus im Dialog von einem zum andern springt.

Goethe hat seine großen Dramen, beginnend mit *Iphigenie*, in diesem Sinn versifiziert, auch dann, wenn sie schon in Prosafassung vorlagen. Er hat nach jener ruhevollen Distanz zwischen den Geschlechtern gesucht, welche die Geschwisterliebe im *Nathan* verspricht[5]. »Erstmals in der deutschen Literatur ist beim mittleren Goethe das dichterische Ideal das vollkommener désinvolture. Der naturbeherrschende Gestus, der Krampf des Wortes löst sich. [...] Fragil aber ist die klassizistische Lösung darum, weil sie von der Antinomie eigentlich verwehrt wird, ausgleicht, wo keine Versöhnung ist. Sie wird zur Leistung des Takts.«[6] Möglich scheint die Lösung nur darum, weil sie auf Entsagung beruht. Der Takt aber, mit dem sie vollzogen wird, setzt eine bestimmte gesellschaftliche Stellung voraus: Die Schauspiele *Iphigenie*, *Tasso* und *Die natürliche Tochter* stellen Frauen in den Mittelpunkt, die vielfach an die weiblichen Randfiguren des bürgerlichen Trauerspiels, an Lady Milford und Gräfin Orsina, erinnern: sie alle entstammen den alten herrschenden Schichten der Gesellschaft. Gemeinsam ist ihnen, daß sie in keine nähere Beziehung zum männlichen Geschlecht treten, ohne zu diesem Verzicht von irgend jemandem gedrängt zu werden, ohne auch von einem empfindsamen Vater innerlich abhängig zu sein. Sie verzichten aus freiem Entschluß – und hüten das Leid und den Schmerz von Lady Milford und Gräfin Orsina wie ein Geheimnis, das der Dialog ihnen kaum mehr zu entreißen vermag. Lakonisch und sehr allgemein äußert sich darüber Iphigenie: »allein / Der Frauen Zustand ist beklagenswert / Zu Haus und in dem Kriege herrscht der Mann« (I / 1)[7]. Standhaft widersetzt sie sich dem Werben des König Thoas, obwohl sie nicht wie Mozarts Konstanze einem Geliebten die Treue halten müßte. Sie hat keinen; sie sucht »nichts / Als

Schutz und Ruhe« (I/1). Einzig dem »Land der Griechen«, den Eltern
und Geschwistern ihres Stammes hält sie die Treue, zu ihnen hofft sie
irgendwann zurückzukehren. Zum eigenen Vater, dem »göttergleichen
Agamemnon« (I/1), hat sie keine empfindsame Beziehung; den »hohen Mann« verehrt sie als Oberhaupt des Clans. Goethe modernisiert
keineswegs das antike Griechentum, um das Motiv der Entsagung
durchzuführen; er projiziert auch nicht wie später Grillparzer und
Kleist die moderne Liebesbeziehung in den antiken Stoff. Im Gegenteil: die antike Dominanz des großen, vertikal ausgerichteten Familienverbandes über die horizontalen Bindungen von Liebe und Ehe kommt
ihm gerade recht, eben diese Dominanz hat ihn wohl an dem Stoff fasziniert. Sie erlaubte es ihm, an die Stelle der unerträglich gewordenen
Intimität der Familie einen nur angedeuteten Zusammenhalt des Clans,
an die Stelle der Geschlechtsliebe die Geschwisterliebe zu setzen. So
entsteht zwischen Goethes Orest und Iphigenie eine nicht intime, von
körperlichem Begehren gereinigte, distanzierte Beziehung, die es der
Schwester erlaubt, den Bruder von seinen Wahnvorstellungen zu befreien. Sie ist keineswegs eine Erlöserin – wie vielfach behauptet wird,
vermutlich um für die Goetheschen Frauenfiguren einen gemeinsamen
Nenner zu finden.[8] Sie ist keine Erlöserin, weil sie ihre Subjektivität
nicht opfert. Ihre Wirkung auf Orest und auf Thoas beruht vielmehr
auf der Beharrlichkeit, mit der sie sich entzieht. Sie verweigert sich dem
König, wie sie sich weigert, den Wahnsinn des Bruders zu akzeptieren.
»Fasse / Dich Bruder, und erkenne die Gefundne«, sagt sie. Doch
Orest faßt sich nicht: »laß Dir raten, / Habe die Sonne nicht zu lieb und
nicht die Sterne: / Komm folge mir ins dunkle Reich hinab!« (III/1)
Statt ihm zu folgen, flieht Iphigenie, um Pylades zu holen: »Allein zu
tragen dieses Glück und Elend vermag ich nicht.« Eher als die Schwester ist es dieser Freund, der Orest aus dem Wahnsinn erlöst; doch auch
er erlöst ihn nicht wirklich, sondern heilt ihn, indem er darauf dringt,
die Forderungen der Gegenwart zu erfüllen: »Raffe dich / Zusammen!
Jeder Augenblick ist teuer, / Und unsre Rückkehr hängt an zarten Fäden« (III/3). Erlösende Weiblichkeit wird Iphigenie auch dem ›Barbaren‹ Thoas gegenüber angedichtet. Doch ihr Einfluß unterscheidet sich
sogar von dem mildernden der Lady Milford auf den Tyrannen. Iphigenie erreicht die Sistierung der Menschenopfer, nicht indem sie sich
Thoas hingibt, sondern indem sie sich entzieht. Die Distanz ist es, die
ihr Autorität verschafft.

Darin ist Iphigenie geradezu Leitfigur der klassizistischen Ästhetik und ihrer Wirkungsabsicht: im Unterschied zu Lessings emphatischer Theorie des Mitleids verlangt Goethe, daß die Kunst sich einer direkten Wirkung auf das Publikum entziehen solle – ja daß in diesem Entzug ihre sinnvollste Wirkung bestünde: »Alle Poesie soll belehrend sein, aber unmerklich; sie soll den Menschen aufmerksam machen, wovon sich zu belehren wert wäre; er muß die Lehre selbst daraus ziehen wie aus dem Leben.«[9] Nicht als moralische, vielmehr als »sonderbare Anstalt« will Goethe das Theater benannt wissen; er polemisiert gegen jene »Freunde der Bühne«, die »diese nur der höheren Sinnlichkeit gewidmete Anstalt für eine sittliche ausgeben [...] Sie behaupten, das Theater könne lehren und bessern und also dem Staat und der Gesellschaft unmittelbar nutzen. Die Schriftsteller selbst, gut wackere Männer aus dem bürgerlichen Stande, ließen sichs gefallen und arbeiteten mit deutscher Biederkeit und gradem Verstande auf diesen Zweck los, ohne zu bemerken, daß sie die Gottschedische Mittelmäßigkeit durchaus fortsetzen und sie, ohne es selbst zu wollen und zu wissen, perpetuieren.«[10] Freilich versuchte Goethe der Poesie manchmal einen neuen Zweck zu geben. In seiner Aversion gegen die Wirkungsästhetik der Aufklärung gleicht er ganz dem Teleologen Hegel; seine Neuinterpretation der Aristotelischen Katharsis, wonach die Tragödie »nach einem Verlauf [...] von Mitleid und Furcht mit Ausgleichung solcher Leidenschaften ihr Geschäft abschließt«, nimmt dabei Züge eines klassizistischen Absurdismus an: »Wie konnte Aristoteles«, so Goethe in seinem Kommentar, »indem er ganz eigentlich von der Konstruktion des Trauerspiels redet, an die Wirkung, und was mehr ist, an die entfernte Wirkung denken, welche eine Tragödie auf den Zuschauer vielleicht machen würde? Keineswegs! er spricht ganz klar und richtig aus: wenn sie durch einen Verlauf von Mitleid und Furcht erregenden Mitteln durchgegangen, so müsse sie mit Ausgleichung, mit Versöhnung solcher Leidenschaften zuletzt auf dem Theater ihre Arbeit abschließen. Er versteht unter Katharsis diese aussöhnende Abrundung, welche eigentlich von allem Drama, ja sogar von allen poetischen Werken gefordert wird.«[11] Soweit Goethe aber den Zweck der dramatischen Poesie durchaus verdunkelt oder in ungreifbare Ferne rückt, den graden Verstand der späten Aufklärer etwas biegen möchte und vom Nutzen des Staates ablenken, schafft er neuen Raum für Konflikte. Denn die eigentlich frappante Wendung der Iphigenie liegt darin, daß sie sich

auch dem Bruder nicht unterwirft. In der wohl wichtigsten Szene des
Schauspiels verrät sie die List der griechischen Brüder an König Thoas.
Durch diese List, die ein Betrug ist, wollten die Griechen mit Iphigenie
Thoas hintergehen, um frei zu werden – und um etwas im Auftrag
Apollos zu rauben: das Bild Dianas. Die List aber ist in der antiken
Mythologie so etwas wie das Kürzel kolonialer Macht: ihre Stellvertre-
terin in Zeiten, da den Griechen die Waffen nicht zur Hand sind. Indem
Iphigenie mit dieser Macht bricht und sich und die Ihren der Entschei-
dung des Fremden, zu Unterwerfenden, ausliefert, führt sie als Entsa-
gende den Konflikt herbei: »Auf und ab / Steigt in der Brust ein kühnes
Unternehmen: / Ich werde großem Vorwurf nicht entgehn, / Noch
schwerem Übel, wenn es mir mißlingt; / Allein euch leg ich's auf die
Knie! Wenn / Ihr wahrhaft seid, wie ihr gepriesen werdet, / So zeigt's
durch euren Beistand und verherrlicht / Durch mich die Wahrheit! – Ja,
vernimm, o König, / Es wird ein heimlicher Betrug geschmiedet.«
(V / 3) Die Gegenwärtigkeit von Iphigenies Entschluß wird dramatisch
gesteigert durch das Schweigen von Thoas, das Iphigenie selbst unsicher macht in dem Moment, da es zu spät ist: Gegenwart im emphatischen Sinne vermag das Drama zu evozieren, wenn eine Entscheidung,
ein Wort oder eine Tat, schlagartig als irreversibel bewußt wird. Umso
tiefer trifft diese Gegenwart das Bewußtsein, als sie Iphigenie im Zustand eines idealistischen Enthusiasmus überfällt: Auf die dunkle Frage
Thoas' »Du glaubst, es höre / Der rohe Skythe, der Barbar, die
Stimme / Der Wahrheit und der Menschlichkeit, die Atreus, / Der
Grieche nicht vernahm?« – antwortet sie: »Es hört sie jeder, / Geboren
unter jedem Himmel, dem / Des Lebens Quelle durch den Busen rein /
Und ungehindert fließt. – Was sinnst du mir, / O König, schweigend in
der tiefen Seele? / Ist es Verderben? so töte mich zuerst! / Denn nun
empfind ich, da uns keine Rettung? / Mehr übrigbleibt, die gräßliche
Gefahr, / Worein ich die Geliebten übereilt / Vorsätzlich gestürzt.
Weh! Ich werde sie / Gebunden vor mir sehen! Mit welchen Blicken /
Kann ich von meinem Bruder Abschied nehmen, / Den ich ermorde«
(V / 3).
Thoas wird aus seiner ›Barbarei‹ nicht erlöst, er wird nicht einmal hu-
manisiert, wie das Bildungsbürgertum es gerne hätte. Thoas nimmt
keine neue Weltanschauung an, seine letzten Worte sind bloß: »Lebt
wohl«. Sie mildern sein gleichgültiges, ja wegwerfendes Schlußwort
»So geht« ein wenig ab, sie sind die Antwort auf die Griechen und ihre

Argumente in den langen, fast geschwätzigen Überredungsversuchen. Doch ihr eigentlicher Sinn ist nicht Verzeihung, eher schon Enttäuschung, ihr Interesse nicht Wiedersehen. Die Ausgleichung der Gegensätze, die Goethe der dramatischen Poesie als Zweck vorsetzen möchte, ist hier ein Abschied für immer – die spontane und individuelle Lösung eines spontan und individuell nicht lösbaren Konflikts. Mag sich Thoas diesmal so entschieden haben – seine Worte an die Griechen nimmt er nicht zurück: »Frieden seh ich nicht. [...] Der Grieche wendet oft sein lüstern Auge / Den fernen Schätzen der Barbaren zu, / Dem goldnen Felle, Pferden, schönen Töchtern; / Doch führt sie Gewalt und List nicht immer / Mit den erlangten Gütern glücklich heim.« (V/6) Noch im Abschied verbirgt Thoas seine Gefühle und Gedanken: in der Abtönung von »So geht« zu »Lebt wohl« ist weniger eine Ausgleichung als die Verinnerlichung der Gegensätze gestaltet.

Der kurze Zustand des Gleichgewichts zwischen Griechen und ›Barbaren‹ verdankt sich der Handlungsfähigkeit Iphigeniens. Doch Iphigenie kann nur handeln, weil sie sich den Angeboten König Thoas' ebenso entzogen hat wie den Interessen des Bruders, weil sie zu allen Männern, zu allen Formen des Patriarchats, den entwickelten wie den rohen – Distanz zu halten versucht. Freilich kann ihr diese Entsagung nur unter dem Schutz einer Göttin, mit dem Status einer Priesterin, gelingen. Hierin liegt der idealistische Kern des Schauspiels, in den die aristokratische Herkunft der Lady des bürgerlichen Trauerspiels sich verwandelt hat. »Hat nicht die Göttin, die mich rettete, / Allein das Recht auf mein geweihtes Leben?« (I/3)

Nicht wesentlich kleiner, wenn auch offen aristokratischen Charakters, ist die Distanz, welche die Prinzessin und Leonore gegenüber Tasso zu wahren suchen: an dem Dichter schätzen die beiden Frauen dieses Schauspiels – nicht ohne Zwiespalt freilich – den vermeintlich poetischen Charakter seiner Liebesgefühle: »Hier ist die Frage nicht von einer Liebe, / Die sich des Gegenstands bemeistern will, / Ausschließend ihn besitzen, eifersüchtig / Den Anblick jedem andern wehren möchte. / Wenn er in seliger Betrachtung sich / Mit deinem beschäftigt, mag er auch / An meinem leichtern Wesen sich erfreun.« (I/1)[12] Es kommt dann aber doch anders, und Tassos Liebe sucht sich des Gegenstands zu bemeistern – »Es füllt sich ganz das Herz von Zärtlichkeit – / Sie ist's, sie steht vor mir. Welch ein Gefühl! / Ist es Verirrung, was mich nach dir zieht? / Ist's Raserei? Ist's ein erhöhter Sinn, / Der erst die höchste, reinste Wahrheit faßt? / Ja es ist das Gefühl, das mich allein / Auf dieser Erde glücklich machen kann [...] Diese Leidenschaft / Gedacht ich zu bekämpfen, stritt und stritt / Mit meinem tiefsten Sein, zerstörte frech / Mein eignes Selbst, dem du so ganz gehörst –« (V/4). Die Prinzessin weicht zunächst indigniert zurück und versucht Tasso wieder auf Distanz zu bringen: »Wenn ich dich, Tasso, länger hören soll, / So mäßige die Glut, die mich erschreckt.« Doch dieser kennt nun gar kein Halten mehr: »Es schwankt mein Sinn. Mich hält der Fuß nicht mehr. / Unwiderstehlich ziehst du mich zu dir, / Und unaufhaltsam dringt mein Herz dir zu. / Du hast mich ganz auf ewig dir gewonnen, / So nimm denn auch mein ganzes Wesen hin!« Und nun, als Tasso beginnt, sie auch körperlich zu bedrängen – »Er fällt ihr in die Arme und drückt sie fest an sich« – beendet die Prinzessin ihrerseits körperlich reagierend die Beziehung: »Hinweg!« ruft sie, »ihn von sich stoßend und hinwegeilend.« (V/4) ·

Auch die *Natürliche Tochter* Eugenie bezieht aus ihrer aristokratischen Abstammung ein die bürgerliche Identität weit überragendes Selbstvertrauen. So groß ist es, daß dem kleinen Gerichtsrat ein wenig angst und bang wird und er nicht mit der Rede herausrückt, wenn er Eugenie eine Art Heiratsantrag machen möchte – einen Antrag, der doch das für sie selber sehr praktische Ziel verfolgt, den gefährlich gewordenen Intrigen und Fehden des Adels durch die Hochzeit auszuweichen. Das Ganze ergibt die vielleicht seltsamste Heiratserklärung der Weltliteratur:

GERICHTSRAT Ein Mittel gibt es, dich im Vaterland
    Zurückzuhalten. Friedlich ist's, und manchem
    Erschien es auch erfreulich. Große Gunst
    Hat es vor Gott und Menschen. Heilge Kräfte
    Erheben's über alle Willkür. Jedem,
    Der's anerkennt, sich's anzueignen weiß,
    Verschafft es Glück und Ruhe. Vollbestand
    Erwünschter Lebensgüter sind wir ihm
    So wie der Zukunft höchste Bilder schuldig.
    Als allgemeines Menschengut verordnet's
    Der Himmel selbst, und ließ dem Glück, der Kühnheit
    Und stiller Neigung Raum, sich's zu erwerben.
EUGENIE Welch Paradies in Rätseln stellst du dar?
GERICHTSRAT Der eignen Schöpfung himmlisch Erdenglück.

EUGENIE   Was hilft mein Sinnen! ich verwirre mich!

GERICHTSRAT   Errätst du's nicht, so liegt es fern von dir.

EUGENIE   Das zeige sich, sobald du ausgesprochen.

GERICHTSRAT   Ich wage viel! Der Ehstand ist es!

EUGENIE   Wie!

GERICHTSRAT   Gesprochen ist's. Nun überlege du.

EUGENIE   Mich überrascht, mich ängstet solch ein Wort.

GERICHTSRAT   Ins Auge fasse, was dich überrascht.

EUGENIE   Mir lag es fern in meiner frohen Zeit,
   Nun kann ich seine Nähe nicht ertragen;
   Die Sorge, die Beklemmung mehrt sich nur.
   Von meine Vaters, meines Königs Hand
   Mußt ich dereinst den Bräutigam erwarten.
   Voreilig schwärmte nicht mein Blick umher,
   Und keine Neigung wuchs in meiner Brust.
   Nun soll ich denken, was ich nie gedacht.   (IV/2)[13]

Da Eugenie ihren Bedürfnissen nachsinnt, ist ihr noch keineswegs bewußt, daß der Bräutigam selber vor ihr steht:

GERICHTSRAT   Dem wackern Mann vertraut ein Weib getrost [...]

EUGENIE   Und mir, wo zeigte sich ein solcher Held? [...]
   In leere Träume denkst du mich zu wiegen.

GERICHTSRAT   Du bist gerettet, wenn du glauben kannst.

EUGENIE   So zeige mir des Retters treues Bild.

GERICHTSRAT   Ich zeig ihn dir, er bietet seine Hand!

EUGENIE   Du! Welch ein Leichtsinn überraschte dich?

GERICHTSRAT   Entschieden bleibt auf ewig mein Gefühl.

EUGENIE   Der Augenblick, vermag er solche Wunder?

GERICHTSRAT   Das Wunder ist des Augenblicks Geschöpf.

EUGENIE   Und Irrtum auch der Übereilung Sohn.   (IV/2)

Der Gerichtsrat kann der Aristokratin nur die bürgerliche Wohnstube anbieten: »Nicht Heldenfaust, nicht Heldenstamm, geliebte, / Verehrte Fremde, weiß ich dir zu bieten; / Allein des Bürgers hohen Sicherstand.« (IV/2) Eugenie aber beteuert, kein dazupassendes »bürgerliches« Gefühl der Liebe zu empfinden: »Verehrung zoll ich dir. Wie soll ich's nennen? Dankbare, schwesterlich entzückte Neigung!« (IV/2) Nachdem sie aber am eigenen Leib erfahren muß, wie verkommen die Welt der Aristokratie geworden ist – »Diesem Reiche droht / Ein jäher Umsturz. Die zum großen Leben / Gefugten Elemente wol-

len sich / nicht wechselseitig mehr mit Liebeskraft / Zu stets erneuter
Einigkeit umfangen« – ja daß für sie selber diese Welt auf unabsehbare
Zeit verschlossen bleiben wird, kommt Eugenie auf den vorerst ausge-
schlagenen Antrag des Bürgersmann zurück und willigt ein – aber unter
genau von ihr festgelegten Bedingungen: sie will ihm nur folgen, wenn
ihm »Freundschaft genügen kann«.

> GERICHTSRAT Ist's möglich? Hätte sich zu meiner Gunst,
> In kurzer Zeit, dein Wille so verändert?
> EUGENIE Er ist verändert! aber denke nicht,
> Daß Bangigkeit mich dir entgegentreibe.
> Ein edleres Gefühl – laß mich's verbergen! –
> Hält mich am Vaterland, an dir zurück.
> Nun sei's gefragt: vermagst du, hohen Muts,
> Entsagung der Entsagenden zu weihen?
> Vermagst du zu versprechen, mich als Bruder
> Mit reiner Neigung zu empfangen, mir,
> Der liebevollen Schwester, Schutz und Rat
> Und stille Lebensfreude zu gewähren? […]
> Von dir allein gekannt, muß ich fortan,
> Die Welt vermeidend, im Verborgnen leben
> Besitzest du ein still entferntes Landgut,
> So widm es mir und sende mich dahin.　(V / 9)

Wie bei einem Vertrag handelt Eugenie mit dem Gerichtsrat die Bedingungen dieser eigentümlichen Ehe aus. Die Distanz zwischen beiden
soll auch einen geographischen Ausdruck bekommen: Eugenie verlangt großräumig getrennten Haushalt.

> GERICHTSRAT Und zum Besuch, wann darf ich dort erscheinen?
> EUGENIE Du wartest meinen Ruf geduldig ab.
> Auch solch ein Tag wird kommen, uns vielleicht
> Mit ernsten Banden enger zu binden.
> GERICHTSRAT Du legest mir zu schwere Prüfung auf.
> EUGENIE Erfülle deine Pflichten gegen mich.

Und nach solchen Verhandlungen willigen nun beide – jeder auf seine
Art – in die eigenartigste Hochzeit ein, die jemals ein Drama beendet
hat:

> GERICHTSRAT Die Tat allein beweist der Liebe Kraft.
> Indem ich dich gewinne, soll ich allem
> Entsagen, deinem Blick sogar! Ich will's.

Wie du zum ersten Male mir erschienen,
Erscheinst du bleibend mir, ein Gegenstand
Der Neigung, der Verehrung, Deinetwillen
Wünsch ich zu leben, du gebietest mir. [...]
EUGENIE Ob ich vertraue, daß dein Äußres nicht,
Nicht deiner Worte Wohllaut lügen kann;
Daß ich empfinde, welch ein Mann du bist,
Gerecht, gefühlvoll, tätig, zuverlässig:
Davon empfange den Beweis, den höchsten,
Den eine Frau besonnen geben kann!
Ich zaudre nicht, ich eile, dir zu folgen!
Hier meine Hand: wir gehen zum Altar.   (V/9)

Mit ebensolcher Ironie hat Goethe das Stück, das eigentlich in der Tradition der Schauspiele steht, ein Trauerspiel genannt; die Komödie
richtet sich in der Welt des Trauerspiels ein oder die Trauer wird zum
Bestandteil des Komödienschlusses – denn das Traurige wird mit einer
Hochzeit besiegelt: der Abstieg Eugenies aus ihrer Klasse in die Welt
des Bürgertums. Anders als Iphigenie kann Eugenie nicht mehr einen
Schwebezustand zwischen den einander bekämpfenden Mächten herbeiführen. Sie muß sich am Ende aus allen politischen Konflikten ins
bürgerlich Private zurückziehen, um sich selbst zu retten vor der drohenden Vernichtung. Die in dem antiken Schauspiel entworfene Welt,
in der es keinen Unterschied zwischen ethischem und politischem Handeln gibt, in der eine ethische Entscheidung eine politische Tat ist, wodurch auch das Verhältnis von Herrschern und Beherrschten klar sich
abzeichnen konnte, eine Welt, in der die Frau aber von einer Göttin
behütet wurde – diese ideale Welt ist in der *Natürlichen Tochter* der
modernen chaotischen Zeit einer zerfallenden feudalabsolutistischen
Ordnung gewichen. Die Dramaturgie selbst verliert ihre Motive an
den undurchschaubaren anonymen Zusammenhang, dem Eugenie
sich gegenübersieht; mit substantivierten Verben wird dessen Subjektlosigkeit artikuliert: »Das Mächtige«, »ein Herrschendes«, »das Waltende«. »Es ist«, schreibt Karl Otto Conrady, »als ob sich die Macht
des Bösen und Niedrigen verselbständigt habe, zu einer abstrakten
Größe geworden sei und alle Ausführenden nur mehr als Agenten des
Unheils funktionierten. Eine ungeheuerliche Verkehrung vernünftigen menschlichen Tuns findet statt: Alle Handelnden durchschauen in
klarer Rationalität das Negative ihrer Handlungen und vollbringen sie

dennoch; denn sie haben sich der Rationalität von Einzelargumenten unterworfen, ohne auf deren Sicherung durch einen übergreifenden Sinn- und Wertezusammenhang achtzugeben.«[14] In dieser Welt wäre es Eugenie aufgetragen, den geschwundenen Sinn- und Wertezusammenhang zu retten, im Unterschied zu Iphigenie aber scheitert sie. Während die griechische Heroin den Sinnzusammenhang noch aus dem zwischenmenschlichen Bezug gewinnen kann, beginnt die natürliche Tochter ihn zu verkörpern, weil er in den Beziehungen zu den anderen kaum noch zu finden ist. Und das gilt zuletzt auch für das vom bornierten Gerichtsrat eröffnete familiäre Zusammenleben. So fehlt es der *Natürlichen Tochter* an Spannung in den Konfrontationen der Geschlechter. Die Distanz zwischen dem Gerichtsrat und Eugenie ist unendlich größer als die zwischen Thoas und Iphigenie, Tasso und der Prinzessin. Der Gerichtsrat scheint von Anfang an, die von Eugenie geforderte Distanz einzuhalten: Die Frau hat von ihm nichts zu befürchten, so groß ist der soziale Unterschied, oder genauer, so entschieden bringt Eugenie ihn zum Ausdruck, um jene Distanz zu wahren. Gegenwart ist darin kaum noch zu spüren; wenn Mann und Frau miteinander sprechen, glaubt man in der Tat eher einem Briefwechsel als einem Dialog zu folgen.

Goethe wußte wohl, daß hier kein Weg mehr zurückführte in die Welt des klassischen Dramas; er hat die ursprünglich geplante Trilogie, von der die *Natürliche Tochter* den ersten Teil bilden sollte, nicht fortgesetzt. Er hat aber auch das Konzept des Schauspiels der Entsagung nicht mehr aufgegriffen; Goethe selbst entsagte dem Drama, mit *Pandora* und dem Zweiten Teil des *Faust* wurde er zum Opern- und Festspieldramaturgen. Schon in den *Venezianischen Epigrammen* hatte er – der als Theater-Intendant nicht weniger als 118 Stücke von Iffland und Kotzebue auf die Bühne bringen sollte – etwas kokett geschrieben: »Mit Botanik gibst du dich ab? mit Optik? Was tust du? / Ist es nicht schönrer Gewinn, rühren ein zärtlich Herz? / Ach, die zärtlichen Herzen! ein Pfuscher vermag sie zu rühren; / Sei es mein einziges Glück, dich zu berühren Natur!«[15]

In den klassischen Dramen Friedrich Schillers ist die Entsagung stets problematisch; es ist eine fast erzwungene Entsagung, welche die späten Frauenfiguren Schillers auf sich nehmen; doch sie muß auch bejaht werden. Einsicht in die Notwendigkeit, so lautet die Maxime, mit der sich Schiller aus der Affäre der Geschlechter zu ziehen versucht – sie macht aus der Entsagung Tragödien. Goethe indessen, dem das Tragische im Grunde immer etwas fremd war, ist in seinen klassischen Schauspielen bemüht, den Spielraum der Entscheidung möglichst weit offen zu halten, so daß die Entscheidung zur Entsagung als eine Alternative unter anderen kenntlich wird: Er läßt seinen Figuren Einsicht in mehrere Notwendigkeiten. Die *Jungfrau von Orleans* hätte er gewiß nur als – leicht ironisch getönte – Novelle niederschreiben können. Die Schillersche Notwendigkeit, die einzusehen den Geschlechtern aufgegeben wird, entspricht der politischen Wendung des Autors nach der Französischen Revolution: es ist die Notwendigkeit des Staats, der sich die menschlichen Beziehungen unterzuordnen haben, nachdem im bürgerlichen Trauerspiel die Kleinfamilie fast zu einer anarchistischen Gruppe geworden war. Der Zweck der Poesie wird in den *Briefen über die ästhetische Erziehung des Menschen* vom Staat abgezogen und in die Brust des einzelnen Menschen verlegt, wo sich die Revolution getrost abspielen mag: »in dem ästhetischen Staate ist alles – auch das dienende Werkzeug ein freier Bürger, der mit dem edelsten gleiche Rechte hat [...] Hier also, in dem Reiche des ästhetischen Scheins, wird das Ideal der Gleichheit erfüllt, welches der Schwärmer so gern auch dem Wesen nach realisiert sehen möchte [...].«[16] Was aber geschieht, wenn der wirkliche Staat in diesem ästhetischen Reich erscheint? Er erhält einen weiblichen Körper.

Noch im *Don Karlos* enthält die Konfrontation von Liebe und Staat Protest gegen den Staat, und die Struktur des bürgerlichen Trauerspiels schimmert durch die spanische Hoftracht: Prinzessin Eboli – die Mätresse; Elisabeth – das Bürgermädchen; Karlos – der Liebhaber, der zwischen beiden in halbem Wahnsinn wankt; alle drei sind modernen Gefühlen ausgeliefert – König Philipp aber ist kein empfindsamer Vater, und er steht auch quer zu den Konstellationen des bürgerlichen Trauerspiels: er nimmt dem eigenen Sohn die Geliebte, indem er sie selbst heiratet, Elisabeth bleibt nur übrig zu entsagen: dem König und dem Sohn. Die Distanz zum König ist eine selbstgewählte – die zu Karlos jedoch erzwungen. »Sie haben nie geliebt?« wird sie von Karlos gefragt, und antwortet »Ich liebe nicht mehr« (I/V)[17]. Die Frage aber »Weil es ihr Herz? weil es ihr Eid verbietet?« beantwortet sie nicht, sondern drängt Karlos gleichfalls zu entsagen: »Elisabeth / War Ihre

erste Liebe. Ihre zwote / Sei Spanien. Wie gerne, guter Karl, / Will ich
der besseren Geliebten weichen!« (I / 5) Auch Prinzessin Eboli wird in
die Entsagung getrieben: der von ihr geliebte Karlos verweigert sich, sie
entsagt, indem sie sich dem König als Mätresse hingibt. Mit den Worten
»Ich werde nicht mehr lieben« erwartet sie den zeitweise offenbar lüsternen König. Die Eboli verliert jenes moralische Surplus, das Schiller
seiner Lady Milford am Ende in einem idealischen Überschwang erobert hatte. Die Entsagung macht sie eigentlich erst zur Mätresse, und
ins Kloster zu gehen, wird sie von der Königin gezwungen. Elisabeth
selbst gewinnt allerdings Widerstandskraft aus ihrer Distanz zu den
Männern. Die Konfrontation mit dem König im Vierten Akt gehört zu
den erstaunlichsten Szenen der Schillerschen Dramatik: Elisabeth widersetzt sich darin erfolgreich dem Verhör des Gatten; sie rechtfertigt
ihr Verhalten, ohne vor den Drohungen Philipps zurückzuweichen
»Weil ich / Es nicht gewohnt bin, Sire, in Gegenwart / Der Höflinge,
auf Delinquenten Weise / verhören mich zu lassen.« (IV / 9) Und als der
König mit der Drohung eines Rückfalls in die Barbarei auf gekonnte
Weise Elisabeth einzuschüchtern versucht: »Die Christenheit / Er-
schrecke über eine Tat! – Ich kenne / mich selbst nicht mehr – ich ehre
keine Sitte / Und keine Stimme der Natur und keinen / Vertrag der
Nationen mehr«, schließlich handgreiflich wird und sein eigenes Kind
»unsanft von der Mutter stößt« – da gibt Elisabeth nicht nach und tut
das Vernünftige:

> KÖNIGIN   (mit Sanftmut und Würde, aber mit zitternder Stimme)
> Dieses Kind
> Muß ich doch sicherstellen vor Mißhandlung.
> Komm mit mir meine Tochter
> (Sie nimmt sie auf den Arm)
> Wenn der König
> Dich nicht mehr kennen will, so muß ich jenseits
> Der Pyrenäen Bürgen kommen lassen,
> Die unsre Sache führen. (Sie will gehen)
> KÖNIG   (betreten) Königin?
> KÖNIGIN   Ich kann nicht mehr – Das ist zu viel –
> (Sie will die Türe erreichen, und fällt mit dem Kinde an der Schwelle zu Bo-
> den)
> KÖNIG   (hinzueilend, voll Bestürzung) Gott! was
> Ist das? – Elisabeth!

INFANTIN (ruft voll Schrecken) Sie blutet!
Ach meine Mutter blutet! (Sie eilt hinaus)
KÖNIGIN Kommt denn niemand,
Der mich aus diesem Zimmer bringen wollte? (IV / 9)

In solchen erregten Konfrontationen tritt für Momente auch der empfindsame Vater hinter der Maske des tyrannischen Königs hervor. Während der König am Ende von der Inquisition wieder zur Staatsräson
gebracht wird, beschließt das Liebespaar gemeinsam die Entsagung. Es
ist eine Art revolutionärer Entsagung, sie kann eigentlich nur durch
Gewalt verhindert werden: Karlos will nun wirklich und endgültig auf
Elisabeth verzichten, um in den Niederlanden für die Freiheit zu kämpfen. Statt Elisabeth will er den toten Posa lieben. Die Königin ist zunächst wiederum die treibende Kraft: »Wir wollen / Einander nicht
erweichen, Karl [...]« – und sie verweist auf den toten Posa, der nun
tatsächlich zwischen ihnen steht wie ein Nebenbuhler: »Ich gab ihm /
Mein Wort – Und – Warum soll ich es verschweigen? / Er übergab mir
seinen Karl – Ich trotze / Dem Schein – Ich will vor Menschen nicht
mehr zittern. / Sie sehen, Karl, mir bangte nicht, mit Ihnen / Allein zu
sein in dieser Stunde – Ich / Will einmal kühn sein wie ein Freund. Mein
Herz / Soll reden. Tugend nannte er unsre Liebe? / Ich glaub es ihm,
und will mein Herz nicht mehr –« (V / 11). Während aber Elisabeth fast
wieder sich erweichen läßt, scheint nun Karlos die Führung zu übernehmen: »Ich liebte – jetzt bin ich erwacht. Vergessen / Sei das Ver-
gangne! Hier sind Ihre Briefe / Zurück. Vernichten Sie die meinen.
Fürchten / Sie keine Wallung mehr von mir. Es ist / Vorbei. Ein reiner
Feuer hat mein Wesen / Geläutert. Meine Leidenschaft wohnt in den
Gräbern / Der Toten. Keine sterbliche Begierde / Teilt diesen Busen
mehr. Ich kam um Abschied zu nehmen [...] Erstaunen Sie nicht, Mutter. / Es ist kein Opfer, hat mir keinen Kampf / Gekostet. Endlich sah
ich ein, es gibt / Ein höher, wünschenswerter Gut, als Dich / Besitzen.«
(V / 11) Angefacht hatte das reinere Feuer in der Brust des Infanten der
Marquis Posa. In bestimmter Hinsicht ist nicht die Eboli sondern er die
Fortführung der Lady Milford. Posa gibt den entscheidenden Impuls
zur Entsagung – mag sie auch de facto bloß Einsicht in die Notwendigkeit sein, durch Posa bekommt sie die Aura des kategorischen Imperativs. Sie erscheint als freie Entscheidung. Vielleicht verbirgt sich hinter
Posas Idealismus auch ein verdrängtes Bedürfnis. Karlos' idealistische
Abwendung von seiner Geliebten wie auch die zeitweilige Verbindung

zwischen dem König und dem Marquis beruhen auf Männerfreund-
schaften, über deren erotischen Charakter sich nur spekulieren läßt.[18]
Wirklich problematisch erscheint die Entsagung erst in dem Stück *Maria Stuart*. Die Titelheldin, die ein ausschweifendes, von Laster und
Gattenmord erfülltes Leben hinter sich hat, bleibt in der Haltung der
Askese von vornherein überaus zweideutig. Der Katholizismus gibt
dabei die passende religiöse Form solcher Zweideutigkeit ab: ein per-
manentes Schwanken zwischen Demut und Exzeß. Auf der anderen
Seite steht Elisabeth – die sich zunächst eindeutiger zur Enthaltsamkeit
bekennt; sie hat in der protestantischen Askese königlichen Halt und
weibliche Würde gefunden: »Die Könige sind nur Sklaven ihres Standes, / Dem eignen Herzen dürfen sie nicht folgen. / Mein Wunsch
war's immer, unvermählt zu sterben, / Und meinen Ruhm hätt ich dar-
ein gesetzt, / Daß man dereinst auf meinem Grabstein läse: / ›Hier ruht
die jungfräuliche Königin.‹ [...] eine Königin, die ihre Tage / nicht un-
genützt in müßiger Beschauung / Verbringt, die unverdrossen, uner-
müdet, / Die schwerste aller Pflichten übt, / Die sollte / Von dem Na-
turzweck ausgenommen sein, / Der eine Hälfte des Geschlechts der
Menschen / Der andern unterwürfig macht –« (II/2).[19] Bei ihren ersten
Auftritten zeigt die Königin eine Festigkeit und Reflektiertheit in der
Entsagung, die sie unangreifbar erscheinen läßt: »Das Weib ist nicht
schwach. Es gibt starke Seelen / In dem Geschlecht – Ich will in meinem
Beisein / Nichts von der Schwäche des Geschlechts hören« (II/3). Die
Handlung indessen ist darauf angelegt, diese Festigkeit zu zerstreuen:
im Gegensatz zum Marquis Posa, dem Schiller seine heimliche Liebe
nicht versagen kann, wird Elisabeths asketisch-idealistische Haltung
zutiefst fragwürdig. Der Idealist Mortimer, ein fanatischer Anhänger
Maria Stuarts und der Kleinfamilie, rückt sie als erster ins Zwielicht
spießbürgerlicher Ansichten: »Das eine Höchste, was das Leben
schmückt, / Wenn sich ein Herz, entzückend und entzückt, / Dem
Herzen schenkt in süßem Selbstvergessen, / Die Frauenkrone hast du
nie besessen, / Nie hast du liebend einen Mann beglückt.« (II/6) Vor
allem aber ist es Graf Leicester, eine Art männliche Mätresse und moralisch allerdings die wohl fragwürdigste Gestalt des Stücks, der ein
schlechtes Licht auf die Königin wirft: »nach zehn / Verlornen Jahren
unverdroßnen Werbens, / Verhaßten Zwangs [...] Nachdem ich zehen
Jahre lang / Dem Götzen ihrer Eitelkeit geopfert, / Mich jedem Wechsel ihrer Sultanlaunen / Mit Sklavendemut unterwarf, das Spielzeug /

Des kleinen grillenhaften Eigensinns, / Geliebkost jetzt von ihrer Zärtlichkeit, / Und jetzt mit sprödem Stolz zurückgestoßen, / Von ihrer
Gunst und Strenge gleich gepeinigt, / Wie ein Gefangener vom Argus-
blick / Der Eifersucht gehütet, ins Verhör / Genommen wie ein Knabe,
wie ein Diener / Gescholten – O die Sprache hat kein Wort / Für diese
Hölle!« (II / 8) Im Gegenüber von Mortimer stellt sich Leicester vollends als Schwächling und Weiberknecht dar; als jener ihn auffordert,
die Königin auf eines seiner Schlösser zu locken – »Dort zeigt ihr den
Mann! Sprecht als Gebieter« –, um Zeit zur Befreiung der Stuart zu
gewinnen, antwortet dieser resigniert. »Wißt Ihr, wie's steht an diesem
Hof, wie eng / Dies Frauenreich die Geister hat gebunden? / Sucht
nach dem Heldengeist, der ehmals wohl / In diesem Land sich regte –
Unterworfen / Ist alles, unterm Schlüssel eines Weibes / Und jedes
Mutes Federn abgespannt.« (II / 8) In der Konfrontation mit Maria Stuart schließlich verliert die Entsagende vollends ihre Würde: »Das Ärg-
ste weiß die Welt von mir und ich / Kann sagen, ich bin besser als mein
Ruf«, sagt die Titelheldin und fährt, zu Elisabeth gewandt, fort: »Weh
Euch, wenn sie von Euren Taten einst / Den Ehrenmantel zieht, womit
Ihr gleißend / Die wilde Glut verstohlner Lüste deckt / Nicht Ehrbar-
keit habt Ihr von Eurer Mutter / Geerbt, man weiß, um welcher Tugend willen / Anna von Boulen das Schafott bestiegen.« (III / 5) Ehebruch und Blutschande – das seien die verstohlenen Lüste der Königin.
Elisabeth erträgt solche Beleidigung nicht – und läßt das Urteil voll-
strecken. Gibt Schiller Maria Stuart auch nicht recht, so versucht er
doch deutlich, Elisabeth als Schwächere zu zeigen. Nicht nur an Mut
und Würde – sondern vor allem im Kampf um den Mann –, Graf
Leicester. In ihren Monologen nimmt Elisabeth Schritt für Schritt zurück, was sie in den Dialogen am Hof behauptet hatte: »So steh ich
kämpfend gegen eine Welt, / Ein wehrlos Weib! Mit hohen Tugenden /
Muß ich die Blöße meines Rechts bedecken, / Den Flecken meiner
fürstlichen Geburt, / Wodurch der eigne Vater mich geschändet. / Um-
sonst bedeck ich ihn – Der Gegner Haß / Hat ihn entblößt, und stellt
mir diese Stuart, / Ein ewig drohendes Gespenst, entgegen. / Nein,
diese Furcht soll endigen! / Ihr Haupt soll fallen. Ich will Frieden haben! / – Sie ist die Furie meines Lebens! Mir / Ein Plagegeist vom
Schicksal angeheftet. / Wo ich mir eine Freude, eine Hoffnung / Gepflanzt, da liegt die Höllenschlange mir / Im Wege. Sie entreißt mir den
Geliebten, / Den Bräut'gam raubt sie mir!« (IV / 10)

Es ist bei Schiller überall eine unbestimmte Angst vor der entsagenden Frau zu spüren; so kann er das Motiv vollständig nur durchführen, wenn er der Entsagenden einen überirdischen Bräutigam gibt: sie wird zur heiligen Jungfrau; »nicht Männerliebe darf dein Herz berühren / Mit sünd'gen Flammen eitler Erdenlust, / Nie wird der Brautkranz deine Locken zieren, / Dir blüht kein lieblich Kind an deiner Brust, / Doch werd ich dich mit kriegerischen Ehren, / Vor allen Erdenfrauen dich verklären« (Prolog / 4).[20] Nicht die Lady, das Bürgermädchen ist erkoren als Entsagende heiliggesprochen zu werden. Die Lady des bürgerlichen Trauerspiels dürfte eher in Isabeau auferstehen – doch sie muß verteufelt werden, wenn die Jungfrau heilig erscheinen soll: »Wölfin«, »wutschnaubende Megäre« (I / 5), »Furie« (II / 2) wird Isabeau von Feind und Freund genannt. Sie ist, als Französin auf der Seite Englands stehend, die einzige wirklich böse Figur des Stücks – der eigentliche Antrieb der englischen Invasion. Und sie versteht sich auch in vollem Sinn als Antagonistin der Jungfrau: »Ein sieghaft Mädchen führt des Feindes Heer, / Ich will das eure führen, ich will euch / Statt einer Jungfrau und Prophetin sein.« (II / 2) »Ich habe Leidenschaften, warmes Blut / Wie eine andre [...] Mehr als das Leben lieb ich meine Freiheit, / Und wer mich hier verwundet – Doch warum / Mit euch mich streiten über meine Rechte?« (II / 3) Johanna hingegen weist jedes geschlechtliche Interesse zurück: »nicht verließ ich meine Schäfertrift, / Um weltlich eitle Hoheit zu erjagen, / Noch mir den Brautkranz in das Haar zu flechten, / Legt ich die ehrne Waffenrüstung an. / Berufen bin ich zu ganz anderm Werk, / Die reine Jungfrau nur kann es vollenden. / Ich bin die Kriegerin des höchsten Gottes, / Und keinem Manne kann ich Gattin sein.« (III / 4) Und während sich Isabeau den schönen Lionel sozusagen aufreißt – »Gebt mir diesen da, / Der mir gefällt, zur Kurzweil und Gesellschaft« (II / 2) – weist Johanna jeden diesbezüglichen Antrag als Schändung ihrer heiligen Existenz zurück: »Bist du der göttlichen Erscheinung / Schon müde, daß du ihr Gefäß zerstören, / Die reine Jungfrau, die dir Gott gesendet, / Herab willst ziehn in den gemeinen Staub? [...] Der Männer Auge schon, das mich begehrt, / Ist mir Grauen und Entheiligung.« (III / 4) Im Grunde ist Isabeau die einzige Person des Stücks, die im Angesicht Johannas am aufgeklärten Bewußtsein festhält und den Standpunkt der Vernunft verteidigt: »Sie eine Zauberin! Ihr ganzer Zauber / Ist euer Wahn und euer feiges Herz! / Närrin ist sie, die für ihren König / Sich opferte«. (V / 5)

Schillers »romantische Tragödie« markiert einen Wendepunkt in der
deutschen Dramatik.[21] Der Konflikt zwischen den Geschlechtern wird
in Gestalt Johannas religiös transzendiert – doch damit droht der Konflikt selber das Drama zu verlassen. Die Jungfrau erscheint – bis zum
Ende des dritten Aufzugs – buchstäblich als ferngesteuertes Wesen, –
aufs Theater geschickt, um die Entwicklung der deutschen Dramatik
seit Lessing zurückzunehmen. Mögen die Franzosen und die Engländer noch so fanatisch und mit Waffen auf offener Bühne sich bekämpfen, mag eine Schlachtszene sich an die andere fügen – dramatischer
Konflikt ist das keiner. Und das ferngesteuerte Wesen droht überall,
wo es erscheint, die Konflikte aufzuheben: so etwa jenen des Franzosen
Burgund, der auf der Seite der Engländer kämpft, weil Du Chatel, einer
der französischen Offiziere, seinen Vater ermordet hat: sobald Burgund nur in Johannas Nähe gerät, erlischt der Haß in seinem Herzen:
»O sie kann mit mir schalten wie sie will, / Mein Herz ist weiches
Wachs in ihrer Hand. / – Umarmt mich, Du Chatel! Ich vergeb Euch. /
Geist meines Vaters, zürne nicht, wenn ich / Die Hand, die dich getötet, freundlich fasse. / Ihr Todesgötter, rechnet mir's nicht zu, / Daß
ich mein schrecklich Rachgelübde breche.« (III/4) Johannas Versöh-
nungswut reicht über die Gegenwart noch hinaus – in ihren prophe-
tischen Visionen versucht sie gar die Französische Revolution zu verhindern: »Dein Stamm wird blühn, solang er sich die Liebe / Bewahrt im
Herzen seines Volks, / Der Hochmut nur kann ihn zum Falle führen, /
Und von den niedern Hütten, wo dir jetzt / Der Retter ausing, droht
geheimnisvoll / Den schuldbefleckten Enkeln das Verderben.« (III/4)
So spricht Johanna selbst ihren politischen Sinn aus: Während die la-
sterhafte und ganz irdisch eitle Isabeau als eine Art Verkörperung na-
tionaler Zwietracht erscheint, gibt die Jungfrau sich als Gegenentwurf
zur Göttin der Revolution zu erkennen, – und überall, wo sie hintritt,
erstickt die nationale Versöhnung den dramatischen Konflikt. Erst als
Tote hat darum Johanna ihre eigentliche Form gefunden: die allegorische; die allegorisierte Leiche präsentiert sich am Ende als das Telos des
Stücks. Kein Vorhang fällt mehr über eine Tragödie, sondern eine Leiche wird in Fahnen gehüllt. »Die Fahne entfällt ihr, sie sinkt tot darauf
nieder – Alle stehen lange in sprachloser Rührung – Auf einen leisen
Wink des Königs werden alle Fahnen sanft auf sie niedergelassen, daß
sie ganz davon bedeckt wird.« (V/14)
Mit solchem Telos erscheint Schillers *Jungfrau* als dramaturgischer

Prototyp der nachfolgenden deutsch-nationalistischen Dramatik – von
Kleists *Hermannsschlacht* bis zu Bronnens *Rheinischen Rebellen*[22].
Doch zumindest in einem wesentlichen Punkt trügt hier der Schein:
weder Kleists noch Bronnens nationale Allegorien handeln von Entsagenden: vielmehr gewinnt deren nationalistischer Gehalt erst durch die
in Aktion geratene Sexualität seine moderne Wirkungsmacht. Die Bedeutung der Schillerschen *Jungfrau* für die deutsche Dramaturgie liegt
gewissermaßen tiefer als der nationalistische Inhalt. Mit dem dramatischen Konflikt ist auch die Zeit des Dramas dahin: Die Gegenwart der
Jungfrau von Orleans ist eine im dramatischen Sinn bloß geborgte; ge-
borgt von einer Instanz außerhalb des Dramas – einerlei ob diese nun
als Nation oder als Gott vorgestellt wird. Mühelos vermag Johanna in
die Zukunft zu schauen – denn sie hat ja keine Gegenwart, sie ist ein
Geschöpf jenseits der Zeit, sie ist die erste Frau ohne Zeit in der deutschen Dramatik. Als Entsagende erlöst sie die Männer, eine ganze Nation von Männern, aus den Konflikten, die letztlich wohl von bösen,
hexenartigen Frauen initiiert werden.

Schiller selbst schrickt in der Mitte des Stücks vor den Konsequenzen
dieser Konzeption zurück. Auf dem Schlachtfeld, wo Johanna grausam
gegen den nationalen Gegner wütet, weist sie jede Bitte um Mitleid ab –
umso mehr, wenn diese sich an ihr Geschlecht richten möchte: »Nicht
mein Geschlecht beschwöre! Nenne mich nicht Weib. / Gleichwie die
körperlosen Geister, die nicht frein / Auf ird'sche Weise, schließ ich
mich an kein Geschlecht / Der Menschen an, und dieser Panzer deckt
kein Herz […] Ich weiß / Nichts von der Liebe Bündnis, das du mir
beschwörst, / Und nimmer kennen werd ich ihren eiteln Dienst. / Ver-
teidige dein Leben, denn dir ruft der Tod.« (II / 7) Doch spürt man in der
Jungfrau Worten ein leises Zittern – als bangte ihr selbst vor ihren
Bedürfnissen. Und dieses Zittern weitet sich am Ende des dritten Akts
der romantischen Tragödie, dort, wo nach klassizistischem Verständnis
die Peripetie erwartet wird, unversehens zu einem – dem einzigen –
dramatischen Konflikt aus. Als wollte Schiller auch diesen noch vor-
beugend transzendieren, läßt er in der Szene davor einen »schwarzen
Ritter« auftreten, um das Unheil anzukündigen und Johanna zu warnen.
Doch der göttliche Unheilsbote vermag den Rückfall ins Drama nicht
zu verhindern. Als sie Lionel am Schlachtfeld besiegt und in gewohnter
Manier abschlachten möchte, mit den Worten »Erleide, was du such-
test, / Die heil'ge Jungfrau opfert dich durch mich!« – kommt es zu

einem stummen Ausbruch aus der geschlechtlichen Transzendenz: »In diesem Augenblick sieht sie ihm ins Gesicht, sein Anblick ergreift sie, sie bleibt unbeweglich stehen und läßt dann langsam den Arm sinken« (III / 10). Erst später, im nachhinein und allein, vermag Johanna die Situation zwischen ihr und Lionel zur Sprache zu bringen: »Wer? Ich? Ich eines Mannes Bild / In meinem reinen Busen tragen? / Dieses Herz, von Himmels Glanz erfüllt, / Darf einer ird'schen Liebe schlagen? [...] Sollt ich ihn töten? Konnt ich's, da ich ihm / Ins Auge sah? Ihn töten! Eher hätt ich / Den Mordstahl auf die eigne Brust gezückt! / Und bin ich strafbar, weil ich menschlich war?« (IV / 1) Die *Jungfrau von Orleans* wird dadurch nicht zum klassischen Drama, es bleibt bei einer romantischen Tragödie: der Konflikt in der Mitte des Stücks bringt keine Wendung, er ist nur ein Intermezzo, das gleich einem Andenken von einem verlassenen Ort ans klassische Drama erinnert. Die Heilige wird bloß in Versuchung geführt – bald aber ist sie von allen Versuchungen geheilt: »Da war der Streit in meiner Brust, ich war / Die Unglückseligste, da ich der Welt / Am meisten zu beneiden schien – Jetzt bin ich / Geheilt, und dieser Sturm in der Natur, / Der ihr das Ende drohte, war mein Freund, / Er hat die Welt gereinigt und auch mich. / In mir ist Friede – Komme, was da will, / Ich bin mir keiner Schwachheit mehr bewußt!« (V / 4) Und zu dem im Augenblick der Schlacht Geliebten sagt sie: »Du bist / Der Feind mir, der verhaßte, meines Volks. / Nichts kann gemein sein zwischen dir und mir. / Nicht lieben kann ich dich [...].« (V / 10) Kleist durchbricht in seiner Dramaturgie die Entsagung an der Stelle, die Schiller als Intermezzo dient: Mann und Frau stehen sich am Schlachtfeld als Liebende und Feinde gegenüber. In der *Penthesilea* gibt es keine Erlösung und keine Entsagung: Die Amazonenkönigin liebt den Feind und tötet ihn aus Liebe. Und nur in dieser Verknüpfung von Lieben und Töten, von der man in Weimar sich voll Grauen abwandte, war offenbar noch einmal die Gegenwart des Dramatischen zu gewinnen. Wer aber an der Entsagung festhalten wollte, der mußte wohl auch der Gegenwart entsagen.

Um das Jahr 1817 notierte sich Franz Grillparzer in sein Tagebuch eine goethisch klingende Kritik der Kleistschen Novellen: »Die Sujets sind interessant, die Erzählung ist gut, zum Teil vorzüglich, und doch wandelte mich ein äußerst widerliches Gefühl bei der Lesung an. Es ist offenbar die Haltlosigkeit, die Selbstzerstörung des Verfassers, die, aus allem hervorleuchtend, diesen Eindruck hervorbringt.«[23] Haltlosigkeit und Zerstörung entspringen bei Kleist – in den Novellen wie in den Stücken – immer wieder der unmittelbaren Gegenwart der Geschlechter. Grillparzer wollte von solcher Gegenwart sich distanzieren, sie mittelbar machen: und er verbannte sie in die Vergangenheit, sie wird zum Fluch. Die Ahnfrau, die alle nachfolgenden Generationen ihres Hauses ins Unglück stürzt, hatte einst einen Gatten betrogen, mit dem sie ohne ihren Willen verheiratet worden war. Das alte Thema der bürgerlichen Emanzipation – die freie Wahl des Ehegatten –, das so vielen Komödien als Motiv diente, wird zum düsteren Schicksalsdrama umgestülpt: »Von der Eltern Hand gezwungen, / Zu verhaßter Ehe Bund, / Sie vergaß ob neuen Pflichten / Langgehegter Liebe nicht; / In den Armen ihres Buhlen / überfiel sie der Gemahl. / Durstend seine Schmach zu rächen, / Straft' er selber das Verbrechen / Stieß ins Herz ihr seinen Stahl [...] Ruhe ward ihr nicht vergönnet, / Wandeln muß sie ohne Rast, / Bis das Haus ist ausgestorben, / Dessen Mutter sie gewesen.« (I / S. 27 f.)[24] Diese, durchaus im Ton eines zeitgenössischen Ritter- und Gespensterstücks artikulierte Vergangenheit ist der archimedische Punkt, von dem aus Grillparzer die Struktur des bürgerlichen Trauerspiels, die er in der Konstellation zwischen Vater, Tochter und Liebhaber noch einmal in den Mittelpunkt stellt, in zerstörende Bewegung versetzt. Die Kleinfamilie implodiert gewissermaßen auf offener Bühne: der prospektive Schwiegersohn entpuppt sich als leiblicher Sohn, die Liebe der nächsten Generation damit als inzestuöse Beziehung; der Sohn ermordet schließlich den eigenen Vater, die empfindsame Tochter vergiftet sich daraufhin, und der Sohn selber, der unglückliche Jaromir, findet an beider Leichen seinen Tod.

Die Vergangenheit ist die zerstörende Kraft, sie dirigiert die Katastrophe des Familienlebens – und Spannung entsteht nur in der Frage, inwieweit die Personen des Stücks und das Publikum das wissen. Die Enthüllung des Fluchs aber läßt die Menschen nicht anders handeln, als sie es ohnedies hätten tun müssen: sie handeln letzten Endes immer, wie es der Fluch will. Man könnte darum auch sagen: das Vergangene wird nicht gegenwärtig, es rückt vielmehr an die Stelle der Gegenwart, es nimmt dem Handeln den Raum. Ließen die dahinratternden Trochäen den Personen des Dramas nur etwas mehr Zeit, um ihre Situation zu reflektieren, sie müßten die Gegenwart, alles, was in ihr geschieht, als etwas vollkommen der Vergangenheit Angehörendes empfinden. Und manchmal blitzt diese Erkenntnis auch auf: »Ja, der Wille ist der meine, / Doch die Tat ist dem Geschick, / Wie ich ringe, wie ich weine, / Seinen Arm hält nichts zurück.« (V/S. 135) Wenn die Personen scheinbar handeln, damit auf der Bühne irgend etwas geschieht, so betreten sie nur Umwege auf dem Weg des Fluchs. Er ist das Telos, das außerhalb des Dramas liegt, in der absoluten Vergangenheit gesetzt; dramatische Form und Dialog stellen bloß ihre Techniken zur Verfügung, um dieses Telos zu realisieren: Tod der Familie, so lautet es.

Nach dem katastrophischen Ausklang des bürgerlichen Trauerspiels als romantischer Schicksalstragödie ziehen sich Grillparzers Frauenfiguren geradezu systematisch aus der Familie und aus der Beziehung zum andern Geschlecht zurück. Darin gleichen sie manchen der weiblichen Gestalten des mittleren Goethe – etwa der natürlichen Tochter oder Iphigenie. Es ist vor allem Sappho, die, wegen des verwandten klassisch-antiken Stoffes, immer wieder – auch von Grillparzer selbst – mit Goethes Iphigenie verglichen wurde.[25] Sappho aber ist im Gegensatz zu Iphigenie eine Frauengestalt, die aus der Entsagung offenbar zurückkehren möchte. Sie, die berühmte große Dichterin, die sich vom Irdischen schon entfernt hatte, liebt Phaon, einen unbekannten jungen Mann, dieser aber wendet sich der jungen Melitta zu. Doch das ist nicht das eigentliche Problem ihrer Beziehung. Zwischen Sappho und Phaon kommt es von Anfang an zu keiner Gegenwart: Sappho beschwört den Treuebruch förmlich herbei: »Ich weiß wie Undank brennt, wie Falschheit martert, / Der Freundschaft und der – Liebe Täuschungen / Hab' ich in diesem Busen schon empfunden, / Ich hab' gelernt verlieren und entbehren! / Nur Eins verlieren könnt' ich wahrlich nicht, / Dich Phaon, deine Freundschaft, deine Liebe! / [...] Du schmückest mich von deinem eignen Reichtum, / Weh, nähmst du das Geliehne je zurück!« (I/3)[26] Es sind dies die ersten Worte, die Sappho überhaupt zu Phaon spricht: ihre erste Begegnung im Stück gehört bereits den schlechten Erfahrungen der Vergangenheit und der davon abgeleiteten drohenden Zukunft. Die Liebe findet im Drama Grillparzers keinen Ort, sie ist gleichsam schon dahin. Es bleibt eine Erinnerung an etwas, das niemals gegenwärtig war. Die Eigenart des Geschlechts aber wird durch das Verhältnis zur Zeit bestimmt; doch wird die Frau nicht der Zeit entzogen, um sie mit einer ›überirdischen‹ allegorischen Bedeutung zu begaben, sie selber entzieht sich mit Bewußtsein der Zeit und

reflektiert darüber, sie weiß ihr Verhältnis zur Zeit als Geschlechtsun-
terschied zu bestimmen. »Gar wechselnd ist des Mannes rascher Sinn, /
Dem Leben untertan, dem wechselnden [...] zu eng dünkt ihm des Innern stille Welt, / Nach außen geht sein rastlos wildes Streben« (III / 1).
Sappho sucht eine Lebensform im Innern, außerhalb der Zeit. Mit ihrem Status als Dichterin glaubte sie einst eine solche gefunden zu haben,
doch sie erweist sich als zu wenig hermetisch, um Sappho vor der Sehnsucht nach Gegenwart abzuschirmen. Weiblichkeit konstituiert sich
bei Grillparzer außerhalb der Zeit. Im Gegensatz zu Schillers Johanna
ist es eine von der Frau selbstgewählte, selbstbestimmte Konstitution.
Nicht in der Gegenwart lebend, können Grillparzers große Frauenfiguren, deren Reihe Sappho eröffnet, auch nicht handeln. Sie reflektieren bloß über die Zeit, der sie sich selbst entziehen. Der Verlust der
Gegenwart ist für sie Schutz vor dem Zugriff des Mannes. Sie bezahlen
ihn damit, daß sie nicht mehr gegen ihn handeln, ja nicht einmal sprechen können. Denn eine Stimme erhalten sie nicht im Dialog mit ihm,
sondern im nachhinein, als Hüterinnen des Vergangenen. Die Liebe ist
das mächtige Mittel der Männer, um sie in die Gegenwart zurückzulok-
ken – doch dieser Versuch scheitert stets.
Medea ist im Unterschied zu Sappho eine Barbarin. Ihre Sonderstellung
in Kolchis beruht auf bestimmten magischen Fähigkeiten. Als dramatische Figur gewinnt sie erst Bedeutung, insofern ihr Vergangenheit
zuwächst. Im ersten Teil der *Argonauten*-Trilogie ist sie dramaturgisch kaum anwesend; sie erhält erst Konturen, wenn sie auf etwas Vergangenes sich beziehen kann. Wie in der *Ahnfrau* verfestigt sich dieses
Vergangene zum Fluch. Grillparzer versucht in seiner Trilogie eine
Art Engführung der in den beiden vorangegangenen Stücken exponierten Motive: die große einsame Frau übernimmt es, den Fluch zu
aktualisieren, sie wird zu seinem Sprachrohr. In der ersten Begegnung
mit Jason schweigt Medea – nur der Gestik und Interjektionen wie
»Ha«, »Weh mir«, »Götter« scheint sie mächtig. Doch sobald die Gegenwärtigkeit solcher Begegnungen vorbei ist, Vergangenheit geworden, gewinnt Medea die Sprache zurück. In den ausführlichen retro-
spektiven Reden über Jason und ihre Gefühle für ihn zeigt sich Medea
keineswegs als ›Wilde‹ sondern als ein der Sprache mächtiges Wesen.
Nicht weil sie eine ›Barbarin‹ ist, schwieg sie beim Anblick Jasons, sondern im Gegenteil, weil sie so modern fühlt, daß sie nurmehr dem Vergangenen Ausdruck geben kann. Die Atmosphäre dieser Gegenwart

wird gleichsam dünn; ringsherum verblassen wie sonst nur bei Kleist
die gesellschaftlichen Bezüge, die Institutionen, Familie, Beruf und
Staat: »Was brauchen wir, als nur uns selbst« (I/4)[27], sagt Kleists Alkmene dem Geliebten, den sie für Amphitryon hält. Und bald weiß sie
nicht mehr, für wen sie ihn halten soll. Nicht anders ergeht es den Grillparzerschen Gestalten: indem sie sich noch einmal zusammenfinden in
der Einheit des Ortes, der Handlung und der Zeit, in einer Einheit, die
nun nicht mehr durch die schützende Intimität der Familie verbürgt ist,
verlieren sie sich ganz an den anderen: »Was ist es, das den Menschen so
umnachtet / Und ihn entfremdet sich, dem eignen Selbst / Und fremdem dienstbar macht« – fragt Hero in *Des Meeres und der Liebe Wellen*
(III/S. 144)[28]. Es finden sich auch einige penthesileische Konstellationen: im zweiten Teil der Trilogie, den *Argonauten*, stehen sich Medea
und Jason als Feinde am Schlachtfeld gegenüber: »Du bist in meiner
Macht«, spricht Jason; und Medea antwortet: »Du lügst! In der Götter
Macht, in meiner. / Verläßt mich alles, ich selber nicht. (Sie entreißt
einem fliehenden Kolcher die Waffen und dringt mit vorgehaltenem
Schild und gesenkten Speer auf Jason ein.) Stirb oder Töte!«
(III/S. 115)[29] Es unterscheidet aber Grillparzer von Kleist, daß er diese
Situationen sofort auflöst: Bei ihm fehlt die unglaublich intime Nähe in
den Dialogen, die Kleist zwischen den Personen herstellt, um sie im
nächsten Moment in äußerste Grausamkeit umschlagen zu lassen. Grillparzers Frauen bleiben bei aller Liebe auf Distanz: die Gegenwart des
Dramas ist hier fast nur mehr stummes Zwischenspiel, eine Pantomime
zwischen Vergangenheit und Zukunft. Ist sie bei Kleist aufs äußerste
reduziert und von dauernder Spannung erfüllt, so gibt Grillparzer sie
preis, um seine Gestalten vor der gegenseitigen Zerstörung zu bewahren. Im klassizistisch anmutenden Umgang mit der Sprache und den
Requisiten läßt sich ein moderner Gehalt erkennen: die Requisiten treten hervor, um die Menschen voneinander zu distanzieren, die Figuren
schließen sich im Dialog in ihren Sentenzen ein. Auch die Allgemeinheit der sprachlichen Wendung bietet Schutz vor der Gegenwart des
anderen. Der abschließende Teil der Trilogie – mit dem Titel *Medea* –
ist etwa so lang, wie beide vorangegangenen Teile zusammen. Jetzt erst,
da alles zu spät ist, kann sich Grillparzers Dramatik entfalten. Der Dramatiker läßt den Vorhang zum abschließenden Drama aufgehen, wenn
die Beziehung zwischen Jason und Medea bereits gescheitert ist. Anders als bei Euripides ist sie es, noch bevor Jason den Verrat an Medea

begeht. Jasons schändliches Verhalten im Gastland verringert sich vor dem Hintergrund des bereits Geschehenen gleichsam zu einem einzigen Tropfen, der ein in langen Jahren angefülltes Faß zum Überlaufen bringt; es ist von geringerer Bedeutung für die Beziehung zwischen Jason und Medea als das Vergangene, es verändert Medeas Einstellung zu Jason nicht wesentlich. Schon am Beginn des zweiten Aufzugs – noch ehe Jason Anstalten macht, sie zu verlassen – steht Medea kurz vor der Tat: »Du kennst ihn nicht, ich aber kenn ihn ganz. / Nur Er ist da, Er in der weiten Welt / Und alles Andre nichts als Stoff zu Taten. / Voll Selbstheit, nicht des Nutzens doch des Sinns, / Spielt er mit seinem und der andern Glück. / Lockt's ihn nach Ruhm, so schlägt er einen tot, / Will er ein Weib, so holt er Eine sich, / Was auch darüber bricht, was kümmert's ihn! / Er tut nur Recht, doch recht ist, was er will. / Und denk ich an die Dinge, die geschehn, / Ich könnt' ihn sterben sehn und lachen drob.« (II / S. 204 f.)[30] »Masochismus‹ sagt gar nicht genug«, notierte Adorno einmal in einer Anmerkung zu Schumanns *Frauenliebe und -leben*: »Die Identifikation mit der Frau zielt auf ein Verhalten ab, das dem Aneignungscharakter des Patriarchalen, Männlichen den Krieg erklärt. [...] Vielleicht liegt genau hier die Idee des Biedermeier.«[31]

An dem antiken Stoff hat Grillparzer vermutlich angezogen, daß Medea zwar gegen die Interessen des Mannes handelt, ihn aber nicht unmittelbar angreift: sie tötet seine Geliebte und ihre eigenen Kinder. Merkwürdig ist es dennoch, daß sie – als einzige der erhabenen Frauengestalten Grillparzers – überhaupt handelt, – vielleicht nur, um im nachhinein Jason verkünden zu können: »Ein kummervolles Dasein bricht dir an, / Doch was auch kommen mag: Halt aus! / Und sei im Tragen stärker als im Handeln« (V / S. 300).

Zu solcher Eskalation läßt es Grillparzer in *Des Meeres und der Liebe Wellen*, ja in sämtlichen folgenden Stücken, nicht mehr kommen. Ein ganzes Meer trennt Hero von Leander. Und lange ist sie darüber sehr froh. Ihre Flucht auf die »lichte Bahn der Priesterin«, wo nach eignem Ziel ein »Selbst zu sein, ein Wesen, eine Welt« (I / S. 102)[32] ihr einzig möglich dünkt, diese ihre Flucht ist ja nichts anderes als der geglückte Ausbruch aus der Kleinfamilie – nach dem Vorbild von Goethes Iphigenie: »Im Tempel hier hat auch die Frau ein Recht, / Und die Gekränkten haben freie Sprache« (I / S. 96). Und selten in der deutschen Literatur wird das familiäre Machtverhältnis deutlicher artikuliert als

in Grillparzers Dialog zwischen Mutter und Tochter über Vater und
Bruder:

HERO   Doch ist nicht er, sind da noch hundert andre,
        Von gleichem Sinn und störrisch wildem Wesen,
        Das ehrne Band der Rohheit um die Stirn,
        Je minder denkend, um so heft'ger wollend.
        Gewohnt zu greifen mit der starren Hand
        Ins stille Reich geordneter Gedanken,
        Wo die Entschlüsse keimen, wachsen, reifen
        [...]
        Und unter solchen wünschest du dein Kind?
        Vielleicht wohl gar?
MUTTER   Was soll ich dirs verhehlen?
        Das Weib ist glücklich nur an Gattenhand.
HERO   Das darfst du sagen, ohne zu erröten?
        Wie? und mußt hüten jenes Mannes Blick,
        Des Herren, deines Gatten? Darfst nicht reden,
        Mußt schweigen, flüstern, ob du gleich im Recht,
        Ob du die Weisre gleich, stillwaltend Beßre?
        Und wagst zu sprechen mir ein solches Wort?   (I / S. 98)

Hero bleibt erhaben, auch als sie Leander zu lieben beginnt. »Laß das!
Berühr mich nicht«, sagt sie, wenn sie ihm am nächsten ist. Und kurz
davor sprach sie noch: »Oh hätte doch verschlungen Dich das Meer«.
(III / S. 145 f.) Der Dramatiker aber erfüllt ihr diesen Wunsch. Für einen
Augenblick wird seine tiefe Solidarität mit der Figur unverstellt sichtbar. Erst als Leander ertrunken ist, vermag Hero über ihn zu sprechen,
ihn zu preisen und recht eigentlich zu lieben: »Sag: er war alles! Was
noch übrig blieb, / Es sind nur Schatten; es zerfällt, ein Nichts. Sein
Atem war die Luft, sein Aug die Sonne, / Sein Leib die Kraft der spros-
senden Natur; Sein Leben war das Leben: deines, meins / Des Weltalls
Leben.« (V / 202 ff.) Die Worte Medeas aus den *Argonauten* haben pro-
grammatischen Charakter in Grillparzers Dramenwelt: »Den Toten
will ich schaun, wenn auch mit Tränen schaun. / Den Lebenden nicht«
(III / S. 106)[33].

Man mag in dieser Abschwächung dramatischer Gegenwart, in diesem
Abschleifen der Kollisionen ein Charakteristikum der österreichischen
Lebensform erkennen; mit Sicherheit aber ist diese Eigenart eine im
altertümlichen Gewand verborgene, früheste Gestalt der Krise des mo-

dernen Dramas, einer Krise, die manifest erst wurde, als sie inmitten der
bürgerlichen Trauerspiele des 19. Jahrhunderts – bei Ibsen zumal – aus-
brach. Anders aber als in der *Jungfrau von Orleans* und in Goethes
späten Theaterstücken wird diese latente Krise von Grillparzer mitnichten in eine Erlösung umgedeutet. Von einer nationellen Differenzierung zwischen seiner und der deutschen, respektive preußischen
Dramatik könnte wohl verläßlich dort gesprochen werden, wo Grillparzer von der Welt antiker Mythen sich trennt und das Problem staat-
licher Herrschaft zu seinem Gegenstand macht. Die Anziehungskraft
der antiken Mythen bestand für die Dramatiker zum guten Teil in der
Möglichkeit, die enge Welt des bürgerlichen Trauerspiels zu verlassen,
ohne in die Nähe der alten Haupt- und Staatsaktion zu geraten. Goethe
scheute die Politik nicht nur wegen seiner eigenen prekären politischen
Situation; er wußte auch von den Gefahren politischer Dramaturgie –
Gefahren, denen Schiller sich ununterbrochen aussetzte. Die antiken
Mythen gewährten demgegenüber Themen und Stoffe, worin politische Konflikte als rein ethische ausgetragen werden konnten. Es ist nun
kennzeichnend für die Entwicklung von Kleist und Grillparzer, daß
beide Dramatiker diese Welt der Kunstperiode verließen und die direkte Aufnahme politischer Themen suchten; nicht mehr jedoch im
Sinne Schillers, der durch gezielte Wahl seiner historischen Stoffe nach
einer konsequenten moralischen Verallgemeinerung politischer Konflikte, nach Aufhebung des Politischen, strebte. Ganz im Gegensatz
dazu war nun mit der Aufnahme politischer Thematik aus der Vergangenheit eine unmittelbare Stellungnahme zum aktuellen Zustand des
Staats intendiert. Aus den historischen Stoffen wurde ein moderner
»Mythos« geknüpft, der den Staat der Gegenwart ebenso kritisieren als
bessern – bei Kleist sogar anfeuern – sollte. Dem preußischen Mythos,
den Kleist im *Prinz von Homburg* und in der *Hermannsschlacht* geschaffen hatte, trat in Grillparzers Staatsdramen der habsburgische gegenüber. Damit erst erfolgt in der deutschen Literatur die eigentliche
Politisierung der Geschlechterdifferenz: das Geschlecht wird staatsför-
mig. Das bürgerliche Trauerspiel mündet nach dem klassischen Intermezzo wiederum in die Haupt- und Staatsaktion, aus welcher Lessing
es herausgeschält hatte; die Staatsaktion nimmt die Spannung zwischen
den Geschlechtern in sich auf – und prägt gerade darin nationale Diffe-
renzen stärker aus.

Die Jüdin von Toledo hat keine Erhabenheit, sie hat keinen Status als

Priesterin, Magierin oder Dichterin. Hätte sie nicht die Schwester, die in diesem Drama die erhabene Rolle, als Nebenrolle, übernommen hat (von Anfang an weiß sie auch, wohin die Liebe des Königs führen wird), Rahel wäre völlig ohne Schutz den Männern ausgeliefert. Der Mangel an Erhabenheit läßt sie kindlich erscheinen. Kindlichkeit und Erhabenheit sind die beiden Pole von Grillparzers Dramaturgie; unendlich große Distanz oder keine Distanz zum anderen, Abstand der Reflexion und stumme Nähe – in diesen Extremen bewegen sich seine Figuren, mag auch die kindliche Nähe in den anderen Dramen immer nur ein kurzes, meist stummes Zwischenspiel wortreicher Erhabenheit sein. Kindlich sind die Begegnungen der Jüdin mit dem König, schutzlos sucht sie bei ihm die Sicherheit des einschlafenden Kindes: »Hier will ich bleiben und ein wenig schlafen«, sagt sie – »(die Wange an des Königs Knie gelegt) Hier ist die Sicherheit, hier ruht sich's gut.« (I / S. 20)[34] Sie nähert sich dem König fast immer in jener abendlichen Stimmung kleiner Kinder, da Übermut und Schläfrigkeit ineinander übergehen. Rahel, die Verspielte, spielt auch nur die Gegenwart. Statt des Königs nimmt sie sich ein Porträt von ihm, heftet es an einen Stuhl und führt so einen Dialog mit dem Bild. Währenddessen beobachtet sie heimlich der König. Kaum eine treffendere Metapher läßt sich am Theater finden für die verlorene Gegenwart der Geschlechter als diese Szene; von ihr übrigens hat Grillparzer während der Arbeit an dem Stück eine eigenhändige Zeichnung angefertigt: sie zeigt Rahel auf dem Boden sitzend oder besser kauernd, den Arm auf einen Stuhl gestützt, den Blick auf das Porträt des Königs gerichtet, das auf der Rückenlehne des Stuhles befestigt ist; dahinter steht die Schwester mit besorgtem Gesichtsausdruck. Für einen Moment blitzt in der Szene Gegenwart auf, als der König das Spiel zerstört und in den fiktiven Dialog Rahels mit seinem Porträt eintritt, indem er selbst – statt des Bildes – antwortet. Sofort verstummt Rahel; sie bleibt stumm, bis der König ihr das Bild nehmen möchte, um es zurück in den Rahmen zu geben: »Berühr die Nadeln nicht, noch dieses Bild, / Sonst festig' ich's mit einem tiefern Stich, (mit einer Nadel nach dem Bilde fahrend) / Siehst du? gerad ins Herz.« (II / S. 38) Die Begegnung mit Rahel nennt der König ein »Traumspiel«, das eines Winkes nur bedarf, um sich aufzulösen »in sein eigentliches Nichts.« (III / S. 55) Er aber, der diesem für Rahel tödlichen Wink gehorchen wird, ist selbst nichts weniger als erwachsen. Doch er ist eins von den bösen Kindern, bei welchen Naivität und Heimtücke

sich keineswegs ausschließen. Gerade der Infantilismus läßt den König
so gefährlich für Rahel werden, denn seine Unsicherheit als Mann ist
mit der Gewalt des Staats zuinnerst verbunden. Die Gebrochenheit seiner geschlechtlichen Identität wird nicht – wie bei Leander oder dem
armen Spielmann – zur Schönheit eines sanften, einsamen und stillen
Charakters geformt, sondern sie wird gewalttätig. Schon Jason mag
sein Recht als Antagonist Medeas verlieren in dem Augenblick, da er
sich dem König seines Gastlandes anschließt. Nun, bei König Alfons,
werden Staat und Geschlecht vollends legiert; der moderne Führer, wie
er hier nach Kleist zum erstenmal die Bühne betritt, geht hervor aus der
Personalunion von Angst und Macht. Der preußische Typus, wie ihn
Kleist in der *Hermannsschlacht* geschaffen hat, vermag sich dabei über
die dramatische Kollision zu erheben; bei Grillparzer indessen gelingt
es dem Mann nicht, sich der dramatischen Dialektik zu entziehen – und
wie ein episches Subjekt sie zu leiten: weil sie nicht handelt, nicht in der
je gegenwärtigen Situation sich zu entscheiden vermag, wird die Gestalt
des Königs Alfons problematisch.

Einen Ausweg aus dem Dilemma, das jener problematische Herrscher
für einen treuen Untertan bedeuten mußte, hatte Grillparzer – lange
bevor er *Die Jüdin von Toledo* abschloß – im »habsburgischen Mythos«
(Claudio Magris) gefunden. Er ermöglichte es, eine Utopie in die Vergangenheit habsburgischer Herrschaft zu projizieren: die Utopie des
weiblichen oder verweiblichten Herrschers. Auch das Verhältnis zwischen Ottokar und Rudolf (in *König Ottokars Glück und Ende*) und
das zwischen Rudolf II. und Matthias (im *Bruderzwist)* ließe sich als
eine Art versteckter oder verschobener und politisierter Ehetragödie
deuten; Rudolf II., der darin den Part der Frau zu spielen hat, scheint in
mancher Hinsicht die Reflexionen Medeas weiterzuspinnen: »Denn
was Entschlossenheit den Männern heißt des Staats / Ist meistenfalls
Gewissenlosigkeit«. (III / S. 268)[35]

Vollständig verweiblicht ist die Utopie des guten Herrschers einzig in
Libussa. In dieser Gestalt findet die Reihe der großen Frauenfiguren
Grillparzers einen geschichtsphilosophischen Abschluß. Noch einmal
zeigt Grillparzer das Scheitern der Beziehung von Mann und Frau –
doch diesmal ist es zugleich die Konfrontation zweier antagonistischer
Prinzipien. Denn mit Libussa ist eine matriarchalische Königin als
Protagonistin entworfen. Grillparzer läßt dabei »die mutterrechtliche,
urkommunistische Ordnung durch Libussa überhaupt erst einführen

– *nach* der Epoche einer als Naturzustand imaginierten Gesellschaft des Privateigentums und des Patriarchats (in der sogar das Geld bereits existierte).«[36] Den Unterschied von reich und arm erklärt sie ebenso für abgeschafft wie die Macht des Mannes über die Frau; einer Göttin gleich möchte sie in den Alltag der Menschen hinabsteigen und ihn nach neuen Normen ordnen; zu einem offensichtlichen Haustyrannen sagt sie: »Wie lebst du, und wie lebt dein Weib? / Seid ihr versöhnt und streitet ihr nicht mehr? / Demnächst komm' ich zu dir mich des zu überzeugen. [...] hast du unrecht, / So seh' ich nicht warum sie weichen sollte. / Ich blicke rings um mich und finde nirgends / Den Stempel der Mißbill'gung, den Natur / Der offnen Stirn des Weibes aufgedrückt. / Sieh, deine Fürstin ist ein Weib, und braucht sie Rat, / Geht sie zu ihren Schwestern [...] Kein Sklave sei im Haus und keine Sklavin: Am wenigsten die Mutter deines Sohns.« (II / S. 53)[37] Grillparzers Dramaturgie erreicht in diesem späten Stück eine äußerste Grenze. Zur undramatischen Form seiner Dramen gehörte von jeher die Auflösung der Gegenwart zwischen den Geschlechtern. In der *Libussa* tritt nun an ihre Stelle – deutlicher als in den anderen Stücken – ein Requisit, jenes ominöse Kleinod, das Primislaus heimlich aus dem Gürtel Libussas bricht – und das beide schließlich für kurze Zeit wieder zusammenführt. Es ersetzt buchstäblich die wirkliche Begegnung von Mann und Frau. Als Primislaus zu Libussa vordringt, wie Leander in Heros Turm, reagiert sie wie diese zunächst mit Haß. Auch später, als aus diesem Haß eine Art Liebe wird, kommt es nicht eigentlich zu einer Begegnung. Eher müßte man davon sprechen, daß jenes Kleinod zu Libussas Gürtel findet, als Primislaus zu Libussa. Das Requisit sichert Libussa jene Distanz – und zugleich verhindert es dramatisches Handeln. Wie Hero und Sappho ist Libussa nicht gegenwärtig im zwischenmenschlichen Bezug – auch als Herrscherin nicht. Sie herrscht darum auch gar nicht wirklich, sie verkündet nur. »In Zukunft herrscht nur Eines hier im Land: / Das kindliche Vertrauen« (I / S. 35). Der erste Konflikt, der erste Anschein von Gegenwart – der Streit zwischen zwei Männern um die Grenzziehung des Grundbesitzes – führt zum Sturz Libussas. Am Ende des zweiten Aufzugs schon ist ihre Herrschaft vorbei – sie selber bereit, die Macht an Primislaus abzugeben, und wieder blickt sie, statt in der Gegenwart zu handeln, in die Zukunft: »Das ist der Mann, den ihr und ich gesucht. / Was jetzo leicht und los das macht er fest, / Und eisern wird er sein so wie sein Tisch / Um euch zu bändigen, die ihr von Eisen. / Die

Luft wird er besteuern, die ihr atmet, / Mit seinem Zoll belasten euer
Brot, / Der gibt euch Recht, das Recht zugleich und Unrecht, / Und
statt Vernunft gibt er euch ein Gesetz, / Und wachsen wirds wie alles
mehrt die Zeit, / Bis ihr für euch nicht mehr, für Andre seid. / Wenn ihr
dann klagt, trifft selber euch die Klage, / Und ihr denkt etwa mein und
an Libussens Tage.« (II/S. 79) Führen Libussa und Primislaus einen
längeren Dialog wie im fünften Aufzug, so meint man, zwei Zeitalter,
zwei Weltordnungen, sprechen miteinander. Primislaus ist ein Mann
des Nutzens, oder wie es in der kritischen Theorie heißt: der instrumentellen Vernunft – einer Vernunft, die Libussa von ihrer eigenen
scheidet, wie die Klugheit von der Weisheit. Arbeit und Tausch sind
seine Werte – und er reflektiert über sie wie ein klassischer National-
ökonom: »So schafft uns Tausch was hier noch etwa fehlt. / [...] Hat
auch das Land was ihm zur Not genug; / An unsern Grenzen wohnen
andre Völker, / Die streben vor und mehren ihre Macht. / Das Viel und
Wenig liegt in der Vergleichung / Und in der Truhe mindert sich der
Schatz, / Wer Hundert hat und sich damit begnügt, / Er hat nicht mehr,
zählt jeder Nachbar Tausend«. (V/S. 133 f.) Die Schlüsse aus der Na-
tionalökonomie zieht Libussa und erkennt in Primislaus einen böhmi-
schen Nachfahren von Hermann dem Cherusker: »Blut umgibt mich,
Blut, / Durch dich vergossen fremdes und von Fremden deines [...]
Durch unbekannte Meere wirst du schiffen, / Ausbeuten was die Welt
an Nutzen trägt, / Und allverschlingend sein vom All verschlungen.«
(V/S. 148) Nur: Libussa ist kein Thuschen, sie läßt sich nicht instrumentalisieren. Sie verweigert dem Mann aber auch die Erlösung – im
Unterschied zum Ewig-Weiblichen des *Faust* und im Unterschied zum
Wagnerschen Musikdrama. Sie sagt zu Primislaus: »Und also bau nur
immer deine Stadt« (V/S. 132) und klopft ihm damit skeptisch und ironisch auf die Schulter; sie selber wird ihm nicht zu Diensten sein. Die
Ahnung, was aus dem neuen Menschen werden wird, den Primislaus
mit seiner Stadt zu schaffen gedenkt, ist zugleich der Abgesang Libussas: »an die Grenzen seiner Macht gelangt. / Von allem Meister was
dem Dasein not / Dann wie ein reicher Mann, der ohne Erben / Und
sich im weiten Hause fühlt allein, / Wird er die Leere fühlen seines
Innern. / Beschwichtigt das Getöse lauter Arbeit, / Vernimmt er neu
die Stimmen seiner Brust: / Die Liebe, die nicht das Bedürfnis liebt, /
Die selbst Bedürfnis ist [...] Dann kommt die Zeit, die jetzt vorüber-
geht, / Die Zeit der Seher wieder und Begabten. / Das Wissen und der

Nutzen scheiden sich / Und nehmen das Gefühl zu sich als Drittes; / Und haben sich die Himmel dann verschlossen, / Die Erde steigt empor an ihren Platz, / Die Götter wohnen wieder in der Brust, / Und Demut heißt ihr Oberer und Einer. / Bis dahin möcht' ich leben, gute Schwestern, / Jahrhunderte verschlafen bis dahin. / Doch solls nicht sein, die Nacht liegt schwer am Boden / Und bis zum Morgen ist noch lange Zeit.« (V/S. 152f.) Die utopische Einheit von Weiblichkeit und Herrschaft zerfällt wie die Gemeinschaft der Geschlechter. »Fort alles, was um mich noch Gegenwart«, sagt Libussa, legt ihren Gürtel mitsamt dem Kleinod ab – und die Schwestern nehmen sie mit sich fort in ihr Niemandsland.

»Zögernd stille (leise), / In des Dunkels nächtg'er Hülle / Sind wir hier; Und den Finger sanft gekrümmt, / Leise, leise, / Pochen wir / An des Liebchens Kammerthür.« – so beginnt jenes *Ständchen* Grillparzers, das Schubert vertont hat. Doch noch ehe die »Freundin«, das »Liebchen« richtig erwacht, ziehen sich die Verehrer auch schon wieder »zögernd leise« zurück: »Aber was in allen Reichen / Wär' dem Schlummer zu vergleichen? / Was du hast und weißt und bist, / Zahlt nicht, was der Schlaf vergißt. / Drum statt Worten und statt Gaben / Sollst du nun auch Ruhe haben. / Noch ein Grüßchen, noch ein Wort, / Es verstummt die frohe Weise, / Leise, leise, / Schleichen wir uns wieder fort!«[38] Überliefert wird, Katharina Fröhlich – die »ewige« Verlobte Grillparzers – habe Schubert zur Vertonung des Gedichts angeregt. Doch Schubert und Grillparzer verbanden eben nicht nur die Schwestern Fröhlich; kaum läßt sich an den Libretti zu Schuberts erfolglosen Opern die Nähe zu Grillparzer übersehen; ja man könnte in Kupelwiesers *Fierabras*-Handlung eine Grillparzer-Parodie vermuten, folgt man Friedrich Dieckmanns anschaulicher Darstellung der »Ritteroper, deren Titelfigur ein Gefesselter, deren Hauptfigur ein Geängstigter und deren einzig frei handelnde Gestalt eine Frau ist, die weder mit dem einen noch dem andern etwas zu tun hat und inmitten des Stücks wie vom Himmel in die Handlung fällt«[39]. Jedenfalls aber vereinigt sich in der kleinen Serenade das Grundmotiv der Grillparzerschen Dramaturgie mit jenem der Schubertschen Liederzyklen. Die Vielzahl der Stimmen verstärkt den leicht, vielleicht unfreiwillig komischen Charakter der Situation: wie ein wirkliches Ständchen wird das Lied von mehre-

ren Männern zum Besten gegeben (in einer anderen Fassung hat es
Schubert sogar für Frauenstimmen gesetzt). In den Liederzyklen nach
Gedichten von Wilhelm Müller hört man hingegen nur eine Stimme –
und Vereinzelung, Rückzug vom andern Geschlecht ist ihr großes, einziges Thema. Einsam wandernd, singt ein Handwerksbursch davon,
daß die Geliebte ihn verlassen hat. Die Form des Liedes schließt jede
Begegnung oder Wiederbegegnung mit der Geliebten, oder auch mit
dem Nebenbuhler, kategorisch aus: der dramatischen wie der musikdramatischen Konfrontation ist gekündigt – als wären die männlichen
Helden aus *Così fan tutte* nicht mehr bereit, ins Komödienfinale einzu-
stimmen, und suchten in diesen Liedern das Weite. Die Form der Sonate verlassen sie unbedingt: »Die klassische Vorstellung von dramatischem Kontrast und seiner Auflösung ist abgeschafft [...] Besitzt ein
Lied einen starken inneren Kontrast – was nur ausnahmsweise vorkommt – so bildet er nicht die Energiequelle. Ganz im Gegenteil. ›Die
Post‹ aus der ›Winterreise‹ bringt im kontrastierenden Abschnitt ein
Erschlaffen der Energie, das nicht etwa eine Spannung löst, sondern nur
eine Zurücknahme vor dem endgültigen Höhepunkt darstellt.«[40] Anstelle des Konflikts komponiert Schubert die Wiederkehr des Immergleichen, motorische Impulse verdrängen den Sonatenzusammenhang;
nicht aus dem Gegensatz sondern aus der Wiederholung gewinnt er
seine größten Wirkungen. Die lineare Zeit aber rettet er nur, indem er
die Wiederholungen doch in stets neuer Umgebung durchführt und
überall harmonische Veränderungen auf engstem Raum schafft, die
Wiederholung findet in einem linearen Kontinuum statt: darum wohl
müssen seine Figuren ständig auf Wanderschaft sein.

Schubert, aber auch Heine und Schumann haben im lyrischen Gesang
jene Form für die Vereinzelung der Geschlechter, für den Verlust ihrer Gegenwart, gefunden, die Grillparzer im Drama vergeblich gesucht hat. Allerdings ist es unfreiwillige Entsagung, in die ihre Helden
von der untreuen Geliebten und der lyrischen Form getrieben werden,
während Grillparzer gerade darum am Drama festhält, um wie kein
anderer das Moment der Entscheidung in der Entsagung festzuhalten.
Man mag dem österreichischen Dichter darum allerlei Kompromisse
zum Vorwurf machen, dem klassischen Motiv hielt er sogar mehr als
dem habsburgischen Staat die Treue – und eben diese Treue wurde
dem klassischen Drama zum Verhängnis. Grillparzer wollte seinen
Gestalten unter keinen Umständen die Möglichkeit rauben, selbstbe-

stimmt zu entsagen – als Alternativentscheidung, von niemandem, auch keiner Religion, erzwungen. Darin ist Grillparzers Werk vermutlich einzigartig in der ganzen Geschichte des Dramas: Keiner der nachfolgenden Tragöden der Geschlechter hat jedenfalls der Entsagung des Subjekts die Gegenwart des Dramas zum Opfer gebracht; wurde sie preisgegeben, dann geschah es, um die sogenannten gesellschaftlichen Verhältnisse oder das Selbstmitleid des männlich-epischen Subjekts zu exponieren. Wenn aber Tschechows Gestalten, die Grillparzers Frauenfiguren vielleicht noch am nächsten stehen, Verzicht leisten, so ist dies eher Resignation darüber, daß die Wirklichkeit ihnen entsagt hat. »In dieser Welt kann kein Wunsch in Erfüllung gehen«[41], schrieb der junge Lukács über Tschechows Dramatik; dies bedeutet nicht, daß die Wünschenden ihren Wünschen entsagen könnten, sie müssen bloß auf deren Erfüllung verzichten. »In den Dramen Tschechows leben die Menschen im Zeichen des Verzichts. Verzicht vor allem auf die Gegenwart und die Kommunikation kennzeichnet sie: Verzicht auf das Glück in der realen Begegnung [...] Verzicht auf die Gegenwart ist Leben in der Erinnerung und in der Utopie, Verzicht auf die Begegnung ist Einsamkeit. ›Drei Schwestern‹ - vielleicht das vollendetste der Tschechowschen Dramen – ist die ausschließliche Darstellung einsamer, erinnerungstrunkener, von der Zukunft träumender Menschen. Ihre Gegenwart wird erdrückt von Vergangenheit und Zukunft, ist Zwischenzeit, Zeit des Ausgesetztseins, in der die Rückkehr in die verlorene Heimat das einzige Ziel ist.«[42] Stilkategorien wie Klassizismus und Naturalismus geben über den Unterschied zwischen Grillparzers und Tschechows Dramatik nur ungenügend Auskunft; in der Stildifferenz artikuliert sich der Gegensatz von Entsagung und Verzicht; zwei Entsagende können sich auf der Bühne offenbar nicht begegnen: stets entsagt eine Gestalt allen anderen – oder mit einem moderneren Ausdruck: der Gesellschaft; eine Frau den Männern. Verzichtende aber können sich begegnen und einander noch einmal die Hoffnung einflößen, vielleicht doch nicht verzichten zu müssen. Diese Hoffnung ist die einzige Bewegung, die in Tschechows Drama stattfindet, die seine Figuren noch zueinander und schließlich auseinander treibt. Doch es ist, verglichen mit Grillparzers statischem, fast statuarischem Figurenspiel eine szenisch sehr eindrucksvolle Bewegung, die wie kaum eine andere Dramaturgie den Schauspieler herausfordert, ständig das Innere nach außen zu wenden. Sie gewinnt ihre Spannung

im zwischenmenschlichen Bezug dadurch, daß sie fortwährend verschiedene Verzichtende vereint und konfrontiert; fast jede Figur, die
auf der Bühne erscheint, ist wesentlich durch einen Verzicht charakterisiert. Dadurch hebt Tschechow tendenziell eine Hierarchisierung der
Figuren auf, die sonst dem Drama durchaus eigentümlich ist: es gibt bei
ihm kaum die Unterteilung von Haupt- und Nebenfiguren – schon gar
nicht eine Gegenüberstellung von Subjekt und Gesellschaft, auf welche
die Entsagungsdramaturgie hinausläuft. Der Verzicht macht die Menschen gleich – sie sind alle gleich traurig. Dies betrifft auch den Unterschied der Geschlechter: sie gleichen sich in Tschechows Dramaturgie
einander an wie sonst kaum auf dem modernen Theater. Die Stätten des
Verzichts, dort wo die Traurigen zusammentreffen, sind die russischen
Güter. (*Die Möwe, Der Kirschgarten, Onkel Vanja* könnten als eine
Art Zyklus gelesen oder inszeniert werden: die Personen des einen
Teils könnten durchaus in einem anderen auftreten, ohne daß es zu
irgendeinem Stilbruch führen würde; jedes der Stücke spielt sozusagen
bloß auf einem anderen Gut.) Es bedarf keines mythologischen Raums,
wenn nur verzichtet und nicht entsagt wird; es bedarf keiner szenischen
Metaphern und keiner mythischen Verallgemeinerung, wenn nicht der
Welt, den Männern, entsagt wird, sondern eine Frau darauf verzichten
muß, einen bestimmten Mann zu heiraten; »ich wollte heiraten – und
habe nicht geheiratet, ich wollte immer in der Stadt leben – und jetzt
verbringe ich die letzten Tage meines Lebens auf dem Lande oder so.«
(IV/S. 54)[43] Selbst die Formulierung von Sorin ist einem Verzicht geschuldet: der dies sagt, wollte immer schön sprechen können – »und
habe immer abscheulich gesprochen (äfft sich nach:) ›oder so und oder
so was, denjenigen nicht denjenigen...‹«. (IV/S. 53) Noch verzweifel-
ter ist Onkel Vanja: »Tag und Nacht, wie ein Alptraum quält mich der
Gedanke, daß mein Leben unwiederbringlich verloren ist. Eine Vergangenheit habe ich nicht, sie ist aufs dümmste vertan, mit Lappalien vertan, und die Gegenwart ist in ihrer Sinnlosigkeit entsetzlich.« (II/
S. 25)[44]
Die Selbstbestimmtheit der Entsagung macht das jammernde Glück
von Grillparzers Gestalten aus – und der erzwungene Verzicht bedeutet das hoffnungsvolle Unglück der Tschechowschen Charaktere. Oft
schwingen auch sie sich zu großen Utopien auf, die – ähnlich Libussas
Worten – das Leben einer befreiten Menschheit sich ausmalen – in hun-
derten oder tausend Jahren: doch wenn etwa Astrov in *Onkel Vanja*

dies tut, so erscheint bald neben ihm – wie ein böser Engel, aus der Gegenwart geschickt – ein Knecht, der auf einem Tablett ein Glas Vodka bringt: und Astrov – den Knecht erblickend – unterbricht seine Rede über den Menschen, der in tausend Jahren glücklich sein wird, trinkt den Vodka und sagt: »Aber... für mich wird es Zeit. Wahrscheinlich ist am Ende doch alles nur komisch.« (I/S. 18) Weil sie nicht entsagen sondern bloß verzichten müssen, werden die Utopien der Tschechowschen Menschen stets ein wenig lächerlich – durch die Gegenwart des Dramas relativiert, ohne freilich vernichtet zu werden: die Sehnsucht, die in ihnen sich ausspricht, ist gleichsam der Seufzer des Verzichts. Aber nicht nur die Utopien – auch der Gegensatz der Geschlechter wird relativiert. Es ist eben ein Unterschied, ob eine Frau, die entsagt hat, das Urteil über das andere Geschlecht spricht, oder eine, die auf eine Verbindung mit ihm bloß verzichten mußte. So spricht Elena Andreevna über die Welt der Männer nichts anderes aus als Libussa: »Genauso zerstört ihr ohne Sinn und Verstand den Menschen, bald wird es dank euch auf der Erde keine Treue mehr geben, keine Reinheit, keine Aufopferungsgabe... Warum könnt ihr eine Frau nicht gleichgültig ansehen, wenn sie nicht euch gehört? Weil [...] in euch allen der Dämon der Zerstörung sitzt. Euch tut es nicht leid um die Wälder, die Vögel, die Frauen, nicht einmal um euch selbst.« (I/S. 19) Doch die Frau, die solches sagt, zieht sich daraufhin nicht mit ihren Schwestern vom andern Geschlecht zurück – sie reist bloß mit ihrem greisenhaften Professor vom Landgut in die Stadt, weil sie sonst den Gatten betrügen müßte. Sie kann der Verführung bis zuletzt nicht entsagen.

Tschechows Dramaturgie ist gleichsam eine enttäuschte Hoffnung auf Komödie: auf das schließliche Zusammenfinden der Geschlechter. Die Gattungsbezeichnung, die Tschechow seinen späten Dramen gab, ist in eben diesem Sinn ironisch zu verstehen. Schnitzler und Hofmannsthal aber haben versucht, diese Ironie zu sistieren – und also mit der Komödie wieder ernst zu machen: der Verzicht wird entweder zurückgebogen in ein echtes Komödienende oder er geht unter im Reigen unendlicher Promiskuität.

Zerstörung

Zärtlichen Herzen gefühlvoll geweiht!
Heinrich von Kleist,
Dedikation der *Penthesilea*

Die beiden Liebenden Ottokar und Agnes tauschen ihre Kleider. Sie tun es, um die Eltern zu täuschen: Ottokar will Agnes vor der Rache seines Vaters bewahren. Hinter diesem Tun, das einem konkreten, gegenwärtigen Zweck geschuldet ist, zeichnet sich gleichsam als Schattenbild eine andere Bedeutung ab: Die Liebenden verwandeln sich einander an, um den Eltern zu entkommen. Eben dies aber führt zu ihrer Vernichtung: Rupert ermordet den eigenen Sohn, den er für die Tochter des verfeindeten Sylvester hält – und daraufhin tötet dieser – Gleiches mit Gleichem vergeltend – die eigene Tochter, in der Verblendung befangen, es handle sich um den Sohn des Mörders. Die Anverwandlung der Liebe zerstört die Liebenden.

Die Interpretation des Schattenbilds, wie es am Ende der *Familie Schroffenstein* sichtbar wird, bleibt fragwürdig: sie muß als Allegorese betrieben werden. Einen verläßlichen Schlüssel zur Entzifferung scheint sie nur in Kleists späteren Dramen zu finden, die Eigenart des frühen aber könnte in der Differenz zwischen Handlung und Bild gesehen werden, die das Ende beherrscht. Das Bild liegt außerhalb des Dramas, soweit dieses als *je gegenwärtiges zwischenmenschliches Geschehen* begriffen wird. Dennoch gibt es einen Zusammenhang zwischen Bild und Handlung – und er ist dramatischen Ursprungs, er entsteht im *Dialog*. Es ist Ottokar selbst, der die Bedeutung des Bildes – als Schein – vergegenwärtigt, um Agnes den Zweck der Handlung zu verhüllen: »Und weil du mein bist – bist du denn nicht mein? / So nehm ich dir den Hut vom Haupte, (er tut's), störe / Der Locken steife Ordnung, (er

tut's) drücke kühn / Das Tuch hinweg, (er tut's) [...] / Nun entwallt /
Gleich einem frühling-angeschwellten Strom / Die Regung ohne Maß
und Ordnung – schnell / Lös ich die Schleife, schnell noch eine, (er
tut's) streife dann / Die fremde Hülle leicht dir ab. (Er tut's.)« (V/1)[1]
Die Anverwandlung, die Ottokar in diesem Bild vollzieht, ergreift – im
Tonfall der Koketterie, doch kurz bevor die Katastrophe einbricht –
das Geschlecht: »Drück ich Dir noch den Helm auf deine Locken, /
Mach ich auch Weiber mir zu Nebenbuhlern«.
Oft wird *Die Familie Schroffenstein* mit Shakespeares *Romeo und Julia*
verglichen; der Unterschied springt den Interpreten sofort ins Auge:
Das vollständige Vertrauen zwischen Romeo und Julia kann vom Haß
der verfeindeten Familien nicht gefährdet werden – oder nur für Momente; nur wenn Julia abwesend ist, vermag Romeo ihre Liebe zurückzuweisen; in einem Augenblick, da Romeo nicht nahe ist, beginnt Julia
ihn sogar zu hassen. In der Nähe des anderen jedoch herrscht Vertrauen; im Dialog lösen sich Romeo und Julia *wechselseitig* aus der
familiären Gebundenheit. Die Familie wird als *Name* entäußert: »whe-
refore art thou Romeo? / Deny thy father, and refuse thy name; / Or, if
thou wilt not, be but sworn my love, / And I'll no longer be a Capulet«
– und Romeo antwortet Julia: »I take thee at thy word.« (II/2)[2] Beide
sind gleichzeitig mit der Wahrheit über die Herkunft des anderen konfrontiert worden – durch eine dritte Person, die Amme. So vermag keiner, dem anderen etwas vorzuenthalten, sie wissen sofort und mit Bestimmtheit von der Situation, in die sie geraten sind: »Prodigious birth
of love it is to me, / That I must love a loathed enemy« (I/5). Kleists
Ottokar hingegen bringt den Namen als Schibboleth ins Spiel: »Dein
Zeichen nur, die freundliche Erfindung / Mit einer Silbe das Unendliche / Zu fassen, nur den Namen sage mir.« (II/1) Agnes wiederum
antwortet beim Abschied auf Ottokars Frage: »Und kehrst nicht wieder?« mit den Worten: »Niemals, / Wenn Du nicht gleich mir deinen
Namen sagst.« Diesen ersten Dialog mit Agnes führt Ottokar bereits in
dem Vorgefühl, die Geliebte könnte dem verfeindeten Haus entstammen; Agnes selbst scheint ahnungslos – und doch war sie es, die den
Namen tabuisiert hatte: »Hab ich nicht stets gewünscht, du möchtest
es / Nicht zu erforschen streben«. Statt sich ihrer wechselseitig zu entledigen, verheimlichen sie ihre Namen einander. »Ich hätte deinen
längst erforscht, wenn nicht / Sogar dein unverständliches Gebot / Mir
heilig«, sagt Ottokar. Das Motiv von Agnes bleibt ungewiß: hat auch

sie jenes böse Vorgefühl und versucht, mit dem Tabu des Namens die Liebe zu retten? Ottokar jedenfalls reagiert anders auf die Ahnung der fatalen Verwandtschaft: *Erforschen* ist das eigentliche Tätigkeitswort seiner Liebe, von ihrem ersten Dialog an versucht er, Agnes zu verhören. Handelt es sich hier nicht um eine Ungleichheit im Wissen – oder im Mißtrauen – zwischen den beiden Liebenden, dann um eine im *Umgang mit dem möglichen Wissen*. Welcher Art die Ungleichheit auch sei, sie verschafft Ottokar eine überlegene Position. Dies tritt umso deutlicher hervor, als Agnes am Beginn arglos den forschenden Ottokar entlarvt und seinem Bedürfnis in spielerischer Weise entgegenkommt: sie weiß, daß Ottokar anwesend ist und sie belauscht, doch redet sie ihn nicht an, sondern spricht über ihn: eine Art innerer Dialog entsteht, Agnes kokettiert gewissermaßen nur mit einem Monolog; sie weiß, daß Ottokar ihr zuhört. Auf diese Weise wird noch einmal versucht, die Situation des Erforschens zurückzuwenden in eine Atmosphäre, wie sie Romeo und Julia verband: »s'ist doch ein häßliches Geschäft: belauschen; / Und weil ein rein Gemüt es stets verschmäht, / So wird nur dieses grade stets belauscht. [...] Da ist zum Beispiel heimlich jetzt ein Jüngling / – Wie heißt er doch? Ich kenn ihn wohl [...]«. (II/1) Auch bei Shakespeare wird Julia zunächst von Romeo belauscht: hier allerdings offenbart sich der Lauschende dem Publikum sofort, der Geliebten gibt er sich bald und ohne Aufforderung zu erkennen. Ottokar aber schweigt auch dann noch, wenn er sich längst erkannt weiß, und dieses Schweigen bereits hat etwas Drohendes. Agnes muß ihn aus dem Schweigen reißen: »Fehlt dir was?« fragt sie. Während Agnes in ihrem einleitenden ›Monolog‹ auf ihre Überlegenheit verzichtete, indem sie das Wissen von der Anwesenheit des anderen ihm selbst offenbarte, errichtet Ottokar seine Dominanz auf dem konsequenten Verschweigen. Eine kaum artikulierte empfindsame Fürsorge, Agnes davor zu bewahren, das Schreckliche zu denken, begründet seine Macht im Dialog. So läßt Ottokar Agnes im Ungewissen und fordert doch, daß sie sich ausspricht.

Keine andere Form ist wie der Dialog imstande, die Struktur des Verhörs durchsichtig zu machen; nirgendwo sonst wird die umgestürzte Gegenseitigkeit transparenter als dort, wo die Gegenseitigkeit selber zur Form geworden ist. Die Konstellation zwischen der inhaltlichen Situation des Verhörs und der festgehaltenen Form des Dialogs erzeugt schon in diesem frühen Drama eine für die Kleistsche Dramaturgie spe-

zifische Spannung zwischen den Personen. Sie reagieren auf die kleinste
Regung des Gegenübers, wo immer in den langen komplizierten Satz-
gebilden sie sich zeigt. Es ist, als ob die Figuren sich ununterbrochen in
die Augen sehen müßten, prüfend, ohne doch darin zu erkennen, woher der andere kommt und was er tun wird. Dabei schaltet Kleist Nebenfiguren und rein szenische Momente (alles Dingliche, das nicht zur
Sprache des Verhörs gebracht werden kann) möglichst aus – um die
Gegenseitigkeit noch zuspitzen zu können. Es sind »Ver*hör*spiele«, die
der Gegenwart des *Schau*platzes gar nicht bedürfen, so sehr ist die Gegenwart in die bloße Wechsel*rede* gebannt.

Ottokar beginnt sich erst auszusprechen, da er irrtümlich glaubt, seine
Ahnung sei falsch; in dem Moment, als er erleichtert ist, bricht sein
Inneres, das er verbarg, seine Ahnung des Furchtbaren, hervor. Und
eben jetzt läßt er jede Vorsicht fahren: »Mein Gott, so brauch ich dich
ja nicht zu töten« (II / 1). Die gleichsam zu spät gekommene Offenheit
erzeugt ein Mißtrauen bei Agnes, das fast nicht mehr zurückgenommen
werden kann. Nachdem Ottokar seine furchtbare Eröffnung im Zustand der Erleichterung gemacht hat, glaubt er in das alte Vertrauens-
verhältnis zurückkehren zu können, doch damit ist es nun vorbei. Die
Entstehung des Mißtrauens findet in der Gegenwart des Dialoges statt:
Schritt für Schritt entwickelt es sich in der Konfrontation mit Ottokar:
am Beginn steht die wunderbare Gewißheit, die Agnes mit der Anwesenheit des anderen spielerisch umgehen läßt; das Schweigen von Ottokar drängt sie mit unsichtbarem Zwang aus dieser Gewißheit: »Liebst
du mich, so sprich sogleich ein Wort, das mich beruhigt.« Ottokar aber
spricht von Mord – und nun ist es Agnes, die ins Schweigen fällt, und
Ottokar ist erleichtert und wird redselig. In der Schwebe bleibt, ob
Ottokar die Alternative zwischen Liebe und Mord nur symbolisch
meint, immerhin hat Ottokar im ersten Akt der ganzen Familie von
Agnes tödliche Rache geschworen. Agnes müßte sie wortwörtlich auffassen, wenn ihr der mögliche symbolische Bezug auf die Feindschaft
der beiden Familien nicht bewußt ist. Schon diese Ungewißheit, in die
Agnes und in anderer Weise das Publikum gerät, läßt in dem frühen
Drama Liebe und Mord eng zusammenrücken.

Ottokars Stiefbruder Johann liebt gleichfalls Agnes und hat sie be-
drängt. Doch Agnes mißversteht diese Liebe und glaubt an einen
Mordanschlag, als Johann den Dolch zückt, um sich selbst zu entleiben.
Wenn nun im zweiten Dialog Ottokar, den sie als Gefährten Johanns

kennt, ihr etwas Wasser reicht, glaubt sie umso mehr an die Möglichkeit einer Vergiftung. Erst als er selbst davon trinkt, scheint das Mißtrauen endgültig besiegt; nun sind beide bereit, ihre Namen zu nennen. Das Ungleichgewicht aber ist geblieben: das Verhör richtet sich nun auf die Zukunft:

OTTOKAR Willst du's?

AGNES   Was meinst Du?

OTTOKAR   Mit mir leben?
    Fest an mich halten? Dem Gespenst des Mißtrauns,
    Das wieder vor mir treten könnte, kühn
    Entgegenschreiten? Unabänderlich,
    Und wäre der Verdacht auch noch so groß,
    dem Vater nicht, der Mutter nicht so traun,
    Als mir?

AGNES O Ottokar! Wie sehr beschämst
    Du mich.

OTTOKAR Willst du's? Kann ich Dich ganz mein nennen?

AGNES Ganz deine, in der grenzenlosesten Bedeutung.

OTTOKAR Wohl, das steht nun fest, und gilt
    Für eine Ewigkeit. Wir werden's brauchen,
    Wir haben viel einander zu erklären,
    Viel zu vertrauen.   (III / 1)

Und wieder dringt ein Motiv des Mißtrauens in die Beziehung ein, oder vielmehr: es entspringt der Situation des Verhörs, das Ottokar fortzusetzen gewillt ist, nachdem er den ersten Punkt des Vertrauens hastig abgehakt hat. Nun geht es um die emotionale Bindung der Geliebten an die Eltern, um ihr mögliches Verhalten in einer Konfliktsituation zwischen Liebhaber und Vater. Ottokar versucht damit seine Machtpositionen im Inneren von Agnes auszubauen. Agnes hingegen klagt im Dialog fortwährend die Gegenseitigkeit ein, um die Verhörsituation aufzuheben.

OTTOKAR [...] Denn nicht wirst du verlangen,
    Daß ich mit deinen Augen sehen soll.

AGNES Und umgekehrt.

OTTOKAR   Wirst nicht verlangen, daß
    Ich meinen Vater weniger, als du
    Dem deinen, traue.

AGNES   Und so umgekehrt.   (III / 1)

Doch Ottokar besteht auf seiner Dominanz: »O Agnes, ist es möglich? Muß ich dich / So früh schon mahnen? Hast du nicht versprochen, / Mir deiner heimlichsten Gedanken keinen / Zu bergen?« Weil Agnes nicht bereit ist nachzugeben, schiebt sich die Frage der Familienfehde zwischen die beiden und wird zur Frage ihrer eigenen Beziehung. Von Agnes aber in die Gegenseitigkeit hineingezwungen, beginnt Ottokar etwas überraschend auf ihre Argumente zu hören – und glaubt schließlich an die Möglichkeit eines Irrtums als der Ursache des Familienzwists. Wieder versucht er abrupt einen Schlußpunkt hinter das Mißtrauen zu setzen: »Nun wohl, 's ist abgetan. Wir glauben uns.« (III / 1) Allzu rasch und nur proklamierend kommt dieses Vertrauen, von Ottokar förmlich beschworen – im nächsten Moment könnte sein Mißtrauen einen neuen Anlaß finden. Es bleibt eine einzige Rettung, aus diesem Kreislauf auszusteigen: der Irrtum muß sich bestätigen. Die Auflösung des Mißtrauens ist nur möglich, wenn die Eltern sich versöhnen, oder genauer: wenn der Grund der Feindschaft sich als nichtig erweist. Denn an Vertrauen über einen Mord hinweg ist auch auf der Handlungsebene der Familienfehde nicht zu denken. Es ist dies der letzte Dialog zwischen Agnes und Ottokar vor dem Schlußbild. Konsequenterweise verlegt Kleist die Handlung in den folgenden Szenen des dritten und vierten Aufzugs auf die Ebene der verfeindeten Häuser.

Die Thematik familiärer Bindung erweist sich aber im Innern der Kleistschen Dramaturgie von Anfang an als heteronom: Obwohl doch die Abhängigkeit von den Eltern in der Konstruktion der Handlung eine so bedeutsame Rolle spielt, gibt es kaum Dialoge zwischen Eltern und Kindern in diesem Stück – schon gar nicht solche von dramatischer Intensität. Hingegen kommt es zu einigen spannungsreichen Auseinandersetzungen zwischen Vätern und Müttern in beiden Familien – nicht jedoch in ihrer Eigenschaft als Vater und Mutter, diese bildet bloß den Anlaß. Kleist interessiert sich als Dramatiker – im Unterschied zu den Autoren des bürgerlichen Trauerspiels – fast gar nicht für die Beziehung zwischen Eltern und Kindern. Dennoch sind Ottokar und Agnes in ihrer Beziehung zueinander auf eine dramaturgisch sehr sensible Weise als Kinder gestaltet. Es ist eine eigentümliche trotzige Verstocktheit – mit der Ottokar auf seiner Dominanz beharrt und Agnes auf Vertrauen –, die sie im Dialog wirklich kindlich erscheinen läßt.

»Wir können nicht entscheiden, ob das, was wir Wahrheit nennen, wahrhaft Wahrheit ist, oder ob es nur so scheint«, schrieb Kleist an

seine Braut Wilhelmine von Zenge. »Ach Wilhelmine, wenn die Spitze
dieses Gedankens Dein Herz nicht trifft, so lächle nicht über einen andern, der sich tief in seinem heiligsten Innern davon verwundet fühlt.
Mein einziges, mein höchstes Ziel ist gesunken, und ich habe keines
mehr.«[3] Der hochtönende philosophische Schmerz sollte der Braut
wohl imponieren, vielleicht aber auch etwas verbergen: daß zwischen
ihnen selber die einzige Möglichkeit sicherer Erkenntnis, die des Herzens, vertan war. Wenige Wochen zuvor hatte Kleist an seine Schwester
Ulrike geschrieben: »Ach Du weißt nicht, Ulrike, wie mein Innerstes
oft erschüttert ist – Du verstehst mich doch nicht falsch? Ach, es gibt
kein Mittel sich dem andern ganz verständlich zu machen und der
Mensch hat von Natur keinen anderen Vertrauten als sich selbst.«[4] Was
in den Briefen an die Frauen als etwas outrierte Klage wiederkehrt,
vermag sich dort zu reflektieren, wo das Mittel, sich dem andern ganz
verständlich zu machen, zur Form wird: im dramatischen Dialog. Das
Drama gibt zu erkennen, *wie* die Erkenntnis des Herzens vertan wird.
Kleist, der die Schwester und die Braut fortwährend belehren und er-
ziehen möchte – ganz im Sinne des Verfassers des *Émile*, doch derart
übersteigert, daß man darin schon Angst vor dem Scheitern erkennen
könnte und das Bedürfnis, sich selbst von Idealen zu überzeugen, die
man gar nicht verwirklichen möchte – Kleist stößt bei beiden Frauen
auf Widerstand: die Schwester dürfte entschiedener und offener gegen
seine Dominanz rebelliert haben, die Braut in einer mehr zurückhalten-
den, aber durchaus standhaften Weise. Während sich der scheiternde
Zuchtmeister in den Briefen zuweilen ins Selbstmitleid zurückzieht,
geht er in der dramatischen Form auf Distanz zu sich selber; und es ist
der Dialog, der diese Distanz ermöglicht. Einem flüchtigen Blick, wie
ihn Hans Mayer auf Kleists Dramaturgie wirft, muß diese Abweichung
vom Subjekt der Briefe entgehen.[5] Aber auch Peter Szondi, dessen
Theorie des modernen Dramas sich doch die Kategorien des »je gegenwärtigen zwischenmenschlichen Geschehens« verdanken[6], verliert
über der philosophischen Problematik des Vertrags, den die verfeindeten Familien geschlossen haben, und der Allegorese des Schlußbildes
den Dialog zwischen Agnes und Ottokar aus dem Auge, so daß er ihn
als *dramatischen* Ursprung des Mißtrauens, als jenen Ort, an dem in der
Gegenwart des Dramas die einzige Möglichkeit sicherer Erkenntnis
vertan wird, nicht in Erwägung zieht; im Gegenteil: »Das Liebespaar
bildet eine Welt für sich in der verfeindeten Umwelt, der zu widerste-

hen, die zu erlösen ihm aufgetragen ist. [...] Nur mit Mühe können sie sich aus den Fangarmen der Feindschaft und Verblendung befreien und in der Wahrheit zueinander finden.«[7] Ottokar selbst aber breitet Fangarme aus, indem er stets Sorge trägt, Erkenntnis und Täuschung, Zutrauen und Verdacht im zwischenmenschlichen Bezug ungleich zu verteilen – und die Dramaturgie des Mißtrauens zu dirigieren. Szondi zitiert Agnes, um zu zeigen, womit es den Liebenden gelänge, den täuschenden Schein der Außenwelt zu durchbrechen: »Denn etwas gibts, das über alles Wähnen / Und Wissen hoch erhaben – das Gefühl / Ist es der Seelengüte andrer.« Doch im Dialog antwortet Ottokar darauf: »Höchstens / Gilt das für dich.« (III/1) Jenes Gefühl der Seelengüte, das Szondi zwischen den Liebenden wahrzunehmen glaubt, ist kein gemeinsames Gut, das beide vor dem Ansturm der Familienfehde bergen könnten. Die schauerliche Stimmung des Schlußbildes entsteht weniger durch die grausame Tat der Väter als durch jenes Gefälle des Wissens, das Agnes und Ottokar wiederum trennt: wie am Beginn läßt Ottokar Agnes ganz im Unklaren über die Situation, in der beide sich befinden. Er ist nicht bereit, sie mit ihr zu teilen.

Die Komödie vom *Zerbrochnen Krug* ist aus einem wirklichen Bild entwickelt; im Unterschied zur Schlußszene der *Familie Schroffenstein* kann es der Allegorese entbehren. Der Kupferstich, dem Kleist die Veranlassung zu seinem Stück entnahm, erscheint in der Beschreibung Heinrich Zschokkes als Genrebild im niederländischen Stil: »In den Figuren desselben glaubten wir ein trauriges Liebespärchen, eine keifende Mutter mit einem zerbrochenen Majolika-Kruge und einen großnasigen Richter zu erkennen.«[8] Ist die *Familie Schroffenstein* in der epischen Manier Shakespeares komponiert und durch den sprunghaften Wechsel der Schauplätze gekennzeichnet, so stellt Kleist in seiner Komödie klassische Einheitlichkeit her. Die Sprünge des frühen Dramas von einem Ort zum andern sind Sprünge auch in der Zeit, zwischen verschiedenen ›Gegenwarten‹. *Der Zerbrochne Krug* hingegen evoziert eine einzige, vollkommen kontinuierlich ablaufende Gegenwart – und in ihr soll das Vergangene erscheinen. »Im Drama«, schreibt Georg Lukács in seiner *Theorie des Romans*, »existiert das Vergangene nicht oder ist vollkommen gegenwärtig. [...] Das ist der formelle Sinn der von Aristoteles aufgezeigten, typischen Szenen der Enthüllungen und

der Erkennungen: etwas ist den Helden pragmatisch unbekannt, nun
tritt es in ihren Gesichtskreis ein, und sie müssen in der dadurch veränderten Welt anders handeln, als sie es wollten. Aber das neu Hinzutre-
tende ist durch keine Zeitperspektive blasser geworden, es ist dem Gegenwärtigen völlig gleichartig und gleichwertig.«[9] Den Personen des
Zerbrochnen Krugs ist – gleich den Gestalten des Sophokleischen *König
Ödipus* – etwas unbekannt: die vergangenen Vorgänge in Eves Zimmer,
die zur Demolierung des Kruges führten. Nur Eve und natürlich der
Dorfrichter Adam, der eigentlich Schuldige, wissen von Anbeginn das
den anderen Unbekannte. Eve verschweigt es, weil sie von Adam er-
preßt wird. Der Vorgang der Enthüllung, die verschiedenen möglichen
Varianten der Vergangenheit, wahre und unwahre, die in den Gesichtskreis der Personen treten, verändern die Beziehungen zwischen den
Personen. Das Vergangene vermag darin gegenwärtig zu werden. Eve
erlebt, wie die anderen sich beim jeweiligen Stand der Ermittlung zu ihr
verhalten. Und dies wiederum verändert ihre Einstellung zu den anderen. Der Vorgang der Enthüllung verläuft dabei keineswegs kontinuierlich – zunächst wäre eher von einer Kreisbewegung aus Wahrheit
und Irrtum, Verdacht und Lüge zu sprechen. Die einzig wahre Vergangenheit tritt schließlich mit einem Schlag ins gegenwärtige Handeln; es
ist der Kulminationspunkt der Komödie am Ende des elften Auftritts:
Adam spricht Ruprecht schuldig und verurteilt ihn zu Gefängnis – und
eben dies veranlaßt Eve, Ruprechts Braut, nun endlich ihr Geheimnis
preiszugeben: »Der Richter Adam hat den Krug zerbrochen« (11)[10].
Die Entscheidung des Richters, die sich dessen gegenwärtiger Situation
der Bedrängnis durch die teilweise enthüllte Vergangenheit verdankt,
motiviert die vollständige Enthüllung, diese wiederum treibt das Geschehen in der Gegenwart mit großer Beschleunigung voran: Eve hetzt
ihren Ruprecht auf den Dorfrichter, noch bevor dieser von Gerichtsrat
Walter zur Rechenschaft gezogen werden kann; Dorfrichter Adam
ergreift sofort die Flucht, Ruprecht erwischt nur seinen Mantel und
verprügelt diesen in Ermangelung des Besitzers. Nach der Statik der
vorangegangenen Szenen, in denen die Untersuchung sich im Kreis bewegte, das Vergangene in der Gegenwart nur Worte und Mimik her-
vorrief, schafft dieser Durchbruch eine befreiende Atmosphäre und
bringt die Personen in Bewegung, die solange still gesessen oder gestanden haben, wo das Gesetz es vorsieht.
In der Gerichtsstube des niederländischen Dorfes wird die Dialogsitua-

tion der *Familie Schroffenstein* gleichsam nach außen gestülpt: Das persönliche Verhör erscheint als öffentlicher Vorgang. Die eigentliche Komödie wird entfaltet, indem die Situation des Verhörs gegen den Verhörenden gewendet wird. Voraussetzung dafür ist die Existenz des Dorfrichters, die man mit einem Wort des jungen Marx »allegorisch« nennen könnte: zwei Seelen vereinigen sich darin, der private Wüstling und der öffentliche Amtmann, und dieser muß schließlich über jenen zu Gericht sitzen. Kleist konterkariert dabei die *Ödipus*-Tragödie des Sophokles, die ihn vermutlich bei der Komposition der Komödie angeregt hat: statt einer stringent verlaufenden Aufdeckung entsteht ein Wechselspiel von Enthüllung und Verhüllung – denn der Dorfrichter, der die Demaskierung vollziehen soll, will sie selbst ja hintertreiben. Die »allegorische Existenz« als Amtmann und sein alltägliches Sein als Lüstling geraten in Konflikt. Das Lustspiel müßte sich zu einer bösen Satire auf die bürgerliche Gerichtsbarkeit entwickeln und die Identität von privatem Wüstling und öffentlichem Sittenrichter einem unversöhnlichen Widerspruch ausliefern, würde nicht in Gestalt des Gerichtsrats Walter ein unbestechlicher, von egoistischem Privatinteresse sozusagen abstrahierter Staatsvertreter die Ehre des Rechts retten.[11] Wie in der *Familie Schroffenstein* vermeidet es Kleist, das Publikum in die Perspektive des Verhörs zu versetzen; sein Standpunkt schwebt in gewissem Sinn zwischen Eve und den verhörenden Männern: mehr wissend als der Gerichtsrat Walter, aber doch nicht soviel wie Eve. Es ahnt die wahre Täterschaft, weiß aber nichts von den Motiven, geschweige denn von den Details. Durch diese Abstufung des Wissens wird die Öffentlichkeit der Gerichtsverhandlung in die eines Theaterstücks transformiert: das Publikum ist keineswegs identisch mit einem imaginären Auditorium im Gerichtssaal, wirft es doch schon am Beginn einen Blick hinter die Kulissen des Gerichts – und ist dennoch nicht allwissend. In der Sphäre der Gerichts-Öffentlichkeit erhält das Mißtrauen Eves nun eine über den zwischenmenschlichen Bezug hinausgehende, man könnte fast sagen, politische Bedeutung: nicht zufällig war der *Zerbrochne Krug* das einzige Kleiststück, dem Lukács in seinem Aufsatz aus den dreißiger Jahren uneingeschränkten Beifall zollte: in Eves Handlungsweise wird die Haltung der Bauern gegenüber der Obrigkeit als individuelles Geschehen gestaltet. Das Kleistsche Mißtrauen, dem Lukács so mißtraute, spielt hier eine andere Rolle als in den übrigen Dramen des Dichters: es »richtet sich [...] gegen die Obrigkeit,

auch gegen den ›guten‹ Revisor, der den Dorfrichter entlarvt und am
Ende alles in Ordnung bringt«[12]. Die Verstocktheit, die Agnes kindlich
erscheinen ließ, führt Eve nun als Bäuerin ein. Auch ihr Mißtrauen sitzt
in gewisser Weise tiefer als die Handlung: es geht ihr als Charakterzug
voraus. In dramaturgischer Hinsicht durchbricht Eve aber den Kreis
der Abhängigkeiten, die das Handlungsvermögen der weiblichen
Hauptfigur in der *Familie Schroffenstein* begrenzten; sie ist privilegiert
den anderen gegenüber – mit Ausnahme Adams natürlich – durch den
Besitz der Wahrheit; dies gewährt ihr eine innere Autonomie, während
Agnes – als Unwissende – stets neu in die Abhängigkeit von Ottokar
gerät. Der eigentliche Radius von Eves Handlungsvermögen ist die
Moral der »Jungfräulichkeit«: um sie dreht sich das ganze Stück, auf sie
spielt auch das corpus delicti an, dem das Stück den Titel verdankt.
Letztlich ist es auch Eves bewahrter Status der »Jungfrau«, der die
Durchführung des Dramas als Komödie sichert.

Im Schatten des Dorfrichters hält sich indessen der zweite Verhörende
verborgen: Ruprecht. Er ist sozusagen nur ein Mitverhörender: ihn
interessiert es brennend, wer den Krug zerbrochen hat, und er hat begonnen, Eve zu mißtrauen. Sie verschweigt die Wahrheit und verlangt
dennoch sein Vertrauen. Dieser Prüfung, die Eve unfreiwillig vor-
nimmt, hält Ruprecht nicht stand, und darum verändert sich ihre Beziehung während der Verhandlung – nicht schon davor, als der Streit im
Privaten noch ausgetragen wurde, bei Frau Marthe und dem Vater Ruprechts. Da die Sache öffentlich wird und gegenwärtig, als Ruprecht
sich vor Gericht und im Augenblick des Verhörs nicht anders verhält,
zieht Eve Konsequenzen; sie glaubt ihn als jemanden zu erkennen, der
ihrer Liebe nicht wert ist und beschimpft ihn offen: »Unedelmüt'ger du!
Pfui, schäme dich, / Daß du nicht sagst, gut, ich zerschlug den Krug! /
Pfui, Ruprecht, pfui, o schäme dich, daß du / Mir nicht in meiner Tat
vertrauen kannst.« (9) Als tief Enttäuschte könnte Eve nun von Ruprecht sich abwenden. In der ursprünglichen längeren Fassung ist Ruprecht um Vergebung bemüht, und Eve zeigt sich nach einigen wider-
strebenden Worten – (»Geh, laß mich«, »Du hörst. Ich will nichts von
dir wissen«) aus denen man das Nachgeben schon heraushört – bereit
dazu. Die zweite kürzere Fassung ist in dieser Hinsicht schroffer – und
überzeugender: die Versöhnung erfolgt stumm. Eve richtet keines ihrer
Worte mehr an Ruprecht, die zornig alle dem Dorfrichter gelten, und
Ruprecht muß am Ende eine Schweigende küssen. Es ist alte Lustspiel-

tradition: Die Frau verliert ihre Stimme, damit die Komödie zum guten Ende kommt. Doch dieses Schweigen hat im *Zerbrochnen Krug* einen bedrückenden Charakter angenommen: je leichter es – kraft des Rechts – gelang, das öffentliche Verhör gegen den Verhörenden zu wenden, desto schwerer lastet die Verhörsituation auf der privaten Versöhnung der Geschlechter.

Um zwischen Amphitryon und Alkmene – in Kleists letztem Lustspiel – einen Komödienschluß noch zustandezubringen, bedarf es göttlicher Mittel der Verwandlung. Doch gerade um die Göttlichkeit solcher Mittel ist es schon in Molières Vorlage schlecht bestellt. In vergleichenden Studien hat Peter Szondi betont, daß Molières Komödie die erste moderne Dramatisierung des Amphitryon-Stoffes bedeutet, insofern sie auf die Geburt des Herakles als Komödienende verzichtet.[13] Damit schwindet die mythische Zeitdimension der Handlung, und Jupiters Doppelgängerspiel rückt in den Mittelpunkt: »das ernst-heitere, jenseitig-diesseitige Spiel wurde auf seine komisch-irdischen Möglichkeiten beschränkt.«[14] Die Verlagerung des Akzents aufs Doppelgängerspiel bildet wiederum die Grundlage für Kleists Umarbeitung des Komödien-Stoffes – für die »Rückwendung Kleists zum Tragischen, und, sofern davon die Rede sein kann, zum Religiösen hin«[15]. Wenn Jupiter in der Gestalt Amphitryons mit dessen Gemahlin spricht, so geht es bei Molière darum, den Betrug an dem abwesenden Feldherrn noch ein wenig auszukosten; bei Kleist versucht Jupiter nachdrücklicher, in den Gefühlen Alkmenes die Identität von Gemahl und Geliebter zu spalten, um selbst als Geliebter bei Alkmene ein neues, ihm, dem Gott, allein geltendes Gefühl zu erwecken. Nachdem Alkmene einige Male widersprochen hat, sagt sie am Ende des Dialogs: »Er ist berauscht, glaub ich. Ich bin es auch.« (I/5)[16] Molière läßt in der vergleichbaren Szene Alkmenes Gefühle völlig unberührt von solchem Spaltungsversuch; nüchtern und entschlossen beendet sie das Gespräch: »Je ne sépare point ce qu'unissent les dieux; / Et l'époux et l'amant me sont fort précieux.« (I/3)[17] Die Molièresche Doppelgängergestalt dient dazu, Alkmene zu täuschen und die Verwechslungskomödie in Gang zu setzen, bei welcher wieder einmal der Ehemann als Gehörnter verlacht werden kann – mag dieser dabei auch durchaus in die Nähe einer tragischen Figur rücken. Bei Kleist hingegen bildet »die Unterscheidung zwischen Geliebter und Gemahl die Grundlage für den tieferen Vorgang der ganzen Dichtung, ihr entspringt, was man neben der äußeren Verwechslungs-

komödie die innere Verwechslungstragödie nennen könnte [...] Die
betrügerische Vereinigung Jupiters mit Amphitryon schlägt um in eine
Entzweiung in dem Bild, das Alkmene von Amphitryon hat.«[18] Davon
zeugt Alkmenes Geständnis, daß sie »ihn schöner niemals fand, als
heut.« (II/5)
Als der wirkliche Amphitryon sich betrogen glaubt von der geliebten
Gattin und die völlig Unwissende verhört, wendet diese sich, auf
sonderbare Weise enttäuscht, von ihm ab. Da sie nicht im Besitz der
Wahrheit ist, sind ihre Vorwürfe nicht stichhaltig, ihre Gefühle bloß
verwirrt. Kein Familienverband und kein Rechtssystem gewähren Alkmene einen äußeren Halt in dieser Verwirrung. Im Unterschied zu Agnes und Eve ist sie Gattin – und nichts als das. »Wie gern gäb ich das
Diadem, das du / Erkämpft, für einen Strauß von Veilchen hin, / Um
eine niedre Hütte eingesammelt. / Was brauchen wir, als nur uns
selbst? Warum / Wird so viel Fremdes noch dir aufgedrungen, / Dir
eine Krone und der Feldherrnstab?« (I/4) Eine bei Molière nur peri-
pher artikulierte Skepsis baut Kleist zu prinzipieller Ablehnung gesellschaftlicher Institutionen aus. Molières Alcméne wußte demgegenüber
noch den Ruhm des Feldherrn mitzugenießen, wenn er nur nicht allzu-
viel Zeit in Anspruch nahm: »Je prends, Amphitryon, grande part à la
gloire / Que répandent sur vous vos illustres exploits; / Et l'éclats de
votre victoire / Sait toucher de mon cœur les sensibles endroits. / Mais
quand je vois que cet honneur fatal / Éloigne de moi ce que j'aime, / Je
ne puis m'empecher, dans ma tendresse extrême, / De lui vouloir un
peu de mal«. (I/3) Überall in der Kleistschen Version läßt sich das Zu-
rückdrängen jener gesellschaftlichen Momente konstatieren, die Molière vorzüglich zur Typenkomödie verdichtet hatte. »Kleist gibt alles
auf, was Molières Amphitryon als Gesellschaftsdichtung erscheinen
läßt [...] Die rhetorischen Fragen, welche die Zustimmung der schwei-
genden Gesellschaft voraussetzen, treten zurück, ähnlich die Aus-
drücke, die als ›expressions toutes faites‹ den Menschen nicht in seiner
Individualität und Freiheit bezeichnen, sondern einem Typus zuord-
nen [...] Das Kleistsche Individuum sieht sich in keinem sozialen Rahmen; um sich auszudrücken, bedient es sich nicht jener Worte, die wie
›âme‹, ›raison‹, ›cœur‹ den Menschen als eine bestimmte Konstellation
überindividueller Faktoren erscheinen lassen. [...] Noch in den beiläu-
figsten Versen fügt er dem Text ein Wort wie ›mißdeuten‹, ›zweideutig‹
›scheint‹ hinzu, die gleich Signalen ins Zentrum des Werks weisen. Dort

stellt sich die Frage nach der Identität [...]«.[19] Die Identität aber, die fraglich wird, hat ein Geschlecht.

Im *Zerbrochnen Krug* gewinnt Eve ihre Kraft aus dem Wissen, das sie den anderen verschweigen muß. Nun aber weiß Alkmene nichts, und ebensowenig weiß Amphitryon. Einzig Jupiter weiß alles, und er gibt dieses Wissen erst ganz am Ende preis. Im Dialog mit Alkmene bezieht daraus der Gott eine unerhörte Dominanz. Er kann mit Alkmene spielen wie nie zuvor bei Kleist ein Mann mit einer Frau. Jupiter verhört sie nicht, um etwas zu erfahren, sondern um ihre Gefühle sich zu unterwerfen. Fast scheint es, als ließe Kleist den Gott jenes Ziel erreichen, das ihm selber Schwester und Geliebte versagten: »Mein süßes, angebetetes Geschöpf! / In dem so selig ich mich selig preise. / So urgemäß, dem göttlichen Gedanken, / In Form und Maß, und Sait und Klang, / Wie's meiner Hand Äonen nicht entschlüpfte!« (II/5) – »Ich kenne die Masse, die ich vor mir habe«, so führte sich Kleist einst in einem Brief die Braut vor Augen: »Es ist ein Erz mit gediegenem Golde [...] die Sonne der Liebe wird ihm Schimmer und Glanz geben, und ich habe nach der metallurgischen Scheidung nichts weiter zu tun, als mich zu wärmen und zu sonnen in den Strahlen, die seine Spiegelfläche auf mich zurückwirft.«[20]

Die eigentümliche Dialektik der Dialog-Verhöre läßt aber Alkmene immer deutlicher in den Vordergrund treten – und damit trennen sich endgültig die Wege der neuen deutschen und der alten französischen Komödie, denn diese schiebt die Frauenfigur ins Abseits der Handlung (sie tritt im ganzen dritten Akt nicht mehr auf). Finden sich in Molières Komödie Momente des Tragischen, so ist es eine Tragik unter Männern.

Ein »surrealistisches Verhör« wurde die fünfte Szene des zweiten Akts genannt[21], worin der Kleistsche Jupiter Alkmene mit seinen Fragen verfolgt. Die Situation kulminiert in einer Täuschung, die der Gott mittels der Wahrheit erzeugt: er bringt Alkmene auf den Gedanken, Jupiter habe sie in der vergangenen Nacht verführt – ihr wiederum vortäuschend, selbst nicht Jupiter sondern Amphitryon zu sein. Damit eröffnet sich die Perspektive quasi christlicher Religiosität: Alkmene wird in die demütige Haltung der von Gott Erwählten gedrängt. Doch Jupiter läßt sie in der Demut nicht zur Ruhe kommen; im dritten Akt treibt er sie wieder heraus aus der tröstlichen Gewißheit, einem Gott schuldlos beigewohnt zu haben. Wie im kriminalistischen Verfahren schließt an das Verhör die Gegenüberstellung an. Der Doppelgänger, mit dem sie in fraglicher Nacht glaubt geschlafen zu haben, der aber in Wahrheit der Gatte ist, wird ihr als ganz normaler Sterblicher vorgeführt. Und nun, nachdem sie auch dieser Illusion beraubt ist und doch immer noch getäuscht wird, kennt Alkmenes Abscheu keine Grenzen mehr; wie sollte sie zur Komödie noch zurückfinden, nachdem sie solchen Ekel vor dem Gatten empfunden hat?: »Du Ungeheuer! Mir scheußlicher, / Als es geschwollen in Morästen nistet! / Was tat ich dir, daß du mir nahen mußtest, / Von einer Höllenmacht bedeckt, / Dein Gift mir auf den Fittich hinzugeifern? / Was mehr, als daß ich, o du Böser, dir / Still, wie ein Maienwurm, ins Auge glänzte? / Jetzt erst, was für ein Wahn mich täuscht', erblick ich.« (III / 11) Penthesileas Tragödie ist zum Greifen nahe – für Alkmene indes bleibt dank der Spaltung des Mannes in Gott und Gatte die Möglichkeit, Liebe und Haß noch auseinander-zuhalten. Das rettet sie – und den Schluß der Komödie. Im Angesicht des Gottes, der sich erst zu erkennen gibt, nachdem man von seinem Sadismus bereits überzeugt ist, lösen sich die gar nicht mehr komischen Konflikte doch noch auf im Stile der Komödie. Die »innere Verwechs-lungstragödie« wird wieder an ein mythisches Geschehen geknüpft: Jupiter kündigt die Geburt des Herkules an. So scheint es Kleist noch einmal gelungen, den Konflikt zwischen den Geschlechtern als Komö-die zu beenden. Und doch, das letzte Wort dieser Komödie, das »Ach« Alkmenes, weiß es anders.

In der *Penthesilea* ist dieses »Ach« in einen tödlichen Biß verwandelt: die Amazonenkönigin zerreißt mit ihren Hunden den Geliebten Achill. Dabei zeigt Penthesilea in ihrem Wahnsinn sich ungleich aufgeklärter über ihre Situation als Alkmene: sie ist von ein und demselben Mann getäuscht worden. Die Dualität von Gott und Gatten wird in die Per-son Achills zurückgenommen; Penthesilea selbst vereint bisher Unver-einbares: sie ist »Jungfrau« und Königin zugleich – und sie gerät recht-zeitig in den Besitz der Wahrheit. Damit sind die letzten Hindernisse gefallen, die der Frau zu handeln wehrten. Die Frage der Macht, die von der Allmacht Jupiters verzerrt wurde, kristallisiert sich in der späteren Tragödie deutlicher aus: Achill täuscht Penthesilea eine Unterlegenheit vor, und ihre einzige Liebesszene beruht auf dieser Täuschung. Wie im *Zerbrochnen Krug* hebt Kleist in der *Penthesilea* die Akteinteilung auf, um die zeitliche Kontinuität und die Einheit des Ortes zu akzentuieren: 24 Auftritte schließen sich aneinander, Ort ist ein Schlachtfeld bei Troja. Ein großer Teil des Geschehens wird in der Form von Berichten auf die Bühne gebracht. Dieses im antiken Drama sehr häufig gewählte Mittel verwandelt das Geschehen in etwas Vergangenes – wenn auch eben erst Vergangenes –, das nun nicht wie im *Zerbrochnen Krug* gegenwärtig wird: die Personen, die es erzählen, verändern ihre Beziehungen zueinander nur unwesentlich – denn sie sind lediglich dazu geschaffen worden, Berichte zu bringen. Kleist entwirft in den Figuren der Amazonen und der Griechen eine Art Dramaturgie des Boten. Ein Bote nur ist Odysseus, der die erste Begegnung von Penthesilea und Achill berichtet: auch sie erscheint als Vergangenes. Zwischen die beiden Liebenden schieben sich ganze Heere, ja staatsförmige Gebilde mit eigenen Gesetzen – doch gewinnt jeder der beiden für sich keinen Halt in dem, was sie voneinander trennt. Penthesilea und Achill sind im Stück voneinander unendlich weit entfernt – dennoch ist niemand sonst da, der auf ihre Handlungen Einfluß hat. Der Kreis der Personen, von dem sie umgeben sind, ersetzt gewissermaßen die Anwesenheit einer der beiden oder beider Hauptgestalten. Griechen und Amazonen dienen entweder als Zuhörer oder als Berichterstatter. »Was brauchen wir, als nur uns selbst« – sagt Alkmene. Auch Achill und Penthesilea brauchen nur sich selbst – im Unterschied aber zur privaten Sphäre von Alkmene und Amphitryon befinden sich Mann und Frau nun inmitten eines gesellschaftlichen Ereignisses ersten Ranges, im Krieg. Erst in diesem Stück wird die gesellschaftliche Problematik von Amphitryon zum dramaturgischen Problem. Die Liebenden sind inmitten eines großen Krieges Privatisierende, die Personen, mit denen sie sonst in Beziehung treten, werden zu Botengängern ihrer Liebe und ihres Hasses.

Aus der Distanzierung der Liebenden durch die Situation des Krieges gewinnt Kleist eine besondere dramaturgische Steigerung: denn genau besehen, treffen Achill und Penthesilea nur einmal auf der Bühne zusammen; die beiden Szenen, die 14. und die 15., erhalten im Zusammenhang des Ganzen eine spezifische Zeit-Qualität: wird sonst alles, was zwischen Penthesilea und Achill geschieht, als Vergangenes rapportiert, so entsteht hier zum erstenmal Gegenwärtigkeit im Drama. Doch sie beruht auf einer Verstellung: Achill hat Penthesilea besiegt, sie verlor dabei das Bewußtsein. Ihre Vertraute Prothoe überredet den siegreichen Achill, Penthesilea bei ihrem Erwachen vorerst zu schonen und sie glauben zu machen, nicht er, sondern sie selbst sei als Siegerin aus dem Zweikampf hervorgegangen, und er sei nun ihr Gefangener. Denn nichts Schlimmeres ist für Penthesilea denkbar, als von einem Mann unterworfen zu werden: sie kann nur lieben, wen sie besiegt: »Fluch mir, wenn ich die Schmach erlebte, Freundin! / Fluch mir, empfing ich jemals einen Mann, / Den mir das Schwert nicht würdig zugeführt.« (14)[22] Die trügerische Sicherheit, Achill besiegt zu haben, läßt bei Penthesilea die Liebesgefühle – gereinigt vom Haß – sich erst entfalten. Achill nun spielt mit Raffinement und merkwürdiger Hingabe die Rolle des Besiegten. Über dem erlogenen Verhältnis breitet sich in der 15. Szene dann noch einmal der idyllische Zauber der Liebe aus.

> PENTHESILEA Komm jetzt, du süßer Nereïdensohn,
> Komm, lege dich zu Füßen mir – [...]
> Diana, meine Herrscherin, er ist
> Verletzt!
>
> ACHILLES Geritzt am Arm, du siehst, nichts weiter.
>
> PENTHESILEA Ich bitte dich, Pelide, glaube nicht,
> Daß ich jemals nach deinem Leben zielte.
> Zwar gern mit diesem Arm hier traf ich dich;
> Doch als du niedersankst, beneidete
> Hier diese Brust den Staub, der dich empfing. (15)

In dieser Stellung, Achill zu ihren Füßen, erzählt Penthesilea die Geschichte des Amazonenstamms. Bei Kleist ist das kriegerische Frauenvolk, von dem es exakte historische Zeugnisse nicht gibt, kein ursprünglich matriarchalisches Gemeinwesen, sondern hervorgegangen aus einem Krieg innerhalb einer geschlossenen patriarchalischen Welt. Der Staat der Amazonen erwuchs aus dem Widerstand; er ist eine Konstruktion der Notwehr, kein paradiesischer Zustand der Herrschaftslosigkeit. Während aber Penthesilea diese Version des Amazonenmythos erzählt, hat sie ihr Frauenvolk schon lange verlassen – indem es sie nämlich zu einem einzelnen, ganz bestimmten Mann hingezogen hat, einerlei ob aus Haß oder Liebe. Eben diese individuellen Gefühle verbietet das wohldurchdachte Gesetz der Amazonen: »Es schickt sich nicht, daß eine Tochter Mars' / Sich ihren Gegner sucht, den soll sie wählen, / Den ihr der Gott im Kampf erscheinen läßt.« (15) Achill weiß sich als heimlicher Sieger und fühlt sich von Penthesileas Ausführungen über den Amazonen-Staat gar nicht bedroht. Überlegen lächelnd beobachtet er sie, als wäre sie ein Kind – Penthesilea aber stockt und fragt: »Warum lächelst du?« – und Achill antwortet, den romantischen Jüngling hervorkehrend: »Deiner Schöne. / Ich war zerstreut. Vergib. Ich dachte eben, / Ob du mir aus dem Monde niederstiegst?« (15) Achill ist seiner Macht sich noch gewisser als der Gott: er spielt mit Penthesilea unbeschwerter als Jupiter mit Alkmene, sie ist ihm ausgeliefert, und ihre Antworten interessieren ihn kaum; ganz teilnahmslos, geistig fast abwesend wirkt Achill in Penthesileas Gegenwart. Er hat es auch nicht nötig, Penthesilea zu verhören: sie ist ja in seiner Gewalt. Die innere Gewalt aber, die er ausübt, ist die Täuschung, der Unterlegene zu sein. Doch dieses Mittel, mit dem Achill die Liebe Penthesileas möglich machen möchte, hält der Gegenseitigkeit nicht stand, es treibt zuletzt die Unmöglichkeit ihrer Beziehung auf die Spitze. Bald, noch in der 15. Szene, wird Penthesilea durch das Vordringen der Amazonen ihre wahre Lage klar. Achill selbst sagt ihr nun die Wahrheit: »Dein Schicksal ist auf ewig abgeschlossen, / Gefangen bist du mir, ein Höllenhund / Bewacht dich minder grimmig, als ich dich.« (15) Als es den Amazonen dann doch gelingt, Penthesilea dem Höllenhund zu entreißen, kehren beide scheinbar wieder in ihre Ausgangspositionen zurück. Achill möchte nun das Zusammentreffen einfach wiederholen, er hat sich in dem lügenhaften Liebeszauber selbst gefangen und kann von ihm nicht mehr lassen. Er fordert Penthesilea abermals zum Zweikampf und geht ihr, nur zum Schein bewaffnet, entgegen.

Wer im Liebeszauber der 15. Szene eine Utopie gestaltet sieht, müßte das Utopische wohl als Selbstbetrug in der Frage der Macht definieren.[23] Penthesilea jedenfalls erträgt die Enttäuschung solcher Utopie nicht – als Achill sich ihr ein zweites Mal nähert, reagiert sie für ihn unerwartet. Es ist dies die zweite und letzte Begegnung von Achill und Penthesilea im Zeitraum des Stücks, sie findet nicht mehr auf der Bühne statt. Und dennoch wird sie für einen Moment als absolut gegenwärtiges Geschehen erlebbar. Penthesilea zieht Achill schwer bewaffnet mit Hundemeuten, Elefanten und Sichelwagen entgegen – niemand weiß in dieser Situation, was sie tun wird. Was sie aber dann tut, wird im Moment des Tuns berichtet, von einer Amazone, die es von einem Hügel aus als einzige auf der Bühne beobachten kann. Mit Teichoskopie erreicht Kleist noch einmal Gegenwärtigkeit zwischen den Geschlechtern – es ist die stumme Gegenwart des Entsetzens.

Penthesileas Tat bedeutet zuallererst Aufkündigung des Dialogs.[24]

Aber der Antiklassizismus des Stücks wird meist nicht hier – im Widerspruch zwischen der Gegenwart des Dramas und dem Verlust des Dialoges – gesucht, sondern in verschiedenen, der Dramaturgie überge-
stülpten, ideologischen Konstruktionen: So glaubt Christa Wolf in
Penthesileas Tat einen Strom zu erkennen, der unter den »Befestigungen und Eindämmungen, welche Aufklärung und Klassik durch ihr
Ideal der Erziehung zu Humanität gegen das Barbarische, Untergrün-
dige, Unbeherrschte der menschlichen Natur errichteten«, weiterfloß,
ähnlich wie vielleicht in der Sicht der Interpretin die Strömungen der
DDR-Literatur die SED-Kulturpolitik untergraben sollten: »reißend,
zerstörerisch, zum Entsetzen der am klassischen Schönheitsideal Ge-
bildeten«[25]. Wie selbstverständlich geht Christa Wolf davon aus, daß
dieser unterirdische Strom sich aus matriarchalischen Quellen speise,
die Befestigungen von Aufklärung und Klassik indessen aus dem Holze
patriarchalischer Stämme gezimmert seien. Patriarchalische Geschichte
und matriarchalische Natur werden einander gegenübergesetzt – die
Möglichkeit, daß in die Geschichte selber Widerstand von Frauen eingegangen sein könnte, wird nicht erwogen. Wenn Penthesileas Tat matriarchalischen Ursprungs ist, warum fürchtet der Dichter dann gerade
den Einspruch der Frauen? Warum will er sie gerade im Hinblick auf
dieses Stück vom Theater verbannt wissen? In einem Brief an Marie von
Kleist schreibt er, für Frauen sei *Penthesilea* weniger gemacht als für
Männer. »Wenn man es recht untersucht, so sind zuletzt die Frauen an
dem ganzen Verfall unserer Bühne schuld, und sie sollten entweder gar
nicht ins Schauspiel gehen, oder es müßten eigne Bühnen für sie, abgesondert von den Männern, errichtet werden. Ihre Anforderungen an
Sittlichkeit und Moral vernichten das ganze Wesen des Dramas [...]«.[26]
Kleist argumentiert indirekt gegen das Motiv der Entsagung, das den
damals aktuellen Anforderungen an Sittlichkeit und Moral wohl am
besten entspricht – seine ganze Dramaturgie ist, so gesehen, ein Gegenentwurf zu Goethes Entsagungsliteratur. Mit matriarchalischen Ur-
sprüngen hat dieser Entwurf allerdings wenig zu tun: wie später bei
Nietzsche das Dionysische eine ideologische Konstruktion der Moderne darstellt und keine altphilologische Rekonstruktion, ist Penthesileas Tat die eines modernen Individuums und keiner archaischen, die
Geschichte unterwandernden Heroin. Weder stehen Matriarchat und
Patriarchat in tragischem Konflikt, noch folgt die Handlung dem kultischen Opferprinzip, wie andere modische Interpretationen meinen[27].

Das Stück handelt nicht von der Antike, nicht vom tragischen Untergang eines Individuums, worin die Polis die Geburt des Subjekts feiert, und nicht von jenen seligen Zeiten vor dieser Geburt – es handelt von der Zerstörung des Subjekts. Es verhält sich gerade umgekehrt, als der biedere Humanismus meint: »Für unser Auge tritt [...] aus Kleists Trauerspiel ein Mensch hervor, leidenschaftlich und unbedingt, gebrechlich und verletzlich, mutig und ohnmächtig [...].«²⁸ Ein Mensch tritt nicht hervor, er tritt vielmehr völlig zurück, verschwindet im Trauerspiel; er löst sich auf, zerstört den anderen und sich selbst. Läßt sich Christa Wolf nur ein wenig näher auf die Handlung ein, so erkennt sie – allen ideologischen Konstruktionen zum Trotz – die Zerstörung des Subjekts als eigentlichen Gehalt des Stücks: »Die Untat«, schreibt sie, »wird in vollkommener Geistesabwesenheit verübt und trennt die Unselige, als ihr Realitätssinn wieder erweckt ist, für immer von ihrer Umgebung und sich selbst.«²⁹

Es lohnt sich allerdings, die ideologischen Motive der Zerstörung genauer zu verfolgen: Penthesilea zerstört sich selbst, indem sie gegen das Gesetz verstößt; sie verstößt aber gegen das Gesetz, indem sie das Gesetz verinnerlicht. Ihr Gemüt ist, wie Elisabeth Madlener schreibt, »dem Amazonenstaat und seinem Ursprungsmythos näher als diesem es dienlich ist. [...] Wenn Penthesilea immer wieder zwischen Innenwelt und Außenwelt, zwischen dem Zustand des Gemüts und dem des Amazonenstaats hin- und herspringt, wenn sie ›taub der Stimme der Vernunft‹, welche jene Unterscheidung trifft, das eine mit dem andern bedarfsweise identifiziert, so bedroht sie ihren Staat weit mehr als Achill den seinen. Hat die patriarchalisch gesicherte Staatsordnung den Sieg über die Untertanen in Hellas bereits errungen, so ist das Staatswesen der Amazonen unsicher und verwundbar an den entscheidenden Punkten der physischen Reproduktion.«³⁰ Kleists Amazonen hatten sich bestimmte Gesetze auferlegt, um dieser Verwundbarkeit entgegenzuwirken: es sind Maßnahmen gegen die eheförmige Beziehung. In der Schlacht mit Männern sind Gefangene zu machen, mit diesen ist in der Zeit des Rosenfestes Geschlechtsverkehr zu treiben – danach sind die Männer wieder fortzuschicken. Eine individuelle Bindung an einen ganz bestimmten Mann ist der Amazone per Gesetz versagt, eine dauerhafte ist durch die Struktur ihres Reproduktionszyklus von vornherein ausgeschlossen. Penthesilea nun verinnerlicht die Schlachtordnung und die Liebesordnung: sie werden ihre beide zu einem einzigen Ge-

fühl. Sie entfremdet sich dem Kollektiv, weil ihr das, was den anderen
als Gesetz bewußt ist, zum unbewußten Begehren wird. Penthesilea
hebt die für das Leben der Amazonen notwendige Differenzierung auf:
das Nacheinander von Sieg und Liebe, Schlacht und Rosenfest wird ihr
zu einem einzigen Liebes-Kriegsfest. Sie entwickelt ein libidinöses Verhältnis zum Siegen, sexuelles Begehren und kriegerische Gewalt sind
ihr eins.

Bei Achill ist diese Identität ganz normal, das libidinöse Verhältnis zum
Sieg selbstverständlich, denn er ist ein Mann. Vergewaltigungen nach
erfolgreich geführten Kriegen gehören zum jahrtausendealten Siegesri-
tual. In der Art, wie Achill hinter Penthesilea zurücktritt, hat Kleist
diese Selbstverständlichkeit herausgehoben: Indem die Frau das für
den Mann Selbstverständliche übernimmt, treibt sie es weiter bis zu
jenem Punkt, an dem die Geschlechter sich zerstören. Sie entmenscht,
desubjektiviert sich selber, um den anderen zu verschlingen. Als konsequenter Dramatiker war Kleist sich darüber im klaren, daß dieser Prozeß im Dialog nicht mehr zu gestalten ist, daß vielmehr mit dem Subjekt
die dramatische Form abzudanken hat. So sind Elefanten, Sichelwagen
und Hundemeuten gewiß keine Bühneneffekte – es sind, wie die unerhörte Metaphorik, die sich in den Vordergrund der Sprache schiebt,
Effekte der Subjektzerstörung. Penthesileas Innerlichkeit löst sich in
solchem Szenarium auf. Dem, was hier im Sprachlichen und im Szenischen passiert, wird dramatisch nicht mehr widersprochen. Wer sollte
es tun, wenn alles zur Kulisse veräußerlicht wurde, die Metapher als ihr
Synonym im Text fungiert, der Bühnenraum zum Innern Penthesileas
geworden ist? Das Kollektiv der Amazonen verschwindet unauffällig,
es neigt sich Penthesilea zu, statt ihr Widerstand entgegenzusetzen. Am
Ende wird die Königin gefeiert – und die meisten Interpretationen
schließen dieser Feier sich an: »Sie sank, weil sie zu stolz und kräftig
blühte! / Die abgestorbne Eiche steht im Sturm, / Doch die gesunde
stürzt er schmetternd nieder, / Weil er in ihre Krone greifen kann.«
(24)

Von einer Tragödie zu sprechen, wo solchermaßen Versatzstücke aufeinander stürzen, ist allerdings fraglich. Wäre Penthesileas Ausgangspunkt nicht ohnehin eher im klassischen Schauspiel der Entsagung zu
suchen? So weit, wie die alte Goetheverehrung und die neuere Kleistapo-
logie es möchten, ist Penthesilea von Iphigenie wiederum nicht entfernt.
Die Extreme liegen eng beieinander. In bestimmter Hinsicht hat sich ja

der Stamm der Amazonen die Gesetze der Weimarer Kunstperiode gegeben – aber er wird zum Krieg gezwungen, und der gebiert die Liebe
als Zerstörung. So baut sich auch die eigenartige Spannung der Kleistschen Sprache auf: die Aura des Verses, die den Entsagenden galt, wird
durch die Verwirrung der Syntax zum Irrlicht; und wie Achill und Penthesilea aus weit entfernten Kriegslagern kommend sich nur am
Schlachtfeld begegnen, treten aus der vom klassischen Vers geschaffenen Distanz plötzlich ungeheure Metaphern hervor.

Mit *Penthesilea* ist die Dramaturgie der Geschlechter an einen Endpunkt, wenn auch an kein Ziel, gelangt: die Zerstörung, worin die
Liebe zwischen Mann und Frau kulminiert, ergreift den Dialog. Es gibt
nur einen Text von Kleist, der darüber hinausführt – und dieser Text ist
kein dramatischer, es ist vielmehr der Entwurf einer Theaterästhetik
jenseits des Dialoges: *Über das Marionettentheater*. Die drei Dramen,
die Kleist der *Penthesilea* folgen ließ, versuchen auf verschiedenen Wegen, von diesem Punkt wieder zurückzuweichen. Im *Käthchen von
Heilbronn* ist die Frau berufen, den Mann zu erlösen, statt ihn zu zer-
fleischen. Kleist nannte seine Titelgestalt in einem Brief »die Kehrseite
der Penthesilea, ihr andrer Pol, ein Wesen, das ebenso mächtig ist durch
gänzliche Hingebung, als jene durch Handeln«[31]. Mit der Hingebung
an den Mann wird das Erlösungsmotiv von der Entsagung befreit,
Schillers Johanna verliert sozusagen in Käthchen ihre ›Jungfernschaft‹:
sie vermag nicht mehr die ganze Nation zu erlösen, sondern einen einzelnen Mann. Es entsteht soetwas wie eine Metaphysik der Komödie:
das ›klassische‹ Lustspielende, die Hochzeit, erlöst nicht nur, wie bislang, den Mann von der Notwendigkeit, für seinen Haushalt selbst zu
sorgen – die Verbindung mit der geliebten Frau erlöst ihn vielmehr
von seiner ganzen irdischen Not: das Ewig-Weibliche zieht ihn also
hinan. Bemerkenswert ist, daß bei diesem Rückzug in quasi religiöse
Motive die Strukturen des bürgerlichen Trauerspiels erneut auftauchen: Die Erlösung des Mannes wird bei Kleist durch eine Frau bewirkt, die in der Genealogie des Bürgermädchens zu verorten wäre.
Sie hat auch einen Vater, doch der dient mehr als Berichterstatter denn
als Autoritätsperson. Auch der Prozeß, den er angestrengt hat, ist
Schein; er dient nur dazu, das Geschehen zu rapportieren: Käthchens
Vater klagt den Grafen Wetter von Strahl an, daß er seine Tochter mit

teuflischer Zauberkunst an sich gefesselt habe. »Geschirr und Becher
und Imbiß, da sie den Ritter erblickt, läßt sie fallen; und leichenbleich,
mit Händen, wie zur Anbetung verschränkt, den Boden mit Brust und
Scheiteln küssend, stürzt sie vor ihm nieder, als ob sie ein Blitz nieder-
geschmettert hätte [...] Seit jenem Tage folgt sie ihm nun, gleich einer
Metze, in blinder Ergebung, von Ort zu Ort; [...] wie ein Hund, der
von seines Herren Schweiß gekostet, schreitet sie hinter ihm her«.
(I/1)[32] Fast erscheint der Vater als Fürsprecher des Dramas: er verlangt
Motive, Gründe für das Verhalten seiner Tochter, alles was außerhalb
solcher dramatischen Bedingungen liegt, gilt ihm als Zauberkunst. Er
mag das Vergangene ins Präsens seines Erzählens zwingen, es wird
darum nicht gegenwärtig. Anders als im *Zerbrochnen Krug* hat die Rekonstruktion des bereits Geschehenen keinerlei Einfluß auf die Beziehungen der Menschen in der Gegenwart. Die Bindung Käthchens an
den Grafen bleibt ein dunkles Geheimnis.
Der Graf begehrt Käthchen nicht zum Weibe, wie er in einem langen
Monolog bekennt. Die Schranke des Standes ist zu mächtig und er offenbar zu schwach, sie zu durchbrechen. Standesgemäß entscheidet er
sich für Kunigunde – doch die Entscheidung fällt weder im Dialog mit
ihr noch in der Auseinandersetzung mit Käthchen. Die Mutter ist seine
Ansprechperson, und der tiefere Grund ist ein Traum: Kunigunde entstammt dem Geschlecht der sächsischen Kaiser, und dem Grafen
träumte, daß er eine Kaiserstochter ehelichen werde. Die empfundene
eigene Schwäche schlägt um in Aggression, gegen den Menschen, der
sie sichtbar gemacht hat. Der Graf versucht Käthchen mit Gewalt von
sich fernzuhalten: im sechsten Auftritt des dritten Akts greift er zur
Peitsche. Er selber darf sich nicht eingestehen, was er für Käthchen
fühlt. Im nächsten Moment bricht die Aggression gegen Käthchen in
sich zusammen – und der Graf weint. Ist diese Szene die einzige dramatische des Stücks, so kommt ihre Dramatik allein aus dem Inneren des
Grafen – nicht aus der Gegenseitigkeit des Dialogs. Denn Käthchen hat
den zwischenmenschlichen Bezug verlassen; sie handelt wie im Traum.
Nur scheinbar vermag sie geistesgegenwärtig einzugreifen – eine geheime Instanz leitet sie dabei. In Lebensgefahr geraten, wird sie gar von
einem Cherub beschützt. Das Handeln und die Worte der anderen –
insbesondere des geliebten Grafen – haben auf ihr Fühlen, Denken und
Tun keinerlei Einfluß. Der Geliebte kann sich ihr gegenüber verhalten,
wie er will, er kann zur Peitsche greifen – und Käthchen wird sich nicht

ändern. In ihrer Beziehung zum Grafen wird darum der Dialog ganz überflüssig.

Irgendeine Art von Dialog aber muß *vor* der Zeit des Stücks stattgefunden haben – eine Vermittlung außerhalb des Dramas, imstande, die Dialoge der Gegenwart überflüssig zu machen. Es ist der Traum, der Käthchen und den Grafen schon vereint hat, bevor das Drama überhaupt beginnt. Bei Kleist scheint die Vergangenheit über die Gegenwart nur durch den Traum Macht zu gewinnen. Sie tarnt sich gleichsam als Ewiges, von Gott Bestimmtes. Allerdings gilt dies nur für Käthchen. Der Graf, der seinen Traum nicht entschlüsseln kann, wird immer wieder mit der Gegenwart konfrontiert; er muß sich entscheiden für eine bestimmte Interpretation des Traumes, als wäre es ein Delphisches Orakel. Käthchen und der Graf haben sich außerhalb des Dramas schon vereinigt, beide träumten ihre Verbindung. Die Handlung ist bloß damit beschäftigt, die jenseitig geschlossene Ehe ins Drama zu übersetzen. Im Irdischen des Dramas scheint es zunächst, als wäre Käthchen ein armes Bürgerkind. Doch sie konnte dem Grafen im Jenseits der Bühne nur vermählt werden, weil sie in Wahrheit des Kaisers uneheliche Tochter ist. Als der Kaiser sich schließlich zu seinem Seitensprung bekennt, geht auch im Irdischen alles gut aus: »Die einen Cherubim zum Freunde hat, / Der kann mit Stolz ein Kaiser Vater sein! / Das Käthchen ist die Erst' itzt vor den Menschen, / Wie sie's vor Gott längst war«. (V / 11) Vor Gott, das heißt außerhalb des Dramas, erfolgt die Restauration der alten Teilung in gute und böse Frau. Die Polarität ist nun nicht mehr wie im bürgerlichen Trauerspiel sozial begründet, sie verliert darum auch jede Chance, auf dem Boden des Dramas wieder aufgehoben zu werden – durch die Notwendigkeit, das Handeln der Personen in den Kollisionen zu motivieren. Eine Heilige hat keine Motive, ebensowenig eine Hexe. Beschirmt das Käthchen ein himmlischer Cherub, so wird Kunigunde zur Hölle geschickt – die Frau die, gleich Penthesilea, die Männer beherrschen möchte, aber keinen von ihnen liebt. Bei ihr erweist sich alles als Verstellung, von ihrer körperlichen Schönheit bis zu ihren Gefühlen für den Grafen. Sie nutzt dessen Vertrauen schamlos aus, um zu Macht und Besitz zu kommen. »Giftmischerin« nennt sie der Graf, und damit schließt das Drama. Das Telos ist erreicht: die femme fatale ist als Hexe stigmatisiert.

Die Hermannsschlacht und *Der Prinz von Homburg* weichen auf andere Weise von *Penthesilea* zurück: die Politik ist die Erlösung, das

Preußentum ein Modell der Konfliktlösung. Die dramatische Poesie
scheint zur Haupt- und Staatsaktion zurückzukehren, doch sie hat sich
aufgeladen mit bürgerlicher Subjektivität und sexueller Spannung. Das
wesentlich neue Moment dieser wiedergekehrten Staatsaktion liegt dabei in der Instrumentalisierung des weiblichen Geschlechts für die
Zwecke der Staatsräson. Auch hier bildet *Die Jungfrau von Orleans*
einen Ausgangspunkt; Kleists ›preußische‹ Stücke, Grillparzers ›habsburgische‹ Schauspiele und Hebbels postrevolutionäre Staatsdramen
kommen von ihrer Problematik nicht mehr los. Auf den ersten Blick
scheint bei Kleist die Dramaturgie der Geschlechter bloß abgedrängt in
eine Nebenhandlung der Staatsaktion. Der brandenburgische Prinz
von Homburg schwankt zwischen bodenloser Angst und selbstlosem
Heldentum. Die Beziehung zur Frau – zur Prinzessin Natalie – dient
dazu, der inneren Widersprüchlichkeit und dem Ringen des Prinzen
stärkeren Ausdruck zu geben. Die Entwicklung des Mannes ist aus der
Konfrontation des Dialogs in die Innerlichkeit einer unfaßbaren Seele
abgewandert. Die Spannung entsteht weniger im Dialog, vielmehr wird
sie durch das überraschende, sprunghafte und unvermittelte Handeln
des Helden ausgelöst. Auch Graf Wetter reagiert im *Käthchen von
Heilbronn* auf das Erscheinen der Titelgestalt in ein und derselben
Szene mit dem Griff zur Peitsche und mit Weinen. »Der wunderliche
Herr!«, sagt Natalie über den Prinzen von Homburg, »Bald kühn, bald
zaghaft!« (IV/2)[33] Solche Wunderlichkeit taugt eigenartigerweise zur
Schmiede des preußischen Despotismus: Am Ende ist der Prinz der
unterwürfigste und kriegerischste aller Untertanen des Kurfürsten. Mit
dem Schwanken zwischen innerer Schwäche und äußerer Despotie hat
Kleist wohl zum ersten Mal in der deutschen Literatur die Befindlich-
keit einer bestimmten Art preußischer Virilität gestaltet. Im Unterschied allerdings zu späteren Darstellungen, etwa bei Fontane oder
Thomas Mann, hat er sie durch die teleologische Konzeption des
Schlusses zugleich verklärt.

Bei Hermann dem Cherusker schließlich erinnert nichts mehr an die
Entwicklung des preußischen Typus. Zeigt Kleist im *Prinzen von
Homburg* dessen Werden als einen inneren Vorgang und gewinnt darin
sogar eine spezifisch lyrische Dramatik, so präsentiert er in der *Hermannsschlacht* das bloße Resultat: der germanische Held hat, noch ehe
der Vorhang über dem Teutoburger Wald sich öffnet, das preußische
Telos schon erreicht. Eine fertige Führerfigur steht auf der Bühne, die

keine Wandlung, auch keine Angst mehr kennt. Wie Käthchen von Heilbronn scheint Hermann von der Vorsehung geschickt – doch nicht einmal ein Traum ist mehr nötig, diese Bestimmung zu motivieren. Zieht sich der Prinz von Homburg in die Innerlichkeit zurück, so entweicht Hermann in schlaues Taktieren, um dem zwischenmenschlichen Bezug – der ihn verwandeln könnte – zu entgehen. »Verwirre das Gefühl mir nicht!« (V/14)[34] sagt er, wenn eine politische Entscheidung ansteht. Er selber aber arbeitet taktisch klug mit der Gefühlsverwirrung der anderen. Durch eine Art von Sexualisierung der Politik gewinnt Kleist aus der durchlebten und dramatisierten Krise des zwischenmenschlichen Bezugs eine scharfe und in die Zukunft Deutschlands weisende Waffe für die preußische Reaktion. An die Stelle des zwischenmenschlichen Bezugs setzt Hermann konsequent die Abstraktionen des Politischen: der Befreiung Germaniens von der Römerherrschaft wird alles unterworfen, jedes Mittel und jedes Gefühl.[35] Als Thusnelda ihn fragt, warum alle Römer von Crassus' Kohorte getötet werden müssen, auch die guten, antwortet er: »Die Guten mit den Schlechten. – Was! Die Guten! Das sind die Schlechtesten!« (IV/9) Und da Thusnelda an einen Römer erinnert, der ein Kind aus den Flammen gerettet hatte – »Er hätte kein Gefühl der Liebe dir entlockt?«, reagiert Hermann mit glühendem Haß: »Er sei verflucht, wenn er mir das getan! / Er hat, auf einen Augenblick, / Mein Herz veruntreut, zum Verräter / An Deutschlands großer Sache mich gemacht!« (IV/9) Thusnelda durchschaut den Mechanismus seines Denkens und Fühlens, ohne daß sie freilich irgendetwas damit bewirken könnte: »Dich macht, ich seh, dein Römerhaß ganz blind. / Weil als dämonenartig dir / Das Ganz' erscheint, so kannst du dir / Als sittlich nicht den einzelnen gedenken.« (II/8) Die Abstraktionen des Politischen bringt Hermann scheinbar mit denen der ›Rasse‹ zur Deckung: wenn ein anderer cheruskischer Anführer fordert, jene germanischen Verräter zu bestrafen, »Die grimm'ger, als die Römer selbst, / In der Cherusker Herzen wüteten«, stiftet er das Gesetz der Volksgemeinschaft: »Das sind die Wackersten und Besten, / Wenn es nunmehr die Römerrache gilt« – »Es soll kein deutsches Blut, / An diesem Tag, von deutschen Händen fließen!« (V/14) Doch wieder lügt Hermann: Am Ende des Stücks läßt er eben jenen germanischen Verräter hinrichten, der bis zuletzt an der Seite der Römer geblieben ist. Auch die ›Rasse‹ gilt ihm als eine taktische Kategorie: sie wird bestimmt nach den Erfordernissen der jeweiligen Situation.

In Germanien ereignet sich ein kleines, aber grausam zu Ende gedachtes bürgerliches Trauerspiel; in der Verkürzung verschiebt sich die Perspektive aus dem Kampf gegen den Adel in den Kampf gegen die andere Nation. Die junge Frau ist nicht der Verführung von Adeligen ausgesetzt; noch ehe Hally die Bühne betritt, wird sie von Römern geschändet. Obwohl sie als Lebende auf der Szene erscheint, spricht sie kein Wort. Schauerlich ist die Stummheit der »fußzertretenen, kotgewälzten, / An Brust und Haupt zertrümmerten Gestalt«, über die sogleich ein Tuch geworfen wird. Nun erscheint der Vater und ruft seine Vettern herbei, und gemeinsam ermorden sie das Opfer: »ich will sie führen, wo sie hingehört [...] Stirb! Werde Staub! Und über deiner Gruft / Schlag ewige Vergessenheit zusammen! [...] Hally! Mein einz'ges! Hab ich's recht gemacht?« (IV/5) Doch erst nach diesem verkürzten Trauerspiel beginnt die politische Aktion: Hermann, der heimlich durch die Gassen schleicht, um zu sehen, »ob der Zufall etwas beut« (IV/3), betritt den Platz des Tochtermordes, und schlagartig erkennt er die politischen Möglichkeiten der Situation: die Leiche der jungen Frau ist als Allegorie des geschändeten Germanien von großem Nutzen. »Wir zählen funfzehn Stämme der Germaner; / In funfzehn Stücke, mit des Schwertes Schärfe, / Teil ihren Leib, und schick mit funfzehn Boten, / Ich will dir funfzehn Pferde dazu geben; / Den funfzehn Stämmen ihn Germaniens zu./ Der wird in Deutschland, dir zur Rache, / Bis auf die toten Elemente werben.« (IV/6) Der Instrumentalisierung des toten Frauenkörpers entspricht Hermanns Einschätzung der Massen, die es zu führen gilt: er hält nichts von ihrer Einsicht, sie gelten ihm vielmehr als blind und unfähig des Urteils. Durch Verstellung und Übertreibung versucht er ihren Haß aufzustacheln. Nicht anders verhält sich der Führer zur lebenden Frau, zu Thusnelda – und erinnert darin von fern her an Hitlers Wort vom femininen Charakter der Masse. Hermann fordert Thusnelda auf, aus taktischen Gründen der erotischen Zuneigung des Legaten Ventidius entgegenzukommen; und als er diese politische Verbindung nicht mehr benötigt, Thusnelda aber wirklich eigene Gefühle für den Römer zu entwickeln beginnt, läßt er sie wissen, daß Ventidius sie – mittels einer Locke ihres blonden Haares – der römischen Kaiserin als Beute angekündigt habe. Zwischen Ventidius und Thusnelda entsteht noch einmal die dramatische Spannung der *Penthesilea*. Thusnelda erfährt in der Liebe den Betrug des Mannes, und auch sie antwortet darauf mit entfesselter Grausamkeit: nur daß sie die Ausführung des Lustmords einer Bärin überläßt.

Doch im genauen Gegensatz zu Penthesilea ist Thusneldas Lust jederzeit politisch funktional. Sie tut alles – ohne es zu wissen – im Interesse Hermanns. Thomas Mann, der sich einigermaßen verstört von der »mänadische[n] Mord-Erotik und Menschenfresserei« der *Penthesilea* abwandte, wußte dennoch genau zu differenzieren: »Entsetzlicher der berserkerhafte, gegen ›Rom‹, das ist: gegen Frankreich und Napoleon rasende Nationalismus seiner ›Hermannsschlacht‹, deren blauäugiger Held – und das nun wieder sehr realistische, vorm deutschen Charakter eher warnende als ihn idealisierende Psychologie – falscher und tückischer ist als ein Punier.«[36] Mit gutem Grund sucht Thomas Mann sich mit Varus zu identifizieren, einer Gestalt, die an die untergehenden Könige Shakespeares erinnert: in ihm allein spürt man ein wenig die Kraft des Konflikts, mit dem die Objektivität des Dramas vor dem Subjektivismus der nationalen Führerfigur gerettet werden könnte. Denn mag Thusnelda auch gegen Ventidius wüten, der mit ihr gespielt hat wie mit einem Ding, gegen Hermann, der sie ebenso, nur erfolgreicher, zum Mittel macht, ist sie keines Widerstands fähig. Die Verhörspiele, die Penthesilea unterbrochen hat, werden in der *Hermannsschlacht* wiederaufgenommen: der germanische Führer ist allwissend wie Jupiter, aber er ist der Frau gegenüber mächtiger als der Gott im *Amphitryon* und mächtiger als Achill in der *Penthesilea*. Die politischen Abstraktionen, die an die Stelle der religiösen Berufung Käthchens getreten sind, verschaffen ihm eine größere Macht, als sie jemals ein Mann in der Kleistschen Dramaturgie, ja im Drama überhaupt, besaß. Das berühmte Diminutivum »Thuschen« muß nur richtig ausgesprochen werden (Gert Voss hat den Ton gut getroffen), um die Handhabbarkeit der Gattin auf den Punkt zu bringen. Zynisch kommentiert Hermann die von ihm selbst herbeigeführte Gefühlsverwirrung: »Mein schönes Weib! Wie rührst Du mich!« Ganz und gar ist Hermann schließlich zufrieden, nachdem Thusnelda den Legaten ermorden ließ: »Wie groß und prächtig hast du Wort gehalten« – Thusnelda spricht daraufhin ihre letzten Worte: »Das ist geschehn. Laß sein.« (V/23) Als stumme Figur bleibt Thusnelda auf der Bühne – die ganzen folgenden Szenen lang –, als wollte sie im Geheimen die Nähe zu der zweifach geschändeten Hally zum Ausdruck bringen.

Die Dramaturgie des 19. Jahrhunderts scheint mit Kleist nicht fertig zu
werden: soweit sie nicht ohnehin dem Geschlechterkampf entsagte
oder in Erlösungsphantasien ihn zu überwinden meinte, ließe sie sich
beschreiben als stockender, aber stets neu aufgenommener Versuch, die
Bewegung des Dramas vom bürgerlichen Trauerspiel zur *Hermannsschlacht* zu rekapitulieren – oder zu revidieren. Sie erreicht kaum noch
die Gegenwärtigkeit, mit der Kleist die Zerstörung des Subjekts gestaltete: solche Zerstörung zittert in den Dramen Friedrich Hebbels
gleichsam nach.

Schon dessen erstes Drama *Judith* kann als Zurücknahme der *Hermannsschlacht* gelesen werden. Die Frau wird darin aus der Mittel-
Zweck-Relation politischer Zielsetzung gerückt: was sie tut, ist zwar
funktional im Sinne des Befreiungskampfes der Juden – doch sie tut es
selbstbestimmt; kein Mann, kein Gatte hat es ihr aufgetragen oder so
nahegelegt, daß sie selbst es nicht merkte. Im Vollzug der Tat wird
Judith der Zwiespalt von politischem Handeln und individuellem Gefühl bewußt – eben jener Zwiespalt, der im Rausch Thusneldas untergegangen war. »Das Elend meines Volks peitschte mich hierher, die
dräuende Hungersnoth [...] O, nun bin ich wieder mit mir ausgesöhnt.
Dies alles hatt' ich über mich selbst vergessen!« Doch im nächsten Moment schon sagt sie: »Nichts trieb mich, als der Gedanke an mich selbst.
O, hier ist ein Wirbel! Mein Volk ist erlös't, doch wenn ein Stein den
Holofernes zerschmettert hätte – es wäre dem Stein mehr Dank schuldig, als jetzt mir! Dank?« (V/S. 72)[37] Der Gedanke selbst ist allerdings
zwiespältig, von Anfang an war Judith eigenartig fasziniert von der Gewalt des Holofernes – und es war eine sexuelle Faszination, die sie in der
Erniedrigung immer wieder überfiel. »Sei mir willkommen, Wollust,
an den Flammen des Hasses ausgekocht« (V/S. 61) – so begrüßt sie der
in dieser Hinsicht durchaus einfühlsame Holofernes. Im Beiseite gibt
sich Judith preis: »Gott meiner Väter, schütze mich vor mir selbst, daß
ich nicht verehren muß, was ich verabscheue! Er ist ein Mann. [...] Ich
muß ihn morden, wenn ich nicht vor ihm knien soll.« (V/S. 63 f.) Ihre
Tat freilich ist eindeutig: sie ermordet Holofernes, weil er sie zum Geschlechtsverkehr gezwungen hat: »und hab' ich in meiner Entwürdi-
gung das Recht des Daseins eingebüßt: mit diesem Schwert will ich's
mir wieder erkämpfen! [...] Bin ich denn ein Wurm, daß man mich
zertreten, und als ob Nichts geschehen wäre, ruhig einschlafen darf?
[...] Tödt' ihn, Judith, er entehrt Dich zum zweiten Mal in seinem

Traum, sein Schlaf ist Nichts, als ein Wiederkäuen Deiner Schmach.«
(V / S. 70) Als sie ihm nun das Haupt herunterschlägt, sagt sie noch:
»Ha, Holofernes, achtest Du mich jetzt?« Schon der Entschluß, Holofernes zu töten, den Judith faßte, noch ehe sie den Tyrannen sah,
entsprang einer Erniedrigung – zunächst jedoch einer Selbsterniedri-
gung: »Ein Weib«, sagt Judith bei ihrem ersten Auftritt, »ist ein
Nichts; nur durch den Mann kann sie Etwas werden; sie kann Mutter
durch ihn werden [...] Unselig sind die Unfruchtbaren, doppelt unselig bin ich, die ich nicht Jungfrau bin und auch nicht Weib!« (II / S. 19)
Judith und Holofernes begegnen einander erst im vierten und fünften
Akt; ähnlich wie die Liebesszene in der *Penthesilea* beruht auch ihre
Begegnung auf einer Täuschung. Nun aber ist es die Frau, die täuscht
– und der Mann durchschaut am Ende die Täuschung fast vollkommen. An sich müßte dies eine Konstellation von ungeheurer dramatischer Spannung ergeben. Doch Hebbels Dialoge bleiben eigenartig
spannungslos. Es dürften die vielen und langen Beiseites sein, die,
Ventilen gleich, den Druck entweichen lassen, mit dem Holofernes
und Judith doch aufeinanderstoßen. Im Beiseite werden die Figuren
selbstbezüglich: sie reden mit sich selber und verschließen sich dem
anderen. Der Dramatik Kleists ist solches emphatisches Beiseitesprechen unbekannt: Spricht eine seiner Figuren einen Monolog, so handelt es sich – abgesehen von komischen Situationen – eher um ein Gespräch, wie man es als Träumender führt: das Gegenüber bleibt im
Dunkeln. Jedes Wort, auch die selbstbezügliche Wendung, ist sonst
eingespannt in den zwischenmenschlichen Bezug, die Figuren sehen
so wenig beiseite, als sie aus dem Rhythmus der Sprache auszuweichen imstande sind. Was darin nicht erscheint, verschließt sich auch
dem Publikum. Es wird zum Geheimnis innerer Entscheidungen, die
man bloß erahnen kann.[38] Hebbels Gestalten hingegen sprechen sich
mehr im Beiseite als im Gegenüber aus; dies aber gründlich, sodaß
hier tatsächlich nichts unausgesprochen bleibt. So erhält die Handlung
einen epischen Zug, den schon der Zeitgenosse und Gegner Otto Ludwig erkannte: »Die Charaktere exponieren sich mehr durch Erzählung als durch Handlung, meist durch charakteristische Anekdoten
von ihnen selbst, die sie sogar sich selbst erzählen [...] Auch die Motive zu ihren Handlungen werden erzählt und zwar möglichst indivi-
dualisiert.«[39] Hebbels Gestalten verlieren die Gegenwart in jenem
doppelten Sinn, der für das Drama konstitutiv ist: sie verlieren die Ge-

genwart des anderen, und sie verlieren die Gegenwart an die Vergangenheit. Beides deutet Georg Lukács in seiner frühen Studie zur *Entwicklungsgeschichte des modernen Dramas* an, wenn er sagt, Hebbels Menschen leben »in völliger Isolierung« – und ihre Sprache »wirkt nie wie aus dem Augenblick gewachsen«.[40] Selbst die Ermordung des Holofernes, die auf offener Bühne stattfindet, wird mehr erzählt als durchgeführt. Sie erreicht nicht jene Gegenwärtigkeit von Penthesileas Bluttat, die abseits der Bühne geschieht und im selben Moment berichtet wird. Denn Holofernes schläft, er ist nicht wirklich bei seiner Ermordung gegenwärtig. Fast scheint es, als würde Judith Mirza ihre Tat bloß im nachhinein verdeutlichen wollen, sie wie in einem kriminalistischen Verfahren rekonstruieren, nachspielen.

Um die Frau aus der politischen Instrumentalisierung zu lösen und ihr selbstbestimmtes Handeln zu ermöglichen, bedarf es einer fast ausgeklügelten Motivierung: »Die Judith der Bibel kann ich nicht brauchen«, notiert Hebbel in sein Tagebuch. »Dort ist Judith eine Witwe, die den Holofernes durch List und Schlauheit ins Netz lockt; sie freut sich, als sie seinen Kopf im Sack hat und singt und jubelt vor und mit ganz Israel drei Monate lang.« Solche widerspruchslose Einheit von Tat und Täterin, Volk und Individuum, Politik und Gefühl erschien dem Dramatiker »gemein«. »Meine Judith wird durch ihre Tat paralysiert; sie erstarrt vor der Möglichkeit, einen Sohn des Holofernes zu gebären; es wird ihr klar, daß sie über die Grenzen hinausgegangen ist, daß sie mindestens das Rechte aus unrechten Gründen getan hat.«[41] Der Dramatiker selbst schrickt zurück vor Judiths Tat, die doch aus rechten Gründen geschah, soweit sie als Antwort auf die sexuelle Erniedrigung aufgefaßt wird. Bekommt Hebbel Angst vor seiner eigenen Figur? Stellt er ihr darum die mögliche Schwangerschaft so bedrohlich vor Augen? Im Unterschied zur Bibel ist Hebbels Judith, obwohl verwitwet, eine »Jungfrau« geblieben, ehe sie zu Holofernes geht. »Nur aus einer jungfräulichen Seele kann ein Mut hervorgehen, der sich dem Ungeheuersten gewachsen fühlt.«[42]

Von solchen Bemerkungen aus erscheint *Maria Magdalene* als Fortsetzung der *Judith*: als Schwangere hat die Frau der Mut verlassen, und sie ist erneut dem Mann unterworfen. Wenn der Vorhang sich für Hebbels bürgerliches Trauerspiel öffnet, hat es selbst schon stattgefunden. Die Mutter trägt in der ersten Szene bereits das Totenhemd: »mein Brautkleid ist's nicht mehr, es ist nun mein Leichenkleid« (I/1)[43]. Die Toch-

ter Klara ist schwanger, in der vierten Szene des ersten Aktes kündigt
sie ihren Tod an, als wüßte sie vom Schicksal, das Töchtern aus dem
bürgerlichen Trauerspiel nun einmal bestimmt ist. Als die beiden Ge-
richtsdiener in der siebenten Szene kommen und den Sohn von Meister
Anton als Dieb anklagen, fällt die Mutter im Hochzeitsleichenkleid tot
um. Die Tochter erhält im nächsten Moment den Brief, worin der Vater
des Ungeborenen ihr mitteilt, daß er sie verlassen wolle. Meister Anton beginnt – Klaras Reaktion beobachtend – die ›unehrenhafte‹ Situation seiner Tochter zu ahnen. Diese Szene ist vielleicht die einzige des
Stücks, in der Gegenwärtigkeit sich noch behauptet. Von da an nimmt
das Verhängnis seinen Lauf. Auf den ersten Blick erinnern die Figuren
von Hebbels Drama weniger an das bürgerliche Trauerspiel Lessings
oder Schillers – näher scheinen sie den irren Komödienfiguren von
Heinrich Leopold Wagner und Jakob Michael Lenz zu stehen. Hebbels Tischlermeister allerdings sagt nicht »Halts Maul« zu seiner
Tochter; man muß nicht fürchten, daß er sie körperlich attackiert. Die
Grobheit klassischer Komödienfiguren ist ihm fast ebenso fremd wie
die Empfindsamkeit der Trauerspielväter. Die Rührung aber hat sich
von den anderen Familienmitgliedern zurückgezogen und kennt nur
noch das eigene Leid: so ist Meister Anton mit seinem grenzenlosen
Selbstmitleid das wahre Verhängnis des Stücks. Keine der Figuren ist
imstande, ihn auch nur für einen Moment aus diesem Gefühl herauszu-
treiben. Während in Wagners *Kindermörderin* die Tochter aus dem
Mangel an Empfindsamkeit ihre eigentliche Kraft zu handeln schöpft,
bedeutet in Hebbels Familiendrama das Selbstmitleid Meister Antons
die Selbstzerstörung der Tochter. »Gräber im Voraus machen« (I/6),
bezeichnet Meister Anton als sündhaft – sein Selbstmitleid aber hat den
andern ihr Grab schon lange geschaufelt. »Liebe Tochter, der Karl ist
doch nur ein Stümper, er hat die Mutter umgebracht, was will's heißen?
Der Vater blieb am Leben! Komm ihm zu Hülfe, Du kannst nicht verlangen, daß er alles allein tun soll, gib du mir den Rest [...].« (I/7) Und
Klara bleibt angesichts dieser furchtbaren Ironie nichts anderes übrig,
als zu schwören: »Deine Tochter wird dich nicht zum Selbstmord treiben« (II/6). Als sie später zum Selbstmord schon entschlossen ist und
der untreue Geliebte ihr zu bedenken gibt: »Du kannst Gott Lob nicht
Selbst-Mörderin werden, ohne zugleich Kindes-Mörderin zu werden!«, antwortet sie: »Beides lieber, als Vater-Mörderin!« (III/4) Ihr
Tod vermag am Gemütszustand des Meister Anton gar nichts zu än-

dern: er verharrt in seiner mörderischen Selbstrührung: »Sie hat mir
Nichts erspart – man hat's gesehn!« (III/11)

Mit *Agnes Bernauer* nähert sich Hebbel der *Hermannsschlacht* an, er
restauriert die Instrumentalisierung der Frau, und zu diesem Zweck
greift er auf die Frauenfiguren der *Maria Magdalene* zurück. Noch ehe
Agnes von dem Verhängnis, das sie ereilen wird, eine Ahnung haben
kann, baut sie sich schon eine Grabkapelle: »Ein bürgerliches Mädchen
macht sich das Todtenhemd gleich nach dem Hochzeitskleid, und sie
thut wohl daran [...] Nun, das liegt mir in der Art, und so lange bin ich
noch nicht die Gemahlin eines Herzogs, daß sich schon alles an mir
verändert hätte!« (IV/7)[44]. Ähnlich wie bei Kleist schiebt sich die
Haupt- und Staatsaktion über das Szenarium des bürgerlichen Trauerspiels: das Schwergewicht wird von der Familie auf den Staat verlagert.
Im Unterschied aber zur *Hermannsschlacht* hört Hebbel nicht auf,
nach Konflikten bei den Männern des Staates zu suchen. Freilich entsteht dabei nicht viel mehr als eine Dramaturgie des schlechten Gewis-
sens, das die Täter plagt, ohne sie ins Verderben zu stürzen. Es ist in der
Agnes Bernauer nicht der Gatte sondern der Vater des Gatten, der am
Ende die Instrumentalisierung der Frau als nationales Opfer feiert: sie
ist ihm »das reinste Opfer, das der Nothwendigkeit im Laufe aller Jahrhunderte gefallen ist« (V/10). Und diese Nothwendigkeit ist durch das
Banner hinlänglich bestimmt, unter welchem das deutsche Volk in hun-
derten von Schlachten gesiegt, und in tausenden Schlachten noch siegen
soll. Doch fehlt Hebbel jener wahnsinnige Mut, mit dem Kleist den
toten Frauenkörper selbst zerstückelt, um ihn zum Fetisch der Nation
zu machen. Er muß wohl auch gespürt haben, daß die Opferung der
Frau die Opferung des dramatischen Konflikts nach sich zieht; denn er
versucht, mit seinen Stücken immer wieder zur Konzeption der *Judith*
zurückzukehren. In *Herodes und Mariamne*, in *Gyges und sein Ring* ist
es erneut die Erniedrigung durch den Mann, die das Handeln der Frau
herausfordert. Die vielzitierten, das Drama zuinnerst treffenden Worte
der Mariamne: »Für jeden Menschen kommt der Augenblick, / In
dem der Lenker seines Sterns ihm selbst, / Die Zügel übergibt« (III/
6)[45] – sie ließen sich für Judith und Mariamne, Rhodope und Brunhild
spezifizieren: dieser Augenblick ist von der Erfahrung der Erniedrigung erfüllt. »Ich war ihm nur ein Ding und weiter Nichts!« (II/6)
sagt Mariamne, und doch scheitert sie daran, Judith zu folgen, obwohl
sie weiß: sie hätte »An ihm in stiller Nacht die Katzenthat / Der Ju-

dith wiederholen sollen« (II/3). Mariamne und Rhodope handeln als Sterbende, den Tod Suchende: Mariamne versucht Herodes in die Verzweiflung zu treiben, und Rhodope stiftet Gyges zum Mord an ihrem Gatten an. In beiden Fällen opfern sich die Frauen, um die Männer zu vernichten. Der Augenblick, die Zügel selbst in die Hand zu nehmen, ist für sie der des Todes.[46]

Für die weitere Entwicklung der Dramaturgie ist Hebbels Rückkehr zum bürgerlichen Trauerspiel signifikanter als die heroischen Rettungsversuche, die er Judith, Mariamne und Rhodope unternehmen läßt. *Maria Magdalene* könnte geradezu als Paradigma gelten: Während Meister Anton im Selbstmitleid erstarrt – »Hu, mich schaudert's vor der Zukunft« (II/1) –, verwandeln sich die Figuren rings um ihn in Schatten der Vergangenheit. Es gab danach wohl nur zwei Möglichkeiten, das Familiendrama fortzuschreiben: entweder die Figuren aus der scheinbaren Gegenwart – die das bloße Verhängnis ist – in die wirkliche Vergangenheit zu versetzen, oder das Selbstmitleid Meister Antons zur Perspektive des Dramas zu machen; Ibsen und Strindberg stehen sich hierin gegenüber. Für die Gestalten von Ibsens *John Gabriel Borkman* etwa ist die Gegenwart des Dramas nur mehr Anlaß zur Heraufbeschwörung der Vergangenheit.[47] Aus dieser Verschiebung dramatischer Aktion ins Vergangene gewinnt Ibsen dem Drama noch einmal eine grandios erscheinende gesellschaftliche Objektivität. Wenngleich die Last der Vergangenheit für die Personen kaum erträglich scheint – und der Dramatiker manchmal sogar, wie in den *Gespenstern*, zur Vererbungstheorie Zuflucht nimmt –, ist es im Grunde doch der Versuch einer rationalen Auflösung des schicksalhaften Verhängnisses durch die Perspektive der Zeit. Nicht was passiert, ist nicht zu ändern, sondern das, was bereits stattgefunden hat. Und diese Perspektive eröffnet einzelnen der Ibsenschen Gestalten an ganz wenigen Punkten der Gegenwart die Möglichkeit, mit der Vergangenheit zu brechen. Den einzigen, wirklich heroischen Sieg über das Verhängnis feiert natürlich Nora: wenn sie ausgerechnet dort, wo die Töchter und Frauen ihren Untergang erleiden, das Puppenheim der Kleinfamilie einfach verläßt. Es gibt in der ganzen Literatur des 19. Jahrhunderts vielleicht keine entschiedenere Absage an die Teleologie als diesen Dramenschluß, in dem Noras Worte nachklingen: »Ich weiß ja gar

nicht, was aus mir wird« (III/S. 95)[48]. Solche Worte provozierten die
Familienmoral nicht minder als das teleologische Denken. (Es verwundert wenig, daß deutsche Theaterleute einen anderen Schluß von Ibsen
verlangten; erstaunlicher schon ist es, daß Ibsen ihn tatsächlich lieferte:
Nora bleibt zu Hause, der Kinder wegen.)

Im *Volksfeind*, vor allem aber in der *Wildente* wird dieser Bruch mit der
Vergangenheit selber problematisch und nimmt Züge des Lächerlichen
an – Hjalmar Ekdal und Gregers Werle werden unfreiwillig oder freiwillig komisch, sobald sie versuchen, was Nora tut. Die Zeit zu handeln, ist für sie längst abgelaufen, es war die Zeit des Aufstands gegen
den Vater. Gregers weiß es selber, wenn er zu seinem Vater sagt: »Was
am alten Ekdal gesündigt worden ist, [...] das kann nie wieder gut gemacht werden« – »Ich hätte gegen Dich auftreten sollen; damals, als
dem Leutnant Ekdal Schlingen gelegt wurden. Ich hätte ihn warnen
sollen; denn ich ahnte wohl, wohin es führen würde.« Und als der alte
Werle antwortet: »Ja, dann hättest Du allerdings reden müssen«, macht
er das Eingeständnis: »Ich hatte nicht den Mut dazu; so feige und ver-
schüchtert war ich. Ich hatte eine namenlose Angst vor Dir – damals
und auch noch lange nachher.« (III/S. 370)[49] Noch jetzt wendet er sich
nicht direkt gegen den Vater, sondern indirekt, indem er Hjalmar, den
Sohn des alten gedemütigten Ekdal, »aus den Fesseln der Lüge und der
Täuschung« befreien möchte. Weil die Zeit zur Tat bereits vorbei ist,
wird Gregers Werle zum problematischen Idealisten der Ehe; er kann
nur aussprechen, wozu die Menschen des Stücks nicht mehr imstande
sind: »eine Abrechnung, auf die sich eine ganz neue Lebensführung
gründen soll, – eine Lebensführung, ein Zusammenleben in Wahrheit
und ohne Heimlichkeit – [...] Ich hatte bestimmt erwartet: wenn ich
durch die Tür eintrete, so würde mir vom Antlitz des Mannes wie der
Frau das Licht der Verklärung entgegenstrahlen. Und jetzt erblicke ich
nur ein dumpfes, schweres, trauriges –«. (IV/S. 382) Hjalmar Ekdal,
der sich in seinen Lebenslügen eingesponnen hat, verhält sich ganz anders, als es der Idealist von ihm erwartet: er wird vollends zum Meister
Anton. Erfüllt von wachsendem Selbstmitleid, verstößt er die eigene
Tochter, sobald er an seiner biologischen Vaterschaft zu zweifeln beginnt. Doch eben jenes Selbstmitleid verhindert, daß auch er irgendetwas tut, außer davon zu reden, etwas zu tun. Die einzige, die noch
handelt, ist die verzweifelte Tochter: sie begeht Selbstmord.

Diese Tat bleibt auch in den *Gespenstern* und in *Rosmersholm*, für

Hedda Gabler und für *John Gabriel Borkman* als einzige Möglichkeit gegenwärtigen Handelns. So erscheinen fast alle Protagonisten Ibsens – ob komisch oder tragisch – als Gespenster der Vergangenheit: als »Gengangere« – Wiedergänger einer in tiefer Vergangenheit verschlossenen Familienbeziehung. Ihre Geschichte ist wie jene der Hebbelschen *Maria Magdalene* schon zu Ende, wenn der Vorhang sich hebt; doch weil das Geschehen auf der Bühne einen Abschluß finden muß, auch wenn es längst schon beschlossen ist, daß nichts mehr geschehen kann, erscheint die Selbsttötung der Bühnenfiguren von der dramatischen Form her gefordert oder wenigstens erwünscht. »So wird in Zeiten, die dem Drama feindlich gesinnt sind, der Dramatiker zum Mörder seiner eigenen Geschöpfe.« (Peter Szondi)[50] Fast immer ist die Geschichte, die abgeschlossen der Vergangenheit angehört, die Geschichte einer Familie, welche die Liebe verriet, um des Geldes willen. Aber weil sie zu Ende ist und nichts mehr zu ändern, treten vermutlich die Bedingungen und die Motivationen als allgemeine soziale Verhältnisse so anschaulich zutage: da die gegenwärtig Lebenden nicht mehr eingreifen können, tritt das, worin hätte eingegriffen werden sollen, als besonders mächtige Struktur in den Vordergrund; »die Gesellschaft« erscheint auf der Bühne. Ibsens Mittel, sie zum Erscheinen zu bringen, ist die Vergangenheit. In der Gegenwart des Dramas müßte sich ihre Macht sofort auflösen in zwischenmenschlichen Bezug: doch gerade diese Auflösung schien dem Dramatiker nicht mehr glaubwürdig zu sein.

In einem Interview sagte August Strindberg, er denke, »daß das vollständig geschilderte Leben eines Menschen wahrhaftiger und aufschlußreicher ist als das einer ganzen Familie. Wie kann man wissen, was sich im Gehirn anderer ereignet, wie kann man die verhüllten Beweggründe der Tat eines andern kennen, wie kann man wissen, was dieser und jener in einem vertraulichen Augenblick gesagt haben [...] Man kennt nur ein Leben, sein eigenes...«[51] Nimmt man diese Aussage beim Wort, so ist die Möglichkeit des Dramas bestritten; und Strindbergs Entwicklung als Dramatiker nahm sie beim Wort. Gerade jener Autor, der dem Gemeinplatz nach als der Dichter des Geschlechterkampfes zu würdigen sei, sah überhaupt keine dramatische Perspektive, um einen Kampf als Kollision verschiedener Interessen zu gestalten. Schon sein erstes berühmtes Drama, *Der Vater*, liest sich, als würde Meister Anton seine Sicht der Dinge darlegen – nicht Hebbel. Die dramatische Darstellung der vergifteten Familienbeziehungen ist einzig vom Standpunkt der Titelgestalt entworfen – sie läuft »durch deren Subjektivität vermittelt« ab. Peter Szondi hat den Grundriß dieses Dramas gezeichnet: »der Vater im Zentrum, um ihn die Frauen: Laura, die Amme, die Schwiegermutter und schließlich die Tochter, gleichsam die Wände der weiblichen Hölle, in der er sich wähnt [...]«. Doch wichtiger als der Grundriß ist die dramaturgische Dynamik des Stücks, die Erkenntnis, daß der Kampf der Frauen gegen den Vater »zumeist nur als Reflex in seinem Bewußtsein zu ›dramatischer‹ Verwirklichung gelangt, daß er in seinen Hauptzügen gar von ihm selber festgelegt wird. Den Vaterschaftszweifel, die wichtigste Waffe seiner Frau, legt er selbst in ihre Hände, und seine Geisteskrankheit bezeugt ein eigener Brief, in dem er für ›seinen Verstand fürchtet‹. Die Worte seiner Frau in der letzten Szene des zweiten Aktes, die ihn dazu bringen, die brennende Lampe nach ihr zu werfen: ›[...] Du bist nicht mehr nötig und du mußt gehen‹ sind glaubhaft nur als Hinausverlegung jener Gedanken, die der Rittmeister bei seiner Frau selber argwöhnt.«[52] Steht der Vater auch im Zentrum, so ist er in seinem Verfolgungswahn mehr durch sich selber als durch die anderen gefährdet. Zu seiner Gattin sagt er: »[...] rette mich und meinen Verstand. Du verstehst ja nicht, was ich sage. Wenn das Kind nicht meins ist, habe ich keine Rechte und will keine haben, und das willst du ja nur. Nicht wahr? [...] Alles habe ich ertragen, ohne zu klagen, weil ich glaubte, der Vater dieses Kindes zu sein. Das ist die simpelste Form von Diebstahl, die brutalste Sklaverei. Ich habe siebzehn Jahre Strafarbeit geleistet und bin unschuldig gewesen.« (II/5)[53] Obwohl Strindberg am traditionellen Dramenbau noch festhält, sehen die Zuschauer die Wirklichkeit der Familie im Grunde mit den Augen des Vaters. In kaum einem seiner Stücke vermag er darum die Objektivität zu erreichen, mit welcher Ibsen die Gesellschaft zur Darstellung bringt. Die Vergangenheit selber wird bei Strindberg zur subjektiven Einbildung des einsam gewordenen Ichs. Nur der im Formalen noch bewahrte zwischenmenschliche Bezug, die bloße Tatsache also, daß die Personen auf der Bühne miteinander sprechen, hat zu jenem Mißverständnis geführt, das von den Literatur- und Theaterkritikern den Namen Naturalismus erhielt. Im Unterschied aber zu Strindberg wollten deutsche »Naturalisten« wie Gerhart Hauptmann oder Arno Holz und Johannes Schlaf die Objektivität des Dramas um jeden Preis zurückgewinnen; zu diesem Zweck suchten sie die klassizistische Einheit von Zeit und Raum peinlich genau einzuhalten, dabei jedoch möglichst wenig zu stilisieren, die Alltagswirklichkeit präzise in allen Details wiederzugeben, um nur ja die eigene Subjektivität, die überall den Dialog zu verzerren drohte, zu überwinden. Doch so nahe sie auch in der Sprache, in der kompromißlosen Einheit von Zeit und Raum der Alltagsrealität kamen: immer verschob sich die Perspektive ihrer Dramaturgie von den Dialogen hin zum Fluchtpunkt eines epischen Subjekts, das dazu berufen schien, ein soziales Milieu zu beobachten und zu kommentieren. Ist es beim frühen Hauptmann der Sozialforscher Loth in *Vor Sonnenaufgang*, so beim späten das heruntergekommene Theaterbürgertum der *Ratten*, von dem aus die proletarische Familientragödie betrachtet wird. Und stets etabliert sich im deutschen Naturalismus dieses Subjekt als Gegenposition zu dem verkommenen, im Selbstmitleid oder im Alkohol watenden Familienvater, ob er nun Krause, John oder Selicke heißt. Bei Strindberg aber ist es immer nur das Ich des Familienvaters oder Ehemanns, das die sozialen Verhältnisse des Alltags reproduziert. Und dies gilt sogar für *Fräulein Julie* – ein Stück, das als Prototyp des naturalistischen Theaters gilt. Der Vater ist darin abwesend: Strindberg versucht hier gewissermaßen den Familienvater aus dem Drama hinauszudrängen. Doch was in der Abwesenheit des Vaters geschieht, entspricht genau dessen Wahnvorstellungen: die Tochter reitet der Teufel; sie verdreht dem Diener Jean völlig den Kopf und gerät dabei selber zur Sklavin des fremden, sozial untragbaren Mannes. Ihre Ehrbegriffe entsprechen am Ende denen des Vaters: und sie begeht Selbstmord in dem Moment, als er zurückkehrt.

Die Diskrepanz zwischen traditionellem Dramenbau und epischem Subjekt löst der Dramatiker in seiner späteren Produktion auf, indem er einerseits monodramatische Experimente unternimmt, andererseits die Stationenform entwickelt. In dieser ist der Held von den Gestalten, die er an den Stationen seines Weges antrifft, aufs deutlichste abgehoben. »Sie erscheinen, indem sie nur in seinem Zusammentreffen mit ihnen auftreten, in seiner Perspektive und so auf ihn bezogen. Und da den Grund des Stationendramas nicht eine Vielzahl von einander weitgehend gleichgestellten Personen, sondern das eine zentrale Ich bildet, sein Raum also kein apriori dialogischer ist, verliert auch der Monolog hier den Ausnahmecharakter, den er im Drama notwendig besitzt.«[54] Man könnte auch sagen, das Drama wird zu einem einzigen großen Beiseite des Protagonisten, sein Ich allein stiftet die Einheit des Dramas und nicht mehr der Dialog oder die Kollision verschiedener Personen.

Strindbergs Dialoge werden darum tautologisch; es ergibt eine eigenartige Komik, wenn die Bühnengestalten selbst sich dessen bewußt werden: ähnlich dem spielerischen Umgang, worin das Volkstheater die
Illusion der Bühne aufzuheben pflegt, entsteht eine Art dramaturgischer Metaebene, auf der die Figuren über ihre Rollen reflektieren können. Die Frau in der Trilogie *Nach Damaskus* kann dem Unbekannten,
dessen Projektion sie eben ist, nur sagen, was dieser schon weiß; zu
ihrer Mutter aber sagt sie selbst: » [...] etwas langweilig ist es, daß ich
nie etwas sagen kann, was er nicht schon gehört hätte. Das macht, daß
wir sehr wenig sprechen...« (III/1)[55] Mit dem *Totentanz* versucht
Strindberg aus der Stationenform in den traditionellen Dramenbau zurückzukehren: doch die Personen des Dramas finden von der Metaebene der Projektionen nicht mehr hinunter in die Welt des Dramas:
»Merkst du nicht«, sagt der Hauptmann zu seiner Gattin, »daß wir
jeden Tag dasselbe sagen! Als du eben deine alte gute Replik von dir
gegeben hast: ›In diesem Hause zumindest‹, hätte ich mit meiner alten
antworten müssen: ›Es ist nicht allein mein Haus‹ [...]« (I/S. 15)[56]. Im
Grunde können auch in diesem Drama die Personen einander nicht
vernichten: Alice bleibt es bloß übrig abzuwarten, daß den Hauptmann
endlich der Schlag trifft. Noch ihr wilder Triumph über sein Ende erscheint wie eine Wahnvorstellung, die der Lebende selbst sich von seinem Ende macht: ›Genau so wird sie sich über meinen Tod freuen‹ –
meint man sein wirkliches Ich sagen hören, wenn er auf der Bühne
stirbt. Schon im nächsten Moment folgt die Projektion dem Ich ins
Grabe nach – Alice sagt: »[...] ich habe das Gefühl, daß mein Leben
jetzt zu Ende ist« (II/S. 121).
Scheinbar mündet auch das Motiv der Zerstörung in jenes der Entsagung; in der *Damaskus*-Trilogie kehrt der Unbekannte nach seinen langen Wanderungen am Ende im Kloster ein. Der Unterschied zur klassischen Entsagung ist indessen wesentlich: Goethes und Grillparzers
Entsagende sind weiblich; sie ziehen sich vom zwischengeschlecht-
lichen Bezug zurück – doch nie soweit, daß die Welt und die Männer zu
bloßen Ausstrahlungen ihrer Subjektivität werden. Die dramatische
Form ließ sich offenbar nur in der Perspektive männlichen Wahnes
ganz zerschlagen – zumindest solange Männer das Monopol in der Produktion dramatischer Kunst besaßen.

Erlösung

Sehen wir, was aus der Schwester Tonkunst ward,
seit dem Tode des alliebenden Vaters Drama! –
Richard Wagner[1]

Aus der Mitte der neunziger Jahre des 18. Jahrhunderts ist ein kleines
Trauerspiel-Fragment Goethes erhalten – *Das Mädchen von Oberkirch*. Darin sollte ein Vorfall aus der Geschichte der Französischen
Revolution thematisiert werden: als man das Straßburger Münster in
einen Tempel der Vernunft umwandelte, wurde Marie, das Mädchen
von Oberkirch, dazu ausersehen, die Göttin der Vernunft zu spielen.
Sie weigerte sich und wurde daraufhin auf Beschluß der Nationalkom-
missarien guillotiniert. Die Alternative, die Goethe in den zwei erhaltenen Szenen exponiert, liegt in der Hochzeit des bürgerlichen Mädchens mit einem der Revolution nicht unbedingt feindlich gesinnten
Baron. Dieser schätzt die »Aufwärterin«, weil »sie alle Tugenden besitzt, die uns anderen [...] eine Revolution wünschen ließen«. (I/2)[2]
Im Unterschied zu Egmonts Klärchen sollte Marie eben auch die Tugend besitzen, für politische Zwecke sich nicht instrumentalisieren zu
lassen. Mit seiner persönlichen Abwendung von der Revolution
wandte sich Goethe nun ebenso von den dramatischen Möglichkeiten
ab, das imaginierte Weibliche zur Verkörperung politischer Ideale zu
nützen – einerlei ob diese Ideale nun der französischen oder der deutschen Nation entsprungen waren. Weder die Göttinnen der Freiheit,
der Gleichheit und der Brüderlichkeit, noch die entsagende Jungfrau
Schillers oder der zerstückelte Frauenleib, den Kleist präsentiert, finden in seine postrevolutionäre Dramaturgie Eingang. Gerade im Gegensatz zum Politischen suchte er nun das Weibliche zu setzen, und
eben darin gewann es in seiner späten dramatischen Produktion her-

vorragende Bedeutung: »Es ist aber auch das einzige Gefäß, was uns
Neueren noch geblieben ist, um unsere Idealität hineinzugießen. Mit
den Männern ist nichts zu tun.«[3]
Pandora war einstmals vom Olymp mit geheimnisvoller Mitgift auf die
Erde gekommen, um die Menschen zu beschenken. Prometheus, der
Führer des arbeitenden Volks, stieß sie von sich; sein Bruder Epimetheus indessen nahm sie zur »holden Braut« und wurde von ihr mit
zwei Töchtern beschenkt, Elpore und Epimeleia. Nach einer kurzen
Zeit höchsten Glücks ist Pandora wieder entschwunden – zusammen
mit Elpore, die seither als Morgenstern am Himmel schwebt. Dies ist die
lange Vorgeschichte von Goethes Festspiel *Pandora*. Eröffnet wird es
von dem traurig durch die Nacht wandelnden Epimetheus, der den
Verlust Pandoras nicht ertragen kann. Im Traum erscheint ihm Elpore
und weckt ungewisse Hoffnungen auf Pandoras Wiederkehr. Während
Epimetheus in seiner Traumwelt versinkt, betritt Prometheus mit der
Fackel in der Hand den Schauplatz, um noch vor Tagesbeginn das Volk
der Schmiede zur Arbeit zu rufen. Er ist der große Antagonist Pandoras –
und er scheut sich nicht, den geschlechtlichen Inhalt dieses Antagonismus zu betonen: die Arbeit – das Gesellschaftliche schlechthin – macht
den Mann allem Anschein nach zum Mann: »Des echten Mannes wahre
Feier ist die Tat!« (S. 442)[4] – »Des tät'gen Manns Behagen sei Parteilich-
keit! / Drum freut es mich, daß, andrer Elemente Wert / Verkennend,
ihr das Feuer über alles preist. / Die ihr, hereinwärts auf den Amboß
blickend, wirkt / Und hartes Erz nach eurem Sinne zwingend formt, /
Euch rettet ich, als mein verlorenes Geschlecht / Bewegtem Rauchge-
bilde nach, mit trunknem Blick, / Mit offnem Arm, sich stürzte, zu
erreichen das, / Was unerreichbar ist, und, wär's erreichbar auch, /
Nicht nützt noch frommt; ihr aber seid die Nützenden.« (S. 414) Die
zweckbestimmte, zielorientierte Tat wird also deutlich genug als männ-
liches Prinzip artikuliert; ihr Gegenteil aber, das weibliche, bleibt ganz
unbestimmt: im Unterschied zu Prometheus ist Pandora, die Titelgestalt, das Festspiel hindurch abwesend. Und wenn von ihr die Rede ist,
bleibt alles Geheimnis, eine vage Andeutung von unbekannter Schönheit
und Harmonie. Die mögliche Versöhnung von Prometheus und Pandora wird auf die nächste Generation verschoben – doch diese Handlung
hat mit dem philosophischen Gegensatz von nützlicher Arbeit und
zweckfreier Schönheit gar nichts mehr zu tun: der Sohn von Prometheus
liebt die Tochter von Pandora; als er aber einen vermeintlichen Neben-

buhler bei ihr entdeckt, will er sie ermorden. Prometheus kommt dazwischen und weist seinen Sohn mit harten Worten an, sich selbst zu
strafen. Die Eifersuchtshandlung, die schließlich zum Tod und zur
Wiedergeburt von Prometheus' Sohn führt, läßt die Gestalt Pandoras
ganz in Vergessenheit geraten. Und doch plante Goethe für den zweiten Teil des Festspiels ihre Rückkehr; so jedenfalls deuten es die erhaltenen Skizzen an: »Pandora erscheint… paralysiert die Gewaltsamen«
und verkündet offenbar ein neues Zeitalter: »Glück und Bequemlichkeit… Schönheit. Ruhe, Frömmigkeit, Sabbat. Moira… Krypsele
schlägt sich auf Tempel Sitzende Dämonen Wissenschaft Kunst. Vorhang.« Epimetheus wird verjüngt, Pandora mit ihm emporgehoben,
»Einsegnung der Priester. Chöre«.[5] Nun scheint Prometheus ganz aus
der Handlung zu verschwinden, ist es doch Epimetheus, der sich mit
Pandora vermählt. Vorgesehen ist offenkundig, daß Pandora als wahrhafte Erlöserin auf die Erde zurückkehren soll: sie erlöst die Menschheit von der Fixierung aufs bloß Nützliche, sie befreit die Menschen
von der Diktatur des Prometheus. Doch die Erlösung löst auch das
Drama auf: mit der Eifersuchtshandlung der nachfolgenden Generation wollte Goethe es gewiß retten. Die Rückkehr Pandoras aber vermochte er dramatisch nicht zu gestalten. Erst im Zweiten Teil des *Faust*
hat er auch diese Unmöglichkeit szenisch realisiert. Pandora betritt hier
tatsächlich die Bühne – doch ist es mehr eine Geistererscheinung.
Im dritten Akt von *Faust II* verirrt sich Helena mit ihren Gefährtinnen
ins Mittelalter: »Gespenster! – Gleich erstarrten Bildern steht ihr da, /
Geschreckt, vom Tag zu scheiden, der euch nicht gehört« (III / S. 423)[6]
– so charakterisiert Phorkyas, die Verwalterin des verlassenen Palastes
von Mykene, Helena und ihr Gefolge. Die Begegnung Helenas mit
Faust, der als Burgherr auftritt, zeigt eine merkwürdige dramaturgische
Konsequenz: wer mit Gespenstern umgeht, Dialoge führt, sich gar wie
Faust mit ihnen vermählt und Kinder zeugt, der wird am Ende selber
eins. Nicht nur Mephisto raubt der Figur Fausts die Individualität – er
ist im dritten Akt gar nicht anwesend –, auch das als Ideal gesetzte
Weibliche schlägt auf den Mann zurück: Faust wird spätestens hier
zum allegorischen Phantom, und der Raum, in dem das gespenstische
Paar sich bewegt, wird geschichtslos: Mittelalter und Antike liegen nun
nebeneinander wie auf einer Simultanbühne des Kirchenspiels. Statt
sich wie Mann und Frau zu begegnen, zu lieben und zu hassen, zu
vereinigen und zu trennen, verkehren Faust und Helena wie zwei Prin

zipien miteinander; nicht als Mann und Frau, sondern als das Weibliche und das Männliche stehen sie sich gegenüber. Jede Zärtlichkeit zwischen ihnen muß mehr bedeuten, als sie ist, muß zum Träger historischer und philosophischer Bestimmungen dienen. Es verwundert wenig, daß solch einer Beziehung keine Dauer beschieden ist – aber auch keine Folge: Euphorion, der von Faust und Helena gezeugte Knabe, verglüht geradezu im Idealismus. Die Mutter folgt rasch dem Knaben nach. Sie zeigt keine Schwierigkeiten, sich auf Wunsch wieder aufzulösen – und sie tut es buchstäblich: »Sie umarmt Faust, das Körperliche verschwindet, Kleid und Schleier bleiben in seinen Armen [...] Helenens Gewande lösen sich in Wolken auf, umgeben Faust, heben ihn in die Höhe und ziehen mit ihm vorüber« (III/S. 456). Faust wird von seinen Männerphantasien durch die Welt getragen. Am Beginn des vierten Akts setzen ihn die Wolken irgendwo anders im großen Raum der Geschichte ab, und erneut beginnt er, seinen Projektionsapparat in Betrieb zu setzen: »(Hochgebirg – starre, zackige Felsengipfel. Eine Wolke zieht herbei, lehnt sich an, senkt sich auf eine vorstehende Platte herab. Sie teilt sich. Faust tritt hervor.) Der Einsamkeiten tiefste schauend unter meinem Fuß, / Betret ich wohlbedächtig dieser Gipfel Saum, / Entlassend meiner Wolke Tragewerk, die mich sanft / An klaren Tagen über Land und Meer geführt. / Sie löst sich langsam, nicht zerstiebend, von mir ab. / Nach Osten strebt die Masse mit geballtem Zug; / Ihr strebt das Auge staunend in Bewundrung nach. / Sie teilt sich wandelnd, wogenhaft, veränderlich; / Doch will sichs modeln. – Ja, das Auge trügt mich nicht! / Auf sonnbeglänzten Pfühlen herrlich hingestreckt, / Zwar riesenhaft, ein göttergleiches Fraungebild, / Ich sehs! Junonen ähnlich, Ledan, Helenen, / Wie majestätisch-lieblich mirs im Auge schwankt! / Ach! schon verrückt sichs! Formlos-breit und aufgetürmt / Ruht es in Osten, fernen Eisgebirgen gleich, / Und spiegelt blendend flüchtger Tage großen Sinn.« (IV/S. 461) Neben dem großen Sinn der antiken Schönheit, die Faust in den Wolken des Weiblichen zurückgespiegelt wird, tritt der kleine Sinn der frühen Liebe, Erinnerung wohl an Gretchen: »Doch mir umschwebt ein zarter, lichter Nebelstreif / Noch Brust und Stirn, erheiternd, kühl und schmeichelhaft. / Nun steigt es leicht und zaudernd hoch und höher auf, / Fügt sich zusammen. – Täuscht mich ein entzückend Bild / Als jugenderstes, längstentbehrtes höchstes Gut? / Des tiefsten Herzens frühste Schätze quellen auf: / Aurorens Liebe, leichten Schwung bezeichnets mir, / Den schnellempfundnen, ersten, kaum verstandnen Blick, / Der festgehalten, überglänzte jeden Schatz. / Wie Seelenschönheit steigert sich die holde Form, / Löst sich nicht auf, erhebt sich in den Äther hin / Und zieht das Beste meines Innern mit sich fort.« (IV/S. 461 f.) Mit diesen Worten – noch ehe Faust sich ins menschenmörderische Getümmel des technischen Fortschritts stürzt – durchschaut die allegorische Dramaturgie sich selbst: »Und zieht das Beste meines Innern mit sich fort.« Die Projektion der Ideale auf die weibliche Gestalt ermöglicht erst, sich vom Besten seines Inneren zu trennen. Statt es zu behalten als Maß des Handelns, wird es in Frauengestalt entäußert. Am Ende freilich soll die Entäußerung zurückgenommen und männliche Tätigkeit gerettet werden in der Vereinigung mit weiblicher Schönheit.

Die Natur war im Grunde immer ein dem Dramatischen fremdes Element. Soweit sie auf der Bühne erschien, diente sie als Reflex zwischenmenschlicher Erfahrungen: so wird sie bei Shakespeare oft zum Spiegel einer bestimmten gesellschaftlichen Situation, als Natur jedoch hat sie dann keinerlei Eigenwert. Sobald sie diesen gewinnt, muß sie sich – wie in Ariel und Caliban – verkörpern und in den zwischenmenschlichen Bezug eintreten. Sie ist dann aber von Menschen kaum noch zu unterscheiden. Im Zweiten Teil des *Faust* hingegen betritt die Natur in anderer Gestalt die Bühne. In seiner Studie über *Faust II* schreibt darüber Heinz Schlaffer: »die schwindende Natur, in der vorübergehenden Gestalt Galatees verkörpert, hinterläßt die Sehnsucht nach ihr. Je mehr die vor- und außermenschliche Natur an Bedeutung verliert, desto nötiger wird eine menschliche Stellvertretung der Natur: in der Frau ist sie gefunden.«[7] Die Liebe zu einer konkreten Frau wird transzendiert als Sehnsucht nach universaler Identität, Aufhebung des Dualismus von Gesellschaft und Natur, der wiederum als Dualismus von Mann und Frau erscheint; die Liebe zu einer Frau wird Liebe zum Ewig-Weiblichen. Sie vermag selbst den Tod zu überwinden: der Schluß gleicht einer religiös drapierten heidnischen Feier, worin die Wiedergeburt des Frühlingsgottes beschworen wird. Der Verlust des Körpers ist nur Übergang – »Sieh, wie er jedem Erdenbande, / Der alten Hülle sich entrafft / Und aus ätherischem Gewande / Hervortritt erste Jugendkraft!« (V/S. 525); die höheren Sphären des Religiösen erscheinen als bloße Metapher für die Wiederkehr des Immergleichen: »Alles Vergängliche ist nur ein Gleichnis«. Ist am Ende die Angst vor dem Tod der Schlüssel zum Ewig-Weiblichen des *Faust*?

Als »ungelöstes Rätsel« liegt »uns Deutschen« Goethes *Faust* vor –
schrieb Richard Wagner. Im eigenen Schaffen wollte er es lösen. Für
Wagner gab es keinen Zweifel, daß die Deutschen »in diesem Werke die
konsequenteste Ausbildung des originalen deutschen Schauspiels besitzen: vergleichen wir es mit den größten Schöpfungen des neueren
Dramas aller Nationen, des Shakespeareschen eingeschlossen, so zeigt
sich in ihm eine nur ihm zugehörende Eigentümlichkeit, welche es jetzt
aus dem Grunde für theatralisch unausführbar gelten läßt, weil das
deutsche Theater selbst die Originalität seiner Ausbildung schmählich
aufgegeben hat. Nur wenn diese noch nachgeholt werden könnte, wenn
wir ein Theater, eine Bühne und Schauspieler hätten, welche uns dieses
deutscheste aller Dramen vollständig richtig zur Darstellung brächten,
würde auch unsre ästhetische Kritik über dieses Werk in das Reine
kommen können: während jetzt den Koryphäen dieser Kritik es noch
erlaubt dünken darf, z. B. über den zweiten Teil des ›Faust‹ parodistische schlechte Witze zu reißen. Wir würden dann erkennen, daß kein
Theaterstück der Welt eine solche szenische Kraft und Anschaulichkeit
aufweist, als gerade dieser (man möge sich stellen, wie man wolle!)
immer noch ebenso verketzerte als unverstandne zweite Teil der Tragödie.«[8] Wagner weiß, wie sehr er sich mit seiner Einschätzung im Widerspruch zu den Zeitgenossen befindet: als die deutschesten Dramen
galten jene Schillers, über *Faust II* schrieben Ästhetik-Professoren wie
Friedrich Theodor Vischer tatsächlich Parodien, und die Theaterleute
waren einigermaßen ratlos, was sie mit Goethes Spätwerk anfangen
sollten. Erst 1854 wurde der Zweite Teil der Tragödie zum erstenmal
aufgeführt – dabei wurde der Text auf ein Fünftel zusammengestri-
chen.
Nur scheinbar sucht Wagner seinen Ausgangspunkt im Entsagungs-
motiv der Weimarer Klassik. In einem Brief an August Röckel schreibt
er 1856: »[...] um die Sache summarisch abzumachen: – kannst Du Dir
eine moralische Handlung anders vorstellen, als unter dem Begriff der
Entsagung? Und was ist die höchste Heiligkeit, d. h. die vollste Erlösung, anderes als die Grundlage dieses Princips für unser Handeln
überhaupt?«[9] So ging es Wagner auch nicht – wie den Weimarerianern –
um ethische Konsequenzen der Entsagung, sondern um die musikdramatischen Möglichkeiten der Erlösung: um eine Neukonzeption dramatischer Kunst, und dafür konnte der Zweite Teil des *Faust* wie kein
anderes Theaterstück als Paradigma dienen. Bescheiden, wie Wagner

nun einmal war, wollte er Goethes Werk als Vorläufer seiner eigenen Kunst verstanden wissen, seine eigene aber als führende unter allen ästhetischen Gattungen und als führende in Deutschland – und die deutsche Kunst als Führerin und Beglückerin aller Völker. Diesen umfassenden, nicht zuletzt politischen Anspruch leitet Wagner aus den Frauenbildern der *Faust*-Tragödie ab: ›Das Ewig-Weibliche zieht uns hinan‹ begreift er als »den Geist der Musik, der aus des Dichters tiefstem Bewußtsein sich emporschwang, nun über ihm schwebt, und ihn den Weg der Erlösung geleitet. Und diesen Weg aus tief innerstem Erlebnis hat der deutsche Geist sein Volk zu führen, wenn er die Völker beglücken soll, wie er berufen ist. Verspotte uns, wer will, wenn wir diese unermeßliche Bedeutung der deutschen Musik beilegen; wir lassen uns dadurch so wenig irre machen, als das deutsche Volk sich beirren ließ, da seine Feinde auf einen wohl berechneten Zweifel an seiner einmütigen Tüchtigkeit hin es beleidigen zu dürfen vermeinten.«[10] Die Funktion, die Wagner der Musik verleihen möchte, ist ohne einen bestimmten Begriff des Weiblichen nicht möglich. Ja, man könnte sogar sagen: jenes Formproblem, das Goethes späte Frauenfiguren so scheinhaft und abstrakt werden ließ, wird Wagner zur Triebfeder musikalischer Produktion. Übrigens hatte sich Goethe selbst die Begegnung von Helena und Faust im Mittelalter als Oper vorgestellt, der Zweite Teil sollte offenbar als Tragödie beginnen und als Oper enden – konkret dachte Goethe bei der Aufführung an niemand anderen als den frühen Förderer und späteren Widerpart Richard Wagners: Giacomo Meyerbeer[11]. Es war Wagner, der sich schließlich vornahm, die Musik als den Körper des Ewig-Weiblichen zu komponieren, berufen, den dramaturgischen Verstand des Mannes hinanzuziehen: »Wie der Verstand nun wiederum das Gefühl zu befruchten hat, – wie es ihn bei dieser Befruchtung drängt, sich von dem Gefühle umfaßt, in ihm sich gerechtfertigt, von ihm sich wiedergespiegelt [sic], und in dieser Wiederspiegelung [sic] sich selbst wiedererkennbar, d. h. sich überhaupt erkennbar, zu finden, – so drängt es das Wort des Verstandes sich im Tone wieder zu erkennen, die Wortsprache in der Tonsprache sich gerechtfertigt zu finden. Der Reiz, der diesen Drang erweckt und zur höchsten Erregtheit steigert, liegt außerhalb des Gedrängten in dem Gegenstande seiner Sehnsucht [...] Dieser Reiz ist die Einwirkung des ›ewig Weiblichen‹, die den egoistischen männlichen Verstand aus sich herauslockt [...].«[12]

Die Musik als solche wird zur Männerphantasie, die Schöpfung des Musikdramas unverhohlen als Geschlechtsakt stipuliert: »Der notwendige Drang des dichtenden Verstandes in diesem Dichten ist daher die Liebe, – und zwar die Liebe des Mannes zum Weibe: nicht aber jene frivole, unzüchtige Liebe, in der der Mann nur sich durch einen Genuß befriedigen will, sondern die tiefe Sehnsucht, in der mitempfundenen Wonne des liebenden Weibes sich aus seinem Egoismus erlöst zu wissen; und diese Sehnsucht ist das dichtende Moment des Verstandes. Das notwendig aus sich zu Spendende, der nur in der brünstigsten Liebeserregung aus seinen edelsten Kräften sich verdichtende Samen – der ihm nur aus dem Drange, ihn von sich zu geben, d. h. zur Befruchtung ihn mitzuteilen, erwächst, ja an sich dieser gleichsam verkörperlichte Drang selbst ist, – dieser zeugende Samen ist die dichterische Absicht, die dem herrlich liebenden Weibe Musik den Stoff zur Gebärung zuführt.«[13] Mit einiger Notwendigkeit kritisierte darum Wagner einmal auch den Schluß des sonst so geschätzten Zweiten Teils des *Faust*; Anlaß war ein privater, im Hause Wesendonck ausgetragener Konkurrenzkampf mit einem italienischen Goetheverehrer um die Zuneigung der Dame des Hauses: an diese schrieb Wagner, mit scheelem Seitenblick auf den Rivalen, Goethe habe eine Gelegenheit völlig versäumt, »und diese Gelegenheit war keine geringere als die einzige des Heiles und der Erlösung«; offenbar spielt Wagner hier auf die geschlechtliche Vereinigung an, die Goethe quasi-religiös transzendierte oder im Falle Helenas idealistisch verdünnte – und deren Vollzug mit Mathilde er, Wagner, damit selbst vorantreiben wollte – »Aber sehe ich in Dein Auge, dann kann ich doch nicht mehr reden [...] Dann gibt es eben kein Objekt und kein Subjekt mehr; da ist alles eines und einig, tiefe, unermeßliche Harmonie!«[14]

Die schlüpfrige Ästhetik von *Oper und Drama* ist also durchaus mehr als eine, wenn auch unsagbar peinliche Metapher. Sie bezeichnet ziemlich genau jene Funktion, die der Musik in der Dramaturgie der Geschlechter zuwächst: die dramatische Handlung von ihren Widersprüchen zu erlösen. So liegt das Romantische von Wagners Opern weniger in den aus germanischen Mythen und mittelalterlichen Überlieferungen gewebten Stoffen, es findet sich vielmehr in der musikalisch-szenischen Durchführung des Erlösungsgedankens. Die Musik rutscht gleichsam in die Funktionale des Geschlechterverhältnisses: sie hat formal zu leisten, was den Frauenfiguren inhaltlich zukommt. Darum muß die Musik unsichtbar werden – der Orchestergraben wird unter die Bühne geschoben – als unsichtbare aber das ganze Drama erfüllen.

In der alten Oper behielt die Musik eine relative Unabhängigkeit von szenischen Vorgängen und dramatischen Charakteren: es blieb dem Komponisten überlassen, welchen Stellen des Librettos er sein ganzes kompositorisches Können widmen wollte und welche im Rezitativ gesungen oder gar nur gesprochen werden sollten. Bestimmte Vorgänge und Dialoge – alltägliche Dinge, verwickelte Zusammenhänge – konnten in die Handlung aufgenommen werden, weil sie nicht, oder bloß rezitativisch, komponiert werden mußten. Die Musik und das Rezeptionsvermögen des Publikums wiederum bekamen Atempausen, um sich zu erholen. Die Inszenierung war immer nur vorübergehend an eine von der Musik als absolut gesetzte Zeit gebunden; in den Rezitativen wurde die Zeit des Dramas hingegen dehnbar, ließ den Sängern und Sängerinnen Raum zur Darstellung, zur Improvisation; von den gesprochenen Szenen der Singspiele gar nicht zu reden. Im ganzen konnten Werke von einer shakespeareschen Dynamik entstehen; es wechselten musikalisch verdichtete Höhepunkte mit dramaturgisch locker gebundenen Szenen. Die Musik begann jedesmal neu: musikalische Motive waren bestimmten Personen oder inhaltlichen Vorgängen nicht eindeutig zuzuordnen, sie waren inhaltlich, klassenmäßig oder geschlechtsspezifisch nicht definierbar und blieben – wie die Gefühle – mehr oder weniger frei verfügbar für alle Personen. Manchmal tauchte ein Motiv noch einmal in einem anderen szenischen Zusammenhang auf, doch wurde seine Bedeutung dadurch nicht bestimmter. Es gab aber bestimmbare musikalische Sphären und musikalisches Grundmaterial, wodurch die Einheit einer Szene oder der ganzen Oper geprägt werden konnte.

Verächtlich spricht Wagner von der alten Opernform als einem »willkürlichen Konglomerat einzelner kleinerer Gesangsstücksformen«[15] und setzt dagegen programmatisch eine »das ganze Drama umfassende Form«. Er fordert für sein Musikdrama, daß jedes Moment der Handlung sich in der Musik widergespiegelt finden müsse, jedes Wort des Verstandes im Ton sich erkennen soll. Eine unendliche Umarmung von Musik und Drama wird eingeleitet. Und in diese Umarmung mußte auch die Inszenierung hineingezogen werden: die Partitur einer vom ersten bis zum letzten Augenblick durchkomponierten Oper determiniert alle Zeitverhältnisse von Regie und Schauspielkunst – sieht man von den Pausen zwischen den Akten ab. Sogar die Dauer des Bühnenumbaus hat Wagner musikalisch festgelegt, indem er überall die Verwandlungen komponierte. Adolphe Appia, der aus Wagners Werk eine Theorie der Inszenierung abzuleiten versuchte, wollte gar noch das Bühnenbild von den quantitativen Verhältnissen der Partitur bestimmt wissen – und sprach vom Schauspieler-Sänger als dem »Dolmetsch der Musik für das Bühnenbild«[16]. Mit guten Gründen hat man in diesem Konzept, das die Einheit von Drama und Inszenierung der Musik überantwortet, den Versuch gesehen, die Autonomie des ästhetischen Subjekts zu retten, die in der Arbeitsteiligkeit des Theaterbetriebs unterzugehen drohte[17]. Doch die Rettung trieb den Untergang nur voran: Der Wort-Tondichter kann zwar als einziger frei produzieren, weil er uneingeschränkte Verfügungsgewalt über die Zeitverhältnisse besitzt, er kann jedoch nur innerhalb der Partitur über die Inszenierung verfügen. Das heißt, er muß beim Komponieren die Auswirkungen für die Inszenierung ständig berücksichtigen, die Inszenierung ununterbrochen ›mitkomponieren‹. Der autonome Schöpfer unterliegt auf diese Weise einem bisher nicht gekannten Systemzwang: seine Herrschaft über die Zeit des Inszenierungsapparates schlägt um in die Herrschaft dieses Apparates über ihn selbst. Dies wäre der dialektische Sinn jener vielfach ausgesprochenen Charakterisierung Wagners als großer Theatraliker.

In seiner Schrift *Zukunftsmusik* verwahrt sich der Komponist ausdrücklich gegen eine rein musikalische Auffassung seiner Konzeption: »Meine Absicht ist [...], das Publikum zuallererst an die dramatische Aktion selbst zu fesseln, und zwar in der Weise, daß es diese keinen Augenblick aus dem Auge zu verlieren genötigt ist [...]«. Die Einstellung, »keinerlei Zugeständnis an ein banales Opernlibretto« zu machen, bezeichnet er als den eigentlichen Grund, jedes Zugeständnis »auch bei der musikalischen Ausführung« zurückzuweisen; »und hierin zusammen dürfen Sie am richtigsten dasjenige bezeichnet finden, worin meine ›Neuerung‹ besteht, keineswegs aber in einem absolut musikalischen Belieben, das man mir als Tendenz einer ›Zukunftsmusik‹ glaubte unterschieben zu dürfen.«[18] Wagners theoretische Äußerungen über die Musik folgen einem einzigen Gedanken: wie im Drama Goethes *Faust* wird in der Musik Beethovens *Neunte* als Vorbote in Anspruch genommen; in dieser kündige sich bereits das Ende absoluter

Musik an. Und Wagner geht soweit, Beethoven eine »künstlerische Tat« zu unterstellen, die über dessen symphonisches Werk selbst hinausreiche. Erst das neue, die Einheit von Drama und Musik stiftende, »vollendetste« Kunstwerk, das Kunstwerk also der Zukunft, werde dieser Tat gerecht werden.[19] »Die letzte Symphonie Beethovens ist die Erlösung der Musik aus ihrem eigensten Elemente heraus zur allgemeinsamen Kunst [...], denn auf sie unmittelbar kann nur das vollendete Kunstwerk der Zukunft, das allgemeinsame Drama, folgen, zu dem Beethoven uns den künstlerischen Schlüssel geschmiedet hat.«[20] Der Ausgangspunkt von Wagners Argumentation ist dabei stets die Melodie; über den Einfluß des Tanzes auf deren Struktur in der Wiener Klassik ist kaum jemals Gültigeres gesagt worden. Schon im *Kunstwerk der Zukunft* begreift Wagner den »harmonisierten Tanz« als Basis der modernen Symphonie seit Haydn[21]. In späteren Schriften wird diese Einsicht mit manchmal despektierlichem Unterton vermittelt: der Komponist ist selbstbewußter geworden. Mozart sei »in diejenige banale Phrasenbildung zurückgefallen, die uns seine symphonischen Sätze häufig im Lichte der sogenannten Tafelmusik zeigt, nämlich einer Musik, welche zwischen dem Vortrage anziehender Melodien auch anziehendes Geräusch für die Konversation bietet: mir ist es wenigstens bei den so stabil wiederkehrenden und lärmend sich breitmachenden Halbschlüssen der Mozartschen Symphonie, als hörte ich das Geräusch des Servierens und Deservierens einer fürstlichen Tafel in Musik gesetzt.«[22] Offenbar störte Wagner die Art und Weise, wie Mozart im harmonischen Verlauf die Melodien voneinander absetzen konnte und stets aufs Neue gegeneinander stellte. Wichtiger aber ist Wagners Erkenntnis, daß die Form dieser Melodien, die relativ kurze, prägnant begrenzte Periode, die eine solche Entgegensetzung überhaupt erst ermöglichte, sich vom Rhythmus des Tanzes herleitet. Wagner rekonstruiert damit nichts anderes als die Geburt der klassischen Oper aus dem Geiste des Tanzes: »Auch der ursprüngliche Volkstanz drückt bereits eine Aktion aus, meistens die gegenseitige Liebeswerbung eines Paares; diese einfache, den sinnlichsten Beziehungen angehörige Handlung in ihrer reichsten Entwicklung bis zur Darlegung der innigsten Seelenmotive gedacht, ist nichts anderes als die dramatische Aktion.«[23] So gelangt Wagner zu einer Einheit von Instrumental- und Opernmusik, wie er sie gerade nicht anstrebt: »Vergegenwärtigen wir uns jetzt hinwider ein Tanzmusikstück, oder einen dem Tanzmotive

nachgebildeten Orchestersymphoniesatz, oder endlich eine eigentliche Opernpiece, so finden wir unsere Phantasie sogleich durch eine
regelmäßige Anordnung in der Wiederkehr rhythmischer Perioden
gefesselt, durch welche sich zunächst die Eindringlichkeit der Melodie, vermöge der ihr gegebenen Plastizität, bestimmt. [...] Die äußeren
Gesetze, nach welchen dieses Haften an der Gebärde, endlich an jedem bewegungsvollen Vorgange des Lebens sich vollzieht, werden
ihm [dem Musiker, G. S.] zu denen der Rhythmik, vermöge welcher
er Perioden der Entgegensetzung und der Wiederkehr konstruiert.
[...] Die Musik tritt hierdurch aus dem Stande ihrer erhabenen Unschuld; sie verliert die Kraft der Erlösung von der Schuld der Erscheinung, d. h. sie ist nicht mehr Verkünderin des Wesens der Dinge, sondern sie selbst wird in die Täuschung der Erscheinung der Dinge
außer uns verwebt. Denn zu dieser Musik will man auch etwas sehen
[...].«[24] Mag Wagner selbst vor einer offenen, in den Augen des zeitgenössischen Bildungsbürgertums sicherlich skandalösen Konfrontation mit Mozart zurückscheuen und zwischen despektierlichen Bemerkungen immer wieder eine kleine Verbeugung vor dem Licht- und
Liebesgenius einschieben – seine Ästhetik ist ein Gegenentwurf zu
Mozarts musikalischer Dramaturgie, wie er radikaler nicht sein
könnte. Bei Beethoven indessen glaubte Wagner die Sprengung der
klassischen, durch den Tanz geprägten Periode zu erkennen: »Das
ganz eigentümliche und hochgeniale Verfahren Beethovens« bestünde
darin, jene an Mozart kritisierten, die Perioden voneinander abgren-
zenden Zwischensätze »gänzlich verschwinden zu lassen, und dafür
den Verbindungen der Hauptmelodien selbst den Charakter der Melodie zu geben [...] Der ganze neue Erfolg dieses Verfahrens war somit die Ausdehnung der Melodie durch reichste Entwicklung aller in
ihr liegenden Motive zu einem großen, andauernden Musikstücke,
welches nichts anderes als eine einzige, genau zusammenhängende
Melodie war.«[25] Es ist merkwürdig, daß Wagner offenbar nur die Melodieführung, die unendliche Melodie, wie er es nannte, an Beethoven
interessierte; dessen Umgang mit der Sonatenform, die thematische
Arbeit, läßt er unberührt. Fast könnte man meinen, er sieht in Beethoven bloß einen deutschen Bellini.

Wagner selbst berichtet, er habe die Oper vom *Fliegenden Holländer*
aus der Ballade der Senta entwickelt; dies mag zwar biographisch nicht
ganz korrekt sein, doch musikalisch trifft es den entscheidenden Punkt:
»Bei der endlichen Ausführung der Komposition breitete sich mir das
empfangene thematische Bild ganz unwillkürlich als ein vollständiges
Gewebe über das ganze Drama aus; ich hatte, ohne weiter es zu wollen,
nur die verschiedenen thematischen Keime, die in der Ballade enthalten
waren, nach ihren eigenen Richtungen hin weiter und vollständig zu
entwickeln, so hatte ich alle Hauptstimmungen dieser Dichtung ganz
von selbst in bestimmten thematischen Gestaltungen vor mir. Ich hätte
mit eigensinniger Absicht willkürlich als Opernkomponist verfahren
müssen, wenn ich in den verschiedenen Szenen für dieselbe wiederkehrende Stimmung neue und andere Motive hätte erfinden wollen; wozu
ich, da ich eben nur die verständlichste Darstellung des Gegenstandes,
nicht aber mehr ein Konglomerat von Opernstücken im Sinne hatte,
natürlich nicht die mindeste Veranlassung empfand.«[26] Wie in der Ballade die Themen, so stehen in der Oper darum die Hauptstimmungen
nebeneinander[27]: Das dunkle Holländermotiv in (g-) Moll kontrastiert
mit dem Erlösungsmotiv in der Dur-Parallele (B-dur)[28]. (Allerdings
hat Wagner auch ein nur der Ballade gehörendes Thema erfunden, also
kein Leitmotiv, das sich in g-moll dem Holländermotiv unmittelbar
anfügt. Es kehrt in der Oper nicht wieder.) Zwischen beiden Sphären
vermitteln Dominantseptakkorde, nach der Erlösungssequenz bereitet
ein solcher Akkord die Rückkehr zum dunklen Holländermotiv vor[29].
Als Parallelen auch sind die Hauptstimmungen über die Oper ausgebreitet. Die verschiedenen Sphären stehen nebeneinander im Raum:
jene des Holländerschiffs neben jener der Spinnstube, musikalisch werden sie miteinander nicht in Konflikt gebracht. So ist der Einspruch
eines an der Wiener Klassik orientierten Kritikers wie Eduard Hanslick
verständlich, der hier einen Verstoß gegen die Gattung sah, da »dem
Opern-Componisten das Bild seines Dramas sich successiv, als ein
Werdendes entrollen muß«[30]. Andererseits hatte Wagner die »Kunst
des Übergangs«, derer er sich später zurecht rühmen sollte, im *Holländer* noch wenig entwickelt: die Stimmungen stoßen meist aneinander
wie die alten Nummern der Oper – ohne wie bei Mozart im Inneren
durch den Faden dramatischer Konflikte verbunden zu sein. Das neue
der Wagnerschen Dramaturgie kündigt sich im Umfang bestimmter
Nummern wie der Ballade und des Duetts Holländer-Senta an, die vor

dem Hintergrund der Opernkonvention hypertroph erscheinen, »ein endloses Gesinge«[31], meinte Hanslick. Freilich gibt es viele Nummern, die der Konvention noch ganz entsprechen: so die ariosen Partien Eriks und Dalands. Doch das Konventionelle erhält im Zusammenhang mit dem Neuen einen bestimmten inhaltlichen Sinn: »Die Form dieser Nummern entspricht ebenso wie ihr ›Ton‹ (der sentimentale der Erik-Kantilenen und der buffoneske der Daland-Arie) ihrem Stellenwert im Werkganzen: Sie charakterisieren Figuren des Dramas, deren Denken in der Konvention eingeschlossen bleibt, und die deshalb dem konventionensprengenden Schicksal Sentas innerlich fremd gegenüberstehen.«[32] Erik und Daland, eifersüchtiger Liebhaber und geldgieriger Vater, sind in gewisser Weise Figuren der traditionellen Komödien- und Trauerspiel-Dramaturgie. Eigenartig ist dabei, wie die Geldgier des Vaters, statt wie in der alten Komödie belacht zu werden, dem Erlösungsbedürfnis des Holländers entgegenkommt und diesem die Erlöserin in die Hände spielt. In Schillers *Jungfrau von Orleans* oder in Kleists *Käthchen von Heilbronn* widersetzt sich der Vater entschieden der Vorsehung, die seine Tochter auserwählt hat. Wagners Vaterfigur indessen verkauft einfach seine Tochter an den nächstbesten reichen Fremden. Es bleibt einzig der eifersüchtige Erik, der in Konflikt mit der Erlösungsdramaturgie gerät: wenn er Senta zu retten versucht, artikuliert er eine Vernunft, die der Dramaturgie früherer Zeiten entstammt: »Welch unheilvolle Macht riß dich dahin? / Welche Gewalt verführte dich so schnell, / [...] Dein Vater... ha! den Bräut'gam bracht er mit: – / Wohl kenn' ich ihn, – mir ahnte, was geschieht... / Doch du? ist's möglich! – reichtest deine Hand / Dem Mann, der deine Schwelle kaum betrat!« (III / S. 57) Senta kann nur antworten: »Ich muß! – Ich muß!« Allerdings bleibt auch Erik nicht unberührt vom Geist des romantischen Fluch- und Vorsehungstheaters: schon am Beginn träumt er bis ins Detail genau, was schließlich geschehen wird.

Sentas Gesang ist Ballade im strengen Sinn; das Aufregende, das sie erzählt, hat vor langer Zeit stattgefunden. Es liegt außerhalb der Handlung und ist doch die einzige Handlung, die dieses Drama kennt: »Bei bösem Wind und Sturmes Wut / Umsegeln wollt er einst ein Kap; / Er flucht' und schwur mit tollem Mut: / ›In Ewigkeit laß ich nicht ab!‹ / Hui! – Und Satan hört's. – Johohe! / Hui! – Nahm ihn beim Wort! – Johohe! / Hui! – Und verdammt zieht er nun / Durch das Meer ohne Rast, ohne Ruh'! – – / Doch daß der arme Mann noch

Erlösung fände auf Erden, / Zeigt Gottes Engel an, wie sein Heil ihm einst könne werden! / Ach! könntest du, bleicher Seemann, es finden! / Betet zum Himmel, daß bald / Ein Weib Treue ihm halt'!« (II / S. 39) Senta ist an den verfluchten Holländer gebunden wie das Käthchen von Heilbronn an den Grafen: ist es bei dieser ein Traum, der außerhalb des Dramas geträumt wurde, so wird hier der Traum zum eigentlichen Gebiet der Musik: sie ist das Medium, in dem das Vergangene Macht über die Gegenwart gewinnt – und das Telos dieses Machtgewinns heißt Erlösung. »Die Erinnerung«, schreibt Carl Dahlhaus, ist »nicht eine Funktion der Gegenwart, die ihrerseits auf die Zukunft zielt, sondern der aktuelle Vorgang erscheint als bloßer Anlaß, um eine Vergangenheit heraufzubeschwören, die sich der Gegenwart bemächtigt und sie gleichsam in ihren Sog herabzieht.«[33] Es ist nicht die Gegenwart des anderen, die Senta bindet, aber auch keine wie auch immer vermittelte Gegenseitigkeit – wie etwa bei Pamina, die von der Liebe Taminos zu ihr erfährt; es ist nicht einmal eine mögliche, vorgestellte Gegenseitigkeit, wie bei Tamino, der das Bildnis Paminas in Händen hält. Senta ist nur in einer Hinsicht gegenwärtig: in dem Zwang, den Holländer zu erlösen. Von Anbeginn ist sie auf diese dramaturgische Funktion festgelegt; sie erklingt im zweiten Teil der Ballade, aber auch schon in der Ouvertüre: Senta ist das Erlösungsmotiv gewissermaßen angeboren – wie dem Holländer das dunkle Fluchmotiv; sie können sich als Bühnengestalten nicht mehr von ihren Leitmotiven trennen – und sie können sich darum auch nicht mehr voneinander trennen. Die dramatis personae haben ihre Motivation sozusagen an die musikalischen Motive verloren. Und dies ist der eigentliche Grund, warum die Musik das ganze Gewicht des Vergangenen erhält: »Nicht die sinnfällige szenische Gegenwart, in der die Affekte handelnder Personen aufeinanderprallen, sondern eine Vergangenheit, die einen imaginären, aber übermächtigen Schatten über die sichtbaren Vorgänge wirft, bildet das wesentliche Thema der Musik, das also, wovon die ›Orchestermelodie‹ redet. Strenggenommen ist das Vergangene – nach dem Kriterium, daß die eigentliche ›Realität‹ der Oper eine musikalisch konstituierte ist – bei Wagner ›wirklicher‹ als das Gegenwärtige.«[34] Indem Wagner im *Holländer* die Struktur der Ballade zur Struktur des Musikdramas ausweitet, verschwinden die möglichen, im Stoff angelegten dramatischen Kollisionen. Konflikte könnten zwischen Senta und Erik, zwischen ihr und dem Holländer entstehen. Doch es kommt nicht dazu, weil Senta in keinerlei Zwiespalt gerät, und Zwiespalt heißt nichts anderes als Raum zur Entscheidung von Alternativen. Zwiespältig ist nur der Mann, der Holländer – doch einzig in der Frage, ob Senta ihn erlösen wird. So hat sich das Eifersuchtsmotiv, das in Mozarts Dramaturgie zwischen den Geschlechtern frei flottieren konnte, in die Sehnsucht des Mannes nach Erlösung und in seinen Zweifel an ihrem Wahrwerden verwandelt. Senta ist mit nichts anderem beschäftigt, als den Zwiespalt des Mannes zu heilen, dessen Sehnsucht zu erfüllen. Hans Mayer irrt, wenn er hier einen Konflikt, ein Mißverständnis zwischen dem Bedürfnis Sentas und dem des Holländers, wahrzunehmen glaubt: »Sentas Schwur ewiger Treue kann nur auf eheliche Treue gerichtet sein: auf ein treues irdisches Zusammenleben mit dem geliebten Mann. Der Holländer aber muß diesen Schwur ganz anders verstehen. Sentas ewige und bewährte Treue braucht er, um sterben zu können! Der Konflikt ist unlösbar.«[35] Konträr: der Konflikt ist von Anfang an bereits gelöst. Mit dem Erlösungsmotiv tut Senta kund, daß ihre Treue keineswegs auf irdisches Zusammenleben gerichtet ist, sie definiert sich selbst als Erlösung bringender Todesengel. Was sie meint, wenn sie in der Ballade vom »Weib« singt, »das bis in den Tod getreu ihm auf Erden«, demonstriert sie am Ende: mit den Worten »treu dir bis zum Tod!« stürzt sie sich ins Meer. (III/S. 60) Mag beiden auch der dramatische Sopran gemeinsam sein, Senta ist mit Beethovens Leonore nicht zu verwechseln; deren Treue zielt tatsächlich auf irdisch-eheliche Gemeinschaft; sie befreit ihren Gatten nicht vom romantisch-verfluchten Leben sondern vom politisch-motivierten Kerker; sie bringt ihm nicht den ersehnten Tod sondern die erhoffte Rückkehr ins Eheleben, wie es denn am Ende des *Fidelio* emphatisch gefeiert wird. Anders steht es bereits um die Paare in Carl Maria von Webers romantischen Opern *Freischütz* und *Euryanthe*, wo das Fluchmotiv zumindest einen der beiden Liebenden erfaßt; doch der Fluch ist nur vorläufig, das Bündnis mit den Dämonen kann gerade noch gelöst werden – durch das Bündnis der Komödie: Die Hochzeit rettet den Verfluchten vor dem Abgrund. Mit der einzigen Ausnahme von E. T. A. Hoffmanns *Undine* (Text von Friedrich de la Motte Fouqué) wird in Deutschland das Komödienende erst bei Wagner zum Todesmotiv.

Auch in der italienischen Oper wird die endliche Vereinigung der Liebenden im Tod zum veritablen Schlußthema. Im Unterschied aber zur deutschen Entwicklung der romantischen Oper bleibt das irrationale

Motiv hier als Wahnsinn, Hysterie oder Somnambulismus einer der handelnden Personen kenntlich. Gerade die exaltierten Zustände und psychischen Grenzsituationen der Figuren inspirierten wohl Bellini und Donizetti zu ihren unerhört ausgedehnten, die überkommene Periodik sprengenden Melodien, die Wagner und Verdi, bei aller Armut der Harmonik und Instrumentation, so sehr beeindruckten. Doch sie hüteten sich davor, die subjektive Bewußtseinslage ihrer Hauptfiguren – der Priesterin Norma, der irrsinnigen Lucia und der nachtwandelnden Amina – als Weltzustand zu objektivieren und zum Horizont der Oper zu machen. Der gemeinsame Tod, so er den Liebenden gegönnt ist, stellt eine nicht-metaphysische Lösung des Konflikts dar – keine Erlösung. Selbst wenn Norma gemeinsam mit ihrem Geliebten in seligen E-dur-Klängen den Scheiterhaufen besteigt, hat sie zuvor in einer eindrucksvollen e-moll-Passage den Vater gebeten, nach ihrem Tod für ihre Kinder zu sorgen.[36] In seiner hymnischen Interpretation des Werks ignoriert Schopenhauer wohlweislich diese, über ihren Tod hinausreichende Sorge Normas, stört sie doch das Telos, das der Philosoph der Tragödie voranstellt: »Aufforderung zur Abwendung des Willens vom Leben bleibt die wahre Tendenz des Trauerspiels, der letzte Zweck der absichtlichen Darstellung der Leiden der Menschheit«[37]. Damit hat Schopenhauer die Oper Bellinis gleichsam ins Deutsche übersetzt: er wies der Musik den Weg, den Wagner schon eingeschlagen hatte, noch ehe er Schopenhauer studierte.

Das Duett zwischen dem Holländer und Senta im zweiten Akt ist ihr erstes Zusammentreffen; seine ungewöhnliche Länge teilt sich in drei große Abschnitte mit jeweils verschiedenem motivischem Material, sodaß man fast sagen könnte, hier werden drei Duette hintereinander gesungen.[38] Am Beginn tastet sich der Gesang des Holländers, chromatisch zwischen Dur und Moll schwankend, zur Tonika E-dur vor – »Wie aus der Ferne längst vergang'ner Zeiten / spricht dieses Mädchens Bild zu mir...« –; dort erwartet ihn schon Senta: sie setzt auf der Tonika ein – mit einem Motiv, dessen traumverlorener, somnambuler Charakter darin liegt, daß sich die Stimme kaum vom e wegzubewegen vermag[39]. Der erste Teil endet in dieser Tonart und im homophonen Gesang beider Stimmen: ein wenig klingt ihr Zusammensingen wie eine frühe Operette – umso merkwürdiger ist diese konfliktlose Homophonie nach der unheimlichen Chromatik der Einleitung, die unkenntlich zwischen Moll und Dur schwebte. Mit seinem Motiv, dem Holländer-

Motiv, kehrt der Erlösungsbedürftige im dritten Teil des Duetts entschieden zur Molltonart zurück[40] und gibt damit zumindest musikalisch seine Identität preis. Nun steigert Senta ihre Vertrauensseligkeit
auf die Dominante H-dur – und erst jetzt ist der Dur-Moll-Zwiespalt
des Holländers beseitigt – »Ein heil'ger Balsam meinen Wunden dem
Schwur dem hohen Wort entfließt«; beide kehren zur Ausgangstonart
zurück[41]. Vergleicht man dieses Musikstück mit einem Duett oder Ensemble aus Mozarts Opern, etwa dem A-dur-Terzett aus dem *Don
Giovanni*, so läßt sich auch bei Wagner jene für die klassische Tonalität
charakteristische Bewegung zwischen Tonika und Dominante verfolgen. Es fehlt jedoch der durchführungsartige Teil, worin bei Mozart der
innere Konflikt Elviras ausgetragen wird. Demgegenüber schnappt
Wagners Musik in die Tonika geradezu ein, sie fällt wie ein Riegel ins
Schloß.

In den *Mitteilungen an seine Freunde* aus dem Jahre 1851 proklamierte
Wagner seine erste große Frauenfigur als das »Weib der Zukunft« – und
wenig später steuerte Franz Liszt eine sympathetische Erläuterung dieses Zukunftsideals bei: »höher als je irgend ein Poet oder Künstler«
habe Wagner die Frauen »verherrlicht«, niemand habe die »Mission des
Weibes in Selbstverleugnung und Hingebung tiefer erkannt«, und nirgends als in Senta und Elisabeth (aus dem *Tannhäuser*) sei »die Idee
durch eigenen Untergang errungenen Heils inniger aufgefaßt und geschildert«[42]. Noch vor Wagners Oper hat allerdings Heinrich Heine die
Geschichte vom Fliegenden Holländer erzählt – und zwar als Bericht
von einem Theaterabend in Amsterdam: statt Musik ertönt Heines Ironie, um den Inhalt der Fabel zu untermalen und deren romantischen
Sinn, der Wagner anlocken sollte, zu konterkarieren: »Der Teufel,
dumm wie er ist, glaubt nicht an Weibertreue und erlaubte daher dem
verwünschten Kapitän, alle sieben Jahr einmal ans Land zu steigen und
zu heuraten und bei dieser Gelegenheit seine Erlösung zu betreiben.
Armer Holländer! Er ist oft froh genug, von der Ehe selbst wieder
erlöst und seine Erlöserin loszuwerden, und er begiebt sich dann wieder an Bord.«[43] Erbarmungslos liefert Heine die Geschichte des Holländers – oft nur durch kleine Nebenbemerkungen – dem Alltag von
Liebe und Ehe aus. Auf diese Weise ist auch das Verhältnis von Sentas
Vater zu dem verfluchten Eidam rasch durchschaut: der Holländer
»steigt ans Land, schließt Freundschaft mit einem schottischen Kaufmann, dem er begegnet, verkauft ihm Diamanten zu spottwohlfeilem

Preise, und wie er hört, daß sein Kunde eine schöne Tochter besitzt, verlangt er sie zur Gemahlin. Auch dieser Handel wird abgeschlossen.« Im Unterschied zu Wagners Oper wird in Heines Nacherzählung die Liebe zu dem unbekannten Holländer sogar auf geschickte Weise motiviert: Mit dem Gemälde des Holländers, das in der Stube Dalands hängt, ist nämlich eine überlieferte Warnung verknüpft, daß die Frauen der Familie sich vor dem Originale hüten sollten. Eben deshalb hat das Mädchen »von Kind auf sich die Züge des gefährlichen Mannes ins Herz geprägt«. Als aber die Braut dem Holländer folgsam ewige Treue bis in den Tod schwört, wird es dem Erzähler doch zuviel, und er wendet den Blick von der Bühne ab ins Publikum: eine Nebenhandlung setzt ein, die im Zuschauerraum des Theaters beginnt und nun den Erzähler selbst als männliche Hauptfigur hat: »Bei dieser Stelle, erinnere ich mich, hörte ich lachen, und dieses Lachen kam nicht von unten, aus der Hölle, sondern von oben, vom Paradiese. Als ich hinaufschaute, erblickte ich eine wunderschöne Eva, die mich mit ihren großen blauen Augen verführerisch ansah. Ihr Arm hing über die Galerie herab, und in der Hand hielt sie einen Apfel oder vielmehr eine Apfelsine. Statt mir aber symbolisch die Hälfte anzubieten, warf sie mir bloß metaphorisch die Schalen auf den Kopf.« Und es entwickelt sich zwischen den beiden Theaterbesuchern eine Liebesgeschichte, deren Kontrast zu jener des Holländers poetisch ausgekostet wird. Doch gibt es auch gewisse Gemeinsamkeiten: Heine deutet an, daß sie beide aus dem Paradies naiver Liebe schon verstoßen sind, darum sind sie aber noch nicht verflucht. »Nur um die linke Oberlippe zog sich etwas oder vielmehr ringelte sich etwas wie das Schwänzchen einer fortschlüpfenden Eidechse. Es war ein geheimnisvoller Zug, wie man ihn just nicht bei den reinen Engeln, aber auch nicht bei häßlichen Teufeln zu finden pflegt. Dieser Zug bedeutete weder das Gute noch das Böse, sondern bloß ein schlimmes Wissen; es ist ein Lächeln, welches vergiftet worden von jenem Apfel der Erkenntnis, den der Mund genossen. Wenn ich diesen Zug auf weichen vollrosigen Mädchenlippen sehe, dann fühle ich in den eigenen Lippen ein krampfhaftes Zucken, ein zuckendes Verlangen, jene Lippen zu küssen; es ist Wahlverwandtschaft.« Beide sind vom Apfel der Erkenntnis vergiftet worden, keiner ist darum schon verflucht und keiner mehr ein reiner Engel. So wird in ihre kurze Begegnung, die sie alsbald aus dem Theater führt, jenes Band geflochten, das in den Augen von Lessings Minna von Barnhelm das festeste der Liebe sein soll: die

Gleichheit – während auf der Bühne der vom Teufel verfluchte Mann
eine grenzenlose Macht über die reine Unschuld behauptet. Heines Erzähler kehrt nach seinem kurzen erotischen Abenteuer gerade noch
rechtzeitig ins Theater zurück, um die letzte Szene zu erleben und seine
Konklusion als Synthese beider Liebesgeschichten zu präsentieren.
Ihre Pointe, mag sie noch so geläufig klingen, enthält das schlimme
Wissen, daß zwischen den Geschlechtern Zerstörung droht: »Die Moral des Stücks ist für die Frauen, daß sie sich in acht nehmen müssen,
keinen Fliegenden Holländer zu heuraten; und wir Männer ersehen aus
diesem Stücke, wie wir durch die Weiber, im günstigsten Fall, zugrunde
gehn.«

Vor der relativ schlaffen harmonischen Struktur des *Fliegenden Holländer* erscheint die Berufung auf Beethoven als vollständiges Mißverständnis: dieser hat weniger die Melodien ausgebreitet, als die thematische Arbeit der Melodieführung selber integriert – und eben das ermöglichte ihm die »Ausweitung« einer Melodie zu einem ganzen Satz,
griff jedoch die ursprünglich klassische Substanz der Melodie an. Man
könnte darum ebensogut sagen, daß Beethoven Melodien oft bis zur
Unkenntlichkeit zerkleinert habe, um die Sonate, die zum teleologischen Mechanismus zu erstarren drohte, lebendig und beweglich zu
erhalten. Damit war eine der extremen Positionen am Ende des Sonatenzeitalters erreicht. Die andere markiert der von Wagner wenig ge-
schätzte Schubert. Im genauen Gegensatz zu Beethoven wurde er von
Melodien geradezu verfolgt – Melodien, die durchaus der alten klassischen Periodik entsprachen. Durch ihr Übermaß, ihr kaum vorstellba-
res Andrängen, aber auch durch die unmittelbare sinnliche Lust an ihnen, geriet Schubert in einen gewissen Widerspruch zur Sonatenform.
Peter Gülke spricht davon, daß Schubert »den Hinblick auf Ziel und
Ergebnis, die Teleologie der Sonate entspannt«[44]; Charles Rosen meint
– fast vorwurfsvoll –, er habe den Zusammenhang der klassischen Form
gelockert und »erbarmungslos an ihren Bändern gezerrt. [...] Selbstverständlich verlieren diese Formen etwas von ihrer Erregung und
Triebkraft, wenn sie so gestreckt werden, doch ist das geradezu eine
Voraussetzung für den ungezwungenen melodischen Fluß von Schu-
berts Musik.«[45]
So ist Wagners Antwort auf die frühen Erscheinungen einer Krise des

Dramas zugleich eine Reaktion auf die Krisensituation der Musik am Ende des Sonatenzeitalters. Im *Fliegenden Holländer* verwendet er Kadenzierungen fast nur, um von einem Thema zum anderen zu gelangen; ganz fern liegt ihm hier die diskursive Logik Beethovenscher Sätze. »Modulationen wie Keulenschläge«[46] fühlte Hanslick in seiner späten Kritik am *Fliegenden Holländer* (bald danach sollte er auf Wagners Bühne als Beckmesser verspottet werden). Die Teleologie der Sonate ist weniger entspannt als entwertet zum mechanischen Vorgang oder überhaupt verschwunden. Die Musik wird hingegen in eine neue Teleologie – die der Erlösung – eingespannt und somit die Krise der Musik auf eigenartige Weise mit der des Dramas verzahnt. Unter den szenischen Anforderungen der Erlösungsdramaturgie treten die Melodien nun tatsächlich aus dem klassischen Rahmen der Periode und beginnen sich über die ganze Szene hin auszubreiten. Die Wucht dieser Musik, die sich den Hörenden wie den Protagonisten in bildlichen oder sogar plastischen Vorstellungen mitteilt, beruht eben darauf, daß hier nur ganz wenige Hauptstimmungen geschaffen wurden und diese mit den Motiven vollkommen identisch sind: die Leitmotive werden hier gleichsam als große Gemälde in die Opernwelt eingeführt; später erst sollten sie ihr Format als kleine »allegorische Bildchen« (Adorno) finden. Ihre Funktion blieb unverändert, soweit sie »leiten«, ohne von Konflikten geleitet zu werden: Erlösung aus der Gegenwart des zwischenmenschlichen Bezugs. In ihrem gemeinsam verfaßten Buch *Komposition für den Film* schrieben Theodor W. Adorno und Hanns Eisler: »Das Leitmotiv soll nicht einfach Personen, Emotionen oder Dinge charakterisieren [...], sondern es soll im Sinn der eigentlichen Wagnerschen Konzeption die szenischen Vorgänge in die Sphäre des metaphysisch Bedeutenden erheben.«[47] Mit einiger Notwendigkeit kulminiert diese im *Holländer* eingeführte Technik in der Opern-Tetralogie *Der Ring des Nibelungen*. Hier akkumulieren die Leitmotive von Oper zu Oper in einer Weise, daß man am Ende, in der *Götterdämmerung*, meint, alle schon gehört zu haben. Je weiter die Handlung voranschreitet, desto größer wird die musikalische Last der Vergangenheit. Es war auch Adorno, der in seinem *Versuch über Wagner* mit besonderer Intensität auf die Frage musikalischer Zeit eingegangen ist und dabei die Differenz zur Wiener Klassik betont hat: »Wagners Sequenz steht zur symphonischen Beethovens in äußerstem Kontrast. Sie schließt prinzipiell die ›durchbrochene‹ Arbeit des Wiener Klassizismus aus. Gesten können wiederholt und verstärkt, nicht aber eigentlich ›entwickelt‹ werden [...] In ihrer ohnmächtigen Wiederholung resigniert Musik eben in der Zeit, die sie in der Symphonik bewältigte [...] So führt der Versuch, die Form durch Wiederholung ausdrucksgeladener Gesten zu konstituieren, allenthalben ins Ausweglose. Alle Wiederholung von Gesten entzieht sich der Notwendigkeit, musikalische Zeit zu stiften; sie ordnen sich gleichsam im Raum, einem ungeschichtlich-chronometrischen System, und fallen aus dem zeitlichen Kontinuum heraus, zu dem sie sich doch scheinbar zusammenfügen. [...] Die Wiederholung spielt sich als Entwicklung auf, die Versetzung als thematische Arbeit [...] Während Wagners Musik unablässig Schein, Erwartung und Anspruch des Neuen erweckt, geschieht in ihr strengsten Sinnes nichts Neues. Diese Erfahrung ist der Wahrheitskern des Vorwurfs der Formlosigkeit. Nur rührt diese nicht vom Chaotischen her, sondern von der falschen Identität. Identisches tritt auf als wäre es neu und unterschiebt dadurch die abstrakte Zeitfolge der Takte für den inhaltlich-dialektischen Fortgang seiner Musik, ihre innere Geschichtlichkeit. Das Kerngehäuse der Wagnerschen Formkonstruktion ist leer: die Entfaltung in der Zeit, die sie doch beansprucht, uneigentlich.«[48] Adorno läßt allerdings hier die Problematik des Teleologischen bei der musikalischen Konstituierung linearer Zeit ganz unberührt. Die Wiener Klassik gestaltete in ihren symphonischen und instrumentalen Formen einen Zeitverlauf, indem sie – im großen und ganzen – durchaus teleologisch operierte: zwischen Exposition und Reprise spannte sie das zeitliche Kontinuum. Freilich wich die Reprise im kleinen Konkreten doch immer wieder in charakteristischer Weise von der angepeilten Lösung ab. Dennoch hätte in der Oper diese Teleologie der Sonate das Drama gewiß erschlagen, und so hüteten sich die Klassiker, die Handlung wie eine Sonate »durchzukomponieren«. Realismus und Vernunft der alten Opernform lagen gerade in dem, was als zufällige, formlose Aneinanderreihung erscheinen mag: denn diese vermochte Zeit in zweierlei Hinsicht – teleologisch und unteleologisch. Aus der Perspektive der handelnden Personen konnte das Ende der Handlung als ein nicht Vorherbestimmtes erscheinen. Die Flexibilität des großen Buffa- und Seria-Telos bewährte sich im Kleinen: in jedem einzelnen musikalischen Stück, mit dem die Personen auf den Verlauf des Geschehens handelnd oder bloß expressiv reagierten. Selbst auf die konfliktreichste Durchführung folgte meist, freilich nicht immer, die Reprise, und man konnte

die Wiederkehr der in der Exposition vorgestellten Themen erwarten –
wenn auch nicht selten die Erwartung enttäuscht wurde, oder sich derart erfüllte, daß sie plötzlich nicht wiederzuerkennen war. So ließ die
Opernform in spezifischer Weise erkennen, daß im kleinen ein Ziel
realisierbar sein mag, im großen aber ein solches nur unter der Mitwirkung des Zufalls und aller beteiligten Personen sich ergibt. Diese Totalität des Zieles aber blieb der Musik verschlossen, darum war sie – auch
wenn sie im einzelnen teleologisch konzipiert war – nicht totalitär, sie
verteidigte gerade die einzelnen teleologischen Aktionen der dramatis
personae gegenüber dem übergeordneten Handlungszusammenhang.
Wagners Musikdrama hingegen unterwirft das ganze Geschehen einem
einheitlichen teleologischen Willen – und das Telos heißt erlösende
Vernichtung. Es ist das Motiv der Motive, das Motiv, von dem alle
Leitmotive abgeleitet sind. Im kleinen wie im großen folgen ihm die
Figuren der Handlung. Sie selber können kein Telos mehr realisieren,
zwischen ihnen entsteht darum auch keine Zeit im Sinne der Wiener
Klassik, die Leitmotivik lenkt jeden ihrer Schritte und leitet sie letztlich
der Erlösung in die Arme: »Der Komponist entlastet gleichsam seine
Figuren von der Verpflichtung, selbst Subjekte, selbst eigentlich beseelt
zu sein: sie singen nicht, sondern rezitieren ihre Rollen. Zappelnde Ma-
rionetten in der Hand des Weltgeist-Regisseurs [...] ›der Dichter
spricht‹, weil das Schicksal ihnen die Rede verschlägt. Eben dadurch
aber, Parteigänger des Schicksalsvollzugs, der über Ohnmächtige verhängt ist, verzichtet Musik auf jene tiefste Kritik, die ihr seit Erfindung
der Opernform, während der gesamten Epoche des bürgerlichen Auf-
stiegs innewohnte: die am Mythos.«[49]
Wagners Musik geht allerdings im Begriff des Leitmotivs nicht auf –
auch nicht die frühe des *Fliegenden Holländer*. Jenes chromatische Ta-
sten, mit dem der Gesang des Holländers das Duett einleitet, fügt sich
nicht dem Telos der Erlösung, welches das Leitmotiv verheißt: die
Tonika, der tonale Schwerpunkt, ist darin kaum erkennbar. Solche harmonischen Irritationen entspringen an anderen Stellen der Oper der
nicht-erlösten Natur; so in der Ballade der Senta und in den mit ihr
korrespondierenden Passagen die beiden sogenannten Sturm-Akkorde
(eis-gis-h-d / eis-gis-h-cis) und die chromatische Wellen-Figur. Die
zweite Strophe des Liedes der norwegischen Matrosen wird von dem in
Unruhe versetzten Meer harmonisch und rhythmisch verzerrt[50], der
Ansatz zur dritten Strophe durch die Zwischenrufe der Geister-Matro-

sen – die das Sturm-Motiv verwenden – »völlig deformiert und muß
dann abgebrochen werden«[51]. Wo das Nicht-Erlöste in die Gegenwart
drängt, setzt musikalische Entwicklung ein; in ihr löst sich die Leitmotivik tendenziell auf. Im *Tannhäuser* wird der unerlösten Natur weibliche Gestalt verliehen: neben Elisabeth, der Sentas Berufung übertragen ist, tritt die Venus. Die Passagen, die ihr gehören, greifen zurück
auf die Chromatik des *Holländer* und sind gewiß die modernsten der
Partitur: das harmonische Geschehen gerät in modulatorischen Fluß,
der feste Halt der Tonika schwindet[52]. Daß von ihr ein direkter Weg
zum *Tristan* führt, wird indirekt durch Wagners spätere Bearbeitung
bestätigt: die Pariser Fassung entstand, als Wagner bereits am *Tristan*
arbeitete, und es war vor allem die Venus-Szene, die er nun entscheidend erweiterte und mit einer dem *Tristan* verwandten Harmonik an-
reicherte, wobei er im wesentlichen auf den Motivbestand der ersten
Fassung zurückgreifen konnte.

Wagner entwickelt die Modernität seiner Musiksprache allmählich aus
dem immer breiter entfalteten Zustand eines unerlösten Seins. Es gewinnt musikalische Gestalt als Abwesenheit eines tonalen Zentrums.
Die Sehnsucht nach der Tonika ist Sehnsucht nach Erlösung. Wagner
steigert sie, indem er sich von diesem Zielpunkt der Tonalität immer
weiter entfernt. In dieser allmählich aufgebauten Spannung kann Wagner die modulatorischen und kadenzierenden Techniken der Wiener
Klassik – die Adorno vermißt – nun doch in stets erweitertem Maß
aufgreifen und seiner Dramaturgie integrieren. Wie im Kleinen das Gewicht von dem Auflösungsakkord auf den Vorhaltsklang verschoben
wird, entstehen im Großen umfangreiche symphonisch anmutende
Sätze, in denen die kompositorische Methode der »entwickelnden Variation« (Arnold Schönberg) entfaltet wird. Wo Wagner, wie im *Tristan*, in den größten Bögen der Tonika ausweicht, kann keineswegs
mehr von einer Modulationsscheu wie noch beim *Fliegenden Holländer* die Rede sein. Ganz im Gegenteil: die Musik lebt von einer stellenweise unglaublichen Dichte der Modulationen, der die Leitmotivik völlig unterworfen wird. Ein Vergleich der *Tristan*-Harmonik mit der
Ring-Tetralogie läßt eine deutliche Differenzierung in Wagners Umgang mit Leitmotiven notwendig erscheinen: Die musikalischen Umrisse der *Tristan*-Motive sind »variabler als im ›Ring‹, und die Grenze
zwischen ausgeprägten Leitmotiven und den ›von Ernst Kurth sogenannten Entwicklungsmotiven – halb amorphen musikalischen Regun-

gen, die in Nebenstimmen ihr Wesen treiben – ist fließend. Nicht nur
sind Motive aufeinander bezogen: Das Leidensmotiv erscheint als Umkehrung des Sehnsuchtsmotivs [...], sondern sie gehen auch ineinander
über und verlieren sich schließlich ins Ungreifbare und Gestaltlose. Die
Motive im ›Tristan‹ sind, anders als die in der ›Ring‹-Tetralogie, eher
mit Fäden eines Gewebes vergleichbar, die auftauchen, verschwinden
und sich zerfasern, als mit Bausteinen, die neben- und übereinander
gesetzt werden. Die Melodik [...] ist im ›Tristan‹ mehr als im ›Ring‹,
von der Harmonik, der Akkordstruktur abhängig und umgekehrt. Das
Sehnsuchtsmotiv, das Emblem des ›Tristan‹-Stils, wäre eine amorphe
und fast bedeutungslose Tonfolge – ein Stück chromatischer Skala –
ohne die Akkorde, von denen die Melodik getragen und bestimmt
wird. Die Harmonik, der ›Tristan-Akkord‹, erhält Motivbedeutung.«[53]
Die Differenzierung im Charakter und in der Verarbeitung der Motive,
die vom Vergleich der Wagner-Opern nahegelegt wird, wäre – zumal
für die Analyse des einzelnen Werks – zu einem Gegensatz weiterzu-
treiben: Die kadenzierenden und modulatorischen Möglichkeiten entfaltete Wagner nicht in seiner Leitmotivik, sondern sozusagen gegen
sie. Die kadenzierenden und modulatorischen Mittel sind dabei nicht
neu: klassische Durchführungstechnik. Dieselbe »befand sich aber vor-
mals zwischen einer tonal stabilen Exposition und einer noch stabileren
Reprise, während die klassische Oper zwischen stabiler Arientonalität
und handelnder Szenenharmonik ausbalanciert war. Jetzt hingegen haben wir es zwar im Detail noch mit klassisch kadenzierenden Akkordverbindungen zu tun, befinden uns aber im Großen bereits in einem
zentrumlosen, atonikalen Raum.«[54] Wagners Musik löst sich von der
Tonika, indem er auf die Durchführung zurückgreift und von dieser die
Exposition und die Reprise – jene beiden Teile, in denen die Tonika
verankert ist – abstreift. Solche Ablösung aber erscheint dem in der
Harmonielehre Kundigen noch immer als Durchführung im klassischen Sinn; Diether de la Motte interessiert sich nicht für die inhaltlichen, musikdramatischen Konsequenzen der »zentrumlosen, atonikalen« Konzeption. Auch die Überlegung von Dahlhaus bleibt hier bei
der formalen, geradezu technischen Pointe stehen – »Die musikalische
Form des Wagnerschen Dramas gleicht, pointiert ausgedrückt, einer
symphonischen Durchführung ohne Rückhalt an der Exposition als
tragender Voraussetzung und der Reprise als determinierendem
Ziel.«[55] Daraus auch ergibt sich für Dahlhaus offenbar Wagners Stel-

lung in der Musikgeschichte: »Die ›Entwicklung‹ der ›Orchestermelodie‹, als deren – im musikalischen Drama ins Unermeßliche gedehntes –
Modell Wagner die Durchführung des Symphoniesatzes auffaßte, ist
also anders als bei Beethoven – nicht primär durch das Ziel bestimmt,
dem sie zustrebt, sondern durch den Ursprung, aus dem sie stammt:
Beethovens Zeitgefühl war teleologisch, in die Zukunft drängend, während es bei Wagner eine ständig wachsende Vergangenheit ist, die auf
jedem gegenwärtigen Augenblick lastet.«[56] Durch die wachsende Last
der Vergangenheit erhält die immer größere harmonische Räume er-
obernde Abwesenheit des Ziels allerdings eine neue, den Meistern der
Wiener Klassik ganz unbekannte Bedeutung. Je spürbarer die Abwesenheit des Telos, desto größer erscheint seine Bedeutung. Was es aber
ist, das hier so bedeutend wird, erschließt sich der musikalischen Analyse nicht – solange sie die Berührung mit der Geschichte des Dramas
scheut. Die Sehnsucht nach der Tonika ist Sehnsucht nach Erlösung.
Darin kristallisiert sich Sentas Wahn zur musikalischen Sprache der
späteren Werke aus. Während die klassische Oper den handelnden Personen in den Musiknummern die Möglichkeit offen hielt, ihre einzelnen kleinen Teloi in der Reprise zu erreichen, erlaubt die musikalische
Gestaltung Wagners keine solche Autonomie im Kleinen, die sich wesentlich der Heterogenität im Großen verdankt: die dramatis personae
werden in der unendlichen Melodie, worin die Musiknummern aufgelöst sind, von ihren vielen kleinen partikulären Teloi befreit, um reif zu
werden für die Total-Erlösung durch das Leitmotiv aller Leitmotive:
das Erlösungsmotiv, welches man stets am Ende der unendlichen Melodie zu hören bekommt.

Je umfassender Wagner die Tonika umgeht, desto mehr reichert sich
seine Musik mit einer spezifisch modernen Empfindung an: das un-
erlöste Dasein wird zur süßen Qual. In der Wiener Klassik, noch bei
Schubert und Brahms, waren die harmonischen Werte antagonistisch
bestimmt: die Dissonanz stand, wie Adorno schreibt, »für das Negative
und das Leiden, die Konsonanz für Positivität und Erfüllung«. Die für
Wagner charakteristischen Akkorde künden »vom Leiden an der Uner-
fülltheit ebenso wie von der Lust, die in der Spannung, dem Unerfüllten
selber liegt«. Sie sind süß und notvoll zugleich. »Diese Zwischenschicht
des Ausdrucks, recht eigentlich die musikalische Moderne des neun-

zehnten Jahrhunderts, existierte nicht vor Wagner. Daß Leiden süß sein kann, daß die Gegensätze von Lust und Unlust nicht starr einander gegenüberstehen [...] haben die Komponisten und Zuhörer einzig von ihm gelernt, und diese Erfahrung allein hat es dann der Dissonanz ermöglicht, über die gesamte Musiksprache sich auszubreiten. Und Weniges hat an Wagners Musik so sehr gelockt wie der Genuß der Qual.«[57] Das Nicht-Erlöste bereitet Qual, aber die Qual wird süß, am Ende weicht die süße Qual der süßlichen Erlösung: dies ist die Kurve der Wagnerschen Dramaturgie. Tristan durchbricht sie im 3. Akt, ehe der Liebestod Isoldes sie dann restauriert. Die Melodie des Hirten, die vom Englischhorn »auf dem Theater« geblasen wird, ist ein wahres Anti-Leitmotiv; nach dem Vorspiel wird sie zunächst ganz allein vom Englischhorn gespielt, das Orchester schweigt – und zwar 42 Takte lang[58]. Im zehnten Takt beginnt die Melodie scheinbar wieder von vorne: doch schon zwei Takte später weicht sie ab in eine entwickelnde Variation. Der Beginn, den man wohl gerne als Kernmelodie oder Hauptthema identifizieren würde, ertönt darin nicht noch einmal: weder Thema mit Variationen noch gar die Strophenform wird hier entwickelt. Das Motiv selbst geht in der Variation auf – oder unter; wie im Tristanakkord die Harmonik, so erhält hier die Variation Motivcharakter. Man könnte vielleicht von einer integralen Variation sprechen: in den ersten Takten etwa erklingen Quart- und Quint-Intervalle in Achtelbewegung und absteigende weitgehend chromatische Töne als Triolen, wenig später übernehmen Sext- und Quintsprünge den Rhythmus der Triolen – werden dadurch beschleunigt und scheinen sich dergestalt gegen die immer wieder eintretende Abwärtsbewegung aufzubäumen. Wagner entwickelt also seine Variation, indem er den Widerspruch der ersten Takte rhythmisch-melodisch zuspitzt, die zunächst rhythmisch aparten Passagen – Achtel-Intervallsprünge und Triolen-Abwärtsbewegung – unmittelbar miteinander konfrontiert, gleichsam überlagert. Doch dem Konflikt haftet eine eigentümliche Kälte und Ausdruckslosigkeit an. Die Melodie steht in Moll, mit ihren Quint- und Sextintervallen und ihrer Chromatik nähert sie sich, wie vielfach erkannt wurde, einer vor-tonalen, Naturlaute imitierenden Musiksprache an. Gerade die Abwesenheit oder besser der Rückzug des Moll-Pathos macht diese Melodie so traurig. Auch Schuberts *Winterreise* hatte im *Leiermann* diese kalte Traurigkeit nach so vielen heißen Tränen erreicht.

Nach über 600 Takten, in denen Tristan erwacht ist und in einer
Vision das nahende Schiff mit Isolde zu erkennen glaubt, erklingt die
Melodie aufs neue, um kundzutun, daß kein Schiff in Sicht ist[59]. Nun
aber greift sie auf das Orchester über und wird auf über 200 Takten in
harmonischer Gestalt variiert: es ist der große »Monolog« Tristans, den
sie einleitet und begleitet: »Muß ich dich so verstehn, / du alte ernste
Weise, / mit deiner Klage Klang? / Durch Abendwehen / drang sie
bang, als einst dem Kind / des Vaters Tod verkündet. / Durch Morgen-
grauen / bang und bänger, / als der Sohn / der Mutter Los vernahm. /
Da er mich zeugt' und starb, / sie sterbend mich gebar. / Die alte
Weise / sehnsuchtsbang / zu ihnen wohl / auch klagend drang, / die
einst mich frug / und jetzt mich frägt: / zu welchem Los erkoren / ich
damals wohl geboren? Zu welchem Los? / Die alte Weise / sagt mir's
wieder: mich sehnen und sterben!« (III / 1) Die Schalmei bzw. das Englischhorn setzt dabei nicht mit dem Anfang der Melodie, sondern mit
dem ges des 30. Taktes der ursprünglichen Tonfolge ein. Auf der Bühne
erklingt sie nun sechsmal hintereinander; »fast jedesmal aber wird bei
einem anderen Takte der Gesamtmelodie angefangen.«[60] Mit der Wiederaufnahme und Harmonisierung der alten ernsten Weise entsteht eine
Art Ringen zwischen der Urform der Melodie und dem Versuch, ihr die
Leidenschaften einzuhauchen, sie mit Bestimmtheit nach Dur oder Moll
zu wenden. Am Beginn bewegt sich der kontrapunktische Gesang Tristans gleichsam neben der Melodik der Hirtenweise und ebenso ist die
Begleitung des Orchesters nur tremolierender Hintergrund. Tristan
und das Orchester nehmen aber nach und nach rhythmische und melodische Elemente der Hirtenweise auf. Eine Art Durchführung beginnt:
sie ist durch »Klangfarbenwechsel, Dehnungen, Zerstückelungen,
Hinzutritt polyphoner Elemente« (Alfred Lorenz) geprägt. Erst bei der
Stelle: »Da er mich zeugt' und starb, sie sterbend mich gebar« tritt die
»gefühlvolle« Dur-Moll-Tonalität zum erstenmal in den Vordergrund,
doch nur für drei Takte[61], schon kehrt der Charakter der Weise zurück.
Der zweite Einspruch gegen das Ausdruckslose[62] erfolgt eruptiv:
»Nein! Ach nein! / So heißt sie nicht! / Sehnen! Sehnen! / Im Sterben
mich zu sehnen, / vor Sehnsucht nicht zu sterben. / Die nie erstirbt,
sehnend nun ruft / um Sterbens Ruh / sie der fernen Ärztin zu.« Drei
Töne werden bei dem forte-Ausbruch des Orchesters der alten ernsten Weise entnommen und isoliert: g-b-a; sie legen den Mollcharakter fest und bilden ein Hauptmotiv des weiteren Geschehens. Noch

einmal, ein letztes Mal kehrt die Weise – mit ihren Anfangstakten –
zurück, ein letztes Mal ist das Englischhorn zu hören: bei den Worten
– »sehnend nun ruft um Sterbens Ruh sie der fernen Ärztin zu« –
wendet Tristan die Musik dann nach G-dur[63]; die Passage ist vielleicht
die erstaunlichste Stelle des dritten Akts: die unendlich traurige Melodie wird, ohne daß sie sich selbst verleugnen müßte, plötzlich aufge-
hellt und mit drei anderen Motiven polyphon verbunden. Doch bleibt
es eine Episode.

Die nun einsetzende, über hundert Takte andauernde Steigerung erfolgt, indem jenes Moment der Hirtenweise, dem Mollcharakter gegeben wurde (g-b-a), auf verschiedenen Tonstufen immer und immer
wiederholt wird, die Tonarten ständig steigernd – auf a-moll folgt h-
moll, schließlich c-moll – und Tristan förmlich antreibt, bis er nicht
nur die Liebe zu Isolde verflucht – »Der Trank! der Trank! Der
furchtbare Trank [...] Kein Heil nun kann, kein süßer Tod je mich
befrein« – sondern sich selbst als den Ursprung der Erlösungssehn-
sucht erkennt und den Liebestod verwirft: »Den furchtbaren Trank,
der der Qual mich vertraut, ich selbst ich selbst, ich hab ihn gebraut!
Aus Vaters Not und Mutter Weh, aus Liebestränen eh' und je, aus Lachen und Weinen, Wonnen und Wunden hab ich des Trankes Gifte
gefunden! [...] verflucht sei furchtbarer Trank! Verflucht, wer dich
gebraut!«

Es war Adorno, der am Ende seines *Versuchs über Wagner* auf diesen
entscheidenden Wendepunkt männlicher und musikalischer Romantik
mit großer Emphase aufmerksam gemacht hat: »Die Fieberpartien des
dritten Aktes Tristan enthalten jene schwarze, schroffe, gezackte Musik, die nicht sowohl die Vision untermalt als demaskiert. Musik, die
zauberischste aller Künste, lernt den Zauber brechen, den sie selber um
alle ihre Gestalten legt. Die Verfluchung der Minne durch Tristan ist
mehr als das ohnmächtige Opfer des Rausches an die Askese: sie ist die
sei's auch ganz vergebliche Auflehnung der Musik gegen den eigenen
Schicksalszwang, und erst im Angesicht ihrer totalen Determination
durch jenen gewinnt sie die Selbstbesinnung wieder. Mit Grund stehen
jene Figuren der Tristanpartitur nach den Worten ›der furchtbare
Trank‹ an der Schwelle der Neuen Musik, in deren erstem kanonischen
Werk, Schönbergs fis-moll-Quartett, die Worte erscheinen: ›Nimm
mir die Liebe, gib mir dein Glück!‹ Sie sagen, daß Liebe und Glück
falsch sind in der Welt, in der wir leben, und daß alle Gewalt der Liebe

übergegangen ist an ihr Gegenteil.«[64] Die Philosophie der neuen Musik ist vielleicht nirgends so wahr wie an dieser Schnittstelle zwischen *Tristan* und der Zweiten Wiener Schule. Am Gegenstand der Liebe, den sie als Inhalt der Musik hier festzuhalten fast gezwungen wird, verwandelt sich die sonst von Adorno der neuen Musik aufgebürdete metaphysische Mission in eine erfüllbare Perspektive: die Entzauberung des falschen Scheins. Nicht mehr ist alles eines und einig, tiefe, unermeßliche Harmonie, wie Wagner es in seinem Liebesbrief an Mathilde Wesendonck beschwor. In Tristans Fluch treten Subjekt und Objekt erneut auseinander.

Würde *Tristan und Isolde* an dieser Peripetie der Romantik enden, die Oper wäre im 20. Jahrhundert angelangt. Doch Wagner taucht seinen Helden erneut in die süße Qual – als wollte er die Erlösungsdramaturgie retten, läßt er die Erlöserin nahen. Der Hirt bläst plötzlich auf seinem Instrument eine andere Melodie, die – mit ihrer von Chromatik gereinigten Naturskala – so neu und anders klingt, daß man das Instrument gar nicht wiedererkennt[65]. (Wäre es die *Götterdämmerung*, das neue Hirtenmotiv, das die Ankunft signalisiert, würde sich hier bloß wiederholen; denn es wäre gewiß gleich am Beginn schon intoniert worden zu den Worten des Hirten: »Eine andere Weise hörtest du dann...«) Gleichsam unentschlossen versucht die Handlung zur Erlösung zurückzukehren – und bleibt auf halbem Weg stehen: Isolde erscheint zwar, doch den Liebestod bringt sie Tristan nicht: Wagner wollte seinen Fluch nicht mehr zurücknehmen. Das Motiv des Vorspiels (mit dem Seitenthema, dem sogenannten Blickmotiv) bricht vor der Kadenz plötzlich ab, ohne Schlußwendung, ohne Fermate: etwas Fremdes, unbegreifbar und selbst ohne Dauer, unterbricht die unendliche Melodie, auf der Harfe wird zum letzten Ton der Cellomelodie ein verminderter Septakkord gezupft[66]. So klingt keine Erlösung, so klingt der einfache Tod. Isolde bleibt allein zurück, ihr Liebestod ist eine merkwürdige Selbstbefriedigung – der süßliche Ton sollte wohl alles wieder gut machen, was Tristan zerstört hatte[67]. Die Tonika des Vorspiels verfehlt er dennoch.

Alle nach dem *Tristan* abgeschlossenen Werke Wagners können als Versuche gelesen und gehört werden, dem Fluch Tristans zu entgehen. Bei den *Meistersingern* ist dies ganz offensichtlich: mit der Rekon-

struktion der Komödienhandlung versucht Wagner auf der Basis hoch-
artifizieller Methoden auch die Diatonik zu rekonstruieren. Er nimmt
nicht nur den Fluch Tristans zurück, er sistiert auch die *Tristan*-Chro-
matik. Verflucht ist bloß Beckmessers Liebe, und eben dessen von allen
verpönte Musik klingt am modernsten. Sie stiftet Unruhe und Verderben.[68] Während Tristan stirbt, wird Beckmesser nur ausgelacht und aus
der deutschen Gemeinschaft ausgestoßen: statt eines Liebestodes gibt
es am Ende einen nationalen Aufmarsch. Die Handlungskonzeption
des *Ring* hatte Wagner hingegen schon vor dem *Tristan* entworfen, und
die ersten beiden Teile der Tetralogie waren auch bereits komponiert.
Der *Ring* sollte von Anfang an die männliche Romantik zum Welten-
drama, das Bewußtsein des verfluchten Holländers zur Totalität des
Geschichtsprozesses ausweiten: erlösungsbedürftig ist nicht nur der
einzelne Mann, sondern mit ihm die ganze Welt. Und die Frauen – allen
voran Brünhilde – treten an, die Erlösung ins Werk zu setzen. Auch
Alberich verflucht die Liebe; doch er tut es, weil er von den Rheintöch-
tern abgewiesen wird – und er greift sofort zu einem Surrogat, mit dem
er schließlich die Welt ins Unglück stürzt: das Gold. Die Menschen von
ihm auch wieder zu erlösen, war die Liebe ursprünglich auserkoren; in
der früheren Textfassung verkündet dies Brünhilde gleich einer kom-
munistisch-anarchistischen Allegorie: »Nicht Gut, nicht Gold, / Noch
göttlich Pracht; / Nicht Haus, nicht Hof, / Noch herrischer Prunk; /
Nicht trüber Verträge / Trügender Bund, / Nicht heuchelnder Sitte /
Hartes Gesetz: selig in Lust und Leid / Läßt – die Liebe nur sein.«[69]
Nach Tristan, der die Liebe in Lust und Leid verflucht hatte, strich
Wagner diese Passage. In einem Brief schrieb er darüber: »Doch ent-
sinne ich mich, schließlich meine Absicht gewaltsam einmal zur Geltung gebracht zu haben, und zwar [...] in der tendenziösen Schluß-
phrase, welche Brünhilde an die Umstehenden richtet, und, von der
Verwerflichkeit des Besitzes ab, auf die einzig beseligende Liebe verweist, ohne (leider!) mit dieser ›Liebe‹ selbst recht ins Reine zu kommen, die wir, im Verlauf des Mythos, eigentlich doch als recht gründlich verheerend auftreten sahen. [...] Sonderbarer Weise marterte mich
diese Stelle nun fortwährend, und es bedurfte wahrlich einer großen
Umwälzung meiner Vernunftvorstellung, wie sie schließlich durch
Sch[openhauer] bewirkt wurde, um mir den Grund meiner Pein aufzu-
decken [...].«[70] Anders als im *Tristan* wird der Mann von der Schuld an
solcher Verheerung gänzlich freigesprochen: während Tristan sich

selbst und seinen Anteil an der verheerenden Liebe erkennt, trinkt Siegfried einen Vergessenstrank und kann somit auch von Brünhilde nicht mehr zur Verantwortung gezogen werden. Alle Schuld konzentriert sich statt dessen auf Alberich und die Seinen. Adorno hat darauf hingewiesen, daß die üblen Gestalten in Wagners Welt antisemitisch angelegt sind. »Der Gold raffende, unsichtbar-anonyme, ausbeutende Alberich, der achselzuckende, geschwätzige, von Selbstlob und Tücke überfließende Mime, der impotente intellektuelle Kritiker Hanslick-Beckmesser, all die Zurückgewiesenen in Wagners Werk sind Judenkarikaturen.«[71] Doch es sind nicht nur Zurückgewiesene – sie sind dazu ausersehen, den Fluch Tristans auf sich zu nehmen. Schließlich wird auch alles Weibliche in ihren Kreis verbannt. Dies die letzte Konsequenz der Erlösungsdramaturgie, die sich im *Lohengrin* schon ankündigt: aus der Erlösung durch die Frau wird die Erlösung von ihr. Damit werden alle Motive der Dramaturgie der Geschlechter des 19. Jahrhunderts zu einer einzigen antifeministischen Konsequenz verknüpft: Erlösung ist zugleich Zerstörung und Entsagung, die Männer erlösen sich im *Parsifal* von Kundry, indem sie ihr entsagen und sie schließlich zerstören. Die Welt kann bestehen bleiben, weil die Frauen beseitigt werden.

Die Zerstörung der Frau geht indessen der Handlung voraus: Kundry ist nicht wie die Venus oder Ortrud eine Gestalt, die auf Männer ihren verhängnisvollen Einfluß in eigenem Interesse – gleichsam als Selbstzweck – ausübt: Kundry wird gelenkt, sie ist das Instrument in der Hand Klingsors – des bösen Zauberers, der sich, wie angedeutet wird, entmannt hatte (für einen von hysterischer Kastrationsangst geplagten Antisemiten wohl eine Anspielung auf die Beschneidung) und der dem verführbaren Amfortas die unheilbare Wunde im Genitalbereich zufügte, an der die gesamte Männerwelt der Oper laboriert. Wagner setzt also mit Klingsor die »Hintermänner-Dramaturgie« des *Ring* durchaus fort, nur läßt er nun die Frau schuldig werden: sie ist im Unterschied zu Brünhilde ein bereitwilliges Werkzeug des Bösen – Klingsor ist sie verfallen, weil sie den leidenden Christus am Kreuze verlacht hat. Klingsor, der dieses Böse verkörpert, ist wie Robert W. Gutman schreibt, »a remarkable composite of Ortrud, Alberich, and Beckmesser. [...] In his ›Gefiel er dir wohl‹ one actually hears a characteristic harmonic color of Nuremberg's town clerk. He had, at least for a time, kept one foot in the door of the saved; and indeed, Wagner occasionally pitied dark Prince

Alberich. But Klingsor has never been part of the elect and can never be; nor is he worthy of Wagner's pity. He stands outside the mystical processes of Wagnerian redemption – the Jew as the composer had finally come to see him [...].«[72] Anders als in den *Meistersingern* erhält die künstlich diatonische, vom Geschlechtstrieb zu reinigende Sphäre der Oper einen ganz eigenen Klang- und Motivcharakter. Die Zahl der Motive ist erstaunlich reduziert, und man könnte sogar meinen, daß sie alle aus einem einzigen Motiv, dem Abendmahlmotiv, deduziert sind; zusammen mit der Instrumentation, die durch raffinierte Mischungen von Bläsern und Streichern die Instrumente wie die Akkorde verschleiert, der scheinbar diffusen Metrik und der durch modale Akkordverbindungen und Nebenstufen in Moll gleichsam abgeblendeten diatonischen Harmonik entsteht eine ungewöhnliche Statik – »zum Raum wird hier die Zeit« (I) –, die von manchen sogar als besonders modern empfunden wird[73]. Nicht zuletzt mag dies zeigen, daß die Moderne auch in der Musik verschiedene Gesichter hat, die sich jedoch keineswegs mit postmodernem Lächeln in die Augen blicken. Denn mit der Darstellung Klingsors wird im Grunde von Wagner selbst die *Tristan*-Musik als entartete stigmatisiert: »The now complete reservoir of superblood, having restored Amfortas to health, then granted Kundry the ultimate reward of helotry – the bounty of death, the question put by the unresolved dominant sevent chord on E flat ending the opera's prelude – that is, ›Shall we hope?‹ – being affirmatively answered by the work's closing passage in the tonic A flat major. The Aryan world was again in splendid diatonic order, the Volksgemeinschaft once more intact. Like a bad dream, the chromatic, unclean Klingsor had vanished in the ruin of his chimeric castle [...].«[74]

Im Garten dieses von Wagners Antisemitismus geschaffenen Schlosses, wie der Venusberg ein »geträumtes Bordell« (Theodor W. Adorno), tummeln sich die Blumenmädchen, allen voran Kundry, um die »arischen« Männer zu verführen und zu verderben. Wagner hatte ursprünglich sogar vor, Isolde unter ihnen auftreten zu lassen. Die große Verführerin Kundry aber gewinnt ihre fast unwiderstehliche Macht über den jungfräulichen Mann, indem sie sich dessen Mutter anverwandelt: »Die Leib und Leben / einst dir gegeben, / der Tod und Torheit weichen muß / sie beut' / dir heut' – / als Muttersegens letzten Gruß / der Liebe – ersten Kuß.« Doch Parsifal entsagt: »Vergeh', unseliges Weib« (II)[75]. Es ist wahr, Wagners Musik verdammt Kundry nicht, wenn sie am

Ende erlöst, d. h. vernichtet, wird – sie »tönt mitleidig«[76]; aber worin unterscheidet sie sich von jenem Mitleid, das Menschen zu »unwertem« Leben erklärt, um ihre Vernichtung als Erlösung zu propagieren?

Mit Kundrys Ende ist es auch um Wagners Musikdrama geschehen (der Bayreuther Meister wollte nach der Vollendung des *Parsifal* nur noch Symphonien schreiben), denn es band die Musik an die Funktion erlösender Weiblichkeit. Das endlose bürgerliche Trauerspiel des 19. Jahrhunderts wurde von dieser romantischen Allegorie als seinem ›berechtigten‹ Gegensatz begleitet. Ursprünglich als Verkörperung all dessen entworfen, was der Dynamik der Moderne zum Opfer zu fallen droht: des Guten, Wahren und Schönen, der harmonischen Einheit von Gesellschaft und Natur, schlug die utopische Weiblichkeit bei Wagner zur Weltverneinung um, und kehrte sich als solche schließlich – im *Parsifal* – gegen die Frau selber. So führt Wagners Musikdrama in Otto Weiningers Welt. Die moderne Oper aber ist, scheint es, mit nichts anderem beschäftigt, als aus ihr wieder herauszufinden.

Nietzsche versuchte schon in der Schrift *Die Geburt der Tragödie aus dem Geiste der Musik* die von Wagner gewissermaßen aus dem Geschlechtsakt entwickelte Opernästhetik in andere Bahnen zu lenken; der sexuelle Sinn jener Geburt der Tragödie wurde dabei von dem Antagonismus Apollinisch – Dionysisch eigenartig überformt. (Wagner selbst hat nach *Oper und Drama* ebenfalls versucht, das spontan entstandene geschlechtliche Motiv seiner Konzeption gleichsam philosophisch zu sublimieren, dabei gelangte er in den sicheren Hafen des Schopenhauerschen Pessimismus.) Noch verächtlicher als Wagner sprach Nietzsche über die Opernkultur seit dem 17. Jahrhundert: sie galt ihm als Inbegriff der »sokratischen Kultur« – ja als Künderin des Sklavenaufstands in der Kultur: »Genug, wenn wir erkannt haben, wie der eigentliche Zauber und damit die Genesis dieser neuen Kunstform in der Befriedigung eines gänzlich unästhetischen Bedürfnisses liegt, in der optimistischen Verherrlichung des Menschen an sich, in der Auffassung des Urmenschen als des von Natur guten und künstlerischen Menschen: welches Prinzip der Oper sich allmählich in eine drohende und entsetzliche Forderung umgewandelt hat, die wir, im Angesicht der sozialistischen Bewegungen der Gegenwart nicht mehr überhören können.«[77] So scharf Nietzsche schon in dieser frühen Schrift den Humanismus attackiert, so distanziert zeigt er sich bereits gegenüber dem Erlösungsparadigma Wagners. Der Begriff des Dionysischen kennzeichnet Nietzsches ersten, noch versteckt unternommenen Versuch, die Erlösung wieder rückgängig zu machen und den »ewigen« Kampf der Geschlechter neu zu entfachen. Die Erlösung, die das Kunstwerk gewähren soll, will er nur als Trost anerkennen – Trost für Menschen, die eigentlich keines Trostes bedürfen: »Denken wir uns eine heranwachsende Generation mit dieser Unerschrockenheit des Blicks, mit diesem heroischen Zug ins Ungeheure, denken wir uns den kühnen Schritt dieser Drachentöter, die stolze Verwegenheit, mit der sie allen den Schwächlichkeitsdoktrinen jenes Optimismus den Rücken kehren, um im Ganzen und Vollen ›resolut zu leben‹: sollte es nicht nötig sein, daß der tragische Mensch dieser Kultur, bei seiner Selbsterziehung zum Ernst und zum Schrecken, eine neue Kunst, die Kunst des metaphysischen Trostes, die Tragödie als die ihm zugehörige Helena begehren und mit Faust ausrufen muß: ›Und sollt ich nicht, sehnsüchtigster Gewalt, / Ins Leben ziehn die einzigste Gestalt?‹«[78] Eben diese Stelle, die wohl nicht zufällig als Frage formuliert ist, zitiert Nietzsche in seinem späteren Vorwort, dem ›Versuch einer Selbstkritik‹ – und antwortet darauf: »Nein, dreimal nein! ihr jungen Romantiker: es sollte nicht nötig sein! Aber es ist wahrscheinlich, daß es so endet, daß ihr so endet, nämlich getröstet, wie geschrieben steht, trotz aller Selbsterziehung zum Ernst und zum Schrecken, ›metaphysisch getröstet‹, kurz wie Romantiker enden, christlich…«[79] Der Weg der Dramaturgie von Wagner zu Wedekind und Berg führte allem Anschein nach über Nietzsches Philosophie.

Versucht man aber einmal nicht aus dem 20. Jahrhundert auf Wagner zu blicken, sondern mit den Augen Johann Nestroys oder Gottfried Kellers, so erscheinen die Wandlungen von Wagners Dramaturgie von merkwürdig alltäglichem Gepräge – Illustrationen eben zu Wagners Biographie. Im *Fliegenden Holländer* und im *Tannhäuser* sehen wir den »Jüngling« von der vorehelichen Liebe des Bordells zur Eheschließung mit einer verbürgten Jungfrau schreiten. Im *Lohengrin* erlebt der reifer Gewordene die Ehekrise, geschürt von einer eifersüchtigen Gattin, die immer alles wissen will und sich überdies von bösen Nachbarinnen beeinflussen läßt. Im *Tristan* wird dann der Seitensprung zum erstenmal ganz ausgekostet. Der Ehebruch wird entdeckt, der Verführer im Kleiderschrank entlarvt: »Mir dies, dies mir…«. Alle Beteiligten

blicken betreten und werden melancholisch. Der *Ring* aber zeigt, wie
aus Seitensprüngen – glücklich ist, wer vergißt – neue Ehen entstehen
können, der erhoffte Nachwuchs bleibt nicht aus, und die Gewohnheit
ist der beste Vergessenstrank, wobei letztendlich ohnehin alles zu
Grunde gehen muß. *Parsifal* schließlich bringt die Erlösung des altern-
den Mannes von seinem Geschlechtstrieb: die schwach gewordene
Potenz führt ihn dazu, dem weiblichen Geschlecht endgültig zu entsagen – um hinterher allerlei Böses über die einstmals Ersehnten zu
behaupten.

Die zentrale Stellung, die Wagner im 19. Jahrhundert innerhalb der
Musik-, der Opern- und der Theatergeschichte einnimmt, hat etwas
Irritierendes. Als wäre sein Musikdrama jener Mittelpunkt, auf den die
Kunst sich zubewegt hätte, entwickelte sich auch unabhängig von Wag-
ners Einfluß – vor und neben ihm – die musikalische Dramaturgie der
italienischen und französischen Oper gleichsam spontan in dieselbe
Richtung: die musikalischen Nummern dehnten sich aus und verwuchs-
en miteinander, sodaß das Secco-Rezitativ überflüssig wurde. Die re-
zitativähnlichen Vermittlungen zwischen den Nummern wurden überall dem Orchester überlassen und nahmen bald selbständige Gestalt an.
Gleichzeitig wuchsen dem Orchester größere Aufgaben zu, und die
Opernmusik erweiterte ihre modulatorischen Möglichkeiten. Doch
solche formalen Verallgemeinerungen erbringen nicht viel für die Geschichte der Geschlechter-Dramaturgie, deren Gretchen-Frage doch
lautet: Wie hast Du's mit der Erlösung? Der große Kontrahent aus
Italien suchte jedenfalls darauf anders zu antworten als Wagner.

»Der Ausgangspunkt der Verdischen Opernkunst«, schreibt Leo Karl
Gerhartz, »ist die große, inhaltlich wie formal latent chorische Melodie.
Auch im Falle ihres solistischen Vortrags strebt die Kantilene des jungen Komponisten zum überpersönlichen, die Gefühle ganzer Völker
umfassenden Ausdruck.«[80] Die Zeit der Komödie war in der Oper
schon zu Ende, ehe Verdi zu komponieren begann – sein erster großer
Mißerfolg war die komische Oper *Un giorno di regno*; die Abstraktion
aber vom privaten Glück, wie es die Komödie bescherte, hieß für den
frühen Verdi – wie übrigens auch für den späten Rossini, ehe dieser das
Glück in der Kochkunst wiederfand – Abstraktion vom Privaten überhaupt: »private Affekte einzelner Figuren [...] liegen nicht nur außer-

halb des Interesses des jungen Komponisten, sie entziehen sich zunächst auch noch seinem Gestaltungsvermögen.«[81] Verdi übernimmt
zwar in mancher Hinsicht die weitausschwingende Melodieführung
Bellinis und Donizettis, womit diese die exaltierten Effekte, die tiefe
Melancholie und die große Sehnsucht ihrer leidenden Frauen gestalteten, doch werden sie bei ihm zu Affekten ganzer Völker. Die Liebe
spielt darum in den ersten erfolgreichen Partituren Verdis durchaus
eine zweitrangige Rolle: sie dient gleichsam nur als Auslöser politisch
bestimmter Affekte, etwa jenes zu einer einzigen großen Melodie gewordenen Freiheitsdrangs des jüdischen Volkes in *Nabucco*; das Liebespaar Fenena-Ismaele rückt demgegenüber in den Hintergrund der
Handlung – oder besser in den Hintergrund des Tableaus. Denn Verdi
findet die szenische Form für die Polis-Affekte und Unisono-Kantile-
nen weniger in dramatischen Handlungen als in großen, von der Präsenz des Chors geprägten Theaterbildern. »Nicht das Ringen eines
Charakters um eine Entscheidung und damit eine Konzeption von
einer dynamisch-dramatischen Handlung her, sondern die Organisa-
tion eindrucksvoller und weitgehend auf den jeweiligen szenischen
Moment beschränkter Theatersituationen interessiert den Operndich-
ter.«[82] Die Gestaltung selbständiger, inhaltlich voneinander geradezu
unabhängiger Tableaus ist von solcher Bedeutung für Verdi, »daß der
das ganze Werk durchziehende Handlungsfaden diesen Tableaus häufig genug nachträglich aufgesetzt erscheint«[83]. Dies ändert sich wesentlich erst mit der Komposition der *Luisa Miller*. Zwar ist die Tendenz,
die chorische Dimension zugunsten der »Gestaltung von privaten, auf
den jeweiligen Stimmträger beschränkten Affekten aufzugeben, partiell
von Ernani ab erkennbar; in Luisa Miller jedoch bestimmt diese Tendenz erstmals das gesamte Werk. Diese Wandlung aber, die opern-
strukturell mit einer Wendung von dem chorisch statuarischen Typus
der späten Partituren Rossinis (Tell, Mosè) zu den leichteren Spielfor-
men Donizettis Hand in Hand geht, ist fraglos nicht zuletzt ein Ergebnis der Auseinandersetzungen Verdis mit den individuellen Charakteren Schillers.«[84] Schillers Charaktere aber gewinnen ihre Individualität
aus dem Verhältnis zur Familienstruktur – und eben dieses Verhältnis
hat Verdi zuallerst angezogen; es erlaubte ihm, die chorische Konzeption der Musik aufzulösen, ohne auf die Tableaus verzichten zu müssen. Andererseits gewann Verdi mit dieser Wendung zur Dramaturgie
der Familie auch Abstand zur Pariser grand opéra, zumal den Werken

des erfolgreichsten Komponisten der Zeit, Giacomo Meyerbeer. Deren Tableaus folgten keinen Polis-Impulsen, eher knüpften sie an den kalten Zynismus von Rossinis Historienopern an: sie inszenierten eine Kollektivität bar des Idealismus. Ohne Anteilnahme präsentieren sie den kollektiven Wahnsinn und den Fanatismus religiöser Sekten und politischer Gruppen in aufwendigen Theaterbildern: blutige Kampfszenen und fromme Choräle, lange Prozessionen und großes Ballett, finstere Verschwörungsrituale und glänzende Festveranstaltungen wechseln einander ab. Die Individuen – ob sie nun lieben oder nicht – gehen in diesen Materialschlachten von Chor und Ausstattung, Statisten und Bühnentechnik unter. Charakteristisch ist dafür etwa der monströse Übergang zum totalen Unisono aller Stimmen, der Solisten wie des Chors, bei der Schwerterweihe im 4. Akt von *Les Huguenots*. Meyerbeers Musik bleibt dabei »außergewöhnlich sachlich« (Ulrich Schreiber)[85], sie weigerte sich, wie Bernd Böhmel und Peter Gülke schreiben, »im Reich des schönen Scheins dem Hörer das Glück zu schenken, das ihm in den Inhalten nicht mehr blühte«[86]. Verdis Musik hingegen suchte nach dem Erlahmen des kollektiven Idealismus, der von der italienischen Befreiungsbewegung mobilisiert wurde, im Privaten eine Enklave der idealen Inhalte, wohl um sie dem Zynismus der Politik entgegenstellen zu können. Die Berührung mit dem bürgerlichen Trauerspiel war damit nur noch eine Frage der Zeit.

Schon in seiner ersten Schiller-Vertonung, der *Giovanna d'Arco*, ist das Gewicht auf die Vater-Tochter-Beziehung verschoben, die Schiller bloß zur Exposition diente. Nun in der *Luisa Miller* realisiert Verdi in größerem Maßstab die melodramatischen Möglichkeiten des bürgerlichen Trauerspiels. Das Ensemble Luisa-Rodolfo-Miller aus dem ersten Akt zeigt bereits die für den späteren Verdi typische Konstellation der Figuren: das Liebespaar wird durch den Vater unterbrochen, das flotte Liebesduett von Sopran und Tenor erhält durch den Bariton einen melodramatischen Akzent: »Non so qual voce infausta / entro il mio cor favella… / Misero me, se vittima / d'un seduttor foss'ella! / Ah! non voler, buon Dio, / che a tal destin soccomba… / mi schiuderia la tomba / affanno sì crudel!« (I / 1)[87] – mit diesen Worten drängt sich der Vater zwischen die beiden Strophen des Duetts; und er bekommt schließlich Verstärkung durch die Kirchenglocken, die am Ende eine eigentümlich fahle Stimmung provozieren. Schon hier droht der Vater, wenn auch indirekt, mit seinem Tod. Und die Tochter wird schließlich bereit sein, auf ihre Liebe zu verzichten und, als Folge des Verzichts, zu sterben – um den Tod des Vaters zu verhindern. Aber sie ist nicht nur bereit für ihn zu sterben, sondern ebenso für ihn zu leben: sie verzichtet aus Empfindsamkeit auf ihren Selbstmord. »Di rughe il volto, mira, ho solcato«, singt der Vater, als er von ihren Suicidabsichten erfährt, »il crin m'imbianca l'età più grave. / L'amor che un padre ha seminato / ne'suoi tardi anni raccoglier deve. / Ed apprestarmi, crudel, tu puoi / messe di pianto e di dolor? / Ah! nella tomba che schiuder vuoi / fia primo a secendere il genitor!« (Schau, ich habe das Gesicht voll Falten, mein weißes Haar ist die Würde des Alters, die Liebe, die ein Vater gesät hat, soll er in den späten Jahren ernten. Und du, Grausame, willst, daß ich Tränen und Schmerz ernte?; III) Der Vater beginnt zu weinen – und das kann die Tochter nicht ertragen: »Quanto colpevole, ahimè!, son io. / Ah! no, ti calma, o padre mio / Non pianger… m'odi! [...] Io voglio per te, buon padre, / restare in vita…« (Wie schuldig bin ich! Ah! Nein, beruhige Dich mein Vater, weine nicht… höre mich an. Ich will für Dich, guter Vater, am Leben bleiben.) Wieder verinnerlicht die Tochter das Geschehen als eigene Schuld, reuevoll will sie sich dem Vater zu Füßen werfen; doch der zieht sie an sein Herz und in seliger Übereinstimmung begraben sie darin den Konflikt: »Ah! in quest' amplesso l'anima oblia / quanti martiri provò finor.« (Ah! In dieser Umarmung vergißt die Seele die erlittenen Qualen.) Die musikalischen Mittel scheinen sowenig neu zu sein wie das Gefühl: sie stammen beide aus dem 18. Jahrhundert; der einfache Wechsel der Melodie und ihrer Begleitung von Moll nach Dur und die Vereinigung der beiden Stimmen in einem recht raschen und kurzen Duett signalisieren die wiedergewonnene Eintracht zwischen Vater und Tochter. Die Szene folgt im wesentlichen Schillers Drama, während das Schlußtableau, worin sich die sterbende Tochter – ganz wie in Lessings *Miß Sara Sampson* – mit Vater und Geliebten vereinigt und versöhnt, bei Schiller fehlt. Verdi verstärkt nicht wenig die Empfindsamkeit gegenüber der Vorlage.

Antonio Gramsci hat darauf aufmerksam gemacht, daß das *melodramma italiano* die besondere europäische Gefühlswelt des 18. Jahrhunderts und die Romantik auf merkwürdige Weise ineinander spiegelt. Das melodramatische Moment der italienischen Oper, insbesondere Verdis, galt ihm dabei als eine durchaus verderbliche, »künstliche« Haltung: es scheint »für viele Menschen des einfachen Volkes eine außerordentlich verführerische Form des Fühlens und des Handelns zu sein, eine

Art und Weise des Ausbruchs aus dem, was sie für niedrig, armselig und verachtungswürdig in ihrem Leben und in ihrer Bildung halten, um in erlesenere Sphären hoher Gefühle und edler Leidenschaften zu gelangen.« Doch Gramsci ist mit der Bestimmung des Melodrams als künstlicher Gefühlswelt doch nicht zufrieden: »Übrigens ist zuviel Sarkasmus hier nicht angebracht. Man muß daran denken, daß es sich nicht um einen dilettantischen Snobismus handelt, sondern um etwas zutiefst Gefühltes und Durchlebtes.«[88] Der Frage aber, warum der gehobene literarische Stil des 18. Jahrhunderts im Italien des 19. Jahrhunderts – und nicht nur dort, wie man in Hinblick auf die internationale Wirkung von Verdi sagen muß – zur »volkstümlichen« Musik, zu einem von breiten Massen zutiefst Gefühlten und Durchlebten werden konnte, geht Gramsci nicht nach: sie ließe sich wohl beantworten, wenn der Weg vom empfindsamen deutschen Drama zum italienischen Melodram mit der Verallgemeinerung der Kleinfamilie, der Durchsetzung ihrer Struktur in allen sozialen Schichten, in Zusammenhang gebracht würde. Dies ergäbe auch politisch einen Sinn: Verdi blieb seinen Idealen treu, wie Lessing wollte er mit dem, der Familie entsprungenen Gefühl des Mitleids alle Ungleichen zu Gleichen machen; nur der soziale Horizont der Verdischen Ästhetik scheint erweitert, er begreift die plebejischen Schichten mit ein.

Verdis Weg von der chorischen »Volks«-Oper zum Familienmelodram ist – politisch betrachtet – ein Rückzug, der vermutlich mit Enttäuschungen über die nationalen Entwicklungen in Europa zu tun hat. Dennoch geht seine Kunst über den Versuch hinaus, Empfindsamkeit in volkstümliche Musik zu setzen, sobald er den Autoren des bürgerlichen Trauerspiels auch darin folgt, den Konflikt zu schüren. Und wie bei diesen erhält auch bei Verdi die Figur der Lady dabei besondere Bedeutung. Sie wird mit einer tieferen Stimme, einem Mezzosopran (oder einer Altstimme) besetzt, während die brave Bürgerstochter ein Sopran, wenn auch meist ein dramatischer, sein muß. Die Auseinandersetzung zwischen Federica und Rodolfo im ersten Akt von *Luisa Miller* zeigt eindrucksvoll, bis zu welcher Schärfe Verdi den Konflikt zuzuspitzen vermag – ohne dabei avancierte harmonische Mittel zu verwenden: er entwickelt den Konflikt eher aus dem Rezitativ, es wird mit Spannung aufgeladen durch expressive kantable Melodien, gleichsam Arienfragmente, während sich das Orchester fast nur auf begleitende Funktionen beschränkt. Das heißt, eben jene Stellen, die vielfach dem

Melodram nahe kommen, sind am wenigsten melodramatisch. Später, als Verdi diese Kunst im *Don Carlos* zur höchsten Meisterschaft gesteigert hatte, prägte er dafür den Begriff der »Parola scenica«[89]. Solche musikdramatischen Situationen entfesselt er zumal an der Konfliktlinie zwischen Vater und Sohn, in *Luisa Miller* also zwischen Graf Walter und Rodolfo: das Finale des zweiten Akts gipfelt in ihrer direkten Konfrontation. In einem gewaltigen kantablen Ausbruch, dessen aggressives Melos man kaum vor Verdi finden wird, stellt sich Rodolfo offen gegen den Vater, und droht dessen politische Machenschaften preiszugeben: »O mio furor! / Ah! tutto tentai, non restami / che un infernal consiglio / se crudo, inesorabile / tu rimarrai col figlio. / Trema! Svelato agl'uomini / sarà dal labbro mio / come giungesti ad essere Conte di Walter!« (I/3)[90] Verdi läßt Rodolfos Stimme neun Takte[91] lang aufsteigen: »sotto voce all'orechio di Walter, con terribile accento«, doch nur von d nach a; die ersten sechs Takte sind chromatisch gesetzt, am Beginn verharrt Rodolfo bei jedem Ton sogar zwei Takte lang, wodurch der Charakter einer schwelenden, langsam herannahenden Katastrophe entsteht; im fünften Takt setzt das crescendo ein; im siebenten erfolgt – »tutta voce« – der einzige Ganztonschritt der Sequenz. Der Komponist achtet genau auf den sprachlichen Sinn: der Ganztonschritt erfolgt in dem Moment, als Rodolfo auf die gesellschaftliche Stellung des Vaters zielt: Conte. Doch Rodolfo geht darüber noch hinaus; er stemmt sich – den Namen des Vaters, damit seinen eigenen nennend – mit einem Halbton und »tutta forza« auf a – das nicht nur einen Takt lang ausgehalten, sondern noch durch eine Fermate verlängert wird, ehe die Stimme, gleichsam erschöpft, eine Oktave abstürzt. Mit dem anschwellenden Gesang hat Rodolfo ganz allein die Musik von fis-moll in die Durparallele gehoben; das Orchester war bereits im sechsten Takt verstummt und setzt erst wieder mit dem Oktavsprung in der neuen Tonart ein. Der Vater, über die radikale Auflehnung in Furcht und Schrecken versetzt, gibt sofort nach und tritt vorerst den Rückzug an; der Akt endet mit einem neuen Kräfteverhältnis, das jedoch nicht als Lösung des Konflikts empfunden werden kann. Leo Karl Gerhartz hat darauf hingewiesen, daß Verdis Musik, indem sie dem Verlauf des Konflikts folgt, die teleologische Finalstruktur überwindet: »Bei der Übertragung der Auseinandersetzungen zwischen Walter, Ferdinand und Miller im Hause des Stadtmusikanten scheint es dagegen zu recht nicht möglich, die bewegte Situation, mit der der zweite Aufzug des

Dramas zuende geht, in einem musikalischen Ausdruck festzuhalten;
denn tatsächlich entzieht sich dieser Aktschluß Schillers der Ta-
bleauisierung [...] Der Verzicht auf eine Stretta führt Verdi mithin zu
einer ganz neuen Finalstruktur. Bisher hatte der Musiker in den großen
Ensemble-Finali seine Effekte stets auf den Schluß hin gesteigert. Nun
spannt er erstmals innerhalb der ›Nummer‹ einen Bogen, der seinen
Gipfel in der Mitte hat.«[92]

König Lear ist vermutlich die wichtigste Oper, die Verdi nicht geschrieben hat. Immer wieder ist er nach *Luisa Miller* auf dieses Projekt zurückgekommen, hat daran gearbeitet, sogar ein vollständiges Libretto
liegt vor – und hat es doch wieder weggelegt. Gerhartz vermutet, daß
die dialogische und damit nicht-operngemäße Struktur des ganzen Librettos von Antonio Somma Verdi abgehalten hat; und er zieht als Beispiel jene entscheidende Szene heran, in der Cordelia den empfindsamen Erwartungen ihres Vaters nicht entspricht. Der Dialog Sommas,
der sich eng an den Shakespeares anlehnt,[93] dramatisiert vor allem jenes
Schweigen, mit dem die Tochter den Vater brüskiert. Wie hätte Verdi
dieses Schweigen vertonen können? Auf der anderen Seite sind die
wirklichen Kontrahenten des Vaters, die beiden Schwestern Cordelias,
moralisch untragbar: Wie sollte sich von ihnen aus die Autorität des
Vaters in Frage stellen lassen?

Die empfindsame Melodramatik, die in der Vaterfigur ihren Ursprung
hat, wie auch die kantable Kunst der Konfrontation, die sich dem La-
dytypus und den aufbegehrenden Söhnen verdankt, bleiben die Haupt-
momente der Verdischen Dramaturgie. In Victor Hugos *Le roi s'amuse*
fehlt freilich die Gegenspielerin der braven Tochter, die femme fatale;
und mit ihr droht in Verdis *Rigoletto* der Konflikt im Tableau der Vater-Tochter-Beziehung zu verschwinden, wären da nicht die für den
Vater äußerst zweideutige Stellung am Hofe und seine Handlanger-
dienste für den Herzog, wodurch sein Vaterherz an moralischem Wert
einbüßt: die Empfindsamkeit in der privaten Beziehung zur Tochter
erscheint geradezu als Bedingung für das Unrecht, das Rigoletto als
öffentliche Person verübt. Doch für ihre Fragwürdigkeit, die sich im
Anspruch auf den Besitz der Tochter zeigt, findet Verdi keinen musikalischen Ausdruck. Die Musik gibt ihm Recht, wie zuvor schon dem
Vater Miller. Es gibt Momente, da bietet Rigoletto Herzog und Hof die
Stirn – und die Musik gewinnt Kraft zur Kollision: zu den Worten
Rigolettos »Forzarmi deggio e farlo! Oh dannazione! / Odio a voi,

cortigiani schernitori! / Quanta in mordervi ho gioia! / Se iniquo son, per cagion vostra è solo.« (I/4)[94] erklingt ein zornig aufbegehrendes Motiv in den Bässen: gebrochene verminderte Dreiklänge, von unten nach oben steigend, jedesmal um einen Ganzton höher einsetzend, dazu ein bedrohlich zielloses Tremolo mit verminderten Septakkorden (cis-moll, c-moll, f-moll)[95] – im *Don Carlos* wird Verdi darauf zurückkommen, an der Stelle, da der Infant den Degen gegen Vater und König zieht. Die entlastende Funktion, die das private Glück für das öffentliche Unglück bedeutet, vollzieht die Musik indes ohne Widerstand nach, wenn im nächsten Moment der zornige gebrochene Dreiklang sich zu einem Dur-Dreiklang entspannt, eine zarte Flötenmelodie die Beziehung zu Gilda verklärt zu den Worten »Ma in altr'uomo qui mi cangio!«[96]. Und gleich darauf, im Angesicht der Tochter, die – analog zur Flöte – mit einem lyrischen Sopran besetzt ist, legt Rigoletto sein ganzes Seelenleben bloß: »Mia vita sei! / Senza te in terra qual bene avrei? / O figlia mia! [...] Culto, famiglia, patria, il mio universo è in te!« (Du bist mein Leben! Ohne Dich, was hätte ich noch auf der Erde? Oh meine Tochter! ... Glaube, Familie, Vaterland, die ganze Welt habe ich in dir!) Eine Melodie »durchaus in der Manier des Nabucco-Chores« erklingt,[97] mit ihr wird der Rückzug von den ›kollektiven‹ Themen der frühen Opern auf die familiären durchaus bejaht. »Nun feiert aber die machtvolle Geste nicht mehr den Freiheitsruf eines Volkes, sondern enthüllt den geradezu frevelhaften Besitzanspruch eines Mannes, der glaubt, seine politischen und persönlichen Hoffnungen – im übrigen ohne jede Rücksicht auf die Wünsche und Gefühle seiner Tochter – in einer familiären Beziehung bewahren zu können.«[98] Es enthüllt ihn nur, um ihn zu salvieren: keine Dissonanz trübt das reine Gefühl Rigolettos.

Auch in der *Traviata* spielt das Vaterherz Schicksal: doch ist es diesmal der Sohn, der es weich werden läßt. Es ist, als ob Graf Walter an Miller sich ein Beispiel genommen hätte und ein moderner, also zärtlicher Vater geworden wäre. Freilich singt Germont nicht, wie Miller und Rigoletto, mit dem Nachwuchs ein Liebesduett: Verdi vermag zwischen Vater und Sohn offenbar nur den Konflikt musikalisch zu gestalten. Und auch diese halbe, vom Sohn nicht hörbar erwiderte Empfindsamkeit geht auf Kosten der Frau; Violetta stirbt an dem vom Vater gewünschten Verzicht. Weil ihr Widerstand in der Auseinandersetzung mit Germont so schwach bleibt, erscheinen die Möglichkeiten dieser

Figur einigermaßen verspielt: immerhin vereinigt sie in sich Lady und Bürgermädchen. Verdi hat sie, wie Luisa, als sogenannten dramatischen Koloratursopran angelegt – und eine Sängerin wie Maria Callas mag wirklich verhindern, daß der Stolz und die Kraft der Lady nicht von den Tugenden der angehenden, wenn auch scheiternden Bürgerin verschüttet werden. Beiden Opern, *Rigoletto* und *Traviata*, fehlt als tragende Rolle jener herbe Mezzosopran, der in Verdis Welt der Empfindsamkeit meist entgegenwirkt und die spezifisch rauhe und unsentimentale, zornige und widersetzliche Seite seiner Musik wesentlich mitprägt. Im dritten Werk seiner *trilogia populare*, im *Trovatore*, ist dem Mezzosopran durch die Zigeunerin Azucena Handlungsraum zurückgewonnen. Die Verdische Vaterfigur ist hier eigenartig verschoben: statt eines Konflikts zwischen Vater und Sohn findet einer zwischen Brüdern statt, der allerdings musikalisch und dramaturgisch ganz ähnliche Züge trägt. Der Bariton Graf Luna und der Tenor Manrico ringen um die Gunst des Soprans Leonora. Das Bürgermädchen ist indes hier die Tochter der femme fatale, und diese – Azucena – ist als Zigeunerin, vorgebliche Mutter des Tenors und wirkliche Feindin des Baritons nicht schlecht verkleidet. Die vielbeklagte Verworrenheit der Handlung resultiert vielleicht sogar aus dem Versuch, die Vaterfigur zu verdrängen: doch in der unbeirrbaren Zuneigung zu Leonora, im Konflikt mit Manrico, im Haß auf Azucena kehrt sie zumindest musikalisch wieder. So erscheint die Partitur des *Trovatore* gegenüber der des *Rigoletto* und der *Traviata* an musikalischen Spannungen und Konflikten sogar reicher. Mit etwas Phantasie lassen sich wohl auch in den Dreiecksverhältnissen des *Maskenball* und der *Macht des Schicksals* verstellte Vaterbeziehungen erkennen, während sie in *Simone Boccanegra* und in der *Sizilianischen Vesper* offen zutage treten. Im genauen Gegensatz zu Mozart scheint Verdis Musik von ihnen geradezu magisch angezogen zu werden. Läßt sich aber eine Entwicklung in Verdis Dramaturgie des Vaters erkennen, so wäre es dessen fortschreitende Isolierung: die Gefühle der Tochter wenden sich ab; die »rührende« Vaterliebe Gildas und Luisas fehlt in allen späteren Werken.

Im *Don Carlos* kehrt Verdi zu den Trauerspiel-Konstellationen der *Luisa Miller* zurück, doch entfaltet er deren Konfliktmöglichkeiten weit über die Grenzen des melodramatischen Stils hinaus; überall zwischen den Personen eskalieren die Auseinandersetzungen: zwischen Elisabeth und Philipp, Posa und Don Carlos, Elisabeth und Don Carlos, Prinzessin Eboli und Carlos, Posa und Eboli, Eboli und Elisabeth; und nirgendwo schafft Empfindsamkeit noch eine Enklave. Am meisten aber spitzt Verdi den Konflikt zwischen Vater und Sohn zu, dessen Frontlinien die einzigen sind, die sich kontinuierlich durch die Akte verfolgen lassen. In der, bei Schiller nicht vorkommenden, großen Szene des Autodafé – die mehr ist, als eine Konzession an die Pariser Oper – werden die Handlungsstränge überraschend verknüpft: Don Carlos könnte hier, indem er den Degen auf den eigenen Vater richtet, den gordischen Knoten der Oper zerschlagen; doch Posa fährt dazwischen, und eine neue Kollision kommt in Gang. Anders als in der *Luisa Miller* kann Verdi im *Don Carlos* den Konflikt nicht mehr melodramatisch stillstellen: der Schluß der Oper, den Verdi übrigens immer wieder umgearbeitet hat, ist eine in wenigen Takten vollzogene Schlußwendung: Don Carlos zieht sich in die Gruft Karls V. zurück; Elisabeth fällt in Ohnmacht, Philipp erstarrt. Es ist ein coup de théâtre vielmehr als ein Tableau, womit die Oper zu Ende gebracht wird. Die in *Luisa Miller* bereits gehandhabten kantablen Formen des Konflikts werden im *Don Carlos* wesentlich weiterentwickelt, sie nähern sich in einem bisher nicht gekanntem Maß der rein dialogischen Auseinandersetzung an: die im Libretto noch deutlich sichtbaren Konturen des Schillerschen Dialogs werden gleichsam kantabel gemacht; Verdi setzt die Stimmen immer wieder auseinander, soweit der Konflikt es erfordert: die melodischen Phrasen sind größerer oder kleinere Arien-Fragmente, die regelrecht aufeinander stoßen, und sich wechselseitig – an Höhe, Lautstärke und Intensität – zu übertrumpfen suchen; der Komponist achtet dabei genau auf die Stimmlage der einzelnen Rolle und auf die in der einzelnen sprachlichen Wendung steckenden melodischen Möglichkeiten – und ›semantisiert‹ sie mit den gesellschaftlichen Kräfteverhältnissen. Das Orchester ist dabei noch immer Resonanzraum der Singstimmen – die Gegensätze der Handlung bleiben Gegensätze der Singenden und werden weder in die Formen der Sonate gegossen, noch werden sie in einem unendlichen modulatorischen Prozeß aufgelöst. Aber in der kantablen Steigerung der ursprünglichen Rezitativ-Teile, die ebensogut als Fragmentierung der Arien zu Dialog-Sequenzen begriffen werden kann, tritt das Orchester in neuem Sinn hervor: es unterbricht gleichsam immer wieder die Linie des Gesangs, um die Gefühle des Gegenübers auf den Singenden zurückzuwerfen. Die wachsende Macht des Orchesters bleibt – anders als bei Wagner – an das dialogische Gegenüber gebun-

den. Während zur gleichen Zeit Wagners Figuren in den Sog einer übermächtig gewordenen Vergangenheit geraten, ihre Motivation an die
Motive verlieren und ihre Zukunft an die Erlösung, erkämpft Verdi für
seine Gestalten mit der parola scenica die Möglichkeit, hier und jetzt zu
handeln.

Im *Otello* gibt Verdi diese Möglichkeit weitgehend preis. Natürlich
hatte hier der Librettist seine Hände im Spiel: Arrigo Boito schafft mit
Jago einen Hintermann, wie ihn die Wagnersche Dramaturgie kennt; er
ist der Alberich in Verdis Heldendämmerung. Die Macht des Orchesters wächst in seinem Sinn über den Dialog hinaus: sie wird zum bedrohlichen Sturm, zur undurchschaubaren Macht des Teufels. Mit ihr
scheint nicht mehr – wie im *Don Carlos* – Herrschaft und Lebensformen des Hofes oder der Aufruhr gegen sie instrumentiert, sondern die
bloße Natur oder das Böse. Sie konfrontiert die Singenden weniger mit
den Gefühlen der anderen als mit dem Fatum, und das Fatum verkörpert sich in Jago, der alles lenkt. Zwischen Otello und Desdemona findet kein dramatischer Konflikt statt: alle Bezüge sind von Jago vermittelt, er hält die Fäden ihrer Beziehung in der Hand. Und doch erscheint
Jago – mit seinem nihilistischen Credo, worin die Musik ihre neue
Funktion feiert – nur als Erfüllungsgehilfe der Liebe: denn der Mohr ist
verflucht gleich dem fliegenden Holländer, und im ersten Akt trinkt er
mit Desdemona den Liebes-Todes-Trank: »Oh sink hernieder Nacht
der Liebe« wird ins Italienische übersetzt mit »Già nella notte densa /
S'estingue ogni clamor [...] Venga la morte! e mi colga nell'estasi / Di
quest'amplesso / Il momento supremo!« (I/3)[99] (Tatsächlich ist Boito
auch der italienische *Tristan*-Übersetzer.) Otello ist der Erlösungsbedürftige, Desdemona die Erlöserin; dieser lyrische Sopran hat seine Tugenden von allen Töchtern der bürgerlichen Trauerspieloper geerbt
und alle Laster der Lady abgestreift[100]: »Desdemona ist keine Frau«,
schreibt Verdi in einem Brief an Giulio Ricordi, »sie ist ein Typus! Der
Typus der Güte, der Resignation, der Aufopferung« (»Ma Desdemona
nom è una donna, è un tipo! E il tipo della bontà della rassegnazione, del
sagrifizio.«[101]) Mit einem Wort – Desdemona ist Senta: »Und du lieb-
test mich um meiner Leiden willen, und ich dich um deines Mitgefühls
willen.« Und zu dem Kuß, den Otello von Desdemona verlangt, führt
Verdi ein veritables Erlösungsmotiv ein.[102] Wenn es am Ende des
Stücks wieder erklingt, ist das Ziel der Liebe erreicht: der Tod der Liebenden – in Dur.

Der alte Verdi folgte der Erlösungsdramaturgie nur halbherzig. Er forciert zwar die Möglichkeiten des Orchesterapparats, verfeinert die Klangmöglichkeiten mit Dissonanzen, läßt aber die harmonische Substanz unberührt. Weiter wollte er in dieser Hinsicht nicht gehen. Während Wagners Musik im *Tristan* und im *Parsifal* ein Äußerstes an szenischer Abstraktheit erreichte, klammert sich die Verdis an die Besonderheiten, die das Shakespeare-Sujet bietet und malt sie – freilich mit feinsten Farbnuancen – aus. So erscheint sie wie ein älteres, herkömmliches Bühnenbild für einen mythischen Vorgang, der inzwischen ganz andere szenische Metaphern gefunden hat.

Das Wunder des *Falstaff* besteht darum weniger im Alter seines Schöpfers – Verdi war bei der Uraufführung 80 Jahre alt – als darin, daß Verdi noch die Kraft zur Revision besaß (und dies auch noch mit demselben Librettisten). Er gewinnt wieder Abstand vom deutschen Zauberer, er schreibt eine komische Oper; die erste seines Lebens nach dem mißlungenen *Un giorno di regno*, die erste erfolgreiche italienische seit *Don Pasquale*. Verdis Musik kehrt zu diesem Zweck zurück in die Intermundien des Dialogs; sie ist nicht die Stimme der Empfindsamkeit, nicht Stimme der Erlösung – sie ist wieder Organ des Lachens. Am lautesten lacht sie über den Satz Falstaffs: »L'amore metamorfosa un uomo in una bestia« (Die Liebe verwandelt den Mann in ein Tier; III/2)[103] Voraussetzung für die Restauration der musikalischen Komödie war die vollständige Umkehrung der Otello-Dramaturgie: alle Macht den Frauen statt jener totalen Ohnmacht Desdemonas. Nicht nur Falstaff, auch Ford wird von den Frauen überlistet und der Lächerlichkeit preisgegeben: am Ende singen alle – auch die Männer: »L'uom è nato burlone« (Der Mann ist ein geborener Narr; III/2). Es ist die Antwort auf *Parsifal*, auf Wagners letztes Wort: die Verfluchung der Frau; der dunkle rassistische Männermythos könnte nirgendwo lächerlicher erscheinen als im Licht dieses Sommernachtstraums. Als Falstaff aus der Themse, in die er von den Frauen geworfen worden ist, ins Gasthaus zurückkehrt, singt er: »Mondo reo. Non c'è più virtù. Tutto declina. Va, vecchio John, va, va per la tua via; cammina finchè tu muoia. Allor scomparirà la vera virilità dal mondo.« (Schlechte Welt. Es gibt keine Tugend mehr. Alles geht unter. Geh alter John, geh, geh deines Weges, wandre umher, bis du stirbst. Dann wird die wahre Männlichkeit von

der Welt verschwinden; III/1) Bei manchen Szenen meint man sogar,
Verdi und Boito parodierten ihr vorangegangenes Werk, etwa wenn
Falstaff im Hause Ford eintritt und seine Hände um Alices Hüften legt
mit den Worten »Ed or potrò morir felice.« (Und nun werde ich glücklich sterben können; II/2) Eine andere Voraussetzung der restaurierten
Komödie ist wohl, daß das Liebespaar (Nannetta und Fenton), stets
gegenwärtig zwar, möglichst weit in den Hintergrund der Handlung
gerückt wird: Verdi blendet es nur ab und zu ein. Die Komödie spielt
sich demnach in größtmöglicher Distanz von ihrem Telos, der Vermählung der Geschlechter, ab.

Über dem Ganzen liegt eine märchenhafte Stimmung, die erst in der
Waldszene des dritten Akts mit den Feen und Kobolden ihren genuinen
Ausdruck findet. Irreal und märchenhaft ist die Umkehrung des
Machtgefälles, die den Frauen ihre komische Überlegenheit garantiert:
sie sind die ganzen drei Akte hindurch jene Feen und Hexen, als die sie
sich im letzten verkleiden – und die Männer sind Esel. So harmlos und
lächerlich hat die alte Komödie partriarchalische Macht niemals dargestellt. Verdi erzeugt die musikalische Komik durch eine weitere Ver-
kleinerung der melodischen Phrase: das kantable Motiv wird zum Witz
verkürzt; das Orchester lauscht den Personen gleichsam ihre Komik ab
und lacht buchstäblich in die Dialoge hinein. Wenn sich im dritten Akt
die musikalischen Witze zu ganzen Episoden der Verkleidung und Verstellung ausweiten, gewinnt die Musik die alte Periodik des Tanzes zurück, aus der einst die opera buffa schöpfte. Aber es ist ein Tanz der
Geister in einem musikalischen Märchenwald. In ihm erscheint Falstaff
wie ein zum Frauen-Witz verzauberter Don Giovanni; ja er gleicht
einem komischen Fruchtbarkeitsgott: »Ich bin dein scheuer Hirsch.
Und nun regnet es Trüffel, Rettiche, Fenchel! [...] Zerteilt mich wie
einen Bock bei der Tafel! Zerreißt mich!!!« (III/2) Doch er wird weder
zerrissen noch muß er zur Hölle fahren – er wird bloß ein wenig gesto-
chen und gezwickt. Denn die Frauen wissen, was sie an ihm haben:
»Alle Arten von gewöhnlichen Leuten verhöhnen mich nun und rühmen sich dessen; doch ohne mich hätten die, mit allem ihren Dünkel,
nicht eine Prise Salz. Ich bin's, der euch gewitzt werden läßt. Mein Witz
erschafft den Witz der anderen.« (III/2) Der Witz der Oper bewegt
sich allerdings am Abgrund: und mit ihrem letzten Scherz stürzen die
Märchenfiguren schon hinein, ohne es recht zu merken: Wenn alles nur
Spaß ist auf Erden, ist Komödie nicht mehr möglich, es sei denn als

Endspiel. Nur zum Schein wird eine Fuge intoniert, das Kopfmotto erklingt kein einziges Mal mehr vollständig, dafür entwickeln dessen Triolen ein gespenstisches Eigenleben. Die Schlußkadenz wird ebenfalls nur versprochen: Geprellt ist jeder, der glaubt, eine ordentliche Fuge zu hören. Deren Verlauf bricht – nach einer Moll-Passage – jäh ab, und Falstaff erklärt alle zu Geprellten. Klingt die Scheinfuge nicht wie ein fröhlicher Totentanz – und das Tutti gabbati, das Falstaff darin plötzlich ganz alleine anstimmt, klingt es nicht – für einen Moment – sinnlos traurig?

Inversionen

ANTON MUFFEL o Weib! Ich wollte, ich hätte dich
nie geboren!... Gesehen, hab' ich sagen wollen.

Johann Nestroy [1]

Die weinende und die lachende Maske sind das Symbol eines Theaters, das Tragisches und Komisches zu formen vermag. Das deutsche Theater des 19. Jahrhunderts aber trägt einen Januskopf anderer Art: auf der einen Seite blickt dem Publikum das verdrießliche Gesicht des Familien- oder Ehedramas entgegen; auf der anderen sieht man das verklärte Antlitz einer romantischen Allegorie: die Frau als Erlöserin. Allegorie und Trauerspiel, romantische Weiblichkeit und bürgerliche Familiarität konnten in den institutionell und ästhetisch getrennten Formen von Oper und »Sprechtheater« friedlich koexistieren: wer sich mit den Problemen seines Ehelebens ernsthaft auseinandersetzen wollte – und sei's im Gewand antiker Heroen – ging ins Hoftheater und sah sich Grillparzer, Hebbel oder später Ibsen an, wem aber nach romantischen Träumen der Sinn stand, machte den Seitensprung aus dem Trauerspiel des Ehelebens in die Hofoper zu Richard Wagner. Die Wiener Operette, auch sie eine genuine Erfindung des Jahrhunderts, wollte gewiß die beiden Gesichter vereinen: verklärter und verdrießlicher Ausdruck mischen sich aber nur im Grinsen eines Betrunkenen, und so wird dem Genre der Erlösungsbedürftige zum beschwipsten Ehebrecher.
Mit Wedekinds *Erdgeist*-Tragödie ist diese friedliche Koexistenz zu Ende. Die Allegorie des Ewig-Weiblichen rückt wieder ins dialogische Drama. Wedekind wendet die »Urgestalt des Weibes« geradezu polemisch gegen das Familiendrama. »Was seht ihr in den Lust- und Trauerspielen?!« fragt im Prolog der Tierbändiger das Publikum: »– Haustiere, die so wohlgesittet fühlen, / An blasser Pflanzenkost ihr Mütchen

kühlen, / Und schwelgen in behaglichem Geplärr, / Wie jene andern –
unten im Parterre.« (Prolog)[2] In Wedekinds Stücken verbergen sich
Literatursatiren, nicht nur solche auf Ibsen. Über dessen *Nora* urteilt er
vernichtend, indem er die imaginäre Stimme des französischen Publikums sprechen läßt. Das bürgerliche Trauerspiel, das Ibsen konsequent
fortgeführt hat, wird dabei zum »Rassen«-Merkmal der Skandinavier
erklärt. »Erst mit der Zeit kam man dahinter, daß der Skandinavier all
den Elementen gegenüber, die dem Romanen das Leben schätzenswert
und teuer machen, die Verkörperung des Geistigen, Schönheit, Sinnlichkeit, die Heiligkeit der Leidenschaft, die Untrennbarkeit von Seele
und Leib, daß Ibsen diesen sakrosankten Rassebesitztümern gegenüber
der verständnislose Barbar, der beschränkte Bilderstürmer, der mit seiner Kritik in der Enge des eigenen Horizonts befangene Nörgler war.«[3]
Wie kommt es, fragt sich Wedekind im Namen des Franzosen, »daß
Ibsen einer so häßlichen Erscheinung ein ganzes Drama widmet?« Die
Häßlichkeit Noras und der anderen Frauenfiguren Ibsens besteht für
Wedekind in deren »Vermännlichung«, die von Stück zu Stück grada-
tim zugenommen habe. Vermännlichung bedeutet offenbar, daß die
Frau sich dem Mann entzieht, indem sie die Familie verläßt. Wedekinds
Verweiblichung der Frauenfiguren besteht demgegenüber darin, daß
die »Urgestalt des Weibes« in die Familie eindringt und den Mann zerstört.
So ist Lulu zunächst einmal als Anti-Nora zu verstehen: sie geht nicht
aus der bürgerlichen Familie hervor. Sie dringt von außen in sie ein. Sie
stammt nicht aus der bürgerlichen Gesellschaft, ja nicht einmal aus der
menschlichen Gattung. Sie ist das wahre, das wilde schöne Tier, wie der
Tierbändiger am Beginn sie vorstellt. Im Stück selbst wird ihr Ursprung
mystifiziert: wäre der außerhalb der bürgerlichen Gesellschaft hau-
sende Vagabund Schigolch ihr Vater, was dieser freilich bestreitet, so
handelte es sich hier um eine Vaterschaft jenseits des Inzest-Verbots.
Die Herkunft Lulus zeigt an, wie tief das Ewig-Weibliche gesunken ist:
ist die Verkörperung des Geistigen, die Wedekind fordert, dabei noch
eine allegorische? Welches Geistige verkörpert Lulu?
Es sollte Wedekinds Intention nach wohl die Sinnlichkeit selbst sein,
die Lulu verkörpert, die Sinnlichkeit als Prinzip, genau in jener Bedeutung, in der Kierkegaard Don Giovanni interpretierte. Dem Autor muß
wohl soetwas wie ein weiblicher Don Giovanni vorgeschwebt haben[4],
und er versucht ihn als jenen Erdgeist ausgerechnet mit einem Schiller-

Zitat zu beschwören: »Mich schuf aus gröberem Stoffe die Natur, /
Und zu der Erde zieht mich die Begierde. / Dem bösen Geist gehört die
Erde, nicht / Dem guten. Was die Göttlichen uns senden / Von oben,
sind nur allgemeine Güter.«[5] Wichtiger aber als das Motto und alle
teleologische Intention des Autors ist, daß der Erdgeist in seiner dramatischen Gestalt Erlösung verweigert, das große Telos des 19. Jahrhunderts ruiniert.

Der erste große Gegner der Erlösung unter den Deutschen, Friedrich
Nietzsche, hatte in seiner emphatischen Interpretation von Bizets *Car-
men* die Gestalt der Lulu scheinbar bereits entworfen: »Endlich die
Liebe, die in die Natur zurückübersetzte Liebe! Nicht die Liebe einer
›höheren Jungfrau‹! Keine Senta-Sentimentalität! Sondern die Liebe als
Fatum, als Fatalität, zynisch, unschuldig, grausam – und eben darin
Natur! Die Liebe, die in ihren Mitteln der Krieg, in ihrem Grunde der
Todhaß der Geschlechter ist!«[6] Im Unterschied zu Nietzsche setzt We-
dekind diesen Krieg in Szene und nur im Prolog steht mit der Peitsche der
verehrte Philosoph gleichsam selbst auf der Bühne. In den folgenden
Akten werden dann die handelnden Männer nicht mit handelnden
Frauen – als zwei Kriegsparteien – konfrontiert, sondern mit ihrer eige-
nen Phantasie, die handelnd geworden ist. Geschaffen hat sie nicht die
Natur, wie das Motto es behauptet, sondern, wie die Handlung zeigt, die
Männerwelt. Auf diese merkwürdig vermittelte, in der Geschichte des
Dramas durchaus singuläre Weise gewinnt Wedekind eine dramatische
Perspektive zurück. Alfred Polgar hatte sie bereits 1903 erfaßt, als er über
Lulu schrieb: »Eva, Lulu, Mignon, Nelly – jeder nennt sie anders, jedem
ist sie eine andere, die, welche sein sexueller Verstand sich aus innerem
Zwang construiert [...] Und wenn diese Construction als morsch sich
erweist, bricht der Mann, der sein Leben darauf gebaut, das Genick. [...]
in den beschränkten Männergehirnen vollziehen sich die tragischen Vorgänge.«[7] Unabhängig von Polgars früher Interpretation hat Silvia Bovenschen in feministischer Sicht Lulu als »Inszenierung der inszenierten
Weiblichkeit« entziffert: »wenn Lulu ihre ›Pandora-Büchse‹ öffnet,
stürzen sich die glücksverheißenden, vor allem aber die bedrohlichen
Ausgeburten der männlichen Weiblichkeitsphantasien auf das Publikum und die Männer im Stück [...] So wird Lulu einerseits zum Mythos
dessen, was die männlichen Figuren in ihr sehen, andererseits ist sie
konstituiert als eine Gestalt, die diese Bilder immer wieder zerstört,
indem sie die eine Imago abwirft, um eine neue anzunehmen: Lulus

gefährlicher Tanz in der schwindelerregenden Höhe der Projektionen. [...] Die Männer nehmen in Lulu lediglich die Spiegelbilder ihrer Weiblichkeitsvorstellungen wahr. Die Katastrophen setzen ein, wenn sich das Bild, das sie sich jeweils von Lulu gemacht haben, mit dem Handeln und der Erscheinungsform dieser Figur nicht mehr deckt, weil sie in eine neue Rolle geschlüpft ist.«[8] Sie zerstört also auch Nietzsches Ausgeburten, seinen Carmen-Mythos: auch er nur eine Imago, die Lulu abwirft, um damit einen Mann in die Katastrophe zu stürzen. Nietzsche hätte das Stück gewiß mißfallen. Die Frau, die hier auf die Männer losgelassen wird, wäre ihm zu mächtig erschienen, bloße Eifersucht vermag sie nicht zu töten: sie fordert die Männer solange heraus, bis der Mord an ihr jede Rechtfertigung – die eben Don José durchaus noch besitzt – verloren hat. Jack the Ripper führt aus, was die bürgerlichen Männer verfehlten. Für die romantische Carmen hingegen hat Nietzsche, nebst dem Eifersuchtsmord, ein einfaches Rezept parat: »Hat man meine Antwort auf die Frage gehört, wie man ein Weib kuriert – ›erlöst‹? Man macht ihm ein Kind. Das Weib hat Kinder nötig [...] ›Emanzipation des Weibes‹ – das ist der Instinkthaß des mißratenen, das heißt gebäruntüchtigen Weibes gegen das wohlgeratene«[9]. Eben dies scheitert bei Lulu – sie ist ein absichtlich gebäruntüchtiges Weib, und die Haustiere, die das »wilde, schöne Tier« reißt, leben in Familienordnung.

Die Handlung setzt ein und die Konflikte beginnen, indem Lulu in die Interieurs der Familie tritt. Jeder einzelne Akt des *Erdgeist* bildet ein Drama, in dem jeweils eine Variante traditioneller Dramaturgie zuschanden geht: der erste Akt versammelt die Menschen noch einmal zur commedia dell'arte: der steinreiche Greis Dr. Goll spielt den Pantalone, er läßt seine junge schöne Frau Lulu von einem ebenfalls jungen Maler porträtieren. Er überrascht die beiden, bemerkt, daß er betrogen wird und stirbt an einem Herzversagen. Die commedia endet nicht nur tödlich – sie verschiebt die traditionellen Partien: Lulu bricht aus dem Rollenklischee der jungen Liebenden, der Amorosi, aus. Nur am Beginn – vor dem Tod des Pantalone – mag sie so kokett erscheinen wie Colombine; für das Porträt trägt sie das Pierrotkostüm, und es paßt ihr wie angegossen: die Dramaturgie der Szene enthüllt sie als weiblichen Hanswurst, mithin als natürliche Feindin des Dialogs. Grausam, lustig und renitent reagiert sie auf den Tod ihres Gatten. Sie verweigert dem Maler nicht nur das »natürliche Empfinden« beim Tod eines Menschen, sie weigert sich überhaupt, die Situation mit ihm zu teilen.

SCHWARZ   Rührt Sie denn dieser Moment gar nicht?

LULU   Mich trifft es auch mal.

SCHWARZ   Ich bitte Sie, jetzt schweigen Sie endlich mal!

LULU   Sie trifft es auch mal.

SCHWARZ   Das brauchen Sie einem in einem solchen Augenblick wirklich nicht noch zu sagen.

LULU   Ich bitte Sie...

SCHWARZ   Tun Sie, was Ihnen nötig scheint. Ich kenne das nicht.

LULU   (rechts von Goll) Er sieht mich an.

SCHWARZ   (links von Goll) Mich auch...

LULU   Sie sind ein Feigling!   (I/7)

»Vollkommen verwildert!« nennt sie der Maler Schwarz, sein Auge vermag sie nicht zu durchschauen, sein Dialog nicht zu erreichen.

SCHWARZ   (geht auf sie zu, ergreift ihre Hand) Sieh mir ins Auge!

LULU   (ängstlich) Was wollen Sie...

SCHWARZ   (führt sie zur Ottomane, nötigt sie neben ihm Platz zu nehmen) Sieh mir in die Augen!

LULU   Ich sehe mich als Pierrot darin.

SCHWARZ   (stößt sie von sich) Verwünschte Tanzerei!

   [...]

SCHWARZ   (wieder an der Ottomane) Kannst du die Wahrheit sagen?

LULU   Ich weiß es nicht.

SCHWARZ   Glaubst du an einen Schöpfer?

LULU   Ich weiß es nicht.

SCHWARZ   Kannst du bei etwas schwören?

LULU   Ich weiß es nicht. Lassen Sie mich! Sie sind verrückt!

SCHWARZ   Hast du denn keine Seele?

LULU   Ich weiß es nicht.

SCHWARZ   Hast du schon einmal geliebt –?

LULU   Ich weiß es nicht.

SCHWARZ   Sie weiß es nicht!   (I/7)

Der zweite Akt zeigt das Inventar einer Ibsenschen Ehetragödie: der Maler, der Lulu nun endlich domestiziert glaubt, hat die Rolle Helmers übernommen. Und Lulu selbst spielt eine Szene lang mit. Doch schon in der nächsten läßt sie ihre schlechte Vergangenheit ins Puppenheim einziehen: Schigolch, den Vater oder Erzieher. Ihm folgt

Dr. Schön, der schließlich dem Maler die Augen über die Herkunft seiner Gattin öffnet. Lulu wollte es selbst; sie hat nicht vor, wie Nora das Heim zu verlassen, sie möchte es zerstören – doch die Männer sollen dabei selber Hand anlegen: »Öffnen Sie ihm die Augen! Ich verkomme. Ich vernachlässige mich. Er kennt mich gar nicht. Was bin ich ihm. Er nennt mich Schätzchen und kleines Teufelchen. [...] Er hat Angst vor Frauen. Er bebt für sein Wohlbefinden. – Mich fürchtet er nicht.« (II/3) Als der Maler die Wahrheit erfährt, schneidet er sich die Kehle durch. Lulu reagiert nicht anders als im ersten Akt: sie wischt von Dr. Schön das Blut ihres Gatten ab. »Es läßt keine Flecken«, sagt sie.

Der dritte Akt ist eine Art Interludium: der spielerische Umgang mit den dramatischen Formen wird darin offengelegt. Mit bemerkenswertem Gespür hat Wedekind Alwa als ihren Sachwalter ausgewählt: Alwa ist der Sohn von Dr. Schön und damit dessen Konkurrent um Lulu, die an die Stelle der Mutter eingerückt ist. Mit Alwa thematisiert Wedekind die Vatermord-Perspektive dramatischer Produktion: der Autor schöpft die Kraft zum Konflikt aus dem verdeckten Kampf gegen den Vater. In den beiden ersten Akten begleitet Alwas Figur nur das Geschehen, im dritten gibt sie sich als eine Art episches Subjekt zu erkennen, freilich ist seine Überlegenheit nur ironisch, denn was wäre Alwa ohne Lulu, der er das ganze Stück hindurch folgt: »Über die ließe sich freilich ein interessantes Stück schreiben [...] Erster Akt: Dr. Goll. Schon faul! Ich kann den Dr. Goll aus dem Fegefeuer zitieren, oder wo er seine Orgien büßt, man wird mich für seine Sünden verantwortlich machen [...] Zweiter Akt: Walter Schwarz. Noch unmöglicher. Wie die Seelen die letzte Hülle abstreifen im Licht solcher Blitzschläge! – Dritter Akt? – Sollte es wirklich so fortgehen?!« (III/2)

Es geht so fort. Im Interludium wird zwar keine Ehe zerstört, doch eine verhindert: Lulu vollzieht die Rache der Venus an Tannhäuser: sie zwingt Dr. Schön dazu, auf seine unschuldige Jungfrau zu verzichten.

LULU Seien Sie doch ein Mann. – Blicken Sie sich einmal ins Gesicht. – Sie haben keine Spur von Gewissen. – Sie schrecken vor keiner Schandtat zurück. – Sie wollen das Mädchen, das Sie liebt, mit der größten Kaltblütigkeit unglücklich machen. Sie erobern die halbe Welt. – Sie tun was Sie wollen – und Sie wissen so gut wie ich – daß...

SCHÖN   (ist völlig erschöpft auf dem Sessel links neben dem Mitteltisch zusammengesunken) Schweig!

LULU   Daß Sie zu schwach sind – um sich von mir loszureißen...

Schließlich diktiert ihm Lulu den Entsagungsbrief:

LULU   Schreiben Sie! – Sehr geehrtes Fräulein...

SCHÖN   (zögernd) Ich nenne sie Adelheid...

LULU   (mit Nachdruck) Sehr geehrtes Fräulein...

SCHÖN   (schreibend) – Mein Todesurteil!

LULU   Nehmen Sie Ihr Wort zurück. Ich kann es mit meinem Gewissen – (da SCHÖN die Feder absetzt und ihr einen flehentlichen Blick zuwirft) Schreiben Sie Gewissen! – nicht vereinbaren, Sie an mein unseliges Los zu fesseln...

SCHÖN   (schreibend) Du hast recht. – Du hast recht.

LULU   Ich gebe Ihnen mein Wort, daß ich Ihrer Liebe – (da sich SCHÖN wieder zurückwendet) Schreiben Sie Liebe! – unwürdig bin. Diese Zeilen sind Ihnen der Beweis. Seit drei Jahren versuche ich mich loszureißen; ich habe die Kraft nicht. Ich schreibe Ihnen an der Seite der Frau, die mich beherrscht. Vergessen Sie mich. – Doktor Ludwig Schön. [...] Postskriptum: Versuchen Sie nicht, mich zu retten.

SCHÖN   (nachdem er zu Ende geschrieben, in sich zusammenbrechend) Jetzt – kommt die – Hinrichtung...   (III / 10)

Wie sich in der Gestalt Alwas die dramatische Form ironisch reflektiert, so gibt sich Lulu in der Konfrontation mit Dr. Schön, ihrem Erzieher für Familie und bürgerliche Gesellschaft, als Reflexion der Männer zu erkennen.

LULU   [...] Sie erniedrigen mich so tief – so tief wie man ein Weib erniedrigen kann, weil Sie hoffen, Sie könnten sich dann eher über mich hinwegsetzen. Aber Sie haben sich selber unsäglich weh getan durch alles, was Sie mir eben sagten. Ich sehe es Ihnen an [...]

SCHÖN   Ich fürchte Dich nicht mehr.

LULU   Mich? – Fürchten Sie sich selber! [...]
   Mit tausend Freuden nehme ich die Schuld auf mich! Sie müssen sich jetzt rein fühlen. Sie müssen sich jetzt für den sittenstrengen Mustermenschen, für den Tugendbold von unerschütterlichen Grundsätzen halten –   (III / 10)

Lulu sagt einmal zu Alwa: »Als ich mich im Spiegel sah, hätte ich ein Mann sein wollen... (sich unterbrechend) mein Mann!« (IV / 7)

Im letzten Akt erschießt sie Dr. Schön, ihren Erzieher, ehemaligen
Kuppler und nunmehrigen Gatten. Er wollte sie zum Selbstmord zwingen – überall in seinem gründerzeitlichen Salon hatten sich ihre Verehrer versteckt, eben im Begriffe, ihn zum Hahnrei zu machen: die Gräfin
Geschwitz und der Gymnasiast Hugenberg, der Zirkusartist Rodrigo
und sein eigener Sohn Alwa. Sie alle hatte Lulu in die Ehe hineingezogen, wieder sprengt sie die Intimität und ruiniert damit den Mann. In
den vorangegangenen Ehetragödien hatten allerdings die Männer sich
selber gerichtet. Nun, zum ersten und zum letzten Mal, wird Lulu gezwungen zu handeln. Dadurch wird sie ihres Geheimnisses beraubt.
Um ein Wort Walter Benjamins über Baudelaire zu variieren, könnte
man sagen, Lulu ist die Agentin der Unzufriedenheit der Männer mit
ihrem eigenen Geschlecht. Sie ist kein weiblicher Don Giovanni; sie
verkörpert vielmehr, was Don Giovanni in jede Frau projiziert. Nur
daß sie zugleich die Funktion des Komturs zu übernehmen hat: sie legt
Hand an ihre Schöpfer.

In der *Büchse der Pandora*, dem zweiten Teil der Tragödie, existiert
Lulu ohne Geheimnis fort. Das Stück zeigt ihren Abstieg. Doch eigentlich ist es kein Abstieg, sondern der gescheiterte Versuch, wieder hin-
aufzukommen. Das Geschehen vollzieht sich außerhalb der Familie, im
Verbrechermilieu. Statt mit Familienvätern und Ehegatten hat Lulu es
nun mit Börsianern und Zuhältern zu tun. Hier gibt es für sie nichts zu
sprengen und nichts zu entlarven. Die Spekulanten und Zuhälter sprechen zynisch all das aus, was im ersten Akt die Ehegatten verschwiegen.
Der Dialog verliert alle Spannung, weil Lulu nun den Männern nichts
zurückzuwerfen vermag. Folgerichtig verliert auch Alwa seine Distanz
zu Lulu, er wird ihr Geliebter. Lulu sprengt nicht mehr die dramatische
Form. Und diese braucht daher auch keinen Anwalt mehr. Der zweite
Teil lebt eigentlich von der Erinnerung an den ersten: dies wird deutlich
spürbar, als die Gräfin Geschwitz das Porträt Lulus im Pierrotkostüm
in die Londoner Dachkammer bringt, wo Lulu ihrem Gewerbe nach-
geht.

Karl Kraus, der die Wiener Privataufführung der *Büchse der Pandora*
veranstaltete, hat eine merkwürdige Umdeutung der »Tragödie« vorge-
nommen: im Gegensatz zu Polgar erklärt er Lulu zum Paradigma der
wahren, nämlich polygamen Frauennatur, deren höchste Sittlichkeit in
ihrer ästhetischen Vollendung zu erblicken sei [10]. Alwa wird ihm, wie
Nike Wagner zeigen konnte, nachgerade zur Identifikationsfigur.

Kraus schließt sich in seiner einleitenden Vorlesung der Ansprache unmittelbar an, die Alwa im letzten Akt vor dem Porträt Lulus hält: »Diesem Portrait gegenüber gewinne ich meine Selbstachtung wieder.«[11] Eben dies liegt nicht im Sinne der Wedekindschen Dramaturgie, die auch Alwas Gestalt nicht ungeschoren läßt – am deutlichsten wohl, wenn sie ihn mit dem Zirkusathleten Rodrigo konfrontiert: »Und wissen Sie, was aus Ihnen geworden wäre, wenn Sie das Käseblatt, das Ihr Vater redigierte, nicht um zwei Millionen veräußert hätten? Sie hätten sich mit dem ausgemergeltsten Ballettmädchen zusammengetan und wären heute Stallknecht im Zirkus Humpelmeier. Was arbeiten Sie denn? – Sie haben ein Schauerdrama geschrieben, in dem die Waden meiner Braut die beiden Hauptfiguren sind und das kein Hoftheater zur Aufführung bringt.« (I/S. 131) Wedekinds Alwa, so Nike Wagner, »möchte aus seinem Erlebnis mit Lulu sofort Literatur machen, ein poetisches Boulevard-Verfahren, das von der stofflichen Sensation ausgeht, im Oberflächlich-Stofflichen dann auch hängenbleibt und damit das Erlebnis desavouiert.«[12] Seine Liebe zu Lulu ist darum nicht zuletzt eine Karikatur des Feuilletonismus: »Durch dieses Kleid empfinde ich deinen Wuchs wie eine Symphonie. Diese schmalen Knöchel, dieses Cantabile; dieses entzückende Anschwellen; und diese Knie, dieses Capriccio; und das gewaltige Andante der Wollust.« (I/S. 143) Der Identifikationswunsch, den Karl Kraus hegt, wird also nicht erfüllt; Alfred Pfabigan hat bereits diese Differenz festgehalten, die ein einheitliches Frauenbild der Jahrhundertwende oder auch nur des engeren Kreises der »Anti-Moderne« um Karl Kraus in Frage stellt: mag Kraus, Wedekind und Weininger eine gemeinsame »Theorie der Frau« verbinden,[13] ihre literarische Praxis trennt sie unversehens: »Trotz der Berufung auf Wedekind stammen [...] Kraus' Vorstellungen nicht von diesem, ja man könnte ihn sogar als eine der Figuren auffassen, die in Wedekinds Männerpanoptikum ›das Weib‹ umkreisen.«[14] So wird verständlich, daß Kraus sich nicht scheute, dem Autor der Lulu im Namen Lulus, oder genauer: im Namen Alwas, zu widersprechen: »Der allzu objective Schilderer« Wedekind habe »nicht klar genug den Gesichtswinkel gestellt, aus dem seine Realität zu betrachten ist« und trage damit eine gewisse Schuld an dem Mißverstehen seines Werks[15]. Die objektivierende Dramaturgie raubt tatsächlich den Männern jede Möglichkeit der Identifikation, jeden Rückzug in einen Gesichtswinkel, bis schließlich nur mehr Jack the Ripper bleibt: ihn hat bei der Wiener Aufführung Wedekind selbst gespielt.

»Wedekinds Lulu-Dramen sind als eine Art Antiparsifal zu verstehen«, schreibt Constantin Floros. Wie Wagner seinen Parsifal als Tor konzipierte, so gestaltete Wedekind seine Lulu als Törin: – »eine Törin freilich, die im Gegensatz zu Parsifal kein Mitleid empfindet und niemals ›wissend‹ wird«[16]. Aufschlußreicher ist der Bezug zu Kundry: wird doch Lulu nicht nur als femme fatale, sondern auch als mythisches Wesen eingeführt; »ihr Alter ist unbestimmt; sie hat viele Namen [...] Mythisch ist aber auch Kundry, ein ›wunderbar weltdämonisches Weib‹, das in verschiedenen Metamorphosen (Urteufelin, Höllenrose, Herodias, Gundryggia, Kundry) erscheint. Gleich Kundry ist Lulu Verführerin und Verderberin. [...] Wie Pandora bringt sie [Kundry] den Männern, von denen ihr keiner gewachsen ist, Verderben, Krankheit und Tod. [...] Ähnlich Kundry personifiziert Lulu (›das wilde, schöne Tier‹) den dämonischen Sexualtrieb.«[17] Doch die Dämonie des Triebs ist bei Wedekind von anderer Art. Sie ist unschuldig, während Wagners Kundry verflucht ist und verdammt; das »wilde Weib«, von der Ritterschaft wie »ein seltsames, zauberhaftes Thier« behandelt, lebt, wie Wagner schrieb, »ein unermeßliches Leben unter stets wechselnden Widergeburten [sic!], in Folge einer uralten Verwünschung, die sie, ähnlich dem ›ewigen Juden‹, dazu verdammt, in neuen Gestalten das Leiden der Liebesverführung über die Männer zu bringen.«[18] Wedekind befreit sein Geschöpf von Fluch und Schuld – und damit auch von der Notwendigkeit zu Sühne und Erlösung. Als Verhöhnung der Wagnerschen Parsifal-Figur könnte darum Lulus Mörder gelten, Jack the Ripper – denn »Erlösung, Auflösung, gänzliches Erlöschen« ist Kundry »nur verheißen, wenn einst ein reinster, blühendster Mann ihrer machtvollsten Verführung widerstehen würde«[19]. Lulu wird ethisch völlig neutralisiert – und eben dies läßt den Schein entstehen, daß sie nichts als Natur sei. In ihrem Gegenüber treten nun aber die polaren Eigenschaften von Wagners Erlöserinnen als doppeldeutige Männerphantasien kenntlich hervor: während Kundry Verführerin und Büßerin zugleich ist, führt Lulu keineswegs eine Doppelexistenz; sie wechselt bloß die Namen und die Kleider, ohne ihr Wesen zu ändern – sie hat keines. Erst in den Gedanken und in den Gefühlen der Männer wird ihr eine Doppelexistenz verliehen: bald ist sie ein »Engelskind«, bald eine »Teufelsschönheit«.

Wedekinds Lulu hatte wohl nur eine einzige Vorgängerin in der dramatischen Literatur: Marion aus Georg Büchners *Dantons Tod*. »Gute Nacht Danton, die Schenkel der Demoiselle guillotinieren dich, der mons Veneris wird dein tarpejischer Fels.« (I/6)[20] Tatsächlich verliert der Revolutionär in den Armen Marions seinen letzten, schon schwachen Antrieb, gegen seine Vernichtung durch Robespierre zu kämpfen: »ich möchte ein Teil des Äthers sein, um dich in meiner Flut zu baden, um mich auf jeder Welle deines schönen Leibes zu brechen.« Marion hat nur einen Auftritt im Stück – und der besteht im Grunde aus einem Monolog. In diesem Divertissement ihrer sexuellen Begegnung mit Danton erzählt Marion ihre Geschichte, ob Danton ihr zuhört oder nicht, ist dabei durchaus nicht wesentlich: Ein junger Mann kam zur Frühlingszeit ins Haus von Marion und ihrer Mutter – »Endlich sahen wir nicht ein, warum wir nicht eben so gut zwischen zwei Bettüchern bei einander liegen, als auf zwei Stühlen nebeneinander sitzen durften. Ich fand dabei mehr Vergnügen, als bei einer Unterhaltung und sah nicht ab, warum man mir das geringere gewähren und das größere entziehen wollte. Wir taten's heimlich. Das ging so fort. Aber ich wurde wie ein Meer, was Alles verschlang und sich tiefer und tiefer wühlte. Es war für mich nur ein Gegensatz da, alle Männer verschmolzen in einem Leib. Meine Natur war einmal so, wer kann darüber hinaus? Endlich merkt' er's. Er kam eines Morgens und küßte mich, als wollte er mich ersticken, seine Arme schnürten sich um meinen Hals, ich war in unsäglicher Angst. Da ließ er mich los und lachte und sagte: er hätte fast einen dummen Streich gemacht, ich sollte mein Kleid nur behalten und es brauchen, es würde sich schon von selbst abtragen, er wolle mir den Spaß nicht vor der Zeit verderben, es wäre doch das Einzige, was ich hätte. Dann ging er, ich wußte wieder nicht was er wollte. Den Abend saß ich am Fenster, ich bin sehr reizbar und hänge mit Allem um mich nur durch eine Empfindung zusammen, ich versank in die Wellen der Abendröte. Da kam ein Haufe die Straße herab, die Kinder liefen voraus, die Weiber sahen aus den Fenstern. Ich sah hinunter, sie trugen ihn in einem Korb vorbei, der Mond schien auf seine bleiche Stirn, seine Locken waren feucht, er hatte sich ersäuft. Ich mußte weinen. Das war der einzige Bruch in meinem Wesen. Die andern Leute haben Sonn- und Werktage, sie arbeiten sechs Tage und beten am siebenten, sie sind jedes Jahr auf ihren Geburtstag einmal gerührt und denken jedes auf Neujahr einmal nach. Ich begreife nichts davon. Ich kenne keinen Ab-

satz, keine Veränderung. Ich bin immer nur Eins. Ein ununterbroche-
nes Sehnen und Fassen, eine Glut, ein Strom. Meine Mutter ist vor
Gram gestorben, die Leute weisen mit Fingern auf mich. Das ist dumm.
Es läuft auf eins hinaus an was man seine Freude hat, an Leibern, Chri-
stusbildern, Blumen oder Kinderspielsachen, es ist das nämliche Gefühl, wer am meisten genießt, betet am meisten.« (I / 5)
Auch Marion zerstört die Familien, in die sie gerät – und sie befindet
sich im offenen Gegensatz zu den bürgerlichen Tugenden der Frau.
Wie Lulu den Männern ihre eigenen Phantasien zurückspiegelt, artiku-
liert Marion im Grunde nur die maßlosen Bedürfnisse ihres Freiers –
Danton, der in einer anderen Szene Robespierre die Identität aller
Bedürfnisse in ganz ähnlichen Worten entgegenhält. Im ganzen Stück
treten Frauen entweder als Ehegattinnen der Revolutionäre oder als
»Huren« der Revolutionäre auf – sieht man von den anonymen »Weibern« aus dem Volk ab. Wesentlicher aber ist, daß die Männer die
Frauen fortwährend allegorisieren. Dadurch tritt wie ähnlich bei Wedekind die Doppeldeutigkeit ihres Frauenbilds anschaulich hervor:
gleich einem Vexierbild springt es fortwährend zwischen den Bedeu-
tungen Erlöserin und Verderberin, Nonne und Hure, Tod und Leben
hin und her. Schon in der ersten Szene weicht Danton dem Dialog mit
seiner Frau Julie aus, indem er sie zum Erlösung verheißenden Todesengel allegorisiert: »Die Leute sagen im Grab sei Ruhe und Grab und
Ruhe seien eins. Wenn das ist, lieg' ich in deinem Schoß schon unter der
Erde. Du süßes Grab, deine Lippen sind Totenglocken, deine Stimme
ist mein Grabgeläute, deine Brust mein Grabhügel und dein Herz mein
Sarg.« (I / 1) Doch im nächsten Moment kippt diese Allegorie um: denn
der Dialog von Danton und Julie wird vom Kartenspiel der anderen
unterbrochen –

DAME Verloren!

HERAULT Das war ein verliebtes Abenteuer, es kostet Geld wie alle
andern   (I / 1)

Und damit steht Dantons melancholisch inspirierte Allegorie plötzlich
im grellen Licht, das der Vergleich von Kartenspiel und Liebe wirft.
Während Wedekind die Doppeldeutigkeit der Männerphantasien im
Dialog der Männer mit Lulu evoziert, gestaltet sie Büchner im Zusam-
menstoß heterogener Handlungsebenen. So wird auch die Szene von
Marion und Danton plötzlich unterbrochen durch den Auftritt von
Lacroix, der bei ihrem Anblick in der Türe stehen bleibt und sagt: »Ich

muß lachen [...] Die Gasse fällt mir ein. [...] Auf der Gasse waren
Hunde, eine Dogge und ein Bologneser Schoßhündlein, die quälten
sich. [...] Das fiel mir grade so ein, und da mußt ich lachen.« (I/5) In
den nun anschließenden Dialogen werden die Prostituierten als
»Nönnlein von der Offenbarung durch das Fleisch« tituliert. Büchners
merkwürdige Metaphernsucht macht auf paradoxe Weise sichtbar, daß
die politische Entmachtung der Frau in der Revolution die Voraussetzung ihrer zweideutigen Allegorisierung bildet. Weibliche Schenkel
guillotinieren die Revolutionäre: politisch entmachtet, gewinnen die
Frauen im Bewußtsein der Männer inkommensurable Macht.

Wie in Kleists Germanien ereignet sich auch auf dem Schlachtfeld der
Revolution ein kleines bürgerliches Trauerspiel. In der zweiten Szene
des ersten Akts beschimpft Simon sein »Weib«, weil es die Tochter zur
Prostitution angehalten hat. Dabei kleidet sich der Vater ganz in die
Tugenden der Römer; während Odoardo Galotti aus dem Vergleich
mit Virginius das Pathos gewinnt, um die Tochter zu ermorden, wird
Simon, der wohl nicht zufällig eben denselben Vergleich herbeibe-
schwört, lächerlich, denn er ist ein »Branntweinfaß«:

SIMON   Wo ist die Jungfrau? sprich! nein, so kann ich nicht sagen.
   Das Mädchen! nein auch das nicht; die Frau, das Weib! auch das,
   auch das nicht! Nur noch ein Name! oh das erstickt mich! Ich
   habe keinen Atem dafür.

ZWEITER BÜRGER   Das ist gut sonst würde der Name nach Schnaps
   riechen.

SIMON   Alter Virginius verhülle dein kahl Haupt. Der Rabe Schande
   sitzt darauf und hackt nach deinen Augen. Gebt mir ein Messer,
   Römer! (Er sinkt um)
   [...]

WEIB   Du Judas, hättest du nur ein Paar Hosen hinaufzuziehen,
   wenn die jungen Herrn die Hosen nicht bei ihr hinunterließen?
   Du Branntweinfaß, willst du verdursten, wenn das Brünnlein zu
   laufen aufhört, he? Wir arbeiten mit allen Gliedern warum denn
   nicht auch damit; ihre Mutter hat damit geschafft wie sie zur Welt
   kam und es hat ihr weh getan, kann sie für ihre Mutter nicht auch
   damit schaffen, he? und tut's ihr auch weh dabei, he? Du Dumm-
   kopf!

SIMON   Ha Lucrecia! ein Messer gebt mir ein Messer, Römer! Ha
   Appius Claudius!   (I/2)

Simon bekommt kein Messer – er wäre ohnedies zu betrunken, um die Tochter zu erstechen. Statt des Messers erscheint der Citoyen und verwandelt die Gassenszene in ein politisches Tribunal. Die Parallelität zu der Szene in der *Hermannsschlacht* springt ins Auge: dort erscheint der germanische Führer, nachdem die Schändung und Ermordung der jungen Frau stattgefunden hat. Hermann allegorisiert nun die weibliche Leiche, als Verkörperung Germaniens läßt er sie zerstückeln und ihre einzelnen Teile an die einzelnen zerfallenen Stämme schicken. Bei Büchner indessen wird die Frau nicht unmittelbares Instrument der politischen Aktion: ihr Schicksal wird vielmehr als Anlaß genommen, um im nächsten Moment von ihr zu abstrahieren. Die zwei Bürger sind die erste Gestalt des Citoyens: sie bringen die Logik des Terrors in Gang: »Ja ein Messer, aber nicht für die arme Hure, was tat sie? Nichts! Ihr Hunger hurt und bettelt. Ein Messer für die Leute, die das Fleisch unserer Weiber und Töchter kaufen! Weh über die, so mit den Töchtern des Volkes huren! Ihr habt Kollern im Leib und sie haben Magendrücken, ihr habt Löcher in den Jacken und sie haben warme Röcke, ihr habt Schwielen in den Fäusten und sie haben Samthände. Ergo ihr arbeitet und sie tun nichts, ergo ihr habt's erworben und sie haben's gestohlen; ergo, wenn ihr von eurem gestohlnen Eigentum ein paar Heller wieder haben wollt, müßt ihr huren und betteln; ergo sie sind Spitzbuben und man muß sie totschlagen! [...] Wir wollen ihnen die Haut von den Schenkeln ziehen und uns Hosen daraus machen, wir wollen ihnen das Fett auslassen und unsere Suppen mit schmelzen. Fort! Totgeschlagen, wer kein Loch im Rock hat!« (I/2) Und schon wird ein junger Mensch herbeigeschleppt – »Er hat ein Schnupftuch! Ein Aristokrat! an die Laterne! an die Laterne!« Jetzt erst erscheint Robespierre, um den spontanen Terror auf eine allgemeinere politische Ebene zu heben: es gelingt ihm, die aufgebrachten Massen zum Jakobinerklub zu führen, den Terror gegen den einzelnen zum grand terreur zu steigern. »Hört den Messias« ruft ein »Weib« aus der Menge – und Messias spricht: »Kommt mit zu den Jakobinern. Eure Brüder werden euch ihre Arme öffnen, wir werden ein Blutgericht über unsere Feinde halten.« Nicht alle ziehen mit Robespierre ab – zurück bleiben Simon und sein Weib. Das politische Pathos wird eigenartig gebrochen durch den komischen Schluß der Szene, der in den Alltag zurückführt: Simon erwacht ernüchtert aus seinem römischen Rausch und nimmt – allerdings gleichfalls in antik-gesetzten Formen – die Anschuldigungen gegenüber seiner Frau zurück. Der Alltag von Simons Familie – der doch den Anlaß zu all dem politischen Geschehen gebildet hat – bleibt von der politischen Verallgemeinerung Robespierres ganz unberührt. Die tiefer verborgene Ironie dieser Szene aber liegt am Ende darin, daß die Frau, um die es eigentlich ging, die Tochter Simons, nicht einmal aufgetreten ist. Ähnlich paradox bringt der Schluß des Stücks die Ohnmacht der Frauen zum Ausdruck: Lucile, die wahnsinnig gewordene Frau des zum Tode verurteilten Camille, entschließt sich plötzlich, die Revolution herauszufordern, sie ruft: »Es lebe der König« – sofort wird sie »Im Namen der Republik« abgeführt.

In *Leonce und Lena* scheinen gleichfalls die in der klassischen Dramaturgie entwickelten Möglichkeiten weiblicher Autonomie wie weggeschmolzen: die Entsagung wird praktisch parodiert, wenn Lena mit ihrer Gouvernante vor der ihr zugedachten Hochzeit flieht – »Es ist wie Entsagung«, sagt sie –, um eben dann, ohne es zu wissen, bei dem ihr zugedachten Bräutigam zu enden – als wär's ein Stück von Marivaux. Schlimmer aber ergeht es dem Erlösungsmotiv: »So laß mich dein Todesengel sein«, sagt Leonce zu Lena bei Mondschein im Garten. »Laß meine Lippen sich gleich seinen Schwingen auf deine Augen senken. (Er küßt sie) Schöne Leiche, du ruhst so lieblich auf dem schwarzen Bahrtuch der Nacht, daß die Natur das Leben haßt und sich in den Tod verliebt« (II / 4). Doch Lena sagt »Nein, laß mich«, springt auf und entfernt sich rasch. Als nun Leonce, der auf diese Gelegenheit nur gewartet hat, sich in den Fluß stürzen will, hält ihn Valerio, der Narr, zurück: »Ist denn Eure Hoheit noch nicht über die Lieutenantsromantik hinaus, das Glas zum Fenster hinaus zu werfen, womit man die Gesundheit seiner Geliebten getrunken?« Lena verweigert die Erlösung – mag es auch ein stummer Protest sein, der erst von Valerio seinen Ton bekommt –, sie weiß genau, worum es sich handelt. »Bin ich denn wie die arme, hülflose Quelle, die jedes Bild, das sich über sie bückt, in ihrem stillen Grund abspiegeln muß? Die Blumen öffnen und schließen, wie sie wollen, ihre Kelche der Morgensonne und dem Abendwind.« (I / 4)[21]

Die Marie aus dem *Woyzeck* zerbricht den Spiegel des Ewig-Weiblichen, sie öffnet und verschließt sich den anderen, wie sie will. Im Gegensatz zu Dantons Marion, die von Anfang an ohne Entscheidung zu leben scheint, nur ihrem unbegreiflichen – fast möchte man sagen: romantischen – »Trieb« hingegeben, entscheidet sich Marie für den Tambour-Major in einer ganz bestimmten Situation, in der Voraussetzungen und Bedingungen ihrer Existenz dramatisch hervortreten. Eine der kürzesten, aber klarsten Liebesszenen der Weltliteratur:

TAMBOUR-MAJOR Marie!

MARIE (ihn ansehend, mit Ausdruck) Geh' einmal vor dich hin. – Über die Brust wie ein Rind und ein Bart wie ein Löw – So ist keiner – Ich bin stolz vor allen Weibern.

TAMBOUR-MAJOR Wenn ich am Sonntag erst den großen Federbusch hab' und die weiße Handschuh, Donnerwetter, Marie, der Prinz sagt immer: Mensch, Er ist ein Kerl.

MARIE (spöttisch) *Ach was!* (Tritt vor ihn hin) Mann!

TAMBOUR-MAJOR Und du bist auch ein Weibsbild. Sapperment, wir wollen eine Zucht von Tambour-Majors anlegen. He? (Er umfaßt sie)

MARIE (verstimmt) Laß mich!

TAMBOUR-MAJOR Wild Tier.

MARIE (heftig) Rühr mich an!

TAMBOUR-MAJOR Sieht dir der Teufel aus den Augen?

MARIE Meinetwegen. Es ist alles Eins. (6)[22]

Diese Liebe erlöst nicht. Sie erscheint als das, was sie ist: Befriedigung eines Bedürfnisses und gesellschaftliche Aktion – »Ich bin stolz vor allen Weibern«. Sie begründet auch keine Empfindsamkeit, von einer Zucht von Tambour-Majors ist dagegen die Rede. Wie in der Gassenszene von *Dantons Tod* wird hier im ganzen Drama das Sexuelle gesellschaftlich konkretisiert; es hebt nicht wie bei den Erlöserinnen das Soziale auf – es wird vielmehr in der Situation, in der sich Marie befindet, mit gesellschaftlichen Spannungen aufgeladen: »Unseins« sagt Marie, »hat nur ein Eckchen in der Welt und ein Stückchen Spiegel und doch hab' ich einen so roten Mund als die großen Madamen mit ihren Spiegeln von oben bis unten und ihren schönen Herrn, die ihnen die Händ küssen, ich bin nur ein arm Weibsbild.« (4)

Erst mit diesem kleinen Monolog Maries ist die dichte sexuelle Atmosphäre ihrer Begegnung mit dem Tambour-Major begreifbar. Sie ist mitnichten, wie so gern behauptet wird, die Entfesselung eines tierischen Triebs. Sie ist eine soziale Explosion.

Der Vergleich mit dem Liebesduett von Don Giovanni und Zerlina mag weit hergeholt sein: doch wie Zerlina schwankt Marie zwischen »Laß mich« und »Rühr mich an« – und wie bei Zerlina liegt darin eine Entscheidung. Doch anders als bei der Mozartschen Bauersfrau ist die Abweisung wie die Forderung von aggressiver Art. Marie fordert den Mann heraus, – wenn sie spöttisch vor ihn hintritt und »Ach was« auf seine eitlen Reden antwortet. Auch befindet sich Marie in einer ganz anderen gesellschaftlichen Lage: sie hat keine Perspektive auf eine Hochzeit und auf die Gründung einer sozial anerkannten Familie. Ihr Dasein ist nicht in einem bestimmten Stand verankert. Sie lebt vielmehr wie Woyzeck in einem gesellschaftlichen Niemandsland der Armut. Ihrer Entscheidung für das kurze Glück mit dem Tambour-Major liegt ein großes Unglück zugrunde: »Es ist Alles eins.«

In gewisser Weise nahm Büchner mit seinem *Woyzeck*-Fragment den Faden der Sturm und Drang-Dramatik auf. Die klassischen Lösungen Schillers und Goethes beiseiteschiebend, wandte er sich ihren frühen inhaltlichen und formalen Entwürfen zu, um sie anders als die Klassiker weiterzuspinnen. Die familiären Bindungen sind dabei auf Woyzeck, Marie und ihr Kind reduziert (sieht man von der in einer Szene erscheinenden Großmutter ab, bei der es aber bezeichnenderweise ungeklärt bleibt, wessen Mutter sie ist). Maries Beziehung zu ihrer kleinstädtischen Umgebung beschränkt sich auf eine neidische Nachbarin, auf einen Narren, der in einen Dialog nicht treten kann, und die Großmutter, die nur auftritt, um den Kindern eine Geschichte zu erzählen. Wenn sich Marie auf dem Jahrmarkt amüsiert, ist sie eigentlich nur mit Woyzeck in Kontakt. Die Welt, in der sie sich bewegt, ist anonymer geworden. Woyzeck sagt an einer Stelle mit Bezug auf Marie: »ich bin ein arm Teufel, – und hab sonst nichts auf der Welt [...]« (9). Auch Marie hat nichts auf der Welt als Woyzeck und ihr Kind, es sei denn den Tambour-Major. Die Liebe aber ist keine Macht, die aus dem sozialen Elend erlösen könnte – sie stößt die Menschen nur noch tiefer hinein.

Marie, Woyzeck und ihr gemeinsames Kind leben »ohne den Segen der Kirche« und des Staates zusammen, und ohne ausreichendes Einkommen. Sie bilden eine Anti-Familie oder eine Sub-Familie – ohne daß sich im Stück irgendwo eine richtige zeigen würde. Nur vereinzelte Individuen tauchen aus der Anonymität der Garnisonsstadt auf: der Hauptmann, der Doktor, die Soldaten, die Handwerksburschen, Karl – »ein Idiot«, Andres, Margreth, einzelne Kinder ohne Namen und Eltern, der Jude – sie alle sind ohne Liebe und Familie. Für Marie ist das Kind eine Art innerer Zufluchtsort: immer wenn sie von den anderen abgestoßen wird, wendet sie sich dem Kind zu. »Bist doch nur en arm Hurenkind und machst deiner Mutter Freud mit deim unehrliche Gesicht« (2). Doch in dieser Beziehung ist noch kein zwischenmenschlicher Bezug möglich, der auch dramatisch erscheinen könnte: das Kind bleibt stumm. Die Schein-Dialoge, die Marie mit ihm führt, sind vielmehr Projektionen ihrer Beziehung zu andern Menschen, zu Woyzeck zumal – so etwa, wenn sie sagt »Der Bub gibt mir einen Stich in's Herz. [...] Das brüst sich in der Sonne« (16) und dabei an ihren Treuebruch denkt. Woyzeck, der Vater, ist in dieser »Familie« fast ständig abwesend, er erscheint immer nur kurz, um das Geld zu bringen und einen Blick auf das Kind zu werfen. Sogleich muß er wieder forteilen, um irgendeinem seiner Arbeitgeber zu Diensten zu sein. Empfindsamkeit zwischen Vater und Kind ist schlechterdings undenkbar. In den kurzen Szenen, da Vater, Mutter und Kind sich vereinigen, entsteht eine andere Art von Tableau als bei Iffland – ein hastiges fahriges Zusammenfinden, das die Trennung schon in sich trägt. Und doch werden in diesen wenigen Sekunden alle gesellschaftlichen Voraussetzungen der »Familie« sichtbar:

> WOYZECK   Was der Bub schläft. Greif' ihm unter's Ärmchen der Stuhl drückt ihn. Die hellen Tropfen steh'n ihm auf der Stirn; Alles Arbeit unter der Sonn, sogar Schweiß im Schlaf. Wir arme Leut! Da is wieder Geld Marie, die Löhnung und was von mein'm Hauptmann.
>
> MARIE   Gott vergelt's Franz.
>
> WOYZECK   Ich muß fort. Heut Abend, Marie. Adies.   (4)

Woyzeck hat niemals Zeit, und das heißt unter den Bedingungen des Tauschwerts: er hat kein Geld. Es liegt darum in der Logik dieser Verhältnisse, wenn der Hauptmann Woyzeck darüber zur Rede stellt: »Er sieht immer so verhetzt aus: Ein guter Mensch tut das nicht, ein guter Mensch, der sein gutes Gewissen hat. –« (5). Woyzeck schweigt – und das gehetzte Schweigen dieser Figur versetzt den Hauptmann in eine kleine Panik: »Red Er doch was Woyzeck«.
Der Unterschied zu der Dramaturgie von Lenz, an der sich Georg Büchner in mancher Hinsicht orientierte, tritt deutlich zutage. Im Grunde ist auch Woyzeck ein wahnsinnig gewordener Familienvater – nur daß er nicht wie bei Lenz gestoppt werden kann. Denn in den *Soldaten* oder im *Hofmeister* fungiert ja das soziale und familiäre Elend vor allem als negatives Exempel – und am Rand der Handlung postiert Lenz die guten Beispiele: empfindsame Ersatzeltern. Büchner aber löst

die Handlung aus dem Kontext des negativen Exempels und beseitigt die Vorbildfiguren. Im Gegenzug verwandeln sich die Personen außerhalb der Familie in satirische Karikaturen. Eben ihre Beziehung zu Woyzeck aber läßt dessen mörderischen Wahnsinn im Status nascendi erscheinen.

Der Hauptmann, der Woyzeck vorwirft, er habe keine Tugend, beweist in jeder Situation, daß ihm ihr Begriff nur dazu dient, die anderen zu erniedrigen. Der Doktor, der ausruft »Die Natur! Woyzeck, der Mensch ist frei, in dem Menschen verklärt sich die Individualität zur Freiheit« (8) – zwingt Woyzeck mit Geld dazu, wochenlang nur Erbsen zu essen, um ihn als Versuchstier für wissenschaftliche Experimente zu nützen. Beide behandeln Woyzeck, wie es der betrunkene Handwerksbursch predigt: »Warum ist der Mensch? – Aber wahrlich ich sage euch, von was hätte der Landmann, der Weißbinder, der Schuster, der Arzt leben solle, wenn Gott den Menschen nicht geschaffen hätte? Von was hätte der Schneider leben sollen, wenn er dem Menschen nicht die Empfindung der Scham eingepflanzt, von was der Soldat, wenn Er ihn nicht mit dem Bedürfnis sich totzuschlagen ausgestattet hätte? Darum zweifelt nicht, ja ja, es ist lieblich und fein, aber Alles Irdische ist eitel, selbst das Geld geht in Verwesung über. – Zum Beschluß meine geliebten Zuhörer laßt uns noch über's Kreuz pissen, damit ein Jud stirbt.« (11) Woyzeck nimmt die Predigt beim Wort, für ihn ist alles Irdische – bis auf seine »Familie« – tatsächlich eitel, nichtig und in Verwesung schon übergegangen. Unter oder hinter dem verwesten Leib der Wirklichkeit glaubt er ein Wesen wahrzunehmen, das ihn bedroht: er glaubt an eine »doppelte Natur« (9); hinter jeder wirklichen Erscheinung vermutet er die Existenz einer anderen unerkennbaren Welt, der gegenüber die erkennbare sich als völlig gegenstandslos erweisen muß. Er sieht darum in der Wirklichkeit nur allegorische Zeichen eines anderen Seins, einer jenseitigen Macht, die aber keinerlei Erlösung verheißt. Sobald Woyzeck dieser ungreifbaren Übermacht einen Namen geben möchte, folgt er der Predigt des Handwerksburschen bis zur letzten Konsequenz – sein Wahn wird ideologisch: während der Handwerksbursch übers Kreuz pißt, damit ein Jude stirbt, versucht Woyzeck ein anderes Konkretes einzusetzen für das Abstrakte, das ihn bedroht – die Freimaurer: »Ja Andres; den Streif da über das Gras hin, da rollt Abends der Kopf, es hob ihn einmal einer auf, er meint' es wär' ein Igel. Drei Tag und drei Nächt und er lag auf den Hobelspänen (leise) Andres, das waren die Freimaurer, ich hab's, die Freimaurer, still [...] Still! Es geht was! [...] Es geht hinter mir, unter mir (stampft auf den Boden) hohl, hörst du? Alles hohl da unten. Die Freimaurer!« (1) Die von Büchner in den Szenen mit Hauptmann und Doktor exponierte Unterdrückung und Erniedrigung Woyzecks verwandelt sich in dessen Kopf in eine irreale Bedrohung unbekannter Mächte. Woyzeck projiziert die Macht seiner Peiniger auf die Natur; so kann er dem Kampf gegen die Peiniger selber ausweichen, die unerträgliche Erniedrigung »sublimieren«. Er flieht tatsächlich in seinen Wahn. Doch Büchner läßt ihn dort nicht allein: fortwährend konfrontiert er die reale Unterdrückung durch den Doktor und den Hauptmann mit der irrealen, der Woyzeck sich ausgesetzt fühlt.

Sobald aber Woyzeck mit seiner »Familie« in Zusammenhang gebracht wird, geschieht ein kleines dramatisches Wunder: seine Welt wird konkret, er kann sich für Momente von seinem Wahn befreien und ein Bewußtsein seiner gesellschaftlichen Lage gewinnen. So etwa, wenn der Hauptmann ihm vorhält, ein uneheliches Kind zu haben. »Wir arme Leut«, antwortet da Woyzeck. »Sehn Sie, Herr Hauptmann, Geld, Geld. Wer kein Geld hat. Da setz eimal einer seinsgleichen auf die Moral in die Welt. Man hat auch sein Fleisch und Blut. Unseins ist doch einmal unselig in der und der andern Welt, ich glaub' wenn wir in Himmel kämen so müßten wir donnern helfen. [...] Ja, Herr Hauptmann, die Tugend! ich hab's noch nicht so aus. Sehn Sie, wir gemeine Leut, das hat keine Tugend, es kommt einem nur so die Natur, aber wenn ich ein Herr wär und hätt ein Hut und eine Uhr und eine anglaise und könnt vornehm reden, ich wollt schon tugendhaft sein. Es muß was Schöns sein um die Tugend, Herr Hauptmann. Aber ich bin ein armer Kerl.« (5) An dieser Stelle tritt Woyzeck wie niemals sonst in Konflikt mit einem seiner Herren – und dieser, völlig überrascht, wird davon, wie er bekennt, so »angegriffen«, daß er sogar einen Rückzug macht. Die Rache bleibt nicht aus: der Hauptmann kennt nun Woyzecks Zufluchtsort, und er wird derjenige sein, der ihm die Nachricht von Maries Treuebruch zuträgt. Wenn nun dieses einzig Konkrete, das Woyzeck noch hat und von dem aus er ein Bewußtsein der Welt sich zurückerobert und in einen Konflikt treten kann, wenn dieses Einzige, das ihm noch einen irdischen Wert verbürgt, sich nun auch als verwest, als doppeldeutig, als nichtig erweist – dann läßt Woyzeck seinem Wahn freien Lauf. Er zerstört das, was ihm nun auch nur mehr als Reflex einer zweiten Natur erscheint: Marie. Mit ihr möchte Woyzeck tatsächlich die ganze Welt töten.

Es ist die Besonderheit von Büchners *Woyzeck*, daß darin die Macht der gesellschaftlichen Verhältnisse nicht als die Macht der Vergangenheit erscheint. Während in Ibsens *Gespenstern* oder Hauptmanns *Vor Sonnenaufgang* das Leben zum Verhängnis wird, weil es von der Vergangenheit einer Familie determiniert ist, scheint bei Büchner das Verhängnis in der Gegenwart des Wahnsinns zu bestehen, der sich aber von der Allgegenwart der Erniedrigung nicht trennen läßt. Der Ausbruch aus dem Wahn und die Fähigkeit zum Konflikt werden nur angedeutet, wenn Woyzeck im Gegenüber des Hauptmanns das wahre Verhängnis beim Namen nennt: »Wir arme Leut«. Marie aber ist diejenige, die wirklich handelt; sie kennt das wahre Verhängnis, doch es raubt ihr nicht den Verstand. Würde sie nicht handeln, das Stück hätte keine Handlung, es würde bloß den Zustand von Woyzecks Erniedrigung beschreiben, der das Leid von Marie angefügt wäre – wie ein »Nebenwiderspruch« dem »Hauptwiderspruch«. Marie kann sich entscheiden, Woyzeck »treu« zu bleiben oder nicht. (In einem schlecht naturalistischen Stück würde wohl an der Stelle ihrer Begegnung mit dem Tambour-Major eine Vergewaltigung stehen, der Tambour-Major ist als Triebtäter von Geburt vorzustellen, und Woyzecks Wahnsinn wäre durch Anspielungen auf einen trunksüchtigen Vater hinreichend motiviert.)

Auf die für das damalige Theater völlig unerhörte Sprache ist oft genug hingewiesen worden: sie nähert sich der Alltagssprache der untersten Schichten an, sie geht darum in der Auflösung des klassischen Bühnenstils notwendig weiter als die Prosa des bürgerlichen Trauerspiels. Doch sie bewahrt die klassische Zeit des Dramas: die Gegenwart. In abgebrochenen Sätzen, Interjektionen und Gesten wird stets etwas Unerwartetes artikuliert. Fast jede Antwort, jede Reaktion verläuft anders, als sie das Publikum erwarten könnte. Man denke nur an die beiden aufeinanderfolgenden Äußerungen Maries in der Szene mit dem Tambour-Major: »Laß mich« – »Rühr mich an«. Solche gespannte Gegenwart kennt man im Raum des klassischen Stils nur in verhaltener Form – sie wird vermittelt. Wenn Thoas am Ende zu Iphigenie sagt: »So geht« – »Lebt wohl«, dann ist nicht nur der Inhalt dieses Wechsels anderer Art – eine Entsagung; sondern es liegen in seinem Zwischenraum auch viele Verse Iphigenies. Dennoch bleibt verborgen, was in Thoas vorgeht. In Kleists Dialogen wird eben jene Verborgenheit ausgebaut und die Spannung darüber, was die Person im nächsten Moment sagen und tun wird, gesteigert. Das Handeln und die Sprache der Kleistschen Figuren springen gleichsam aus dem dunklen Innenraum der Gedanken in den zwischenmenschlichen Bezug. In Büchners *Woyzeck* wird aber die Rede selber ins Verborgene gezogen – und nur einzelne ihrer Fetzen bleiben dem Dialog. In solcher zerfetzten Gestalt gibt der Dialog – jenseits des Verses – der Musik neuen Raum.

Die Wahl, die Alban Berg mit den Texten für seine beiden Opern getroffen hat, läßt eine Entscheidung erkennen: eine Entscheidung gegen die Dramaturgie der Geschlechter in der Oper des 19. Jahrhunderts. Wedekinds *Erdgeist*-Dramen und Büchners *Woyzeck*-Fragment sind emphatische Gegenentwürfe zu den beiden Hauptmotiven der italienischen und deutschen Oper, wie sie von den beiden Antagonisten Verdi und Wagner repräsentiert werden: Empfindsamkeit und Erlösung. Büchners *Woyzeck* entstand kaum zehn Jahre, bevor Wagner seine erste Erlösungsoper, den *Fliegenden Holländer*, schrieb, und etwas mehr als zehn Jahre, bevor Verdi seine erste bürgerliche Trauerspieloper, *Luisa Miller*, komponierte. Wedekinds *Erdgeist*-Drama wiederum steht am Ende des Schaffens der beiden großen Opernkomponisten eines Jahrhunderts, das man wohl getrost das Jahrhundert der Oper nennen könnte.
Als Alban Berg am 5. Mai 1914 eine Aufführung des *Woyzeck* in der Fassung von Karl Emil Franzos – also genau genommen eine Aufführung des *Wozzeck* – miterlebte (es war die Wiener Erstaufführung), muß ihn, den großen Verehrer Wagners und der Spätromantik, die Antiromantik dieses Stücks sofort fasziniert haben. Er entschloß sich spontan, den Text zu komponieren. Dabei ging er ursprünglich von der stark veränderten Fassung aus, in der Franzos das Werk 1879 erstmals publiziert hatte, bzw. er verwendete Ausgaben, die im wesentlichen (bis auf einige Szenenumstellungen) jener von Franzos folgten. Erst in der Endphase der Komposition stand Berg der Text in einer Gestalt zur Verfügung, die dem Fragment zu seinem Recht verhalf. Doch Berg hielt, vermutlich weil die Komposition schon weit gediehen war, im großen und ganzen an der Franzos-Fassung fest.[23]
Franzos hatte sich bemüht, dem Büchnerschen Text einen klassischen

Dramencharakter aufzuprägen: so versuchte er das bei Büchner Verborgene immer wieder auszusprechen, die Motive, die nicht gesagt werden, ans Licht der Dialoge zu bringen: Bei der Ermordung Maries spricht der Franzos'sche Wozzeck: »Ich nicht, Marie! und kein anderer auch nicht!«[24] – bei Büchner fehlt dieser Satz und jeder vergleichbare andere. Woyzeck spricht die Motivation seiner Tat nicht aus, sie kommt nur indirekt, in wahnhaften Vorstellungen, zum Ausdruck. Alban Berg haben diese doch sehr gravierenden Änderungen, die Germanisten gewiß das Gruseln lehren können, anscheinend nicht allzu sehr gestört. Denn seine Musik verwandelt im Gegenzug das Ausgesprochene ohnehin zurück in ein Verborgenes, das klare Wort des Motivs wird wieder unheimlich, wenn dazu eine Musik erklingt, die in jedem Moment unerwartet ist. Und der Franzos'sche Text ließ der Musik doch noch immer genügend Raum zwischen und in den Dialogen, sodaß die Herstellung eines eigenen, den Bedürfnissen der Musik unterworfenen Librettos nicht nötig war. Allerdings hatte auch die Musik sich geändert, um solche Räume füllen zu können.

Wie er in seinem berühmten *Wozzeck*-Vortrag betonte, wollte Berg zwar Einheitlichkeit und Geschlossenheit erzielen, doch nicht im Wagnerschen Sinn. Vorsichtig distanziert sich der Komponist von dem übermächtigen Meister: »In dem Bestreben, musikalische Abwechslung zu erzielen und nicht immer jede dieser vielen Szenen mit der seit Wagner üblichen musikdramatischen Charakteristik ›durchzukomponieren‹, blieb mir fast nichts anderes übrig, als jeder dieser 15 Szenen eine andere Gestalt zu verleihen.«[25] So lassen sich aus den Angaben von Berg und aus der Partitur die Formen der absoluten Musik rekonstruieren, die bei der Komposition verwendet wurden: fünf Charakterstücke für den ersten Akt (Suite, Rhapsodie + Jägerlied, Militärmarsch + Wiegenlied, Passacaglia, Rondo), eine Symphonie aus fünf Sätzen für den zweiten (Sonatensatz, Fantasie + Fuge, Largo, Scherzo, Rondo martiale con Introduzione) und sechs Inventionen für den dritten (über ein Thema, einen Ton, einen Rhythmus, einen Sechsklang, eine Tonart, eine Achtelbewegung). Es ging Berg offenbar von vornherein darum, die unendliche Melodie der Wagnerschen Oper – die Kette der Leitmotive ebenso wie jene fortlaufende Durchführung ohne Exposition und Reprise – aufzusprengen, die Kontinuität, die Wagner zwischen Sehnsucht und Erlösung spannt, in eine Diskontinuität des Kontrastes, die musikalische Prosa in musikalische Dramatik zurückzuverwandeln.

Hanns-Werner Heister ortet in diesem Bruch den Ursprung des unge-
wöhnlichen Realismus in Alban Bergs Musiksprache – weil der Komponist »grundsätzlich dem Prinzip der Stilmischung folgt und Hetero-
genes hereinläßt; seine konstruktive Kraft bewährt sich an einer Fülle
und Vielfalt verschiedener Materialien, die er, statt sie auszuschließen,
organisiert. So kommen Volkslied und Volkston ebenso zu ihrem musikalischen Recht wie das Gelehrte, Tanztypen wie Fugen, Choral wie
Choralparodie. Dadurch erreicht Berg eine im Wortsinn bislang unerhörte psychologische wie soziale Deutlichkeit und Genauigkeit«[26].
Die Heterogenität ist gleichwohl in ein zeitliches Kontinuum eingebettet; Berg kehrt nicht zurück zur alten Opernform, zum peri-
odischen, aber entspannten Wechsel von Rezitativ und Nummer. Sein
Werk kennt zwar rezitativische Teile oder auch das Melodram, sie erscheinen jedoch nicht regelmäßig, wenn die musikalischen Nummern
enden, sondern überraschend, weil man gar nicht wahrnimmt, wann
sie enden, und erlauben im ganzen keine Lockerung der Zeitstruktur,
wie sie etwa mit der Zwischenform des Secco-Rezitativs vorgenom-
men wurde. Während der Musiker am Cembalo die Singenden und
Agierenden einfühlsam begleiten kann, erscheint es bei Berg eher,
als würde das rezitativische und melodramatische Sprechen das Orchester begleiten: dessen Musik läßt an Intensität und kompositori-
scher Dichte nicht nach. Auch der gesprochene Dialog und der
Sprechgesang werden vom Prinzip der Heterogenität erfaßt: Peter Petersen hat insgesamt 65 Abstufungen zwischen reinem Sprechen über
Sprechgesang bis zur Andeutung von Tonhöhen gezählt. Der Partitur
aber ist auferlegt, über diese Heterogenität zu wachen – und sie wird
darüber zum strengsten Kommandanten der Szene, der selbst Wagners Partituren in den Schatten stellt. Mehr und konzentrierter als
opernüblich regelt der Komponist »nicht nur die zeitliche Organisa-
tion sowohl des musikalischen als auch des szenischen Ablaufs bis ins
synchronisierende Detail, nicht nur die ›Umsetzung‹ durch Vortrags-
anweisungen, die alle Schattierungen des Ausdrucks artikulieren, –
über die mimisch-szenische Aktion hinaus organisiert er sogar die op-
tische Dimension der an sich statischen Bühnenausstattung mit. Auf-
und Ablassen des Vorhangs ist stets mit der Partitur synchronisiert.«[27]
In der Determination szenischer Vorgänge durch die Partitur bleibt
Berg darum der reinste Wagnerianer – reiner als Wagner selbst; damit
hängt eng zusammen, was Peter Petersen ein »obsessives Verhältnis

des Komponisten zum kompositorischen Detail«[28] genannt hat: denn jedes Detail der Partitur ist auf vielfache szenische Weise überdeterminiert; das Regietheater hat bei ihr keine Chance. Berg selbst, der für eine ganz konventionelle Inszenierung plädierte, schrieb in einem Artikel über das »Opernproblem«, daß die Musik alles, dessen das Drama »zur Umsetzung in die Wirklichkeit der Bretter bedarf, aus sich allein herausholt, damit schon vom Komponisten alle wesentlichen Aufgaben eines idealen Regisseurs fordernd«[29]. So schuf Alban Berg das genaue Gegenteil eines Fragments, wie Büchner es hinterlassen hat.

Dem idealen Regisseur war aber anderes aufgetragen als die Erlösung; er sollte die Gegenwärtigkeit des Büchnerschen Dramas in der Musik retten, während Wagners Musikdrama der mit Leitmotiven gespeicherten Musik die Funktion einer übermächtig gewordenen Vergangenheit eingeschrieben hatte. Auch Berg arbeitet intensiv mit Leitmotiven – Petersen hat Dutzende figuren- und ideenbezogene Santeme aus der Oper herausdestilliert – doch verwendet Berg sie im Kontext einer stets erneuerten Heterogenität. Das Motiv, das in der ersten Szene zu Wozzecks Worten: »Wir arme Leut« erklingt, ist nicht nur ein solches Leitmotiv unter anderen, es kann mit gutem Grund als das Leitmotiv der Oper bezeichnet werden. Doch es leitet stets woanders hin; in jeder Szene, in welcher es auftaucht, steht es in anderem Zusammenhang und evoziert eine andere Situation: wenn es im Konflikt mit dem Hauptmann in der ersten Szene erklingt – oder besser: entsteht, führt es Wozzeck aus der Stummheit heraus. Der Hauptmann hat ihn an seiner wunden Stelle berührt; Wozzeck ließ sich bis zu diesem Moment alles gefallen und antwortete auf jede Demütigung stets mit »Jawohl, Herr Hauptmann«. Der Hauptmann, der doch Wozzecks Rasiermesser ausgeliefert ist, durfte über ihn spotten, ihn belehren, ihn dumm nennen – doch sobald er ihm die Tugend abspricht, wird Wozzeck von Leidenschaft ergriffen: er stockt bei dem »Jawohl«: und beginnt mit seiner Kantilene »Wir arme Leut«[30]; das Motiv ist ein Aufbegehren, es entsteht in der Situation des Konflikts – des einzigen wirklichen Konflikts, den Wozzeck ohne Rückzug besteht. Berg hat für die ganze Szene die Form der Suite gewählt: die Attacken des Hauptmanns prägen Präludium, Pavane, Kadenz, Gigue, Kadenz und Gavotte; Wozzecks »Arme Leut«-Motiv wird im Air exponiert; das Rückzugsgefecht des Hauptmanns ist mit deutlicher Ironie als Präludium im Krebsgang komponiert. Das Motiv selbst »steigt drei Tonsilben ab, dann aber mit der

letzten auf, so auch gestisch Klage und Anklage ineins setzend«[31]. Als
Motiv gefaßt, bleibt es am Schluß offen – wie die Frage, ob und wie weit
die Anklage über die Klage hinausführt. Wenn Wozzeck es zum erstenmal
singt, setzt er zu den Worten »Sehn Sie, Herr Hauptmann, Geld
[…]« mit einer chromatischen Tonfolge das Aufbegehren weiter fort,
wobei er sogar, wie um Schwung zu holen, noch einmal bei einem tieferen
Ton (d) ansetzt, tiefer als der, zu dem das Motiv abgestiegen ist (e).
Erst das Wort »Geld« stoppt den Aufstieg Wozzecks; bei dessen Wiederholung
hebt sich zunächst seine Stimme um einen Ganzton; als ob
damit aber sein Widerstand ausgehebelt wäre, steigt sie zu den Worten
»Wer kein Geld hat« wieder herab. Neunmal wird das Motiv wiederholt,
neunmal erneuert sich das Aufbegehren – und eigentlich erst in
den Variationen dieser Wiederholungen, wird das Motiv aus der Kantilene
Wozzecks wie ein Kern herausgearbeitet. Das »Arme Leut«-Motiv
scheint wie ein Wagnersches Leitmotiv der Person Wozzecks angeboren,
doch angeboren ist es nur wie die Armut selbst: es determiniert
sein Handeln nicht vollständig; einmal zeigt es ihn im Konflikt mit dem
Hauptmann, dann in Sorge um das Kind und in Wut über sein Schicksal,
dann wieder im Kampf gegen den Tambour-Major, von dem Wozzeck
im Tonfall des Motivs herausgefordert wird; seine Niederlage in
dieser Auseinandersetzung wird schließlich »durch das zum Akkord
erstarrte Motiv repräsentiert«[32].

Wenn das Motiv am Beginn des zweiten Akts in den Vordergrund tritt,
steht es im Zusammenhang des ersten Satzes einer Symphonie; Alban
Berg hat dessen Form, den Sonatenhauptsatz, merkwürdigerweise als
Form der Familie begriffen: in ihr seien »die Glieder wie in einer Familie
organisch verwachsen«. »Es ist vielleicht kein Zufall, daß den hier
auftretenden drei Figuren: Marie, ihr Kind und Wozzeck, die drei Themengruppen
einer musikalischen Exposition: Haupt-, Seiten- und
Schlußsatz, zugrunde gelegt sind, damit von vornherein die strenge Sonatenform
ermöglichend. Ja, die ganze dramatische Entwicklung dieser
Schmuck-Szene, die zweimalige Wiederkehr gewisser Situationen,
dann das Aufeinanderprallen der Hauptgestalten, hat auch die weitere
strenge musikalische Gliederung ermöglicht«.[33] Die Wiederkehr bestimmter
Situationen bezieht sich offenbar auf die Vorwürfe, die Marie
sich, kurz bevor Wozzeck auftritt und nachdem er abtritt, macht. In der
Exposition fehlt Wozzeck, ihre Spannung entsteht durch die Anwesenheit
des Kindes (Seitenthema und Schlußgruppe), die Marie an ihren

Treuebruch erinnert und ihre faszinierte Betrachtung des Schmuckes (Hauptthema), den ihr der Tambour-Major geschenkt hat, zweimal unterbricht. Das Aufeinanderprallen der Hauptgestalten, das mit Wozzecks Auftritt beginnt (er erfolgt exakt zur zweiten Wiederholung der Schlußgruppe), ist als Durchführung gestaltet: der Konflikt wird durch seine Eifersucht eingeleitet, doch Wozzeck selbst gibt ihm überraschend eine ganz andere Wendung; nachdem Marie aufbegehrend reagiert hat – »Bin ich ein schlecht Mensch?« – wird auch seine Aufmerksamkeit plötzlich auf das schlafende Kind gelenkt: »Nichts als Arbeit unter der Sonne, sogar Schweiß im Schlaf. / Wir arme Leut'«. Nun erklingt das Motiv aus der ersten Szene des I. Akts als Klimax der Durchführung[34]; Alban Berg hat dabei den Konflikt zwischen Marie und Wozzeck in direktem Zusammenhang mit diesem Höhepunkt gesehen: »eben jener Teil der Szene, in der die Hauptgestalten (die menschlichen und die musikalischen) aneinandergeraten, führt zu einem Höhepunkt dieser Sonate, zu dem schon von früher her bekannten auch durch das ganze Stück gehenden Erinnerungsmotiv ›Wir arme Leut'‹«[35] Der Komponist kann also die Familie nur darum als Sonatenhauptsatz komponieren, weil der Konflikt in ihr bereits ausgebrochen ist. Maries Treuebruch hat bereits stattgefunden. (Als diese Familie im ersten Akt zum erstenmal auf der Bühne versammelt wurde, war der Konflikt noch nicht durchführbar, Berg komponierte die Szene als Charakterstück für Marie.) Das »Arme Leut«-Motiv erfährt nun, wenn es am Höhepunkt der Durchführung erklingt, auch eine deutliche Steigerung gegenüber dem Air in der ersten Szene des I. Akts. Die Posaunen, die bereits Wozzecks Gesang unisono begleitet haben, übernehmen es an Wozzecks Stelle, jene chromatisch aufsteigende Tonfolge anzufügen; auch sie holen weit aus, indem sie tiefer greifen, als der Motivkern selbst herabreicht – ein Ritardando wird dabei mit einem Crescendo verbunden, das bis zum dreifachen Forte eskaliert – und diesmal scheint es durch Worte nicht gestoppt zu werden; alles ist so gesetzt, »daß der Hörer von der Musik – und vom Text – irgendeine Art von Durchbruch ins offen Negative erhoffen muß«[36].

Ist es die Abwesenheit der Peiniger, die Wozzeck solchen Mut verleiht oder der Schutz und die Sicherheit, die er im Raum der Familie noch zu haben meint? Wozzeck befindet sich entweder außerhalb der Familie, dann ist er seinen Unterdrückern und der bedrohlichen Natur ausgeliefert – oder er ist zu Hause bei Marie und dem Kind. Die beiden Welten

sind auch szenisch getrennt – konsequenter übrigens als bei Büchner,
bei dem Woyzeck und Marie gemeinsam auf den Jahrmarkt gehen. Nur
zwei Dinge verfolgen Wozzeck bis in die Familie hinein: die Erscheinungen der unheimlichen Natur und das Geld. Und darum kommt der
Widerstand Wozzecks auch im imaginären Schutzraum der Familie
nicht zum Durchbruch: Die Durchführung bricht am Höhepunkt, genau an der Stelle, an der man den Durchbruch erwartet, inmitten des
dreifachen Fortissimos ab – und im plötzlichen Pianissimo erklingt
ganz ausdruckslos ein C-dur-Akkord, zu dem nun in der Art eines
Rezitativs gesungen wird:

> WOZZECK   Da ist wieder Geld, Marie; (zählt es ihr in die Hand) die Löh-
> nung und was vom Hauptmann und vom Doktor.
> MARIE   Gott vergelts, Franz.
> WOZZECK   Ich muß fort, Marie, Adies! (ab)

Aus den Intervallsprüngen von Wozzecks rezitativischem Gesang (er
springt bei den Worten »Geld, Marie« – »Löhnung« – »Hauptmann« –
»Doktor« jeweils hinauf: auf b – h – a – as[37]) läßt sich eine böse Ironie
heraushören: man weiß nicht, richtet sie sich gegen die Geldgeber oder
die Geldempfängerin, oder gegen alle zusammen – oder gegen das
Geld? Jetzt erst, nach Wozzecks Abgang, kehrt die Musik zur Reprise
zurück, Marie ist wieder allein; jetzt erst, nach Wozzecks Ausbruch
»Wir arme Leut« fühlt sie sich als »schlecht' Mensch«. Doch die Familien-Sonate endet nicht mit der Buße der Frau, ganz im Gegenteil:
»Ach! was Welt! geht doch Alles zum Teufel: Mann und Weib und
Kind!«
Die Musik deutet in den letzten Takten der Durchführung an, zu einer
Tonika zurückzukehren, bei der sie nie war. Denn die Familien-Sonate
ist wie die ganze Symphonie des II. Akts, wie die Oper insgesamt, ato-
nal komponiert. Von Sonatenform wie auch den anderen Gestalten absoluter Musik, die Berg verwendet, ist darum nur in übertragenem Sinn
zu sprechen: im atonalen Raum werden der Musik ihre alten Formen
thematisch (nicht jedoch gleichgültig, wie Carl Dahlhaus meint[38]). Die
vermeintliche Rückkehr zur Tonika innerhalb der Sonate wäre also eine
echte Rückkehr zur Tonalität innerhalb der Musikgeschichte. Und der
fahle C-dur-Akkord des plötzlich eintretenden Rezitativs wirkt wie ein
Hohn auf den Wunsch nach dieser Rückkehr. »In ›Wozzeck‹ sowie in
›Lulu‹«, schreibt Adorno in der *Philosophie der neuen Musik*, »erscheint in sonst von der Tonalität losgelösten Zusammenhängen, der

C-dur-Dreiklang, sooft von Geld die Rede ist. Die Wirkung ist die des pointiert Banalen und zugleich Obsoleten. Die kleine C-dur-Münze wird als falsch denunziert.«[39] Ausgerechnet der »reinste« Akkord der Tonalität, die in der Wiener Klassik vermutlich am häufigsten verwendete Tonart, geradezu Inbegriff des Natürlichen, wird als Inbegriff des Unmenschlichen denunziert; »wie könnte man die Sachlichkeit des Geldes, um das es sich da handelt, deutlicher bringen«,[40] sagt Berg selbst darüber in seinem Vortrag. Es finden sich allerdings auch tonale Inseln anderer Art inmitten der atonalen Konzeption: sie tauchen nur auf, wenn Marie mit dem Kind allein ist, wie die Erinnerung an eine verlorene Traurigkeit: »Es war einmal ein armes Kind und hatt' keinen Vater und keine Mutter, war Alles tot und war Niemand auf der Welt, und es hat gehungert und geweint Tag und Nacht. Und weil es niemand mehr hat auf der Welt...« (III / 1) Im Ansatz zur zweiten Strophe dieses ›Märchenlieds‹,[41] fährt Marie der Gedanke an Wozzeck durch den Kopf – und die Moll-Passage verschwindet, als sei sie nie gewesen.

Alban Berg greift nach dem Selbstmord Wozzecks, in der Verwandlungsmusik vor der Schlußszene, noch einmal auf die Situation am Beginn des zweiten Akts zurück. Wieder verwendet er eine Sonatenform, doch diesmal ist es eine Art Requiem. »Es ist vom dramatischen Standpunkt aus als der dem Selbstmord Wozzecks folgende ›Epilog‹ aufzufassen, als ein aus dem handlungsmäßigen Geschehen des Theaters heraustretendes Bekenntnis des Autors, ja ein Appell an das gleichsam die Menschheit repräsentierende Publikum.« Der Komponist erschafft sich hier also einen vollständig imaginären Raum, einen Raum außerhalb des Dramas – und innerhalb der Tonalität: »Vom musikalischen Standpunkt aus stellt dieses letzte Orchesterzwischenspiel eine thematische Durchführung aller wichtigen, in Beziehung zu Wozzeck getretenen musikalischen Gebilde dar. Seine Form ist dreiteilig, das seine Einheit bildende Prinzip – ausnahmsweise die Tonalität.«[42] Die Koketterie, mit der Alban Berg das Problem der Tonalität aufwirft, klingt eigenartig: beim Wort genommen heißt dieses »ausnahmsweise« doch, daß die Musik nur mehr außerhalb des Dramatischen tonal werden kann, die Konflikte im Drama aber so zugespitzt sind, daß keine Tonalität mehr möglich ist außer in der Bedeutung des Falschen, des Geldes, oder des unwiederbringlich Verlorenen. Das d-moll des exterritorialen Epilogs reichert sich allerdings nach und nach mit den konfliktvollen Themen der Handlung an und erfährt »eine derart, man kann sagen, grenzenlose Erweiterung, daß es möglich war, sie bis zu ihrer letzten tonalen Konsequenz zu führen. Und zwar indem im Mittelteil dieses Stückes, in seinem Höhepunkt, dort, wo sich seine durchführungsartigen Einsätze bis zu Engführungen verdichten, wie von selbst einen harmonischen Zusammenklang ergaben, der, obwohl er alle zwölf Töne in sich vereinigt, im Rahmen dieser Tonalität doch nur wie eine Dominante wirkt, die ganz natürlich und harmonisch zwingend zum d-moll der Reprise zurückführt.«[43] Berg vergißt hier zu erwähnen, daß eben an dieser Stelle – wie in der ersten Szene des II. Akts – das »Arme Leut«-Motiv erklingt, wieder in den Posaunen – und daß dieses Motiv zum Zwölftonakkord hinführt, der als Dominante in die Tonika mündet. Der Zwölftonakkord und die eintretende Reprise in d-moll sind an die Stelle des falschen C-durs getreten, an die Stelle des Geldes, der Durchbruch ist gelungen – doch vollzog er sich außerhalb des Dramas, als reine Utopie – und das Drama geht weiter, ohne Rücksicht darauf.

Von der Familie ist in der letzten Szene nur mehr das Kind übrig – »Du! Dein Mutter ist tot!« Bei Büchners Fragment sind die Kinder, die den Tod der Marie berichten, anonym; Berg aber, der den Schluß von Franzos übernommen hat, wollte gerade am Ende noch einmal das Ende der Familie thematisieren, das wird in der Musik dieser letzten Szene deutlich: sie schließt nicht mit dem Epilog, sie schließt nicht im tonalen Raum des Zwischenspiels, sie kehrt zur Atonalität zurück – und ihr Ende bleibt offen. Ein Warten. Bo Ullman hat von zwei Schlüssen gesprochen: »Mit dem Orchesterepilog, der Wozzeck und sein Schicksal meint, die Themen von Maries Einsamkeit nicht zitiert, ist das Werk eben nicht zu Ende. Ihm folgt ohne Pause, sogar ohne daß dessen Schlußakkord verklärend abklingen dürfte, die letzte Szene des Werkes [...] Die Musik [...] aber erinnert zitierend an die Einsamkeit und soziale Ausgestoßenheit Maries, an ihr Verlangen nach Glück; bringt die leeren Quinten ihres vergeblichen Wartens, bringt das zugleich leidenschaftliche und geduckte Motiv, zu dem sie sich und ihr Kind zu trösten suchte, und schließlich ihr träumerisch-rebellisches Wiegenlied. All das jetzt gespenstisch fern, rhythmisch in versickernder Achtelbewegung entkörpert [...].«[44]

Wie überliefert wird, riet Arnold Schönberg seinem Schüler ab, den
Wozzeck zu komponieren: die Musik solle sich besser mit Engeln als
mit Offiziersdienern beschäftigen. Schönberg selbst hat auch nicht
vorwiegend Kirchenmusik geschrieben, doch er hatte in seinen beiden
frühen Kurzopern *Erwartung* und *Die glückliche Hand* fast nur innere Vorgänge eines einzelnen, vereinzelten Menschen zum Gegenstand der Musik gemacht. Mit dem Engel ist darum wohl Innerlichkeit
gemeint, mit dem Offiziersdiener aber gesellschaftliche Konflikte. *Erwartung* ist der Monolog einer Frau, die im Dunkel der Nacht ihren
Geliebten sucht; schließlich findet sie seine Leiche. Die Frage bleibt
offen, ob sie selber es war, die ihn – aus Eifersucht – ermordet hat. Es
ist der Wahnsinn, der ihr und den Hörern verbirgt, was wirklich geschehen ist. Im Moment, da sie auf die Leiche stößt und um Hilfe ruft
– also an der Stelle, an der sie aus dem Monolog ausbricht –, zitiert
Schönberg ein Motiv aus Wagners *Parsifal*: »Ich sah – Ihn – Ihn – und
lachte...«, den Triumph Kundrys beim Tod des Heilands, und ihren
Wahnsinn, in den sie darüber verfallen ist und der sie zwingt, die
christlichen Männer alle zu verderben – »ein Sünder sinkt mir in die
Arme! / Da lach' ich – lache –, / kann nicht weinen: / nur schreien,
wüten, / toben, rasen / in stets erneuter Wahnsinnsnacht« (II)[45]. Doch
während Kundry in Parsifal ihren Erlöser und Vernichter findet, verharrt Schönbergs Frau in ihrem Wahnsinn: niemand eilt ihr zu Hilfe.
Über den Text, den eine Frau – Marie Pappenheim – geschrieben hat,
ist viel genörgelt worden, von hysterischer Übersteigerung und ähn-
lichem ist gerne die Rede; kaum ein anderer jedoch wäre imstande, das
Ende der männlichen Romantik diskreter einzuläuten: »Liebster,
Liebster, der Morgen kommt... / Was soll ich allein hier tun? / In diesem endlosen Leben... / in diesem Traum ohne Grenzen und Farben... / denn meine Grenze war der Ort, an dem du warst.«[46] Schönbergs Musik hat sich mit Hilfe der Librettistin aus der Wagnerschen
Metaphysik der Geschlechter gelöst und in unerlösbare Innerlichkeit
zurückgezogen[47]. In seinem, davor entstandenen, zweiten Streich-
quartett (fis-moll) erscheint der Bruch mit der Erlösungsmetaphysik
vielleicht noch deutlicher: »Töte das sehnen, schließe die wunde, /
Nimm mir die liebe« (Stefan George) singt die Frauenstimme im dritten Satz (nachdem im grotesken, noch-tonalen Scherzo die Melodie
des lieben Augustin »Alles is' hin« zitiert worden ist). Es ist eine
merkwürdige Koinzidenz: der Schritt aus der Tonalität, den Schön-

berg in den letzten beiden Sätzen dieses Quartetts vollzieht – und den er
nicht ohne Zuhilfenahme des gesungenen Wortes wagt – fällt mit seiner
Ehekrise zusammen, auch die Entstehung der *Erwartung* dürfte von ihr
motiviert sein: Schönbergs erste Frau, Mathilde (von Zemlinsky), hatte
ein Verhältnis mit dem Maler Richard Gerstl begonnen; als sie zu
Schönberg zurückkehrte, beging Gerstl Selbstmord. Während aber das
Quartett am Ende von Georges weihevoller »Entrückung« überraschend zum Fis-dur zurückkehrt, wird die Erwartung der Frau im Mo-
nodrama enttäuscht: statt erlöst zu werden, verharrt sie im Wahnsinn –
er verlängert jene Spannung, von der Wagners modulatorischer Fluß
lebte, ins Unendliche. »Das Stück hört auf, ohne zu schließen« (Dietmar Holland)[48].
Entspannung suchte zur gleichen Zeit Richard Strauss. Lust und Not
scheiden sich bei ihm erneut wie Konsonanz und Dissonanz, doch die
notvolle Dissonanz wird dabei zu einem Accessoir der Lust: sie verliert ihren antagonistischen Charakter, den sie in der Wiener Klassik
besaß. Schon zwischen Salome und Jochanaan entstand eine eigenartig
konfliktlose Harmonie – jenseits der Wagnerschen Erlösungsmetaphysik. Jeder wird darin auf seine Art selig: der asketische Prophet,
indem er den Märtyrertod stirbt und damit die Askese vollendet, die
hedonistische Prinzessin, der sich am vollkommensten im Tod des anderen die sinnliche Lust erschließt. Das Christentum und de Sade
brauchen einander wechselseitig zur Befriedigung ihrer spezifischen
Bedürfnisse. Mit dem *Rosenkavalier* stimmten Strauss und Hofmannsthal die raffinierte Harmonie von Askese und Sadismus auf das
anthropologische Motiv des Älterwerdens herab. Konsequent an dem
Rückzug hinter Wagnersche Positionen ist hier die Begegnung mit
Mozarts Dramaturgie; der Versuch, die musikalische Komödie zu rekonstruieren, macht den eigentümlichen Reiz des *Rosenkavalier* wie
auch noch des späteren Schaffens von Strauss und Hofmannsthal aus.
Der Ochs auf Lerchenau ist soetwas wie ein alt und lächerlich gewordener Don Giovanni. Im Text Hofmannsthals findet sich wenig Anlaß
zu seiner Verharmlosung: wie sein eigener Leporello preist der Ochs
die patriarchale Macht über das Gesinde und kostet sie dabei als Er-
zählender noch aus: »Das Frauenzimmer hat gar vielerlei Arten, wie
es will genommen sein. Da ist die demütige Magd. Und da: die trotzige Teufelskreatur, haut dir die schwere Stalltür an den Schädel. Und
da ist, die kichernd und schluchzend den Kopf verliert, die hab' ich

gern! Jener wieder, der sitzt im Auge ein kalter rechnender Satan. Aber es kommt eine Stunde, da flackert dieses lauernde Auge, und der Satan, indem er ersterbende Blicke dazwischen schießt, der würzt mir die Mahlzeit unvergleichlich. Und wär' eine, haben die Gnad', die keiner anschaut: im schmutzigen Kittel, schlumpt sie her, hockt in der Asche hinterm Herd – die, wo du sie angehst zum richtigen Stünd'l. Die hat's in sich! Ein solches Staunen gar nicht begreifen können und Angst und Scham; und auf die letzt so eine rasende Seligkeit, daß sich der Herr, der gnädige Herr herabgelassen gar zu ihrer Niedrigkeit.« (I)[49]

Eine Mozart-Figur, nur des Alterns sich bewußt geworden, ist auch die Marschallin: Gräfin Almaviva, die es leid ist, dem Gatten immer aufs Neue zu verzeihen, und die mehrere Cherubine schon zu sich ins Bett gezogen hat. Sie nimmt deren Hosenrollen beim Wort, wenn sie zu Oktavian sagt: »sei Er jetzt sanft, sei Er gescheit und sanft und gut. Nein, bitt schön, sei Er nicht wie alle Männer sind.« Und Oktavian antwortet: »Ich weiß nicht, wie alle Männer sind.« (I) Erfahrungen sprechen sich aus, die in Mozarts Welt nicht zu machen sind. Die Verallgemeinerung in der Einschätzung des männlichen Geschlechts verdankt sich einer Distanz, die offenbar durch das Älterwerden entstanden ist. Die Marschallin ist vor dem Ochs sicher, sie handelt aber auch nicht gegen ihn. Ihre Bestimmung ist die Resignation. »Was erzürn ich mich denn? ist doch der Lauf der Welt.« (I) Bei Mozart spürt keine Person ihr Alter, dafür aber ihren Zorn. Don Giovanni fährt zur Hölle eher, als daß er älter wird. Und für die Frauenfiguren ist die Resignation nur Übergang zum Handeln, fast ein Ausruhen und Kräfte-Sammeln. Die Zeit selbst jedenfalls ist für sie kein Thema. Für die Marschallin ist sie das Thema schlechthin: »Die Zeit, die ist ein sonderbar Ding. / Wenn man so hinlebt, ist sie rein gar nichts. / Aber dann auf einmal, da spürt man nichts als sie: / sie ist um uns herum, sie ist auch in uns drinnen. / In den Gesichtern rieselt sie, im Spiegel da rieselt sie, / in meinen Schläfen fließt sie. / Und zwischen mir und dir da fließt sie wieder. Lautlos, wie eine Sanduhr. / O Quin-quin! / Manchmal hör ich sie fließen unaufhaltsam. / Manchmal steh ich auf, mitten in der Nacht, / und laß die Uhren alle stehen.« (I) Wird der Wagnerschen Erlösung entsagt, scheint die Oper dasselbe Schicksal zu ereilen wie das moderne Drama: die Zeit wird ihr thematisch. Nicht Zeitliches wird gegenwärtig, sondern die Zeit selbst Gegenstand. Im *Rosenkavalier* bleibt sie dabei ganz auf das Verhältnis der Geschlechter bezogen, sodaß sie beinahe zu einer biologischen Abstraktion wird: nur die Gleichaltrigen finden zueinander. Nicht zufällig hat Strauss die Schritte des Zueinanderfindens, worin die Ungleichaltrige ausgeschieden wird, zum Siegeszug der Tonalität gestaltet: endend in dem süßen einfachen Duett von Oktavian und Sophie »Ist ein Traum, kann nicht wirklich sein...« – die Marschallin ist endlich abgegangen, nachdem sie noch einmal Spannung in die Musik gebracht hatte in dem berühmten Terzett. Es ist vor allem die Musik, die den Ochs verharmlost und die Dämonie Don Giovannis zur jovialen Gemütlichkeit abtönt: sie erfüllt damit die Aufgabe, die in der Handlung dem Altern der Personen zukommt; der Walzer wird ins 18. Jahrhundert versetzt, um zur anthropologischen Sicht der Dinge beizutragen – er ist nicht der Tanz einer Epoche oder einer sozialen Schicht, er ist der Tanz des fortgeschrittenen Lebensalters. Hofmannsthal war mit all diesen musikalischen Vorkehrungen sehr einverstanden, da er sich der dunklen Seite seines Textes wohl bewußt war: die Niedertracht des Ochs und die Verzweiflung der Marschallin gefährdeten die Harmonie, die er sich wünschte: »Die Musik ist unendlich liebevoll und verbindet alles: ihr ist der Ochs nicht abscheulich – sie spürt, was hinter ihm ist, und sein Faunsgesicht und das Knabengesicht des Rofrano sind ihr nur wechselweise vorgebundene Masken, aus denen das gleiche Auge blickt – ihr ist die Trauer der Marschallin ebenso süßer Wohllaut wie Sophiens kindliche Freude, sie kennt nur ein Ziel: die Eintracht des Lebendigen sich ergießen zu lassen, allen Seelen zur Freude.«[50] Die Dissonanzen erzeugen eine eigenartig artifizielle Atmosphäre, sie sind der silberne Glanz und das wohlriechende Öl der falschen Rose, womit die Beziehung zwischen den Geschlechtern künstlich noch einmal gestiftet werden soll. Spätere Werke von Strauss und Hofmannsthal führen diese dramaturgische Linie fort: es bleibt bei der künstlichen Beatmung der Mozartschen Charaktere; *Ariadne* und *Frau ohne Schatten*, *Die ägyptische Helena* und *Arabella*, sie alle sollen der Krise abhelfen, neue Ehen stiften, nachdem die alten Beziehungen zerbrochen sind, und die Musik fixiert sie dabei immer wieder in der Tonalität. Ist die Tonalität bei Strauss in der geretteten Harmonie zwischen den Geschlechtern fundiert, so verrät die atonale Einfärbung, die das gemeine Opernpublikum so irritierte, etwas von der Künstlichkeit einer solchen Harmonie. Mehr aber nicht. Im ganzen führt die Strauss'sche Musik zur Gleichgültigkeit zwischen Konsonanz und Dissonanz: letztere wird oft sogar zum Kleingeld der

Dialoge, sie verliert an Bedeutung. Sie ersetzt das seit Wagner verlorene Rezitativ, damit die tonalen Höhepunkte um so schöner sich abheben können. Der Zauberwald des *Falstaff*, an den wohl Hofmannsthal und Strauss dachten, als sie ihre Oper konzipierten, ersteht darum nicht wieder; es fehlt an den märchenhaften Voraussetzungen: der Ochs ist eben kein harmloser Schwerenöter; er scheitert im Grunde doch nur, weil er als Landadeliger sich in der Stadt auf fremdem Territorium bewegt; und während die Macht jener Frauen, die Falstaff in die Knie zwingen, einzig ihrem geistesgegenwärtigen Handeln entspringt, ist die Überlegenheit der Marschallin eng an ihre gesellschaftliche Stellung gebunden. Damit ist die Handlung des *Rosenkavalier* ungleich realistischer, die Musik ist es umso weniger, wenn sie den Ochs verharmlost und das Liebespaar am Ende in den Vordergrund rückt. In Verdis Dramaturgie hingegen wird das Liebespaar nur eingeblendet, und verharmlost werden zuletzt alle.

Es ist eine merkwürdige Tatsache, daß ausgerechnet die erste Zwölftonoper der Musikgeschichte ebenfalls nichts anderes im Sinn hatte als eine Rekonstruktion der alten Komödie. Den Text zu Schönbergs *Von heute auf morgen* schrieb wiederum eine Frau; diesmal aber war es die Gattin des Komponisten selbst (freilich unter dem Pseudonym Max Blonda): Gertrud (Kolisch), die zweite Frau Arnold Schönbergs; und in dem Libretto dürfte abermals ein privater Vorfall im Hause Schönberg thematisiert worden sein. Gatte und Gattin kommen von einer Abendgesellschaft nach Hause, und der Gatte zeigt sich von der Freundin seiner Gattin beeindruckt: »Immer Wirtschaft, Arbeit, Kindergeschrei... / Tag für Tag das Gleiche –! / Hätte man da nicht ab und zu 'mal was Andres, was Neues', / man würde vor Alltagssorgen und Langweile ersticken«[51]. Die Gattin reagiert mit Unverständnis – verständlicherweise: »Was willst du noch mehr? Hast ein schönes Heim / und ein liebes Kind / und ein Weib, das dich liebt«. »Eine Frau von heute« – dies vor allem beeindruckt den Mann. »Ja, die hat sich nicht sorgen müssen / um Mann und Kinder, / um Küch' und Haus. / Da bleibt die Stirne glatt, / die Augen strahlend; das Lächeln eines Mundes, der nie den Schmerz gekannt, / erfrischt und berauscht; und die Brüste, die nur Männerlippen berührt, / verändern sich nicht« – jammert die Frau, doch gleich darauf führt sie einen Sänger ins Treffen, der ihr den Hof gemacht, und die seichte Eifersuchtskomödie nimmt unaufhaltsam ihren faden Lauf. »Nun werde ich mir auch die Haare färben / und schön bunt mein

Gesicht bemalen; und Kleider trage ich nur mehr vom ersten Schneider; / und Verehrer nehme ich serienweise / und Liebhaber [...]«. Bald geht der eifersüchtig gewordene Mann auch schon in die Knie und wiederruft seine Sehnsucht nach der femme fatale: »Zum Teufel mit dieser Person! Sie ist schuld an unserm Unglück! [...] Jetzt seh' ich, daß ich unglücklich bin. / Denn mein Glück warst du, so wie du früher warst. / Mein Glück war meine liebe kleine Frau, / die ich gering schätzte, weil sie mir treu war, / die ich verhöhnte weil sie ihr Haus liebte, die ich verkleinerte, weil ich ihr alles war. Ich will meine Frau wieder [...]«. Freundin und Sänger treten nur mehr auf, um die eben rekonstruierte Ehe auf die Probe zu stellen: »Stören wir nicht ein Eheidyll, eine Liebesszene!« Vergeblich versuchen beide zu stören: »Kann ihnen denn diese reizlose Frau / dieser langweilige Mensch genügen? Sie der / die geschaffen ist viele Frauen / viele Männer glücklich zu machen [...] Lösen Sie sich aus dieser Verbindung, oder werden Sie in ihr frei: Haben Sie doch endlich den Mut, Ihr eigenes Leben zu leben.« Gemeinsam singen schließlich die beiden Ehestörer mit den beiden Eheleuten »Sie / wir sind veraltet, leben in vergangenen Idealen und Wünschen.« Und ehe sie verschwinden, sprechen die Ehestörer unversehens die Wahrheit des Werkes aus: »Ihr aber seid verblaßte Theaterfiguren«.

Hanns Eisler hat in seinem Schönberg-Vortrag von 1954 das Paradoxon dieser Zwölftonehekomödie erläutert: in ihr »entsprechen das Sujet, die Handlung, die Sprache ungefähr einer mondänen Operette, und zwar einer schlechten. Zu diesen Banalitäten hat Schönberg – es handelt sich um eines seiner Zwölftonwerke – eine höchst unheimliche Musik geschrieben, die den Operettenspaß aufhebt, die Banalität des Textes doppelbödig macht und das Ganze in ein seltsames Licht stößt. Die Menschen, die in dieser Oper agieren, Kaffee trinken und schließlich einen öden Konflikt mit einem Tenor auf Hausmannsart in Ordnung bringen, erscheinen durch die Musik wie die zukünftigen Besucher der Luftschutzbunker, wie die Verzweifelten in den zerstörten Städten. Es wird der Zeit voraus musiziert. Schönberg beabsichtigte das nicht. [...] Schönberg wollte eine flotte Oper schreiben, aber durch die Eigentümlichkeit seiner Kompositionsmethode und der Materialbehandlung ist eine Art Apokalypse im Familienmaßstab herausgekommen.«[52] Diese Interpretation wird auf kuriose Weise unterstützt von einer privaten Bemerkung Eislers in anderem Zusammenhang, wonach das Haus von

Schönberg »eine Privathölle« gewesen sei: »Es war eine Zwölftonhölle
auch privat.«[53] Schönberg selbst hätte eine solche Interpretation seiner
Musik – von der seines Privatlebens ganz zu schweigen – gewiß heftig
bestritten; er hätte kaum zugegeben, daß durch seine Methode der
Komposition mit zwölf Tönen eine Operette in eine Apokalypse verwandelt worden sei. In einem Brief kurz nach der Fertigstellung des
Werks schrieb er, es handle sich um »eine heitere bis lustige, manchmal
(ich hoffe wenigstens) komische Oper; nicht grotesk, nicht anstößig,
nicht politisch, nicht religiös. Die Musik ist so schlecht wie immer bei
mir: nämlich meinem geistigen und künstlerischen Zustand angemessen.«[54] Der letzte Satz freilich klingt kryptisch; geht es doch darum, ob
die Musik der Handlung angemessen ist. Schönberg war in diesen Jahren offenbar darum bemüht, die nach der Methode der Komposition
mit zwölf Tönen gebildete Musik semantisch zu neutralisieren, sie als
Musik wie jede andere auch darzustellen: als käme ihr kein spezifischer
Bedeutungshorizont zu, als wäre sie nicht das Ergebnis einer bestimmten Epoche – einer Epoche, der sich die zerstörten Städte verdanken; als
wäre mit ihr Gleiches möglich wie mit der tonalen der Wiener Klassik,
zum Beispiel eine opera buffa zu schreiben, wie es eben auch in den
modernen Verhältnissen möglich wäre, eine ganz normale Ehe zu führen. So ist die Musik der Handlung im Grunde sehr angemessen – aus
der Angemessenheit entspringt das Grauen: Schönberg wollte die Ehe
auf der Zwölftonreihe neu begründen und dem dramaturgischen
Wunsch, die Konflikte nicht eskalieren zu lassen, kam die Zwölftontechnik – in ihrer strengen Form angewandt – zupaß. Die halbstündige
Musik ist aus einer einzigen Reihe entwickelt; alle ihre Themen, Motive
und Verläufe lassen sich – als Umkehrung, Krebsform und deren Umkehrung – aus ihrer Grundgestalt ableiten: jeder Takt ist in ihrem Sinne
organisiert. »In einer solchen Komposition gibt es keine freien Töne,
sondern alle Elemente der Harmonik und Melodik müssen aus der
Reihe gewonnen werden, wobei die einmal angespielte Reihe zu Ende
geführt werden muß.«[55] Das Happy End der Ehekrise scheint so un-
ausweichlich wie das Zuendeführen der Zwölftonreihe.
Die Herausgeber der Ehe-Oper im Rahmen der Sämtlichen Werke
Schönbergs, Gösta Neuwirth und Tadeusz Okuljar, haben indes bei
der Sichtung der Skizzen der Partitur eine interessante Entdeckung gemacht: »Es scheint, als habe Schönberg im Sinn gehabt, die Schürzung
des dramatischen Geschehens nach der Verwandlung der Frau bis zur

Peripetie vor dem Umschlag zur Versöhnung durch eine Art Durchführung darzustellen. Diese Durchführung sollte sich nicht nur aus the-
matisch-motivischer Verarbeitung entwickeln, sondern die Reihen selber in den Prozeß der Verwandlung einbeziehen. Von etwa T.408 [...]
an beginnt Schönberg mit Sekundärreihen zu experimentieren, als
wollte seine Radikalität den tautologischen Zirkel von Durchführun-
gen in der Zwölftontechnik aufbrechen, indem sie die Einheit der Reihe
preisgibt [...] verschiedene Reihenformen werden jeweils zu Akkorden
zusammengeklappt und danach wiederum zu neuen Reihen ausgefaltet
[...] Schönbergs Phantasie öffnet die Perspektive einer freien Musik,
wie sie Adornos spätere Kritik an der Zwölftontechnik entwarf, ohne
diese doch zu realisieren: bei der Ausführung der Komposition wurden
die Entwürfe mit Sekundärreihen entweder getilgt oder in die primäre
Konstruktion eingebettet [...] Schönbergs Oper will auf Versöhnung
hinaus; aber wie sie die Durchführung opfert, um die Einheit zu retten,
muß ihr die Reprise mißlingen. Mit unbeirrbarer Impassibilité zeichnet
die Musik auf, wie es um das beschworene Glück wirklich steht, bis
zum allegorischen Erstarren der Reihe in den letzten Takten des Werkes.«[56]

Alban Berg widmete Schönberg seine noch nicht fertiggestellte neue
Oper mit besonders salbungsvollen Worten: »Glauben und Hoffen –
und Liebe zu der von Dir – wie kaum je – ge- / Lehrten deutschen
Musik hast Du in mir einst erweckt. / Aber damit wuchs in mir auch
zugleich der Glaube, die Hoffnung – / Und die Liebe zu Dir, der Du als
Meister und Freund / Beides mir: Freundschaft und Lehre geschenkt in
drei der Dezennien / Einer Zeit, die durch Dich ewige Werte erhielt
[...] Und so erübrigt sich mir, nur mehr auszusprechen die Bitte, /
Liebster, teuerster Freund: Gab es Dezennien vorher / Immerschon – –
galt's Deine Feste zu feiern – eins meiner Werke: Eine Widmung vor
zehn Jahren des ›Kammerkonzerts‹, / Botschaft des Schülers, wie die
der ›Orchesterstücke‹ vor zwanzig, / Eben so sei Dir heut' ›Lulu‹, die
Oper geweiht!«[57] Vielleicht schwingt in dem weihevollen Ton der
Widmung doch auch des Schülers Bedenklichkeit mit, dem Meister erneut widersprechen zu müssen: hatte sich der *Wozzeck* entgegen dem
Ratschlag des Lehrers mit Offiziersdienern statt mit Engeln abgegeben,
so legte die neue Oper nun die Lunte an Schönbergs Zwölftonehe-

komödie: sie spielt nicht nur im selben Milieu, sie geht auch von den
gleichen Konfliktsituationen aus; es geht um Bewahrung und Zerstörung von Ehe und Familie. Auch musikalisch liegen die beiden Werke
allzueng beieinander: Berg verwendet in der kurz nach Schönbergs
Komödie begonnenen Oper dieselben Formen wie Schönberg: Kanon, Duett, Quartett, Rezitativ, Arioso; er greift ebenso wie dieser zu
zeittypischen Instrumenten wie dem Saxophon, und vor allem verwendet er nun auch durchgehend die Zwölftontechnik. Wie es jedoch
Lulu von Anfang an erfolgreich gelingt, den Konflikt zu schüren und
die Familie zu zerstören, sprengt auch Bergs Musik vom ersten Takt
an die strenge Anwendung der Reihentechnik. Die Musikschriftsteller
aus dem Kreis der Zweiten Wiener Schule haben die Spannungen zwischen Schönberg und Berg, wie dieser selbst, stets etwas untertrieben,
wohl um die Einheit der umfehdeten Schule nicht zu gefährden, nicht
den Schüler gegen den Lehrer auszuspielen oder umgekehrt. (Das
Verhältnis wurde gewiß noch prekärer durch den Umstand, daß der
Schüler mit dem *Wozzeck* einen viel größeren Erfolg erzielen konnte,
als es dem Lehrer je mit irgendeinem Werk beschieden war.) Im sozusagen technischen Bereich der Musik versuchen Hans Ferdinand Redlich und Willi Reich darzulegen, Berg habe – wie vor ihm Schönberg –
die ganze Oper aus einer einzigen Reihe, die für die Titelgestalt steht,
abgeleitet,[58] als wäre sie der gemeinsame Nenner des Stücks. Und dies
entsprach wohl auch der Ideologie, die sich Berg für diese Oper zu-
rechtgelegt haben mag: Lulu ist – wie in Kierkegaards Sicht Don Giovanni – der gemeinsame Nenner des Werks; alle anderen Figuren sind
von ihr abgeleitet, wie deren Motive von ihrer Reihe, die zum erstem-
mal im Lied der Lulu erklingt. Doch die Ableitung von dieser Reihe
folgt nicht den strengen Regeln von Umkehrung und Krebsgang; sie
schafft sich eigene Ableitungsprinzipien: Alban Berg klappt zum Beispiel die zwölftönige Reihe in vier dreitönige Akkorde auf, und er
sprengt sie, indem er die vier oberen, vier mittleren und vier unteren
Töne dieser Akkorde wieder zu einer neuen Reihe montiert. Er tut,
was Schönberg in den Skizzen zu seiner Oper erwogen und wieder
verworfen hat: er schafft Sekundärreihen. Und er tut es, um den Konflikt zwischen den Personen zuspitzen zu können: er benötigt gegensätzliche Themen und Motive, wie sie die strenge Befolgung der
Zwölftontechnik nicht zur Hand gab.
Wie im *Wozzeck* komponiert Berg die Familie als Sonate. Auch in der

Lulu wird als Grundlage familiärer Beziehungen das Geld exponiert. Im Unterschied zu *Wozzeck* ist es allerdings hier reichlich vorhanden, repräsentiert von Dr. Schön, einem Zeitungsunternehmer. Er ist zwar nicht der Vater Lulus, er hat sie aber aufgezogen und zu einem Mitglied der »besseren« Gesellschaft gemacht – und er hatte zugleich ein Verhältnis mit ihr; nun muß er sie loswerden, d. h. verheiraten, um selbst in geordneten familiären Verhältnissen weiterleben zu können. Dr. Schön ist also der Exponent der Kleinfamilie – und Lulu zerstört seine Pläne und dann ihn. Die erste große Auseinandersetzung Schöns mit Lulu im ersten Akt, worin er zunächst Lulu seine Verlobungspläne darlegt und schließlich ihren zweiten Gatten, den Maler, über die Gefahren einer Ehe mit Lulu aufklärt, »ist von Berg – in differenzierter Fortsetzung der Kompositionstechnik des Wozzeck, II / 1 – als großer Sonatensatz gestaltet worden, dessen energisches Hauptthema mit dem ›Tigersprung‹ des Prologs identisch ist [...]«[59]. In der Familiensonate des *Wozzeck* kulminiert die ganze Szene im »Arme Leut«-Motiv, und dieses deutet den Übergang zu einer Tonika an – die nicht erreicht wird. Erst in der letzten Verwandlungsmusik löst Berg dieses tonale Versprechen ein. *Lulu* kennt ein solches Versprechen nicht. Aber in der Sonate, die den Gegensatz von Lulu und Dr. Schön entwickelt, taucht eine Melodie auf, die einen signifikant spätromantischen Charakter hat: sie steht einzigartig da unter all den Themen und Motiven der Oper. Man nennt sie meist die »Liebesmelodie« – was im Zusammenhang der Oper gewiß seltsam anmutet, und doch trifft es Eigenart und Funktion dieses Themas, das aus der Dr. Schön zugeordneten Reihe mit dem charakteristischen ›Tigersprung‹, einer großen Sext, gebildet ist. Seinen spätromantischen Charakter hat es wohl durch die großen, gleichsam sehnsüchtigen Intervallsprünge, die langen Notenwerte unmittelbar nach den Sprüngen und durch die damit kontrastierenden kleinen Intervallschritte; es erinnert an Mahlers späte Adagios und an den Beginn der letzten Verwandlungsmusik des *Wozzeck*. In dem Moment, als diese in der Coda verankerte »Liebesmelodie« wiederholt werden soll, wird das Geschehen von jener »Monoritmica« unterbrochen,[60] die den Selbstmord von Lulus zweitem Gatten begleitet; erst in der Verwandlungsmusik, die jene Wiederholung der Coda gleichsam nachholt, kann sie vom Orchester ausgesungen werden. Berg entwickelt nun in den weiteren Szenen diesen durch die Liebesmelodie geschaffenen Gegensatz: in der zweiten Auseinandersetzung von Dr. Schön und Lulu am Ende des ersten Akts erklingt erneut die Sonate: der Dialog, in dem Lulu schließlich dem verzweifelten Bräutigam den Abschiedsbrief an die Braut diktiert, setzt mit der Durchführung ein. Nun aber wird die Liebesmelodie in die Durchführung hineingezogen,[61] und in der zweiten Reprise bleibt nicht mehr viel von Schöns Gewalttätigkeit übrig: »Berg hat mit deutlicher Ironie den zupackenden ›Tigersprung‹ mit dem weinerlichen Selbstmitleid Schöns konterkariert. [...] Einer der greint: ›Mein Alter! Meine Welt! [...] hat beim Raubtiersprung sein Ziel verfehlt; seine Niederlage ist besiegelt.«[62] In dem Maße, in dem es Lulu gelingt, Dr. Schön zum Eingeständnis seiner Liebe zu führen, seiner Braut zu entfremden und seine Familienpläne zu zerschlagen, setzt sich im musikalischen Verlauf die Liebesmelodie durch. Der erste Akt schließt damit, daß Dr. Schön zu dieser Melodie die Worte singt: »Jetzt kommt die Hinrichtung.«

Der folgende Akt zeigt das Familienleben im Hause Schön; der Hausherr singt, nachdem Gräfin Geschwitz ihre Liebe zu Lulu angedeutet hat: »Das mein Lebensabend. Die Pest im Haus. Dreißig Jahre Arbeit – und das mein Familienkreis, der Kreis der Meinen.« Die Sonate erklingt in diesem Kreis nicht mehr, nur ein aus ihrem Hauptthema abgeleitetes Motiv wird ostinat im Baß gespielt[63]. Die letzte und tödliche Konfrontation zwischen Schön und Lulu hat keine Sonatenform mehr; sie ist vielmehr als Interpolation zweier Nummernformen gestaltet: als fünfstrophige Arie Dr. Schöns, vor deren letzter Strophe das Lied der Lulu eingebaut ist – »im Grunde«, schreibt Carl Dahlhaus, »ist die Auseinandersetzung, die bei Wedekind die Form eines Dialogs mit verborgenen Falltüren annimmt, bei Berg in die szenisch-musikalische Dialektik verlagert, die zwischen Dr. Schöns Monolog und Lulus Kavatine besteht, eine Dialektik, die sich melodisch, durch den Kontrast der aufeinander bezogenen Tonfälle, ebenso drastisch manifestiert wie gestisch und mimisch. Der interne Gegensatz innerhalb eines Schauspieldialogs ist in der Oper, pointiert gesagt, in einen Kontrast zwischen ›Nummern‹ auseinandergelegt.«[64] Die Arie des Dr. Schön wiederholt die Liebesmelodie, mit dem Lied der Lulu wird sie unterbrochen: »Den Revolver niederhaltend, in entschiedenem selbstbewußten Ton« singt Lulu die Wahrheit über sich – in seinem Widmungsschreiben an Webern nannte Berg die 50 Takte dieses Liedes »die vielleicht wichtigsten der ganzen Oper«[65]: »Ich habe nie in der Welt etwas anderes scheinen wollen, / als wofür man mich genommen hat. – / Und man hat mich nie in der Welt für etwas anderes genommen / als was ich bin.« Im zweiten Teil der Zeilenpaare erfolgt jeweils die Zwölfton-Umkehrung der Melodie des ersten (allerdings nicht mit dem ersten Ton beginnend).[66] Wie immer Berg auch über Lulu gedacht haben mag, an dieser Stelle sagt er, Lulu ist mitnichten Natur, mitnichten das wilde schöne Tier, sie ist vielmehr nichts anderes als das, wofür sie die Männer nehmen. Nach dieser Offenbarung feuert Lulu fünf Schüsse gegen Dr. Schön.

Die Interpreten der Oper können sich scheinbar mit dem bloßen Spiegel nicht abfinden: sie suchen – auf den Spuren von Karl Kraus' Wedekind-Deutung, von der ja offenbar Berg selbst ausgegangen ist – in dem teuflischen circulus vitiosus, in dem alle Subjekte sich auflösen, nach einem wahren, einem männlichen Subjekt: in Alwa scheint es abermals gefunden. In der Oper ist – mit einiger Notwendigkeit – aus dem Wedekindschen Feuilleton-Dichter ein Komponist geworden. Hat Berg sich damit aber auch die Interpretation von Kraus zu eigen gemacht, die eine Identifikation mit dieser Figur in Aussicht stellt? (Berg zählte zu den geladenen Gästen der Wiener Aufführung der *Büchse der Pandora*.) Adorno bejaht diese Frage: »Tatsächlich ist Lulu nicht das Ich, aus dessen Perspektive musiziert wird, sondern Alwa, der sie liebt. Das tangiert die Einstellung der Musik zu ihrem Vorwurf. Die zynische Dimension wird von Berg kaum beachtet: Wedekind naht er wie Schumann Heineschen Gedichten. [...] Alwas Liebe, nicht die Seele der Heldin, die sie nicht hat, ist der Ort der Musik, die an sie sich herschenkt wie der todverfallene Künstler an die Schöne.«[67] Doch die Musik Bergs hat viele Orte: die Liebe der Geschwitz ebenso wie die Dr. Schöns, die Verzweiflung des Malers wie die Gier Rodrigos, und Adorno selbst ist es, der die Artikulation des Disparaten und die Interpolation zur Eigenart des Bergschen Komponierens rechnet. Alwas Beziehung zu Lulu ist nur eine der Liebes-Varianten, in ihr mag Berg sich selbst vielleicht wiedererkannt haben, doch auch sie entgeht nicht der durchaus zynischen Dramaturgie seiner Musik.

Claudia Maurer Zenck betrachtet die Identifikation Alban Bergs mit Alwa wesentlich differenzierter, sie verweist etwa auf die Ähnlichkeit der Reihen, die Alwa und seinem Vater zugehören. »Aber auch die aus der Schön-Reihe geformte Liebesmelodie [...] hat ihre Entsprechung auf der Basis der Alwa-Reihe: In der ersten Szene des zweiten Aktes, als Alwa Lulus Hand ergreift und über die Berührung ins Träumen kommt [...] taucht ein Thema zum erstenmal auf, das als ›Alwas Liebesthema‹ apostrophiert werden könnte«[68]; bei jenem so spätromantisch klingenden Intervallsprung unterscheidet sich die Liebe des Sohnes von der des Vaters nur um einen Halbton; die große Sexte ist »das Charakteristikum für Schön (und mit ihr der Durdreiklang), die kleine Sexte aber, durch die nachfolgende kleine Terz zum Molldreiklang komplettiert, in ihrem schwärmerisch sehnsüchtig angeschlagenen Tonfall bezeichnend für Alwa«[69]. Außerdem verweist Maurer Zenck auf den Prolog, den Berg als allerletztes komponiert hat: »Der Tierbändiger aber wird von ihm ausgerechnet mit Alwas Reihe bedacht. Berg nimmt sich, soweit er sich mit dem Komponisten Alwa identifiziert, aus der Geschichte der Zuweisung von Weiblichkeitsbildern nicht heraus.«[70] Die Interpretin aber neigt selber fast zu einer Identifikation mit Lulu: sie sieht in Lulu jedenfalls durchaus ein Subjekt, von Männerphantasien ist es bloß bedroht oder verdeckt – nicht eigentlich produziert. Musikalisch begründet Claudia Maurer Zenck dies mit einer Art Allegorese der Reihentechnik: die Grundreihe der Oper scheint als Wesen Lulus, als ihre unzerstörbare Substanz, begriffen zu werden, aus der alle anderen Wesen hervorgehen; die Bildharmonien und das Tanzthema aber als die von den Männern ihr aufgezwungenen Rollen.[71] Dabei kann die konkrete Analyse solcher Reihen-Metaphysik durchaus entbehren; über die Sonate von Dr. Schön schreibt Maurer Zenck, Lulu läßt sich darin »auf Schöns Bild von seiner adeligen Braut Adelheid ein (denn er hat ja auch von ihr ein Bild); dem entspricht die abgezirkelte, altmodische Tanzform der Gavotte. Lulu führt ihm sein Bild vor Augen, sie schlägt den Ton an, er läßt sich darauf ein« – er läßt sich also auf sein eigenes Bild ein. »Lulu kann den Kampf gegen den Mann Schön nur führen auf der von ihm festgelegten Ebene«[72] – die Frage ist nur, ob sie auf einer anderen Ebene überhaupt existiert.

Hans Ferdinand Redlich hat festgestellt, daß Berg die Krebsform »vor allem an krisenhaften Höhepunkten des Dramas« einsetzt[73]; seit dem *Kammerkonzert* wird sein Werk von dieser spezifischen Nutzung der Zwölftontechnik in ungewöhnlichem Ausmaß bestimmt: es ist »die Form einer magisch nach rückwärts gedrehten Musik [...], einer rückläufigen Bewegung im Spiegelbild, die das musikalische Geschehen nicht neu formen, sondern ungeschehen machen möchte, indem sie sich zum Ausgangspunkt allen Geschehens rückentwickelt – tiefster Wunschtraum des Künstlers, dem das Erlebnis seiner Gegenwart zu immer härterer Qual wird. Der gewaltsame Akt der rückläufigen musikalischen Bewegung im Krebsgang ist ein Phänomen des kinematographischen Zeitalters, dem Berg ja in der Verwandlungsmusik zu dem stummen Film im II. Akt der Lulu seinen Tribut gezollt hat. Die film- und radiogeborene Idee des technisch möglichen ›Play-back‹, der rückwärts sich abspulenden Schallplatte des Geschehens, wird hier zum musikalischen Symbol einer künstlerischen Sehnsucht, die das Geschehen als solches am liebsten ungeschehen machen möchte und der doch der Pegasusritt ›ins alte romantische Land‹ verwehrt ist.«[74] Zwischen der rein technischen und der weltanschaulichen Interpretation, zwischen den kinematographischen Aspekten und der künstlerischen Sehnsucht Bergs wäre freilich auch ein gesellschaftliches Moment zu entdecken, das sich aus der Dramaturgie der *Lulu* entschlüsseln läßt.

In die Mitte des zweiten Akts, an der Peripetie der Oper, hat Berg jenen Film gesetzt, womit der Abstieg Lulus eingeleitet wird: exakt in der Mitte des Filmes[75] beginnt seine Musik Ton für Ton zurückzulaufen. Daß sie es tut, ist – wie bei allen Krebsgängen – beim bloßen Hören wohl kaum zu erkennen, eher verbreitet die Musik eine eigenartig flaue Stimmung; sie fühlt sich an wie jener Raum, der – wenn der Vorhang sich nach dem Film wieder öffnet – zu sehen ist: es ist derselbe Raum wie in der vorangegangenen Szene: Dr. Schöns Saal in deutscher Renaissance: doch nun ist die Galerie »vollständig verhängt. Ebenso das Balkonfenster [...] und die Portière. [...] Die Staffelei ist leer, das Bild Lulus ist verkehrt gegen den Kamin gelehnt. Der Saal ist nur durch eine auf dem Mitteltisch stehende tief verschleierte Stehlampe erhellt. Auch sonst eine gegen die frühere Szene kontrastierende Mattigkeit, Verstaubtheit, Unbewohntheit des Raumes, der künstlich gegen das Tageslicht draußen abgeschlossen ist.«[76] Die Familie ist zerstört, ihre Interieurs sind schon unbewohnt; von nun an ist Lulu den Gesetzen des Marktes unmittelbar ausgeliefert. Die musikalische Dramaturgie erreicht darin ein äußerstes an Determination. Die melodischen, rhythmischen und dynamischen Krebsgänge erfassen nun vermehrt auch die Mikrostrukturen der Musik: Friedrich Cerha hat für den dritten Akt auf die »zunehmende Häufung retrograder rhythmischer Bildungen auf engem Raum«[77] hingewiesen. Sie

korrespondieren mit dem Wiederholungszwang, den die Musik in
dem unvollendeten Akt annimmt; sie ist »auf einem System von musikalischen Reprisen aufgebaut, das mit ganzen Szenen und Aktsegmen-
ten operiert. So läßt sich der ganze III. Akt als Reprise von I und II
auffassen, wobei große Teile von I/1 und II/2 in wörtlichem Zitat
wiederkehren«[78]. Redlich verglich den letzten Akt darum mit der
Wagnerschen *Götterdämmerung*. Doch im Unterschied zum letzten
Teil der *Ring*-Tetralogie, wird die Macht des Vergangenen nicht
mythisiert, sondern als Funktion einer geschichtslosen Gegenwart gestaltet.

Die beiden Szenen des Aktes spielen in den Interieurs des Tauschwerts: die erste in einem geräumigen Pariser Salon (in der Hinterwand
eine breite Flügeltür, die in das Spielzimmer führt), die zweite in einer
engen Londoner Dachkammer, mit einer Tür zu Lulus Verschlag; in
der einen geht es um Börsengeschäfte, in der anderen um Prostitution.
Bankiers und Mädchenhändler bevölkern die erste Szene; Lulu ist
umstellt von Mitwissern ihrer kriminellen Vergangenheit. Drei große
zwölfstimmige Ensemblesätze bilden die dramaturgischen Grund-
pfeiler, zwischen ihnen kämpft Lulu ums Überleben. »Die gezeiten-
hafte Ebbe und Flut dieser drei Ensembles, die zwischen Spiel- und
Speisezimmern, zwischen Bakkarat und Sekt rhythmisch oszillieren,
läßt jeweils die Vorderbühne frei für die Auseinandersetzung Lulus
mit den ungelösten Problemen und den unbefriedigten Mächten ihrer
Vergangenheit.«[79] Berg treibt dabei die Determination aller szenischen Vorgänge weiter denn je: er hat für die Partitur an mehreren
Stellen Skizzen des Bühnenraums angefertigt, worauf mittels Pfeilen
die Bewegungen der Akteure festgelegt werden. Der erste Ensemblesatz – eine Wiederkehr des Prologs – exponiert die Spekulation
in »Jungfrau-Aktien«[80]; der zweite verkündigt mit dem freudigen Ruf
»Alle Welt hat gewonnen« die Hausse dieser Aktien an – »Ja, es ist
kolossal, wo das viele Geld herkommt«[81]; der dritte die Baisse: »Alle
Welt hat verloren« – »Ja, es ist rätselhaft, wo das viele Geld hinkam«.[82]
Reprise und retrograde Wendung verdichten sich insbesondere im
zweiten und dritten Ensemble – das letztere blieb Fragment[83] – zu
einer wahrhaft unheimlichen Gleichzeitigkeit musikalischer Abläufe.
Mit ihren polymetrischen Konstruktionen erscheinen sie wie die Po-
tenzierung jener berühmten Szene aus dem *Don Giovanni*, in der drei
Tänze übereinander geschichtet werden.

Doch an einem Punkt gab Alban Berg die Konsequenz seiner musikalischen Mimikry des Tauschwerts auf und suchte offenbar nach einem ebenso billigen wie oft gebrauchten Kompromiß: das Particell verwendet das Judentum des Bankiers als Metapher für das Geld. Berg fügt den Worten des Bankiers: »Der Herr soll doch nur einfach bares Geld zahlen« die Regiebemerkung »mauschelnd«[84] hinzu, und dies geschieht genau in der Situation, als der Wert der Aktie abstürzt: »Gestern stand sie auf zweihundertzehn. Heute steht sie überhaupt nicht mehr. Und morgen finden Sie nichts Billigeres und nichts Geschmackvolleres zur Tapezierung Ihres Treppenhauses«, sagt der Bankier noch, ehe die anderen einstimmen mit »Alle Welt verliert! Alle Welt verliert!« (III / 1) Berg wollte offensichtlich die antisemitische Metapher auch komponieren – im Stile etwa von Wagners Juden-Karikaturen Alberich und Mime: »Die Musik drückt durch die kreischend hohen Töne das Überschlagen der Stimme und durch tiefe 16-tel das Gemauschel (symbolisch) aus«[85] – so beschrieb jedenfalls Arnold Schönberg die Skizzen des Particells, die ihm vorlagen, und begründete damit seine Ablehnung, die Oper des verstorbenen Freundes und Schülers fertigzustellen: »Aber Gedankenlosigkeit zugegeben: so erscheint mir Mauscheln heute gewiß eher ehrwürdig, als Symptom von Schufterei, wo ich soviele Ehrwürdige kenne, die mauscheln und von sovielen weiß, die durch nichts anderes als durch ihr Mauscheln der Ehre eines Martertodes würdig befunden worden waren. Soll ich mich nun daran inspirieren, zur Instrumentation einer Musik, die eine besondere Art von Gemeinheit bereits durch den Umstand gekennzeichnet findet, daß diese Person ein Jude ist, da sie mauschelt?«[86] Berg hat zwar etwa den Schluß, nicht aber diesen Teil der Oper fertiggestellt: Zögerte er vielleicht selbst? War es die Konsequenz seiner Kompositionsmethode oder die der antisemitischen Charakterisierung, die ihn vielleicht zögern ließ? Die antisemitische Metaphorik, die er im Entwurf verwendet, um die ungreifbaren und unheimlichen Vorgänge des Geld-Markts greifbar zu machen, bedeutet ein ethisches und ein ästhetisches Versagen,[87] das die fragmentarische Gestalt der Oper auf sonderbare Weise aber doch ganz im Sinne von Schönbergs Einwand sanktioniert. (Jedenfalls stimmt es nachdenklich, daß diesem Problem bei den Diskussionen um die Komplettierung der Oper durch Friedrich Cerha kaum eine Bedeutung beigemessen wurde.)

Mit der Baisse ist auch Lulus ganzes Vermögen verschwunden, sie ist nun gezwungen, ihren Körper zu verkaufen. Ihr Auftritt in der Londoner Dachkammer eröffnet ein einziges großes Ritardando: Stufe für Stufe verlangsamt sich das Tempo der Musik: Presto, Vivace, Allegro, Animato, Allegretto, Andantino, Sostenuto, Andante, Adagio, Lento, Largo, Grave. Die Rollen der drei Freier, die bei Lulu erscheinen, läßt Berg – im Unterschied zu Wedekind – von den Darstellern ihrer drei Gatten spielen, und ihre Musik besteht aus Reminiszenzen des ersten Akts. Dr. Schön kehrt dabei als Frauenmörder Jack the Ripper wieder - und – wie um jedes Mißverständnis auszuschließen – klingt die Coda der Sonate mit der Liebesmelodie an. Wenn er Lulu schließlich ermordet, ertönen alle zwölf Töne gleichzeitig,[88] es sollte offenbar der einzige Zwölftonakkord der Oper sein. Während er im *Wozzeck*, in der letzten Verwandlungsmusik, nur einen Übergang zur Tonika bildet, ist er hier der Endpunkt musikalischer Entwicklung. Die Rückkehr zur Tonalität, die als ferne Möglichkeit – außerhalb der dramatischen Handlung – im *Wozzeck* anklingt, ist – auch als Möglichkeit – durch die Anwendung der Zwölftontechnik ausgeschlossen. Zurück bleibt ein sich selbst zerstörender Mechanismus, der das Tragische nur mehr parodiert: Lulu vernichtet die Männer, die Männer vernichten Lulu. Der Ursprung ist das Ziel.

Dennoch endet die Oper nicht mit dem Zwölftonakkord: zu den letzten Worten der sterbenden Gräfin Geschwitz, die ganz der Liebe zu Lulu gehören, erklingen Quinten – und es läßt sich nicht unterscheiden, ob es die Quinten der Geschwitz sind oder Reminiszenzen an *Wozzecks* Marie, an das Motiv ihres vergeblichen Wartens.

Spiegelt Lulu den Männern deren eigene Phantasien zurück – so bleibt sie selber ein Rätsel. Das, was sie jenseits dieses Projektionsvorganges sein könnte – Natur –, wird von Wedekind und Berg im Dunkeln gelassen, oder bewußt verdunkelt.[89] Die Rückseite des Spiegels ist schwarz. Erst die aller Spätromantik der Jahrhundertwende entsagende Generation der Zwanziger Jahre machte sich daran, das Rätsel aufzulösen. Wedekind selbst hatte wohl ein wenig die Courage verlassen, eine Frauenfigur wie Lulu wagte er nicht mehr. Stattdessen folgte er dem Rat Nietzsches, und machte der unheimlich gewordenen Frau ein Kind, und schon wurde sie zu einer Gestalt, wie sie Gerhart Hauptmann oder Ludwig Anzengruber hätte erschaffen können: Klara Hühnerwadel in *Musik* ist, trotz ihres grotesken Namens, als ein typisches naturalistisches Opfer gestaltet, von ihr geht keinerlei Gefahr für die Männerwelt aus; Franziska, der im ersten Akt des gleichnamigen Stücks gewisse Züge Lulus nicht fehlen, hat im letzten einen unehelichen Sohn und heiratet, ohne Liebe, einen braven biederen Mann. Ein anderes Beispiel für eine Art Rückzug ist Robert Musils Posse *Vinzenz oder die Freundin bedeutender Männer*, die versucht, die Sexualität selbst in ein intellektuelles Spiel zu verwandeln: die Freundin bedeutender Männer wird zum Spiegel männlicher Eitelkeiten. Die jungen Dramatiker der Zwanziger Jahre reagierten nicht mehr defensiv: sie stellten mit Brechts *Baal* oder Bronnens *Vatermord*, der femme fatale einen monströsen homme fatal entgegen, der wie ein Naturereignis die Frauen mit seiner sexuellen Gier verschlingt, oder sie suchten in Lulus Schatten einen neuen weltanschaulichen Sinn: in Bronnens *Rheinischen Rebellen* dient die femme fatale zur Verkörperung der Nation (Alban Berg überlegte noch 1927, ob er nicht sie statt *Lulu* vertonen sollte[90]), bei Hans Henny Jahnn wird sie zur Stifterin einer neuen, dem Christentum entgegengesetzten Religiosität[91]. Merkwürdig ist, daß es der Musik nicht nur bedurfte, den Fetisch, den Lulu in ihrer undurchdringlichen Bedeutung darstellt, festzuhalten, sondern auch dazu, ihn aufzulösen.

Statt eines Erdgeistes treten in den beiden Opern von Brecht und Weill ganz normale »Huren« auf, die durch die sexuelle Hörigkeit der Männer erst ihre fatale Bedeutung gewinnen. Die metaphysisch schillernde Partie der Lulu wird zur schäbigen grauen Moritat der *Dreigroschenoper*: »So mancher Mann sah manchen Mann verrecken: / Ein großer Geist blieb in 'ner Hure stecken« (Zwischenspiel)[92] Die Auflösung des Fetisches läßt andererseits inmitten der Ohnmacht eine Stimme des Hasses hervortreten, die Lulu durchaus fremd war. Zu ihrer eigenen Hochzeit singt Polly das Lied der Seeräuber Jenny: »...Und fangen einen jeglichen aus jeglicher Tür / Und legen ihn in Ketten und bringen vor mir / Und fragen: welchen sollen wir töten? / Und an diesem Mittag wird es still sein am Hafen / Wenn man fragt, wer wohl sterben muß. / Und dann werden Sie mich sagen hören: Alle! / Und wenn dann der Kopf fällt, sag ich: Hoppla!« (2)

In der Operndramaturgie von Brecht und Weill droht die Liebe aber zu einer bloßen Funktion des Tauschwerts zu werden: In *Mahagonny* singen die sechs Mädchen: »For we must find the next pretty boy / For if we don't find the next pretty boy / I tell you we must die!« – und in der nächsten, letzten Strophe erfährt man, warum: »For if we don't find the next little dollar / I tell you we must die!« (2)[93] Mit der Substitution der Sexualität durch das Geld sind wohl die neuen Möglichkeiten der Oper, die Brecht und Weill eröffnet haben, schon wieder verspielt. (Die Hinwendung zum Lehrstück brachte dann auch eine weitgehende Entsexualisierung des Theaters.) Und diese Möglichkeiten sind keineswegs gering zu schätzen. Mit der Auflösung des weiblichen Fetisches zerfällt auch die *absolute Einheit von Text, Szene und Musik*, die Wagner geschaffen hatte und die noch in der Inversion der Zweiten Wiener Schule bewahrt blieb. »Der Einbruch der Methoden des epischen Theaters in die Oper«, so Brecht, »führt hauptsächlich zu einer radikalen Trennung der Elemente.«[94] Die Opernform entspannt sich gleichsam wieder: sie löst sich in einzelne Musikstücke auf, die mehr oder weniger lose aneinandergereiht sind; durch Sprechszenen verbunden oder durch rezitativische Teile. Kurt Weill berief sich in seinen Opern-Essays nicht zufällig öfters auf Mozart; Schönberg und Berg hingegen galten ihm als Vollendung, nicht als Aufhebung des 19. Jahrhunderts. Über *Wozzeck* äußerte er, es sei ein »in seiner Art einzig dastehendes Kunstwerk, das zwar nicht als zukunftsträchtig gelten kann, aber doch als grandioser Abschluß einer Entwicklung, die in direkter Linie von Wagners Tristan über Debussys Pelleas und Melisande und Strauss' Elektra bis zu dieser völlig negativen Kunst führt«[95]. Das Schicksal der Liebe ist auch das der Tonalität: beide werden parodiert. Mittels musikalisch nicht allzu aufwendiger Verfremdungseffekte (Übertreibung, Leerformeln, Instrumentierungseffekte, willkürlich einmontierte Dissonanzen etc.), erscheint die tonale Grundlage der Musik als fadenscheinig. Die Musik Weills ist doppelbödig. Wenn aber die Tonalität der obere Boden ist, dessen Festigkeit sich als scheinhaft erweist, dann ist der untere kein musikalischer mehr. (Anders etwa als bei Berg, bei dem manchmal und mit Bewußtheit tonale Wirkungen auf der Grundlage der Zwölftontechnik entstehen.) Es bleiben nur die gesellschaftlichen Verhältnisse, auf deren Grundlage Liebe wie Tonalität parodiert zu werden vermögen. Jenes C-dur, das im *Wozzeck* erklingt, sobald das Geld seine Rolle spielt, ist von Weill und Brecht gewissermaßen zu einer vollständigen Opernästhetik ausgebaut worden. Die Atonalität verliert offenbar ihren zwingenden Charakter, den die Methode der Komposition mit zwölf Tönen zu fixieren sucht, wenn Tonalität auf diese Art doppelbödig wird: sieht man von Strawinskys *L'histoire du soldat* einmal ab, erreicht die musikalische Dramaturgie eigentlich erst in der *Dreigroschenoper* jene Möglichkeiten, die Gustav Mahler der Symphonie erobert hatte: die Ironie des Tonalen. Strawinskys spätes Werk *The rake's progress*, worin, wie schon in der *Geschichte vom Soldaten*, die Liebe buchstäblich zum Teufel geht – und der Teufel ist eine märchenhafte Metapher für das Geld –, lebt von dieser Ironie ebenso wie Hans Werner Henzes und Ingeborg Bachmanns Oper *Der junge Lord*, bei der die Ironie allerdings eine romantische Färbung annimmt. Ingeborg Bachmann spricht auch fast wehmütig von einer Gegenwart, »da die Künste auseinanderzutreten scheinen, sich wenig Blicke zuwerfen und nicht mehr in den alten Umarmungen liegen«[96].

Die Einheit der Oper wird nicht unbedingt aufgelöst, sondern bloß doppelbödig gemacht. Ihre einzelnen, von Wagner ineinander verschmolzenen Teile werden mit einer besonderen, ästhetischen Ironie auseinandergenommen: die Formen thematisieren einander (*Ariadne auf Naxos* oder *Capriccio* suchen übrigens dasselbe ironische Verhältnis *innerhalb* der Opern-Fiktion herzustellen); Musik und Dialog werden gegeneinander gestellt: einander unterbrechend und wechselseitig beleuchtend, gleichsam entlarvend; das Orchester wird sichtbarer als es einmal war, es wird nicht selten auf die Bühne versetzt (*Dreigroschenoper*, *Geschichte vom Soldaten*); die Musik dient durchwegs als episches Mittel, das den fiktionalen Charakter der Handlung illuminiert. Der Terminus *Literaturoper* verbirgt hier eher den Prozeß der Dissoziation der geschlossenen musikdramatischen Form. Viele Komponisten des 20. Jahrhunderts scheinen nur darum auf literarische Originale zurückzugreifen, um ihre Musik klarer von den dramatischen Strukturen scheiden zu können.

Die Entwicklung des Dramas nach Wedekind verläuft ähnlich, wenn auch nicht parallel; die *Dreigroschenoper* bildet sozusagen einen Schnittpunkt in der Geschichte beider Gattungen, wie es ihn seit Richard Wagners Gesamtkunstwerk nicht gab. Auch auf der Seite des Dramas finden sich dabei manche Versuche, die ganz nahe an diesen Schnittpunkt heranreichen. So wären Ödön von Horváths Volksstücke ihrem Wesen nach Dreigroschendramen zu nennen: ihre Ironie entfalten auch sie in der Auflösung der Lösungsversuche, die in der Geschichte der Dramaturgie der Geschlechter akkumulierten und deren Deponien die Operetten-, Musicaltheater und Filmstudios geworden sind. Die Musik spielt dabei keine geringe Rolle; die Phrasen, in denen Horváths Menschen sprechen, denken und fühlen, gleichen strukturell den musikalischen Themen, die Horváth wieder und wieder auf der Bühne zitiert; nur daß im Unterschied zu Weill die Verfremdung von der Musik nicht selber besorgt wird, sondern allein von der Gegenwart der Situation; diese Gegenwart ist so fadenscheinig geworden wie die Weillsche Tonalität: auch sie hat einen doppelten Boden. Wenn die »Stille« das Netz der Dialoge einreißt, dann sieht man durch sie hindurch auf die Vereinzelung. Ihr fallen alle Lösungsversuche zum Opfer, die jemals zur Vereinigung der Geschlechter erfunden wurden; für die Erlösung genügt Horváth fast Nestroysche Komik:

LENI Nicht deprimiert sein –

KARL Ich glaub, ich bin verflucht –

LENI Nein, nicht!

KARL (erhebt sich) Doch!

(Stille)

KARL (setzt sich wieder)

LENI Glaubst du an Gott?

KARL (schweigt)

LENI Es gibt einen Gott, und es gibt auch eine Erlösung.

KARL Wenn ich nur wüßt, wer mich verflucht hat.

LENI Laß mich dich erlösen.

KARL Du? Mich?

LENI Ich hab viertausend Mark, und wir gründen eine Kolonialwarenhandlung.

KARL Wir?

LENI Draußen bei meinem Onkel –

KARL Wir?

LENI Ich und du.

(Stille)

KARL In bar?   (6)[97]

Wie Brecht und Weill verwendet Horváth jenes von Alban Bergs *Lulu* exponierte Motiv, wonach die eheliche oder voreheliche Gemeinschaft der Geschlechter der Beziehung zwischen Zuhälter und Prostituierter zum Verwechseln ähnlich sieht; die politische Instrumentalisierung der Frau erscheint dabei nur als ein Spezialfall. In der *Italienischen Nacht* schickt Martin seine Freundin Anna »auf den politischen Strich«: sie soll sich als »leichtes Mädchen« geben, um von den Faschisten politi-

sche Informationen auszukundschaften. Anna blickt zu Martin auf wie
Thusnelda zu Hermann dem Cherusker: »Ich war blöd, dumm verlo-
gen, klein, häßlich«, erzählt sie Karl, »er hat mich emporgerissen. Ich
war nie mit mir zufrieden. Jetzt bin ichs. (Karl verbeugt sich leicht)
Jetzt hab ich einen Inhalt, weißt du. (Langsam ab)« (6) Daß der politische Inhalt von den Mitteln nicht zu trennen ist, läßt einen Abgrund
zwischen Martin und Anna entstehen, der sich im langsamen Abgehen
Annas bereits auftut. Die Gesten, die Stille und die Blicke, die Horváth
dramatisiert, sind wichtiger als die Worte:

MARTIN   (leise) Was ist denn das dort für ein Fleck?

ANNA   Wo?

MARTIN   Da.

ANNA   Da? Das ist ein Fleck –

　　(Stille)

　　Morgen wird er blau.

MARTIN   So.

ANNA   Er war halt so grob.

MARTIN   (etwas unsicher) So, war er das –

ANNA   So sind sie alle, die Herren Männer.

　　(Stille)

MARTIN   Schau mich an.

　　(Anna schaut ihn nicht an)

　　Warum schaust mich denn nicht an?

ANNA   Weil ich dich nicht anschaun kann.

In den *Geschichten aus dem Wienerwald* wird an erster Stelle der Vater
demontiert: hier leuchtet der Tauschwert kaum weniger grell durch die
Liebe als in dem Verhältnis von Peachum zu Polly: »Elend sind wir
dran, Herr Rittmeister, elend. Nicht einmal einen Dienstbot kann man
sich halten. Wenn ich meine Tochter nicht hätt –« sagt der Zauberkönig
(1. Teil/2)[98]. Höhepunkt von Horváths ironischer Dramaturgie ist gewiß der Schluß des Stücks, worin die Phrasen, auch die musikalischen,
so miteinander verknüpft werden, daß die Komödie sich gleichsam an
ihrem eigenen guten Ende erhängt:

MARIANNE   Ich hab mal Gott gefragt, was er mit mir vorhat. – Er hat
　　es mir aber nicht gesagt, sonst wär ich nämlich nicht mehr da. – Er
　　hat mir überhaupt nichts gesagt. – Er hat mich überraschen wol-
　　len. – Pfui!

OSKAR   Marianne! Hadere nie mit Gott!

MARIANNE   Pfui! Pfui! (Sie spuckt aus.)
(Stille)
[...]
OSKAR   Gott ist die Liebe, Mariann – und wen er liebt, den schlägt
er –
MARIANNE   Mich prügelt er wie einen Hund!
OSKAR   Auch das! Wenn es nämlich sein muß.
(Nun spielt die Großmutter auf ihrer Zither drinnen im Häuschen die »Ge-
schichten aus dem Wiener Wald« von Johann Strauß)
Mariann. Ich hab dir mal gesagt, daß ich es dir nie wünsch, daß du
das durchmachen sollst, was du mir angetan hast – und trotzdem
hat dir Gott Menschen gelassen – die dich trotzdem lieben – und
jetzt, nachdem sich alles so eingerenkt hat. – Ich hab dir mal gesagt, Mariann, du wirst meiner Liebe nicht entgehn –
MARIANNE   Ich kann nicht mehr. Jetzt kann ich nicht mehr –
OSKAR   Dann komm –
(Er stützt sie, gibt ihr einen Kuß auf den Mund und langsam ab mit ihr – und in
der Luft ist ein Klingen und Singen, als spielte ein himmlisches Streichorche-
ster die »Geschichten aus dem Wiener Wald« von Johann Strauß)
(3. Teil/IV)
Es gibt allerdings Momente in Horváths Dreigroschendramen, in de-
nen die Frauen selbst sich auf den Fatalismus der Tauschwert-Beziehungen berufen und daraus eine Kraft gewinnen, die ihnen Einspruch
und Widerstand erlaubt; solche Momente auch unterscheiden Ma-
rianne von Hebbels Klara, die ihrem Vater Meister Anton buchstäblich
nichts entgegensetzen kann; Marianne aber schlägt mit der Faust auf
den Tisch und sagt zum Zauberkönig, als dieser seine Tochter verleugnen will: »Halts Maul! Du bist doch mein Papa, wer denn sonst!? Und
hör jetzt mal - wenn das so weitergeht, ich kann nichts verdienen – und
auf den Strich gehen kann ich nicht [...] ich hab ja als ungelernte Frau
sonst nichts zu geben – dann bleibt mir nur der Zug.« (3. Teil/I) Es
gelingt ihr, den Vater soweit in die Enge zu treiben, daß er sich ganz
ausspricht über seine genuinen Gefühle als Familienoberhaupt: »So!
Das auch noch. Das willst du mir also auch noch antun – (Er weint
plötzlich) Oh du gemeines Schwein, was machst du denn mit mir auf
meine alten Tag? Eine Schande nach der anderen – oh ich armer alter
Mensch, mit was hab ich denn das verdient?!« Und Marianne antwortet
scharf: »Denk nicht immer an dich!«

»Geh mir aus den Augen, sonst reiß ich mir die Augen aus!«, sind die letzten Worte, die Elisabeth am Ende von *Glaube Liebe Hoffnung* »ihrem Alfons« anvertraut. »Bild dir doch nicht ein, daß ich wegen dir ins Wasser bin. [...] Ich bin doch nur ins Wasser, weil ich nichts mehr zum Fressen hab – wenn ich was zum Fressen gehabt hätt, meinst, ich hätt dich auch nur angespuckt?! Schau mich nicht so an!! (Sie wirft mit der Schnapsflasche nach seinen Augen, verfehlt aber ihr Ziel.)« (14)[99]

Soweit die Dramatik aber über die Ironie doppelbödiger Gegenwart hinausgeht, beginnt sie fast systematisch die einzelnen Momente des Theaters freizusetzen: sie thematisiert ihre eigenen Prämissen. Pirandellos *Sechs Personen suchen einen Autor* ist wohl das hervorstechendste Beispiel einer solchen extravertierten Dramaturgie: sie beruht auf einer vielfachen Brechung dramatischer Einheit. Das alte Komödienprinzip des Theaters auf dem Theater wird potenziert: die Bruchlinie zwischen der Probensituation mit Theaterdirektor und Schauspielern und den fiktiven Personen eines nicht zu Ende geschriebenen Dramas ist zugleich eine zwischen Komödie und Trauerspiel: das Theater erscheint als Reich des Komischen, das den Tod nicht kennt, nur die lächerliche Eifersucht und die Eitelkeit; das Drama aber ist Stätte der Trauer. Und die Personen der Theaterkomödie betrachten die Gestalten des Trauerdramas. Pirandello errichtet also mittels der Gegenüberstellung von Theater und Drama, Komödie und Tragödie eine epische Distanz, die es den sechs Personen erst ermöglicht, einen Autor zu suchen, zu diesem Zweck ihre Geschichte zu erzählen und probeweise vorzuspielen.

Die Geschichte ist ein nicht zu Ende geführtes Familiendrama. Da es nicht zu Ende geführt ist, erzwingt es die epische Form, und mit ihrer Hilfe versuchen die Personen, ihrem Trauerspiel auf den Grund zu kommen. Pirandello positioniert zudem den Vater etwas außerhalb der Familie: Aus lauter Langeweile an seiner Frau – »schrecklich ist... ihre Taubheit, ihre geistige Taubheit! Herz? Ja. Für die Kinder. Aber das Gehirn ist taub und stumpf, zum Verzweifeln stumpf.« (S. 42)[100] – befördert der Vater eine sich andeutende Beziehung zwischen ihr und seinem Angestellten. Weil er neben dieser Frau nicht mehr leben kann, schickt er sie schließlich zu ihm, »wohlversehen mit allem, um sie von mir zu befreien«. Er wird aber, wie er dem Theaterdirektor bekennt, zunehmend neugierig auf die »kleine Familie, und allmählich immer

mehr von ihr angezogen, die ja durch mich entstanden war« (S. 46). Auch
außerhalb der Familie behält der Vater sein patriarchalisches Bewußtsein
durchaus bei: er ist der Zeuger, der Schöpfer; vor allem möchte er dabei
auf Empfindsamkeit keineswegs verzichten; mit einem Wort: er nähert
sich der Position des Trauerspiel-Autors an. Zu seiner ehemaligen Frau
sagt er: »Habe ich dich je aus den Augen gelassen, bis er dich dann von
heute auf morgen ohne mein Wissen in eine andere Stadt mitnahm, weil
er töricht genug war, sich durch mein reines Interesse beunruhigen zu
lassen. Ein selbstloses Interesse, Herr Direktor, glauben Sie mir, ohne
die geringste Nebenabsicht. Ich nahm mit unvorstellbarer Zärtlichkeit
Anteil an der neuen kleinen Familie, die da entstand« (S. 45). Das Interesse gilt insbesondere der kleinen Stieftochter. »Ich war noch ganz klein,
wissen Sie, ein kleines Mädchen mit Zöpfen, die auf die Schulter baumel-
ten, und Höschen, die unter dem Rock hervorguckten – *so* klein – – da
stand er immer vor dem Tor, wenn ich aus der Schule kam. Er wollte
sehen, wie ich heranwuchs.« (S. 46)
Auf der Probebühne, vor den teils gelangweilten, teils künstlerisch
interessierten Ensemblemitgliedern und dem dramaturgisch kalkulie-
renden Theaterdirektor gerät die Beziehung der Geschlechter in ein
sonderbar nüchternes Licht; der Vater erscheint als nachdenklicher
Bordellbesucher, der vom schlechten Gewissen geplagt wird und dennoch von sorgloser Redseligkeit strotzt: »Ach, Herr Direktor, nach
außen, vor den anderen, da trägt jeder Würde, aber im Grunde weiß er
sehr wohl, daß er sich gar nicht eingestehen kann, was alles in seinem
Innern sich abspielt. Man gibt nach, man unterliegt der Versuchung,
um gleich danach wieder aufzustehen und schleunigst seine ganze
Würde von neuem aufzurichten, wie einen Stein über einer Gruft, der
vor unseren eigenen Augen jedes Zeichen und selbst jede Erinnerung an
diese Schande verbirgt und begräbt. Und so geht es allen! Es fehlt nur
der Mut, so etwas auszusprechen.« (S. 48) Den Mut faßt der Vater bei
Pirandello nur, weil er dem Theaterdirektor in epischer Distanz gegenübergestellt ist. Das, was Lulus Männer wirklich tun, wird von ihm
berichtet. Die sexuelle Begegnung mit der Stieftochter im Freudenhaus
wird als Theaterprobe von denen gespielt, die sie ›wirklich‹ erlebt haben
– oder genauer: erleben, denn, wie sagt die Mutter: »es geschieht jetzt,
es geschieht immer! Meine Qual ist nicht gespielt, Herr Direktor! Ich
bin lebendig und gegenwärtig, immer, in jedem Augenblick meiner
Qual, die sich unaufhörlich erneuert.« Die Zeit des Dramas ist stillge-

stellt – und das aufgesprengte Kontinuum dramatischer Zeit und der Ort des Bordells erlauben es erst, die Schlußszene der *Emilia Galotti* zu rekonstruieren und ihren Sinn zu entstellen:

STIEFTOCHTER Sie können mich darstellen lassen, wie Sie wollen, Herr Direktor, das ist mir gleich. Meinetwegen auch in Kleidern, aber die Arme – nur die Arme – müssen nackt sein. Denn sehen Sie, als ich *so* dastand, (geht zum Vater und lehnt den Kopf an seine Brust) den Kopf so angelehnt, und die Arme so um seinen Hals, sah ich hier am Arm eine Ader schlagen, und da, als ob es nur diese pochende Ader wäre, vor der mir schauderte, preßte ich die Augen fest zusammen – so, so – und verbarg den Kopf an seiner Brust! (S. 86)

Die Stieftochter aber ist weder eine empfindsame Trauerspiel-Tochter wie Emilia noch ein obskurer Spiegel der Männerphantasien wie Lulu: sie wird in der epischen Distanz zwischen Theaterkomödie und Familiendrama zur sprachmächtigen und konfliktbereiten Figur. Der Vater versucht zunächst zwar das epische Subjekt an sich zu reißen und der Stieftochter die Stimme zu nehmen: »Schaffen Sie Ordnung, Herr Direktor, lassen Sie *mich* reden und hören Sie nicht auf diese Schmutzgeschichten über mich, die sie Ihnen mit aller Gewalt weismachen will, ehe ich nicht die notwendigen Erklärungen gegeben habe.« (S. 40) Doch es ist eben die Instanz des Theaterdirektors und seines Ensembles, die den Vater allmählich zurückdrängt und jeden einzelnen an dem Drama Beteiligten zu Wort kommen läßt. Zum eigentlichen Antagonisten des Vaters wird dabei die Stieftochter.

DER VATER Und die Frauen – wie ist das bei denen? Eine Frau wirft uns Blicke zu, reizt uns, fordert uns auf. Du nimmst sie dir. Kaum liegt sie da, macht sie gleich die Augen zu. Das ist das Zeichen ihrer Hingabe. Damit sagt sie dem Manne: werde blind – ich bin es schon.

STIEFTOCHTER Und wenn sie die Augen nicht mehr schließt? Wenn sie nicht mehr das Bedürfnis hat, vor sich selbst die Schamröte zu verbergen und statt dessen mit Augen, die jetzt kalt und leidenschaftslos sind, den Mann so vor sich sieht, der doch ohne Liebe blind geworden ist? Ah – dieser Ekel! Dieser Ekel vor all den intellektuellen Komplikationen, vor dieser ganzen Philosophie, die erst das Tier im Menschen entdeckt und es dann retten und entschuldigen will! Ich kann das nicht hören, Herr Direktor! Denn

wenn man gezwungen ist, sein Leben zu ›vereinfachen‹, im Sinne
des ›Tierischen‹, indem man den ganzen ›menschlichen‹ Ballast, das
Streben nach Keuschheit, all die reinen Gefühle, Ideale, Pflichten,
Zurückhaltung und Scham über Bord wirft, dann ist nichts wider-
wärtiger und ekelhafter als derartige Skrupel: reine Krokodilsträ-
nen!« (S. 49)
Freilich achtet der Theaterdirektor als klassisch denkender Dramaturg
auch darauf, daß die Tochter nicht zu sehr in den Vordergrund rückt
und den Platz des epischen Subjekts usurpiert: »Es ist ja schließlich
nicht nur Ihre Tragödie! Es ist auch die der anderen. Seine (zeigt auf den
Vater…) und die Ihrer Mutter! Es geht nicht, daß eine Person sich so in
den Vordergrund drängt, die anderen überspielt und die Bühne für sich
allein in Anspruch nimmt! Wir müssen doch alles in einen Rahmen
bringen und das darstellen, was darstellbar ist! Das weiß ich auch, daß
jeder sein eigenes Leben in sich hat, das er gern herausstellen möchte!
Aber das Schwierige dabei ist eben, nur das zu zeigen, was in der Beziehung zu den anderen notwendig ist, und dennoch in diesem Wenigen
alles andere erkennen zu lassen, was nicht sichtbar ist! Das wäre bequem, wenn jede Person in einem schönen Monolog brodelt!« (S.
83 f.)
Ist die Stieftochter auch konfliktbereit, der Konflikt kann dennoch
nicht ausgetragen werden: hier setzt die epische Distanz dem Drama
eine Grenze. Der Schluß, den Pirandello erfunden hat, ist tatsächlich
nur ein Notbehelf: sein Stück hat in Wahrheit kein Ende. Es vermag
sich kein Subjekt als teleologische Instanz zu behaupten: die Personen
finden eben keinen Autor – nur einen Regisseur. Und gerade der Moment, da der Verlust dieses teleologischen Subjekts bewußt wird, erlaubt es auch, die der dramatischen Form eigene Möglichkeit zur Objektivität zum Thema zu machen – der Vater sagt zum Direktor:
»Wenn die Figuren lebendig, wirklich lebendig vor ihren Autor treten,
dann hat er nichts anderes mehr zu tun, als ihren Handlungen, ihren
Worten und ihren Bewegungen zu folgen, wie sie sie ihm vorschlagen,
und er muß sie so wollen, wie sie sich selbst wollen. Und wehe ihm,
wenn er das nicht tut. Sobald eine Figur geboren ist, erlangt sie sofort
eine solche Unabhängigkeit auch vor ihrem eigenen Autor, daß es jedem freisteht, sie sich in allen möglichen Situationen vorzustellen, an
die der Autor nie gedacht hat; manchmal gewinnt sie sogar eine Bedeutung, die dem Autor nicht einmal im Traum eingefallen wäre« (S. 94).

Und der Theaterdirektor als Regisseur kann hier natürlich nur begeistert zustimmen, ist doch sein Metier angesprochen: »Aber ja, das weiß ich!« Die Stieftochter freilich präzisiert die Beziehung zwischen Autor und Figur in einem wesentlichen Punkt, auch sie hat einen sexuellen Aspekt, der jedoch die Objektivität sogar zu intensivieren vermag: »In der melancholischen Stille seines Arbeitszimmers, zur Dämmerstunde, bin ich gekommen, um ihn zu verlocken. Er saß allein in seinem Lehnstuhl, konnte sich nicht entschließen, Licht zu machen, und ließ es zu, daß die Dunkelheit in das Zimmer eindrang und wir in dieser Dunkelheit herumgeisterten, um ihn zu verlocken [...] Was für Szenen, was für herrliche Szenen haben wir ihm vorgeschlagen! Ich, ich habe ihn mehr gereizt als die anderen.« (S. 95 f.)

Gerhart Hauptmann hatte noch in den *Ratten* versucht, die formale Sprengung zu vermeiden; er integrierte die Trennung von komödienhafter Theaterwelt und tragischem Familiendrama in die drei Einheiten seiner ›Berliner Tragikomödie‹. Das Drama, das auch bei ihm eines der Familie ist, wird nicht stillgestellt; in Gang gehalten wird es durch den Zufall, daß die bürgerlichen Angehörigen der Theatersphäre – die heimlichen Zuseher – und die proletarischen Protagonisten der Familie – die Akteure des Dramas – in ein und demselben Haus wohnen. Peter Palitzsch unternahm es in seiner Wiener Inszenierung von 1989, diese innere Zweiteilung freizulegen, und ließ in den letzten Szenen die bürgerlichen Figuren der Handlung in einer Loge platznehmen, von wo aus sie das proletarische Familiendrama betrachteten. Der Regisseur erwies sich damit als getreuer Schüler Bertolt Brechts – war dieser doch der einzige Dramatiker, zumindest in Deutschland, der auf dem Weg weiterging, den Pirandello beschritten hatte. Dazu mußte er aber zunächst jene Zielscheibe beseitigen, die nach Maßgabe der kommunistischen Teleologie seiner Zeit in den Lehrstücken aufgestellt war: als episches Subjekt fungierte zunächst die Partei, als dessen Ziel aber eigentlich nicht die Revolution, sondern die Vernichtung des Individuums.[101]

Erst als Brecht – wohl unter dem Eindruck der Faschisierung der Individuen im damaligen Deutschland – das epische Subjekt allmählich von dieser teleologischen Perspektive befreite, gelang es ihm, die Beziehungen zwischen den Individuen als eigentliche Objektivität des Theaters zurückzugewinnen. Freilich blieb es darum ein episches Theater. Brecht hat am Epischen nur das teleologische Moment preisgegeben, nicht das Subjekt selbst; sein Theater formuliert darum eine bis heute nicht eingelöste philosophische Hoffnung: die Hoffnung auf eine Kritik der Subjektphilosophie, die statt das Subjekt zu beseitigen, dessen Teleologie kritisiert. Seine epische Perspektive bewährt sich insbesondere in der Erosion der Familienmonaden. In deren Ruinen richten sich Frauengestalten wie Shen Te oder die stumme Katrin nur darum zur Handlung mächtig auf, weil sie wissen, daß es für sie ein harmonisches Ende nicht geben kann. Die vom Telos befreite, epische Perspektive ist mit ihnen verbündet.

Was geschah, nachdem Nora ihren Mann verlassen hatte – ist nicht nur der Titel eines Stücks von Elfriede Jelinek; es ist die Frage, die sich wohl jedes Drama nach Ibsen stellen muß. Die Durchsetzung des Tauschwerts als universaler Kategorie der Gesellschaft hat den Geschlechtern in immer größerem Maße Gelegenheit gegeben, sich voneinander zu lösen, die Familienordnung aufzulösen, die Entscheidung für oder gegen das andere Geschlecht stets neu zu treffen. Und darin kann man tatsächlich die Möglichkeit zur Emanzipation sehen – wenn es auch eine Emanzipation zur Vereinzelung ist. Denn außerhalb der Familie erstreckt sich die Anonymität des Marktes, die auch die Strukturen des modernen bürokratischen Staates zuinnerst bestimmt. Die Möglichkeit zur Emanzipation selbst steht nicht im leeren Raum des freien Willens; der Tauschwert, der sie gibt, setzt auch ihre Voraussetzungen fest: Reichtum und Armut sind die letzthinnigen Koordinaten.

Soweit das Drama diese Emanzipation mitvollzieht, verliert und gewinnt es in einem; es befreit sich endgültig von seinem Telos: der komischen und der tragischen Hochzeit, worin sich vor oder nach dem Tod die Geschlechter im Namen höherer Ordnung versöhnen. Es droht aber den Konflikt – jenen mächtigsten Antagonisten des Telos – an die abstrakt gewordene Herrschaft zu verlieren.

In der Familie ist Herrschaft stets konkret erfahrbar, außerhalb der Familie aber vermag sie ungreifbar zu werden. Der dramatische Konflikt verliert dann seine eigentliche Kraft, die stets in der Vermittlung einer besonderen, der Entscheidung des Einzelnen zugänglichen Situation mit den allgemeinen, durch Tod und Geburt nicht angetasteten Verhältnissen liegt. »Die drei Aristotelischen Einheiten werden gewahrt, aber dem Drama selbst geht es ans Leben«, schreibt Adorno über

Becketts *Endspiel*. »Mit der Subjektivität, deren Nachspiel das Endspiel ist, wird ihm der Held entzogen; von Freiheit kennt es nur noch
den ohnmächtigen und lächerlichen Reflex nichtiger Entschlüsse [...]
Die dramatischen Konstituentien erscheinen nach ihrem Tod. Exposition, Knoten, Handlung, Peripetie und Katastrophe kehren einer dramaturgischen Leichenbeschau als Dekomponierte wieder [...].«[102] Der
eigentliche Held des Dramas ist aber die Familie – und eben sie landet
bei Beckett buchstäblich in der Mülltonne. Beschaut werden also nicht
zuletzt die Leichenteile des Familiendramas. Hamm hat seiner Mutter
und seinem Vater nur zwei Dinge zu sagen: »Seid ihr noch nicht zu
Ende? Kommt ihr nie zu Ende?« – und: »Du Schweinehund! Warum
hast du mich gemacht?« (S. 71)[103]
Zwischen den Geschlechtern ereignet sich kaum noch ein Drama.
Schon die epische Form bei Brecht ließ dramatische Situationen nur
mehr als punktuelle Ereignisse zu; die an ihn anknüpfenden dramaturgischen Konzepte tilgen auch sie. Heiner Müller dient das Sexuelle bloß
als allegorisches Material für politische Begriffe; nur ein einziges Mal
eskaliert bei ihm der Konflikt tatsächlich zwischen den Geschlechtern:
im *Quartett*, doch dazu hat es offenbar der literarischen Vorlage aus
dem 18. Jahrhundert bedurft: *Les liaisons dangereuses* von Laclos. Auf
der anderen Seite gelang es dem Film, aus dem epischen Moment neue
Formen der Gegenwart zu gewinnen: der Dialog wird durch eine Art
Dramaturgie der Gesichter ersetzt; Kamera und Schnitt vermögen aber
auch die für das Drama bloß banalen Dinge und Abläufe des Alltags-
lebens zur Sprache zu bringen – sie machen gleichsam kapillarische
Vorgänge zwischen den Geschlechtern sichtbar, die dem Drama verschlossen bleiben, und sprengen die dialogisch strukturierte Einheit der
Zeit. Dies alles scheint erfordert, um anonym gewordene Herrschafts-
strukturen sichtbar zu machen. Am Theater werden *Textflächen* eingezogen – um ein Wort Elfriede Jelineks zu verwenden; von *akustischen
Masken* spricht Elias Canetti, von *Publikumsbeschimpfung* Peter
Handke: an die Stelle des zwischenmenschlichen Bezugs tritt die Kon-
frontation des Publikums mit verschiedenen Versatzstücken seiner
Weltanschauungen. Das Verhältnis der Geschlechter wird dabei zu
einem Thema unter anderen.
Es gibt aber auch Versuche, über den Schwundstufen des Dialogs den
dramatischen Konflikt festzuhalten. Die *Trilogie des Wiedersehens* von
Botho Strauß ist eine Trilogie der Wiederverfehlung: »du gibst mir kein

Gefühl für mich«, sagt eine Frau zu einem Mann, der gar nicht anwesend ist (I/1)[104]. Auch wenn sie in Dialoge treten, bleiben sie immerzu
mit sich selbst beschäftigt: die Dialogform ist nur eine Technik, Monologe zu verknüpfen. Einzig die Macht – außerhalb der »Beziehungs-
kisten«, worin die Monologe fast intereslos stöbern – spricht sich
nicht aus und kann auch niemanden verfehlen: Kiepert, der Mann aus
der Hochfinanz, der einzige, der in diesem Stück handelt, bleibt
stumm. Botho Strauß hat ihm allerdings ein genuines Sprachrohr geschaffen: einen gräßlichen Jungen aus Kieperts geschiedener Ehe, der
durch die Szenen geistert und immerfort die Menschen mit einer Pola-
roid-Kamera abfotografiert und ihnen sogleich Geld für die Fotos abverlangt.
In ihrem Stück *Die Mondfinsternis* eliminiert Joyce Carol Oates den
Mann aus ihrer Dramaturgie, um Mutter und Tochter zum Sprechen zu
bringen und in Konflikte zu versetzen; sobald ein Mann, wenn auch
nur als imaginäre Gestalt, die Bühne betritt, ist der Dialog und das
Drama auch schon zu Ende. Zwischen zwei Lesben findet in Botho
Strauß' *Kalldewey Farce* ein konfliktreicher Dialog im klassischen dramatischen Sinne statt; er ist aber bloß Episode; die Handlung selbst
wiederholt im ersten Akt Penthesileas Tat nur, um sie in den beiden
folgenden zurückzunehmen: Die drei Frauen, die den gewalttätigen
Mann zerreißen und dessen Teile in die Waschmaschine stecken, werden im zweiten und dritten Akt, samt dem Mann, den sie zerrissen
haben, therapiert. Die Menschen beiderlei Geschlechts verhalten sich
nun brav, doch taucht mit Kalldewey ein brutaler und geiler Hanswurst
auf, der sie wie eine mythische Figur in seinen Bann zu ziehen vermag.
Aus den therapierten Konflikten entwickelt sich mit einiger Notwendigkeit ein second-hand-Mythos, wie der Autor auch eingesteht:
»Nicht wirkliche Magie: nach Katalog bestellte Therapie / Ein Wühlen
in der Krabbelkiste namens Seele / Restposten, alte Wünsche grün und
blau / Spottbillig der Krempel, man wühlt sich durch Gelegenheiten,
halb gierig, halb interesselos / Und bringt bestimmt was Überflüssiges
nach Haus.« (III/S. 110)[105]
Der Wühltisch abgetragener Mythen muß nicht der Endpunkt der Dramaturgie der Geschlechter sein; solange sie sich – mit oder ohne Musik
– auf der Grenzlinie von zwischenmenschlichem Bezug und abstrakt
gewordener Macht zu bewegen weiß, die »Sekunden der Liebe« (Peter
Turrini) zählend, bleibt ihr Fortgang durchaus offen. In David Mamets

Oleanna kann der Dialog nur *über* eine Institution, die Universität, geführt werden: dies garantiert der Studentin Carol Distanz und die Möglichkeit, Sexualität zu thematisieren, ohne sie gleichsam auszuüben. Während der angehende Professor versucht, den Dialog im wörtlichen Sinn zu *führen* – in jovialer Manier versetzt er sich immer wieder in Carols Position –, durchbricht Carol fortwährend solchen Scheindialog: so entsteht ein wirklicher, in dem die Machtverhältnisse, die der Dozent zu verschleiern liebt, transparent werden. In dem Augenblick aber, da Carol sich in seine Familienverhältnisse mischen möchte – es ist die Peripetie des Stücks – endet der Dialog: der angehende Professor beginnt zu prügeln. In Peter Turrinis *Minderleister* sitzt der männliche Protagonist zu Hause vor dem Bildschirm und sieht Pornovideos; eine ganze Szene lang spricht die Frau zu ihm, ohne Antwort zu erhalten. Als der Mann einmal sie, die eigene Frau, in einem Pornofilm entdeckt, kommt es zu einer Begegnung zwischen den beiden – zu einem Kampf, kaum aber zu einem Dialog.

Statt eines Nachworts

Die Familie
im Zeitalter ihrer technischen
Reproduzierbarkeit

Die Familie als Beginn und Ziel unseres Lebens
ist der Mythos, den wir in uns tragen.
Ingrid Strobl[1]

Diderot hat sein drame bourgeois *Der natürliche Sohn* eingebettet in
eine Anekdote, eine »wahre Geschichte«: Den Lesern wird mitgeteilt,
Dorval, dessen Vater, Rosalie und all die anderen Personen des Dramas
hätten wirklich gelebt; anders als Pirandellos traurige Familie waren sie
offenbar nicht auf der Suche nach einem Autor oder einem Theaterdirektor – sie selber, so berichtet Diderot, hätten eben jenes Stück geschrieben und aufgeführt, das man auf den folgenden Seiten lesen
könne. Die Idee sei vom Vater Lysimond ausgegangen, der zu Dorval
gesagt habe: »Alles was wir wissen, ist dieses: daß wir den Nachstellungen des Lasters immer mehr und mehr entkommen, je weiter das Leben
fortrückt. Diese Betrachtungen mache ich, so oft ich mich deiner Geschichte erinnere. Sie trösten mich wegen der wenigen Zeit, die ich noch
zu leben habe, und wenn du wolltest, so können sie die Moral eines
Stückes sein, dessen Inhalt ein Teil unseres Lebens wäre, und das wir
unter uns aufführen wollten.«[2] Weniger die Moral des Spießers als der
Wunsch nach ihrer exakten Widerspiegelung frappiert an der Äuße-
rung Lysimonds: »Wir brauchten dazu keine Bühne aufzubauen; wir
wollten bloß das Andenken einer uns rührenden Begebenheit erhalten
und sie so vorstellen, wie sie sich wirklich zugetragen hat. – Wir wollten
sie jährlich […] in diesem Saale erneuern. Was wir damals gesagt haben,
wollten wir wieder sagen. Deine Kinder täten ein Gleiches, und deiner
Kinder Kinder, und deren Nachkommen«. Der Vater will sich im
Rührstück verewigen – er fühlt bereits den nahenden Tod: »Höre! Ich
möchte meine Rolle noch gern selbst einmal, ehe ich sterbe, spielen.«

Bedenken hat Dorval, daß jemand, der nicht zur Familie gehört, der Aufführung beiwohnt. Gedacht ist offenbar an ein Theater ohne Zuschauer: »[...] Sie können sich leicht einbilden, daß verschiedne Auftritte darin vorkommen, bei welchen die Gegenwart eines Fremden in Verlegenheit setzen könnte«. Doch schließlich darf das erzählende Ich als einziger Zuschauer die Aufführung miterleben. Und da die Personen sich selbst so überzeugend zu spielen vermögen, hätte es bei verschiedenen Stellen fast vergessen, »daß ich weiter nichts als ein Zuschauer, und noch dazu ein unbewußter Zuschauer sei, und beinahe im Begriffe gewesen war, meinen Platz zu verlassen und die Bühne mit einer wirklichen Person durch mich zu vermehren.«

Das Stück selbst schließt mit einem Happy End: »Mein Vater, die Freude, Sie wiederzusehen, hat uns alle außer uns gebracht.« – »Wolle doch der Himmel, der die Kinder durch die Eltern, und die Eltern durch die Kinder segnet, euch Kinder schenken, die euch ähnlich sind, und die eure Zärtlichkeit gegen mich mit gleicher Zärtlichkeit belohnen!« Dies die letzten Worte, sie sollten vom Vater Dorvals gesprochen werden. Doch die Aufführung des Stücks kam nicht bis zu diesem guten Ende, wie im Anschluß an den Dramentext berichtet wird. Diderot stülpt ein familiäres Trauerspiel über seine Komödie: der Vater, von dem alles ausgegangen war und der vor allem sich selbst spielen wollte, starb noch vor der Inszenierung; so mußte ein anderer seine Rolle übernehmen. Auf die Selbstbespiegelung wollte die Familie aber umso weniger verzichten, ja der Verlust des Vaters gewährte den Selbst-Darstellern sogar einen besonderen Genuß, Diderot spricht von einem »süßen und grausamen Abend«: Kaum erschien derjenige, der die Rolle des Vaters übernommen hatte – der einzige echte Schauspieler bei dieser Aufführung – »kaum brachte dieser Schritt der Handlung der ganzen Familie einen Mann wieder vor die Augen, den sie erst kürzlich verloren hatte, und der ihr so teuer und verehrungsbedürftig war, als sich kein einziger von ihnen der Tränen enthalten konnte. Dorval weinte. Theresia und Clairville weinten. Rosalia erstickte ihr Schluchzen und wandte die Augen weg. Der Alte, der den Lysimond vorstellte, ward aus seiner Fassung gebracht und fing auch an zu weinen. Der Schmerz verbreitete sich von den Herren auf die Bedienten und ward allgemein, und das Stück kam nicht zu Ende.« Diderot aber fragt sich: »Wenn dieses Stück weiter nichts als eine Komödie war, warum konnten sie die Schlußszene nicht spielen? Woher entstand die tiefe Betrübnis, von der sie, bei Erblickung des Alten, der den Lysimond vorstellte, sämtlich durchdrungen wurden?«

Die tiefe, bittersüße Betrübnis entsprang einer leer gewordenen Zeit, der reinen Vergänglichkeit. Nicht ein tragischer Tod, sondern ein biologischer versetzt die Familie in Trauer. Nicht ein gesellschaftlicher Konflikt, sondern die bloße Tatsache des Sterbens erregt ihr Gemüt. In der Selbstbespiegelung aber genießen die Familienmitglieder diese Trauer und weinen über ihre eigene Vergänglichkeit süße Tränen – wohl um die Konflikte, die zwischen ihnen lauern, zu vergessen.

Diderot hatte mit seinen beiden Familiendramen bekanntlich keinen Erfolg auf der Bühne. Nimmt man Dorval beim Wort, so lag das auch gar nicht im Sinn dieser Stücke. Keine Bühne wollte man aufbauen, nicht Fremden wollte man das Eigene vorspielen. Der Wunsch, der sich in dieser Dramaturgie ausspricht, scheint vielmehr zu sein, daß jede Familie sich selbst aufführt, sich selbst ihre eigenen rührenden Begebenheiten vorspielt, und daß nur ab und zu ein mitleidender Fremder ›mitschauen‹ darf. Gerade die Konzentration auf das Eigene erlaubt es erst, die leere Zeit, die reine Vergänglichkeit ungestört zu beobachten, zu erleben und zu genießen. So hätte denn das Homevideo alle Wünsche Diderots erfüllt.

An die Stelle der Guckkastenbühne, die Diderot zum Wohnzimmer machen wollte, ist der elektronische Guckkasten getreten, der sich ins Wohnzimmer integriert. Dessen Dramaturgie hat sich gewiß weniger mit dem Geschehen auf dem Bildschirm als mit jenem zwischen dem Bildschirm und den Menschen davor zu beschäftigen. Günther Anders nannte ihn darum den »negativen Familientisch«[3] und gab eine instruktive Einführung ins moderne Familienleben. Durch das Fernsehen erhält die Auflösung der Familie das »Aussehen trauten Familienlebens«. »Schon vor Jahrzehnten«, so schrieb Anders in den fünfziger Jahren, »hatte man beobachten können, daß das soziale Symptommöbel der Familie: der massive, in der Mitte des Zimmers stehende, die Familie um sich versammelnde Wohnzimmertisch seine Gravitationskraft einzubüßen begann, obsolet wurde, bei Neu-Einrichtungen überhaupt schon fortblieb. Nun erst hat er, eben im Fernsehapparat, einen echten Nachfolger gefunden [...] Nicht den gemeinsamen Mittelpunkt liefert er, vielmehr ersetzt er diesen durch den gemeinsamen Fluchtpunkt der Familie. Während der Tisch die Familie zentripetal gemacht und die um ihn Sitzenden dazu angehalten hatte, die Weberschiffchen der Interessen, der Blicke, der Gespräche hin und her spielen zu lassen und am Tuche der Familie weiterzuweben, richtet der Bildschirm die Familie zentrifugal aus. Tatsächlich sitzen ja die Familienmitglieder nun nicht einander gegenüber, die Stuhlanordnung vor dem Schirm ist bloße Juxtaposition, die Möglichkeit, einander zu sehen, einander anzusehen, besteht nur noch aus Versehen [...] von einer Welt, die sie gemeinsam ausmachten, oder an der sie gemeinsam teilnähmen, kann keine Rede mehr sein. Was vor sich geht, ist allein, daß die Familienmitglieder gleichzeitig, im besten Fall zusammen, niemals aber gemeinsam dem Fluchtpunkt entgegen in ein Reich der Unwirklichkeit ausfliegen oder in eine Welt, die sie eigentlich (da auch sie selbst ja nicht wirklich an ihr teilnehmen) mit niemandem teilen; oder wenn teilen, so nur mit allen jenen Millionen von ›Solisten des Massenkonsums‹, die ihnen gleich und die gleichzeitig mit ihnen ihren Bildschirm anstarren.« Mittlerweile ziehen sich wohl die einzelnen Familienmitglieder mit eigenen Geräten in verschiedene Räume zurück, sie teilen oft nicht einmal mehr das Fernsehprogramm. Womit aber Günther Anders vor allem noch nicht vertraut war: daß die solchermaßen vereinzelten Familienmitglieder vor dem Bildschirm auch sich selbst anstarren können: d. h. sich selbst in etwas jüngeren Jahren oder Tagen oder nur Minuten. Was sie dabei sehen, ist die Zeit – abstrakter als sie je in einem Drama erscheinen könnte: die von gesellschaftlichen Konflikten gereinigte Vergänglichkeit. Die Familie wird darin verewigt; auch ihre Toten können jederzeit mittels Fernbedienung ins bläulich verfärbte Wohnzimmer treten und ihre Stimmen hören lassen. Eine regelrechte Gespensterfamilie entsteht, die Ibsens Wiedergänger vor Neid erblassen ließe. Die Familie vor dem Bildschirm verliert die Gegenwart, indem sie staunend ihre vergangene Gestalt obduziert.

Doch der elektronische Guckkasten vermag ebenso Gegenwart zu stiften: mittels Pornographie; sie ist sozusagen das negative Doppelbett der von aller Poesie verlassenen Männerphantasien. Ähnlich der Vergangenheit, die vom Homevideo geliefert wird, bleibt diese Gegenwart abstrakt: es ist eine leer gewordene, von individuellen Beziehungen gereinigte Gegenwart, im Grunde ein bloßes biologisches Faktum – sie wird als Erektion erlebt.

Auch die elektronische Pornographie hat einen großen Vorfahren aus dem 18. Jahrhundert: wie der Aufklärer de Sade es wollte, besitzt der Mann mit ihr nicht mehr die Frau – sondern er besitzt das Recht, »sie zu genießen«.[4] Mit seinen Familiendramen sucht Diderot die Lösung gesellschaftlicher Widersprüche in der Empfindsamkeit, sein Alter Ego de Sade rät zur Entfesselung sexueller Gewalt oder zumindest zu deren getreuer Abbildung. Keine Leidenschaft bedarf der »gänzlichen Freiheit« mehr als die Wollust, schreibt er. »Wenn ihr dem Menschen nicht geheime Mittel bietet, um die Dosis an Despotismus zu verbrauchen [...], wird er sich, um sie üben zu können, auf die Objekte seiner Umgebung werfen; so wird er die Regierung stören. Wenn ihr diese Gewalt vermeiden wollt, erlaubt diesen tyrannischen Begierden [...] freien Aufschwung; wenn er seine kleine Oberherrschaft in einem Harem von Lustknaben oder Sultaninnen ausgeübt hat, die eure Vorsorge und euer Geld ihm unterordnen, wird er zufrieden nach Hause gehen, ohne den Wunsch eine Regierung zu behelligen, die ihm so gefällig alle Mittel zu seiner Lust sichert.« Auch de Sade, der doch die Familie so sehr haßt, denkt den Menschen und die ›Gleichheit‹ der Staatsbürger in den Kategorien der Familie – nur sind diese ganz verdeckt vom Begriff der Natur, der wie geschaffen scheint, die Machtverhältnisse zwischen den Geschlechtern zu stabilisieren. Während andere Aufklärer aus ihm zuallererst Empfindsamkeit deduzieren, kommt de Sade sofort zum springenden Punkt: »Mit welchem Recht behauptet ihr eigentlich, die Frauen müßten der blinden Unterwerfung unter die Launen der Männer, die ihnen die Natur vorschreibt, entzogen werden [...]«. Seine pornographische Vision erweist sich im Grunde als eine total gewordene Familie, worin die Grenzen zwischen den einzelnen Familien-Monaden aufgehoben sind, um die darin beschlossene Gewalt verallgemeinern zu können.

Die Geschichte endet weder bei Diderot noch bei de Sade. Der blinde Prozeß der Akkumulation erodiert die vom Naturbegriff verzauberten Machtverhältnisse der individuellen Reproduktion. Während auf der einen Seite die patriarchalische Kleinfamilie in einen unabsehbaren Prozeß der Auflösung gerät – ein Vorgang, der beiden Geschlechtern neue Handlungsräume erschließt und die Grenzen zwischen ihnen verwischt –, akkumuliert auf der anderen männliche Macht in den anonymen Formen der Pornographie. Als versöhnliche Lösung solchen Widerspruchs bleibt nur die eigentliche technische Reproduktion der Familie, zu der sich allerdings die sogenannten Reproduktionstechnologien, von der Leihmutterschaft bis zur Genforschung, schon anschicken.

Anmerkungen

Die als Motto des Buches aufgezeichnete Nacherzählung des Orpheus-Mythos folgt im wesentlichen Karl Kerényis »Mythologie der Griechen«. 2 Bde. 13. Aufl. München 1992. Bd. II. S. 220 ff.
Bei Text-Zitaten aus Dramen und Libretti werden im Text Akt bzw. Teil (in römischen Ziffern) und / oder Szene (in arabischen Ziffern) in Klammern nach dem jeweiligen Zitat angegeben. Liegt keine Einteilung in Szenen vor, so findet sich die Angabe der Seitenzahl. Im Falle der antiken Stücke wird – der Übersetzung von Buschor folgend – die Art der Szene, z. B. Schluß-Szene, 1. Hauptszene, angegeben, die ihren Ort im Drama markiert.

Synopsen

1 Vgl. hierzu Ulrich Enderwitz: *Reichtum und Religion. Der Mythos vom Heros.* Freiburg 1990; Ders. *Reichtum und Religion. Der religiöse Kult.* Freiburg 1991
2 Vgl. hierzu die allerdings umstrittene Theorie von Gilbert Murray: ›Excursus on the Ritual Forms preserved in Greek Tragedy‹. In: Jane Ellen Harrison: *Themis.* Cambridge 1912. S. 341 ff.; sowie G. M.: *Aischylos.* Hg. v. Siegfried Melchinger. Hannover 1969
3 Aristoteles: *Poetik.* Übersetzt v. Olof Gigon. Stuttgart 1961. Kapitel 4. S. 26 ff.
4 George Thomson: *Aischylos und Athen. Eine Untersuchung der gesellschaftlichen Ursprünge des Dramas.* Hg. v. Hans-Georg Heidenreich. Berlin / West o. J. S. 182
5 Karl Kerényi: *Die Mythologie der Griechen.* Bd. II (*Die Heroengeschichten*). 13. Aufl. München 1992. S. 11 f.
6 Paul Stefanek schreibt in seiner der Klärung und Differenzierung ästhetischer Begriffe höchst förderlichen Studie, daß »rituelle Veranstaltungen [...] solange nicht als Theater zu bezeichnen sind, als ihnen die ästhetische Distanz mangelt, aufgrund derer Darsteller und Zuschauer wesensmäßig voneinander getrennt, doch im Einverständnis der Partizipation an einer *imaginären* Handlung verbunden sind«. Von diesem qualitativen Sprung ausgehend, gelangt Stefanek zu einer verblüffend historisierenden Interpretation des Aristotelischen Begriffs der Katharsis: »die abendländische Entdeckung der subjektiven Seite des ästhetischen Verhaltens als objektiver Begriff. Versteht man sie im Sinne des ›genitivus objectivus‹ als Reinigung der Leidenschaften, könnte man Aristoteles wörtlich nehmen. Katharsis wäre dann [...] die Reinigung der rauschhaft archaischen Leidenschaften kollektiver Extase und autistischer Trance zum

ästhetischen Erlebnis.« (Paul Stefanek: *Ritual, Extase, Mimesis. Studien zu frühen und späten Formen szenischer Praxis.* Wien (Habil.) 1976. S. 170 u. S. 290

7 Aischylos: *Die Orestie.* In: Ders.: *Die Perser – Die Orestie.* Übertragen und erläutert von Ernst Buschor. Zürich, München 1979

8 Albert Schlögl: *Der Geschichtsbegriff der aischyleischen Tragödie.* Wien 1991. S. 212

9 Sophokles: *Antigone.* In: Ders.: *Antigone – König Oidipus – Oidipus auf Kolonos.* Übertragen und erläutert von Ernst Buschor. Zürich, München 1979

10 Aristophanes: *Die Vögel.* In: *Griechisches Theater.* Deutsch von Wolfgang Schadewaldt. Frankfurt am Main 1964

11 William Shakespeare: *The Taming of the Shrew. – The complete Works of William Shakespeare.* Edited by W. J. Craig. London 1983

12 William Shakespeare: *Der Widerspenstigen Zähmung. – Shakespeares sämtliche Dramatische Werke.* Hg. v. August Wilhelm Schlegel u. Ludwig Tieck. In 12 Bden. Berlin o. J. Bd. 8

13 Molière: *George Dandin. – Œuvres complètes de Molière.* Tome quatrième. Paris 1864.
»Für den, der wie ich, eine schlechte Frau geheiratet hat, ist es am besten, sich ins Wasser zu stürzen, mit dem Kopf voran.«

14 Allerdings war die Komödie des *George Dandin* von einem üppigen barocken Rahmen eingefaßt: es handelte sich um eine Ballettkomödie, bei welcher vermutlich der Tanz das letzte Wort hatte.

15 Georg Büchner: *Leonce und Lena. – Werke und Briefe.* Nach der historisch-kritischen Ausgabe von Werner R. Lehmann. 5. Aufl. München 1984

16 Johann Nestroy: *Einen Jux will er sich machen. – Sämtliche Werke.* Histor.-krit. Ausgabe v. Jürgen Hein u. Johann Hüttner. Stücke Bd. 18 / I. Hg. v. W. Edgar Yates. Wien 1991

17 Mit einigem teleologiekritischen Gespür hat Brecht die Parodie noch verstärkt, indem er in der *Dreigroschenoper* zuguterletzt den reitenden Boten des Königs auftreten läßt.

18 Bertolt Brecht: *Der gute Mensch von Sezuan. – Gesammelte Werke in 20 Bänden.* Frankfurt am Main 1982. Bd. 4

19 Theodor W. Adorno: *Beethoven. Philosophie der Musik. Fragmente und Texte.* Hg. v. Rolf Tiedemann. Frankfurt am Main 1993. S. 95

20 G. W. F. Hegel: *Phänomenologie des Geistes. Werke in 20 Bänden.* Hg. v. Eva Moldenhauer u. Karl Markus Michel. Frankfurt am Main 1979. Bd. 3. S. 13

21 Hegel: *Vorlesungen über die Philosophie der Religion II. – Werke* Bd. 17, S. 135

22 Ebd.

23 Ebd. S. 134

24 Hegel, *Phänomenologie des Geistes,* S. 349

25 Ebd. S. 352

26 Hegel: *Vorlesungen über die Ästhetik III. – Werke* Bd. 15, S. 549

27 Ebd. S. 481

28 Ebd. S. 485

29 Ebd. S. 486

30 Ebd. S. 493

31 Peter V. Zima: *Literarische Ästhetik*. Tübingen 1991. S. 394
32 Hegel, *Vorlesungen über die Ästhetik* III., S. 493
33 Ebd. S. 183 f.
34 Adorno, *Beethoven*, S. 62
35 Ebd. S. 39
36 Ebd.
37 Ebd. S. 88
38 Ebd. S. 170
39 Ebd. S. 115
40 Karl Marx: *Das Kapital* Bd. 1. Marx-Engels-Werke Bd. 23. Berlin 1977. S. 193
41 Diese der Marxschen Theorie immanente Kritik der Geschichtsteleologie expliziert zu haben, ist die Leistung von Georg Lukács' Spätwerk über die *Ontologie des gesellschaftlichen Seins* (2 Bde. Neuwied 1984 u. 1986). Sie wurde kaum mehr zur Kenntnis genommen, fiel die Publikation doch bereits in eine Zeit, da postmodernes Denken eine Kritik der Teleologie schon wieder unmöglich gemacht hatte: statt die Teleologie zu kritisieren, wurde nun das Subjekt selber begraben. Am Rande der philosophischen Hauptströmung fand aber doch eine kritische Auseinandersetzung mit Lukács statt, die darauf aufmerksam machen konnte, daß teleologische Kausalität auch in der Arbeit nur eine, wenn auch für den Begriff zentrale Bestimmung ausmacht, keineswegs aber den Arbeitsprozeß als solchen zu umfassen vermag; die Aufsätze von Peter Furth und Peter Ruben aus den 80er Jahren wären hier zu nennen, z. B.: Peter Furth: ›Arbeit, Teleologie, Hegelianismus‹. In: *Dialektik 2. Hegel: Perspektiven seiner Philosophie heute*. Hg. v. Bernhard Heidtmann u. a. Köln 1981. S. 99 ff.
42 Peter Furth: *Phänomenologie der Enttäuschungen*. Frankfurt am Main 1991. S. 57
43 Hannah Arendt: *Vita activa oder Vom tätigen Leben*. München 1989. S. 214
44 Ebd.
45 Ebd. S. 180
46 Immanuel Kant: *Kritik der Urteilskraft. – Werkausgabe*. Hg. v. Wilhelm Weischedel. Bd. X. Frankfurt am Main 1974. S. 143
47 Wolfgang Greisenegger hält gegenüber Helmut de Boor fest, »daß der Priester, der die Messe zelebriert, die Verwandlung von Brot und Wein vollzieht, sich selbst aber nicht verwandelt«, und spricht in diesem Zusammenhang von einer »kultischen Stellvertretung«. (Wolfgang Greisenegger: *Die Realität im religiösen Theater des Mittelalters. Ein Beitrag zur Rezeptionsforschung*. Wien 1978. S. 2)
48 Erich Auerbach: *Mimesis. Dargestellte Wirklichkeit in der abendländischen Literatur*. 8. Aufl. Bern, Stuttgart 1988. S. 146
49 Ebd. S. 151
50 In dem ältesten, im deutschen Sprachraum entstandenen szenischen Spiel, dem *Ludus de Antichristo* aus Tegernsee (um 1160) sind, wie Greisenegger schreibt, Frage und Antwort noch nicht »zum Dialog erwacht. Sie sind getrennt durch die Notwendigkeit der Dechiffrierung. Die Figuren selbst, ihre Absichten und Taten, aber auch die Schauplätze und ihre Ausgestaltung sind letztlich nur als Symbole zu verstehen«. (Greisenegger, *Realität im religiösen Theater*, S. 94) Verkörpert werden etwa darin mittels Attributen die drei Religionen (Ecclesia,

Synagoge, Heidenschaft). Noch in der Handlung des Osterspiels des Hochmittelalters gehört vieles dem auf das Jenseits ausgerichteten Symbolbereich an, »ihre hervorragendste Eigenschaft ist allerdings, daß das Dargestellte [...] für sich steht, Eigenwert besitzt. Die Entdeckung dieses Eigenwerts ist eine Leistung des Hochmittelalters.« (Ebd. S. 3)

51 Der Begriff stammt aus Georg Lukács' *Eigenart des Ästhetischen*. Berlin, Weimar 1981. Bd. 2. S. 313 ff. »Zum Raum wird hier die Zeit«, könnte man auch mit Wagners Gurnemanz sagen. Dem heutigen Ohr mag übrigens die Wahrnehmung des frühen polyphonen, rhythmisch kaum akzentuierten Zeitbewußtseins schwer fallen. Es erzeugt ein Raumgefühl, wie es der langsame Gang durch eine Kathedrale vermitteln kann.

52 Peter Schnaus: ›Mehrstimmige Musik des Mittelalters‹. In: Ders. (Hg.): *Europäische Musik in Schlaglichtern*. Mannheim, Wien, Zürich 1990. S. 92

53 Die Verdichtung der beiden Sphären in der Notre Dame-Kunst des 12. und 13. Jahrhunderts führte »zur endgültigen Trennung der europäischen Musiksprache von der Gregorianik. Diejenige Kraft, auf der die Geschichtswirkung der Notre-Dame-Organa beruht, stammt nicht aus der Kirche, sondern aus dem Bereich von Lied und Tanz. Das Organum erweist sich als kühne Synthese«. (Heinrich Besseler: Artikel ›Ars antiqua‹. In: *Die Musik in Geschichte und Gegenwart*. Hg. v. Friedrich Blume. München, Kassel 1989. Bd. 1. S. 682)
Es erweist sich als Komposition im strengen Sinn, wie sich begrifflich präzisieren läßt: »Wo die musikalischen Traditionen einer sozialen Sphäre ungebrochen sind, entsteht keine Komposition; wo sie angefochten, aber auch verteidigt werden, wird man Kodifizierungen erwarten können, an die sich die Improvisatoren zu halten haben; wo soziale Umwälzungen die Grenzen zwischen den sozialen Sphären einer Gesellschaft erschüttern, wo die sozialen Traditionen ins Wanken geraten und Menschen mit anderen Lebens-, Denk- und Musizierweisen aus dem Gesichts- und Gehörskreis der Musizierenden nicht mehr zu bannen sind [...] dort wird man die Geburtsstunde der Komposition erwarten dürfen.« (Georg Knepler: *Geschichte als Weg zum Musikverständnis*. Leipzig 1977. S. 242)

54 So erklärt sich vermutlich, warum »griechische Verse, die uns als Sprache in geradezu unübersehbarer Fülle durch die griechische Schrift überliefert wurden, uns nur in seltensten Fällen mit Notenzeichen versehen erreicht haben«. (Thrasybulos Georgiades: *Musik und Rhythmus bei den Griechen. Zum Ursprung der abendländischen Musik*. Hamburg 1958. S. 20)

55 Die Frage, ob die antike Musik eine bloß einstimmige war oder nicht, ob und welche Formen der Mehrstimmigkeit es neben und vor der okzidentalen Musikentwicklung gab, mag sich in dieser Hinsicht als formalistisch erweisen: kann es doch kaum darum gehen festzustellen, ob, wo und wann mindestens zwei verschiedene Töne zur gleichen Zeit erklangen – solche Mehrstimmigkeit gibt es, seit Vögel die Welt bevölkern. Die eigentlich ästhetische Frage ist hingegen, ob die zur gleichen Zeit erklingenden Stimmen aus der Gleichzeitigkeit verschiedener Töne einen eigenen *Zeitraum* gewinnen, der weder mit dem der Sprache noch mit dem des Tanzes durchgehend homogenisierbar ist.

56 Hugo von Hofmannsthal: *Ungeschriebenes Nachwort zum ›Rosenkavalier‹* (1911). In: *Gesammelte Werke*. Hg. v. Bernd Schoeller. *Dramen Bd. V.* Frankfurt am Main 1979. S. 146

57 Klaus Theweleit: *Buch der Könige*. Bd. 1 *Orpheus und Eurydike*. 2. Aufl. Basel, Frankfurt am Main 1991. S. 660

58 Alfred Einstein: ›Die mehrstimmige weltliche Musik von 1450–1600‹. In: *Handbuch der Musikgeschichte*. Hg. v. Guido Adler. 2. Aufl. Berlin 1930. Bd. 1. S. 359

59 Ludwig Finscher: ›Einleitung‹. In: *Neues Handbuch der Musikwissenschaft*. Hg. v. Carl Dahlhaus u. Hermann Danuser. Bd. 3. *Die Musik des 15. und 16. Jahrhunderts* (Teil 1). Hg. v. Ludwig Finscher. Laaber 1989. S. 15

60 Samuel R. Behr: *L'Art de bien danser oder: Die Kunst wohl zu tantzen*. Leipzig 1977 (Documenta Choreologica II, Nachdruck der Ausgabe von 1713). S. 35

61 Eine eigene Bildersprache, die gesellschaftliche Konflikte thematisiert, scheint der Tanz wiederum nur unabhängig von der Musik entwickeln zu können, so jedenfalls legt es die Entwicklung des Tanztheaters im 20. Jahrhundert nahe. Schon Strawinsky fühlte ein Unbehagen an der Herrschaft seiner Musik über die Choreographie Nijinskys, der er »das bloße Nachzeichnen der musikalischen Linien und Akzente« vorwarf. (Igor Strawinsky: *Gespräche mit Robert Craft*. Mainz 1961, S. 50)

62 Lothar Kühne: *Haus und Landschaft*. Dresden 1985. S. 45 ff.

63 Peter Szondi: *Theorie des modernen Dramas. – Schriften I*. Hg. v. Jean Bollack. Frankfurt am Main 1978. S. 16

64 Sigrid Weigel: *Topographien der Geschlechter. Kulturgeschichtliche Studien zur Literatur*. Reinbek 1990. S. 16

65 Silvia Bovenschen: *Die imaginierte Weiblichkeit. Exemplarische Untersuchungen zu kulturgeschichtlichen und literarischen Präsentationsformen des Weiblichen*. Frankfurt am Main 1979. S. 41

66 Ebd. S. 13

67 Judith Butler: *Das Unbehagen der Geschlechter*. Aus dem Amerikanischen von Kathrina Menke. Frankfurt am Main 1991. S. 214 u. 216

68 Ebd. S. 215

69 Euripides: *Medeia*. In: Ders.: *Medeia – Hippolytos – Herakles*. Übertragen und erläutert von Ernst Buschor. Zürich, München 1979

70 Arnold Hauser: *Sozialgeschichte der Kunst und Literatur*. München 1978. S. 96

71 Euripides: Hippolytos. In: Ders.: *Medeia – Hippolytos – Herakles*. Übertragen und erläutert von Ernst Buschor. Zürich, München 1979

72 Hauser, *Sozialgeschichte der Kunst und Literatur*, S. 111

73 William Shakespeare: *Romeo and Juliet.–The complete Works of William Shakespeare*. Edited by W. J. Craig. London 1983

74 William Shakespeare: *Romeo und Julia. – 27 Stücke von William Shakespeare in der Übersetzung von Erich Fried*. 3 Bde. Berlin 1989. Bd. 1

75 Pierre Corneille: *Der Cid. Tragische Komödie in fünf Aufzügen*. Deutsch von Arthur Luther. Stuttgart 1987

76 Pierre Corneille: *Le Cid. – Œuvres complètes de P. Corneille*. Tome premier. Paris 1874
»Um Ehrgefühl zu bezwingen, das euch noch quält, / Laßt wirken die Zeit, dein Heldentum und deinen König.«

77 Peter Szondi: *Tableau und coup de théâtre. – Schriften II*. Hg. v. Jean Bollack. Frankfurt am Main 1978. S. 211

78 Jürgen Habermas: *Strukturwandel der Öffentlichkeit*. 16. Aufl. Darmstadt, Neuwied 1984. S. 63 f.

79 Terenz: *Eunuchus*. – Plautus / Terenz: *Antike Komödien in 2 Bänden*. Hg. v. Walther Ludwig. Zürich 1974. Bd. 2

80 Molière: *George Dandin*. Übersetzt von Auguste Cornelius. – *Molière's sämmtliche Werke in zwei Bänden*. Hg. v. E. Schröder. Leipzig 1871

81 Habermas, *Strukturwandel*, S. 65

82 Hegel: *Vorlesungen über die Ästhetik* II. – *Werke* Bd. 14, S. 188

83 Sigmund Freud: *Die Traumdeutung*. – *Studienausgabe* Bd. II. 8. Aufl. Frankfurt am Main 1989. S. 268 ff.

84 In Corneilles *L'illusion comique* flieht die adelige Tochter mit einem bürgerlichen Geliebten vor dem Vater und einer standesgemäßen Hochzeit und landet – am Theater.

85 Hans Magnus Enzensberger: *Die Tochter der Luft. – Ein Schauspiel*. Nach dem Spanischen des Calderón de la Barca. Frankfurt am Main 1992. (Bei Angabe ohne Akt wird aus Enzensbergers Bearbeitung zitiert.)
In der Übersetzung von Johann Diederich Gries heißt die Stelle: »denn mit nichten / Stammst du aus dem hocherlauchten / Blut der Kön'ge von Assyrien.« – »Es ist wahr; doch von den Göttern / steigt mein lautrer Ursprung nieder.« *Schauspiele von Don Pedro Calderon de la Barca*. Übersetzt v. Johann Diederich Gries. 2. Aufl. Berlin 1840. Bd. 4 (2. Teil / I / S. 208)

86 *Schauspiele von Don Pedro Calderon de la Barca*. Übersetzt v. Johann Diederich Gries. 2. Aufl. Berlin 1840. Bd. 4

87 Hans Magnus Enzensberger: ›Drei Fußnoten zur ‚Tochter der Luft'‹. In: Ders., *Die Tochter der Luft*, S. 129

88 Auerbach, *Mimesis*, S. 144 f.

89 Karl Vossler: *Drei Dramen aus dem Spanischen des Tirso de Molina*. Berlin 1953

90 *Œuvres de J. Racine*. Nouvelle édition par M. Paul Mesnard. Tome Troisième. Paris 1885. S. 397
»Solche Tat so schwarz, / Daß mit ihr doch erlöschen könnte die Erinnerung!«

91 William Shakespeare: *Troilus and Cressida*. – *The complete Works of William Shakespeare*. Edited by W. J. Craig. London 1983

92 Johann Nestroy: *Nagerl und Handschuh*. – *Sämtliche Werke*. Histor.-krit. Gesamtausgabe. Hg. v. Fritz Brukner u. Otto Rommel. Bd. 3. Wien 1925

93 Johann Nestroy: *Der gefühlvolle Kerkermeister*. Ebd.

94 Vgl. hierzu René Leibowitz: *Jacques Offenbach oder die Verkleidungen der Großen Oper*. In: *Musik-Konzepte 13 (Jacques Offenbach)* München 1980. S. 5 ff.

95 Theodor W. Adorno: *Bürgerliche Oper*. – *Gesammelte Schriften*. Hg. v. Rolf Tiedemann. Bd. 16. Frankfurt am Main 1978. S. 35

96 Ebd. S. 32

97 Hanns-Werner Heister: ›Musik: Ausdruck und Konstruktion‹. In: *Kindlers Enzyklopädie. – Der Mensch*. Bd. VI. Zürich 1984. S. 599

98 Claudio Monteverdi: *L'Orfeo. Favola in Musica*. (Partitur) – *Tutte le opere di C. M. a cura di G. Francesco Malipiero*. Bd. XI. Universal Edition Wien o. J. S. 59

99 Monteverdi, *L'Orfeo* (Partitur), S. 123 f.

100 Wulf Konold: *Claudio Monteverdi*. Reinbek 1989. S.101; vgl. hierzu auch Hans Ferdinand Redlich: ›Der erste Opernkomponist: Claudio Monteverdi und seine ‚Favola d'Orfeo'‹. In: Claudio Monteverdi: *Orfeo* – Ch. W. Gluck: *Orpheus und Eurydike*. Hg. v. Attila Csampai u. Dietmar Holland. Reinbek 1988. S.123ff.

101 Brief vom 9.Dezember 1616; Claudio Monteverdi: *Briefe 1601–1643*. Hg. v. Denis Stevens. München, Zürich 1989. S.135

102 Claudio Monteverdi: *Orfeo* – Ch. W. Gluck: *Orpheus und Eurydike*. Hg. v. Attila Csampai u. Dietmar Holland. Reinbek 1988

103 Georg Knepler: *Wolfgang Amadé Mozart. Annäherungen*. Berlin 1991. S.151

104 Knepler, *Geschichte als Weg zum Musikverständnis*, S.302

105 Walter Benjamin: *Ursprung des deutschen Trauerspiels. – Gesammelte Schriften* Bd. I / 1. Frankfurt am Main 1980. S. 304

106 *Die gestürzte Tyrannay Inder Person deß Messinischen Wüttrichs Pelifonte oder Triumph der Liebe und Rache mit HW: dem getreuen Spion, einfältigen Soldaten, leichtsinnigen Liebhaber und, was für Lustbarkeit fehrner seye, wird die Action selbst vorstehen. Wien den 29July 1724. Wiener Haupt- u. Staatsaktionen*. Hg. v. Rudolf Payer von Thurn. Bd. 1. Wien 1908 (Schriften des Literarischen Vereins in Wien Bd. X)

107 Hanns-Werner Heister: ›Vokalmusik zwischen Rokoko und Spätklassik‹. In: *Europäische Musik in Schlaglichtern*. Hg. v. Peter Schnaus. Mannheim, Wien, Zürich 1990. S.281

108 So ist es ebensowenig bloß biographischer Zufall, daß Joseph Haydn, der »Erfinder« der klassischen Sonate, in frühen Jahren für die Stücke des Wienerischen Hanswurst Felix von Kurz-Bernardon, die von Tänzen voll waren, die Musik schrieb, als Mozarts Notenbuch aus dem Jahre 1762 von insgesamt 135 aufgeführten Stücken nicht weniger als 89 Tanzsätze enthält, von seiner persönlichen Nähe zum Hanswurst, die sich in den Briefen und in den Lustspielentwürfen dokumentiert, und seiner späteren Verbindung mit Emanuel Schikaneder einmal abgesehen. (Auch Mozart hat vermutlich eine Arie von Kurz-Bernardon vertont.)

109 Charles Rosen: *Der klassische Stil. Haydn, Mozart, Beethoven*. Deutsch von Traute M. Marshall. München, Kassel usw. 1983. S.60ff.

110 Ulrich Schreiber: *Opernführer für Fortgeschrittene. Eine Geschichte des Musiktheaters. Von den Anfängen bis zur Französischen Revolution*. Kassel, Basel 1988. S.246

111 Thrasybulos Georgiades: ›Aus der Musiksprache des Mozart-Theaters‹. In: *Mozart-Jahrbuch 1950*. Salzburg 1951. S.78

112 Brief vom 16.Juni 1781 an den Vater; Wolfgang Amadeus Mozart: *Briefe und Aufzeichnungen*. Gesamtausgabe. Hg. v.d. Internat. Stiftung Mozarteum Salzburg. Bd. 3. Kassel usw. 1963. S. 132

113 Brief vom 7.August 1778 an Abbé Joseph Bullinger; Mozart: *Briefe und Aufzeichnungen*. Gesamtausgabe. Hg. v.d. Internat. Stiftung Mozarteum Salzburg. Bd. 2. Kassel usw. 1962. S. 440

114 Ebd.

Empfindsamkeit

1 Peter Szondi: *Die Theorie des bürgerlichen Trauerspiels im 18. Jahrhundert.* Hg. v. Gert Mattenklott. – *Studienausgabe der Vorlesungen* Bd. 1. 3. Aufl. Frankfurt am Main 1977. S. 90

2 Vgl. hierzu Hilde Haider-Pregler: *Des sittlichen Bürgers Abendschule. Bildungsanspruch und Bildungsauftrag des Berufstheaters im 18. Jahrhundert.* Wien, München 1980

3 Peter Szondi: *Tableau und coup de théâtre. – Schriften II.* Hg. v. Jean Bollack. Frankfurt am Main 1978. S. 224

4 *Das Theater des Herrn Diderot.* Aus dem Französischen. – Gotthold Ephraim Lessing: *Werke in 12 Bänden.* Hg. v. Wilfried Barner. Bd. 5 / 1. Frankfurt am Main 1990. S. 145

5 Szondi, *Die Theorie des bürgerlichen Trauerspiels*, S. 75

6 Ebd. S. 76

7 *Der Kaufmann von London oder Begebenheiten George Barnwells. Ein bürgerliches Trauerspiel.* Aus dem Englischen des Herrn Tillo [sic!] übersetzt durch H. A. B. (d. i. Basewitz). Hamburg 1757

8 George Lillo: *The London Merchant.* Ed. by William H. McBurney. Lincoln 1965. (Regents Restoration Drama Series)

9 Szondi kommt darum in seinen Vorlesungen auf die protestantische Ethik als den Nenner des Stücks zurück: »Die Anklage der Millwood dient ihrer Verteidigung. Wenn sie aus Geldgier Barnwell zum Dieb und zum Mörder gemacht hat, so handelte sie nur als Produkt jener, die sie zur Dirne gemacht haben, jener, von denen sie Geiz und Grausamkeit lernen konnte, jener, die sich bestechen ließen. Das aber sind erstens die Männer, deren Sexualmoral nicht die des Puritanismus ist, zweitens die Priester, die der Puritanismus weitgehend überflüssig macht, indem er den Menschen seinem eigenen Gewissen als dem strengsten Richter unterwirft, drittens die Gerichtsbeamten, die ihr Amt nur mißbrauchen können, weil sie es nicht als Beruf im Sinne der protestantischen Ethik, nicht als Berufung, auffassen.« Szondi, *Die Theorie des bürgerlichen Trauerspiels*, S. 81

10 Inge Stephan: ›»So ist die Tugend ein Gespenst«. Frauenbild und Tugendbegriff bei Lessing und Schiller‹. In: *Lessing und die Toleranz.* Hg. v. Peter Freimark, Franklin Kopitzsch, Helga Slessarew. Sonderbd. zum *Lessing Yearbook.* München 1986. S. 370

11 Gotthold Ephraim Lessing: *Miß Sara Sampson. – Werke in 6 Bänden.* Hg. v. Fritz Fischer. Zürich 1965. Bd. 2

12 Szondi, *Die Theorie des bürgerlichen Trauerspiels*, S. 90

13 Ulrike Prokop: ›Der Mythos des Weiblichen und die Gleichheit in literarischen Entwürfen des frühen Bürgertums‹. In: *Feministische Literaturwissenschaft.* Hg. v. Inge Stephan, Sigrid Weigel. Berlin / West 1984. S. 15 (Literatur im historischen Prozeß, NF 11)

14 Adolph Knigge: *Über den Umgang mit Menschen. – Sämtliche Werke.* Hg. v. Paul Raabe. Nendeln / Liechtenstein 1978 ff. Bd. 10. 2. Teil, S. 24

15 *Das Theater des Herrn Diderot*, Lessing *Werke* Bd. 5 / 1

16 William Shakespeare: *König Lear. – 27 Stücke von William Shakespeare in der Übersetzung von Erich Fried.* 3 Bde. Berlin 1989. Bd. 3

17 Szondi, *Die Theorie des bürgerlichen Trauerspiels*, S. 89 f.

18 Friedrich Schiller: *Kabale und Liebe. – Sämtliche Werke in 10 Bänden*. Berliner Ausgabe. Hg. v. Hans-Günther Thalheim. Bd. 2. Berlin, Weimar 1981

19 Klaus Theweleit: *Männerphantasien*. Basel, Frankfurt am Main 1986. S. 444 f.

20 Szondi, *Tableau und coup de théâtre*, S. 211

21 Friedrich A. Kittler: *Dichter – Mutter – Kind*. München 1991. S. 19

22 »Der Familie des bürgerlichen Trauerspiels«, schreibt Kittler, »kann der Tod nichts rauben, weil Tod und idealer Vater eins sind. Wer stirbt, kehrt symbolisch in die Familie zurück. Dafür gibt es ein Zeugnis: Emilia Galottis Tod. [...] Ohne Mitwirkung einer Mutter und einer Natur gebiert der Vater, indem er im Namen des Vaters tötet, die Tochter als Glied einer idealen Familie. Der Tod, zu dem Odoardo dadurch wird, ersetzt selber den Verlust, den er schafft.« (Kittler, *Dichter – Mutter – Kind*, S. 38 f.) Solche Symbolik als Erkenntnis präsentieren, heißt, den Horizont einer Bühnenfigur zum Horizont des Dramas machen. Der Tod im Drama bedeutet allemal den Tod selber – auch wenn er den Personen des Dramas als Metapher des Lebens dienen mag. Die Marwood wird in einer Anmerkung gar als »phallisches Wesen« charakterisiert (S. 37), weil in ihrem Zusammenhang von einem »Stachel« die Rede ist. So ist denn jede Kollision als Koitus leicht zu durchschauen.

23 Kittler, *Dichter–Mutter–Kind*, S. 37

24 Gotthold Ephraim Lessing: *Emilia Galotti. – Werke in 6 Bänden*. Hg. v. Fritz Fischer. Zürich 1965. Bd. 2

25 *Briefe von und an Lessing 1770–1776*. Hg. v. Helmuth Kiesel. Frankfurt am Main 1988. (G. E. Lessing *Werke und Briefe in 12 Bänden*. Hg. v. Wilfried Barner. Bd. 11 / 2) S. 345

26 Ebd. S. 352 f.

27 J. M. R. Lenz: *Der neue Menoza oder Geschichte des cumbanischen Prinzen Tandi. Komödie. – Werke und Briefe in 3 Bänden*. Hg. v. Sigrid Damm. Frankfurt am Main, Leipzig 1992. Bd. 1

28 Friedrich Schiller: *Das Lied von der Glocke. Sämtliche Werke*, Berliner Ausgabe Bd. 1. Berlin, Weimar 1980

29 Stephan, ›So ist die Tugend‹, S. 367

30 Ebd. S. 360

31 Ebd. S. 358

32 Vgl. hierzu: Dagmar von Hoff: *Dramen des Weiblichen. Deutsche Dramatikerinnen um 1800*. Opladen 1989; Gisela Brinker-Gabler (Hg.): *Deutsche Literatur von Frauen*. Bd. 1. München 1988; Karin A. Wurst (Hg.): *Frauen und Drama im achtzehnten Jahrhundert (1770–1800)*. Köln, Wien 1991

33 Szondi, *Tableau und coup de théâtre*, S. 210 f.

34 Gotthold Ephraim Lessing: *Hamburgische Dramaturgie. – Werke und Briefe in 12 Bänden*. Hg. v. Wilfried Barner. Bd. 6. Frankfurt am Main 1985. S. 193

35 (Louis-Sébastien Mercier:) *Du Théâtre, ou Nouvel Essai sur L'art Dramatique*. Amsterdam 1773

36 (Heinrich Leopold Wagner:) *Merciers Neuer Versuch über die Schauspielkunst. Aus dem Französischen. Mit einem Anhang aus Goethes Brieftasche*. Leipzig 1776. S. 110

37 Ebd. S. 36

38 Szondi, *Die Theorie des bürgerlichen Trauerspiels*, S. 172. Szondi bezieht da-

bei Merciers Theorie vor allem auf die Stücke von Lenz und Wagner; näher aber scheint sie mit ihrem Ausgangspunkt im empfindsamen Tableau doch der dramatischen Praxis Lessings und Schillers zu stehen.

39 Jochen Schulte-Sasse: ›Poetik und Ästhetik Lessings und seiner Zeitgenossen‹. In: *Hansers Sozialgeschichte der deutschen Literatur vom 16. Jahrhundert bis zur Gegenwart.* Hg. v. Rolf Grimminger. Bd. 3 / 1. Teilbd. 2. Aufl. München 1984. S. 319

40 Bengt Algot Sørensen: *Herrschaft und Zärtlichkeit. Der Patriarchalismus und das Drama des 18. Jahrhunderts.* München 1984. S. 190

41 Ebd. S. 192 f.

42 Ebd. S. 197

43 August Wilhelm Iffland: *Die Mündel. – A. W. Ifflands dramatische Werke.* Leipzig 1798–1808. Bd. 2

44 Gotthold Ephraim Lessing: *Minna von Barnhelm. – Werke und Briefe in 12 Bänden.* Hg. v. Wilfried Barner. Bd. 6. Frankfurt am Main 1985

45 Georg Lukács: ›Minna von Barnhelm‹. – *Werke* Bd. 7. Neuwied, Berlin 1964. S. 21 ff.

46 Friedrich Melchior Grimm: Artikel ›Poème lyrique‹ aus dem 1765 erschienenen 12. Bd. der *Enzyklopädie*, S. 823 ff. Das Zitat folgt der von Georg Knepler für den Anhang seines ˌMozart-Buches angefertigten Übersetzung: *Wolfgang Amadé Mozart.* Berlin 1991. S. 426 ff.

47 Johann Wolfgang Goethe: *Claudine von Villa Bella. – Goethes Werke.* Weimarer Ausgabe. I. Abteilung, Bd. 38. Weimar 1897

48 Friedrich Schiller: *Die Räuber. – Sämtliche Werke,* Berliner Ausgabe Bd. 2. Berlin, Weimar 1981

49 »Ich habe große Rechte, über die Natur ungehalten zu sein. [...] Warum bin ich nicht der erste aus Mutterleib gekrochen? Warum nicht der einzige? Warum mußte sie mir diese Bürde von Häßlichkeit aufladen? [...] Wirklich, ich glaube, sie hat von allen Menschensorten das Scheußliche auf einen Haufen geworfen und mich daraus gebacken.« (I / 1)

50 Johann Wolfgang Goethe: *Dichtung und Wahrheit. – Sämtliche Werke* (Artemis-Gedenkausgabe). Hg. v. Ernst Beutler. 2. Aufl. Zürich 1961–1966. Bd. 10. S. 624

51 Hier und im Folgenden wird aus der ersten Fassung zitiert – Johann Wolfgang Goethe: *Götz von Berlichingen,* Artemis-Gedenkausgabe Bd. 4

52 Johann Wolfgang Goethe: *Urfaust,* Artemis-Gedenkausgabe Bd. 5

53 Johann Wolfgang Goethe: *Faust – Der Tragödie erster Teil,* Artemis-Gedenkausgabe Bd. 5

54 Zu den wenigen Vaterfiguren gehört etwa auch Don Gonzalo in dem Schauspiel mit Gesang *Claudine von Villa Bella* (Vgl. Weimarer Ausgabe I. Abt., Bd. 38. Weimar 1897; in der späteren, klassischen Fassung als Singspiel heißt sie Alonzo); einzigartig erscheint dieser Vater innerhalb der Goetheschen Welt durch seine große Empfindsamkeit gegenüber der Tochter, doch sie hat für die Handlung kaum Bedeutung, die Empfindsamkeit mitsamt dem Vater ist bloßer pittoresker Hintergrund.

55 Heinrich Leopold Wagner: *Die Kindermörderin. – Ein Trauerspiel.* Hg. v. Jörg-Ulrich Fechner. Stuttgart 1990

56 J. M. R. Lenz: *Die Soldaten. – Werke und Briefe in 3 Bänden* Bd. 1 (Dramen)

57 J. M. R. Lenz: *Der Hofmeister.* – *Werke und Briefe in 3 Bänden* Bd. 1 (Dramen)

58 Vgl. hierzu die überaus präzise Studie von Heidi Rosenbaum: *Formen der Familie.* Frankfurt am Main 1982. S. 121 ff.

59 Johann Nestroy: *Liebesgeschichten und Heurathssachen.* – *Sämtliche Werke.* Histor.-krit. Ausgabe v. Jürgen Hein u. Johann Hüttner. Stücke Bd. 19. Hg. v. J. Hein. Wien, München 1988

60 Psychoanalytische Studien konzentrierten sich bisher auf die Biographie Goethes. So hat Ulrike Prokop sehr ausführlich und scharfsinnig die Mutter-Beziehung und das Verhältnis zur Schwester untersucht, ohne leider auf das literarische Werk näher einzugehen (*Die Illusion vom Großen Paar.* 2 Bde. Frankfurt am Main 1991). Kurt Rudolf Eissler, der die erste umfassende psychoanalytische Studie zu Goethe verfaßte (*Goethe. A psychoanalytic Study.* Detroit 1963), beschränkte sich bei der Interpretation des Werks im wesentlichen auf *Wilhelm Meisters theatralischer Sendung.* Die Dramaturgie wird nur im Falle der *Iphigenie* näher untersucht.

61 (Christiane Karoline Schlegel:) *Düval und Charmille, ein bürgerlich Trauerspiel in fünf Aufzügen. Von einem Frauenzimmer.* Leipzig 1778

62 Ernst Beutler: ›Einführung‹. Goethe, Artemis-Gedenkausgabe Bd. 4, S. 1088

63 Brief an Johanna Fahlmer (Offenbach, März 1775), *Goethes Werke.* Weimarer Ausgabe. IV. Abteilung (*Goethes Briefe*). 2. Bd. Weimar 1887. S. 244

64 Johann Wolfgang Goethe: *Stella*, Artemis-Gedenkausgabe Bd. 4

65 Cary Grant kreierte in dem Film *My Favorite Wife* eine schöne moderne Variante von Fernandos Verhalten.

Eros

1 Theodor W. Adorno: *Beethoven. Philosophie der Musik. Fragmente und Texte.* Hg. v. Rolf Tiedemann. Frankfurt am Main 1993. S. 68

2 Wolfgang Amadeus Mozart: *Le nozze di Figaro* (Partitur). – *Werkausgabe in 20 Bänden.* Kassel, München 1991. Bd. 7. S. 799

3 Ebd. S. 803 ff. Takt 17 bis 23

4 Ebd. S. 804. Takt 23 und 24

5 Ebd. S. 807. Takt 39 und 40

6 Ebd. S. 808 f. Takt 44 bis 53

7 Ebd. S. 814. Takt 74 ff.

8 Ebd. S. 821 ff. Takt 111 ff.

9 Ivan Nagel: *Autonomie und Gnade. Über Mozarts Opern.* München, Kassel 1991. S. 38

10 Hanns-Werner Heister: ›Vokalmusik zwischen Rokoko und Spätklassik‹. In: *Europäische Musik in Schlaglichtern.* Hg. v. Peter Schnaus. Mannheim, Wien, Zürich 1990. S. 281

11 So spielte der Librettist von Mozarts *Entführung aus dem Serail*, Gottlieb Stephanie d. J., in zahlreichen bürgerlichen Trauerspielen und Rührstücken: *Der Hausvater, Emilia Galotti, Georg Barnwell* (*The Merchant of London*); Emanuel Schikaneder, der Autor der *Zauberflöte*, führte mit seiner Truppe u. a. *Miß Sara Sampson* und *Clavigo* auf und trat selbst in *Emilia Galotti* als Schauspieler hervor. Nur bei Da Ponte findet man solche Verbindungslinien nicht: er blieb insofern ganz seiner italienischen Herkunft treu und orientierte sich

nur an der Seria, der Buffa und an der italienischen Komödie im Stil Goldonis.

12 Georg Knepler: *Wolfgang Amadé Mozart. Annäherungen.* Berlin 1991. S. 162

13 Emanuel Schikaneder: *Die Zauberflöte. Eine große Oper in zwei Aufzügen.* In: Wolfgang Amadeus Mozart: *Die Zauberflöte.* Hg. v. Attila Csampai u. Dietmar Holland. Reinbek 1982

14 Nagel, *Autonomie und Gnade,* S. 76

15 Immanuel Kant: *Die Metaphysik der Sitten. Werkausgabe* Bd. VIII. Hg. v. Wilhelm Weischedel. 4. Aufl. Frankfurt am Main 1982. S. 390

16 Walter Benjamin: *Goethes Wahlverwandtschaften. – Gesammelte Schriften,* Bd. I/1 Frankfurt am Main 1980. S. 129

17 Wolfgang Amadeus Mozart: *Die Entführung aus dem Serail* (Partitur). – *Werkausgabe* Bd. 6. S. 1177f.

18 Charles Rosen: *Der klassische Stil. Haydn – Mozart – Beethoven.* Deutsch von Traute M. Marshall. München, Kassel 1983. S. 45

19 Elisabeth Höllerer: ›Die Hochzeit der Susanna‹. In: *Aufrisse.* 11. Jg. (1990) Nr. 4. S. 28 ff.

20 Beaumarchais: *Die Figaro-Trilogie.* Deutsch von Gerda Scheffel. Frankfurt am Main 1976

21 Wolfgang Amadeus Mozart: *Die Dokumente seines Lebens.* Gesammelt und erläutert von Otto Erich Deutsch. Kassel 1961. S. 343 f.

22 Mozart, *Le nozze, Werkausgabe* Bd. 7, S. 457 f., beginnend mit Takt 36

23 Ebd. S. 460, Takt 49

24 Lorenzo Da Ponte: *Die Hochzeit des Figaro.* Neue wortgetreue deutsche Übersetzung von Karl Dietrich Gräwe. In: W. A. Mozart: *Die Hochzeit des Figaro.* Hg. v. Attila Csampai, Dietmar Holland. Reinbek 1982

25 Dietmar Holland: ›‚Was in unseren Zeiten nicht erlaubt ist, gesagt zu werden, wird gesungen'. Zur subtilen Sozialkritik in Mozarts ‚Le nozze di Figaro'‹. In: Wolfgang Amadeus Mozart: *Die Hochzeit des Figaro.* Hg. v. Attila Csampai u. Dietmar Holland. Reinbek 1982. S. 25

26 Höllerer, ›Die Hochzeit der Susanna‹, S. 30

27 Nagel, *Autonomie und Gnade,* S. 37

28 Lorenzo Da Ponte: *Mein abenteuerliches Leben.* Aus dem Italienischen v. Eduard Burckhardt. Zürich 1991. S. 101

29 Mozart, *Dokumente,* S. 240

30 Stefan Kunze: *Mozarts Opern.* Stuttgart 1984. S. 236

31 Ebd. S. 265 – Allerdings tendiert Kunze manchmal dazu, die fundamentalen Erkenntnisse teleologisch zu verzerren, so wenn er über die Konstruktion des *Figaro* behauptet: »In keinem Augenblick ist zweifelhaft, daß sich alles auf ein Ziel zubewegt« (S. 252) – Wie sollte ein Augenblick musikalisch erfüllt sein, in dem dies nicht zweifelhaft ist.

32 Nagel, *Autonomie und Gnade,* S. 39

33 Ebd.

34 Knepler, *Mozart,* S. 368

35 Ebd. S. 371

36 Nagel, *Autonomie und Gnade,* S. 36

37 Dietmar Holland: ›‚Il resto nol dico'‹. In: *Mozart – Die Da Ponte-Opern.* Musik-Konzepte Sonderband. München 1991. S. 128

38 Mozart, *Le nozze, Werkausgabe* Bd. 7, S. 1008, Takt 453

39 Peter Szondi: *Tableau und coup de théâtre. – Schriften II*. Hg. v. Jean Bollack. Frankfurt am Main 1978. S. 209

40 Den Hinweis auf die Trennung weiblicher und männlicher Stimmen verdanke ich Elisabeth Höllerer.

41 Zur Vorgeschichte des Stoffes in Italien vgl. Hermann Abert: *W. A. Mozart*. 2. Teil. 6. Aufl. Leipzig 1924. S. 438 ff.; Stefan Kunze: *Don Giovanni vor Mozart. Die Tradition der Don Giovanni-Opern im italienischen Buffa-Theater des 18. Jahrhunderts*. München 1972

42 Sören Kierkegaard: *Entweder/Oder*. 1. Teil. Bd. 1. *Gesammelte Werke*. Hg. v. Emanuel Hirsch, Hayo Gerdes. Abt. 1. 2. Aufl. Gütersloh 1985. S. 99 ff.

43 Ernst Bloch: *Das Prinzip Hoffnung*. Frankfurt am Main 1985. S. 1182 ff.

44 Nagel, *Autonomie und Gnade*, S. 108

45 Leo Balet, E. Gerhard (d. i. Eberhard Rebling): *Die Verbürgerlichung der deutschen Kunst, Literatur und Musik im 18. Jahrhundert*. Hg. v. Gert Mattenklott. 2. Aufl. 1979. S. 489 f.

46 Lorenzo Da Ponte: *Don Giovanni*. Neue wörtliche deutsche Übersetzung von Karl Dietrich Gräwe. In: Wolfgang Amadeus Mozart: *Don Giovanni*. Hg. v. Attila Csampai u. Dietmar Holland. Reinbek 1981

47 Kunze, *Mozarts Opern*, S. 407

48 Karl Vossler: *Drei Dramen des Tirso de Molina*. Berlin 1953. S. 230

49 Ebd. S. 225 ff. Die hier zitierte Einführung stammt übrigens nicht von Karl Vossler, der vor der Publikation seiner Übersetzungen verstarb; ich meine, der nicht gezeichnete Text könnte – in Vosslers Geist – von seinem Schüler Werner Krauss verfaßt worden sein.

50 Theodor W. Adorno: *Klemperers ›Don Giovanni‹. – Gesammelte Schriften*. Hg. v. Rolf Tiedemann. Bd. 19. Frankfurt am Main 1984. S. 540

51 Kunze, *Mozarts Opern*, S. 355

52 Knepler, *Mozart*, S. 371 f.

53 Kierkegaard, *Entweder/Oder*, S. 128

54 Theodor W. Adorno: *Huldigung an Zerlina. – Gesammelte Schriften*. Bd. 17. Frankfurt am Main 1982. S. 35

55 Julia Kristeva: *Geschichten von der Liebe*. Aus dem Französischen von Dieter Hornig u. Wolfram Bayer. Frankfurt am Main 1983. S. 193

56 Ebd. S. 184 f.

57 Ebd. S. 185

58 Hermann Abert: *W. A. Mozart*. 2. Teil. 6. Aufl. Leipzig 1924. S. 518

59 Wolfgang Amadeus Mozart: *Don Giovanni* (Partitur), *Werkausgabe* Bd. 8, S. 306, Takt 20

60 Mozarts Umgang mit Haupt- und Nebenthemen der Sonate straft im übrigen jene eigenartige Terminologie Lügen, wonach die Hauptgruppe als das männliche Thema, die Seitengruppe als das weibliche Thema zu bezeichnen wäre. Eine »drollige Idee«, wie Charles Rosen meinte (*Der klassische Stil*, S. 88). Sie entsprang der Sonatentheorie des 19. Jahrhunderts (vermutlich geht sie auf Adolf Bernhard Marx zurück), die in der Dämmerung der Erscheinung nicht wie die Eule der Minerva zu fliegen begann, sondern zu träumen wie ein romantischer Professor. Leider fand sie jüngst Eingang in den feministischen Diskurs, was wenig dazu beitrug, die Verdinglichungen romantischer Musikschriftstellerei aufzulösen. Erstes und zweites Thema, Tonika und Dominante, sind bei Mozart nicht geschlechtlich fixiert, sie werden durch eine drama-

tische Situation bestimmt, die einen jeweils verschiedenen geschlechtlichen Bezug zum Gegenstand hat – und diesen gilt es zu erkunden.

61 Mozart, *Don Giovanni*, *Werkausgabe* Bd. 8, S. 308, Takt 35
62 Ebd. S. 309, Takt 39
63 Rosen, *Der klassische Stil*, S. 333 f.
64 Kunze, *Mozarts Opern*, S. 430
65 Ebd. S. 324
66 Ebd. S. 318
67 Mozart, *Don Giovanni*, *Werkausgabe* Bd. 8, S. 251 ff.
68 Balet / Rebling, *Die Verbürgerlichung*, S. 490
69 Mozart, *Don Giovanni*, *Werkausgabe* Bd. 8, S. 256 f., ab Takt 453
70 Kunze, *Mozarts Opern*, S. 349 ff.
71 Knepler, *Mozart*, S. 412
72 Mozart, *Don Giovanni*, *Werkausgabe* Bd. 8, S. 259 f., Takt 467
73 Rosen, *Der klassische Stil*, S. 346
74 Kunze, *Mozarts Opern*, S. 377
75 Mozart, *Don Giovanni*, *Werkausgabe* Bd. 8, S. 460 f., Takt 456 – 461
76 Rosen, *Der klassische Stil*, S. 365
77 *Journal des Luxus und der Moden* 8 (1793), S. 400 ff.
78 Bruno Walter hat, so Stefan Kunze, auf die Labilität dieser Schlußwendung hingewiesen. Kunze verweist hierzu auf Pierre Jean Jouve: *Le ›Don Juan‹ de Mozart*. 2. Aufl. Paris 1968
79 Adorno, *Klemperers ›Don Giovanni‹*, S. 543 f.
80 Vgl. Christoph Bitter: *Wandlungen in den Inszenierungsformen des ›Don Giovanni‹ von 1787 bis 1928*. Regensburg 1961
81 Vgl. dazu das Vorwort in der Neuen Mozart Ausgabe: Mozart, *Werkausgabe* Bd. 8, S. 16 ff.
82 Helmut Heißenbüttel: ›Liebe – süßeste Stimme‹. In: *Süddeutsche Zeitung*, 27./28. März 1982. Zit. n. Ulrich Schreiber, *Opernführer für Fortgeschrittene. Von den Anfängen bis zur Französischen Revolution*. Kassel 1988. S. 388
83 Kunze, *Mozarts Opern*, S. 426
84 Ebd. S. 445
85 Knepler, *Mozart*, S. 348
86 Ebd. S. 333
87 Kunze, *Mozarts Opern*, S. 437
88 Wolfgang Amadeus Mozart: *Così fan tutte* (Partitur), *Werkausgabe* Bd. 8, S. 1076 ff., ab Takt 10
89 Rosen, *Der klassische Stil*, S. 359
90 Mozart, *Così*, *Werkausgabe* Bd. 8, S. 710, Takt 25
91 Knepler, *Mozart*, S. 342
92 Kunze, *Mozarts Opern*, S. 488
93 Mozart, *Così*, *Werkausgabe* Bd. 8, S. 1145
94 Ebd. S. 1177, Takt 501
95 Ebd. S. 1178, Takt 509
96 Peter Gülke: ›Das schwierige Theaterspielwerk‹. In: *Mozart – Die Da Ponte-Opern*. Musik-Konzepte Sonderband. München 1991. S. 277
97 Beaumarchais: *Die Figaro-Trilogie*. Deutsch von Gerda Scheffel. Frankfurt am Main 1976
98 Gülke, ›Das schwierige Theaterspielwerk‹, S. 278 f.

Entsagung

1 Johann Peter Eckermann: *Gespräche mit Goethe in den letzten Jahren seines Lebens* (1836 u. 1848). Hg. v. Regine Otto u. Peter Wersig. 2. Aufl. München 1984. S. 221 (5. Juli 1827)

2 So schreibt Ruth Klüger, »Lessing wollte einen neuen Dramentyp entwickeln, eine Art Anti-Märtyrerstück, untragisch, ohne Gewalttätigkeit und Erotik. [...] Der Tod und die Liebe, d. h. die wesentlichsten Bestandteile von Tragödie und Komödie, sind im Hintergrund zwar schattenhaft erkennbar, dringen aber nicht ins Rampenlicht des Vordergrunds.« (R. K.: ›Kreuzzug und Kinderträume in Lessings ‚Nathan der Weise‘‹. In: R. K.: *Katastrophen. Über deutsche Literatur.* Göttingen 1994. S. 201) Allerdings meint Klüger – wohl mit einem Seitenblick auf Schiller – *Nathan der Weise* habe »keine Nachahmungen gefunden. [...] Die Helden kehrten auf die Bühne zurück.« (ebd.) Doch sie selber kann nicht umhin, an einer Stelle ihres Aufsatzes auf die Verwandtschaft mit Goethes *Iphigenie* hinzuweisen (ebd. S. 219).

3 Gotthold Ephraim Lessing: *Nathan der Weise. – Werke und Briefe in zwölf Bänden.* Hg. v. Wilfried Barner. Bd. 9 (1778–1780; hg. v. Klaus Bohnen u. Arno Schilson). Frankfurt am Main 1993

4 Klüger, ›Kreuzzug und Kinderträume‹, S. 226

5 Der Einakter *Die Geschwister*, an der Wende zur Weimarer Klassik entstanden, ist nicht zufällig noch in Prosa geschrieben. Das Stück hält nicht, was der Titel verspricht: Goethe versucht darin mit etwas gesuchten und wenig dramatischen Motiven aus der Geschwisterbeziehung in die geschlechtliche Liebe zurückzukehren. Die scheinbaren Geschwister dürfen am Ende Hochzeit halten, und die Braut kann also gegen den Schluß des *Nathan* Einspruch erheben: »Unter allem konnt ich am wenigsten leiden, wenn sich ein paar Leute liebhaben, und endlich kommt heraus, daß sie verwandt sind, oder Geschwister sind [...] Es ist so ein gar erbärmlich Schicksal!« (Johann Wolfgang Goethe: *Sämtliche Werke* – Artemis-Gedenkausgabe. Hg. v. Ernst Beutler. 2. Aufl. Zürich 1961–1966. Bd. 6. S. 500). Das Stück bildet geradezu den toten Punkt in der Wende zur Klassik, so merkwürdig inhaltsleer und spannungslos ist es geraten. Es entsprach wohl vor allem Goethes Streben, der »entsagenden«, gleichsam geschwisterlichen Beziehung zu Charlotte von Stein den Weg zum geschlechtlichen Verkehr zu weisen. Ihn zu gehen, weigerte sich offensichtlich Charlotte von Stein – und so gewann *Iphigenie* ihre gültige Gestalt. Goethe fand für sich selbst, wie man weiß, eine andere Lösung als die der großen Weimarer Dramen, und es ist einigermaßen erstaunlich wie nahe er dabei jener des Prosa-Einakters kommen sollte.

6 Theodor W. Adorno: *Zum Klassizismus von Goethes Iphigenie. – Gesammelte Schriften.* Hg. v. Rolf Tiedemann. Bd. 11. Frankfurt am Main 1974. S. 503 f.

7 Johann Wolfgang Goethe: *Iphigenie auf Tauris*, Artemis-Gedenkausgabe Bd. 6

8 Vgl. hierzu die Interpretationen von Hans Robert Jauß: *Ästhetische Erfahrung und Hermeneutik.* 2. Aufl. Frankfurt am Main 1984. S. 728 ff. und Sigrid Lange: ›Kleists Penthesilea‘‹, in: *Weimarer Beiträge.* 37. Jg. (1991) Nr. 5, S. 711 f.

9 Johann Wolfgang Goethe: *Über das Lehrgedicht*, Artemis-Gedenkausgabe Bd. 14, S. 370

10 Johann Wolfgang Goethe: *Deutsches Theater*, Artemis-Gedenkausgabe Bd. 14, S. 103

11 Johann Wolfgang Goethe: *Nachlese zu Aristoteles*, Artemis-Gedenkausgabe Bd. 14, S. 710

12 Johann Wolfgang Goethe: *Torquato Tasso*, Artemis-Gedenkausgabe Bd. 6

13 Johann Wolfgang Goethe: *Die natürliche Tochter*, ebd.

14 Karl Otto Conrady: *Goethe, Leben und Werk*. Frankfurt am Main 1988. Bd. 2. S. 264

15 Johann Wolfgang Goethe: *Venezianische Epigramme*, Artemis-Gedenkausgabe Bd. 1, S. 237

16 Friedrich Schiller: *Über die ästhetische Erziehung des Menschen. – Schillers sämtliche Werke*. Hg. v. Paul Merker. Leipzig o. J. Bd. 3. Teil VII. S. 278

17 Hier und im folgenden wird aus der Fassung von 1787 – also eigentlich aus *Dom Karlos* – zitiert – Friedrich Schiller: *Sämtliche Werke*. Hg. v. Hans-Günther Thalheim. Berlin, Weimar 1980 ff. (Berliner Ausgabe) Bd. 3

18 Immerhin versucht in Thomas Manns Erzählung Tonio Kröger den geliebten Hans Hansen mit einem Gespräch über Schillers *Don Karlos* an sich zu ziehen. Am Beispiel von Winckelmann und Platen erläutert übrigens Hans Mayer in seinem Buch *Außenseiter* (Frankfurt am Main 1981. S. 198 ff.) bestimmte Zusammenhänge von Homosexualität und deutschem Idealismus.

19 Friedrich Schiller: *Maria Stuart*, Berliner Ausgabe Bd. 4

20 Friedrich Schiller: *Die Jungfrau von Orleans*, Berliner Ausgabe Bd. 4

21 Die positive, manchmal geradezu überschwengliche Einschätzung des Stücks bei sonst so aufgeklärten marxistischen Literaturkritikern wie Georg Lukács (vgl. G. L.: *Skizze einer Geschichte der neueren deutschen Literatur*. Berlin 1953. S. 35 ff.) und Hans Mayer (vgl. H. M., *Außenseiter*, S. 42 ff.) hängt wohl unmittelbar mit der nationalen Orientierung der Interpreten zusammen. Die das Volk anfeuernde Jungfrau macht diejenigen blind für ihr dramatisches Unwesen, die nicht aufhören können, an eine »deutsche« Revolution zu »glauben«.

22 Zum allegorischen Charakter der präfaschistischen Dramatik Arnolt Bronnens vgl. Gerhard Scheit: *Am Beispiel von Brecht und Bronnen: Krise und Kritik des modernen Dramas*. Wien, Köln, Graz 1988. S. 155 ff.

23 Franz Grillparzer: *Tagebücher. – Sämtliche Werke*. Histor.-krit. Ausgabe. Hg. v. August Sauer, fortgeführt von Reinhold Backmann. Wien 1909–1948. Abt. II, Bd. 7. S. 130

24 Franz Grillparzer: *Die Ahnfrau, Sämtliche Werke*, Histor.-krit. Ausgabe Abt. I, Bd. 1

25 Es war dies einmal eine typische Frage für Schularbeiten in Deutsch – Walter Benjamin etwa machte sein Abitur mit einer Arbeit über das Thema »Kann von Grillparzers ›Sappho‹ gesagt werden, daß der Dichter ›mit Goethes Kalb gepflügt‹ hat?«

26 Franz Grillparzer: *Sappho, Sämtliche Werke*, Histor.-krit. Ausgabe Abt. I, Bd. 1

27 Heinrich v. Kleist: *Amphitryon – Werke und Briefe*. Hg. v. Siegfried Streller. 2. Aufl. Berlin, Weimar 1984, Bd. 1

28 Franz Grillparzer: *Des Meeres und der Liebe Wellen, Sämtliche Werke*, Histor.-krit. Ausgabe Abt. I, Bd. 4

29 Franz Grillparzer: *Das goldene Vließ, Sämtliche Werke*, Histor.-krit. Ausgabe Abt. I, Bd. 2
30 Ebd.
31 Theodor W. Adorno: *Beethoven. Philosophie der Musik. Fragmente und Texte.* Hg. v. Rolf Tiedemann. Frankfurt am Main 1993. S. 224
32 Franz Grillparzer, *Des Meeres und der Liebe Wellen, Sämtliche Werke*, Histor.-krit. Ausgabe Abt. I, Bd. 4
33 Franz Grillparzer, *Das goldene Vließ, Sämtliche Werke*, Histor.-krit. Ausgabe Abt. I, Bd. 2
34 Franz Grillparzer: *Die Jüdin von Toledo, Sämtliche Werke*, Histor.-krit. Ausgabe Abt. I, Bd. 7
35 Franz Grillparzer: *Ein Bruderzwist in Habsburg, Sämtliche Werke*, Histor.-krit. Ausgabe Abt. I, Bd. 6
36 Gerhard Scheit: *Franz Grillparzer.* Reinbek 1989. S. 95
37 Franz Grillparzer: *Libussa, Sämtliche Werke*, Histor.-krit. Ausgabe Abt. I, Bd. 6
38 Franz Grillparzer: *Ständchen. – Grillparzers sämtliche Werke.* 5. Ausgabe in zwanzig Bänden. Hg. v. August Sauer. Stuttgart o. J. 1. Bd. S. 247f.
39 Friedrich Dieckmann: ›Fidelios Erben. ‚Fierabras‘ und das biedermeierliche Bewußtsein‹. In: *Oper heute. Ein Almanach der Musikbühne.* Hg. v. Horst Seeger u. Matthias Rank. Berlin 1985. S. 82f.
40 Charles Rosen: *Der klassische Stil. Haydn, Mozart, Beethoven.* München, Kassel etc. 1983. S. 512
41 Georg Lukács: *Entwicklungsgeschichte des modernen Dramas. – Werke.* Bd. 15. Darmstadt, Neuwied 1981. S. 391
42 Peter Szondi: *Theorie des modernen Dramas. – Schriften I.* Hg. v. Jean Bollack. Frankfurt am Main 1978. S. 31f.
43 Anton Čechov: *Die Möwe.* Übersetzt und herausgegeben von Peter Urban. Zürich 1973
44 Anton Čechov: *Onkel Vanja.* Übersetzt und herausgegeben von Peter Urban. 2. Aufl. Zürich 1980

Zerstörung

1 Heinrich von Kleist: *Familie Schroffenstein. – Werke und Briefe in vier Bänden.* Hg. v. Siegfried Streller. 2. Aufl. Berlin, Weimar 1984. Bd. 1
2 William Shakespeare: *Romeo and Juliet. – The Complete Works of William Shakespeare.* Edited by W. J. Craig. London 1983
3 Brief an Wilhelmine von Zenge vom 22.3.1801, *Werke und Briefe* Bd. 4, S. 200
4 Brief an Ulrike von Kleist vom 5.2.1801, *Werke und Briefe* Bd. 4, S. 192
5 In seinem Buch *Außenseiter* (Frankfurt am Main 1981), das ebenso durch interessante Fragestellungen wie übereilte Antworten gekennzeichnet ist, zitiert Mayer im Anschluß an Helmut Kreuzer die Briefstelle Kleists: »Der Mann ist nicht bloß der Mann seiner Frau, er ist auch ein Bürger des Staates; die Frau hingegen ist nichts, als die Frau ihres Mannes [...]«, und schließt daraus auf die Dramatik der *Penthesilea*, worin er die Zurücknahme eines Ideals zu erkennen glaubt, das er der Aufklärung und Schillers *Jungfrau von Orleans* unterstellt:

das Ideal der Gleichheit der Geschlechter (S. 73 ff.). Die Briefstelle entspricht indessen durchaus einem weit verbreiteten Ideal der Aufklärung.

6 Peter Szondi: *Theorie des modernen Dramas. – Schriften I.* Hg. v. Jean Bollack. Frankfurt am Main 1978. S. 16 ff. Der wagemutig gesetzte Begriff des »absoluten Dramas« könnte geradezu einer Kleist-Exegese entsprungen sein, so sehr treibt er die Gattungsbestimmungen ins Extrem. Zur Diskussion und Kritik von Szondis Dramentheorie vgl. Gerhard Scheit: *Am Beispiel von Brecht und Bronnen: Krise und Kritik des modernen Dramas.* Wien, Köln, Graz 1988. S. 21 ff.

7 Peter Szondi: *Versuch über das Tragische.– Schriften I*, S. 252

8 Kleist, *Werke und Briefe* Bd. 1, S. 583

9 Georg Lukács: *Die Theorie des Romans.* Berlin 1920. S. 135

10 Heinrich von Kleist: *Der zerbrochne Krug, Werke und Briefe* Bd. 1

11 Vgl. hierzu Hans Dieter Zimmermann: *Kleist, die Liebe und der Tod.* Frankfurt am Main 1989. S. 208. Allerdings sollte man das Stück nicht ausschließlich aus der Perspektive der beiden Amtmänner betrachten, um die Komik nicht anthropologisch zu verharmlosen. »Die Milde des Gerichtsrats Walter […] ist dem ›Menschlichen, Allzumenschlichen‹ des Adam angemessen.« (ebd.). Doch Adam kann darum nicht schrecklicher sein, weil das Recht es ihm verbietet. Nicht im »Menschlichen, Allzumenschlichen« liegt das Komische, sondern in der rechtlichen Begrenzung des Unmenschlichen, nicht Manfred Krug, sondern Helmut Qualtinger könnte als Akteur dieser Komik vergegenwärtigt werden. Sie wird freilich ebenso verfehlt, sieht man – dem Rat Roland Barthes' folgend – vom Individuum ganz ab. Der strukturalistische Interpret, der den Determinismus soziologistischer Prägung bloß ins linguistische Vokabular übersetzt, gelangt zu einer Rechtfertigung von Adams Verhalten, die der anthropologischen Verharmlosung zum Verwechseln ähnlich sieht: »Denn was bleibt Adam (und uns) angesichts des Gesetzes auch anderes übrig, als den Wunsch zu verleugnen […] Der wirkliche Skandal ist aber nicht eigentlich die Verhaltensweise Adams: der eigentliche Skandal ist die Struktur dieser Gesellschaft, die seine Verhaltensweise möglich macht.« (Peter Horn: ›Das erschrockene Gelächter über die Entlarvung einer korrupten Obrigkeit. Kleists zwiespältige Komödie ‚Der zerbrochene Krug‘‹. In: Dirk Grathoff (Hg.): *Heinrich von Kleist.* Opladen 1988. S. 149 ff.; hier: S. 158)

12 Georg Lukács: ›Die Tragödie Heinrich von Kleists‹. In: *Deutsche Realisten des 19. Jahrhunderts.* Berlin 1953. S. 42

13 Hans Höller ist es in seiner Studie (*Der ›Amphitryon‹ von Molière und der von Kleist.* Heidelberg 1982) gelungen, Szondis Ergebnisse vor allem in bezug auf Molière sozialgeschichtlich zu konkretisieren.

14 Peter Szondi: *Fünfmal Amphitryon. – Schriften II.* Hg. v. Jean Bollack. Frankfurt am Main. 1978. S. 180

15 Ebd. S. 181

16 Heinrich von Kleist: *Amphitryon, Werke und Briefe* Bd. 1

17 Molière: *Amphitryon. Œuvres complétes de Molière.* Tome troisième. Paris 1864

18 Szondi, *Fünfmal Amphitryon,* S. 188 f.

19 Ebd. S. 186 f.

20 Brief an Wilhelmine von Zenge vom 10.10.1800, *Werke und Briefe* Bd. 4, S. 135

21 Arthur Henkel: ›Erwägungen zur Szene II,5 in Kleists ‚Amphitryon‘‹. In: Walter Müller-Seidel (Hg.): *Kleists Aktualität*. Darmstadt 1981. S. 206 f.

22 Heinrich von Kleist: *Penthesilea, Werke und Briefe* Bd. 2

23 Sigrid Lange sieht in dieser Szene eine Liebesutopie verwirklicht (vgl. S. Lange: ›Kleists ‚Penthesilea‘‹, in: *Weimarer Beiträge*. 37. Jg. (1991) Nr. 5, S. 711 f.) und verdrängt die Tatsache der Täuschung, auf der sie doch beruht. Daß Kleist den Mythos von der erlösenden Fähigkeit des Weiblichen zurücknimmt, wie Lange in diesem Zusammenhang konstatiert, ist indessen unbestreitbar. Die Frage ist nur, ob in diesem Mythos ein »unantastbarer Topos der klassischen Ästhetik« (S. 707) gesehen werden kann, hat doch Kleist selbst mit seinem *Käthchen von Heilbronn* Anteil an diesem Topos, der vielleicht als ›männliche Romantik‹ besser zu bestimmen wäre.

24 Der eigentlich absurde Begriff des »Körperdramas« (vgl. Maximilian Nutz: ›Lektüre der Sinne. Kleists ‚Penthesilea‘ als Körperdrama‹. In: Dirk Grathoff (Hg.): *Heinrich von Kleist. Studien zu Werk und Wirkung*. Opladen 1988. S. 163 ff.) versucht diese einfache Negation in ein Positives, womöglich Utopisches, umzudeuten – und er könnte sich dabei sogar auf das Konzept von Kleists Text über das Marionettentheater berufen. Doch das Drama selbst verneint solche geschichtsphilosophischen Konstruktionen: es hat kein anderes Resultat als sein Ende.

25 Christa Wolf: ›Kleists ‚Penthesilea‘‹. In: Ch. W.: *Die Dimension des Autors*. 2 Bde. Berlin, Weimar 1986. Bd. 2, S. 210

26 Brief an Marie von Kleist (Spätherbst 1807), *Werke und Briefe* Bd. 4, S. 387

27 Vgl. etwa Zimmermann, *Kleist, die Liebe und der Tod*, S. 249

28 Wolf, ›Kleists ‚Penthesilea‘‹, S. 220

29 Ebd. S. 219

30 Elisabeth Madlener: *Die Kunst des Erwürgens nach Regeln. Von Staats- und Kriegskünsten, preußischer Geschichte und Heinrich von Kleist. (Penthesilea – Hermannsschlacht – Prinz Friedrich von Homburg)* Diss. Wien 1985. S. 118

31 Brief an Marie von Kleist (Spätherbst 1807), *Werke und Briefe* Bd. 4, S. 388

32 Heinrich von Kleist: *Das Käthchen von Heilbronn, Werke und Briefe* Bd. 2

33 Heinrich von Kleist: *Prinz Friedrich von Homburg, Werke und Briefe* Bd. 2

34 Heinrich von Kleist: *Hermannsschlacht, Werke und Briefe* Bd. 2

35 Neuere Interpretationen neigen dazu, die deutsche Besonderheit dieses Stücks auszublenden. Unter dem Gesichtspunkt dieser Abstraktion kann freilich Hermann als ein Vorfahre praktisch aller Diktatoren des 20. Jahrhunderts gesehen werden; das Kleistsche Drama vermag dann aber ebensogut als eine Art Lehrstück über jede Form von politischen Terrorismus, etwa auch jenen des antikolonialen Kampfes, zu fungieren. Ruth Klüger vergleicht das Stück mit Brechts *Maßnahme* und zieht Frantz Fanons *Die Verdammten dieser Erde* als Kommentar zur *Hermannsschlacht* heran. (R. K.: ›Freiheit, die ich meine. Fremdherrschaft in Kleists ‚Hermannsschlacht‘ und ‚Verlobung in St. Domingo‘‹. In: R. K.: *Katastrophen. Über deutsche Literatur*. Göttingen 1994. S. 133 ff. Vgl. hierzu ebenso Wolf Kittler: *Die Geburt des Partisanen aus dem Geist der Poesie. Heinrich von Kleist und die Befreiungskriege*. Freiburg 1987.) Auch Claus Peymann folgte dieser modernen Deutung in seiner Bochumer Inszenierung des Stücks. Zumindest ein Unterschied wäre bei jedem Versuch einer Verallgemeinerung doch festzuhalten: was das Subjekt der Befreiung betrifft, sprechen Brecht und Fanon von *dem* Volk, Hermann aber immer nur von *einem*. Soweit

freilich eine Befreiungsbewegung sich als nationale definiert, hat sie bereits ein Moment von Hermanns politischer Logik übernommen.

36 Thomas Mann: *Heinrich von Kleist und seine Erzählungen*. In: *Das essayistische Werk*. Hg. v. Hans Bürgin. Frankfurt am Main 1968. *Schriften und Reden zur Literatur, Kunst und Philosophie* Bd. 3. S. 303

37 Friedrich Hebbel: *Judith. – Sämtliche Werke*. Histor. krit. Ausgabe v. Richard Maria Werner. (Säkular-Ausgabe) Berlin 1913. I. Abt. Dramen I, Bd. 1

38 Selbst der Prinz von Homburg, dessen somnambuler Charakter kenntlich wird, weil bei ihm das Beiseitesprechen thematisch ist – es erregt bei den anderen einiges Aufsehen –, selbst er büßt im Beiseite nichts von seiner Verschlossenheit ein.

39 Otto Ludwig: *Gesammelte Schriften*. Leipzig 1891. Bd. 5. S. 372

40 Georg Lukács: *Entwicklungsgeschichte des modernen Dramas. – Werke*. Bd. 15. Darmstadt, Neuwied 1981. S. 230 u. 236

41 Friedrich Hebbel: *Tagebücher*. Hg. v. Karl Pörnbacher. München 1984. Bd. 1. S. 354

42 Ebd.

43 Friedrich Hebbel: *Maria Magdalene*, Säkular-Ausgabe I. Abt. Dramen II, Bd. 2

44 Friedrich Hebbel: *Agnes Bernauer*, Säkular-Ausgabe I. Abt. Dramen III, Bd. 3

45 Friedrich Hebbel: *Herodes und Mariamne*, Säkular-Ausgabe I. Abt. Dramen II, Bd. 2

46 Anders dramatisierte Calderón das Verhältnis von Herodes und Mariamne: in *El Mayor Monstruo del Mundo* zieht sich Mariamne, nachdem sie von Herodes' Geheimbefehl gehört hat, von ihrem Gatten zurück, verweigert jede weitere Berührung mit ihm – hält aber die Ehe der äußeren Form nach aufrecht, um weiterhin Herrscherin bleiben zu können. Herodes ermordet sie schließlich, als er in einem neuerlichen Anfall von Eifersucht den Dolch gegen den vermeintlichen Nebenbuhler zückt. Mariamne handelt hier als Lebende – ihr Tod, der schließlich auch Herodes in den Selbstmord treibt, ist Zufall oder die Notwendigkeit des »größten Scheusals der Welt«, der Eifersucht.

47 Vgl. hierzu die Analyse von Peter Szondi, *Theorie des modernen Dramas – Schriften I*, S. 28 ff.

48 Henrik Ibsen: *Nora oder das Puppenheim. – Sämtliche Werke*. Hg. v. Julius Elias u. Paul Schlenther. Berlin 1911. Bd. 4

49 Henrik Ibsen: *Die Wildente, Sämtliche Werke* Bd. 4

50 Szondi, *Theorie des modernen Dramas*, S. 31

51 August Strindberg: *Samlade Skrifter*. Zit. n. Peter Szondi, *Theorie des modernen Dramas*, S. 39

52 Szondi, *Theorie des modernen Dramas*, S. 40

53 August Strindberg: *Der Vater. – Dramen in drei Bänden*. Hg. v. Artur Bethke. Zürich 1989. Bd. 1

54 Szondi, *Theorie des modernen Dramas*, S. 44

55 August Strindberg: *Nach Damaskus, Dramen* Bd. 2

56 August Strindberg: *Der Totentanz, Dramen* Bd. 3

Erlösung

1 Richard Wagner: *Das Kunstwerk der Zukunft*. – *Gesammelte Schriften*. Hg. v. Julius Kapp. Leipzig o. J. (1914) Bd. 10. S. 90

2 Johann Wolfgang Goethe: *Das Mädchen von Oberkirch*. – *Sämtliche Werke*. (Artemis-Gedenkausgabe) Hg. v. Ernst Beutler. 2. Aufl. Zürich 1961–1966. Bd. 6

3 Johann Peter Eckermann: *Gespräche mit Goethe in den letzten Jahren seines Lebens* (1836 u. 1848). Hg. v. Regine Otto u. Peter Wersig. 2. Aufl. München 1984. S. 221 (5. Juli 1827)

4 Johann Wolfgang Goethe: *Pandora*, Artemis-Gedenkausgabe Bd. 6

5 Ebd. S. 1211

6 Johann Wolfgang Goethe: *Faust – Der Tragödie zweiter Teil*, Artemis-Gedenkausgabe Bd. 5

7 Heinz Schlaffer: *Faust Zweiter Teil. Die Allegorie des 19. Jahrhunderts*. Stuttgart 1981. S. 161

8 Richard Wagner: *Über Schauspieler und Sänger*, *Gesammelte Schriften* Bd. 12. S. 369 f.

9 Brief an August Röckel vom 23. 8. 1856. Richard Wagner: *Sämtliche Briefe*. Bd. VIII. Hg. v. Hans-Joachim Bauer und Johannes Forner. Leipzig 1991. S. 154

10 Richard Wagner: *Beethoven*, *Gesammelte Schriften* Bd. 8, S. 208

11 Gespräch vom 29. 1. 1827. Eckermann, *Gespräche*, S. 193 f.

12 Richard Wagner: *Oper und Drama*, *Gesammelte Schriften* Bd. 11, S. 210 f.

13 Ebd. S. 211

14 Brief an Mathilde Wesendonck vom 7. 4. 1858; Richard Wagner: *Briefe*. Hg. v. Hanjo Kesting. München, Zürich 1983. S. 356 f.

15 Richard Wagner: *Eine Mitteilung an meine Freunde*, *Gesammelte Schriften* Bd. 1, S. 149

16 Adolphe Appia: *Die Musik und die Inscenierung*. München 1899. S. 37

17 Vgl. hierzu vor allem Dietrich Kreidt: *Kunsttheorie der Inszenierung. Zur Kritik der ästhetischen Konzeptionen Adolphe Appias und Edward Gordon Craigs*. Diss. Berlin / West 1968

18 Richard Wagner: »*Zukunftsmusik*«, *Gesammelte Schriften* Bd. 1, S. 223 f.

19 Wagner, *Beethoven*, S. 195

20 Richard Wagner: *Das Kunstwerk der Zukunft*, *Gesammelte Schriften* Bd. 10, S. 103 f.

21 Ebd. S. 97

22 Wagner, »*Zukunftsmusik*«, S. 214

23 Ebd. S. 216

24 Wagner, *Beethoven*, S. 163 f.

25 Wagner, »*Zukunftsmusik*«, S. 214

26 Wagner, *Eine Mitteilung an meine Freunde*, S. 152 f.

27 Auf die zentrale Bedeutung der Ballade stützen sich heutige Interpretationen, die gleichsam den Spieß der Erlösungsdramaturgie umwenden wollen: die ganze Oper wird darin als Traum Sentas, als Ausbruchsversuch aus der bürgerlichen Welt und »narzißtische Kollusion« gedeutet (so in Harry Kupfers Bayreuther Inszenierung von 1978 und in einem Essay von Isolde Vetter, in: R. Wagner: *Der fliegende Holländer. Texte, Materialien, Kommentare*. Hg.

v. Attila Csampai u. Dietmar Holland. Reinbek 1982). – Schlüssig können solche Deutungen freilich nur sein, wenn sie gleichzeitig den Ursprung von Sentas Phantasien in ihren Beziehungen zu den Männern sichtbar machen können.

28 Wagner schrieb Sentas Ballade ursprünglich in der Haupttonart a-moll, transponierte sie dann aber in Rücksicht auf die stimmlichen Möglichkeiten Wilhelmine Schröder-Devrients, der berühmten Darstellerin von Beethovens Leonore, einen Ganzton herab.

29 Richard Wagner: *Der fliegende Holländer*. Partitur. London, Mainz etc. (Eulenburg) S. 320

30 Eduard Hanslick: ›Der fliegende Holländer‹ von Richard Wagner‹. In: *Die Presse* (Wien) 13. Jg. (1860), Nr. 284 vont 6. 11. 1860; wiederabgedruckt in: *Der fliegende Holländer, Texte, Materialien, Kommentare*, S. 140 ff.

Hanslick war Wagners Romantik gegenüber nicht immer unempfänglich gewesen: in seiner frühen Besprechung des *Tannhäuser* von 1846 schrieb er, Wagner sei »das größte dramatische Talent unter den lebenden Tonsetzern«. Über den *Fliegenden Holländer* heißt es da: »den musikalischen Formen fehlt es zwar noch an Abrundung, und der Instrumentirung hie und da an Mäßigung. […] Doch was den ›fliegenden Holländer‹ so felsenhoch aus dem Meere unsrer Alltagsopern emporhebt, ist wieder die echte, hohe Poesie im Auffassen des Stoffes, der begeisterte Schwung im dramatischen Ausdruck! Diese ganz eigenthümliche mährchenhafte Färbung, welche die ganze Musik durchdringt und den Hörer so fremdartig und so unwiderstehlich erfaßt, war auf der Bühne bisher ohne Beispiel.« (Eduard Hanslick: *Richard Wagner und seine neueste Oper ›Tannhäuser‹. Sämtliche Schriften*. Historisch-kritische Ausgabe. Bd. I,1. Hg. v. Dietmar Strauß. Wien, Köln, Weimar 1993. S. 61) Schon hier argumentiert Hanslick, soweit er kritisiert, vom Standpunkt der Wiener Klassik, etwa wenn er an der *Tannhäuser*-Ouvertüre eine »mehr versuchte als ausgearbeitete Durchführung«, eine »etwas potpourrimäßige Ausführung« (ebd. S. 66) moniert, zugleich lassen Normen wie »Abrundung« und »Mäßigung« eine teleologisch orientierte Sicht der Klassik erkennen.

31 Hanslick, *Der fliegende Holländer*, S. 143

32 Werner Breig: ›Wagners kompositorisches Werk‹. In: *Richard-Wagner-Handbuch*. Hg. v. Ulrich Müller u. Peter Wapnewski. Stuttgart 1986. S. 378 f.

33 Carl Dahlhaus: *Wagners Konzeption des musikalischen Dramas*. Kassel, Basel etc. 1990. S. 55

34 Carl Dahlhaus: ›Wagners Stellung in der Musikgeschichte‹. In: *Richard-Wagner-Handbuch*, S. 80

35 Hans Mayer: ›Nichtmehr und Nochnicht im ‚Fliegenden Holländer'‹. In: Richard Wagner: *Der fliegende Holländer*. Hg. v. Attila Csampai u. Dietmar Holland. Reinbek 1982. S. 171

36 Vgl. hierzu die überaus luzide Darstellung von Ulrich Schreiber: *Opernführer für Fortgeschrittene. Eine Geschichte des Musiktheaters. Das 19. Jahrhundert*. Kassel, Basel 1991. S. 255 ff.

37 Arthur Schopenhauer: *Die Welt als Wille und Vorstellung*. III. Buch, Kap. 17. *Sämtliche Werke*. Hg. v. Wolfgang Frh. v. Löhneysen. Frankfurt am Main 1986. Bd. 2. S. 559

38 Schematisch ließe sich das Duett etwa folgendermaßen darstellen:

1. Holländer – Holländer / Senta: E-dur; endet mit Erlösungsmotiv
2. Holländer: e-moll – Senta: E-dur
3. Holländer: e-moll (beginnt mit Holländermotiv) –
   Senta / Holländer: H-dur (= Dominante) –
   Senta / Holländer: E-dur
39 Wagner, *Holländer* (Partitur), S. 426
40 Wagner, *Holländer* (Partitur), S. 449
41 Wagner, *Holländer* (Partitur), S. 457
42 Franz Liszt: *Wagner's Fliegender Holländer. – Sämtliche Schriften.* Bd. V. Hg.
   v. Dorothea Redepenning u. Britta Schilling. Wiesbaden 1989. S. 70
43 Heinrich Heine: *Aus den Memoiren des Herren von Schnabelewopski. –
   Werke und Briefe.* Hg. v. Hans Kaufmann. Berlin u. Weimar 1980. Bd. 4.
   S. 79 ff.
44 Peter Gülke: *Franz Schubert und seine Zeit.* Laaber 1991. S. 317
45 Charles Rosen: *Der klassische Stil. Haydn, Mozart, Beethoven.* Deutsch von
   Traute M. Marshall. München, Kassel etc. 1983. S. 516. Freilich sollte man die
   Polarität von Beethoven und Schubert nicht überspannen, handelt es sich doch
   auch hier um einen dialektischen Gegensatz, der also auf beiden Seiten wirksam
   ist. So finden sich insbesondere bei Beethoven Momente der Entspannung teleologischer Konzeptionen, etwa in der 6. Symphonie, wo »anstelle der symphonischen Kontraktion eine sehr merkwürdige Art der Wiederholung tritt,
   aber derart, daß das entspannte Sichgehenlassen im Wiederholen, das Ausat-
   men, den Ausdruck des Glücks trägt«. (Theodor W. Adorno: *Beethoven. Philosophie der Musik. Fragmente und Texte.* Hg. v. Rolf Tiedemann. Frankfurt
   am Main 1993. S. 135)
46 Hanslick, ›Der fliegende Holländer‹, S. 144
47 Hanns Eisler / Theodor W. Adorno: *Komposition für den Film.* Leipzig 1977.
   S. 37 f.
48 Theodor W. Adorno: *Versuch über Wagner. – Gesammelte Schriften.* Hg. v.
   Rolf Tiedemann. Bd. 13. Frankfurt am Main 1971. S. 34 ff.
49 Ebd. S. 118
50 Wagner, *Holländer* (Partitur), S. 561
51 Breig, ›Wagners kompositorisches Werk‹, S. 380
52 In seiner frühen und durchaus emphatisch bejahenden Besprechung des
   Tannhäuser erwecken gerade diese Passagen den Widerspruch Hanslicks:
   »Nur begegnen wir hier einem Fehler, wenn man will einer Gewohnheit, in
   welche Wagner bei Schilderung heftig anwachsender Gefühlsaffekte fast stets
   verfällt, ich meine eine zu häufige und gehäufte Anwendung der verminderten Septimen-Akkorde. (…) Es liegt gar nah und natürlich bei der Hand zu
   Schilderung starker und unruhiger Affekte diese scharfen, eindringlichen und
   zugleich so leicht zu verbindenden dissonirenden Akkorde zu verwenden, die
   durch ihre disparate, schwer zu fassende Einheit an sich schon Ausdrucks-
   mittel eines beunruhigten, schmerzgespaltenen Gemüthes sind, allein, abgesehen davon, daß der Künstler sich vor nichts eifriger zu hüten hat, als vor
   stereotyper Ausdrucksweise, vor Manier, ist die gehäufte Anwendung verminderter Septimen-Akkorde durch deren übermäßigen Gebrauch und Miß-
   brauch von mittelmäßigen Componisten, ganz eigentlich mauvais genre geworden.« (Hanslick, *Richard Wagner und seine neueste Oper Tannhäuser‹,*
   S. 71)

53 Carl Dahlhaus: *Richard Wagners Musikdramen*. 2. Aufl. München, Zürich 1988. S. 65

54 Diether de la Motte: *Harmonielehre*. 3. Aufl. München 1980. S. 214

55 Carl Dahlhaus: ›Die Musik‹. In: *Richard-Wagner-Handbuch*, S. 207

56 Ebd. S. 209

57 Adorno, *Versuch über Wagner*, S. 64

58 Richard Wagner: *Tristan und Isolde*. Partitur. Leipzig (Peters) o. J. (1911). S. 466

59 Ebd. S. 517, Takt 626 ff.

60 Alfred Lorenz: *Der musikalische Aufbau von Richard Wagners ›Tristan und Isolde‹*. 2. Aufl. Tutzing 1966. S. 143

61 Wagner, *Tristan* (Partitur), S. 520, Takt 661–663

62 Lorenz läßt hier eine neue Periode beginnen, Grunsky eine ganze Symphonie – beide fragmentieren unnötiger Weise die fortlaufende Auseinandersetzung mit der traurigen Weise; vgl. Lorenz, *Tristan*, S. 144

63 Wagner, *Tristan* (Partitur), S. 526, Takt 714 ff.

64 Adorno, *Versuch über Wagner*, S. 145

65 In der Partitur findet sich dazu folgende Anmerkung zur Aufführungspraxis: »Das englische Horn soll hier die Wirkung eines sehr kräftigen Naturinstruments, (wie das Alphorn), hervorbringen; es ist daher zu raten, je nach Befund des akustischen Verhältnisses, es durch Hoboen und Klarinetten zu verstärken, falls man nicht, was das Zweckmäßigste wäre, ein besonderes Instrument (aus Holz), nach dem Modell des Schweizer Alphorns, hierfür anfertigen lassen wollte [...]«. Wagner, *Tristan* (Partitur), S. 558, Anmerkung zu Takt 999

66 Wagner, *Tristan* (Partitur), S. 598

67 Hans Werner Henze hat in seinem *Tristan* von 1973 diese Rückkehr zur Erlösung in gewisser Weise revidiert: über die Lautsprecher hört man menschlichen Herzschlag und eine Kinderstimme trägt dazu Gottfried von Straßburgs Text in einem englischen Slang vor – »darunter« ertönen, weit ausgedehnt, die Klänge des Vorspiels zum dritten Akt.

68 Ulrich Schreiber bemerkt mit einiger Ironie, daß »der zum jüdischen Kritikaster deformierte Beckmesser zum wahren Vertreter einer Zukunftskunst wird. Die Pantomime, mit der er, von der Rauferei am Vorabend gebeutelt, in Sachsens Wohnstube tritt, ist in der auskomponierten Kontrastwirkung von Bewegung und Dynamik, in der klanglichen Pointillisierung der oft im Stakkato oder Pizzikato intonierenden Instrumente, in der farblosen Geklimper der Laute und den scharf angeblasenen gestopften Hörnern sowie der in hoher Lage mit komplizierten Intervallfolgen eingesetzten Singstimme ein Sammelbild enthierarchisierter Klangvorstellungen, das geradewegs in Alban Bergs *Wozzeck* auftauchen könnte.« (Schreiber, *Opernführer für Fortgeschrittene, Das 19. Jahrhundert*, S. 541)

69 Richard Wagner: *Götterdämmerung, Gesammelte Schriften* Bd. 4, S. 286

70 Brief an August Röckel vom 23. 8. 1856. Wagner, *Sämtliche Briefe* Bd. VIII, S. 153

71 Adorno, *Versuch über Wagner*, S. 21

72 Robert W. Gutman: *Richard Wagner. The Man, His Mind, and His Music*. San Diego, New York, London 1990. S. 428 f.

73 So auch von Adorno in seinem Aufsatz *Zur Partitur des Parsifal. Gesammelte Schriften*. Bd. 17. Frankfurt am Main 1982. S. 47 ff.

74 Gutman, *Wagner*, S. 430
75 Richard Wagner: *Parsifal*. Partitur. Leipzig (C. F. Peters) o. J. S. 363 ff.
76 Joachim Kaiser: ›Hat Zelinsky recht gegen Wagners ‚Parsifal'?‹. In: Richard Wagner: *Parsifal. Texte, Materialien, Kommentare*. Hg. v. Attila Csampai u. Dietmar Holland. Reinbek 1984. S. 259
77 Friedrich Nietzsche: *Die Geburt der Tragödie aus dem Geiste der Musik. – Werke*. Hg. v. Karl Schlechta. 6. Aufl. München 1969. Bd. I. S. 105
78 Ebd. S. 102
79 Ebd. S. 18
80 Leo Karl Gerhartz: *Die Auseinandersetzungen des jungen Giuseppe Verdi mit dem literarischen Drama. Ein Beitrag zur szenischen Strukturbestimmung der Oper*. Berlin 1968. S. 17
81 Ebd.
82 Ebd. S. 22
83 Ebd. S. 265
84 Ebd. S. 264
85 Schreiber, *Opernführer für Fortgeschrittene, Das 19. Jahrhundert*, S. 404
86 Bernd Böhmel / Peter Gülke: *Programmheft der Leipziger Aufführung der ›Hugenotten‹* (Premiere am 21.9.1974). Zit. n. Schreiber, *Opernführer für Fortgeschrittene, Das 19. Jahrhundert*, S. 404
87 Giuseppe Verdi: *Luisa Miller. Melodramma tragico di Salvatore Cammarano*. (Klavierauszug – Riduzione di E. Muzio. A cura di Mario Parenti) Mailand 1991 »Ich weiß nicht, welche warnende Stimme in meinem Herzen spricht... Ich Armer, wenn sie das Opfer eines Verführers wird! Ah! Laß nicht zu, guter Gott, daß sie solch ein Schicksal erleidet, ins Grab würde mich solcher Schmerz bringen.«
88 Die Passagen stammen aus den *Gefängnisheften* 8 und 9 und sind enthalten in: A. G.: *Marxismus und Kultur*. Hg. u. aus dem Italienischen übertragen v. Sabine Kebir. Hamburg 1983. S. 235 f.
89 Brief an Antonio Ghislanzoni vom 17. August 1870. *I copialettere di Giuseppe Verdi*. Hg. v. Gaetano Cesari u. Alessandro Luzio. Mailand 1913. S. 641
90 »Oh mein Zorn! Ah! Ich versuchte alles, es bleibt mir nur ein teuflischer Entschluß, da du so grausam und unerbittlich gegenüber deinem Sohn bleibst. Zittere! Durch meinen Mund wird den Menschen kundgetan, auf welche Weise du Graf von Walter wurdest.«
91 Verdi, *Luisa Miller* (Klavierauszug), S. 154
92 Ebd. S. 267 ff.
93 Die Stelle ist bei Gerhartz, *Die Auseinandersetzungen des jungen Verdi*, S. 291, abgedruckt.
94 »Ich muß sofort gehorchen. Oh Verdammnis! Haß euch Höflingen! Mitleidlose Spötter! Welche Freude euch zu geißeln. Wenn ich böse bin, ist es allein eure Schuld.«
95 Giuseppe Verdi: *Rigoletto. Melodramma di Francesco Maria Piave*. (Partitur) Mailand 1914. S. 87 f.
96 Verdi, *Rigoletto* (Partitur), S. 89 »Aber hier verwandle ich mich in einen andren Menschen.«
97 Verdi, *Rigoletto* (Partitur), S. 103 f.
98 Leo Karl Gerhartz: ›Il Trovatore‹. In: Attila Csampai u. Dietmar Holland: *Opernführer*. Hamburg 1990. S. 578

99 »Schon erstirbt in tiefer Nacht jeder Lärm. [...] Komme der Tod! Und nehme
   mich im Entzücken dieser Umarmung der höchste Augenblick hinweg.«
   Deutsche Übersetzung von Karl Dietrich Gräwe. In: Giuseppe Verdi,
   Othello. Hg. v. Attila Csampai u. Dietmar Holland. Reinbek 1981
100 Puccini knüpft daran an, wenn er in seinen Opern versucht, »seine zur femme
   fatale neigenden Frauenrollen in Richtung auf die femme fragile umzufärben«
   (Ulrich Schreiber: ›Kikeriki und Beefsteak oder Der Alltagsmythos als Klein-
   kunst‹. In: *La Bohème. Texte, Materialien, Kommentare.* Hg. v. Attila Csampai u. Dietmar Holland. Reinbek 1981. S. 17). Dabei wird die Erlösungsdramaturgie allerdings zur Genremalerei verflacht: die Frau stirbt, ohne den
   Mann zu erlösen, zwischen beiden tritt überhaupt eine eigenartige Gleichgültigkeit zutage; die Musik konzentriert sich auf das Ausmalen des Milieus, in
   das sich nicht selten der böse Hintermann verwandelt hat: der Folterer Scarpia
   und die Lungenkrankheit Mimis haben für sie ungefähr die gleiche Bedeutung.
   Vgl. hierzu auch: Eva Rieger: »Und wie ich lebe? Ich lebe«. Sexismus in der
   Musik des 19. Jahrhunderts am Beispiel von Puccinis ‚La Bohème‘. In: *Zwischen Aufklärung & Kulturindustrie. Festschrift für Georg Knepler.* 3. Bde.
   Hg. v. Hanns-Werner Heister, Karin Heister-Grech, Gerhard Scheit. Bd. II.
   Hamburg 1993. S. 121 ff.
101 Verdi an Giulio Ricordi, Brief vom 22.4.1887. In: Verdi, *Othello*, hg. v.
   A. Csampai u. D. Holland, S. 29 f.
102 Giuseppe Verdi: *Otello. Dramma lirico di Arrigo Boito.* (Partitur) Mailand
   o. J. S. 162. *Aida* erscheint in diesem Zusammenhang als ein schwierig zu deu-
   tendes Übergangswerk: die Handlung behauptet noch ein Gegengewicht zu
   Erlösungsmotiv und Liebestod.
103 Giuseppe Verdi: *Falstaff. Commedia lirica di Arrigo Boito.* (Partitur) Mailand
   1893. S. 366 f.

Inversionen

1 Johann Nestroy: *Frühere Verhältnisse. – Sämtliche Werke.* Histor.-krit. Gesamtausgabe. Hg. v. Fritz Brukner u. Otto Rommel. Bd. 14. Wien 1930
2 Frank Wedekind: *Erdgeist. – Gesammelte Werke.* Bd. 3. München, Leipzig
   1913
3 Frank Wedekind: *Schriftsteller Ibsen und ›Baumeister Solneß‹. Ein kritischer
   Essay. – Gesammelte Werke.* Bd. 9. München 1924. S. 341 f.
4 Vgl. hierzu Wedekinds Aufsatz über *Don Giovanni* in: *Gesammelte Werke*
   Bd. 9, S. 334 ff.
5 Wedekind, *Erdgeist, Gesammelte Werke* Bd. 3, S. 1
6 Friedrich Nietzsche: *Der Fall Wagner. – Werke.* Hg. v. Karl Schlechta. 6. Aufl.
   München 1969. Bd. II. S. 907
7 Alfred Polgar im Feuilleton der *Wiener Allgemeinen Zeitung* vom 21. Juni
   1903; zit. nach *Die Fackel* Nr. 142 (1903) S. 16
8 Silvia Bovenschen: *Die imaginierte Weiblichkeit. Exemplarische Untersuchungen zu kulturgeschichtlichen und literarischen Präsentationsformen des Weiblichen.* Frankfurt am Main 1979. S. 44 ff.
9 Friedrich Nietzsche: *Ecce Homo. – Werke* Bd. II, S. 1106
10 Vgl. *Die Fackel* Nr. 142 (1903) S. 17 f.
11 *Die Fackel* Nr. 182 (1905) S. 2

12 Nike Wagner: *Geist und Geschlecht. Karl Kraus und die Erotik der Wiener Moderne*. Frankfurt am Main 1982. S. 183

13 Ebd. S. 155

14 Alfred Pfabigan: *Karl Kraus und der Sozialismus. Eine politische Biographie*. Wien 1976. S. 115

15 *Die Fackel* Nr. 142 (1903) S. 17 f.

16 Constantin Floros: ›Studien zur Parsifal-Rezeption‹. In: *Richard Wagner – Parsifal. Musik-Konzepte 25*. (München) 1982. S. 53 ff.

17 Ebd. S. 55

18 Richard Wagner: *Das Braune Buch. Tagebuchaufzeichnungen 1865 bis 1882*. Hg. v. Joachim Bergfeld. München, Zürich 1988. S. 57 ff.

19 Ebd.

20 Georg Büchner: *Dantons Tod. – Werke und Briefe*. Nach der historisch-kritischen Ausgabe von Werner R. Lehmann. 5. Aufl. München 1984

21 Georg Büchner: *Leonce und Lena*. Ebd.

22 Georg Büchner: *Woyzeck*. Ebd. Zitiert wird hier und im folgenden aus der Lese- und Bühnenfassung.

23 Zur Geschichte des Librettos vgl. Peter Petersen: *Alban Berg – Wozzeck. Musik-Konzepte Sonderband*. München 1985. S. 7 ff.

24 *Georg Büchner's Sämmtliche Werke und handschriftlicher Nachlaß. Erste kritische Gesammt-Ausgabe*. Hg. v. Karl Emil Franzos. Frankfurt am Main 1879. S. 197

25 Alban Berg: ›Wozzeck-Vortrag‹. In: Alban Berg: *Wozzeck. Texte, Materialien, Kommentare*. Hg. v. Attila Csampai u. Dietmar Holland. Reinbek 1985. S. 164

26 Hanns-Werner Heister: ›Affektive Mimesis und konstruktive Katharsis. Zu Alban Bergs Wozzeck-Oper‹. In: *Georg Büchner 1813–1837. Revolutionär, Dichter, Wissenschaftler*. Basel, Frankfurt am Main 1987. S. 342

27 Ebd. S. 343

28 Petersen, *Alban Berg – Wozzeck*, S. 73

29 Alban Berg: ›Das »Opernproblem«‹. In: Berg, *Wozzeck, Texte, Materialien, Kommentare*, S. 154

30 Alban Berg: *Wozzeck*. (Partitur) Hg. v. Hans Erich Apostel. Wien 1955. S. 29. Takt 136 ff.

31 Heister, ›Affektive Mimesis‹, S. 342

32 Petersen, *Alban Berg – Wozzeck*, S. 100

33 Berg, ›Wozzeck-Vortrag‹, S. 169 f.

34 Berg, *Wozzeck* (Partitur), S. 197. Takt 114 ff.

35 Berg, ›Wozzeck-Vortrag‹, S. 169 f.

36 Bo Ullman: ›Produktive Rezeption ohne Mißverständnis. Zur Büchner-Deutung Alban Bergs im Wozzeck‹. In: Alban Berg, *Wozzeck, Texte, Materialien, Kommentare*, S. 243

37 Berg, *Wozzeck* (Partitur), S. 198. Takt 117 ff.

38 Vgl. Carl Dahlhaus: ›Berg und Wedekind‹. In: *Vom Musikdrama zur Literaturoper*. München, Salzburg 1983. Wiederabgedruckt in: Alban Berg: *Lulu. Texte, Materialien, Kommentare*. Hg. v. Attila Csampai u. Dietmar Holland. Reinbek 1985. S. 292 f.

39 Theodor W. Adorno: *Philosophie der neuen Musik*. Frankfurt am Main, Berlin, Wien 1974. S. 56

40 Berg, ›Wozzeck-Vortrag‹, S. 170

41 Berg, *Wozzeck* (Partitur), S. 391. Takt 41 / 42.

42 Berg, ›Wozzeck-Vortrag‹, S. 177

43 Ebd.

44 Ullman, ›Produktive Rezeption‹, S. 244 f.

45 Richard Wagner: *Parsifal*. (Partitur) Leipzig (Peters) o. J. S. 395 ff.

46 *Erwartung. Monodram. Dichtung von Marie Pappenheim. Musik von Arnold Schönberg.* Wien, Leipzig 1916. S. 57 ff. Takt 390 ff.

47 Auch in Béla Bartóks Opern ist dieser Rückzug zu verfolgen; in *Herzog Blaubarts Burg* (nach dem Libretto von Béla Balázs) ist es allerdings eine explizit männliche Innerlichkeit: der Rückzug geht hier über Frauenleichen hinweg; die Frau kann den Mann nicht erlösen – weder als Lebende noch als Tote. Merkwürdiger ist der Bruch mit Wagner im *Wunderbaren Mandarin*: darin wird der Mann von der Frau wiederum erlöst, doch ist er selber zu einer ganz abstrakten Erscheinung veräußerlicht, einer männlichen Allegorie des Sexus. Peter Petersen vergleicht ihn darin mit *Lulu* und weist auch darauf hin, daß die Mandarin-Quarten mit den Erdgeist-Quarten identisch sind. (Peter Petersen: ›Am Ende stirbt der Mann. Ein vergleichender Blick auf Bartóks Bühnenwerke‹. In: *Zwischen Aufklärung & Kulturindustrie. Festschrift für Georg Knepler.* 3 Bde. Hg. v. Hanns-Werner Heister, Karin Heister-Grech, Gerhard Scheit. Bd. II. Hamburg 1993. S. 171 ff.)

48 Dietmar Holland: ›Erwartung‹. In: Attila Csampai, Dietmar Holland: *Opernführer*. Hamburg 1990. S. 999

49 *Der Rosenkavalier. Komödie für Musik in drei Aufzügen von Hugo von Hofmannsthal. Musik von Richard Strauss.* (Studien-Partitur, revidiert von Clemens Krauß) Bad Bramstedt, Mainz, London o. J. S. 76 ff. Takt 161 ff.

50 Hugo von Hofmannsthal: *Ungeschriebenes Nachwort zum ›Rosenkavalier‹* (1911). In: *Gesammelte Werke.* Hg. v. Bernd Schoeller. Frankfurt am Main 1979. *Dramen* Bd. V. S. 147

51 Arnold Schönberg: *Von heute auf morgen. – Sämtliche Werke.* Hg. v. Josef Rufer. Abt. III (Bühnenwerke), Reihe B, Bd. 7, Teil 1. Hg. v. Gösta Neuwirth. Mainz, Wien 1972. S. 16 ff.

52 Hanns Eisler: *Arnold Schönberg. – Gesammelte Werke.* Hg. v. Stephanie Eisler u. Manfred Grabs. Serie III, Bd. 2 (*Musik und Politik; Schriften 1948–1962*). Hg. v. Günter Mayer. Leipzig 1982. S. 320 f.

53 Hanns Eisler: *Fragen Sie mehr über Brecht. Gespräche mit Hans Bunge. – Gesammelte Werke,* Serie III, Bd. 7. Leipzig 1975, S. 61

54 Schönberg an Heinrich Jalowetz, Brief vom 18. April 1929. In: Arnold Schönberg: *Briefe.* Hg. v. Erwin Stein. Mainz 1958. S. 142

55 Eisler, *Arnold Schönberg,* S. 324

56 Arnold Schönberg: *Sämtliche Werke.* Hg. v. Josef Rufer. Abt. III (Bühnenwerke), Reihe B, Bd. 7, Teil 2. Hg. v. Gösta Neuwirth u. Tadeusz Okuljar. Mainz, Wien 1974. S. 19

57 *Arnold Schönberg zum 60. Geburtstag. 13. September 1934.* Wien 1934. S. 61

58 Redlich behauptet sogar, daß auch der Leitrhythmus der Oper aus der Reihe Lulus deduziert sei – »sogar der Leit-Rhythmus der Oper läßt sich als Variation von R begreifen. Dieser RH (...) ist aus gewissen Varianten der Grundgestalt entwickelt worden.« (Hans Ferdinand Redlich: *Alban Berg. Versuch*

einer Würdigung. Wien, Zürich, London 1957. S. 230). Aus der Folge von 12 Tönen läßt sich indes kein bestimmter Rhythmus ableiten.

59 Redlich, *Alban Berg,* S. 239

60 Alban Berg: *Lulu. Oper nach Frank Wedekinds Tragödien ›Erdgeist‹ und ›Büchse der Pandora‹.* Partitur (I. u. II. Akt). Hg. v. H. E. Apostel, revidiert v. Friedrich Cerha. Wien 1985. S. 171. Takt 669

61 Berg, *Lulu* (Partitur des I. u. II. Akts), S. 297 Takt 1251. Vgl. hierzu die präzise Darstellung des Vorgangs bei Peter Petersen: *Alban Berg – Wozzeck. Musik-Konzepte Sonderband.* München 1985. S. 290 ff.

62 Claudia Maurer Zenck: ›Lulu, die Sphinx, und der Traum vom Tropenvogel‹. In: *Musiktheater im 20. Jahrhundert. Hamburger Jahrbuch für Musikwissenschaft* Bd. 10. Hg. v. Constantin Floros, Hans Joachim Marx u. Peter Petersen. Laaber 1988. S. 102 f.

63 Berg, *Lulu* (Partitur des I. u. II. Akts), S. 339. Takt 40 ff.

64 Dahlhaus, ›Berg und Wedekind‹, S. 298

65 Berg, *Lulu, Texte, Materialien, Kommentare,* S. 302

66 Berg, *Lulu* (Partitur des I. u. II. Akts), S. 457. Takt 490 ff.

67 Theodor W. Adorno: *Erfahrungen an Lulu. – Gesammelte Schriften.* Hg. v. Rolf Tiedemann. Bd. 13. Frankfurt am Main 1971. S. 484. Der Interpretation Adornos folgt im wesentlichen auch Carl Dahlhaus, ›Berg und Wedekind‹, S. 299 f.: »Ein Drama lediglich als Gesamtheit von moralisch-amoralischen Positionen darzustellen, die sich gegenseitig aufheben, wäre für Berg undenkbar gewesen« – und doch hat Dahlhaus in demselben Aufsatz die eigentümliche Bergsche Dialektik dieser wechselseitigen Aufhebung genau analysiert.

68 Maurer Zenck, ›Lulu‹, S. 103

69 Ebd.

70 Ebd. S. 106

71 Vgl. ebd. S. 99

72 Ebd. S. 101

73 Redlich, *Alban Berg,* S. 227

74 Ebd. S. 157

75 Berg, *Lulu* (Partitur des I. u. II. Akts), S. 512. Takt 687

76 Ebd. S. 527

77 Friedrich Cerha: *Zum 3. Akt von Alban Bergs ›Lulu‹.* Schallplattenheft der Einspielung der vervollständigten Oper unter Pierre Boulez im Anschluß an die Pariser Uraufführung 1979. (Deutsche Grammophon)

78 Redlich, *Alban Berg,* S. 226

79 Ebd. S. 250

80 Alban Berg: *Lulu.* Partitur III. Akt. Hergestellt v. Friedrich Cerha. Wien 1978. S. 656 ff. Takt 26 ff.

81 Ebd. S. 712 ff. Takt 231 ff.

82 Ebd. S. 815 ff. Takt 614 ff.

83 Berg hat nur noch den zweiten Ensemblesatz fertig instrumentiert, der dritte ist nur teilweise im Particell notiert; leider sind die Skizzen hierzu bisher nicht veröffentlicht worden. Die Analyse stützt sich daher auf Friedrich Cerhas »Herstellung« des III. Akts.

84 Alban Berg: *Lulu. Texte, Materialien, Kommentare.* Hg. v. Attila Csampai u. Dietmar Holland. Reinbek 1985. S. 115

85 Brief an Erwin Stein vom 9. März 1935. In: Berg, *Lulu, Texte, Materialien, Kommentare*, S. 246

86 Ebd. S. 247

87 Schönberg sprach in seinem Ablehnungsbrief von »Zutaten Bergs, welche ihm leider bei den Nazis nicht genützt haben. Ob er sichs davon versprochen hatte?« (Ebd. S. 246) Tatsächlich stehen die antisemitischen Zutaten in merkwürdiger Koinzidenz mit Bergs Illusionen über das Musikleben in Nazi-Deutschland. So schreibt er in einem Brief vom 15.5.1933 an seine Frau, Hindemith habe ihm Aussichten auf eine Funktion an der Berliner Musikhochschule eröffnet: »Selbst wenn wir nicht daran denken, so einen Antrag anzunehmen (obwohl er jetzt, wo S. nicht mehr in Berlin sein dürfte, viel diskutabler als früher wäre), wäre es ein kolossaler Triumph für mich und etwas zum Ausspielen gegen die Wiener Regierung, wenn die wirklich mit einem Antrag käme.« Und einen Tag später heißt es, wiederum in einem Brief an Helene Berg: »Wie ich indessen vom ›Reden‹ hörte, will die deutsche Regierung ja Hindemith ausersehen, das gesamte Musikleben zu reorganisieren. Auch fragte der Kritiker Strobel, mit dem ich in Florenz recht intim wurde, so ganz intensiv dort den Reich, ob ich auch bestimmt ganz reinrassig sei.« (Alban Berg: *Briefe an seine Frau*. München, Wien 1965. S. 627)

88 Berg, *Lulu* (Partitur des I. u. II. Akts), S. 684. Takt 80

89 Darin unterscheidet sich Bergs Konzeption auch von anderen etwa zur selben Zeit entstandenen Opern, worin die Frau als gleichsam autarkes Subjekt gegen die Moral der Gesellschaft rebelliert, wie in Janáčeks *Katja Kabanowa* oder in Schostakowitschs *Lady Macbeth*. Der Behauptung des Subjekts entspricht in allen diesen Fällen das Festhalten an der Tonalität, die sich vor allem durch folkloristischen Ton oder durch einen kruden Naturalismus (so in der Vertonung des Geschlechtsakts bei Schostakowitsch mittels Posaunenstößen und -glissandi!) unbürgerlich gebärdet und das Recht der Natur einfordert.

90 Brief an Arnold Schönberg vom 10.1.1927. Vgl. hierzu Berg, *Lulu, Texte, Materialien, Kommentare*, S. 302

91 Vgl. Günther Rühle (Hg.): Zeit und Theater. Bd. 2. (Vom Kaiserreich zur Republik). Berlin Wien 1980. S. 926 ff.

92 Bertolt Brecht: *Die Dreigroschenoper*. – *Gesammelte Werke*. Frankfurt am Main 1982. Bd. 2

93 Bertolt Brecht: *Aufstieg und Fall der Stadt Mahagonny*. Ebd.

94 Bertolt Brecht: *Anmerkungen zur Oper ›Aufstieg und Fall der Stadt Mahagonny‹*. – *Gesammelte Werke* Bd. 17, S. 1010

95 Kurt Weill: ›Alban Berg: Wozzeck (27. Dezember 1925)‹. In: Kurt Weill: *Ausgewählte Schriften*. Frankfurt am Main 1975. S. 154

96 Ingeborg Bachmann: *Musik und Dichtung*. – *Werke*. Hg. v. Christine Koschel, Inge von Weidenbaum u. Clemens Münster. Bd. 1. 3. Aufl. München, Zürich 1984. S. 59

97 Ödön von Horváth: *Italienische Nacht*. – *Gesammelte Werke*. Hg. v. Traugott Krischke u. Dieter Hildebrandt. Bd. I. Frankfurt am Main 1972

98 Ödön von Horváth: *Geschichten aus dem Wiener Wald*. – *Gesammelte Werke* Bd. I. Frankfurt am Main 1972

99 Ödön von Horváth: *Glaube Liebe Hoffnung*. – *Gesammelte Werke* Bd. I. Frankfurt am Main 1972

100 Luigi Pirandello: *Sechs Personen suchen einen Autor*. Deutsche Übersetzung von Georg Reichert, bearbeitet von Michael Rössner, Elke Wendt-Kummer u. Maria Sommer. Werkausgabe Bd. 8 *(Die Trilogie des Theaters auf dem Theater)* Hg. v. Michael Rössner, Kurt Ringger und Elke Wendt-Kummer. Mindelheim 1988. Hier wird nach dem wortgetreuen Abdruck dieser Ausgabe im Programmbuch des Wiener Burgtheaters (Wien 1993) zitiert.
101 In meinem Buch *Am Beispiel von Brecht und Bronnen: Krise und Kritik des modernen Dramas* (Wien, Köln, Graz 1988) wird Brechts Entwicklung in dieser Hinsicht genauer untersucht.
102 Theodor W. Adorno: *Versuch, das Endspiel zu verstehen.* – *Gesammelte Schriften.* Bd. 11. Frankfurt am Main 1974. S. 303
103 Samuel Beckett: *Endspiel – Fin de partie – Endgame.* Deutsche Übertragung von Elmar Tophoven. 2. Aufl. Frankfurt am Main 1976
104 Botho Strauß: *Trilogie des Wiedersehens. Theaterstück*. Stuttgart 1978
105 Botho Strauß: *Kalldewey Farce.* München 1984

Statt eines Nachworts

1 Ingrid Strobl: *Frausein allein ist kein Programm*. Freiburg 1989. S. 55
2 *Das Theater des Herrn Diderot.* Herausgegeben und übersetzt von Gotthold Ephraim Lessing. Leipzig 1981. S. 35 ff.
3 Günther Anders: *Die Antiquiertheit des Menschen*. Bd. 1. 6. Aufl. München 1983. S. 104 ff.
4 Marquis de Sade: *Schriften aus der Revolutionszeit 1788–1795*. Hg. v. Georg Rudolf Lind. Frankfurt am Main 1989. S. 175 ff.

Dank

Renate Göllner, Hanns-Werner Heister, Elisabeth Höllerer und Georg Knepler haben nicht nur zur Arbeit an diesem Buch immer wieder ermuntert, sie haben auch viele Anregungen gegeben und wichtige kritische Bemerkungen gemacht, die auf vielfache Weise in den Text eingegangen sind. Dafür sei ihnen an dieser Stelle ganz herzlich gedankt. Dem Lektor J. Hellmut Freund verdankt das Buch den letzten Schliff – und der betrifft mitunter Wesentliches.

Register

Personen und dramatische Werke

Dramen werden unter dem Namen des Autors, der Autorin – Opern in der Regel unter dem des Komponisten angegeben. Seitenangaben, die sich auf den Anmerkungsteil beziehen, sind kursiv gesetzt.

Sachregister